Widerspruch als Lebensprinzip

Historisches Forschungszentrum der Friedrich-Ebert-Stiftung
Reihe: Politik- und Gesellschaftsgeschichte, Band 75

Herausgegeben von Dieter Dowe und Michael Schneider

Knud Andresen

# Widerspruch als Lebensprinzip

## Der undogmatische Sozialist Heinz Brandt (1909–1986)

DIETZ

Dieses Buch ist dem Andenken an
Peter Borowsky (1938–2000) gewidmet.

Bibliografische Information der Deutschen Bibliothek

Die Deutsche Bibliothek verzeichnet diese Publikation in der Deutschen Nationalbibliografie; detaillierte bibliografische Daten sind im Internet über *http://dnb.ddb.de* abrufbar.

ISBN 978-3-8012-4170-4
ISSN 0941-7621


Verlag J. H. W. Dietz Nachf. GmbH
Dreizehnmorgenweg 24, 53175 Bonn
Lektorat: Prof. Dr. Michael Schneider, Bonn · Dr. Manuel Gogos, Bonn
Reihengestaltung: Just in Print, Bonn · Kempken DTP-Service, Marburg
Satz: Kempken DTP-Service, Marburg
Umschlagfoto: Heinz Brandt bei der Räumung des Hüttendorfes in Gorleben, 1980
[Bildrechte: Günter Zint]
Druck und Verarbeitung: AZ Druck und Datentechnik, Kempten (Allgäu)

Printed in Germany 2007

Besuchen Sie uns im Internet: *http://www.dietz-verlag.de*

# Inhalt

# Einleitung

Der Geschichteschreiber mag, so fein und zart, so geduldig und gewissenhaft, wie er will, dem Leben nachspüren; nie wird er es erreichen.[1]

Im Januar 1986 erschien in der Frankfurter Rundschau eine genreuntypische Todesanzeige, unterschrieben von einer Reihe bekannterer Vertreter der undogmatischen Linken in der Bundesrepublik.[2] Am Anfang stand ein programmatisches Zitat des verstorbenen Heinz Brandt: »Wahrnehmen, was ist – und nicht verzweifeln! Aussprechen, was ist! Wissbegierig die Welt interpretieren, im Bemühen, sie so zu verändern, daß sie erhalten bleibt!« Dies sei sein Lebensmotto gewesen, und durch die prominente Platzierung verbanden sich die Unterzeichner damit. Dann folgte ein für Todesanzeigen ungewöhnlich ausführlicher Rückblick auf das Leben des Verstorbenen. Seine politische Überzeugung hätte Brandt immer in Konflikt zu den Verhältnissen gebracht: Zehn Jahre Zuchthaus und Konzentrationslager im Nationalsozialismus, drei Jahre Haft in der DDR und schließlich noch Auseinandersetzungen mit den Gewerkschaften über die Atompolitik wurden genannt. Seine Unterstützung der polnischen Gewerkschaft *Solidarnosč* hätte auch mit Freunden zum Streit geführt, und die Vermutung liegt nahe, dass dazu auch einige der Unterzeichner gehörten. Aber gerade die Lust am Streit wurde als typischer Charakterzug in der Todesanzeige hervorgehoben: »Er machte es niemandem leicht, sich selbst aber am schwersten.« Das bleibende Vermächtnis sei seine Autobiografie, die »[...] uns bewegen kann, die Welt so zu verändern, daß wir in ihr überleben können.«

Diese ungewöhnliche Todesanzeige umreißt die markanten Punkte im Leben von Heinz Brandt, die für seine Wahrnehmung und Wirkung in der Bundesrepublik prägend waren. Drei Verfolgungen – wobei es sich bei dem erwähnten Konflikt mit den Gewerkschaften 1977 um ein schnell eingestelltes Untersuchungsverfahren nach einem Ausschlussantrag handelte – werden miteinander parallelisiert. Sein Nonkonformismus, so muss man schließen, hat ihn immer wieder in Konflikt zu den bestehenden politischen Verhältnissen gebracht. Dies galt offenbar für alle drei Systeme der deutschen Zeitgeschichte: den Nationalsozialismus, die DDR und schließlich auch Bundesrepublik.

1 Theodor Lessing: Geschichte als Sinngebung des Sinnlosen, München 1983, 31.

2 Todesanzeige Heinz Brandt, Frankfurter Rundschau (FR) 13.1.1986. Unterschrieben hatten u. a.: Wolf Biermann, Heinz Brakemeier, Daniel Cohn-Bendit, Max Diamant, Jakob Moneta, Heiner Halberstadt, Milan Horacek, Jürgen Seifert, Nikolaus Simon, Gustave Stern, Helga und Klaus Vack.

Diese symbolische Inszenierung eines Lebens hat auch die *tageszeitung* durch ein Foto im Nachruf ausgedrückt: Ein älterer, kleiner Mann in einem gestreiften kurzärmeligen Hemd steht auf einem Westberliner Beobachtungsturm und stützt sich auf die Umzäunung. Sein Blick geht an der von der linken Bildseite hereinragenden Hand, die ein Buch hält, vorbei. Er wirkt in die Ecke gedrängt und scheint sich zu sammeln. Im Hintergrund ist die Berliner Mauer zu sehen, der Blick geht über Mauer und Todesstreifen hin zu einigen Ostberliner Neubauten. Neben dieser Ost-West-Konfrontation rücken durch ein kleines Detail auch die nationalsozialistische Vergangenheit und die Verfolgung von Brandt ins Bewusstsein: Auf dem linken Unterarm von Brandt ist seine eintätowierte Häftlingsnummer aus Auschwitz zu erkennen.[3] In der Unterzeile hieß es: »Ein unbequemer Zeitzeuge und Einzelgänger ist tot.«

**Abb. 1:** Gedenken in der taz: Heinz Brandt ca. 1985.

Wer war dieser Mann, dessen in so ungewöhnlicher Form gedacht wurde? In dem Begriff der *tageszeitung* vom »unbequemen Zeitzeugen« ist seine streitbare Art und gleichzeitig seine Repräsentanz der Vergangenheit festgehalten. Erstaunlich ist es jedoch, jemanden als Einzelgänger zu charakterisieren, der seit seiner Jugend in großen Organisationen der deutschen Arbeiterbewegung engagiert war: Seit 1931 in der Kommunistischen Partei, bis 1958 war er Mitglied der SED, nach seiner Flucht aus der DDR in die Bundesrepublik war er Redakteur bei der IG Metall und trat der SPD bei.

Die Vorlage zu dieser Deutung hat Brandt selbst geliefert. In seiner Autobiografie, die er 1967 veröffentlichte[4], entwarf er sein Leben als das eines Nonkonformisten, der

3 Foto von Heinz Brandt mit Unterzeile, Titelseite der taz, 11.1.1986.

4 Heinz Brandt: Ein Traum, der nicht entführbar ist. München 1967, (List-Verlag), Neuauflagen 1977 (Verlag Europäische Ideen), 1978 (Verlag Klaus Guhl) und 1986 (Fischer Verlag). Alle Ausgaben sind seitenidentisch gedruckt. Im weiteren Verlauf dieser Arbeit wird aus der Ausgabe von 1977 zitiert, die um ein Vorwort und einige Rezensionen erweitert wurde.

immer gegen die herrschenden Verhältnisse gestritten hatte und sich nicht von der Macht korrumpieren ließ. Sein politisches Ziel drückte er in einem Satz des frühen Marx aus: Dass der »*Mensch das höchste Wesen für den Menschen* sei, also mit dem *kategorischen Imperativ, alle Verhältnisse umzuwerfen*, in denen der Mensch ein erniedrigtes, ein geknechtetes, ein verlassenes, ein verächtliches Wesen ist«.[5] Diese humanistisch-idealistische Prämisse reklamierte Brandt für sich, was ihn als Vertreter einer spezifischen Strömung der deutschen Arbeiterbewegung oder, in einem erweiterten Zugriff, der Linken, ausweist, in der die moralische Idee des Sozialismus betont wurde und die sich in Distanz zur Macht begriff. Die Biografie Brandts ermöglicht es, anhand des schicksalsträchtigen Lebens dieses politischen Praktikers der Spur solcher utopisch-ethischen Ideen in der Linken nachzugehen. Daraus ergeben sich die zentralen Fragestellungen dieser Arbeit: Wie wirkte ein sich selbst als Nonkonformist verstehender Sozialist in den großen Organisationen der Arbeiterbewegung? Welche Chancen, welche Hindernisse gab es für jemanden, der seine idealistische Überzeugung gegen zweckrationale politische Überlegungen stellte und mit einigem Recht als Querdenker, vielleicht auch Querkopf bezeichnet werden kann?[6] Denn zum Merkmal des Nonkonformismus gehört seine Marginalisierung durch die hegemoniale Politik. Brandt stand auch für verdrängte Aspekte im Kommunismus wie in der Sozialdemokratie und in den Gewerkschaften: Das Beharren auf einem utopischen Ziel, das die eine Seite diktatorisch, die andere Seite verwaltungstechnisch aufgab. Es kann in der vorliegenden Arbeit nicht darum gehen, die Realisierungschancen solcher Vorstellungen zu bestimmen, sondern es soll ermittelt werden, aus welchen Bedingungen solche utopischen Vorstellungen erwuchsen. Brandt hat in seinem politischen Leben häufiger den Standort gewechselt und nachträglich immer die Einheit seines Handelns betont. Die zum Teil erstaunlichen Wechsel und deren Motive sollen aufgezeigt und diskutiert werden. Dazu gehört eine Überprüfung von Brandts eigenen Entwürfen als Nonkonformist, inwieweit wirkten hierbei Fiktionalisierungen und Überhöhungen? Hat Brandt versucht, seine Biografie als »Wunschbiographie« zu erzählen, um seine eigene nonkonformistische Identität narrativ begründen zu können? Dabei, und das gehört ebenfalls zur zentralen Fragestellung, hat Brandt als doppelt Verfolgter im Nationalsozialismus und Stalinismus schweres Leid erlitten. Inwieweit wirken diese Verfolgungen auf sein politisches Handeln, gerade auch im Kontext der erinnerungspolitischen Entwicklungen in Ost und West? Um diese zentralen Fragestellungen präziser einkreisen zu können, soll zunächst nach den typologischen Merkmalen der Biografie Brandts gefragt werden.

5 Karl Marx: Zur Kritik der Hegelschen Rechtsphilosophie. Einleitung. In: Karl Marx/Friedrich Engels: Staatstheorie. Materialien zur Rekonstruktion der marxistischen Staatstheorie, hg. und eingeleitet von Eike Hennig, Joachim Hirsch, Helmut Reichelt und Gert Schäfer, Frankfurt/Main u. a. 1974, 93-110, 102.

6 Gerd Koenen: Das rote Jahrzehnt. Unsere kleine deutsche Kulturrevolution, Köln 2001, 494.

## 1 Zuordnungen: Systematische Aspekte eines Lebens

In dem öffentlichen Bild, das Brandt hinterlassen hat, springen die Widersprüche direkt ins Auge. Mal ist er »Antikommunist vom Dienst«[7], dann »Beispiel für aufrechten Gang«[8], »ohne Realitätssinn«[9] oder »Galionsfigur eines in der IG Metall gepflegten humanistischen Sozialismus«.[10] Normativ hat Rudi Dutschke, der mit Brandt befreundet war, auf die Vermittlungsbedeutung Brandts hingewiesen:

> »Alle jüngeren Generationen können, wenn sie versuchen sich über das Verhältnis von Demokratie und Sozialismus Klarheit zu verschaffen, von der Lebens- und Kampf-Geschichte von F. Kriegel und H. Brandt exemplarisch lernen.«[11]

Für den Titel der vorliegenden Arbeit wurde der Begriff des »undogmatischen Sozialisten« gewählt. Heinz Brandt, der nicht als ein ausgewiesener Theoretiker gesehen werden kann, hat sich um eine präzise Begrifflichkeit zur Selbstdefinition nicht gekümmert. Seine Selbstbezeichnungen changierten zwischen »humaner Sozialist«, »demokratischer Kommunist« oder, angesichts des Aufschwunges linker Ideen in den 70er-Jahren, »neuanarchistischer Neu-Marxianer«[12]. Bei dieser theoretisch nur schwer zu vereinenden Benennung ging es Brandt nicht um eine konsistente Theorie, sondern mehr um eine eher literarische Kennzeichnung eines Wunsches nach Veränderung. Dieses Motiv seines Lebens scheint im »undogmatischen Sozialisten« noch am besten aufgehoben. Es ist eine Definition, die sich vor allem in Abgrenzung zu dogmatischen, besonders marxistisch-leninistischen Theoremen begreift. Dies gilt auch für die Zusätze zu »Sozialismus« wie »freiheitlich« oder »demokratisch«. Hier steht die Absetzung vom Sozialismus sowjetischer Prägung ebenfalls im Vordergrund, und mit den Begriffen wird vermittelt, wie ein Sozialismus nicht sein soll: Diktatur, Zwangsverhältnisse, intellektueller und politischer Dogmatismus oder Opportunismus. Da freiheitlicher und demokratischer Sozialismus eng mit der Geschichte der Sozialdemokratie in der Bundesrepublik verknüpft sind[13], ist im »undogmatischen Sozialisten« die größere Flexibilität, die Neugierde auf neue Entwicklungen und Theorien angelegt. Als undog-

---

7 Michael Stiller: Die drei Leben des Heinz Brandt, Süddeutsche Zeitung vom 14.11.1984.

8 Beispiel für aufrechten Gang. In: Frankfurter Rundschau vom 11.1.1986. So auch Moritz Lorenz: Die Ost-West-Geschichte des Heinz Brandt. In: Lothar Dittmer/Detlef Siegfried (Hrsg.): Ost-West Geschichten. Schüler schreiben über Deutschland, München 1996, 68-86.

9 Georg Benz: Ein Fall der politischen Justiz. In: Ders./Edith Großpietsch (Hrsg.): Wissen, um zu handeln. Ein Buch der Solidarität mit Heinz Dürrbeck, Göttingen 1998, 13-62, 61.

10 Petra Monika Jander: Don Quichote gegen Atomfilz. In: Die Zeit vom 29.4.1977.

11 Rudi Dutschke: Alles real, bloß nicht der Sozialismus. Haben bürgerliche Rechte was mit proletarischen Pflichten zu tun? In: Konkret, (Juli 1977), Nr. 7, 17-19. Frantisek Kriegel (1908–1979) war ein tschechoslowakischer Kommunist und Spanienkämpfer jüdischer Herkunft, der nach der Niederschlagung des Prager Frühlings 1968 zum Dissidenten wurde.

12 Brandt, Traum, 1985, XI.

matischer Sozialist gehörte Brandt in der Bundesrepublik mit zur »heimatlosen Linken«, die zwischen Gewerkschaften, Sozialdemokratie, marxistischen Kleingruppen oder intellektueller Ungebundenheit oszillierte.[14] Obwohl Brandt gut 20 Jahre Mitglied der SPD war, sah er darin nicht seine politische Heimat, sondern eine notwendige Organisationsform. Er blieb beständig auf der Suche nach neuen linken Strömungen und widerständigem Verhalten.

Erich Fromm, mit dem Brandt verwandt war und mit dem er seit Ende der 50er-Jahre im engen Kontakt stand[15], hat 1963 versucht, einen Gegenbegriff zum »autoritären Charakter« zu entwickeln. Er skizzierte den »revolutionären Charakter«.[16] Diesen Charakter umkreist er zuerst in Abgrenzung: Nicht unbedingt ein Revolutionär, kein Dogmatiker, kein Rebell oder Fanatiker habe diesen Charakter. Ein »revolutionärer Charakter« sei kritisch gegenüber jeglichen Autoritäten und habe sich von einengenden Loyalitäten gelöst. »In ihm sind Skepsis und Glaube. Skeptiker ist er, weil er die Ideologien verdächtigt, unerwünschte Realitäten zu verschleiern. Glaubender ist er, weil er an das glauben kann, was erst potentiell ist, ohne schon ganz geboren zu sein.«[17] Die Figur des skeptisch Glaubenden – oder glaubenden Skeptikers – ist, bei allen notwendigen Einschränkungen, ein Schlüssel zum Verständnis Brandts. Fromms Entwurf, der zu einer Zeit entstand, als Fromm sich intensiv für die Freilassung Brandts aus DDR-Haft einsetzte, ist normativ zu verstehen. Gerade die beiden Aspekte eines nichtreligiösen Glaubens und die Skepsis gegenüber geschlossenen Ideologien kennzeichneten Brandts politische Haltung. Die Stränge hierzu waren bereits in früher Jugend angelegt. Brandt entstammte einer liberal-bildungsbürgerlichen jüdischen Familie. Vor dem Hintergrund der beständigen Ausgrenzungsbedrohung eines gesellschaftlichen »antisemitischen Codes« im polnischen Posen und in der Weimarer Republik war für Brandt die kommunistische Bewegung die schlüssigste Lösung für eine angezweifelte Identität als Deutscher. Die Linkswendung von jungen Juden und Jüdinnen in der Weimarer Republik war, neben dem politischen Angebot eines Zionismus, der jedoch auch stark von sozialistischen Vorstellungen geprägt war[18], ein

13 Vgl. Stichwort Demokratischer Sozialismus. In: Lexikon des Sozialismus, herausgegeben von Thomas Meyer, Köln 1986, 120-123.

14 Vgl. zu zwei dieser Gruppen: Oliver Schöller: Die heimatlose Linke: Zwischengruppe oder Zwischenstation? Das Beispiel der Unabhängigen Arbeiterpartei Deutschlands. In: Eckart Spoo/Rainer Butenschön (Hrsg.): der Mensch & der Plan. Eine Jahrhundertbilanz des Kommunismus, Hamburg 2000, 153-159; Karljo Kreter: Sozialisten in der Adenauer-Zeit. Die Zeitschrift »Funken«. Von der heimatlosen Linken zur innerparteilichen Opposition in der SPD, Hamburg 1986.

15 Fromm und Brandt waren miteinander verwandt, ihre Großväter waren Brüder. Sie trafen sich zwar erstmals 1960, jedoch hatte Fromm seit den späten 30er-Jahren häufiger Brandt materiell unterstützt.

16 Erich Fromm: Der revolutionäre Charakter. In: Ders.: Gesamtausgabe, Band IX: Sozialistischer Humanismus und Humanistische Ethik, 343-353.

17 Ebd, 353.

18 Vgl. Michael Brenner: Geschichte des Zionismus, München 2002, 78 f.

kennzeichnendes politisches Verhaltensmuster. Es gibt vor allem drei Deutungsmuster, mit denen sozialistisches und kommunistisches Engagement als Merkmal der jüdischen Geschichte erfasst worden sind: der »jüdische Selbsthass«, das Konzept des nichtjüdischen Juden und der säkulare Messianismus. Alle drei Aspekte sollen hier für Heinz Brandt diskutiert werden.

Der jüdische Selbsthass hat die massive und emotional besetzte Ablehnung des Judentums durch Juden zum Kern.[19] Dies ist kein alleiniges Phänomen der Linken, gerade auch jüdische Antisemiten und Konservative können damit beschrieben werden. Es wird versucht, die Außenseiterrolle als Jude durch Überanpassung an die nichtjüdische Gesellschaft zu kompensieren. Für Brandt ist nur sehr vereinzelt ein solches Verhaltensmuster angenommen worden.[20] Es fehlt auch eines der entscheidenden Motive: Brandt hat das Judentum zeit seines Lebens als positive Ressource für Veränderungen begriffen. Das Judentum sei »im Kern human, radikal, revolutionär«.[21]

Der »nicht-jüdische Jude« ist ein von Isaac Deutscher geprägter Begriff, den er an kritischen jüdischen Denkern wie Spinoza entwickelte und auf sozialistische und kommunistische Juden des 20. Jahrhunderts übertrug.[22] Die Konzeptionalisierung des nicht-jüdischen Juden zielt auf den Einsatz gegen Unterdrückung und den Versuch, die Verhältnisse in sozialistisch-universalistischer Perspektive zu (er-)lösen. Prägend ist die marginalisierte Stellung als Außenseiter in doppelter Hinsicht: Die religiösen jüdischen Traditionen werden verlassen, aber die Zugehörigkeit zu den nichtjüdischen Gesellschaften wird weiterhin verweigert. Aus dieser marginalisierten Stellung erwachse der Einsatz für universalistische Ziele und die Erwartung einer sozialistischen Gemeinschaft. Es ist nicht unproblematisch, dieses Konzept für die Zeit nach 1945 anzuwenden. Detlev Claussen hat darauf hingewiesen, dass die Erfahrungen des 20. Jahrhunderts die Figur des nicht-jüdischen Juden transformierten: »Auschwitz und die pervertierte Oktoberrevolution haben die Gestalt des nichtjüdischen Juden verändert – das messianische Moment tritt zurück hinter das des Erinnerns.«[23] Brandts Wirken in der Bundesrepublik war auch davon geprägt, Erinnerungen an die Verbrechen – wobei für ihn der »stalinistische Verrat« an den befreienden Ideen des Marxismus im Vordergrund stand – zu vermitteln. Dennoch blieb Brandt nach 1945 von einer messianischen Idee erfüllt. Fluchtpunkt seiner Vorstellungen war, trotz der Verbrechensge-

---

19 Vgl. Peter Loewenberg: Antisemitismus und jüdischer Selbsthaß. In: Geschichte und Gesellschaft 5 (1979), 455-475.

20 Janusz Bodek: Die Fassbinder-Kontroversen: Entstehung und Wirkung eines literarischen Textes; zu Kontinuität und Wandel einiger Erscheinungsformen des Alltagsantisemitismus in Deutschland nach 1945, seinen künstlerischen Weihen und seiner öffentlichen Inszenierung, Frankfurt 1991, 264.

21 Dieses Verständnis leitete er von seinem Großvater, dem Rabbiner Ludwig Krause, ab, der ihn nachhaltig beeindruckte. Brandt, Traum, 69-71, Zitat 71.

22 Isaac Deutscher: Der nichtjüdische Jude. Essays. Vollständige Neuausgabe, mit einem Beitrag von Tamara Deutscher und einer Einführung von Detlev Claussen, Berlin 1988. (Englische Erstausgabe 1968 postum).

23 Detlev Claussen: Einführung. In: Ebd., 7-27, 21.

schichte des 20. Jahrhunderts, eine neue Gesellschaft. Die Gewalterfahrungen wurden in gewisser Weise von ihm positiv interpretiert: »[D]as Verändernwollen ist nur um so heftiger geworden – quer zur bequemen Verzweiflungsphilosophie, der Antipraxis-Theorie, die Adorno (als traumatische Nach-Auschwitz-Weisheit) allein übrigzubleiben schien.«[24]

Bei Brandt fällt daher die Nähe zum dritten Deutungsmuster auf, zu dem des säkularen Messianismus. Adam Weisberger hat es für die jüdische Geschichte des späten Kaiserreichs genauer untersucht. Seiner Ansicht nach könne die These der doppelten Marginalisierung nicht unbedingt schlüssig eine Hinwendung zum Sozialismus oder Kommunismus erklären, da auch liberale und konservative Juden die Marginalisierung erleben mussten und andere Antworten darauf fanden.[25] Weisberger sucht nach strukturellen Ähnlichkeiten von Sozialismus und religiösem Judentum. Dies lasse darauf schließen, dass die Gemeinsamkeiten den Sozialismus für nichtreligiöse Juden attraktiv machten. Es sind vor allem drei Elemente festzumachen: Im Marxismus ist wie im Judentum die historische Grundlage eine Dreiteilung. Ein harmonischer Urzustand, eine sich anschließende Phase der Verwerfung und historischen Entwicklung mit dem Endpunkt des Kommunismus oder einer geretteten Welt nach Ankunft des Messias. Zum Zweiten lassen sich die Erwartungen an das auserwählte Volk wie das Proletariat als Träger dieser historischen Entwicklung ausmachen. Als dritte Parallele wird die Erlösung verstanden. Sie ist in der sozialistischen Teleologie ebenso aufgehoben wie im religiösen Judentum.[26] Es kann daher bei den sozialistischen und kommunistischen Juden von einer Transzendenz der marginalisierten gesellschaftlichen Position gesprochen werden.[27] Dieses Verhaltensmuster lässt sich bei vielen intellektuellen Juden ausmachen, für die der Sozialismus vor allem auch eine »moralische Idee« war. Auch hieraus entspringt die immer wieder auszumachende kritische Distanz zur Herrschaft: »When Jewish messianism erupts into activity, in either its religious or its secular incarnations, its disposition toward constituted authorithy is critical, if not revolutionary.«[28]

Nun lassen sich sicherlich mehr Gründe für eine politisch linke Orientierung ausmachen, und das Konzept des »säkulären Messianismus« ist auch kritisiert worden, da zum Beispiel kaum von einer »jüdischen Solidarität« in der Sozialdemokratie gesprochen werden kann.[29] Christoph Schulte hat eindringlich darauf hingewiesen, dass präziser von unterschiedlichen Messianismen gesprochen werden sollte.[30] Für die jüdi-

24 Brandt, Traum, 1985, VII.

25 Adam Weisberger: The Jewish Ethic and the Spirit of Socialism, New York u. a. 1997, 6 f.

26 Ebd., 56.

27 Ebd., 55-57. Ähnlich wie Weisberger argumentierend: Jacob Katz: Zwischen Messianismus und Zionismus. Zur jüdischen Sozialgeschichte, Frankfurt/Main 1993, insb. 21-36.

28 Weisberger, Ethic, 118.

29 Vgl. mit der Diskussion der kritischen Literatur: Ebd., 111 f.

30 Christoph Schulte: Der Messias der Utopie. In: Menora. Jahrbuch für deutsch-jüdische Geschichte 11 (2000), 251-278, 256.

schen Linksintellektuellen im 19. und 20. Jahrhundert sei vor allem ein futurischer Messianismus kennzeichnend gewesen, der sich auf die Unterdrückung und schlechte Gegenwart bezog und deren Überwindung durch universalen Frieden und Gerechtigkeit mit sozialistischen Zielen gut zur Deckung gebracht werden konnte. Vor allem spätere Denker seien vom apokalyptischen Messianismus bestimmt, mit dem weniger die Erlösung in dieser Welt, sondern von dieser Welt gemeint war.[31]

Der säkulare Messianismus wird hier als ein Deutungsmuster verstanden, mit dem individuelle Sozialisationswege und durchwirkende Stränge in Brandts Leben aufgehellt werden können. Bei ihm ist eine Gläubigkeit erkennbar, die von einem stark messianischen Moment erfüllt ist. Untergang und Rettung liegen in Brandts politischem Denken immer sehr dicht beieinander. Insofern verkörperte Heinz Brandt als jüdischer Kommunist und Sozialist auch ein messianisches Moment als Merkmal der Linken in der Bundesrepublik. In Brandts Wirken ist ein zutiefst optimistischer Grundton zu erkennen, dessen Ursprung angesichts der vielfältigen Gewalterfahrungen nur in einer nichtreligiösen Gläubigkeit erklärbar scheint.

Brandts Biografie umreißt eine Reihe von weiteren Aspekten, die in der Arbeit mit behandelt werden. Brandt war als Jugendlicher zur kommunistischen Bewegung gekommen und arbeitete als ehrenamtlicher Funktionär für die KPD. Brandt hat sich dieser Bewegung schon früh ganz verschrieben und sein Studium aus politischen Gründen abgebrochen. Es überrascht daher nicht, dass er als Widerstandskämpfer im Nationalsozialismus agierte und den Weg der meisten aktiven Kommunisten ging, die in den frühen Jahren des Regimes in Haft gerieten. Als jüdischer Kommunist gab es für ihn keine Möglichkeit, durch Aufgabe seiner politischen Überzeugungen zur »deutschen Volksgemeinschaft« zurückzukehren, wie es manch anderen möglich war. Brandt blieb auch nach Ende der Strafhaft inhaftiert und durchlitt mit Sachsenhausen, Auschwitz und Buchenwald drei der bekanntesten Konzentrationslager der nationalsozialistischen Vernichtungspolitik. Unter welchen Bedingungen und Umständen gelang es Brandt, die Haft zu überleben? Die Biografie Brandts bietet die Möglichkeit, auch für die kommunistische Überlebensgemeinschaft in den Lagern aufzuzeigen, wie sehr angesichts des nationalsozialistischen Terrors die sowjetische Politik das Denken mitbestimmte.

Nach der Befreiung war der Weg in der kommunistischen Partei und dann in der Sozialistischen Einheitspartei Deutschlands (SED) eine nahezu klassische Karriere. Ab 1945 engagierte Brandt sich auf der mittleren Funktionärsebene, wie es für die vielen langjährig inhaftierten kommunistischen Funktionäre üblich war. Allerdings ist diese Entwicklung nur kurze Zeit ungebrochen. Er bewahrte sich trotz seines Einsatzes für die Partei eine kritische Haltung, stellte diese jedoch angesichts der ehrgeizigen Ziele eines Neuaufbaus und der Hoffnung, der alten Utopie nun näher zu kommen, zurück. Diese Bindung nach und nach zu lockern und sich schließlich gegen die

31 Ebd., 260-262.

SED-Führung zu wenden, ist Kennzeichen einer Bereitschaft zum Widerspruch, die die allermeisten höheren SED-Funktionäre nicht besaßen, die manchen abrupten politischen Richtungswechsel mit Zynismus oder Opportunismus vertraten. Für Brandt war die sich etablierende SED-Herrschaft verbunden mit einem langjährigen Prozess der Lösung. Es zeigten sich die individuellen Verfertigungswege seines undogmatischen Denkens. Allerdings ist gerade hier eine präzisere Überprüfung seiner eigenen Angaben notwendig. Der Weg eines SED-Oppositionellen war unter den belastenden Bedingungen der Diktatur und der persönlichen Gefährdung durch stalinistische Säuberungen langfristig nur als Bruch oder Unterwerfung zu vollziehen. Eine unterschiedlich zusammengesetzte und nie geschlossen auftretende SED-Opposition versuchte in den 50er-Jahren mehrmals, den als Stalinisten ausgemachten Walter Ulbricht zu stürzen, um einen Reformkurs einzuleiten. Dies war viele Jahre auch das politische Ziel Brandts. Da er jedoch aus verschiedenen Gründen in der Partei marginalisiert wurde, wählte er schließlich den Weg zum verdeckten Widerspruch, in dem er mit dem Ostbüro der SPD zusammenarbeitete. Diese konspirative Arbeit war jedoch auch durch persönliche Beziehungen geprägt. Die engen Verzahnungen einer gesamtdeutschen Arbeiterbewegung ließen sich im ersten Nachkriegsjahrzehnt nicht einfach kappen. Sie blieben Konstitutionsbedingung für die politischen Diskussionen. Jürgen Kocka hat vorgeschlagen, für die »doppelte Zeitgeschichte« der DDR und der BRD die Verflechtungen, Abgrenzungen und Verbindungen stärker in den Blick zu nehmen.[32] Dafür bietet sich die Biografie eines Grenzgängers geradezu an. Die unzureichende Entstalinisierung in der DDR nach 1956 veranlasste eine Reihe von SED-Mitgliedern, in den Westen zu fliehen. Auch Heinz Brandt kann einer Gruppe von ehemaligen SED-Mitgliedern zugeordnet werden, die im Westen an den Ideen eines Dritten Weges festhielten. Ernst Bloch, 1961 in die Bundesrepublik übergesiedelt, wurde später zu einem der bekanntesten Philosophen der Neuen Linken.[33] Gerade das Festhalten am utopischen Antriebsmotiv von politischen Bewegungen ist bei Brandt im Westen auszumachen: »Revolutionen sind Lokomotiven der Weltgeschichte, sagt Karl Marx. Nun, ihr Brennstoff ist die Utopie: Sie befähigt den Menschen, den Stein der Geschichte zu heben, der immer wieder gehoben sein will«, schrieb Brandt.[34] Er fand sich, wie eine nicht geringe Zahl von DDR-Flüchtlingen, in der politischen Linken der Bundesrepublik wieder, die sich in der Adenauer-Ära in einer restaurativen Phase wähnten. Diese »heimatlose Linke« changierte in der Bundesrepublik zwischen SPD, KPD und eigenen Organisations-

---

32 Jürgen Kocka: Die Geschichte der DDR als Forschungsproblem. Einleitung. In: Ders. (Hrsg.): Historische DDR-Forschung. Aufsätze und Studien, Berlin 1993, 9-26, 13.

33 Blochs Philosophie, bekannt unter dem häufig banalisierten Werktitel »Das Prinzip Hoffnung«, ist die Verwirklichung der menschlichen Potentialität in der Utopie. Vgl. Detlef Horster: Ernst Bloch (1885–1977). In: Klassiker des Sozialismus II. Von Jaurès bis Herbert Marcuse, herausgegeben von Walter Euchner, München 1991, 198-208.

34 Brandt, Traum, 353.

versuchen. Diese Versuche sind als »Linkssozialismus« charakterisiert worden, die sich durch »Heterogenität und relative Offenheit ihrer politischen Anschauungen und ihrer Strategie« auszeichneten.[35]

Die Verzahnungen beider deutschen Staaten wurden durch die Entführung Brandts 1961 auf dramatische Weise präsent. Die internationale Solidaritätskampagne für seine Freilassung, die 1964 schließlich zum Erfolg führte, dokumentierte aber auch die engen Grenzen einer politischen Einflussnahme und die Distanz der westdeutschen Linken zu den Entwicklungen in der DDR, die gerade auch von den meisten Unterstützern Brandts als zweiter deutscher Staat anerkannt wurde.

Im Westen arbeitete Brandt als Redakteur bei der IG Metall in Frankfurt am Main. Durch seine spätere Prominenz ist Brandt immer auch als Gewerkschaftsfunktionär verstanden worden. Aber er gehörte nicht im engeren Sinne zur Funktionselite der Gewerkschaft. Zwar hatte er als Redakteur eine gewisse Diskursmacht, aber in der Rolle als Angestellter der IG Metall blieben seine Möglichkeiten zur Gestaltung eingeschränkt. Brandt ist auch hier ein Beispiel für das utopische Element der Gewerkschaftsbewegung in der Forderung nach Emanzipation der Menschheit. Es ist daher zu fragen, welche Einflussmöglichkeiten der Quereinsteiger auf die Gewerkschaft haben konnte. Inwieweit kann das utopische Motiv in seiner alltäglichen Arbeit ausgemacht werden? Blieb das Verhältnis des Nonkonformisten auch im Westen spannungsreich gegenüber der Organisation, die ihn ernährte?

Brandt begrüßte die Studentenrevolte von 1968 und die daraus entstehende Bewegung. Als politischer Publizist erlangte Brandt eine Prominenz als Linksintellektueller mit gewerkschaftlichem Hintergrund. Seine utopischen Vorstellungen fanden Widerhall, verbunden mit einer gewissen Bewunderung für ein kämpferisches Leben im 20. Jahrhundert. Als reine Repräsentationsfigur war Brandt jedoch ungeeignet, da er sich in die Auseinandersetzungen aktiv einmischte. Die Elemente der Vermittlung und seiner historischen Repräsentanz in der Neuen Linken und den Neuen Sozialen Bewegungen bis hin zur Partei »Die Grünen« wird daher nachgezeichnet. Dabei wird deutlich, dass spätestens hier die Verallgemeinerbarkeit seiner Zuordnungen immer schwieriger wird. Die Zahl der Aktivisten aus seiner Generationskohorte in den 70er-Jahren, die in der Linken Prominenz erlangten und zugleich Aktivisten waren, blieb äußerst gering. Brandt war von einer erstaunlichen Offenheit und Neugierde für neue Bewegungen geprägt. Er war Repräsentant von erlittenen Verfolgungen in Ost und West, stand gegen stalinistische Deformierungen des Sozialismus. Als »streitbarer Intellektueller« wirkte er seit Ende der 60er-Jahre in neuen politischen Resonanzräumen und diskursiven Anordnungen, die sich mit der Studierendenrevolte und dem Demokratisierungsbegehren in der Reformphase der sozialliberalen Koalition eröffneten.[36] Die letzten Lebensjahre Brandts in der ersten Hälfte der 80er-Jahre waren hingegen

35 Stichwort Linkssozialismus in Deutschland nach 1945. In: Lexikon des Sozialismus, 405.

von einer teilweise resignativen Stimmung geprägt, die aus der Enttäuschung des lebenslangen Kampfes für Utopie und Sozialismus resultierte.

Die Frage nach der Einordnung Brandts in allgemeine Kategorien ist zugleich von der Frage nach seiner Abweichung begleitet. Brandt war zwar kommunistischer Funktionär, aber auch SED-Oppositioneller. Er war ein bekannter Gewerkschafter, aber zugleich stand er immer wieder quer zur Organisation. Die »individuelle Verfertigung« seines Lebens ist von einer Vielzahl von Brüchen und Wechseln gekennzeichnet, die ihn als eine schillernde, auch widersprüchliche und streitbare Person präsentieren. Als jüdischer Kommunist gehörte er bereits einer Minderheit an, was ihn in der DDR und der Bundesrepublik fast zu einer exotischen Erscheinung machte. Als »Ex-Kommunist«[37] hat er sich selbst nie bezeichnet, sondern als »glühender Anti-Realkommunist«, der auf seiner kommunistischen Vision beharrte.[38] Brandts Biografie beleuchtet die Linie einer Strömung innerhalb der Linken, die Sozialismus vor allem als moralische Idee verstand und als Leitmotiv an der utopischen Versprechung der Erlösung festhielt. Angesichts des Fehlens einer identifizierbaren Organisation ist diese Geschichte vor allem durch die Einzelbiografien ihrer Protagonisten zu schreiben, deren individuelle Lebenswege von einer Vielzahl von spezifischen Merkmalen geprägt waren.[39]

## 2 Zur biografischen Methode

Biografien waren in der Geschichtswissenschaft lange Zeit unter den Generalverdacht des Historismus gestellt. Angesichts sozialgeschichtlicher Fragestellungen erschien in den 70er- und 80er-Jahren die Biografie als ein zu vernachlässigendes Genre der historischen Forschung, das Berechtigung höchstens noch als Kollektivbiografie hatte. Der entscheidende Vorwurf war und ist bis heute, dass eine einzelne Person als autonomes Subjekt im Sinne des Historismus beschrieben und so aus dem sozialen Kontext gelöst wird. Der geschichtswissenschaftliche Erkenntnisgewinn sei daher nur gering zu ver-

36 Mit dem »streitbaren Intellektuellen« ist keine akademische Funktion verbunden, sondern eine schreibende Person, die den Raum des Politischen offen halten und darin agieren will. Es geht also nicht um Affirmation, sondern um eine prinzipiell skeptische Haltung zur bestehenden Gesellschaft. Vgl. zum Begriff: Wolfram Burkhardt/Johan F. Hartle: Risse im Raum des Politischen. Über den Typus des streitbaren Intellektuellen. In: Vorgänge 41 (2001) Heft 156, 5-17.

37 Darunter ordnet Kuhn ihn ein. Vgl. Hermann Kuhn: Bruch mit dem Kommunismus. Über autobiographische Schriften von Ex-Kommunisten im geteilten Deutschland, Münster 1990.

38 Heinz Brandt: Windjacke contra Regenschirm. In: Pflasterstrand 11 (25.1.1986), Nr. 228, 22-26, 26.

39 Vgl. Ilse Schepperle: Pierre Ramus. Marxismuskritik und Sozialismuskonzeption, München 1988; Michael Kubina: Von Utopie, Widerstand und Kaltem Krieg. Das unzeitgemäße Leben des Berliner Rätekommunisten Alfred Weiland (1906–1978), Hamburg 2001.

anschlagen.[40] In den letzten Jahren ist jedoch eine solche Vielzahl von fundierten sozialgeschichtlichen Biografien vorgelegt worden, dass Margit Szöllösi-Janze feststellte:

> »Die Schlacht um die Biographie ist im Grunde längst geschlagen: Ohnehin hat keiner der Kombattanten je behauptet, daß sich individuelles Handeln vollständig aus sozioökonomischen Strukturen ableiten läßt, und umgekehrt vertritt auch niemand ernsthaft die Überzeugung, daß das Individuum ohne Gesellschaft überhaupt denkbar ist.«[41]

Die historistische Biografie ist zwar gerade in der populären Darstellung immer noch präsent, aber in der Geschichtswissenschaft hat sich eine sozialgeschichtlich geprägte Form durchgesetzt, die sich von der Vorstellung des Individuums als autonomes Subjekt verabschiedet hat. Der Umweg ging über die sozialwissenschaftliche Forschung, die seit den 70er-Jahren eine systematische Biografik entwickelte, und über die Alltagsgeschichte sowie die Oral-History.[42] Während die historistische Form der Biografie das Individuum durch Nachempfinden zu verstehen suchte und so der prägende Einfluss wichtiger Menschen auf die Gesellschaft dargelegt werden sollte, wird heute von solchen Modellen Abstand genommen.

> »Der Gegenstand der Biographieforschung ist die Darstellung und Erklärung des äußeren Lebensverlaufs und der Selbstinterpretation von Individuen oder Gruppen in ihrem wechselseitigen Zusammenhang und im Kontext der Motive und Wirkungen ihrer Handlungen. Das heißt, Biographieforschung hat es zwar nicht ausschließlich, aber doch zu einem wesentlichen Teil mit der Analyse von Prozessen der Persönlichkeitsentfaltung und Identitätsbildung zu tun.«[43]

Ein einzelner Mensch ist kein nach einer Reifungsphase abgeschlossenes Subjekt, das den gesellschaftlichen Strukturen gegenübertritt, sondern die Subjektivierung des Individuums verläuft in wechselseitigen kommunikativen Prozessen ein Leben lang. Dies gilt auch für einen solch ausgewiesenen Nonkonformisten wie Heinz Brandt.

---

40 Vgl. zur Diskussion dieser Problematik: Andreas Gestrich: Einleitung: Sozialhistorische Biographieforschung. In: Andreas Gestrich (Hrsg.): Biographie – sozialgeschichtlich. 7 Beiträge, Göttingen 1988, 5-28; Margit Szöllösi-Janze: Lebens-Geschichte – Wissenschafts-Geschichte. Vom Nutzen der Biographie für Geschichtswissenschaft und Wissenschaftsgeschichte. In: Berichte zur Wissenschaftsgeschichte 23 (2000) 17-35, 18-20; Dies.: Fritz Haber 1868–1934. Eine Biographie, München 1998, 10-13.

41 So die schöne Formulierung von Szöllösi-Janze, ebd., 12.

42 Vgl. Werner Fuchs: Biographische Forschung. Eine Einführung in Praxis und Methoden, Opladen 1984; seit 1988 hat die Biographieforschung in Deutschland mit *Bios – Zeitschrift für Biographieforschung, Oral History und Lebensverlaufsanalysen* eine eigene Zeitschrift.

43 Gestrich, Einleitung, 14.

Auch ein Widerspruchsgeist ist eingebunden in die kommunikativen Prozesse einer Gesellschaft.

In jeder Biografie lassen sich Merkmale struktureller Prägungen und individueller Verfertigungen ausmachen. Pierre Bourdieu hat mit dem Konzept des Habitus versucht, eine Vermittlungsinstanz zwischen gesellschaftlicher Struktur und individueller Praxis zu bestimmen. Habitusformen werden von den das Individuum konstituierenden Strukturen erzeugt und bilden Systeme dauerhafter Dispositionen. Dies geschieht in der Regel in der Primärsozialisation und den sie bedingenden Strukturen. Der Habitus steht in einem Spannungsfeld: Er ist einerseits hervorgebracht worden, ist zugleich aber auch modus operandi des Individuums und wirkt so auf die Strukturen zurück.[44] Der Austausch erfolgt beständig, allerdings ist von einer starken Wirkungskraft der frühen Konstituierung des Individuums auszugehen. Es ist auch ein Schichtungsmodell, in dem die älteren Wahrnehmungen und Deutungen abgetragen und durch neue ersetzt werden können. Für eine politische Biografie heißt das, die politischen Aktivitäten nicht losgelöst von den sozialen Positionen und gesellschaftlichen Strukturmerkmalen zu sehen. Das mag im ersten Zugriff banal klingen, der große Vorteil besteht jedoch darin, sich von simplen Subjektvorstellungen zu lösen und das Individuum als gesellschaftlich gemachtes, zugleich aber auch gestaltendes zu verstehen. Das Adjektiv »habituell« wird in der vorliegenden Arbeit im Sinne Bourdieus verwendet.

Pierre Bourdieu hat der historischen Biografik auch eine »Faust« in den Nacken gesetzt.[45] Das Interesse an Biografien sei von der »biographischen Illusion« geprägt, den Sinnkonstruktionen eines Lebens zu folgen und der Biograf mache sich zum Komplizen:

> »Das Subjekt und das Objekt der Biographie (der Fragende und der Untersuchte) haben in gewisser Weise das gleiche Interesse, das Postulat der Sinnhaftigkeit der berichteten Existenz (und, implizit, der gesamten Existenz) zu akzeptieren.«[46]

Dieser Vorwurf ist engagiert zurückgewiesen worden[47], und Bourdieus Vorschlag, Biografien nicht mehr chronologisch, sondern allein nach systematischen Aspekten zu verfassen, um die verschiedenen Identitäten präziser erfassen zu können, hat sich nicht durchgesetzt.[48] Der Vorwurf ist möglicherweise auch am falschen Objekt voll-

---

44 Vgl. Pierre Bourdieu: Die feinen Unterschiede. Kritik der gesellschaftlichen Urteilskraft, Frankfurt/Main [7]1994; Frank Janning: Pierre Bourdieus Theorie der Praxis, Opladen 1991, insb. 29-35.

45 So Szöllösi-Janze, Haber, 13.

46 Pierre Bourdieu: Die biographische Illusion. In: Bios 3 (1990), Heft 1, 75-81, 76.

47 Lutz Niethammer: Kommentar zu Pierre Bourdieu. Die biographische Illusion. In: Bios 3 (1990), Heft 1, 91-93.

48 Szöllösi-Janze, Haber, 13.

zogen worden. Denn die narrativen Sinnkonstruktionen, vor denen Bourdieu warnt, sind in der Geschichtsforschung sehr wohl bekannt und es gehört, wie Lutz Niethammer etwas pikiert feststellte, zur Grundausstattung des geschichtswissenschaftlichen Handwerkszeugs, dies kritisch zu reflektieren und sich in Distanz dazu zu setzen.[49] Die Warnung Bourdieus hat jedoch eine anregende Funktion, da sie in eindringlichen Worten darauf hinweist, die Sinnkonstruktionen eines Lebens kritisch zu betrachten. Gerade bei einer sich als Nonkonformisten inszenierenden Person wie Heinz Brandt ist eine kritische Überprüfung dieser Lebenserzählungen notwendig und soll mit der vorliegenden Arbeit erfolgen.

Dabei geht es nicht um eine »biographische Totalität«, in der alle Aspekte eines Lebens erfasst und dargestellt werden sollen. Dies ist methodologisch bei einer auf die politische Entwicklung Brandts ausgelegten Arbeit von vornherein nicht sinnvoll. Aber es kommt die klassische geschichtswissenschaftliche Quellenproblematik hinzu, die eine umfassende Darstellung aller Lebensaspekte Brandts unmöglich macht. Es ist als allgemeines Problem von Biografien der Arbeiterbewegung verstanden worden, dass die Protagonisten nur wenig persönliches Material hinterlassen und sie ihre Biografien als Organisationsbiografien verstehen.[50] Der Mangel an persönlichem Material gilt eingeschränkt auch für Brandt, allerdings aus einem anderen Grund. Das schicksalsträchtige Leben mit Verfolgungen und Fluchten hatte große Lücken in der Überlieferung zur Folge. Gegenüber klassischen Gewerkschafts- und Funktionärsbiografien zeichnete Brandt sich durch eine stärker akzentuierte Individualität aus. Vor allem durch das Veröffentlichen seiner Autobiografie liegt eine umfassende Deutung des Lebens vor, die eine Folie für die hier vorliegende Biografie abgibt. Hinzu kommt eine Vielzahl von veröffentlichten Schriften, zum einen als Partei- und Gewerkschaftsarbeiter, zum anderen als politischer Publizist. Ausreichendes Material also, um eine biografische Studie zu verfassen.

Wenn man sich auf das Wagnis einer politischen Biografie einlässt, dann bedeutet dies häufig genug das Verschwinden des privaten Menschen hinter seinen politischen Einstellungen. Dies trifft jedoch mit einem Quellenproblem zusammen. Denn über den Privatmenschen Heinz Brandt, selbst über sein persönliches Auftreten, gibt es häufig nur Erinnerungen von Einzelpersonen, die im Rahmen einer nicht als Oral-History-Untersuchung angelegten Arbeit kaum methodisch sauber aufgearbeitet werden können. Die Gespräche, die ich im Rahmen der Dissertation führen konnte, gaben mir viele Hinweise und Einblicke. Aber in der Regel sind sie nicht an schriftlichen Quellen verifizierbar. Solche rückblickenden Wertungen sind nur zurückhaltend aufgenommen worden und auch nur dann, wenn es für die Fragestellung sinnvoll war. Es gehört zum biografischen Forschungsprozess, dass die untersuchte Person mal unverständ-

49 Niethammer, Kommentar, 91.

50 Klaus Kempter: Eugen Loderer und die IG Metall. Biografie eines Gewerkschafters, Filderstadt 2003, 20.

lich, mal sehr nahe und ebenso wieder sehr weit entfernt wirken kann. Die wissenschaftliche Distanz kann davor bewahren, in einer Weise subjektiv geprägte Schlüsse zu ziehen, die argumentativ nicht mehr transparent gemacht werden können. Gleichwohl können solche Schlüsse nie ganz vermieden werden, gerade wenn es um eine so vielfältige und auch schillernde Persönlichkeit wie Heinz Brandt geht. Denn trotz aller Distanz soll er als ein Mensch beschrieben werden, der geliebt und gelitten hat.

## 3 Literatur- und Quellenlage

Das Leben Brandts bewegte sich in einer solchen Vielzahl von Strukturen und Situationen des 20. Jahrhunderts, das eine ausführliche Diskussion der spezifischen Fachliteratur in der Einleitung nicht sinnvoll erscheint. Daher soll an dieser Stelle allein auf die Literatur zu Brandt selbst und die daraus resultierenden Forschungsfragen eingegangen werden. Es kann zunächst einmal kaum überraschen, dass die Literaturlage zu Brandt nicht sehr umfänglich ist. Der wesentliche Fokus liegt auf Brandts Aktivitäten als SED-Funktionär und auf der Entführung und Haft in der DDR. Hierbei steht – fast naturgemäß – die Opferperspektive im Vordergrund. Die Darstellungen erfolgten zumeist im Zusammenhang mit anderen Verfolgungsfällen oder als Illustration für das Unrechtsregime der SED.[51] Über die Umstände der Entführung hat der damalige westdeutsche Anwalt Brandts, Diether Posser, eine detaillierte Rückschau vorgelegt, die als mustergültig für Erinnerungsliteratur gelten kann[52], speziell im Vergleich mit den Erinnerungen des DDR-Anwalts Friedrich Wolff, die von Verdrängung geprägt sind.[53] Die Aktivitäten der damals neugegründeten Amnesty International für Brandt sind vor kurzem dargestellt worden.[54] Es passt zu dem in den 90er-Jahren gestiegenen Interesse an der DDR-Geschichte, dass Brandt als Augenzeuge des 17. Junis 1953 einige Beachtung gefunden hat. Seine Darstellung der Ereignisse, die er als SED-Funktionär in Berlin erlebte, war bereits früh als wichtige SED-Innensicht erkannt worden.[55] Dabei stützt sich die Darstellung einiger Ereignisse am 16. Juni 1953 im Polit-

---

51 Manfred Rexin: Verfolgte Kommunisten unter Hitler und Ulbricht: Kurt Müller, Robert Bialek, Heinz Brandt, Karl Schirdewan. In: Friedhelm Boll (Hrsg.): Verfolgung und Lebensgeschichte. Diktaturerfahrungen unter nationalsozialistischer und stalinistischer Herrschaft in Deutschland, Berlin 1997, 165-188; Rudi Beckert: Die erste und letzte Instanz. Schau- und Geheimprozesse vor dem Obersten Gericht der DDR, Goldbach 1995, 218-221.

52 Diether Posser: Anwalt im Kalten Krieg. Ein Stück deutscher Geschichte in politischen Prozessen 1951–1968, München 1991, 315-357.

53 Friedrich Wolff: Verlorene Prozesse 1953–1998. Meine Verteidigungen in politischen Verfahren, Baden-Baden 1999, 81-90.

54 Anja Mihr: Die internationalen Bemühungen von Amnesty International im Fall Heinz Brandt. In: IWK 37 (2001), Heft 4, 449-464.

55 Bereits 1959 konnte Brandt seine Schilderung veröffentlichen. Vgl. Heinz Brandt: Le soulèvement de l'Allemagne de l'Est du 17 juin 1953. In: Études: Revue Trimestrielle Internationale (publié par Institut

büro bis heute stark auf Brandt, ohne dies durch weitere Quellen überprüfen zu können.[56] Die Tätigkeit als SED-Funktionär und die damit verbundene Oppositionsrolle Brandts sowie die Freundschaft mit Robert Havemann haben dazu geführt, dass Brandt eine Position als Antistalinist und kritischer Kommunist in der kollektiven Erinnerung erhielt.[57] In den einschlägigen Lexika und Überblickswerken zu Opposition und Widerstand in der DDR hat Brandt einen festen Platz.[58] Allerdings stützen sich diese zumeist sympathisierenden Darstellungen auf die eigenen Angaben Brandts aus seiner Autobiografie, eine ausführlichere Beschäftigung mit weiteren Quellen erfolgte in der Regel nicht. Dies gilt auch für Schriften, in denen versucht wird, die gesamte Biografie Brandts darzustellen. Der Fokus bleibt auf den Aktivitäten Brandts in der DDR und Verweise auf die Verfolgung im Nationalsozialismus beschränkt.[59] Da zumeist nur Brandts eigene Angaben genutzt werden, muss manches in einer Weise unpräzise bleiben, wie es für einen geschichtswissenschaftlichen Zugriff nicht akzeptabel ist: Zu seiner Tätigkeit als SED-Funktionär gibt es in der Regel keine quellengestützten Angaben. Seine Zusammenarbeit mit dem Ostbüro der SPD wird in der Regel zu früh datiert, da nur einige vage Andeutungen Brandts in seiner Autobiografie als Quelle genutzt werden. Nur sehr wenige Hinweise gibt es schließlich zum Wirken Brandts in der Bundesrepublik, wo eher sehr allgemein auf weiteres Engagement in politischen Fragen verwiesen wird.[60] Für ein Gesamtverständnis ist jedoch gerade das auffällige Engagement Brandts im »Roten Jahrzehnt« von größtem Interesse, zeigten

Imre Nagy de Sciences Politiques, Bruxelles) 1 (Oktober 1959) Heft 2, 98-117; Heinz Brandt: Die sowjetische Deutschlandpolitik im Frühsommer 1953 aus der Sicht fortschrittlicher Kräfte in der SED. In: Osteuropa. Zeitschrift für Gegenwartsfragen des Ostens 15 (1965), Heft 5, 369-377.

56 Manfred Wilke/Tobias Voigt: »Neuer Kurs« und 17. Juni – Die zweite Staatsgründung der DDR 1953. In: András B. Hegedüs/Manfred Wilke (Hrsg.): Satelliten nach Stalins Tod. Der »Neue Kurs«. 17. Juni 1953 in der DDR. Ungarische Revolution 1956, Berlin 2000, 24-135, 71 f.; Torsten Diedrich: Der 17. Juni 1953 in der DDR. Bewaffnete Gewalt gegen das Volk, Berlin 1991, 59-62; Darstellung bei Brandt: Brandt, Traum, 230 f.

57 Vgl. die Rede von Jürgen Fuchs beim Konzert Wolf Biermanns am 4. Dezember 1989 in Leipzig: Der Stalinismus hat nicht gewonnen, Dokumentation, Tageszeitung, 2.12.1989; in der neueren Ausstellung der Gedenkstätte Deutscher Widerstand in Berlin ist Brandts Biografie als Widerstandskämpfer im Nationalsozialismus und in der DDR dargestellt. Vgl. Ausstellung Gegen Diktatur – Demokratischer Widerstand 1933–1945, 1945–1989, Berlin 2003.

58 Lexikon Opposition und Widerstand in der SED-Diktatur, hg. von Hans-Joachim Veen, Berlin und München 2000, 83 f.; Wer war wer in der DDR? Ein biographisches Lexikon, hg. von Helmut Müller-Enbergs, Jan Wielgohs, Dieter Hoffmann, Bonn 2001, 102 f.; Erhard Neubert: Geschichte der Opposition in der DDR 1949–1989, Bonn 1997, 90, 328.

59 Vgl. Heinrich Mohr: Heinz Brandt. In: Karl Wilhelm Fricke/Peter Steinbach/Johannes Tuchel (Hrsg.): Opposition und Widerstand in der DDR. Politische Lebensbilder, München 2002, 332-339; Manfred Wilke: Heinz Brandt – in Selbstzeugnissen. In: Wege nach Bautzen II. Biographische und autobiographische Porträts, eingeleitet von Silke Klewin und Kirsten Wenzel, Dresden 1998, 49-64. Eine verdienstvolle Arbeit ist ein Beitrag zum Schülerwettbewerb Geschichte 1994/95: Lorenz, Ost-West-Geschichte.

60 Vgl. Wilke, Brandt.

sich in dieser Phase doch Brandts Nonkonformismus und die messianische Zielstellung seiner politischen Überlegungen besonders deutlich. Das hat auch zu extrem negativen Darstellungen geführt, die sich aus Konflikten mit der IG Metall ergaben.[61] Die vorliegende Arbeit wird den Fokus von Brandts Tätigkeit als SED-Oppositioneller und Verfolgter zu einem umfassenden Blick auf das Leben eines linken Nonkonformisten ausweiten.

Das Interesse an Brandt ergibt sich aus einem wechselvollen und widersprüchlichen Leben und seiner eigenen Deutung, ein nonkonformistisches Element in der Arbeiterbewegung zu repräsentieren. Die geringe Beachtung seiner politischen Aktivitäten in den 70er-Jahren in der Literatur ist auch daher zu bedauern, da Brandt hier zu einer Vermittlungsinstanz für eine neue Generation von Linken wurde, die sich auf der Suche nach personellen und inhaltlichen Traditionen befand. Diese Verbindungen und Konstellationen aufzuhellen, ist Ziel der vorliegenden Arbeit.

Es ist nicht ohne Gefahren, die Biografien eines Aktivisten der Arbeiterbewegung zu schreiben, der nach allgemeinem Verständnis eher der dritten oder vierten Reihe angehörte. Bereits für führende Gewerkschafter ist die Quellenlage bezüglich persönlicher Dokumente oder Rückschauen zumeist dürftig.[62] Die Quellenlage zu Heinz Brandts Leben und Wirken ist insgesamt recht uneinheitlich. Für die Zeit bis 1945 existieren kaum schriftliche Quellen, es musste daher in verschiedensten Archiven nach Spuren gesucht werden. Eigene schriftliche Quellen Brandts aus dieser Zeit existieren faktisch nicht mehr. Der private Nachlass von Heinz und Annelie Brandt ist im Besitz des Sohnes Stefan Brandt. Allerdings erweist sich dieser Nachlass als äußerst lückenhaft: Aus der Zeit vor der Flucht aus der DDR 1958 ist fast kein privates Material vorhanden. Die überlieferten Briefe des Ehepaares beziehen sich vor allem auf die Kampagne zur Freilassung Heinz Brandts Anfang der 60er-Jahre. Auffällig ist das Fehlen von Dokumenten zu Brandts politischem Wirken in den 70er-Jahren. Es spricht vieles dafür, dass Annelie Brandt nach dem Tode ihres Mannes Material aussortiert hat, welches sie wohl nicht für interessant hielt. Aufbewahrt hat sie eine Reihe von unveröffentlichten und unfertigen Manuskripten Brandts, die Einblicke in seine schriftstellerischen Ambitionen und sein politisches Denken geben. Für die frühen Jahre muss daher vor allem auf die Autobiografie Brandts zurückgegriffen werden. Der familiäre Hintergrund konnte durch Lili Brandt aufgehellt werden.

Brandt war seit Ende der 20er-Jahre Aktivist der kommunistischen Bewegung in Berlin. Da er als Mitglied im Sozialistischen Schülerbund (SSB), der Kommunistischen Studentenfraktion (KOSTUFRA) und schließlich der Kommunistischen Partei Deutschland (KPD) nicht in zentraler Funktion arbeitete, sind Hinweise auf ihn aus

61 Vgl. Georg Benz: Heinz Dürrbeck – ein Opfer des Kalten Krieges. In: Edith Grosspietsch/Georg Benz (Hrsg.): Wissen, um zu handeln. Ein Buch der Solidarität mit Heinz Dürrbeck, Göttingen 1998, 13-62.

62 Kempter, Loderer, 19-21.

den Unterlagen dieser Gruppierungen nur schwer zu ermitteln. Hinzu kommt, dass eine in weiten Teilen konspirativ arbeitende Bewegung bei der Textproduktion darauf achtete, möglichst keine einzelnen Personen zuzuordnenden Quellen zu produzieren. Das gilt natürlich umso mehr für die Untergrundarbeit im nationalsozialistischen Berlin und in der nachfolgenden Haft. Im Bundesarchiv in Berlin und in Erinnerungsberichten konnten aber einige Hinweise aufgespürt werden.

Für die Zeit nach 1945 stellt sich die Situation anders dar: In den Akten der SED-Landes- bzw. Bezirksleitung in Berlin liegt eine Vielzahl von Dokumenten, die Hinweise auf Brandts Aktivitäten geben.[63] Allerdings stellen SED-Akten eine besondere geschichtswissenschaftliche Herausforderung dar, denn die normierte und phrasenhafte Propagandasprache findet sich auch in vielen der internen Schriftstücke wieder. Bei Organisationsakten verschwindet das Persönliche zumeist, dies ist bei SED-Akten noch stärker ausgeprägt. Dieses Phänomen lässt sich für die Verfolgungsakten aus der DDR hingegen nicht feststellen. Die ebenfalls im Landesarchiv Berlin liegenden Unterlagen der Parteikontrollkommission, die zweimal gegen Brandt ermittelte, enthalten detaillierte persönliche Beschreibungen, die Fallstricke in anderer Hinsicht bieten. Ihr Sinn war die Enthüllung von abweichendem Verhalten, und daher ist ein abwertender Blick auf die betreffende Person prägend. Das gilt ebenfalls für die Unterlagen der Stasi, die Brandt seit 1958 beobachtete und in dem »Operativvorgang Rüssel« Material produzierte, in den sich Observationsberichte und Mutmaßungen finden. Gegen den Strich gelesen, bieten sie jedoch die Möglichkeit, manche politische Aktivitäten Brandts auch in Westdeutschland zu erkennen. Dasselbe gilt für die Akten der Vernehmung und des Prozesses in der DDR.

Der effektivste Widerstand, so ließe sich provokativ formulieren, ist der, der nicht mehr nachweisbar ist. Die Verfolgungsakten der DDR enthalten vor allem viele Fiktionen über die angebliche Spionagetätigkeit Brandts. Allerdings war es möglich, die Zusammenarbeit Brandts mit dem Ostbüro der SPD zu klären. Die Personalakten des Ostbüros der SPD sind bedauerlicherweise nicht zugänglich, jedoch konnte aus den Sachakten des Ostbüros, in denen sich eine Vielzahl von Informantenberichten finden, Brandt identifiziert und seine Tätigkeit in diesem Zusammenhang beleuchtet werden.[64] Gerade die geheimdienstliche Tätigkeit kann Fantasien erregen, die mit einem intensiven Aktenstudium zuweilen wieder auf den Boden einer sehr nüchternen Realität geholt werden können. Die Stasi-Akten bieten ein erschütterndes Bild von dehumanisierender Sprache und perfider Menschenjagd, sind aber auch oft Ausdruck von Unwissenheit und nahezu paranoiden Schlussfolgerungen. Es gehört zur Asymmetrie der zeitgeschichtlichen Forschung, dass eine Überprüfung an westlichen Geheimdienstquellen nicht möglich ist. Gerade Brandts Wirken als undogmatischer Sozialist lässt die Vermutung zu, dass der bundesdeutsche Verfassungsschutz oder der

63 Landesarchiv Berlin, besonders C Rep 901 und 902.

64 Archiv der sozialen Demokratie (AdsD), Bonn, Bestand SPD-PV, Ostbüro.

Bundesnachrichtendienst Brandt ebenfalls beobachtet haben. Anfragen zu diesen Quellen beim Bundesarchiv in Koblenz und im Berliner Landesarchiv blieben jedoch ohne Erfolg.

Für die Zeit in der Bundesrepublik war es möglich, die vielfältigen Publikationen Brandts auszuwerten. Aus den Unterlagen der IG Metall, die ebenfalls im Archiv der sozialen Demokratie in Bonn aufbewahrt sind, konnten Splitter zu internen Abläufen in der Redaktion der *Metall* ausgewertet werden.[65]

Für die 70er-Jahre ist die Quellenlage unterschiedlich gewichtet. Da Brandts Publikationstätigkeit in linken Zeitschriften und in Büchern exorbitant anstieg, ist eine Rekonstruktion seiner politischen Überlegungen gut möglich. Das Fehlen von Schriftwechseln aus dieser Zeit im Nachlass lässt jedoch eine Lücke bei den Hintergründen entstehen, die nur bedingt durch Gespräche und einige wenige Hinweise, zum Beispiel im Nachlass von Rudi Dutschke, gefüllt werden konnte.[66]

Eine der wichtigsten Quellen für Brandts politisches Leben ist seine Autobiografie. Dass Brandt eine solche geschrieben hat, markiert eine gewisse Sonderstellung, da gerade Gewerkschafter kaum individuelle Rückblicke verfasst haben[67] oder Angehörige der Arbeiterbewegung weiterhin von einer ungebrochenen Loyalität zu ihrer Organisation geprägt waren.[68] Brandt arbeitete jedoch mit Texten und hegte schriftstellerische Ambitionen. Seine Autobiografie ist unter die »Renegatenliteratur« gefasst worden, die von ehemaligen Kommunisten im Westen verfasst wurde.[69] 1967 erschienen, war die Autobiografie eine Abrechnung mit seinen Illusionen über den Stalinismus und zugleich ein flammendes Bekenntnis für seine Visionen einer befreiten Gesellschaft. Eine Quellenkritik ist hier geboten, die berücksichtigten muss, inwieweit Brandt sich als Nonkonformist inszenieren wollte. Autobiografien sind quellenkritisch als Produkte der Schreibzeit zu interpretieren, deren Quellenwert für die beschriebene Zeit mit der gebotenen Distanz einzuschätzen ist.[70] Angesichts fehlender Quellen gerade zu der Geschichte seiner Familie ist es jedoch unerlässlich, zumindest kritisch auf seine Beschreibungen zurückzugreifen, zumal Brandt der Kindheit als prägender Phase eine prominente Rolle einräumt. Michael Rohrwasser hat für die Renegatenliteratur allgemein beobachtet, dass der Rückgriff auf die Kindheit in den Autobiografien dazu dient, »eine Geschichte der eigenen Individualität zu konstituieren,

---

65 AdsD, Bestand IGMA.

66 Hamburger Institut für Sozialforschung, Archiv, NL Rudi Dutschke.

67 Kempter, Loderer, 21.

68 Dies gilt insbesondere für die umfangreiche Memoirenliteratur in der DDR.

69 Grundlegend dazu: Michael Rohrwasser: Der Stalinismus und die Renegaten. Die Literatur der Exkommunisten, Stuttgart 1991; Hermann Kuhn untersucht die Autobiografie Brandts ausführlich auf literaturwissenschaftlicher Grundlage. Vgl. Kuhn, Bruch, 171-192.

70 Vgl. Dagmar Günther: »And now for something completely different«. Prolegomena zur Autobiographie als Quelle der Geschichtswissenschaft. In: HZ 272 (2001) Heft 1, 25-61.

die über die Bindung der Partei hinausgeht und diese überwindet«.[71] Hermann Kuhn hat festgehalten: »Das Ringen um Identität und Kontinuität ist das Bauprinzip des Buches [Autobigrafie Heinz Brandts; d. V.] – auch wenn dazu lange berichtende Passagen treten […].«[72] Die Autobiografie ist als eine narrative Sinnkonstruktion zu begreifen, was bei der Nutzung als Quelle für Ereignisse immer berücksichtigt werden muss.

Als Biograf ist man letztlich vor die Aufgabe gestellt, die schriftlichen Quellen als subjektive Erinnerungszeugnisse in den historischen Zusammenhang zu stellen. Die Quellen Brandts sind weniger auf einen faktischen Wahrheitsgehalt zu prüfen, als vielmehr danach zu befragen, welche narrativen Strategien und Referenzen damit verbunden waren, inwieweit Brandt hegemoniale Diskurse aufgriff oder sich ihnen entgegenstellte. Diese Zielstellung ermöglicht es auch, über manche Quellenlücke hinwegspringen zu können.

Die vorliegende Arbeit folgt im Groben chronologisch der Biografie Brandts. Allerdings sind innerhalb der einzelnen Abschnitte systematische Zusammenfassungen erfolgt, wenn eine rein chronologische Darstellung zu Redundanzen geführt hätte. Im ersten Kapitel werden die Kindheit und Jugend Brandts in Posen und sein familiärer Hintergrund beleuchtet sowie die Zeit als kommunistischer Aktivist in Berlin. Die illegale Parteiarbeit in den ersten beiden Jahren des Nationalsozialismus ist hier ebenfalls mit dargestellt, denn für die organisatorische Arbeit der KPD stellte die nationalsozialistische Machtübernahme zeitgenössisch keine einschneidende Zäsur dar. Im zweiten Kapitel werden die lange Haft in den nationalsozialistischen Zuchthäusern und das Überleben in den Konzentrationslagern untersucht. Das dritte Kapitel erfasst Brandts Wirken in der SBZ und der DDR. Der Ausgrenzungsprozess aus der SED und die konkrete Zusammenarbeit mit dem Ostbüro der SPD werden gesondert behandelt. Im vierten Kapitel werden die ersten Jahre im Westen skizziert, als Brandt zuerst noch für das Ostbüro der SPD arbeitete, bis er seine Stelle als IG Metall-Redakteur antreten konnte. Das fünfte Kapitel umfasst in mehreren Abschnitten die Zeit der Entführung in die DDR. Dabei werden die Entführung, der Prozess und die Haft in der DDR zusammen betrachtet, während der Solidaritätskampagne ein eigener Abschnitt gewidmet ist. Die Rückkehr in die Bundesrepublik und Brandts Wirken in der Linken werden im sechsten und letzten Kapitel behandelt. In mehreren Unterabschnitten wird seine Tätigkeit als Redakteur untersucht sowie mehrere Handlungsfelder in der Linken der 70er-Jahre und die letzten Lebensjahre in den 80er-Jahren. In der Zusammenfassung erfolgt eine Rückschau und Bewertung der Ergebnisse.

---

71 Rohrwasser, Stalinismus, 95.

72 Kuhn, Bruch, 173 f.

# Dank

Am Schluss der Einleitung bleibt die angenehme Aufgabe, all den Menschen zu danken, die mir bei der Erstellung meiner Dissertation – die hier in stark gekürzter Fassung vorliegt – geholfen haben. Aus der Kommunikation mit einer großen Zahl von Menschen entstammen Anregungen und fruchtbare Diskussionen, manchmal aber auch nur ein hilfreiches Wort in schwieriger Phase. Allen sei an dieser Stelle sehr herzlich gedankt. Einige sind besonders hervorzuheben.

Prof. Dr. Peter Borowsky regte die Arbeit an und unterstützte mich in der ersten Zeit. Sein früher Tod im Jahr 2000 war ein großer Verlust. Prof. Dr. Axel Schildt übernahm die Betreuung der Arbeit, und die kritischen Anregungen zu manchen Textteilen waren äußerst hilfreich; dies gilt auch für PD Dr. Rainer Hering, der als Zweitgutachter große Teile des Textes kritisch mit mir diskutierte.

Für die Arbeit eines Historikers ist der Zugang zu den Archiven unentbehrlich. Ich möchte Monika Schmidt vom Landesarchiv Berlin und Angelika Voss von der Forschungsstelle für Zeitgeschichte in Hamburg besonders dafür danken, dass ihr Engagement beim Aufspüren von Hinweisen und Materialien weit über das hinausging, was bereits eine gute Betreuung ausmacht. Auch Silke Nessler vom Bundesarchiv Berlin sei herzlich dafür gedankt, dass sie mir den Kontakt zur Familie Brandt ermöglichte.

Stefan Brandt und seine Familie haben mich nicht nur freundlich aufgenommen, sondern setzten auch großes Vertrauen in mich, als sie mir die Gelegenheit boten, den Nachlass von Heinz und Annelie Brandt durchzuarbeiten. Ebenso herzlich wurde ich von Lili Brandt aufgenommen, der Schwester Heinz Brandts.

Ein großer Dank geht an die Interviewpartner, die sich Zeit für ein Gespräch genommen haben. Dazu gehören Wolfgang Leonhard, Carola Stern, Jakob Moneta, Manfred Wilke, Fritz Schenk, Ellen Gniffke, Ingrid und Gerd Zwerenz, Hans Preiss, Volkmar Heusel, Willy Schmidt und Hans Pleitgen. Georg Benz hat mir, wenn auch anfangs etwas misstrauisch, einige interessante Gesprächsmöglichkeiten mit alten IG-Metallern eröffnet. Leider verstarb Benz im Dezember 2006 und konnte das Erscheinen dieser Arbeit nicht mehr erleben.

Die Promotion materiell ermöglicht hat ein Stipendium der Hans-Böckler-Stiftung, die auch ein wissenschaftspolitisch spannendes Forschungsumfeld bot. Mein Vertrauensdozent Prof. Dr. Klaus Tenfelde hat mir mehrmals die Möglichkeit gegeben, Arbeitsergebnisse zu präsentieren. Ebenso haben mich meine Eltern Antje und Hans Andresen in allen Phasen der Arbeit unterstützt und gefördert.

Besonderen Dank für die anregenden Diskussionen großer Teile des Manuskriptes schulde ich Markus Mohr und Peter Birke und ihrem umfangreichen Wissen zu einzelnen Themen der Arbeit.

Die Promotionsgeschichte umfasst auch einige Krisen. Katharina Walgenbach, Hilke Bölts und Sabine Kägeler haben mir nach einem Diebstahl meines Computers schnell geholfen, verlorenen Text zu rekonstruieren.

Für umfangreiche Korrekturen an dem Manuskript habe ich Beate Wirtz sehr herzlich zu danken. Anke Kehren und Petra Bäurle haben sich den Mühen einer Abschlusskorrektur unterzogen.

Promotionen entstehen am Schreibtisch, ein zumeist einsamer Job. Mit Lars Kohlmorgen, Sebastian Haunss, Cora Herrmann und Massimo Perinelli hatte ich die gute Gelegenheit, in einem Promotionsbüro gemeinsam zu arbeiten, auch wenn wir in unterschiedlichen Disziplinen unterwegs waren.

Die schreibende Einsamkeit ist die sozial belastendste Folge einer Promotion. Durch die damit verbundenen schwierigen Phasen immer wieder durchgeholfen und mit anregenden Diskussionen und Korrekturen die Arbeit vorangebracht zu haben, ist der Verdienst meiner Frau Kerstin Meier. Dafür danke ich ihr von tiefstem Herzen.

# I Prägungen und Antworten: Der Versuch, die Welt zu retten

Der zwölfjährige Heinz Brandt war 1921 Zuschauer einer Fronleichnamsprozession im kurz zuvor polnisch gewordenen Posen. Fasziniert von dem Glanz des Zuges, blieb der Junge stehen, als die Menge vor einem Marienbild niederkniete. In der Rückschau war die Prozession für Heinz Brandt zugleich Symbol und sinnliche Erfahrung der Ambivalenz von Zugehörigkeit und Ausgeschlossensein. Er fühlte sich im selben Moment bedroht und überlegen.[1] Heinz Brandt wählte in seiner Autobiografie dieses Kindheitserlebnis, um eine Spannung zu beschreiben, die er für zentral für sein Leben hielt. Einerseits der Wunsch nach Zugehörigkeit, ja nach Aufhebung in einer großen Masse, andererseits die rationale Distanz zu jeglichem unmittelbaren, nicht allein religiösen Erleben. Er beschrieb sich als »das bewusst alleinstehende, entgegenstehende Individuum«.[2] Diese Spannung ist eines der wesentlichen Merkmale eines Menschen, der zeit seines Lebens bereit war, Konflikte einzugehen und seine Überzeugungen mit einer erstaunlichen Beharrlichkeit zu verfolgen. Als zweites Element für seine Prägung seit Kindertagen führte Brandt einen Traum an, den er bis in die Gegenwart der Abfassung seiner Autobiografie immer wieder träumte. Trauminhalt war ein Flug über die Erde, ins Weltall hinein, verbunden mit dem Gefühl, alles Fesselnde verloren zu haben und mit dem All verschmolzen zu sein. Brandt sah diesen Traum als Verlockung, als Verheißung in sein Leben gestellt: »*Ich kann es nun. Alles.*«, deutete er seinen Traum.[3] Als drittes ihn prägendes Element nannte er seinen Großvater mütterlicherseits, den Rabbiner Ludwig Krause, der ihm die befreienden Aspekte des Judentums vermittelte und so den Weg ebnete, eine »freie Persönlichkeit« zu werden.[4]

Heinz Brandt war schon in jungen Jahren von einer Deutung der Welt geprägt, in der die sozialistische Umwälzung der bestehenden Gesellschaft zum Ziel seines Lebens wurde. Die Revolutionen der Nachkriegszeit, der Sozialismus sowjetischer Prägung gaben dieser Weltdeutung bald eine konkrete politische Gestaltungsform. Die bestehende Gesellschaft, als bürgerlich-kapitalistisch abgelehnt, sah er als Ursache für Krieg, Ausbeutung und Hunger. Der Sozialismus bot für die Leiden der Welt die

1 Dies Erlebnis führte Brandt in seiner Autobiografie als eines der drei prägenden Erlebnisse seiner Jugend an. Brandt, Traum, 68-69.

2 Ebd., XIV.

3 Ebd., 68. Ein solches »ozeanisches Gefühl« sah Sigmund Freud als Überbleibsel der frühkindlichen Entwicklung zum eigenen Ich, in der die Trennung von Ich und Außenwelt als aufgehoben empfunden wird. Sigmund Freud: Das Unbehagen in der Kultur. In: Ders.: Abriß der Psychoanalyse – Das Unbehagen in der Kultur, Frankfurt/Main 1986, 63-129, insb. 65-68 u. 71.

4 Brandt, Traum, 69-71.

Glück verheißende und passende Antwort: Bewältigung der existenziellen Probleme der Menschheit auf der Grundlage von Rationalität und materialistischer Weltanschauung. Ausgehend von der individuellen Ambivalenz von Zugehörigkeit und Ausgeschlossenheit soll im folgenden ersten Kapitel bis zu der Zeit seiner illegalen Widerstandsarbeit im Nationalsozialismus nach den Prägungen ebenso gefragt werden wie nach Brandts politischen Antworten. Bereits hier konturiert sich eine Persönlichkeit, die fast ganz in der Politik aufging und vermutlich nur dort die individuelle wie gesellschaftliche Ambivalenz zeitweilig lösen konnte.

## 1 Fehlende Perspektive in geborgener Atmosphäre – Kindheit und Jugend in Posen

Im Sozialisationsprozess eines jeden Menschen erfolgt ein Ineinandergreifen von Vergesellschaftung und Individualisierung. In diesem Spannungsfeld entwickelt sich die Persönlichkeit des Einzelnen.[5] Wie waren die familiären und gesellschaftlichen Voraussetzungen, eine selbstbewusste und konfliktbereite, ja bis ins Überhebliche reichende Weltsicht zu entwickeln, die Heinz Brandt als jungen Mann schließlich zur KPD führen sollten? Mögliche Antworten auf diese Fragen sind in der jüdischen Herkunft, den Prägungen durch die Familie, den Auswirkungen des Ersten Weltkrieges und der besonderen politischen Situation in Posen und der Weimarer Republik zu suchen.

Als ältestes Kind einer akkulturierten[6] bildungsbürgerlichen jüdischen Familie wurde Heinz Brandt 1909 in Posen geboren. Seine Eltern, Georg Brandt (1874–1940) und Gertrude Brandt, geborene Krause (1879–1943), waren zwar Mitglieder der jüdischen Gemeinde, praktizierten jedoch ein aufgeklärtes, säkulares Judentum. Vor dem Krieg stand, wie in vielen jüdischen Bürgerhäusern zu jener Zeit, die Zuversicht im Vordergrund, dass sich die Gesellschaft rational und aufgeklärt entwickeln würde. Für die Eltern und auch für Brandt selbst bildete die »Urkatastrophe« (George F. Kennan) des Ersten Weltkrieges den Ausgangspunkt für Enttäuschung und den Zusammenbruch ihrer optimistischen Überzeugungen. Bevor die engere Sozialisationsgeschichte im Familienkontext beleuchtet wird, soll zuerst das politische und städtische Umfeld betrachtet werden, in das Brandt hineingeboren wurde. Die Geschichte Posens und der Posener Juden[7] hat eine Reihe von spezifischen Sozialisationsbedin-

5 Klaus-Jürgen Tillmann: Sozialisationstheorien. Eine Einführung in den Zusammenhang von Gesellschaft, Institution und Subjektwerdung, Reinbek [12]2001, 12.

6 Akkulturation meint eine Synthese von Elementen aus verschiedenen Kulturen, keine weitgehende Übernahme, die mit Assimilation zu beschreiben wäre. Vgl. zum Begriff: Sophia Kemlein: Die Posener Juden 1815–1848. Entwicklungsprozesse einer polnischen Judenheit unter preußischer Herrschaft, Hamburg 1997, 18; sowie Herbert A. Strauss: Akkulturation als Schicksal. Einleitende Bemerkungen zum Verhältnis von Juden und Umwelt. In: Juden und Judentum in der Literatur, hg. von Herbert A. Strauss und Christhard Hoffmann, München 1985, 9-26.

gungen hervorgebracht, die für die habituellen Prägungen von Brandt zumindest mittelbar eine Bedeutung hatten. Dies gilt besonders für die multiethnische Zusammensetzung der Posener Gesellschaft sowie die Nationalitätenkonflikte, die Anfang des 20. Jahrhunderts die politischen Konflikte prägten.

Mit dem Wort Posen verbinden sich zwei Bedeutungen: Im engeren Sinne die Stadt Posen (polnisch Poznan), im weiteren das sie umgebende Gebiet, das Posener Land, welches seit 1793 – unterbrochen von einem französisch-polnischen Zwischenspiel von 1807 bis 1815 – unter preußischer Herrschaft stand. Zusammen mit West- und Ostpreußen bildete das Posener Land – zuerst als »Großherzogtum«, ab 1848 dann als »Provinz« – eines der östlichsten Gebiete Preußens und später des Deutschen Reiches. Posen – im Kaiserreich aus den Regierungsbezirken Posen und Bromberg bestehend – war gleichzeitig das Kernland von Großpolen und ob seiner historischen Bedeutung für die polnische Nationalbewegung von hoher symbolischer als auch praktischer Bedeutung.[8]

Die Stadt Posen erlebte um die Jahrhundertwende einen raschen Bevölkerungsanstieg. Lebten 1870 noch rund 70.000 Menschen in der Stadt, waren es 1910 157.000, 1917 schließlich 165.000.[9] Für diesen Anstieg war neben dem allgemeinen Rückgang der Kindersterblichkeit vor allem ein großer Zuzug nach Posen verantwortlich, 1905 waren nur 40 Prozent der Posener in der Stadt selbst geboren. Das starke Anwachsen der Posener Bevölkerung war überwiegend durch den Zuzug von Polen bedingt. 1867 setzte sich die Bevölkerung der Stadt noch aus 47 Prozent Deutschen, 38 Prozent Polen und 15 Prozent Juden zusammen. Nach 1870, als Niederlassungsbeschränkungen für Polen aufgehoben wurden, wuchs deren Anteil, während die deutsche Bevölkerung abnahm. Vor allem aber die jüdische Bevölkerung ging durch Abwanderung stark zurück.[10] Für 1910 wird der deutsche Bevölkerungsanteil auf knapp 39 Prozent geschätzt, wobei ca. 4 Prozent Juden waren.[11]

Heinz Brandt wurde 1909 in der jüdischen Gemeinde geboren. Die Posener Juden verstanden sich selbst als Deutsche. Diesem nationalen Selbstverständnis war ein

7 Stefi Jersch-Wenzel hat 1991 darauf hingewiesen, dass die regionalen Unterschiede für die Juden in Preußen sehr bedeutsam waren und deshalb nicht leichtfertig von »preußischen Juden« gesprochen werden sollte, zumindest wenn damit mehr gemeint ist als allein eine geografische Zuordnung. Ich verwende daher den Begriff »Posener Juden«, um die spezifischen Bedingungen mit zu berücksichtigen. Vgl. Stefi Jersch-Wenzel: Juden in Preußen – Preußische Juden? In: TAJB 20 (1991), 437-448.

8 Helmut Neubach: Großherzogtum und Provinz Posen (1815–1918). In: Joachim Rogall (Hrsg.): Land der großen Ströme. Von Polen nach Litauen, Berlin 1996, 193-233, 194; Sophia Kemlein: Einführung. Die Stadt Posen bis zum Ende des 19. Jahrhundert. In: Dies. (Hrsg.): Postkarten erzählen Geschichte. Die Stadt Posen 1896–1918, Lüneburg 1997, 11-19, 11.

9 Krzysztof A. Makowski: Die Bewohner der Stadt. In: Kemlein, Postkarten, 111-115, 111.

10 Kemlein, Einführung, 15.

11 Vgl. die Zahlen bei Friedrich Swart: Die Stadt Posen im Deutschen Reich. In: Gotthold Rhode (Hg.): Geschichte der Stadt Posen, Neuendettelsau 1953, 127-168, 144.

grundlegender Wandlungsprozess im 19. Jahrhundert vorausgegangen.[12] An den Posener Juden lassen sich nicht allein die sozialen Aufstiegserfolge der jüdischen Emanzipation ablesen, sondern auch der Wandel von polnischen zu preußischen und schließlich deutschen Juden. Posener Juden um die Jahrhundertwende können gewiss nicht mehr als »Ostjuden« gesehen werden, wie dies gelegentlich in der Literatur noch vorkommt.[13] Mit dem Stereotyp des »Ostjuden«[14] und dem wesentlich seltener verwendeten »Westjuden«, der aber immer zur Abgrenzung mitschwang, sind zwei verschiedene Ausprägungen des jüdischen Lebens bezeichnet. Mit dem Begriff des »Ostjuden« wurde das Bild von dem orthodoxen, traditionell gekleideten, jiddisch sprechenden Juden verbunden, der zumeist aus der Unterschicht stammte und weniger zur Assimilation oder Akkulturation bereit war. Dagegen ist mit dem Bild des westlichen Juden ein zumeist urbanisierter, mittelständischer Jude gemeint, der, eher zur Akkulturation bzw. Assimilation bereit, das Jiddische und die traditionellen Attribute wie Kleidung, Speisevorschriften und Sabbatruhe aufgibt und in der deutschen Gesellschaft den sozialen Aufstieg sucht. Gerade die Posener Juden gelten als Beispiel für einen solchen Typuswandel.[15] Letztlich ist der Begriff stärker an kulturelle und politische Einstellungen denn an tatsächliche regionale Herkunft gebunden. Shulamit Volkov geht sogar davon aus, dass es im beschriebenen Sinne keine »Ostjuden« im Kaiserreich gab, da die einwandernden Juden überwiegend dem deutschsprachigen Kulturraum entstammende Juden aus Galizien und Ungarn waren, die tendenziell auf Anpassung orientiert waren. Ihr zufolge ist das Stereotyp des »Ostjuden« – neben seiner Verwendung als Propagandabegriff des Antisemitismus – vor allem ein von den akkulturierten Juden aufgerufenes negatives Bild, das der Abgrenzung diente.[16]

Die jüdische Gemeinde in der Stadt Posen zählte 1913 noch 5.605 Mitglieder, von denen 1800 Gemeindesteuer zahlten.[17] In der Provinz Posen lebten zu dem Zeitpunkt nur noch rund 26.000 Juden, 1861 waren es noch über 74.000 gewesen. Über zwei Drittel hatten in diesem Zeitraum die Provinz verlassen, keine andere preußische Ost-

12 Vgl. hierzu grundlegend: Kemlein, Posener Juden; informativ: Ulrich Haustein: Die Assimilation der Posener Juden. In: Joachim Rogall (Hrsg.): Land der großen Ströme. Von Polen nach Litauen, Berlin 1996, 263-280.

13 Beispielsweise verweist Dieter Distl auf Literatur zum Ostjudentum, um das Umfeld von Ernst Toller, der aus der Provinz stammte, zu charakterisieren. Dieter Distl: Ernst Toller. Eine politische Biographie, Schrobenhausen 1993, 15, Fußnote 1.

14 Der Begriff kam Anfang des 20. Jahrhunderts in der Diskussion auf. Vorher wurde eher von »polnischen Juden« gesprochen. Vgl. Trude Maurer: Ostjuden in Deutschland 1918–1933, Hamburg 1986, 12.

15 Ebd., 13-15; Shulamit Volkov: Dynamik der Dissimilation: Deutsche Juden und die ostjüdischen Einwanderer. In: Dies.: Jüdisches Leben und Antisemitismus im 19. und 20. Jahrhundert, München 1990, 166-180, 174-176.

16 Ebd., 172-173.

17 Aron Heppner: Aus Vergangenheit und Gegenwart der jüdischen Gemeinden in den Posener Landen, 2 Bände, Koschmin 1904 und 1929, 866.

provinz erlebte eine solch starke jüdische Abwanderung wie Posen, wo besonders nach 1870 die Abwanderung in das westliche Reichsgebiet immer stärker zunahm.[18] Dem sich entwickelnden jüdischen Bürgertum boten sich in der Provinz Posen nur wenig Aufstiegsmöglichkeiten. Es fehlten höhere Bildungseinrichtungen, die Aufstiegschancen geboten oder die Stadt Posen für einen Zuzug – wie es in Breslau der Fall war – attraktiv gemacht hätten.[19] Der Bildungswille lässt sich an dem Besuch des Posener Gymnasiums ablesen. Das protestantische Friedrich-Wilhelm-Gymnasium hatte 1861 einen jüdischen Schüleranteil von 40 Prozent und noch 1914 waren es 27,3 Prozent, als der absolute Anteil von Juden in der Provinz bereits stark gesunken war. Die Zahl der jüdischen Gymnasiasten lag 7- bis 8-mal höher als der jüdische Bevölkerungsanteil insgesamt.[20] Die meistgenannten Ziele der jüdischen Abiturienten waren die Universitätsstädte Berlin und Breslau. Es kehrten nur wenige nach einer weiterführenden Ausbildung wieder nach Posen zurück, vor allem in Berlin verblieb ein großer Teil.[21]

Neben der Hoffnung auf sozialen Aufstieg spielte für die Abwanderung auch die politische Entwicklung eine Rolle. Im Nationalitätenkonflikt zwischen Polen und Deutschen gerieten die Juden in eine Mittelstellung, in der sie von beiden Seiten unter Druck gerieten. Die Akkulturation zur deutschen Kultur hin ermöglichte gerade den bürgerlichen Juden auch die Abgrenzung zu den »polnischen« Juden, die als rückständig angesehen wurden. Anfang des 20. Jahrhunderts fühlten sich die Juden in Posen als »Pioniere der deutschen Kultur«, wie Ernst Toller beobachtete.[22] Der polnischen Unabhängigkeitsbewegung waren nur sehr wenige verbunden, auch im privaten Bereich bestanden nur wenige Verbindungen zu polnischen Kultureinflüssen.[23] Diese Mittelstellung war belastend:

> »Demgemäß war die Position, die die Juden einnahmen, eine unbehagliche zwischen den Polen, die die Juden als Mitglieder der herrschenden Elite betrachteten, und den Deutschen, die einen Abstand den Juden gegenüber wahrten, wenngleich die Juden selber glaubten, sie wären Fahnenträger der deutschen Kultur.«[24]

---

18 Haustein Assimilation, 275-277; Jersch-Wenzel, Geschichte, 77.

19 Monika Richarz: Die Entwicklung der jüdischen Bevölkerung. In: Deutsch-jüdische Geschichte, Band III, 13-38, 26; Haustein, Assimilation, 277.

20 Witold Molik: Sozialer Aufstieg durch Bildung. Jüdische Abiturienten im Großherzogtum Posen und die Richtungen ihrer Berufskarrieren in der zweiten Hälfte des 19. und zu Beginn des 20. Jahrhunderts. In: Nordost-Archiv, Zeitschrift für Regionalgeschichte, Neue Folge Band I (1992), Heft 2, 461-485, 468-469.

21 Ebd., 478.

22 Ernst Toller: Eine Jugend in Deutschland, Reinbek $^{2}$1978, 11.

23 Vgl. Max Kollenscher: Jüdisches aus der Deutsch-Polnischen Übergangszeit 1918–1920, Berlin 1925, 15.

24 Adam Weisberger: In Memoriam Ernst Toller: Jüdische und psychologische Aspekte in Leben und Werk. In: Aschkenas – Zeitschrift für Geschichte und Kultur der Juden 1 (1994), 163-173, 166.

Ein Ausweg aus dieser Situation war die Abwanderung ins Reich hinein, vor allem nach Berlin.

Der Druck äußerte sich auch in der Bedrohung durch den Antisemitismus beider Seiten. Angesichts eines fragilen Bündnisses zwischen Deutschen und Juden in der Nationalitätenfrage wurde – gegen den Trend des reichsweiten Aufkommens des politischen Antisemitismus – schon ab 1880 der Antisemitismus in der Agitation der deutschen Parteien nur selten eingesetzt, ohne dass von seinem Verschwinden ausgegangen werden kann.[25] So lassen sich beim 1894 gegründeten deutschen Ostmarkenverein, der führenden deutschen Lobby-Gruppe, antisemitische Tendenzen beobachten.[26] Die politisch bedingte Rücksichtnahme wurde skeptisch registriert und die antisemitische Bedrohung jüdischerseits durchaus wahrgenommen.[27] Für viele Juden schien der Antisemitismus in einer eigentümlichen Ambivalenz jedoch vernachlässigbar: »Der Antisemitismus – so wenigstens die deutsch-jüdische liberale Ideologie – war eine Kinderkrankheit, die die deutsche Kultur bald überwinden würde und die auf jeden Fall nicht für die Deutschen charakteristisch war.«[28] Diese Haltung hat auch das Elternhaus Brandt geprägt. Hingegen wurde von polnischer Seite in Posen der Antisemitismus offener als politische Waffe eingesetzt. Wenn auch die Begründungen für Antisemitismus weniger rassisch, sondern stärker von einem traditionellen katholischen Antijudaismus geprägt waren und teilweise auch mit ökonomischen Motiven erklärt werden, stellte er doch für die Juden im Posener Gebiet eine Bedrohung dar.[29]

Anfang des 20. Jahrhunderts waren die meisten Juden in Posen liberal eingestellt und verstanden sich als jüdische Deutsche. Sichtbarer Ausdruck des Selbstbewusstseins der jüdischen Gemeinde war 1907 der Neubau einer Synagoge. Diese »Neue Synagoge«, deren Bau nach der Schleifung der Festungsmauern 1902 beschlossen worden war, bot 1000 bis 1200 Sitzplätze und lag am Rande des traditionellen jüdischen Wohnviertels von Posen. Mitglied des Repräsentantenkollegiums der Gemeinde, das den Bau beschlossen hatte, war auch Wolff Brandt, der Großvater Heinz Brandts.[30] Die jüdische Gemeinde in Posen zeichnete sich durch einen relativ starken

25 Pulzer, Gleichstellung, 163-164.

26 Neubach, Großherzogtum, 226; Jersch-Wenzel, Geschichte, 84. Zum Ostmarkenverein vgl.: Adam Galos/Felix- Heinrich Gentzen/Witold Jakóbczyk: Die Hakatisten. Der Deutsche Ostmarkenverein (1894–1934), ein Beitrag zur Geschichte der Ostpolitik des deutschen Imperialismus, Berlin (DDR) 1966; Sabine Grabowski: Deutscher und polnischer Nationalismus. Der Deutsche Ostmarken-Verein und die polnische Strĺz 1894–1914, Marburg 1998.

27 Heppner, Vergangenheit, 864.

28 Peter Gay: In Deutschland zu Hause ... Die Juden in der Weimarer Republik. In: Arnold Paucker (Hrsg.): Die Juden im nationalsozialistischen Deutschland, Tübingen 1986, 31-43, 32.

29 Vgl. Frank Golczewski: Polnisch-jüdische Beziehungen 1881–1922. Eine Studie zur Geschichte des Antisemitismus in Osteuropa, Wiesbaden 1981, 9-12; Makowski, Bewohner, 115. Dazu gehörten vor allem Geschäftsboykotte von polnischer Seite. Pulzer, Gleichstellung, 164; Haustein, Assimilation, 277.

30 Heppner, Vergangenheit, 863-866.

Anteil von Zionisten aus, eine Reaktion auf die Nationalitätenkonflikte.[31] Auch ein Onkel Heinz Brandts engagierte sich für den Zionismus.[32]

Heinz Brandt stammte aus zwei schon länger in Posen ansässigen Familien. Der väterliche Zweig der Familie lebte wahrscheinlich bereits Anfang des 19. Jahrhunderts in der Stadt Posen, während die mütterliche Linie mindestens seit dem Großvater Ludwig Krause in Posen nachzuweisen ist. Erste Hinweise auf den Familiennamen Brandt finden sich in den Naturalisationsverzeichnissen der Provinz Posen.[33] Der erste gesicherte Hinweis auf die Vorfahren stützt diese Annahme. Es ist die Posener Meldekarte von Wolff Brandt, dem Großvater väterlicherseits.[34] Er wurde 1840 in Posen geboren, was den Schluss zulässt, dass seine Eltern schon in Posen lebten. Der deutsch klingende Name Brandt war bei der jüdischen Namensgebung um 1800 nur relativ selten vergeben bzw. gewählt worden.[35]

Die Anmeldekarte gibt als Beruf »Kaufmann« an. In Adressbüchern von Posen wird Wolff Brandt 1893 und 1916 als Inhaber einer Papierhandlung genannt.[36] Wolff Brandt war vermutlich nicht wohlhabend, aber die spärlichen Hinweise sprechen auch nicht für beengte finanzielle Verhältnisse. Anfang des Jahrhunderts war er Mitglied des fünfzehnköpfigen Repräsentantenkollegiums der Jüdischen Gemeinde in Posen.[37] Dies lässt die Annahme zu, dass Wolff Brandt im sozialen Gefüge der Posener Gemeinde anerkannt war. Nach der Erinnerung Lili Brandts gehörte er der liberalen Reformierten Gemeinde an. Die fehlenden Hebräisch-Kenntnisse seines Sohnes

31 Vgl.: Yehuda Eloni: Zionismus in Deutschland. Von den Anfängen bis 1914, Gerlingen 1987, insb. 191-194; 275-279; 303; 472-475.

32 So ein Nachruf auf Moritz Krause. »Moritz Krause s. A.«, Posener Heimatblätter. Organ des Verbandes Posener Heimatverbände 3 (1929), Nr. 11, 90.

33 Mit der Naturalisation wurde 1833 eine Möglichkeit für Juden geschaffen, Bürgerrechte zu erlangen. Die Voraussetzungen hierfür waren vor allem an Reichtum gebunden, sodass die Mehrzahl der Posener Juden weiterhin nur einen geduldeten Status hatte. Vgl. zu den Naturalisationsverzeichnissen: Georg Asch: Das Naturalisationsverzeichnis der Stadt Posen. Mitgeteilt von Georg Asch, mit Einleitung und Anmerkungen von Jacob Jacobsen. In: Zeitschrift für die Geschichte der Juden in Deutschland 8 (1938), Heft 1, 1-40, 11, 20, 24. (Diese Ausgabe der Zeitschrift ist nicht mehr erschienen, sondern nur als Umbruchexemplar überliefert. Eine Kopie befindet sich im Institut für die Geschichte der Deutschen Juden in Hamburg, Signatur Z Jued For, Band 14.); David Edward Luft: The Naturalized Jews of the Grand Duchy of Posen in 1834 und 1835: An Alphabetical list = Verzeichnis sämmtlicher naturalisierten Israeliten im Grossherzogtum Posen, compiled by Edward David Luft, Atlanta/Georgia 1987 (Erstausgabe: Isidor Hirschberg, Bromberg 1836).

34 Sie stammt vermutlich aus den 1870er-Jahren. Staatsarchiv Posen, Akt m. Poznania Evidencja ludności z lat 1870–1930, sygn. 14304.

35 Georg Kessler rechnet »Brandt« zu den altadelig klingenden Willkürnamen, der bei der Namensfestlegung um 1800 als Ausdruck einer Orientierung auf die deutsche Gesellschaft hin verstanden werden kann. Vgl. Georg Kessler: Die Familiennamen der Juden in Deutschland, Leipzig 1935, 77 f., 92-93.

36 Adressbücher von Posen 1893 und 1916. Für diesen Hinweis danke ich Sophia Kemlein vom Deutschen Historischen Institut Warschau sehr herzlich.

37 Heppner, Vergangenheit, 862, 866.

Georg Brandt lassen nicht auf eine intensive religiöse Erziehung schließen. Sie berichtete auch, über ihren Großvater sei erzählt worden, dass er in seinem kleinen Laden nur ungern Kunden bediente und lieber Zeit mit Lesen als mit Verkaufen verbrachte. Er habe über ein profundes Wissen verfügt und Shakespeare auswendig zitieren können.[38] Diese Deutung des unwilligen Kaufmannes, der seine Zeit lieber mit Studium und Wissensvermehrung verbringt als sich um materielle Dinge zu kümmern, ist häufiger in jüdischen Familienerzählungen anzutreffen.[39] Allerdings fällt hier auf, dass nicht die religiöse Lektüre im Vordergrund steht, sondern eine humanistische Bildungsbeflissenheit.

Seine Frau Rosalie Sternberg, 1844 geboren, stammte aus Pleschen (Pleszew) im südöstlichen Teil der Provinz. Vier Sternbergs konnten sich 1834 naturalisieren, sodass die Möglichkeit besteht, dass Rosalie Sternberg in einer naturalisierten Familie geboren wurde, was für eine frühe Bindung an Preußen sprechen würde.[40] Ein spätes Foto zeigt eine große, aufrecht sitzende Frau inmitten ihrer drei Enkelkinder.

**Abb. 2:** Die Großmutter Rosalie Brandt (geb. Sternberg) um 1914 mit den Enkelkindern Richard, Heinz und Lili Brandt (von links).

Heinz Brandt hat seine Großeltern väterlicherseits später nie erwähnt. Offenbar hatten sie nur einen geringen Eindruck auf den Jungen hinterlassen, obwohl er sie noch intensiv erlebt haben muss, denn die Großeltern zogen 1919 in das Altersheim in der Jüdischen Straße ganz in der Nähe der Familie Brandt. Der Großvater verstarb dort 1920, die Großmutter 1922.

38 Gespräch mit Lili Brandt in Frankfurt/Main, 5.5.2000. Hierbei ist zu berücksichtigen, dass Lili Brandt ihren Großvater kennen lernte, als er bereits weit über 70 Jahre alt war. Er hat offenbar noch gearbeitet zu der Zeit.

39 Von der Struktur her die gleiche Familienlegende berichtet Erich Fromm über seinen Urgroßvater. Rainer Funk: Erich Fromm. Liebe zum Leben, eine Bild-Biographie, Stuttgart 1999, 9.

40 Luft, Jews, 86.

Georg Brandt war das einzige Kind der Eheleute Wolff und Rosalie Brandt, er wurde 1874 in Posen geboren. Hier hat er das Friedrich-Wilhelm-Gymnasium besucht, 1895 ging er zum Studium nach Berlin[41], wo er sein Medizinstudium 1898 abschloss.[42] Mit dem Medizinstudium entsprach Georg Brandt dem häufigsten Berufswunsch der jüdischen Abiturienten aus Posen, dicht gefolgt von einem Jurastudium.[43] Die häufige Berufswahl Arzt und Rechtsanwalt ergab sich auch daraus, dass der Zugang zu akademischen Laufbahnen in den staatlichen Verwaltungen, Schulen und der Justiz, aber auch der Armee Juden weitgehend verschlossen blieb. Die freien Berufe boten daher eher Aufstiegschancen.[44] Allerdings arbeitete Georg Brandt nach seinem Studium nie als Arzt. Er kehrte spätestens 1901 nach Posen zurück, was nicht dem allgemeinen Trend entsprach.[45] Georg Brandt wohnte bis zu seiner Heirat 1908 bei seinen Eltern, auf der Anmeldekarte sind häufiger mehrmonatige Reisen nach Berlin vermerkt.

Die Anmeldekarte von Georg Brandt nennt »Schriftsteller« als Beruf, in späteren Darstellungen bezeichnete Heinz Brandt ihn auch als Kunstkritiker. Aber eigenständige Werke lassen sich von Georg Brandt nicht nachweisen, seine publizistische Tätigkeit wird sich auf gelegentliche Artikel in deutschsprachigen Zeitungen von Posen beschränkt haben. Lili Brandt schildert ihn als einen musischen Intellektuellen, der Vorträge zur Kunstbetrachtung und Naturbetrachtung hielt. Allerdings habe er damit nur wenig Geld verdient.[46]

In den späteren Darstellungen nimmt für Heinz Brandt der Großvater mütterlicherseits Ludwig Krause als prägende Person einen großen Stellenwert ein.[47] Er wird im Posener Adressbuch von 1893 und 1916 als Rabbinatsassessor erwähnt, der in der Adalbertstraße unweit des jüdischen Viertels wohnte. Über seine Herkunft gibt es nur Vermutungen. Die Familie soll angeblich aus Finnland gekommen sein.[48] Brandt berichtete, dass die Vorfahren finnische Bauern gewesen seien, die mit der gesamten Dorfbevölkerung, nur aus Ablehnung der russischen Politik, zum Judentum übergetreten seien.[49] Die Validität dieser Familienerzählung ist nicht mehr zu überprüfen. Brandt nannte es selbst eine Familienlegende, die er von der Mutter erfuhr. Das Sym-

41 Vgl. Anmeldekarte Wolff Brandt, Archiv Posen, Akt m. Poznania Evidencja ludności z lat 1870–1930, sygn. 14304.

42 Er hatte die Matrikelnummer 2757 des 87. Rektorats. Archiv der Humboldt Universität zu Berlin, Bestand Verzeichnis der Studierenden und Bestand Abgangszeugnis vom 29.4.1898.

43 Molik, Aufstieg, 473.

44 Helmut Berding: Moderner Antisemitismus in Deutschland, Frankfurt/Main 1988, 112.

45 Molik, Aufstieg, 473.

46 Gespräch mit Lili Brandt in Frankfurt/Main, 5.5.2000.

47 Dies bezieht sich nicht nur auf Veröffentlichungen, sondern auch auf private Erwähnungen. In einem Brief an seine Frau Annelie Brandt schrieb Heinz Brandt aus dem Zuchthaus Bautzen, dass die Figur Meier in einer Novelle von ihm seinen »wundervollen Großvater« meine. Heinz Brandt an Annelie Brandt, Juni 1962. NLB.

48 Funk, Fromm, 14.

49 Brandt, Traum, 70. Das Folgende ebenfalls dort.

pathische an der Legende bestand für Brandt darin, dass die Vorfahren nonkonformistisch waren und allein aus politischen Gründen die weitreichende Entscheidung zum Religionsübertritt getroffen hatten. Für die nonkonformistische Einstellung ebenso wie für die revolutionäre Interpretation des Judentums diente auch eine weitere Familienlegende um die Mutter Ludwig Krauses, die sich in ihrem Heimatdorf um russische Deserteure gekümmert habe. Dies habe sie als Verpflichtung aus der jüdischen Überlieferung verstanden. Vorstellungen von Befreiung und Kampf gegen Unterdrückung waren für Brandt mit der Person des Großvaters verbunden.

Ludwig Krause war vermutlich orthodox ausgebildet worden. Brandt gab an, er sei auf einer Talmudschule gewesen.[50] Ludwig Krause hatte kurze Zeit vor dem Krieg, zusammen mit zwei weiteren Rabbinatsassessoren, das Rabbinat der jüdischen Gemeinde in Posen inne, da der Hauptrabbiner verstorben war.[51] Lili Brandt erinnert sich an ihn als einen orthodoxen und frommen Rabbiner, der in Posen eine kleine Gemeinde leitete. Sie betont, er sei ein milder und gütiger Mensch gewesen, der tief religiös und nicht fanatisch gewesen sei. Allerdings ist von latenten Spannungen in der Familie auszugehen. So war Ludwig Krause beispielsweise gegen die Heirat seiner Tochter Trude mit Georg Brandt, da die Familie Wolff Brandts nicht in seinem Sinne religiös war. Im Elternhaus von Heinz Brandt wurden die jüdischen Speisegesetze nicht eingehalten, sodass Ludwig Krause nicht in diesem Hause aß.[52] (☛ s. Abb. 3, S. 39)

Die Frau Ludwig Krauses war in jungen Jahren verstorben. Die Eheleute Krause hatten mehrere Kinder. Gertrude Krause, 1879 geboren, war die jüngste Tochter – mit vermutlich deutlichem Altersunterschied zu den nicht mehr ermittelbaren Geschwistern – und führte nach dem Tode der Mutter den Haushalt.[53] Sie war in Berlin im Pestalozzi-Fröbel-Haus zur Erzieherin ausgebildet worden.[54] Die Heirat von Trude Krause und Georg Brandt erfolgte im Oktober 1908.[55] Die Eheleute waren für die damalige Zeit bereits in einem relativ hohen Heiratsalter: Gertrude Krause war 29 Jahre, Georg Brandt 35 Jahre alt.[56] Der Grund für die späte Heirat lag vermutlich in der ursprünglichen Weigerung Ludwig Krauses, seine Tochter mit Georg Brandt zu verheiraten. Gertrude Krause unterwarf sich diesem väterlichen Wunsch, verweigerte sich aber anderen Eheplänen. Nach einigen Jahren stimmte Ludwig Krause schließlich der

50 Ebd.

51 Heppner, Vergangenheit, 866.

52 Gespräch mit Lili Brandt in Frankfurt/Main, 2.3.1999.

53 Ebd. Gertrude Krause wurde familienintern Trude genannt. Im weiteren Verlauf der Arbeit wird in der Regel diese Namensbezeichnung benutzt, wenn es sich nicht um amtliche Vorgänge handelt.

54 Abschrift Seminar mit Heinz Brandt und Manfred Wilke, Tutzing 7.–8.11.1984, Tonband 1, 3. NLB. Im Folgenden als Abschrift Seminar zitiert.

55 Das genaue Datum war der 19.10.1908. Anmeldekarte Georg Brandt. Staatsarchiv Posen, Akt m. Poznania Evidencja ludności z lat 1870–1930, sygn. 14304.

56 Das durchschnittliche Heiratsalter lag bei 25 Jahren für Frauen, für Männer bei 30 Jahren. Vgl. Richarz, Entwicklung, 16.

**Abb. 3:** Der Großvater Ludwig Krause.

Eheschließung mit Georg Brandt zu.[57] Diese Liebesheirat entsprach nicht mehr der traditionellen Verheiratung in jüdischen Familien durch die Eltern. Ludwig Krause, Wolff und Rosalie Brandt waren noch im traditionellen Sinne verheiratet worden, ohne den jeweiligen Partner vorher gekannt zu haben.[58]

Undeutlich bleibt, ob Georg Brandt eine gesicherte Stellung mit entsprechendem Einkommen hatte. Gertrude Brandt wird auf der Anmeldekarte als »Ehefrau« geführt und scheint bei der Heirat keinen Beruf ausgeübt zu haben. Vor dem Ersten Weltkrieg konnte sich die Familie Brandt auch noch ein Kindermädchen leisten.[59] Die junge Fa-

57 Gespräch mit Lili Brandt in Frankfurt/Main, 2.3.1999.

58 Brandt, Traum, 70; Gespräch mit Lili Brandt in Frankfurt/Main, 2.3.1999.

59 Brandt, Traum, 42.

milie entfernte sich vom jüdischen Wohnviertel: Kurz nach der Heirat zogen sie in die Posadowsky-Straße – dort wurde Heinz Brandt im August 1909 geboren –, 1910 in den modernen Stadtkern in die Wilhelmstraße und 1913 schließlich in ein Neubauviertel in Jersitz, in die Auguste-Viktoria-Straße.[60] Dieser Teil der Stadt war nicht nur wohlhabend und die Mietshäuser von besserer Ausstattung, sondern auch durch eine Vielzahl von Kasernen geprägt.[61] Die Wohnung der Familie lag direkt an der Posener Jägerkaserne und Heinz Brandt sowie die anderen Kinder aus dem Hause nutzten die Nähe zur Kaserne für Abenteuerspiele.

Heinz Brandt charakterisierte die Atmosphäre im Elternhause vor dem Krieg als Ort der Zusammenkunft der unterschiedlichen Nationalitäten und Konfessionen: »Das ist ein buntes, kosmopolitisches, ganz unbürgerliches Künstlervölkchen, unprätentiös und jedem gesellschaftlichen Zeremoniell abgeneigt.«[62] Die Eltern waren beeinflusst von Martin Bubers Schriften über die chassidischen Traditionen im Judentum. Buber stand vor dem Ersten Weltkrieg für das »romantische Leiden an der Moderne« und artikulierte das Unbehagen jüngerer Juden an den Assimilationsbestrebungen der Elterngeneration.[63] Sein Versuch war nicht von einer politischen Konzeption, sondern von Vorstellungen einer kulturellen Erneuerung geprägt. Allerdings bedeutete die Auseinandersetzung mit Buber für die Eltern Brandt keine Hinwendung zum Judentum. Georg Brandt inspirierten die Schriften Bubers vielmehr zu der Idee eines universalen, weltbürgerlichen Chassidismus.[64] Die Grundstimmung im Elternhause war von optimistischen Erwartungen geprägt, dass eine friedliche Welt möglich sei, in der nationale und soziale Gegensätze aufgelöst werden. Dazu gehörte auch die große Sympathie, welche die Eltern Brandt für den französischen Schriftsteller und Kosmopoliten Romain Rolland und seine Vorstellungen einer universalistischen, auch speziell deutsch-französischen Zusammenarbeit hegten.[65] Gerade solche kosmopolitischen Ideen vom Weltbürgertum fanden in manchen jüdischen Häusern Widerhall.[66] Nach der Darstellung von Brandt hat auch der Lessing'sche Toleranzgedanke eine prägende Rolle gespielt. Die Situation der jüdischen Generation von Gertrude und Georg Brandt ist als eine »doppelte Marginalisierung« bezeichnet worden. Die deutsche Gesellschaft öffnete sich ihnen nicht in dem erhofften Maße, eine Rückkehr

60 Angaben nach der Anmeldekarte Georg Brandt. Staatsarchiv Posen, Akt m. Poznania Evidencja ludności z lat 1870–1930, sygn. 14304.

61 Magdalena Warkoczczewska: Städtebauliche Veränderungen um die Jahrhundertwende. In: Kemlein, Postkarten, 61-66, 62 f. Für eine bessere Wohnlage spricht auch, dass im Wohnhaus der Brandts ein pensionierter General der preußischen Armee lebte. Brandt, Traum, 41.

62 Ebd., 43-45.

63 Paul Mendes-Flohr: Neue Richtungen im Jüdischen Denken. In: Deutsch-jüdische Geschichte, Band III, 333-355, 345-346.

64 Brandt, Traum, 43.

65 Vgl. vor allem zu der Rolle von Rolland im Ersten Weltkrieg: Michael Klepsch: Romain Rolland im Ersten Weltkrieg. Ein Intellektueller auf verlorenem Posten, Stuttgart 2000.

66 Weisberger, Ethic, 6.

zum traditionellen Judentum erschien jedoch unmöglich. Diese Erfahrung führte Anfang des Jahrhunderts politisch zu einer gewissen Hinwendung von Juden zur SPD, worin sich die Hoffnung auf die universalistische Versprechung einer widerspruchsfreien Gesellschaft im Sozialismus ausdrückte.[67] Die Eltern Brandt standen der Sozialdemokratie nahe. Das künstlerische und musische Engagement der Eltern, besonders des Vaters, ermöglichte auch eine Distinktion zum politischen Alltagsgeschäft. Eine beobachtende und gewissermaßen aus »höherer Warte« kommentierende Haltung prägte das Umfeld der Familie. »Über konfessionellen und nationalen Streit lächeln sie nachsichtig. Das ist die Sache untergeordneter, armseliger Wesen«, bewertete Brandt die Stimmung aus der Vorkriegszeit.

Die Ausrichtung an internationalen Einflüssen stand nicht im Gegensatz zu einer deutschen Akkulturation der Familie Brandt. Für Heinz Brandt ist die Zurechnung zur deutschen Gesellschaft nie infrage gestellt gewesen. Auf die Frage, ob seine Familie in Posen sich als Deutsche gefühlt habe, antwortet er:

> »Ja selbstverständlich und zwar auch wieder ohne Problematik. Wir waren Deutsche, [...] die Menschen die zu uns kamen sprachen dann auch Deutsch als zweite Sprache, eben so als es Polen waren und das war für mich überhaupt kein Problem, für meine Eltern nicht und für meine Geschwister ebenfalls nicht. Wir sind Deutsche.«[68]

Die Kinder von Georg und Trude Brandt erhielten – auch als Zweitnamen – deutsch konnotierte Vornamen: Der Erstgeborene wurde Heinz Eduard genannt. Der 1910 geborene zweite Sohn hieß Richard Jakob. Allerdings änderten die Eltern den zweiten Namen im Frühjahr 1917 in »Joachim«.[69] Der alttestamentarische Name Jakob lag an vierter Stelle bei Vornamenänderungsanträgen in den Jahren 1898 bis 1918, was ein Hinweis auf eine Stigmatisierung des Vornamens ist.[70] Ein Grund für die Namensänderung durch die Eltern Brandt ist nicht überliefert. Möglicherweise waren sie nach der antisemitischen »Judenzählung« in der deutschen Armee 1916 in Sorge ob eines zu stigmatisierenden Namens und wollten so einen Rest an Namensmarkierung til-

---

67 Ebd., 88 f. Vor dem Ersten Weltkrieg lag der Anteil von SPD-Stimmen von männlichen Juden im Reich bei rund 20 Prozent. Ebd., 75. In Posen war der Stimmanteil der SPD angesichts der Nationalitätenkonflikte erheblich geringer, 1912 erhielt sie 9,6 Prozent. Vgl. Helmut Neubach: Die Nationalitätenverhältnisse in der Provinz Posen im Spiegel der letzten Reichstagswahl vor dem Ersten Weltkrieg (1912). In: Zeitschrift für Ostforschung. Länder und Völker im östlichen Mitteleuropa 35 (1986), 140-160, 147.

68 Abschrift Seminar, Tonband 1, 4. NLB.

69 Eintragung auf der Anmeldekarte Georg Brandt. Die Namensänderung war vom Regierungspräsidenten im Mai 1917 genehmigt worden. Staatsarchiv Posen, Akt m. Poznania Evidencja ludności z lat 1870–1930, sygn. 14304.

70 Dietz Bering: Der Name als Stigma. Antisemitismus im deutschen Alltag 1812–1933, Stuttgart [2]1988, 190.

gen. Die 1912 geborene Tochter wurde Lili Bertha genannt, der 1917 geborene dritte Sohn erhielt nur einen Vornamen, Wolfgang.

Der einschneidende Bruch für die Lebensgestaltung der Familie Brandt war der Erste Weltkrieg, der das Ende der optimistischen kosmopolitischen Träume und letztlich auch der sozialen Absicherung bedeutete. Mit Kriegsausbruch begann das »Katastrophenzeitalter« im 20. Jahrhundert, das bis zum Ende des Zweiten Weltkrieges dauern sollte.[71] In den Massakern des Ersten Weltkrieges gingen die auf kontinuierlichen Fortschritt und Verbesserung des Lebens orientierten bürgerlichen Vorstellungen zu Grunde. Für viele deutsche Juden bedeutete der Kriegsbeginn zumeist auch neue Hoffnung. Der bekannte und – auch von Brandt in der Autobiografie – zitierte Ausspruch Kaiser Wilhelms II. »Ich kenne keine Parteien mehr, ich kenne nur noch Deutsche« hatte nicht nur für die Sozialdemokratie eine integrierende Wirkung. Gerade in jüdischen Kreisen war anfänglich die Hoffnung verbreitet, künftig ebenfalls integraler Teil der deutschen Gesellschaft zu sein. Der »Centralverein der Staatsbürger jüdischen Glaubens« (CV) forderte zu einer Pflichterfüllung über das Maß hinaus auf, auch zionistische und orthodoxe Gruppen begrüßten die Kriegsteilnahme als nationale Pflicht.[72] Über zehntausend Juden meldeten sich freiwillig für den Krieg, an dem insgesamt rund 100.000 jüdische Männer – also fast jeder fünfte Jude in Deutschland – teilnahmen.[73] Dies betraf auch die Familie Brandt. Ein jüngerer Cousin von Trude Brandt, dessen Mutter früh verstorben war und um den sie sich gekümmert hatte, meldete sich freiwillig und fiel in den ersten Kriegstagen. Trude Brandt war in zweierlei Hinsicht davon betroffen, da sie nicht nur der Tod erschütterte, sondern auch die freiwillige Meldung. Sie sah darin letztlich ein feiges Verhalten, da er sich von einer allgemeinen Stimmung hatte mitreißen lassen.[74] Diese Uminterpretation von hegemonialen Vorstellungen prägte nach den Schilderungen Brandts das Verhalten seiner Eltern, die entschiedene Gegner des Krieges waren.

Die jüngere Forschung hat das »Augusterlebnis«, den angeblichen nationalen Taumel in Deutschland und eine unbändige Begeisterung für den Kriegsausbruch, inzwischen in realistischere Bahnen gerückt. Die Begeisterung ist eher in großen Städten, im intellektuellen und studentischen Milieu anzutreffen gewesen, während auf dem Lande und in Arbeiterkreisen Skepsis und Ängste angesichts des Krieges im Vordergrund standen. Erst nachträglich ist die euphorische Stimmung einzelner Gruppen zum mythischen Erlebnis der ganzen Gesellschaft verdichtet worden.[75] Auch die in der Geschichtsschreibung angenommene breite Zustimmung der Juden muss zumindest re-

---

71 Eric Hobsbawm: Das Zeitalter der Extreme, München 1998, 38.

72 Peter Pulzer: Der Erste Weltkrieg. In: Deutsch-jüdische Geschichte, Band III, 356-380, 358-360.

73 Berding, Antisemitismus, 166.

74 Brandt, Traum, 44.

75 Vgl. Jeffrey Verhey: Der »Geist von 1914« und die Erfindung der Volksgemeinschaft, Hamburg 2000; als neuere sozialgeschichtliche Studie mit ähnlichen Ergebnissen: Benjamin Ziemann: Front und Heimat. Ländliche Kriegserfahrungen im südlichen Bayern 1914–1923, Essen 1997.

lativiert werden. Allerdings trifft es zu, dass sich nur wenige jüdische Intellektuelle zu einem entschiedenen Pazifismus bekannten.[76]

Heinz Brandt räumte dem Kriegsausbruch in seiner Autobiografie einen zentralen Stellenwert ein. Dies ist für viele jüdische Kindheitserinnerungen festzustellen, in denen der Krieg nicht nur das Ende einer als glücklich erinnerten Kindheit, sondern auch einen Anstieg von Antisemitismus bedeutete.[77] Für den damals Fünfjährigen war eine andere Situation gegeben. Die pazifistische Haltung der Eltern war als »Brosamen« für ihn abgefallen. Brandt sah sich als Nonkonformisten, ging aber von einer wichtigen prägenden Rolle vor allem der Mutter aus:

> »Meine Mutter lenkt mich unmerklich in ein Fahrwasser, das meiner Wesensart entspricht: gegen den Strom zu schwimmen. Nichts den Leuten nachplappern, die alles glauben, was ›von oben‹ kommt. Von oben sind nur Dummheiten, Lügen und Verbrechen zu erwarten.«[78]

Da die Primärsozialisation einen hohen Anteil an der Ausformung des individuellen Habitus hat, sind diese frühen, sich so stark von der Umgebung abgrenzenden Haltungen bedeutsam. Eine sinnliche Erfahrung des Kriegsbeginns war dadurch bedingt, dass die Familie Brandt den Auszug von Soldaten angesichts der Nähe zu den Kasernen sehr nah miterlebte. Die Mutter habe anfangs nicht mehr den Balkon, der zu einer Kaserne hinausging, genutzt und viel geweint. Dies sei auch der Grund gewesen, warum die Familie 1916 vom Stadtteil Jersitz wieder in die Stadt Posen selbst zog, an den Sapiehaplatz 2. Die neue Vier-Zimmer-Wohnung, in der die Eltern bis zu ihrer Deportation 1939 lebten, lag wieder näher an dem traditionellen jüdischen Wohnviertel und an den Wohnungen von Rosalie und Wolff Brandt sowie von Ludwig Krause.

Als prägende Figur für die ablehnende Haltung zum Krieg nannte Brandt auch einen Oberstleutnant Günther. Bereits vor dem Krieg sei er durch eine Affäre mit dem Kindermädchen der Familie verbunden gewesen und wurde, nach der Teilnahme an Kämpfen in Frankreich, bei der Familie einquartiert. Günther, der 1918 fiel, habe dem Vater und Heinz Brandt die Entwicklung an der Front ausführlich erläutert und vor allem die Ereignisse an der Marne, als die deutschen Truppen sich vor Paris überraschend zurückzogen, geschildert. Für den sechsjährigen Jungen wird dies »ein geheimer Code, Losungswort des Ordens der Wissenden, dem ich auch von jung an zugehörte«.[79] Da Günther ebenfalls Kriegsgegner war, vermischten sich die Informationen aus erster Hand mit der pazifistischen Haltung der Eltern. Heinz Brandt wurde von

76 Ulrich Sieg: Jüdische Intellektuelle im Ersten Weltkrieg, Kriegserfahrungen, weltanschauliche Debatten und kulturelle Neuentwürfe, Berlin 2001, insb. 53-69.

77 Ursula Blömer/Detlef Garz: Einleitung. In: Dies. (Hrsg.): »Wir Kinder hatten ein herrliches Leben …« Jüdische Kindheit und Jugend im Kaiserreich 1871–1918, Oldenburg 2000, 19-29, 29.

78 Brandt, Traum, 46. Das Folgende ebd. 46-52.

79 Ebd., 51.

der Mutter ermahnt, die ablehnende Haltung nicht jedem zu offenbaren. Das Merkmal des »Ordens der Wissenden« ist ein Geheimwissen, an dem der Junge partizipiert. Die Erwachsenenwelt wird zweigespalten: In die große Mehrheit derer, die mitmachen, und in einen kleinen, engeren Kreis von Eingeweihten, die das Leid beenden könnten, aber in der Öffentlichkeit schweigen müssen. Diese Struktur der Partizipation an geheimem und auch gefährlichem Wissen hat die habituelle Prägung des Kindes Brandt mit bestimmt. Die anfangs erwähnte Szene der Fronleichnamsprozession mit der Distanz zur Masse bei gleichzeitigem Wunsch der Zugehörigkeit spiegelt die Spannungen innerhalb der Familie in verdichteter Form wider: Einerseits eine tiefe universale Menschenliebe und andererseits Skepsis, wenn nicht Verzweiflung über das konkrete Handeln der Menschen. Dies resultierte auch in einem Überlegenheitsgefühl gegenüber der »nichtwissenden« Mehrheit der Gesellschaft.

In Posen bildete sich bei Kriegsende ein Arbeiter- und Soldatenrat. Allerdings wurde die Revolution infolge des Zusammenbruchs des Kaiserreiches in Posen innerhalb kürzester Zeit durch die nationalen Konflikte überformt. Kurz nach dem Arbeiter- und Soldatenrat gründeten sich nationale Volksräte. Zuerst wurde ein polnischer, am 10. November 1918 ein jüdischer und einige Tage später ein deutscher Volksrat gegründet.[80] Blieb die politische Situation anfangs noch etwas unübersichtlich, nahmen polnische Nationalisten bei Unruhen Ende Dezember 1918 die Provinz unter ihre Kontrolle. Diese territoriale Entwicklung wurde bei späteren Verhandlungen bestätigt, Posen gehörte zum neu gebildeten Polen.[81] In der Stadt Posen verlief die Übernahme kampflos.[82]

Mit dem jüdischen Volksrat brachte die Revolution in Posen eine Besonderheit hervor. Der Zionist Max Kollenscher, einer der Protagonisten des Volksrates, hat einige Jahre später eine umfassende Darstellung der Aktivitäten veröffentlicht. Mit dem Volksrat sollten die Juden als eigenständige Volksgruppe etabliert werden. In der Frage der staatlichen Zugehörigkeit von Posen verhielt sich der Volksrat neutral, auch wenn die habituelle und kulturelle Nähe zu Deutschland unübersehbar war. Die Neutralität, die von jüdischen Organisationen öfter in den Nationalitätenkonflikten Polens formuliert wurde, beinhaltete zwar auch ein Loyalitätsbekenntnis gegenüber dem entstehenden Staat. Polnischerseits wurde die Neutralität jedoch skeptisch betrachtet und häufig als Illoyalität verstanden.[83] Der Volksrat wurde vor allem von zionistischen und orthodoxen Juden unterstützt, viele liberal eingestellte Juden hingegen unterstützten den Deutschen Volksrat. Kollenscher gibt für die Gemeindewahlen 1919 an, die von ihm und dem Großonkel von Heinz Brandt, Moritz Krause, angeführte Liste habe 1692 jüdische Stimmen erhalten, von 2425 abgegebenen Stimmen.[84] Da die Zahl der Wahlbe-

80 Kollenscher, Jüdisches, 27.

81 Jörg K. Hoensch: Geschichte Polens, Stuttgart [3]1998.

82 Kollenscher, Jüdisches, 47-50; Hoensch, Geschichte, 236-242.

83 Golczewski, Beziehungen, 216-217.

rechtigten 3025 Personen betrug, kann davon ausgegangen werden, dass rund die Hälfte der Juden in Posen dem Volksrat gegenüber sympathisierend eingestellt war. Von liberaler Seite wurde vor einer erneuten Gettoisierung gewarnt.[85]

Das Scheitern der Politik des Jüdischen Volksrates begründete sich vor allem aus den Entwicklungen im neuen polnischen Staat. Bereits kurz nach der Staatsgründung war es in mehreren polnischen Städten zu antijüdischen Pogromen gekommen[86], und auch in Posen gab es bei den Dezember-Unruhen 1918 Übergriffe gegen Juden, bei denen ein Mitglied der jüdischen Bürgerwehr erschossen wurde.[87] In der bald einsetzenden Polonisierungspolitik versuchte der Jüdische Volksrat, Minderheitenrechte durchzusetzen. So gelang im Mai 1919 die Einrichtung einer jüdischen Volksschule, in der Deutsch Unterrichtssprache war. Der Volksrat war als Vertretungsorgan seitens der neuen Behörden akzeptiert.[88] Allerdings wurde in Polen ein jüdischer Nationalrat, wie er von jüdischer Seite gefordert wurde, von der neuen Regierung nicht erlaubt.[89] Die Ausgrenzung von Juden kann als ein Moment von Unsicherheit in dem sich bildenden polnischen Nationalstaat verstanden werden, in dem eine Vielzahl von verschiedenen ethnischen Bevölkerungsgruppen lebte.[90] Juden wurden häufig als Symbol der gerade abgeschüttelten Fremdherrschaft verstanden, verbunden mit einem verbreiteten polnischen Antisemitismus. Zwar bedrohte auch die deutsche Außenpolitik die territoriale Integrität Polens.[91] Dennoch gab es Unterschiede in der Behandlung der deutschen und jüdischen Minderheit im polnischen Nationalstaat. Während die Deutschen zumindest perspektivisch polonisiert werden sollten, war der Antisemitismus, der vor allem bei den Nationaldemokraten (Narodowa Demokracja, kurz: Endecja) eine starke Rolle spielte, bestimmend für den Umgang mit den Juden in Polen. Sie galten als nicht integrierbar und wurden auf einer diskursiven Ebene und durch Pogrome, ab 1936 dann auch durch die offizielle Politik, ausgegrenzt.[92] Die

84 Kollenscher, Jüdisches, 94. Die Gesamtzahl der Wahlberechtigten Juden habe 3080 betragen.

85 Mitteilungsblatt des jüdischen Volksrates Posen 1(Februar 1919), Nr. 1, 11.

86 Golczewski, Beziehungen, 182-208.

87 Vgl. Kollenscher, Jüdisches, 51-61.

88 Ebd., 80 und 69-71.

89 Daniel Gerson: Deutsche und Juden in Polen, 1918–1939. In: Jahrbuch für Antisemitismusforschung 2 (1993), 62-92, 79.

90 1921 lebten ca. 30 Millionen Menschen in dem polnischen Territorium, von denen sich aber nur 19 Millionen zur polnischen Nationalität bekannten. Hinzu kamen Minderheitengruppen von Weißrussen, Ukrainern, Litauern, Tschechen, Juden und Deutschen. Die jüdische Bevölkerungsgruppe stellte mit über drei Millionen die größte Minderheitengruppe. Gerson, Deutsche, 62.

91 Golczewski, Beziehungen, 209-210.

92 Gerson, Deutsche, insb. 77-85. Die besondere Behandlung gegenüber anderen Minderheiten sieht auch: Yisrael Gutman: Polish Antisemitism Between the Wars: An Overview. In: Ders. u. a.: The Jews of Poland Between Two World Wars, Hannover/London 1989, 97-108, 100-101. Vgl. als Überblick auch der polnischen Literatur: Klaus-Peter Friedrich: Juden und jüdisch-polnische Beziehungen in der Zweiten Polnischen Republik (1918–1939). Neue Literatur. In: Zeitschrift für Ostmitteleuropa-Forschung 46 (1997), Heft 4, 535-560, 541 f.

Gruppe der Juden, die eine Assimilation in die polnische Gesellschaft anstrebten, blieb dagegen klein.[93]

Im Juni 1919 unterzeichnete die polnische Regierung auf Druck der westlichen Länder einen Minderheitenschutzvertrag, der vor allem die deutsche und jüdische Bevölkerung in den westlichen Gebieten Polens schützen sollte.[94] Alle Bewohner Posens galten nun als polnische Staatsbürger. Sie hatten jedoch noch für zunächst zwei Jahre die Möglichkeit zu optieren, ob sie polnische oder deutsche Staatsbürger werden wollten. Wer für Deutschland optierte, wurde nach ausländerrechtlichen Gesichtspunkten behandelt, womit eine geringere rechtliche Absicherung verbunden war als bei der Option für Polen. Im Falle der Option für Polen konnte auf den völkerrechtlich garantierten Minderheitenschutz Bezug genommen werden. Die deutsche Reichsregierung forcierte den Verbleib in den Gebieten, auch um über Minderheitenpolitik Einfluss auf die polnische Innenpolitik nehmen zu können. Eine Abwanderung sollte verhindert werden.[95]

Doch war insbesondere die Abwanderung der jüdischen Bevölkerung von Posen nicht aufzuhalten. Der jüdische Volksrat beendete Anfang 1920 seine Arbeit, auch Kollenscher verließ Posen und ging nach Berlin.[96] Zwar wurde im Volksrat die Position vertreten, im Lande zu bleiben und die polnische Staatsangehörigkeit anzunehmen, da der ausländerrechtliche Status Nachteile bringen würde.[97] Jedoch wirkten die Polonisierungspolitik und der polnische Antisemitismus gegen eine solche Strategie und waren offensichtlich der wesentliche Grund für die Abwanderung. Die Posener Juden waren sowohl als Angehörige der jüdischen Minderheit als auch der deutschen, in einer Situation der doppelten Benachteiligung.[98] Der vom Jüdischen Volksrat eingerichtete Wirtschaftsausschuss, dem auch Moritz Krause angehörte, beobachtete die Verdrängung von Juden aus dem Wirtschaftsleben und versuchte Gegenstrategien zu organisieren.[99] Mit der Abwanderung wurde auch die ökonomische Kaufkraft der jüdischen Bevölkerung geschwächt, was mit zu einem Niedergang jü-

---

93 Als jüdische Polen, die konvertiert oder in der Arbeiterbewegung aktiv waren, hatten einige jedoch in der Politik Einfluss. Vgl. Gerson, Deutsche, 80, Friedrich, Juden, 549-550.

94 Hoensch, Geschichte, 255.

95 Ralph Schattkowsky: Deutsch-polnischer Minderheitenstreit nach dem Ersten Weltkrieg. In: Zeitschrift für Ostmitteleuropa Forschung (Neue Folge der Zeitschrift für Ostforschung) 48 (1999), 525-553, 527.

96 Kollenscher, Jüdisches, 120-123.

97 So z. B. Dr. Martin Lesser: Einfluß des Friedens auf die Staatsangehörigkeit; Optionsrecht. In: Mitteilungs-Blatt des Jüdischen Volksrates 1(August 1919), Nr. 7, 71-72.

98 So wurde an der Posener Universität, die aus der königlichen Akademie gebildet worden war, 1919 eine Zugangsbeschränkung für Juden von nur zwei Prozent eingeführt. Der Anteil von Juden in Polen betrug zu jener Zeit jedoch rund 15 Prozent. Kollenscher, Jüdisches, 77; Haustein, Großherzogtum, 279.

99 Kollenscher, Jüdisches, 75; Vgl. auch Moritz Krause: Prozentnorm in Wirtschaft und Kultur. In: Mitteilungsblatt des jüdischen Volksrats Posen 1 (Oktober 1919), Nr. 9, 89-90.

discher Geschäfte führte, die unter polnischen Kaufboykotten litten.[100] Auch Versuche, sich an der jüdischen Bevölkerung im ehemaligen Kongresspolen zu orientieren, blieben eher selten. Kenntnisse des Jiddischen, das in Polen von den meisten Juden gesprochen wurde, waren in Posen kaum noch vorhanden. In der Zeitung des jüdischen Volksrates wurde zur Lektüre der jiddischen Zeitungen Polens aufgefordert, um Anschluss an die polnischen Juden zu finden.[101] Dies wurde vermutlich nur von wenigen versucht. Die Mehrzahl der deutschen Juden hatte Posen bis 1920 verlassen. 1921 wurden in Posen 9.392 Personen mit deutscher Volkszugehörigkeit gezählt, gegenüber 159.301 Polen. Die Religionsstatistik aus demselben Jahr nannte nur noch 2.088 Juden. Davon wird bereits ein Teil aus dem ehemaligen Kongresspolen nach Posen gekommen sein.[102] 1930 betrug die Zahl der Juden in der Stadt Posen wieder rund 2.500.[103]

Die Familie Brandt war in Posen geblieben und hatte für die polnische Staatsangehörigkeit optiert. Dies lag nicht an einer Verbundenheit mit Polen, sondern hing mit der spezifischen Situation der Familie zusammen. Georg Brandt hatte spätestens nach dem Krieg große Schwierigkeiten, Geld zum Unterhalt der Familie zu verdienen. Die Mutter arbeitete als Lehrerin an der deutschen Mädchenschule, dem Knotischen Lyzeum in Posen, und war zumeist die einzige Ernährerin der Familie.[104] Laut Lili Brandt hatte vor allem die Mutter Befürchtungen, im Deutschen Reich nicht Fuß fassen zu können, da sie die Last eines Neuanfangs allein hätte tragen müssen.[105] Die vier Kinder – der jüngste Sohn Wolfgang war geistig behindert (vermutlich Down-Syndrom) – und die im jüdischen Altersheim lebenden Eltern Georg Brandts werden mit dazu beigetragen haben, sich für einen Verbleib in einer sozial zwar schlechten, aber sicher erscheinenden Situation in Posen zu entscheiden. Ludwig und Moritz Krause verließen Posen Anfang der 20er-Jahre und gingen nach Frankfurt am Main, wo eine Schwester lebte.[106] Da die Großeltern Brandt bald verstarben, blieb die Familie Brandt

100 Kollenscher, Jüdisches, 118-119.

101 Martin Herzog: Jüdische Zeitungen. In: Mitteilungsblatt des Jüdischen Volksrats Posen 1 (August 1919), Nr. 7, 73.

102 Zu den Zahlen vgl. Adolf Kraft: Die Stadt Posen im Versailler Polen. In: Rhode, Geschichte, 169-200, 177.

103 Eintrag »Posen«. In: Jüdisches Lexikon. Ein enzyklopädisches Handbuch des jüdischen Wissens in vier Bänden, Band IV/1, Me-R, Jüdischer Verlag Berlin 1930, 1054-1065, 1064. Genaue Zahlen über die Umschichtung innerhalb der jüdischen Gemeinde lassen sich nicht finden, allerdings wird die These, dass nur ein sehr kleiner Teil der deutschen Juden in Posen blieb, in der Literatur vertreten. Vgl. Jacob Jacobsohn: Zur Geschichte der Juden in Posen. In: Rhode, Geschichte, 243-253, 256.

104 Die Schule wurde vom deutschen Schulverein unterhalten. Kraft, Stadt, 199.

105 Gespräch mit Lili Brandt in Frankfurt/Main, 2.3.1999.

106 Ab September 1923 waren Moritz Krause und seine Frau Klara, geborene Mannheimer, in Frankfurt gemeldet. Vgl. Institut für Stadtgeschichte der Stadt Frankfurt/Main, Einwohnermeldekartei Krause. Ludwig Krause ist in dieser Kartei nicht geführt. Rainer Funk gibt jedoch an, dass er seinen Lebensabend im Elternhause von Erich Fromm in Frankfurt verbrachte. Funk, Fromm, 8.

isoliert zurück. Die Kinder sollten in jedem Fall zur Ausbildung nach Deutschland geschickt werden. Sie sprachen kein Polnisch und haben auch keine Versuche unternommen, es zu lernen.

Brandts hatten sich bei dem preußischen Generalkonsul in Posen versichert, dass sie und ihre Kinder, auch wenn sie für Polen optieren, keine Probleme hätten, sich zu einem späteren Zeitpunkt nach Deutschland zu repatriieren. Als Grund für den Verbleib in Posen gaben sie wirtschaftliche Schwierigkeiten an, die vor allem gesundheitliche Ursachen hätten.[107] Hiermit war vermutlich eine psychische Erkrankung des Vaters gemeint, die ihn an einer regelmäßigen Arbeit hinderte.[108] Die Familie erlitt soziale Statusverluste, die aber vermutlich innerfamiliär durch die Selbstlosigkeit der Mutter und einen gleichmütigen Optimismus des Vaters aufgefangen wurden. Die Kriegsatmosphäre hatte die Familie näher zusammengebracht: »Wir leben in einem Irrenhaus, sagten meine Eltern, und da wir uns insgesamt bedroht fühlen, in lebensfeindlicher Umwelt, wird familiärer Konflikt vom existenziellen aufgehoben.«[109] Darüber, dass Georg Brandt nicht als Arzt arbeitete, wurde in der Familie nicht gesprochen, seine medizinischen Utensilien wurden in einer Kammer aufbewahrt und waren für die Kinder tabu.[110] Trude Brandt übernahm in der Beziehung die tragende und starke Rolle. Allerdings wurde die väterliche Autorität zum Schein aufrechterhalten, so verwaltete der Vater das Geld, das Trude Brandt verdiente.[111] Die starke Position von Trude Brandt korrespondierte mit einem Ideal der Selbstlosigkeit, dem sich die Mutter verpflichtet fühlte. Lili Brandt schildert als typisches Merkmal des Elternhauses, dass die beiden Brüder Heinz und Richard erst dann anfangen wollten zu essen, wenn auch die Mutter sich etwas aufgetan hatte. Die Familie sei zwar arm gewesen, aber speziell die Mutter habe für eine Atmosphäre der Geborgenheit gesorgt.[112] Heinz Brandt hat über die Konfliktsituationen in seinen Erinnerungen nicht berichtet. Er hob vielmehr die politische Prägung durch die Eltern hervor: »Ach meine lieben, meine armen Eltern, ihnen, den internationalen, sozialistischen, revolutionären Pazifisten verdanke ich alles.«[113] Ihre Sympathien für die Revolution in Russland hätten ihn zum Anhänger der Oktoberrevolution gemacht.[114]

---

Ebenso nennt Lili Brandt Frankfurt/Main als letzte Wohnstätte von Ludwig Krause. Gespräch mit Lili Brandt in Frankfurt/Main, 2.3.1999.

107 Die Landtagsabgeordnete Dr. Gertrud Klausner (DDP) an Oberregierungsrat Dr. Roeckner, Berlin, 8.2.1928. Geheimes Staatsarchiv Preußischer Kulturbesitz, I. HA REP. 77 Tit. 2770 Staatsangehörigkeiten Nr. 3B, Band 7: Einbürgerung Specialia, 1928.

108 Die Art dieser Erkrankung ist nicht mehr zu ermitteln. Gespräch mit Lili Brandt in Frankfurt/Main, 2.3.1999.

109 Heinz Brandt: Wir sprechen deutsch. In: Tintenfisch 15 Thema: Deutschland, herausgegeben von Hans Christoph Buch, Berlin 1978, 130-138, 131.

110 Gespräch mit Lili Brandt in Frankfurt/Main, 2.3.1999.

111 Ebd.

112 Ebd.

113 Brandt, deutsch, 131.

Es fällt auf, dass Heinz Brandt später kaum über die bewegten Zeiten nach dem Ersten Weltkrieg sprach, sondern vor allem den Weltkrieg als Zusammenbruch einer Alten Welt hervorhob. Den »Wahnsinn des Krieges« nannte er sein »Schlüsselerlebnis«, welches ihn am tiefsten und nachhaltigsten geprägt habe.[115] Die Problematik, in einer Grenzregion aufzuwachsen, scheint für ihn politisch nicht bedeutsam gewesen zu sein. Es zeichnet sich hier ab, dass Brandt sein Leben auch als Wunschbiografie erinnerte. Gegen das Auseinanderbrechen der Gesellschaft in Posen, wovon auch das künstlerische Umfeld und damit die gesellschaftliche Stellung seiner Eltern betroffen war, setzte er die innige Freundschaft mit einem polnisch-katholischen Stalljungen und einem deutsch-evangelischen Förstersohn während einer einjährigen Ausbildung zum Förster 1922[116], eine individuelle Aufhebung der politischen Konflikte. Ebenfalls hätte es während seiner Schulzeit unter den Schülern keine Konflikte gegeben. Dies ist insofern widersprüchlich, als er gleichzeitig über die Hoffnungen der deutschen Minderheit in Posen berichtete, dass während des polnisch-russischen Krieges 1920 die Rote Armee Posen besetzen könnte und es wieder deutsch werden würde.[117] Diese Überblendung korrespondiert mit der Hervorhebung von Brandt, dass er in seiner Kindheit und Jugend nie Antisemitismus erlebt habe.

Trotz der schlechten finanziellen Situation besuchten die beiden ältesten Brüder und die Tochter höhere Schulen. Heinz Brandt hatte von 1915 bis 1919 die Menzel'sche Volksschule in Posen besucht, anschließend das Friedrich-Wilhelm-Gymnasium wie vor ihm sein Vater. Diese Schule war nun das Gymnasium der deutschen Minderheit in Posen.[118] Auf eigenen Wunsch hin unterbrach Heinz Brandt 1922 den Schulbesuch und verbrachte ein Jahr – von Ostern 1922 bis zum Frühjahr 1923 – bei einem Privatförster in der Nähe von Obersitzko (Obrzycko), rund 50 Kilometer nördlich von Posen. Die Eltern versuchten erfolglos, den Dreizehnjährigen davon abzubringen.[119] Als Grund für diese ungewöhnliche Entscheidung gab Brandt einen ihn faszinierenden Ferienaufenthalt in der Försterei und eine schwärmerische Natur- und Abenteuerbegeisterung an, die bei ihm durch die Lektüre von Hermann Löns und Abenteuerromanen geweckt worden war.[120] Zwar habe er mit körperlichen und handwerklichen Herausforderungen zu kämpfen gehabt, wovor ihn auch seine Eltern gewarnt hätten. Aber er sah es als gelungene Reifung in seinem Leben, er sei »nicht mehr

114 Wir waren immer sehr im Bilde. Gespräch mit Heinz Brandt. In: Einer muß überleben. Gespräche mit Auschwitzhäftlingen 40 Jahre danach, hg. von Jörn-Erik Gutheil u. a., Düsseldorf o. J. (1984), 33-48, 38. (zukünftig zitiert als: Wir waren immer.).

115 Abschrift Seminar, Tonband 2, 7.

116 Brandt, Traum, 65.

117 Abschrift Seminar, Tonband 2, 3 und 8 f.

118 Angaben nach: Antragsformular für »Schaden an Körper oder Gesundheit« vom Oktober 1960. NLB.

119 Brandt, Traum, 60-66. Dort auch das Weitere.

120 Abschrift Seminar, Tonband 2, 1; Brandt, Traum, 63.

ganz so ungeschickt, nicht mehr ganz so unpraktisch, nicht mehr ganz so romantisch« gewesen, als er 1923 nach Posen zurückkehrte.[121] Der Aufenthalt bei dem Förster erscheint wie die Suche nach einer praktischen, naturnahen und romantisch verklärten harten Lebensweise, die bei den musisch-intellektuellen Eltern wohl nicht zu finden war. Die Naturbegeisterung, die frühe Selbstständigkeit gegenüber Elternhaus und Schule und die Abhärtung des Körpers waren vielmehr Merkmale der Jugendbewegung.[122] Brandt nannte zwar für die Zeit in Posen keine Aktivitäten in dieser Hinsicht, aber es ist angesichts der von ihm angeführten Lektüre und des Versuchs, Förster zu werden, davon auszugehen, dass er von Vorstellungen der Jugendbewegung beeinflusst war. Die Lektüre von Löns' Heimatromanen, in denen der Dichter eine »imaginäre Natur« als Kulturkritik und Heimat beschreibt, mag Wünsche nach einem ursprünglichen, naturverbundenen Leben befördert haben. Löns, der im Ersten Weltkrieg gefallen war, wurde zwar überwiegend von nationalistischer Seite vereinnahmt, aber auch in der Jugendbewegung und der von ihr beeinflussten Arbeiterjugend fanden seine Naturbeschreibungen und die darin ausgedrückte Suche nach Ursprünglichkeit einen Widerhall.[123] Trotz der positiven Erinnerung an diesen Lebensabschnitt zog sich in die Sympathie für die Försterfamilie eine Trübung: Brandt hob hervor, dass »politisch [...] mit ihnen überhaupt nicht zu reden« gewesen sei. Die Ermordung des deutschen Außenministers Walther Rathenau im Juni 1922 begrüßten sie und gehörten zu den »zu vielen Deutschen«, für die die Ermordung des Juden Rathenau ein positives Ereignis war.[124] Für Brandt eröffnete sich eine Kluft: Der »sonst so friedfertige und gemütliche Förster« sei von Aggressionsfantasien beseelt gewesen, wenn er über Kommunisten sprach. Brandt geriet aus dem kosmopolitischen und humanistischen Elternhaus in ein Milieu von Ressentiments, gerade auch gegen Juden.

Als Brandt an seine Schule in Posen zurückkehrte, konnte er eine Klasse überspringen und in seine alte Klasse zurückgehen. Dort bewegte er sich erneut in einem von ihm als freundlich beschriebenen Milieu von jüdischen und deutschen Schülerinnen und Schülern. Als Zeichen der sozialen Anerkennung wurde er zum Klassenvertrauensmann gewählt.[125] In der Obersekunda verfasste Brandt eine Jahresarbeit. Das Thema seiner Arbeit war umfassend dimensioniert, auf Anregung seines Vaters lautete es: »Rom – Athen – Jerusalem: Körper – Geist – Seele«. Ideengeschichtlich wollte Brandt seine These belegen, dass die »revolutionäre Menschheitsidee, der messiani-

121 Ebd., 66.

122 Bernhard Trefz: Jugendbewegung und Juden in Deutschland. Eine historische Untersuchung mit besonderer Berücksichtigung des Deutsch-Jüdischen Wanderbundes »Kameraden«, Frankfurt/Main u. a. 1999, 19 f.

123 Vgl. Thomas Dupke: Mythos Löns. Zur Rezeption einer Zentralfigur der Lüneburger Heide. In: Horst Brockhoff/Giesela Wiese/Rolf Wiese (Hrsg.): Ja, grün ist die Heide ... Aspekte einer besonderen Landschaft, Ehestorf 1998, 245-264, insb. 252-255.

124 Brandt, Traum, 65; Abschrift Seminar, Tonband 2, 1-2.; Zitat: Gay, Deutschland, 37.

125 Brandt, Traum, 66.

sche Traum des Nazareners« – also Jerusalem und Seele hier mit Jesus, nicht dem Judentum verbunden – sich mit dem »Geist von Hellas« vereinigt hätte und das geistlose Imperium – das körperliche Rom – überwindet. Durch die Erstarrung zur Institution seien die ursprünglichen Ideen jedoch verraten und zur Inquisition verkommen, auch der Protestantismus als Aufbruch endete in dogmatischer Erstarrung.[126] An dieser Arbeit wird erkennbar, dass der Sechzehnjährige in weiten Horizonten operierte. Innerfamiliär galt er als »Philosoph«.[127] Die Dreiteilung des Individuums in Seele, Geist und Körper und die Abwertung des Körpers als negative Machtpolitik lassen auf die Indifferenz auch der Eltern hinsichtlich materieller Fragen schließen. Auf äußerliche Erscheinungen legten sie nur geringen Wert. Obwohl sie nicht religiös waren, war ihnen die Auseinandersetzung mit Religion als prägendes Element der Gesellschaft wichtig.[128] Brandt gab an, schon in jungen Jahren von den literarischen Kenntnissen der Eltern beeinflusst gewesen zu sein. Grundlegende marxistische Schriften gehörten zwar nicht dazu, jedoch Schriften von Karl Liebknecht und Rosa Luxemburg gegen den Krieg. Zu seinen prägenden Leseerlebnissen gehörten Leonhard Franks Anti-Kriegsbuch *Der Mensch ist gut*, der antikolonialistische Roman *Max Havelaar* des Holländers Eduard Douwes Dekker alias Multatuli, Grimmelshausens *Simplicius Simplicissimus* ebenso wie *Gullivers Reisen* von Jonathan Swift.[129]

Prägungen durch das Judentum nannte Heinz Brandt nur im Zusammenhang mit seinem Großvater Ludwig Krause. Allein in seinem Hause fanden die jüdischen Feste statt, die Brandt als besonders eindrucksvoll wiedergab. Gerade der Sederabend im Rahmen des Pessachfestes sei ein einprägsames Erlebnis gewesen.

> »Am Ursprung des Judentums – das prägte sich mir tief ein – weitab der mir fremden religiös-konfessionellen Vorstellungen, steht eine epochale, befreiende soziale und nationale Revolution. So ist die jüdische Idee im Kern human, radikal, revolutionär wie jede große Menschheitsidee.«[130]

Der 1905 in Königsberg geborene spätere Sozialist Max Fürst hatte ähnliche Empfindungen bei demselben Anlass: »Ich verstehe nicht, wie ein jüdisches Kind nach diesem Fest nicht Revolutionär sein will.«[131] Brandt wie Fürst zielten auf die Vorstellung der Befreiung aus der Knechtschaft als Orientierung für ihr gegenwärtiges Handeln, erneute Knechtschaft zu verhindern und mit denen zu sein, die unterdrückt sind. Dabei

126 Die Arbeit selbst ist nicht überliefert. Angaben zur Gliederung und Ziel: Ebd., 67.

127 In einem Brief von Lili Brandt an ihren Bruder 1957, als beide nach 25 Jahren wieder Kontakt miteinander aufnahmen, erwähnte sie die Jahresarbeit und seinen familiären Ruf als »Philosoph«. Lili Brandt an Heinz Brandt, 19.3.1957, NLB.

128 Gespräch mit Lili Brandt in Frankfurt/Main, 5.5.2000.

129 Brandt, Traum, 57.

130 Ebd., 71.

131 Max Fürst: Gefilte Fisch. Eine Jugend in Königsberg, München 1976, 44.

betonte Brandt seine eigene Distanz zur jüdischen Religion. Sie war ihm, wie auch das Christentum, Stichwortgeber für eine politische Handlungsorientierung.

1926 ging Brandt zusammen mit seinem Bruder Richard nach Berlin. In Posen hat er die Obersekunda noch abgeschlossen.[132] Das Motiv für den Wechsel nach Berlin lag für die Brüder in der fehlenden beruflichen und persönlichen Perspektive in Polen. Was für Prägungen nahm Heinz Brandt mit nach Berlin? Die habituelle Sozialisation durch die Eltern war von Pazifismus und idealistischer Welterklärung geprägt. Skepsis gegenüber Autoritäten, auch ein eigenwilliger politischer Kopf sind bereits bei dem jugendlichen Heinz Brandt erkennbar. Das »Tollhaus« des Ersten Weltkrieges, aber auch die Ausgrenzungserfahrungen als Jude und als Deutscher im polnischen Posen brachten eine Weltsicht hervor, die sich an radikalen Lösungen orientierte. Die sozial marginalisierte Situation der Familie mit gleichzeitig hohem kulturellem Kapital an Bildung und Wissen scheint für Brandt auch eine Überlegenheitsempfindung mit bedingt zu haben. Die radikalste Lösung bot sich schließlich in der kommunistischen Bewegung an, die internationalistisch und kompromisslos war. Heinz Brandt und sein Bruder Richard kamen auch als Kosmopoliten nach Berlin, denen eine nationale Beschränkung nicht zu eigen war. Das sollte beide schnell an die kommunistische Bewegung heranführen.

## 2 »Die glücklichste Zeit meines Lebens« – als Jungaktivist der kommunistischen Bewegung in Berlin 1926–1931

Als Siebzehnjähriger kam Heinz Brandt nach Berlin, um sein Abitur zu machen. Zusammen mit seinem Bruder Richard musste er sich in der pulsierenden Millionenmetropole der Weimarer Republik weitgehend auf sich allein gestellt durchschlagen. Beseelt von einer politischen Aufbruchsstimmung erschien ihm diese Zeit später als »[i]n vielerlei Beziehung […] die schönste Zeit meines Lebens«.[133] Er schloss sich dem kommunistischen Flügel der Arbeiterbewegung an und sah in der grundlegenden Umwälzung der politischen Verhältnisse die notwendige Voraussetzung für eine bessere Gesellschaft.

Die vorliegende Biografie ermöglicht, den Weg eines Funktionärs in die Partei zu beleuchten und gleichzeitig nach dem Eigensinn Brandts, seiner individuellen Motivation und der Umsetzung seiner Vorstellungen zu fragen. In der von ihm in der Autobiografie dargelegten Entwicklung konzentrierte sich Brandt auf eine Kritik an der ultralinken Politik der KPD, besonders hervorgehoben an der Person Walter Ulbrichts, damals politischer Sekretär des KPD-Bezirkes Berlin-Brandenburg. Damit

132 Anmeldekarte Georg Brandt. Staatsarchiv Posen, Akt m. Poznania Evidencja ludności z lat 1870–1930, sygn. 14304.

133 Brandt, Traum, 73.

stützte Brandt die »Stalinisierungsthese«, wie sie Hermann Weber in Anlehnung an Ossip K. Flechtheim in den 60er-Jahren für diese Phase der KPD entwickelt hatte, gewissermaßen biografisch.[134] Er verortete sich in seiner Autobiografie in der Linie eines »demokratischen Kommunismus«, wie ihn in der Historiografie eine Reihe ehemaliger KPD-Mitglieder für die Zeit vor der Stalinisierung behaupteten.[135] Die KPD war eine Sektion der Kommunistischen Internationale (Komintern). Die Komintern konstatierte 1921 ein Abflauen der revolutionären Bewegung der Nachkriegszeit und propagierte die »leninistische Realpolitik«. Erst sollten die »Massen« gewonnen werden.[136] Für die kommunistische Politik war die Spannung zwischen dem utopischen Ziel und der Bewältigung konkreter Aufgaben konstituierend.[137] Die KPD erlebte in den Jahren 1924 bis 1929, in der relativ stabilen Phase der Weimarer Republik, Machtkämpfe innerhalb der Führungszirkel, die schließlich mit der vollständigen Ausrichtung der KPD-Politik auf die von der Komintern vorgegebenen Richtlinien endeten. Die Komintern wiederum war von der sowjetischen Partei dominiert, in der sich Stalin als Führungsperson durchgesetzt hatte. Die damit einhergehende »Stalinisierung« der KPD bezogen auf die Führungsspitze und die programmatische Ausrichtung ist in der Forschung weitgehend unstrittig. Es war auch der »Wandel von einer Partei mit einem hohen Maß innerer Demokratie, die zugleich von inneren Fraktionskämpfen zerrissen ist, in eine disziplinierte Partei mit zentralisierter Befehlsgewalt.«[138] Hierfür lassen sich mehrere Gründe anführen. Zum einen wohnt Parteien und großen Organisationen in den Industriegesellschaften, vor allem aus der Arbeiterbewegung, die Tendenz zur Oligarchiebildung inne.[139] Der Parteiapparat entwickelte ein auf sich selbst bezogenes Eigenleben. Zum Zweiten hat die formale Abhängigkeit von der Komintern dazu beigetragen, dass die Fraktionskämpfe in der Sowjetunion und der Komintern auf die KPD übertragen und nachvollzogen wurden. Als drittes Moment bestand für die KPD das Problem der revolutionären Politik in einer nichtrevolutionären Situ-

---

134 Hermann Weber: Die Wandlung des deutschen Kommunismus. Die Stalinisierung der KPD in der Weimarer Republik, 2 Bände, Frankfurt/Main 1969; Ossip K. Flechtheim: Die KPD in der Weimarer Republik, Offenbach 1948.

135 Den Begriff »demokratischer Kommunismus« hat Hermann Weber 1969 in die Diskussion gebracht. Damit waren zum einen Strömungen im Kommunismus der 20er-Jahre und zum anderen Ansätze nach dem Tode Stalins gemeint. Vgl. Hermann Weber: Demokratischer Kommunismus? Zur Theorie, Geschichte und Politik der kommunistischen Bewegung, Hannover 1969.

136 Mallmann, Kommunisten, 48 f.

137 Vgl. zu dem folgenden Abriss der KPD-Politik: Weber, Wandlung, 53-238; Mallmann, insb. 339-365; aus sympathisierender Sicht: Klaus Kinner: Der deutsche Kommunismus. Selbstverständnis und Realität, Band 1: Die Weimarer Zeit, Berlin 1999.

138 Weber, Wandlung, Band 1, 8.

139 Diese These, an Arbeiterorganisationen beobachtet, hat der Soziologie Robert Michels bereits Mitte der 20er-Jahre aufgestellt. Vgl. Robert Michels: Zur Soziologie des Parteiwesens in der modernen Demokratie. Untersuchungen über die oligarchischen Tendenzen des Gruppenlebens, Leipzig 1925.

ation, was eine Dominanz des Parteiapparates bedingte.[140] Allerdings hat die neuere Sozialgeschichtsforschung zur KPD zeigen können, dass die Mitgliedschaft der KPD ein Eigenleben besaß und nicht nur sturer Exekutor der Befehle der politischen Führungen war. Vorstellungen eines monolithischen Blocks, welche die Partei nach der Stalinisierung von sich selbst entwarf, mit denen sie auch in der Literatur häufig betrachtet wurden, müssen zumindest relativiert werden.[141]

Brandt gehörte ab 1931 den »Versöhnlern« an, einer internen Oppositionsgruppe innerhalb der KPD. Sie war ein Überbleibsel der Fraktionskämpfe in den 20er-Jahren, als »linke« und »rechte« Strömungen um die Vorherrschaft in der Partei kämpften.[142] Die Versöhnler waren aus der so genannten »Mittelgruppe« hervorgegangen, einer Apparatefraktion, die zwischen den beiden Polen zu vermitteln versuchte. 1928 übernahm schließlich die »kominterntreue Linke« in Zusammenarbeit mit den »Rechten« und der Mittelgruppe die Führung in der KPD. Die vorherige »ultralinke« Führung wurde abgesetzt. Allerdings hielt dieses Bündnis nicht lange. Die Komintern ging 1928 wieder davon aus, dass sich in einer neuen Krise des Kapitalismus die Verhältnisse erneut zuspitzen würden und daher die »rechte« Politik die größte Gefahr innerhalb der kommunistischen Bewegung darstelle. Die Sozialdemokratie avancierte als »sozialfaschistische« Partei zum Hauptfeind, da der Reformismus die revolutionären Ziele der Partei schwächen würde. Der Versuch von Versöhnlern und »Rechten« in der KPD, Ernst Thälmann im Herbst 1928 im Zusammenhang mit einer Unterschlagungsaffäre aus dem Zentralkomitee (ZK) der Partei zu entfernen, scheiterte.[143] Nun

---

140 Weber, Wandlung, 10-12. Auch wenn Weber die Geschichte der KPD überwiegend aus der Perspektive des Führungskorps schreibt, hat er doch das strukturelle Dilemma der KPD erkannt. Er hat die Widerstände der Basis auch nach 1929 sehr wohl im Blick. Vgl. Hermann Weber: Einleitung. In: Die Generallinie. Rundschreiben des Zentralkomitees der KPD an die Bezirke 1929–1933, eingeleitet von Hermann Weber, bearbeitet von Hermann Weber unter Mitwirkung von Johann Wachtler, Düsseldorf 1981 (=Quellen zur Geschichte des Parlamentarismus und der politischen Parteien, Dritte Reihe: Die Weimarer Republik, Band 6), VII-CXII, insb. LXXIX-LXXXI.

141 Vgl. Mallmann, Kommunisten. Zu den von Mallmann ausgelösten Kontroversen vgl. Jens Becker/Harald Jentsch: Divergenzen zur Historiographie über die Rolle der KPD in der Weimarer Republik. In: BzG 42 (2000), Heft 3, 66-74; Sigrid Koch-Baumgarten: Eine Wende in der Geschichtsschreibung der KPD in der Weimarer Republik? In: IWK 34 (1998), Heft 1, 82-89.

142 Die links/rechts-Zuordnung entstammte bereits der zeitgenössischen Literatur und orientierte sich an den Zuschreibungen innerhalb der sowjetischen kommunistischen Partei. Dabei ist zu berücksichtigen, dass hiermit vor allem der Grad einer »revolutionären« und aggressiven Politik beschrieben wird. Unberücksichtigt bleibt, dass »rechte« Kritik an der Unterordnung unter die sowjetischen Interessen und vor allem der Organisationsfixierung sehr wohl auch äußerst radikal sein und auf eine Revolutionierung des Individuums abzielen konnte. Wichtiger Kritikpunkt war die fehlende innerparteiliche Demokratie, eine Kritik, die in anderen Koordinaten als links verstanden werden kann, wenn sie sich gegen dogmatische Verhältnisse wendet. Vgl. zu dieser Umdeutung Leszek Kolakowski: Der Mensch ohne Alternative. Von der Möglichkeit und Unmöglichkeit, Marxist zu sein, München 1960.

143 Als neue Quellenedition hierzu vgl.: Hermann Weber/Bernhard H. Bayerlein: Der Thälmann-Skandal. Geheime Korrespondenzen mit Stalin, Berlin 2003.

verloren die »Rechten« und die Versöhnler einflussreiche Positionen. Die »Rechten« wurden aus der Partei ausgeschlossen oder traten aus, Ende 1928 konstituierte sich die Kommunistische Partei Deutschlands – Opposition (KPO), die als eigenständige Organisation eine Reform der KPD-Politik erreichen wollte.[144] Nach den blutigen Ereignissen des 1. Mai 1929 in Berlin übernahm die KPD auf ihrem Weddinger Parteitag die neue ultralinke Linie der Komintern endgültig. In der Weltwirtschaftskrise ab Oktober 1929 erlebte die KPD große Wahlerfolge und einen beachtlichen Mitgliederzuwachs. Ihre Politik war vor allem gegen die Sozialdemokratie gerichtet. Die Versöhnler blieben in der Partei und versuchten in einigen Städten, sich unerkannt zu organisieren.[145]

Für Brandts spätere Darstellungen war die Zugehörigkeit zu den Versöhnlern zentral, da er damit die frühe Kritik an der stalinistischen Linie behaupten konnte. Allerdings gehörte er dieser Gruppe erst ab 1931 an. Sein Weg in die KPD führte ihn in einer geradezu klassisch anmutenden Weise über kommunistische Vorfeld- und Jugendorganisationen. Um hierfür den Kontext zu klären, sollen zunächst seine soziale Situation in Berlin und der Weg zur kommunistischen Bewegung nachgezeichnet werden.

Heinz Brandt kam nach Berlin während der kurzen politisch und ökonomisch stabilen Phase der Weimarer Republik. Die Hauptstadt Berlin hatte in der jungen Republik eine herausgehobene Stellung. Der jährliche Bevölkerungszuwachs in den Jahren der Weimarer Republik betrug 80.000 bis 100.000 Menschen, die aus dem Reich und auch aus dem Ausland nach Berlin kamen.[146] Die Bevölkerungszahl war seit Mitte der 20er-Jahre auf über vier Millionen Einwohner gestiegen.[147] Der Wechsel von der Kleinstadt Posen in die Metropole Berlin, Symbol der Moderne, bedeutete für Brandt keine schwierige Umstellung. Er war bereits vorher häufiger in Berlin zu Besuch gewesen und von der Stadt fasziniert: »Und Berlin war so chic damals […] diese goldene

144 Vgl. Karl Hermann Tjaden: Struktur und Funktion der »KPD-Opposition« (KPO). Eine organisationssoziologische Untersuchung zur »Rechts«-Opposition im deutschen Kommunismus zur Zeit der Weimarer Republik, Meisenheim am Glan 1964.

145 Vgl. Weber, Wandlung, Band 1, 236 f. Zu einer Hamburger Gruppe vgl.: Peter Birke: Die kommunistische Parteiopposition (KPO) und andere dissidente Kommunisten in Hamburg in den Jahren 1928–1936, Magisterarbeit, Hamburg 2001. Vgl. auch: Ludwig Eiber: Arbeiter und Arbeiterbewegung in der Hansestadt Hamburg in den Jahren 1929 bis 1939: Werftarbeiter, Hafenarbeiter und Seeleute; Konformität, Opposition, Widerstand, Frankfurt/Main u. a. 2000, 599-611.

146 Henning Köhler: Berlin in der Weimarer Republik (1918–1932). In: Geschichte Berlins. Zweiter Band: Von der Märzrevolution bis zur Gegenwart, hg. von Wolfgang Ribbe, München 1987, 797-923, 852.

147 Bernd Sösemann: Exerzierfeld und Labor deutscher Geschichte. Berlin im Wandel der deutschen und europäischen Politik zwischen 1848 und 1933. In: Werner Süß/Ralf Rytlewski (Hrsg.): Berlin. Die Hauptstadt. Vergangenheit und Zukunft einer europäischen Metropole, Bonn 1999, 100-120, 102.

Zeit in Berlin mit Theater und Kino.«[148] Berlin hielt auch in zwei weiteren Aspekten eine führende Stellung im Reich. In der Stadt lebte die größte jüdische Gemeinde und das »rote Berlin« galt der Arbeiterbewegung als Hauptstadt.[149] Die soziale Realität der Stadt war weitaus differenzierter, aber die beiden (bzw. mit der USPD drei) Arbeiterparteien erreichten zusammen meist eine knappe Mehrheit der Stimmen bei Kommunalwahlen.[150] Allerdings kam es nicht zu einer Zusammenarbeit von KPD und SPD.[151] Die KPD hatte in Berlin eine ihrer Hochburgen. Der Bezirk Berlin-Brandenburg stellte fast 15 Prozent der KPD-Mitgliedschaft im Reich und war mit Abstand der größte Bezirk.[152] In Berlin waren auch die zentralen Führungseinrichtungen der Partei angesiedelt.

Die jüdische Gemeinde umfasste 1925 in Berlin 172.672 Personen (4,3 Prozent der Berliner Bevölkerung), der höchste belegte Stand während der Weimarer Republik. Dies waren über dreißig Prozent der Juden im Reich.[153] Die Ergebnisse dieser Volkszählung können jedoch nicht allein als Grundlage zur Bestimmung der jüdischen Bevölkerung genommen werden, da eine große Anzahl von Juden, die sich nicht der Gemeinde anschlossen oder ausgetreten waren, hinzugerechnet werden müssen. Die drittgrößte Glaubensgruppe nach den beiden großen christlichen Konfessionen, und noch vor den Juden, waren in Berlin mit 7,2 Prozent Personen ohne Glauben, und zu ihnen dürfte eine Reihe von Personen mit jüdischer Herkunft zu zählen sein, wie beispielsweise Heinz Brandt.[154]

Für die beiden Brüder Brandt stellten sich nach der Ankunft in Berlin unerwartete Schwierigkeiten ein. Da die Eltern für Polen optiert hatten, stellten die Brüder im Januar 1927 einen Antrag zur Aufnahme in die preußische Staatsbürgerschaft. Ihr Antrag wurde jedoch abgelehnt, sodass ihr Aufenthalt in Berlin ausländerrechtlichen Bestimmungen unterlag.[155] Sie wandten sich anschließend an die Berliner Landtagsabgeordnete der DDP, Dr. Gertrud Klausner, und baten um Unterstützung.[156] Die Intervention von Gertrud Klausner war erfolgreich. Im Oktober 1928 wurde das Einbürgerungs-

148 Abschrift Seminar, Tonband 3, 14.

149 Vgl. dazu kritisch mit Hinweisen auf ältere Literatur: Detlef Lehnert: Das »rote« Berlin: Hauptstadt der deutschen Arbeiterbewegung? In: Gert-Joachim Glaessner/Detlef Lehnert/Klaus Sühl (Hrsg.): Studien zur Arbeiterbewegung und Arbeiterkultur in Berlin, Berlin 1989, 1-36.

150 Ebd., 33 f.

151 Köhler, Berlin, 850; Lehnert, Berlin, 12-17.

152 Weber, Wandlung, Band 1, 368.

153 Gabriel, Bevölkerung, 289. Die Gesamtzahl der Juden in Deutschland betrug 1925 mit 564.379 Menschen nur rund 0,9 Prozent der gesamten Bevölkerung. Vgl. Avraham Barkai: Bevölkerungsrückgang und wirtschaftliche Stagnation. In: Deutsch-jüdische Geschichte in der Neuzeit, Band IV: Aufbruch und Zerstörung 1918–1945. Von Avraham Barkai und Paul Mendes-Flohr, mit einem Epilog von Steven M. Lowenstein, München 1997, 37-49, 38.

154 Zahlenangaben bei Gabriel, Bevölkerung, 295.

155 Dieser Vorgang ist nur noch in einigen Fragmenten überliefert. Vgl. Geheimes Staatsarchiv Preußischer Kulturbesitz, I. HA REP. 77 Tit. 2770 Staatsangehörigkeiten Nr. 3B, Band 7: Einbürgerung Specialia, 1928

verfahren, nach einer erneuten Eingabe der beiden Antragsteller, weiter bearbeitet.[157] Schließlich wurden vor dem 13. Mai 1929 Heinz Brandt und sein Bruder Richard in die preußische Staatsangehörigkeit aufgenommen.[158] Fast drei Jahre lang lebten sie jedoch in der Unsicherheit ausländerrechtlicher Bestimmungen und einer drohenden Verweigerung der preußischen Staatsbürgerschaft. Diese individuellen Schwierigkeiten hat Brandt nie thematisiert. Die staatliche Zurückweisung seines Selbstverständnisses als Deutscher bedeutete eine gewisse Außenseiterstellung, an der Schule und der Universität musste er sich ausländerrechtlichen Bedingungen unterwerfen.

Trotz der Hilfestellung Gertrud Klausners dürften die Beziehungen Brandts zur jüdischen Gemeinde nur noch gering gewesen sein. Er wird sich nach seinem Umzug nicht mehr bei der Jüdischen Gemeinde als Mitglied gemeldet haben. Anfänglich lebte er kurze Zeit in einem Internat, welches mit der jüdischen Gemeinde verbunden gewesen sein soll.[159] Unterstützt wurde der Wechsel nach Berlin von einem Verwandten, dem Lehrer Dr. David Engländer, der in Steglitz lebte.[160] Allerdings wohnte Brandt nicht bei seinen Verwandten, die ihm auch nur gelegentlich finanzielle Unterstützung zukommen ließen, sondern in einem möblierten Zimmer. Seinen Lebensunterhalt als Schüler hat Brandt selbst durch Nachhilfeunterricht bestritten. Finanzielle Unterstützung von seinen Eltern hat Brandt nicht erhalten.[161] Sein Bruder Richard arbeitete als Lehrling in einem Verlagshaus und hatte ebenfalls nur geringe Einkünfte. Als Student erhielt Heinz Brandt Unterstützung durch einige Hilfstätigkeiten beim Studentenwerk, durch Arbeit bei der Post neben dem Studium und in den Semesterferien 1929 in einer Briketterie. Er war »Werkstudent«. Mit diesem Status wurde bereits in den ersten Jahren der Weimarer Republik versucht, die soziale Krise, die auch viele Studierende betraf, abzufangen. Allerdings griff diese Maßnahme in der Weltwirtschaftskrise ab 1929 nicht mehr, da angesichts der hohen Arbeitslosenzahlen Studierende in den Semesterferien kaum noch Arbeit fanden.[162] Hiervon war auch Brandt betroffen, der

156 Die Studienrätin Dr. Gertrud Klausner, 1877 in Berlin geboren, gehörte dem Preußischen Landtag von 1925–1928 für die DDP an. Sie war Jüdin, nach 1939 verliert sich ihre Spur.

157 Ministerium des Innern an den Polizeipräsidenten in Berlin, 10.10.1928. Geheimes Staatsarchiv Preußischer Kulturbesitz. Signatur: I HA Rep. 77 Tit. 2770 Nr. 3B, Band 7, 463.

158 Dieses Datum ist auf der Posener Meldekarte von Heinz Brandt vermerkt. Staatsarchiv Posen, Akt m. Poznania Evidencja ludności z lat 1870–1930, sygn. 14304.

159 Abschrift Seminar, Tonband 2, 13.

160 Jüdisches Adreßbuch für Groß-Berlin, Ausgabe 1931 (Nachdruck Berlin 1994), 86. David Engländer wurde 1863, seine Frau Sophie Krause 1877 geboren. Beide sind 1942 mit einem Alterstransport nach Theresienstadt deportiert worden, wo sie umgekommen sind. Gedenkbuch Berlins für die jüdischen Opfer des Nationalsozialismus, Berlin 1996, Eintrag David Engländer.

161 Handschriftlicher Lebenslauf von Heinz Brandt, 9.2.1951. LAB, C Rep 905 Personenakte Heinz Brandt.; Abschrift Seminar, Tonband 2, 13.

162 Michael H. Kater: Studentenschaft und Rechtsradikalismus in Deutschland 1918–1933. Eine sozialgeschichtliche Studie zur Bildungskrise in der Weimarer Republik, Hamburg 1975, 56-58. 1930 arbeiteten noch sieben Prozent der Studierenden neben dem Studium, 1932 wurde die Zahl gar nicht mehr ausgewiesen.

nur in den Semesterferien 1929 eine Tätigkeit ausübte. Unterstützt wurden die Geschwister Brandt – 1929 kam auch die 1912 geborene Schwester Lili nach Berlin, um an der Charité eine Ausbildung als Krankengymnastin zu beginnen – auch von einer ehemaligen Schülerin der Mutter, Erna Reiwith. Bei ihr konnten sie zumindest häufiger gemeinsame Abende verbringen und essen.[163]

Zu der Belastung durch Arbeit zum Lebensunterhalt und Schulbesuch bzw. Studium kam das zeitlich aufwändige Engagement für die kommunistische Bewegung. Es entspricht aber Brandts politisch überformter Lebensdeutung, dass er dieser persönlich schwierigen Situation in fast allen seiner Rückschauen keine Bedeutung zumaß. Die von ihm fast rauschhaft verklärte Erinnerung an die Jugendzeit schwingt noch in seiner Autobiografie mit, in der Brandt keine Darstellung seiner Aktivitäten brachte, sondern in der ersten Person plural einen Überflug über prägende Einflüsse der kommunistischen und sozialistischen Jugend beschrieb. »Unser Leitbild, unser Enthusiasmus, das hohe Gefühl, teilzuhaben an der solidarischen Gemeinschaft der internationalen revolutionären Arbeiterbewegung, hob uns aus dem grauen Alltag, erfüllte uns ganz und gar.«[164] Er nannte Stücke von Bertolt Brecht, sowjetische Filme von Sergej Eisenstein, Autoren wie Maxim Gorki oder John Reed, die verschlungen worden wären, berühmte, »links« eingestellte Künstler und Architekten, die Vorbilder waren.[165] Auffällig ist, dass Brandt, der ansonsten seine Individualität und seinen Nonkonformismus betonte und seine eigene Rolle immer wieder geschickt mit historischen Momenten verknüpfte, hier ganz im »Wir« einer imaginierten jugendlichen Gemeinschaft aufging. An dieser Stelle wird deutlich, dass er mit seinen Beschreibungen auf eine Generationserfahrung zielte: »Uns erfüllte messianische Zukunftshoffnung. Wir waren das Salz der Erde. Wir hatten eine fest umrissene Aufgabe. Jugend braucht eine Aufgabe«, fasste er diese Erfahrung zusammen.[166]

Die geburtenstarken Jahrgänge vor 1914, zu denen Brandt gehörte, waren in der Weimarer Republik angesichts knapper Arbeit und fehlender gesicherter Lebensperspektiven durch ein Gefühl des Überflüssigseins geprägt.

> »Die Jugend in der Weimarer Republik stellte eine Generation dar, die auf einen gänzlich überfüllten Arbeitsmarkt drängte. Dreißig Jahre Aufschwung folgten nun dreißig Jahre Krise. Da sich die Jugendphase genau dadurch bestimmte, daß in ihr die Weichen für das weitere Leben gestellt werden, lässt sich die Jugender-

163 Brandt, Traum, 34.
164 Ebd., 73.
165 Ebd., 73-76.
166 Ebd., 73. Die genannten Autoren und Filme wurden auch von Jungsozialisten rezipiert und als Abgrenzung zu bürgerlichen, aber auch amerikanischen Kultureinflüssen verstanden. Vgl. Franz Walter: Nationale Romantik und revolutionärer Mythos. Politik und Lebensweisen im frühen Weimarer Jungsozialismus, Berlin 1986, insb. 181-189.

fahrung dieser ›überflüssigen Generation‹ in dem Bild zusammenfassen: Der Bus war voll, und Fahrkarten in die Zukunft wurden nicht mehr verkauft.«[167]

Hier ist jedoch vor zu simplen Typologisierungen zu warnen. Ein Leben lässt sich auch immer individuell gestalten. Auch die proletarische Jugend folgte unterschiedlichen Lebensentwürfen. Die kommunistischen Erwartungen einer verelendenden Jugend, die gesetzmäßig zur Revolution drängen würde, war weitab von der sozialen Realität, bot aber zugleich eine Sinn stiftende Lebensperspektive. Neben dieser bestand immer die gewissermaßen »sozialdemokratische« Variante, durch Bildung einen sozialen Aufstieg zu beschreiten.[168] Brandt hatte als Oberschüler und später als Student, der sich zwar durchschlagen musste, Möglichkeiten zu einem Bildungsaufstieg, die er jedoch als Student fallen ließ. Er hatte sich früh in seinem Leben für die Perspektive eines kommunistischen Revolutionärs entschieden.

1926 war Brandt nach eigenen Angaben der Wandersparte des Arbeitersportvereins Fichte Berlin beigetreten, kam etwas später zum Sozialistischen Schülerbund (SSB) und 1928 in den Kommunistischen Jugendverband Deutschlands (KJVD), von dort in die KPD.[169] Er gehörte zu Fichte Südwest in Neukölln.[170] Dieser Sportverein, der sich mit einigem Stolz als »größter Roter Sportverein der Welt« bezeichnete, hatte 1928 zwischen 10.000 und 11.000 Mitglieder, die in sechs Sparten im Gebiet von Groß-Berlin organisiert waren.[171] Für den siebzehnjährigen Brandt bedeutete die Mitgliedschaft bei Fichte einen Kontakt zu dem linksproletarischen Milieu Berlins. Dazu gehörte die im Verein verbreitete Anerkennung der Jugend, wie es sich zum Beispiel im gegenseitigen Duzen, unabhängig vom Altersunterschied, ausdrückte.[172] Die Wanderung, eine der wichtigsten Ausdrucksformen der Jugendbewegung, setzte für Brandt die Naturbegeisterung der Försterzeit fort und ermöglichte das gemeinschaftliche Leben in gemischtgeschlechtlichen Gruppen. Dabei seien die kulturellen Signaturen und Praktiken der bürgerlichen Jugendbewegung auch bei jungen Kommunisten anerkannt und genutzt worden:

167 Detlev Peukert: Jugend zwischen Krieg und Krise. Lebenswelten von Arbeiterjungen in der Weimarer Republik, Köln 1987, 54.

168 Ebd., 265.

169 Handschriftlicher Lebenslauf von Heinz Brandt, 9.2.1951. LAB, C Rep 905 Personenakte Heinz Brandt.

170 Lebenslauf Heinz Brandt 12.7.1945. LAB, C Rep 118-01/ A 1130, Bl. 4.

171 Vgl. Herbert Dierker: »Größter Roter Sportverein der Welt«. Der Berliner Arbeitersportverein Fichte in der Weimarer Republik. In: Hans Joachim Teichler/Gerhard Hauk (Hrsg.): Illustrierte Geschichte des Arbeitersports, Berlin/Bonn 1987, 93-104; sowie eine Chronik aus DDR-Zeiten, die mit entsprechenden Einschränkungen zu lesen ist: Lothar Skorning: Froh, Frei, Stark, Treu: Arbeiter-Sportverein Fichte Berlin 1890–1933. Illustrierte Chronik zum 100. Jahrestag seiner Gründung, herausgegeben vom Sammlungszentrum Zentrales Sport-Museum der DDR, Berlin 1990.

172 Dierker, Sportverein, 104.

»Auch wir übernachteten in Zelten, Scheunen, auf freiem Feld, badeten nackt in den Seen um Berlin. Insgesamt waren die Formen, in denen wir uns bewegten, also bereits vorgegeben. Vom Wandern bis zum Singen war alles vorgeprägt durch die Wandervogel- oder die Jugendbewegung.«[173]

Auch typische Merkmale von jugendbewegter Kleidung wie Windjacke, kurze Kniehosen, Schillerkragen, die Ablehnung von Schlips und Regenschirm seien in seinem Umfeld selbstverständlich gewesen. Das nachfolgende Bild, das um 1930 entstand, zeigt Brandt mit einigen Freunden – vermutlich aus dem SSB oder dem KJVD – auf einer Wanderung in der Nähe von Berlin, die seine Aussagen über die habituelle Ausformung bestätigen.

**Abb. 4:** Heinz Brandt (Zweiter von rechts) auf einer Wanderung in der Gegend von Berlin um 1930. Erster von links sein Freund Werner Platschek.

Parallel zum Weg in die kommunistische Bewegung unternahm Heinz Brandt – als Einziger in der Familie – die Anstrengung, das Abitur zu machen und anschließend zu studieren. Da die Eltern keine finanzielle Unterstützung leisten konnten, wird es sich auch um eine eigene Entscheidung von Brandt gehandelt haben, die vielleicht seinen weit reichenden philosophischen Neigungen entsprach. Er gab am Ende seiner Schulzeit an, Nationalökonomie studieren zu wollen.[174] Diese Studienentscheidung war für einen Marxisten nicht ungewöhnlich, da so die volkswirtschaftlichen Prinzipien des

173 Heinz Brandt: Der Versöhnler. In: Willi Bucher/Klaus Pohl (Hrsg.): Schock und Schöpfung. Jugendästhetik im 20. Jahrhundert, Darmstadt und Neuwied 1986, 354-358, 355.

174 Schulbericht 1928/29, 45.

Kapitalismus eingehender verstanden und kritisiert werden konnten. Seine Schule lag in der Weinmeisterstraße in Berlin-Mitte.[175] Als Brandt an die Schule kam, war es eine städtische Jungenschule mit rund 490 Schülern. Knapp zehn Prozent waren jüdische Schüler, sechzehn Schüler waren Ausländer, zu denen Brandt mit polnischer Staatsangehörigkeit zählte.[176] Die Zahl der jüdischen Schüler lag etwas über der Durchschnittszahl der jüdischen Schüler in Berlin, die 1926 bei 8,4 Prozent an höheren Schulen lag.[177] Auffällig ist die hohe Zahl der Freistellen an der Friedrich-Werderschen Oberrealschule: 125 Schüler waren im August 1927 ganz vom Schulgeld befreit, immerhin noch 188 mussten nur ermäßigtes Schulgeld zahlen. Angesichts der prekären sozialen Lage Brandts ist davon auszugehen, dass er eine der Freistellen hatte.[178]

Brandts Abiturzeugnis zeigt seine unterschiedlichen Interessen und Schwerpunkte. In den geisteswissenschaftlichen Fächern wie Deutsch, Geschichte und Erdkunde schloss er mit einem »gut« ab, in Religion und Philosophie sogar mit »sehr gut«. Hingegen werden auch seine Schwachstellen in den sprachlichen und naturwissenschaftlichen Fächern deutlich: In Chemie beendete er seine Schullaufbahn mit »nicht genügend«, Physik, Mathematik, Französisch und Englisch schloss er mit »genügend« ab.[179]

Das Abitur hatte Brandt im September 1928 abgelegt, einen Monat später begann er ein Studium der Nationalökonomie, das er jedoch im Laufe des Jahres 1930 aufgab.[180] Über seine Aktivitäten an der Universität berichtete er wenig. Es ist vor allem ein Vortrag von Professor Julius Hirsch, Wirtschaftstheoretiker des ADGB, auf den Brandt häufiger Bezug nahm, um seine Distanz zum Studium zu begründen. Hirsch berechnete während eines Gastvortrages an der Universität Berlin 1929 die Krisenfestigkeit des Kapitalismus in den USA. Der bald darauf erfolgende Zusammenbruch der Weltwirtschaft im Oktober 1929 war für Brandt der Beweis für die Richtigkeit der marxistischen Krisentheorie, und Brandt brach sein Studium ab.[181] Brandt berichtete von seiner Relegation im Jahre 1930 anlässlich einer geringen Geldstrafe, die er jedoch nicht bezahlte, sondern nach seinem damaligen kommunistischen Ehrverständnis im Gefängnis abgesessen habe.[182] Dies sei für einen Studenten ehrenrührig

175 In Berlin-Mitte war der Anteil von Juden 1925 mit 10,47 Prozent der Bevölkerung am höchsten in den Berliner Stadtteilen. Der Stadtteil war vor allem von neu nach Berlin kommenden Juden überwiegend aus dem Osten geprägt. Zu den Daten vgl. Rita Meyhöfer: Gäste in Berlin? Jüdisches Schülerleben in der Weimarer Republik und im Nationalsozialismus, Hamburg 1996, 40-41.

176 Zahlen für das Schuljahr 1927/28. Schulbericht 1927/28.

177 Meyhöfer, Gäste, 65 und 67.

178 Schulbericht 1927/28.

179 Friedrich-Werdersche Oberrealschule in Berlin: Zeugnis der Reife, Heinz Eduard Brandt, Berlin 11.9.1928. Es befindet sich in Kopie im: EFA, Mappe Gertrude Brandt.

180 Seine Matrikelnummer war 1910 des 119. Rektorats. Vgl. Schreiben des Universitätsarchivs der Humboldt-Universität Berlin an den Verfasser, 19.8.2004.

181 Brandt, Traum, 76; Seminar, Tonband 3, 24 f.

182 Über die Umstände dieser kurzen Haftstrafen konnte nichts Genaueres ermittelt werden. Nach Angaben von Brandt wurde er als Verantwortlicher für den *Schulkampf* sowie andere Zeitungen

gewesen.[183] Brandt sah in dem Gefängnisaufenthalt von wenigen Wochen jedoch eher die Möglichkeit zur politischen Weiterbildung, da die Gefängnisse eine »marxistische Universität« gewesen seien: »Ich [vertauschte] doch die lederne Universität und ihre bürgerlich-sterile nationalökonomische Fakultät mit einer Fakultät ganz anderer, durchaus höherer Art.«[184] Für Brandt war der existenzielle Einsatz für Politik erheblich attraktiver als eine bürgerliche Karriereplanung. Bereits in der Schulzeit hatte Brandt sich dem SSB angeschlossen, einer kommunistischen Bündnisorganisation für die höheren Schulen. An der Universität wurde er Mitglied der Kommunistischen Studentenfraktion (KOSTUFRA), die aber überwiegend in Verbindung mit Roten Studentengruppen oder dem Reichsverband Freisozialistischer Studenten (RFS) agierte.[185] Brandt wurde 1928 mit der Betreuung des SSB beauftragt. Diese Arbeit nahm er bis 1931 wahr.

Die sich an den höheren Schulen und den Universitäten organisierenden kommunistischen Schüler und Studierenden standen vor einem doppelten Dilemma, das sich aus dem Verhältnis zur Partei und gegenüber der rechten Dominanz an höheren Bildungseinrichtungen ergab. Beide Organisationen rechneten sich einer proletarisch-revolutionären Partei zu[186], gleichzeitig bot der beschrittene Bildungsweg potenziell einen sozialen Aufstieg. Dies trug dazu bei, dass gegenüber Akademikern in der Arbeiterpartei häufig Misstrauen herrschte. Andererseits waren an den Universitäten und höheren Schulen rechtskonservative und deutschnationale Strömungen während der Weimarer Republik dominant, die schließlich die Universitäten zu einer frühen Bastion des Nationalsozialismus werden ließen.[187] Das doppelte Dilemma hat dazu beigetragen, dass beide Organisationen nur eine geringe Anzahl von Mitgliedern hatten.

Der SSB ist 1926 in Berlin gegründet worden und blieb die ersten Jahre auf Berlin beschränkt.[188] Es handelte sich um eine sozialistische Bündnisorganisation. Als Brandt 1927 zum SSB kam, stand die autonome Selbstorganisation von Schülern im Vordergrund. Aus der 1929 erstmals erschienenen Zeitung des SSB, *Der Schulkampf*, sind die politischen Schwerpunkte erkennbar. Fragen der Sexualität[189], Schülerselbstmorde[190],

---

des SSB nach dem Republikschutzgesetz angeklagt, da beleidigende Texte veröffentlicht worden sein sollen. Vgl. Handschriftlicher Lebenslauf von Heinz Brandt, 9.2.1951. LAB, C Rep 905 Personenakte Heinz Brandt; Brandt, Traum, 126.

183 In der Immatrikulationsliste ist »Unfleiß« als Grund für die Exmatrikulation angegeben; aber auch ein Hinweis auf die »Disziplinarakten«. Diese spärlichen Angaben stützen Brandts Darstellung, da hinter »Unfleiß« unschwer eine politische Relegation stecken kann. Vgl. Schreiben des Universitätsarchivs der Humboldt-Universität Berlin an den Verfasser, 19.8.2004.

184 Brandt, Traum, 126 (dort das Zitierte); Abschrift Seminar, Tonband 3, 25.

185 Zum SSB vgl.: Nathan Steinberger: Der Sozialistische Schülerbund im Spannungsfeld von Schulreform und Schulkampf – Bericht eines ehemaligen Schülers. In: Schulreform – Kontinuitäten und Brüche. Das Versuchsfeld Berlin-Neukölln, herausgegeben von Gerd Radde u. a., Band 1: 1912 bis 1945, Berlin 1993, 223-231; Felix Krolikowski: Kommunistische Schülerbewegung in der Weimarer Republik. In: BZG 31 (1989), Heft 1, 60-70. Zur kommunistischen Studentenarbeit gibt es

Unterrichtsmethoden[191] und immer wieder Fragen der Schulgemeinde wurden in der Zeitung verhandelt. Sprachlich und argumentativ erreichte die Zeitung ein hohes Niveau, wie mehrmals mit Stolz vermerkt wurde.[192] Öffentliches Aufsehen erregte die Rubrik »Aus den Schulen«, in denen monatlich anonyme Zuschriften aus Schulen veröffentlicht wurden, die Missstände und einzelne Übergriffe von Lehrern bekannt machten.[193] Berichte über Vorfälle an einzelnen Schulen führten auch zu einem Verkaufsverbot des *Schulkampfs* an den Schulen durch das Provinzial-Schulkollegium im April 1929, da die Schüler zu »Spitzel- und Denunziantentum« angeleitet werden wür-

drei Titel aus der DDR, die mit den üblichen Kurzschlüssen operieren: Karl-Heinz Riemann: Der Kampf der revolutionären Studenten unter Führung der KPD gegen die Militarisierung und Faschisierung des deutschen Hochschulwesens in der Zeit der Weltwirtschaftskrise und in den ersten Jahren der faschistischen Diktatur, Diss. A, Potsdam 1970; zusammengefasst: Karl-Heinz Riemann: Der Reichsverband Freisozialistischer Studenten. In: BZG 18 (1986), 639-646; Waltraud Mehls: Angehörige der Berliner Universität im antifaschistischen Widerstandskampf, Dissertation A an der Humboldt-Universität zu Berlin, Berlin 1987, 8-53 behandelt die Zeit vor 1933; um Objektivität bemüht sich: Carmen Winter: Rote Studenten. Zum Beispiel Franz Leschnitzer. In: Wissenschaftliche Zeitschrift der Humboldt-Universität zu Berlin, Reihe Gesellschaftswissenschaften, 38 (1989), Heft 6, 674-679.

186 1927 hatten nur 0,9 Prozent der Parteimitglieder eine Hochschule, 2,4 Prozent eine Mittelschule besucht; 94,6 Prozent hatten Volksschulbildung. Der Anteil von Intellektuellen in der Partei war nur in den großen Städten hoch, so in Berlin mit 6,4 Prozent, in Hamburg mit 4,2 Prozent. Für das Reich liegen keine verlässlichen Angaben vor, aber es ist anzunehmen, dass in den kleinen Städten und auf dem Lande kaum Mitglieder eine höhere Schulbildung gehabt haben. Fast achtzig Prozent der Mitglieder im Reich waren Arbeiter. Zu den Zahlen vgl. Mallmann, Kommunisten, 97, 102 sowie Siegfried Bahne: Die KPD und das Ende von Weimar. Das Scheitern einer Politik 1932–1935, Frankfurt/Main/New York 1976, 15.

187 Vgl. Kater, Studentenschaft; Michael Grüttner: Studenten im Dritten Reich. Paderborn u. a. 1995, 19-61. Zur rechten Dominanz vgl. Meyhöfer, Gäste, 79, und Hans-Christoph Laubach: Die Politik des Philologenverbandes im Deutschen Reich und in Preußen während der Weimarer Republik. Die Lehrer an höheren Schulen mit Universitätsausbildung im politischen und gesellschaftlichen Spannungsfeld der Schulpolitik von 1918–1933, Frankfurt/Main/Bern/New York, 1986, 171.

188 Steinberger gibt die Gründung einer Kommunistischen Pennäler-Fraktion 1924 an, Krolikowski nennt Oktober 1926 als Gründungsdatum. Für den späteren Zeitpunkt sprächen zeitnahe Quellen. Vgl. Steinberger, Schülerbund, 224-225; Krolikowski, Schülerbewegung, 61 f.; Drei Jahre SSB – wir kämpfen weiter. In: Der Schulkampf 1 (Oktober 1929), Heft 10, 1-3, 1; Polizeipräsident Berlin, Abt. I A an das Provinzial-Schulkollegium der Provinz Brandenburg und von Berlin, 28.11.1928. BLHA, Rep 34, Provinzial-Schulkollegium, 3793, Bl. 6.

189 Robert Larsen: Der höhere Schüler als »Sexualverbrecher«. In: Der Schulkampf 2 (1929), Heft 1, 5-9.

190 Non vitae, sed scholae – pauken wir! In: Der Schulkampf 2 (März 1929), 1-3.

191 Berthold: Moderner Geschichtsunterricht. In: Der Schulkampf 2 (1929) Heft 2, 3-5.

192 So in dem Artikel: Aldach (Pseudonym): Mitkämpfen, oder nur protestieren? In: Der Schulkampf 2 (1929), Heft 7/8, 20-22.

193 Dies Vorgehen fand auch Unterstützung in liberalen Zeitungen. Die Anonymität war in der Angst vor Repressionen begründet. Vgl. Ein einig Volk von Schulreaktionären. In: Der Schulkampf 2 (1929), Heft 5/6, 1-4, insb. 2-3.

den.[194] Die kritische, vermutlich teilweise auch überzogene Darstellung von einzelnen Vorfällen an den Schulen sowie von Übergriffen einzelner Lehrer trug Öffentlichkeit in den abgeschotteten Schulalltag und erzwang Reaktionen. Die Autorität der Lehrkräfte sollte durch Demokratisierung angegriffen werden. Politisch orientierte sich der SSB an Konzepten einer autonomen Organisierung der Schülerschaft über die Schulgemeinde. Gerade die propagierte Selbstorganisierung machte den SSB für kritische Oberschüler attraktiv, da es vorrangig nicht um eine Unterordnung unter die Politik einer Partei ging. Die behauptete Überparteilichkeit wurde von staatlicher Seite schon früh angezweifelt, war aber nicht direkt zu widerlegen.[195]

Mit Beginn seines Studiums im Oktober 1928 wurde Brandt zu einem Anleiter des SSB im Auftrage der KOSTUFRA. Nach Brandts Angaben bestand seine anleitende Tätigkeit in der Organisierung illegaler Schulzellen, des Vertriebs des *Schulkampfes* und kleinerer Schulzeitungen sowie der Betreuung der Ferienschule des SSB.[196] Die Anleitung der politischen Schülerorganisationen durch die entsprechenden Studentengruppen war allgemeine Praxis, da die höheren Schüler als zukünftige Studenten gesehen wurden. Das ZK der KPD hatte die KOSTUFRA mit der Anleitung des SSB beauftragt.[197] Aber erst mit der Durchsetzung der ultralinken Linie in der KPD 1929 wurde auch der SSB zu einer stalinistischen, parteikonformen Gruppierung. An dieser Auseinandersetzung hat Brandt teilgenommen. Dass er auf diese Aspekte in seinen späteren Erinnerungen nicht einging, mag damit zusammenhängen, dass die Ausrichtung des SSB auf die ultralinke Linie möglicherweise von ihm verdrängt wurde, da dies seiner Selbstdeutung als stalinkritischer Nonkonformist widersprochen hätte. In seiner Autobiografie erwähnte er nur, dass er mit anderen an der bekannten Aufbauschule in Neukölln, der Karl-Marx-Schule, Stücke von Bertolt Brecht – u. a. das Parteistück *Die Maßnahme* – inszenierte.[198] Die Schule unter der Leitung des sozialdemokratischen Schulreformers Fritz Karsen war eines der Zentren des SSB, da an den Berliner Aufbauschulen eine größere Zahl proletarischer Schüler Abitur machen konnte. Dieses reformfreundliche Klima brachte 1929 heftige Auseinandersetzungen hervor. Der SSB machte Front gegen die sozialdemokratische Reformpolitik. Nachdem ein SSB-Mitglied aus politischen Gründen von Fritz Karsen relegiert worden

194 Siehe den umfassenden Bericht des Provinzial-Schulkollegiums an den preußischen Minister für Wissenschaft, Kunst und Volksbildung vom 10.4.1929. BLHA, Rep. 34 Provinzial-Schulkollegium, 3793, Bl. 10-19, Zitate Bl. 18r und 19.

195 Provinzial-Schulkollegium der Provinz Brandenburg und von Berlin an den preußischen Minister für Wissenschaft, Kunst und Bildung, 7.3.1929. BLHA, Rep. 34, Provinzial-Schulkollegium, 3793, Bl. 8-9r.

196 Lebenslauf Heinz Brandt 12.7.1945. LAB, C Rep 118-01/ A 1130, Bl. 4; Handschriftlicher Lebenslauf von Heinz Brandt, 9.2.1951. LAB, C Rep 905 Personenakte Heinz Brandt.

197 Ein genaues Datum hierzu ließ sich nicht ermitteln. Vgl. Bericht der Reichsfraktionsleitung der KOSTUFRA an das ZK der KPD, 15.12.1931. BA, RY 1/I 4/ 16 Kostufra, Bl. 63-76, Bl. 69.

198 Brandt, Traum, 75. Diese Angabe hat übrigens dazu geführt, dass in Lebensbeschreibungen die Karl-Marx-Schule als die Schule Brandts angegeben wurde. Vgl. Mohr, Brandt, 333.

war, begann der SSB eine Schwerpunktkampagne gegen den engagierten Schulreformer.[199] Der *Schulkampf* schrieb:

> »Von der reaktionären Schule, die gar nicht beansprucht, fortschrittlich zu werden, wissen wir, daß sie reaktionär ist. Von der fortschrittlichen Schule aber wissen wir noch nicht, wie und wo sich in ihr das gleiche Uebel verbirgt oder festsetzt.«[200]

Die Abgrenzung gegenüber einer Schule mit demokratischer Schulgemeinde diente zur Bestimmung der Fronten und Gegner in den Reihen der sozialistischen Schüler. Im November 1929 verkündete die Bundesleitung des SSB das »Ende der Schulreform«.[201] Auf der zweiten Bundesdelegiertenkonferenz des SSB im Dezember 1929 in Berlin wurde der neue ultralinke Kurs der KPD offiziell übernommen. Nicht mehr die autonome Organisierung der höheren Schüler stand nun im Vordergrund, sondern die Unterstützung der »minderbemittelten« Schüler wurde zur neuen Hauptforderung erhoben.[202] Ebenso geriet der »Schulfaschismus« ins Visier, wobei damit nicht allein rechte Gruppierungen gemeint waren, sondern vor allem sozialdemokratische Gruppen und Lehrer. Es waren in der Folge der Bundesdelegiertenkonferenz auch SSB-Mitglieder ausgeschlossen worden, einige traten aus.[203] Als Anleiter des SSB setzte Brandt diesen ultralinken Kurs mit durch.

Als offizielle Funktion übernahm Brandt im SSB nur – von November 1930 bis Juli 1931 – die presserechtliche Verantwortung für die Herausgabe des *Schulkampfes*. Es war üblich, dass Flugblätter und Zeitungen von höheren Parteifunktionären gezeichnet wurden, um die unteren Reihen zu schützen. Auch der *Schulkampf* wurde zumeist von kommunistischen Studenten oder bekannteren SSB-Mitgliedern offiziell verantwortet. Dadurch, dass es keine aktiven Schüler mehr waren, konnte eine Gefährdung durch die politischen Aktivitäten ausgeschlossen werden. Brandt war in der Zeit seiner Herausgeberschaft bereits nicht mehr an der Universität aktiv und lebte von Erwerbslosenunterstützung. Trotzdem war die presserechtliche Verantwortung

199 Vgl. Gert Schneider: Diktator Karsen. In: Der Schulkampf 2 (1929), Heft 10, 3-6; Steinberger, Schülerbund, 231. Interessanterweise geht Krolikowski, Schülerbewegung, auf diesen Konflikt gar nicht ein. Zu Karsen und der Neuköllner Reformschule vgl. Gerd Radde: Fritz Karsens Reformwerk in Berlin-Neukölln. In: Schulreform, 175-187; Werner Koorthaase: Die Neuköllner Arbeiter-Abiturienten-Kurse – Der Beginn des Zweiten Bildungsweges in Deutschland. In: Schulreform, 161-171; Felix Krolikowski: Die Schulgemeinde der Aufbauschule des Kaiser-Friedrich-Realgymnasiums. In: Schulreform, 190-205.

200 Gert Schneider: Diktator Karsen. In: Der Schulkampf 2 (1929), Heft 10, 3-6, 4.

201 Bundesleitung SSB: Das Ende der Schulreform. In: Der Schulkampf 2 (1929), Heft 11, 1-3. Dort auch das Folgende.

202 5 Jahre SSB. In: Der Schulkampf 5 (1932), 3 f.

203 Polizeipräsident Berlin, Abt. I A, an den Preußischen Minister des Innern, 4.2.1930. BLHA, Rep. 34 Provinzial-Schulkollegium, 3793, Bl. 23 f.

für eine kommunistische Zeitschrift nicht ungefährlich. Mit dem »Programm zur nationalen und sozialen Befreiung des deutschen Volkes« vom August 1930 hatte die KPD versucht, auf die »nationale Karte« zu setzen. Schwerpunkt war dabei die Absage an jegliche Reparationszahlungen nach dem Versailler Vertrag und die Behauptung der nationalen Unterdrückung Deutschlands durch das internationale Finanzkapital mittels der Reparationszahlungen. Angesichts des großen Mobilisierungserfolges der Kampagne der rechten Parteien, unter Einschluss der NSDAP, gegen den Young-Plan[204] schien der KPD eine mit Begriffen wie »nationale Befreiung« operierende Strategie Erfolg versprechend.[205] Der spektakulärste Coup war der Übertritt des wegen nationalsozialistischer Zellenbildung in der Reichswehr verurteilten Leutnants Richard Scheringer, der im März 1931 im Reichstag von der KPD öffentlich bekannt gegeben wurde.[206] Gerade für die mit der rechten Hegemonie an höheren Schulen und Universitäten konfrontierten SSB und KOSTUFRA war Scheringer interessant. Im *Schulkampf* und im *Roten Studenten*, der Zeitung der RFS, erschienen Artikel über und von Scheringer. Scheringer forderte dazu auf, sich der revolutionären Bewegung anzuschließen, da nur mit der Hilfe der Sowjetunion die nationale Befreiung Deutschlands möglich sei. Der NSDAP warf er Opportunismus vor.[207] Brandt geriet als Verantwortlicher in die Vorermittlungen für das zweite Hochverratsverfahren gegen Scheringer vor dem Leipziger Reichsgericht, wurde aber nicht mit angeklagt.[208]

Gegenüber der rechten Hegemonie an höheren Schulen und Universitäten setzten SSB und KOSTUFRA auf die Auseinandersetzung mit den Nationalsozialisten. Die Ausweitung der Agitation auf die Mittelschichtjugend war strategischen Überlegungen geschuldet. Ernst Thälmann hatte auf dem Weddinger Parteitag der KPD im Juni 1929 gefordert, dass Teile »des Mittelstandes und der Intellektuellen« in den Kampf der Kommunisten eingebunden werden sollen.[209] Im Juli 1930 stellte der *Schulkampf* fest, dass die »faschistische Ideologie« unter höheren Schülern sehr verbreitet sei. In Diskussionen sollten die Nationalsozialisten von der legalistischen Täuschung durch ihre Führer abgebracht werden.[210] In direkter Konfrontation mit Nationalsozialisten geriet der SSB nur selten. An dem bekanntesten Vorfall war führend Heinz Brandt beteiligt.

---

204 Es sollte ein Volksentscheid erreicht werden, der jedoch im Dezember 1930 scheiterte. Vgl. Peter Longerich: Deutschland 1918–1933. Die Weimarer Republik, Hannover 1995, 256-259.

205 Vgl. zur Entstehung und Wertung des Programmes Kinner, 167-169; Zur nationalen Politik der KPD aus nationalbolschewistischer Sicht: Otto-Ernst Schüddekopf: Nationalbolschewismus in Deutschland 1918–1933, Frankfurt/Main u. a. 1973, 285-307.

206 Vgl. die Autobiografie: Richard Scheringer: Das große Los. Unter Soldaten, Bauern und Rebellen, München 1979, insb. 202-220.

207 Richard Scheringer: Mittelstand und Proletariat. In: Der Schulkampf 4 (1931), Heft 7, 110-112.

208 Handschriftlicher Lebenslauf von Heinz Brandt, 9.2.1951. LAB, C Rep 905 Personenakte Heinz Brandt. Dies zweite Verfahren gegen Scheringer fand im April 1932 statt. Vgl. Schüddekopf, Nationalbolschewismus, 297 f.

209 Riemann, Kampf, 641.

210 Warum antifaschistischer Kampf? In: Der Schulkampf 3 (1930), Heft 7, 1-2.

Während einer Ferienschule des SSB in Kuhlmühle im Mai 1930 schützten SSB-Mitglieder eine kommunistische Veranstaltung in Wittstock vor einem Naziangriff.[211] Die Verteidigung organisierte Heinz Brandt. Die Abwehr des Überfalls der Nazis hat Brandt später mit ironischem Unterton als zufälligen Erfolg dargestellt, da es ihm gelungen sei, die überraschten Besucher der Veranstaltung zusammenzuhalten und gegenüber den Nazis den Eindruck zu vermitteln, die SSB-Mitglieder seien militärisch gut organisiert.[212] Auch die zeitnahe Darstellung im *Schulkampf* berichtete von der Anleitung der SSB-Mitglieder durch eine einzelne Person. Wolfgang Nelki, ein Freund Brandts aus der Zeit des SSB, nannte Brandt als Anführer bei der Abwehr des Angriffs.[213] Diese Auseinandersetzung war nach Brandts Angaben seine einzige direkte Konfrontation mit Nationalsozialisten vor 1933. Der SSB glorifizierte die Ereignisse als »Bündnis des Proletariats mit uns Intellektuellen«.[214]

Aus der Arbeit im SSB und auch der KOSTUFRA ist Brandt vermutlich im Laufe des Jahres 1931 ausgeschieden. Dies gab er in den beiden Lebensläufen nach 1945 an, ebenso, dass er 1931 altersgemäß vom KJVD zur KPD wechselte.[215] Brandt wurde in dem Jahr 22 Jahre alt. Das Ende der Herausgeberschaft des *Schulkampfes*, für den Brandt letztmalig im November 1931 verantwortlich zeichnete, zeigt, dass er parallel für verschiedene Aufgaben eingesetzt wurde. Der Verlag Schulkampf, der die Zeitschrift herausgab, war 1931 in finanzielle Schwierigkeiten geraten. Im Dezember 1931 wurde eine scharfe Kritik an der bisherigen Verlagsleitung des *Schulkampfes*, der Brandt angehört haben muss, geübt. Die Abonnentenliste und Abrechnungen waren nicht ordentlich geführt worden und der Verlag hoch verschuldet.[216] Es gelang dem SSB und der KOSTUFRA nicht, den Verkauf des *Schulkampfes* wieder zu steigern. Die Kostenfrage scheint im Frühjahr 1932 mit zur Einstellung des *Schulkampfes* geführt zu haben.

Die Rolle Brandts im SSB und der KOSTUFRA war durch das Netzwerk von Freunden geprägt. Die utopischen Hoffnungen und radikalen Härten, die zu diesem Kreis gehörten, gaben Brandt Lebensgewissheiten. Der Berliner Kreis war als Freundschaftsnetzwerk über viele Jahrzehnte hinaus stabil. Mit Siggi Neumann, Werner Platschek und Wolf Nelki hatte Brandt in dieser Zeit Freunde gefunden, die ihm in der Nachkriegszeit unentbehrlich werden sollten.[217] Brandts politisches Wirken war da-

211 Berliner SSB und Wittstocker Antifa schlägt Naziüberfall ab. In: Der Schulkampf 3 (1930), Heft 7, 2-4.

212 Brandt, Versöhnler, 357.

213 Brief von Wolfgang Nelki an Heinz Brandt, 15.12.1985. NLB.

214 Berliner SSB und Wittstocker Antifa schlägt Naziüberfall ab. In: Der Schulkampf 3 (1930), Heft 7, 2-4.

215 Handschriftlicher Lebenslauf von Heinz Brandt, 9.2.1951. LAB, C Rep 905 Personenakte Heinz Brandt; Lebenslauf Heinz Brandt 12.7.1945. LAB, C Rep 118-01/ A 1130, Bl. 4.

216 Bericht der Reichsfraktionsleitung der KOSTUFRA an das ZK der KPD, Berlin 15.12.1931, BA, RY 1/I 4/ 16 Kostufra, Bl. 63-76, 71-72.

217 Vgl. Kap. III.5 dieser Arbeit.

von geprägt, dass er im Freundeskreis als träumerisch und etwas versponnen galt. Siggi Neumann charakterisierte ihn gegenüber einem ehemaligen Lehrer als »etwas fahrig wirkenden Studentengenossen«.[218]

Angesichts des fast schon bedingungslosen Engagements, das Heinz Brandt in der Weimarer Republik und im Widerstand gegen den Nationalsozialismus für die kommunistische Bewegung aufbrachte, ist die Frage zu klären, welche Prägungen und Umstände ihn zu diesem Engagement brachten. Als Brandt nach Berlin kam, hatte er bereits Vorstellungen über eine grundlegende politische Umwälzung entwickelt. Dabei hat er die pazifistisch-humanistischen Ideale der Eltern radikalisiert. Der Anschluss an die kommunistische Partei wurde von den Eltern zwar nicht unterstützt, aber auch nicht verurteilt.[219] Trude Brandt sprach in einem Brief von ihrem Sohn als einem »ehrenhaften Charakter mit seiner idealistischen, vielleicht zu idealistischen Sinnesrichtung«.[220] Diese Deutung ist sicher auch der Mutterperspektive geschuldet, die die politische Radikalität des Sohnes positiv zu überformen suchte. Die prekäre soziale Situation der Familie in Posen überstieg Brandt durch ein Weltbild, das »wunderbar geschlossen« war.[221] Die Erwartung einer proletarischen Revolution und die Rede von »Sowjetdeutschland« war – wie bei vielen Kommunisten – nicht unbedingt ein präziser Entwurf einer zukünftigen Gesellschaft. Es ist mehr als ein Sehnen nach der Lösung aller gesellschaftlichen Widersprüche zu verstehen. Entgegen den Idealen des Elternhauses war nun aber ein konkreter Weg zu gehen, bei dem durch bedingungslosen Einsatz für die Partei und an der Seite des historischen Trägers, des Proletariats, eine Umwälzung erreichbar schien. Alfred Andersch, der als Gymnasiast zum KJVD kam, hat diese Stimmung beschrieben:

> »Überzeugt zu werden brauchte ich nicht mehr, ich war es bereits. Ich ließ mir nur mein Denken bestätigten, indem ich mich in die trockenen Wirtschaftsuntersuchungen Vargas, in Bucharins ›Dialektischen Materialismus‹ und in das Studium der Beschlüsse des Zentralkomitees vertiefte.«[222]

Die mit dem Anspruch der Wissenschaftlichkeit einhergehende Überzeugungskraft des Marxismus faszinierte Brandt und bestärkte sein Überlegenheitsgefühl gegenüber der »nichtwissenden« Umwelt.[223] Wie Andersch hatte Brandt den Kommunismus und sein attraktives Angebot der sicheren Welterkenntnis gefunden.

Brandt nannte selbst als Grund für die Hinwendung zur kommunistischen Bewegung die verarmte Herkunft und das »Schlüsselerlebnis« des Weltkrieges. Aber auch

218 Siggi Neumann an Hans Alfgen, 20.3.1946. AdsD, NL Neumann, Box 1.
219 Gespräch mit Lili Brandt in Frankfurt/Main, 2.3.1999.
220 Brief von Gertrude Brandt an Lisa Jacobs, 29.1.1941. Privatbesitz Lili Brandt.
221 Brandt, Traum, 73.
222 Alfred Andersch: Die Kirschen der Freiheit. Ein Bericht, Zürich 1971, 25.

die jüdische Herkunft war ein Motiv. »Ich gehörte ja nicht zu den Privilegierten, sondern zu den Unterprivilegierten natürlich. Und es bot sich hier also eine scheinbare Lösung nicht nur des deutschen Problems, sondern des Weltproblems an, dabei auch u. a. der Judenfrage«, antwortete Brandt 1984 auf die Frage nach seinem Motiv zum Parteieintritt.[224] Es können in dieser Hinsicht zwei Perspektiven unterschieden werden: die Außenperspektive der Situation von Juden in der Weimarer Republik und die innere von habitueller und kultureller Prägung durch das Judentum. Dabei ist zu berücksichtigen, dass keiner dieser Aspekte eine politische Einstellung präfigurierte. Die drei Geschwister Brandt waren zwar alle links eingestellt, aber nur Heinz Brandt wurde Mitglied der KPD. Lili Brandt trat keiner politischen Organisation bei.[225]

Die Hinwendung Brandts zum Kommunismus entsprach dem Phänomen der zeitgenössisch als »rote Assimilation« bezeichneten Bindung vieler Juden an die Linke.[226] Angesichts des seit 1916 wieder ansteigenden Antisemitismus in der deutschen Gesellschaft wurde vielen Juden schmerzlich bewusst, dass sie weiterhin in einer marginalisierten Position waren. Nach dem Ersten Weltkrieg stieg der politisch motivierte Antisemitismus auf rechter Seite an, ging aber in den stabilen Jahren der Weimarer Republik zumindest in seinen aggressiven Äußerungen zurück. Ein rassistisch begründeter Antisemitismus blieb Bestandteil von intellektuellen Diskussionen und kulturellen Praktiken in der Gesellschaft. Der jüdischen Bevölkerung wurde beständig vor Augen geführt, dass nicht Wenige sie als nicht zugehörig zur deutschen Gesellschaft empfanden.[227] Für Brandt war nach seiner Ankunft in Berlin eine soziale Marginalisierung kennzeichnend. Wenn auch als Oberschüler auf einem sozialen Aufstiegsweg, blieb er anfangs durch die Verweigerung der Staatsbürgerschaft ausgegrenzt. Der Internationalismus der kommunistischen Bewegung, der ja nicht nur verbal war, sondern auch in praktischen Lebensperspektiven wie der bei Brandt geplanten Schulung an der Lenin-Schule in Moskau und das Selbstverständnis eines weltweiten Kampfes umschloss, machte die Frage der Staatsbürgerschaft zu einer Nebensächlichkeit. In Deutschland arbeiteten ausländische Angehörige der Komintern, soziale Kontakte an

223 »Ich wußte nun genau, was die Welt im Innersten zusammenhält. Die Gesetze der gesellschaftlichen Entwicklung lagen wie ein aufgeschlagenes Buch vor mir. Vergangenheit und Gegenwart waren wissenschaftlich analysiert, die Zukunft vorausberechenbar. Alles war festgestellt, alles war beschrieben. Man brauchte nur richtig bei Marx, Engels und Lenin nachzulesen und diese Anleitung zum Handeln sinngemäß schöpferisch anzuwenden und weiterzuentwickeln.« Brandt, Traum, 73.

224 Abschrift Seminar, Tonband 3, 17.

225 Nach eigenen Angaben wurde Lili Brandt als »kleine Schwester« behandelt, die von Politik fern gehalten werden sollte. Gespräch mit Lili Brandt in Frankfurt/Main, 2.3.1999.

226 Hannah Arendt: Walter Benjamin. Bertolt Brecht. Zwei Essays, München 1971, 43.

227 Vgl. Berding, Antisemitismus, 212-226; Heinrich August Winkler: Die deutsche Gesellschaft der Weimarer Republik und der Antisemitismus – Juden als »Blitzableiter«. In: Wolfgang Benz/Werner Bergmann (Hrsg.): Vorurteil und Völkermord. Entwicklungslinien des Antisemitismus, Bonn 1997, 341-364.

der Universität mit marxistischen Studierenden aus anderen Ländern vermittelten das Gefühl einer internationalen Zusammengehörigkeit.[228] Den engen nationalen Rahmen konnte Brandt übersteigen, gleichzeitig war die Zugehörigkeit zu Deutschland eine Selbstverständlichkeit, die er aber nicht mythisch überhöhte, sondern lediglich als gegeben sah. Sein wesentlicher Bezug war die kulturelle Praxis der Sprache, die Brandt als Bindung an Deutschland verstand.[229] Da Nationalismus und Antisemitismus in marxistischer Perspektive vor allem taktische Mittel des Kapitals waren, erschien die Bedrohung geringer als sie real gegeben war. Brandt agierte schon als Schüler in der Gewissheit, das »Innerste« der Welt begriffen zu haben. Antisemitismus war daher Ausdruck von Unwissenheit, über die er sich erheben konnte. Dabei handelte es sich nicht mehr um die verbreitete liberale jüdische Einstellung, den Antisemitismus als eine Art Kinderkrankheit in der deutschen Nation zu sehen. Seine marxistischen Überzeugungen zielten auf die Lösung aller gesellschaftlichen Widersprüche ab und damit auch auf ein Ende der Ausgrenzung. Sie boten ihm einen Distinktionsgewinn gegenüber den hegemonialen Strömungen in der Weimarer Republik und waren durch den Anschluss an die »Massen« des Proletariats scheinbar gegen elitäres Verständnis geschützt.

Die Attraktivität der Arbeiterbewegung für Juden in der Weimarer Republik hatte auch mit einer Verbreitung des Antisemitismus im Bürgertum zu tun:

> »Wenn sich viele jüdische Intellektuelle der Arbeiterbewegung anschlossen, hatte das seinen tieferen Grund darin, daß das Proletariat sich der antisemitischen Propaganda gegenüber weitgehend immun gezeigt hatte und als einzige Klasse jenes System bekämpfte, das Arbeitern *und* Juden wesentliche Rechte vorenthielt.«[230]

Dabei war der vonseiten der KPD zuweilen taktische Umgang mit dem Antisemitismus und die in der Arbeiterschaft virulente Ablehnung von Juden, die in einem dichotomischen Antikapitalismus Anschlüsse finden konnte, für die meisten jüdischen Kommunisten kein Grund, an der Richtigkeit der marxistischen Heilsversprechen zu zweifeln.[231]

Die marxistische Zuversicht und teleologische Geschichtsauffassung, die Brandt noch kurz vor seinem Tod darin ausdrückte, dass wir noch in der Vorgeschichte der Menschheit leben würden[232], fußte in einer fortschrittsoptimistischen Weltsicht, die Brandt, trotz aller Rückschläge und Verfolgungen, schon in jungen Jahren antrieb.

228 Brandt nannte etwa den chinesischen Studenten Han-Sien, mit dem er noch 1933 politisch zusammenarbeitete. Brandt, Traum, 108.

229 Vgl. Brandt, deutsch.

230 Winkler, Gesellschaft, 344-345.

231 Vgl. Mario Keßler: Antisemitismus, Zionismus und Sozialismus. Arbeiterbewegung und jüdische Frage im 20. Jahrhundert, Mainz 1993.

Die revolutionäre Interpretation des Judentums, aber auch die fortschrittsoptimistische Einstellung seiner Eltern vor dem Krieg waren die prägenden Elemente. Sein kommunistisches Engagement war für Brandt kein Bruch mit der Herkunft, sondern mit der bürgerlich-kapitalistischen Gesellschaft als Ursache für seine eigene marginalisierte Position und die Ungerechtigkeit der Welt. Die Radikalität der kommunistischen Perspektive faszinierte ihn, da so auch die sozialen Belastungen und Schwierigkeiten, denen er ausgesetzt war, nebensächlich erschienen. Die Antwort auf eine krisenhaft und prekär erlebte Jugend war eine große Zukunftserwartung, die durch unbedingtes Engagement erreicht werden könne. Die marginalisierte jüdische Herkunft, die Zugehörigkeit zur »überflüssigen Generation« und die Überlegenheit vermittelnde Gewissheit des Marxismus bildeten die Grundkomponenten für den Weg Brandts in die Kommunistische Partei.

## 3 Aktivismus und Versöhnler: Fraktionsarbeit in der KPD 1931–1934

Anfang der 30er-Jahre war das Leben von Heinz Brandt von vielfältigen Funktionärstätigkeiten für die KPD geprägt. Nach seinen eigenen Angaben war er 1930 in die KJVD-Leitung des Bezirks Berlin-Süd entsandt worden, um dort die Arbeit der Jugend-RGO in Neukölln aufzubauen. Als er 1931 in die KPD überwechselte, sei er im Bezirk Berlin-Nord und dann in Weißensee als Referent, Instrukteur, zeitweilig als Zellenverantwortlicher für die Agitation, dann wieder als Instrukteur eingesetzt worden. 1933 wurde er nach Charlottenburg entsandt, ab 1934 dann von der Bezirksleitung der KPD zur Parteiarbeit in den Siemenswerken abgeordnet. Alle diese Tätigkeiten übte er ehrenamtlich aus, er habe die ganze Zeit als Erwerbsloser vom Stempelgeld gelebt.[233] Brandt gehörte zu jener Zeit zu den vielen erwerbslosen Funktionären der KPD, die mit immer neuen Vorgaben eine Vielzahl von politischen Aufgaben zu bewältigen hatten. Der wachsende Apparat der KPD war immer hungrig nach neuen Funktionären. Die Partei war mit dem Beginn der Weltwirtschaftskrise in einem Dauerwahlkampf und mobilisierte die Mitglieder ständig zu Demonstrationen, Kundgebungen und Parteiversammlungen. Dazu kamen häufige Sitzungen der Straßen- oder Betriebszellen, Schulungen, praktische Aufgaben bei der Erstellung und Verteilung von schriftlichem Material oder Plakaten.

232 Wortwechsel. Christa Schulze-Rohr interviewt Heinz Brandt, Sendung im SWF, 22.11.1985 (Kopie im Besitz des Verfassers).

233 Handschriftlicher Lebenslauf von Heinz Brandt, 9.2.1951. LAB, C Rep 905 Personenakte Heinz Brandt; dieselben Angaben auch: Lebenslauf Heinz Brandt 12.7.1945. LAB, C Rep 118-01/ A 1130, Bl. 4.

Der Ausbau des Funktionärstamms war notwendig, da in der KPD die Kommunikation »von oben nach unten« aufgebaut war und die immer neuen Kampagnen, Losungen und politischen Richtungswechsel vermittelt werden mussten. Dazu waren politisch qualifizierte Funktionäre nötig. Nach Angaben der KPD war Anfang der 30er-Jahre rund ein Drittel der Mitglieder als Funktionäre auf allen Ebenen der Partei aktiv, deren Überlastung durch die Parteiarbeit ebenfalls zeitgenössisch konstatiert wurde.[234] Mit ihrem Aufschwung an Mitgliedern und Wählern seit der Weltwirtschaftskrise 1929, mit der auch eine immense Fluktuation der Mitglieder einherging, sank das Niveau der politischen Bildung. Da viele der neuen Mitglieder nicht bereit waren, sich den hohen Belastungen einer intensiven Parteiarbeit auszusetzen, sollte die Ausübung von Parteifunktionen die Bindung an die Partei erhöhen. Um der von der KPD-Führung beklagten Passivität der Mitglieder zu begegnen, wurde die Kontrolle über die Mitgliedschaft ausgebaut, vor allem das 1931 geschaffene »Instrukteurswesen« galt als innerparteiliche »Wunderwaffe«. Hierfür stand auch eine große Zahl von erwerbslosen, politisch qualifizierten Mitgliedern zur Verfügung, die als Instrukteure die Linie der Partei vermitteln sollten.[235] Zu ihnen gehörte Heinz Brandt.

Brandt hatte gute Voraussetzungen für eine Karriere in der Partei. Er war ohne familiäre Bindung und Beruf in Berlin und konnte sich ganz der Partei verschreiben. Wenn er auch nicht von der Partei bezahlt wurde, verstand er sich doch als »Berufsrevolutionär« und agierte dementsprechend. Mit der Weltwirtschaftskrise kam eine Vielzahl von Personen ohne Berufsausbildung in den Apparat. Das waren zum einen ungelernte Arbeiter, aber auch Studienabbrecher, deren Lebensentscheidung der Einsatz für die Revolution war.[236] Hierbei verschränkten sich zwei Entwicklungen. Die Auswirkungen der Weltwirtschaftskrise machten für viele – so auch für Brandt – eine normale Berufskarriere anscheinend unmöglich, zum anderen erlebte die KPD in dieser Zeit einen erstaunlichen Aufschwung, der ihrer Revolutionserwartung Recht zu geben schien.

Die konjunkturelle Krise erschien der KPD als der Beginn der Endkrise des Kapitalismus, die unweigerlich zur Revolution führen würde. Die Weltwirtschaftskrise wurde als die 1928 von der Komintern prognostizierte Krise des Kapitalismus überhaupt verstanden, in der sich die Kommunisten für die entscheidende Schlacht rüsten müssten. Als Hauptgegner galt weiterhin der »sozialdemokratische Opportunismus«, der die Massen von der Revolutionierung des Bewusstseins abhalte. Bürgerliche Demokratie und Faschismus wurden als wesensgleich nivelliert.[237] Diese Generallinie

234 Weber, Einleitung, IC-C.

235 Mallmann, Kommunisten, 152 f.

236 Brandt schrieb 1945: »Mit der Verschärfung der wirtschaftlichen Krise wurden die Möglichkeiten, Arbeit zu finden, immer geringer, sodass ich im Jahre 1931/32 im wesentlichen erwerbslos war und stempelte. Ich war jetzt völlig ›frei‹ für die Parteiarbeit.« Lebenslauf Heinz Brandt 12.7.1945. LAB, C Rep 118-01/ A 1130, Bl. 4. Vgl. zu dieser Entwicklung: Weber, Demokratischer Kommunismus, 195.

wurde in der folgenden Zeit häufiger aus taktischen Gründen korrigiert.[238] Von den Parteimitgliedern wurde bei Umsetzung der sich teilweise widersprechenden Beschlüsse von Politbüro und Zentralkomitee Flexibilität erwartet. Die Mitglieder setzten nicht jede Kursverschiebung sofort um; die sich häufig überschlagenden Richtlinien des Apparates konnten auch mit pragmatischer Obstruktion beantwortet werden.[239] Die Mobilisierungserfolge schienen jedoch der KPD Recht zu geben. Bei der Reichstagswahl vom November 1932, als die NSDAP erstmals wieder Stimmen verlor, erreichte die KPD mit fast sechs Millionen Stimmen 16,9 Prozent und wurde nach NSDAP und SPD drittstärkste Partei.[240]

Mit den Wahlerfolgen stieg die Mitgliedschaft rapide an. Ab November 1929 erfolgte ein nahezu kontinuierlicher Zuwachs von 113.000 bis auf 287.000 abgerechnete Mitglieder im März 1932; der nominelle Höchststand war im Dezember 1931 erreicht, als 381.000 Mitglieder gezählt, allerdings nur 259.155 abgerechnet wurden.[241] Die Differenz zwischen gemeldeten und abgerechneten Mitgliedern verweist bereits auf eine Schwäche des Mitgliederzuwachses, den der erste Blick nicht offen legt: Die Fluktuation war immens. In Berlin blieb von 1930 bis 1932 nur rund die Hälfte der Neuaufnahmen überhaupt längere Zeit in der Partei. Brandt gehörte zum relativ stabilen »Parteikern«, den langjährige Mitglieder bildeten, deren Zahl im gesamten Reich aber deutlich unter hunderttausend anzusetzen ist.[242] Die KPD wurde, so die gängige Einschätzung in der älteren Literatur, die auch Heinz Brandt kolportierte, zur Erwerbslosenpartei.[243] Von dem dramatischen Anstieg der Arbeitslosigkeit waren jedoch auch die Gewerkschaften und die SPD betroffen, in den relativen Zahlen die KPD jedoch am stärksten.[244] Sie verlor damit Einfluss in dem politisch besonders wichtigen Rekrutierungsfeld, den Betrieben. 1929 arbeitete noch rund die Hälfte der KPD-Mitglieder in Betrieben, Ende 1932 nur noch etwas über 10 Prozent.[245]

Das Wort von der »Erwerbslosenpartei« bietet im oberflächlichen Zugriff eine Erklärung für die Radikalität der ultralinken Phase. Dennoch ist festzuhalten, dass die KPD den ultralinken Kurs bereits 1928 einzuschlagen begann. Zur innerparteilichen Durchsetzung des ultralinken Kurses in der Mitgliedschaft war eines der wichtigsten

237 Kinner, Geschichte, 180-182.

238 Weber macht für die Zeit von 1929 bis 1933 acht verschiedene Phasen der KPD-Politik aus, in denen mal die SPD, mal der Faschismus im Vordergrund der Agitation stand. Vgl. Weber, Einleitung, IX-XI. Dort die entsprechenden Literaturhinweise.

239 Mallmann zeigt dies recht eindrücklich an der Gewerkschaftsarbeit und der letztlich gescheiterten RGO-Politik. Mallmann, Kommunisten, 312-326.

240 Zahlen siehe: Karl Dietrich Bracher/Manfred Funke/Hans-Adolf Jacobsen (Hrsg.): Die Weimarer Republik 1918–1933, Bonn 1987, 631.

241 Zahlen bei Weber, Wandlung, 363 f.

242 Mallmann, Kommunisten, 91-93.

243 Brandt, Traum, 77.

244 Mallmann, Kommunisten, 104.

245 Ebd., 103.

Ereignisse der so genannte »Blutmai« von 1929, als bei Unruhen im Rahmen der 1. Mai-Demonstration in Berlin über 30 Menschen ihr Leben verloren. Die blutigen Ereignisse, für die die Kommunisten die sozialdemokratisch geführte Polizei in Berlin verantwortlich machten, forcierten eine Entfremdung zwischen Sozialdemokratie und Kommunismus auch an der Basis. Im Nahbereich Brandts, der den 1. Mai 1929 als Beobachter erlebte[246], verstärkten auch die Aktionen gegen den SSB und seine Mitglieder eine Frontstellung gegen die Sozialdemokratie.

Das Leben eines kommunistischen Funktionärs war von Aktionismus geprägt. Mit dem Verlust von innerparteilicher Demokratie ging eine unglaubliche Aktivität einher, die die Funktionäre entfalteten. Die Parteitätigkeiten von Brandt umfassten vor allem organisatorische Arbeit, er nannte die Herausgabe von lokalen Schriften als eine seiner wesentlichsten Beschäftigungen. Hierbei handelte es sich oft um in kleiner Auflage hektografierte Blätter. Die KPD hatte 1929 damit begonnen, bis herunter zur Straßen- und Betriebszelle Vervielfältigungsapparate bereitzustellen, damit jede Zelle eigene Zeitungen herausbringen konnte.[247] In einem Bericht der Agitprop-Abteilung des Bezirks Nordost, in dem auch Brandts Bezirk Weißensee lag, wurden 1931 81 Zeitungen herausgegeben: 43 davon waren Häuserblockzeitungen, also Wohngruppenzeitungen, nur 29 wurden in Betrieben herausgegeben, dort mit rückläufiger Tendenz. An den Stempelstellen erschienen sogar nur zwei Zeitungen. Der Erscheinungsabstand war unregelmäßig, er betrug in der Regel mehrere Wochen. Der Bezirk gab eine Sammlung von Nachrichten für die Zellen heraus, aus der die lokalen Zeitungen Anregungen erhalten sollten. Dies wurde jedoch nur unzureichend genutzt.[248] Ein weiteres Arbeitsfeld war die Referententätigkeit für die Partei. Herbert Crüger, der im November 1931 öffentlich von der Strasser-Jugend zum KJVD übertrat, erinnerte sich an mehrere Schulungsabende in Neukölln mit Heinz Brandt, der ihn und andere ehemalige Nationalsozialisten in die marxistische Literatur einwies. »[D]abei verstand er es, verständnisvoll auf unsere Vorstellungen einzugehen, und das, was wir unter ›Nationalkommunismus‹ verstanden, nicht einfach als absurd abzuqualifizieren.«[249] Brandt wiederholte nicht die kommunistische »Verlautbarungs- und Kommandosprache« der Parteipresse[250], sondern suchte Diskussion und Widerspruch. Methodisch war er von der »seminaristischen« Vortragsweise Hermann Dunckers beeindruckt gewesen,

---

246 Eventuell hat Brandt an der Demonstration der kommunistischen und sozialistischen Studenten am 1. Mai 1929 teilgenommen, die von der Berliner Universität ausging. Vgl. Franz Hammer: Traum und Wirklichkeit. Die Geschichte einer Jugend, Berlin 1982, 237-241, 215-216.

247 Rundschreiben an alle Bezirksleitungen und Redaktionen, 25.3.1929. Abgedruckt in: Die Generallinie, 1-5, 3.

248 Bericht der Agitprop-Abteilung (vermutlich zur Unterbezirks-Delegierten-Konferenz 1931). BA, RY I 3/1-2/58 Bezirk Berlin–Brandenburg–Lausitz–Grenzmark, 35-38. Dort auch das Folgende.

249 Herbert Crüger: Verschwiegene Zeiten. Vom geheimen Apparat der KPD ins Gefängnis der Staatssicherheit, Berlin 1990, 42. Crüger irrt bei der Angabe, dass Brandt Schüler der Karl-Marx-Schule gewesen wäre, sowie bei der Altersangabe.

den er bei Vorträgen in der Marxistischen Abendschule (MASCH) gehört hatte.[251] Diesen Vortragsstil, in dem der Stoff nicht doziert, sondern durch Fragen der Schüler entfaltet wird, kennzeichnete Brandt.

Während der politischen Alltagsarbeit wuchs bei Brandt ein Unbehagen an der KPD-Politik. Sehr plastisch unterschied er später zwischen den Vorfeldorganisationen, in denen er wirkte, und der »eigentlichen« Partei. Im SSB und KJVD habe er sich noch wohl gefühlt, erst als er 1931 intensiver mit dem Parteiapparat der KPD in Berührung kam, habe er zu zweifeln begonnen über die Richtigkeit der politischen Linie und der Mechanismen der Parteimaschinerie. Durch seinen Kontakt mit den Versöhnlern sei er dann dazu gebracht worden, für einen politischen Kurswechsel in der Partei zu arbeiten.[252] Brandt datierte seinen inneren Bruch mit der Politik der KPD recht präzise. Während der Kampagne für den »Roten Volksentscheid« gegen die preußische Regierung im Sommer 1931 habe er in seiner Straßenzelle offen gegen die Politik der KPD gesprochen, was zu dem Verlust seiner Funktion als Zuständiger für Agitation geführt hätte.[253] Der »Rote Volksentscheid« ist eines der herausragenden Beispiele für die Kapriolen der ultralinken Politik der KPD und einer Zusammenarbeit von links und rechts, die allerdings selten vorkam. Anlass war das ursprünglich vom Stahlhelm Ende 1930 initiierte Volksbegehren zur Ablösung der von der SPD geführten preußischen Landesregierung, das von allen rechten Parteien unterstützt wurde. Die KPD hatte das erfolgreiche Volksbegehren nicht unterstützt, entschloss sich aber im Juli 1931 sehr kurzfristig, bei dem notwendig gewordenen Volksentscheid zur Stimmabgabe für den Sturz der Regierung aufzurufen.[254] Der Beschluss zur Teilnahme hatte zu erheblicher Unruhe unter der kommunistischen Parteimitgliedschaft geführt.[255] Die Ablehnung des Volksentscheides durch Brandt war also in der Partei nicht so ungewöhnlich.

Sein kritisches Auftreten gegen diese Politik habe dazu geführt, dass er mit Heinrich Süßkind und Anka Vikova in Kontakt kam, die beide bei der Zellensitzung anwesend waren und zur Straßenzelle von Brandt gehörten. Heinrich Süßkind war bis 1928

250 Hartmut Soell: Der junge Wehner. Zwischen revolutionärem Mythos und praktischer Vernunft, Stuttgart 1991, 285.

251 Brandt, Traum, 75 f.

252 Abschrift Seminar, Tonband 3, 24-28.

253 Brandt, Traum, 81. Vgl. auch den Brief Siggi Neumanns an Hans Alfgen, 20.3.1946. AdsD, NL Siggi Neumann, Box 1. Neumann schrieb an einen ehemaligen Lehrer der Karl-Marx-Schule und nannte einige Namen aus der SSB-Gruppe, darunter Heinz Brandt. Er führt den Volksentscheid als Moment an, an dem seine Gruppe an der KPD-Politik zu zweifeln begann.

254 Axel Schildt: Die Republik von Weimar. Deutschland zwischen Kaiserreich und »Drittem Reich« (1918–1933), Erfurt 1997, 112; Kinner, Geschichte, 179-195; Weber, Wandlung, Band 1, 243 sieht in der Entscheidung für die Teilnahme einen starken Beweis für die Abhängigkeit von der Komintern-Führung, da die Teilnahme dort angeordnet worden sei.

255 Weber, Wandlung, Band 1, 243. Mallmann, Kommunisten, 163, berichtet von einigen Fällen aktiver Verweigerung der Teilnahme am Volksentscheid.

Chefredakteur der *Roten Fahne*, bis er als Versöhnler aller Ämter enthoben wurde. Danach lebte er als Arbeitsloser und ohne Parteiämter in Berlin.[256] Anka Vikova arbeitete bei der *Inprekorr* in Berlin.[257] Beide haben Brandt nach der Sitzung zu einem Gespräch eingeladen und durch taktische Fragen versucht, seine Kritik auflaufen zu lassen. Schließlich habe Süßkind ihm klar gemacht, dass man alleine nichts erreichen könne, eine offene Kritik nur zum Ausschluss aus der Partei führen werde. Bei häufigen privaten Besuchen hätten die beiden Brandt in die »schwere Kunst der fraktionellen Arbeit« eingeführt:

> »[...] durch halbe Worte, durch orientierende Literaturhinweise, durch historische Analogien, durch passende Zitate die hellhörigen, nachdenklichen, zweifelnden, zwischen den Zeilen lesenden Genossen an die ›Plattform‹ und später auch an die heimliche Organisation der Versöhnler heranzuführen.«[258]

Der Zeitpunkt dieser Mitarbeit an der offiziell als »parteifeindlich« verstandenen Gruppe der Versöhnler muss auf den Sommer 1931 datiert werden. Vor allem Heinrich Süßkind wurde für Brandt zum Vorbild, der ihn als ständiger ideeller Ansprechpartner durch sein Leben begleitete.[259]

Die Versöhnler, mit denen Brandt in Berlin in Kontakt kam, entstammten den Fraktionskämpfen in der KPD der 20er-Jahre. 1924 war die so genannte »Mittelgruppe« in der KPD-Führung entstanden, die zwar wie die »Rechten« für eine kommunistische Realpolitik plädierten, aber die führende Rolle der Komintern anerkannten und eine Spaltung der Partei verhindern wollten. Diese Fraktion bestand vorwiegend aus Berufsrevolutionären und Intellektuellen und hatte bis auf Ausnahmen – im Gegensatz zu den Rechten bzw. der späteren KPO – keine größere organisierte Anhängerschaft in der Basis der Partei. Sie ist daher als »Apparatefraktion« bezeichnet worden.[260] Nach ihrer Niederlage im parteiinternen Machtkampf 1928 wurden ihre Ver-

256 Süßkind, 1895 in Kolimea/Polen als Sohn eines Rabbiners geboren, war seit 1917 in Deutschland, zeitweilig illegal. Er gehörte der KPD seit 1919 an und war als Redakteur der Roten Fahne beschäftigt. Er gehörte den verschiedenen Fraktionen der Linken in der KPD an und kam erst im Herbst 1927 zu den Versöhnlern. 1933 ging er in die Sowjetunion, wo er um 1937 ermordet wurde. Angaben aus: Weber, Wandlung, Band 2, 314-315. Diese Angaben beruhen wohl zum Teil auf Informationen Heinz Brandts, so diejenigen über die Arbeit in einer Straßenzelle in Berlin. Süßkinds Parteiname war »Kurt« und »Kurt Heinrich«.

257 Sie stammte aus der CSR und ging ebenfalls 1933 in die Sowjetunion. Nach der Verhaftung sagte sie sich von ihrem Mann los und wurde später in die besetzte CSR zur illegalen Arbeit geschickt, 1942 wurde sie von den deutschen Besatzungstruppen ermordet. Weber, Wandlung, Band 2, 315; Brandt, Traum, 106.

258 Ebd., 82.

259 Ebd., 142.

260 Weber, Wandlung, Band 1, 17-18., Ebd., Band 2, 32 erwähnt die soziale Zusammensetzung der Mittelgruppe.

treter – Süßkind gehörte dazu – aus den führenden Positionen verdrängt. Nachdem der frühere KPD-Vorsitzende und prominenteste Vertreter der Versöhnler, Ernst Meyer, 1930 verstorben war, unterwarf sich mit Arthur Ewert der letzte führende Versöhnler der neuen Linie der Partei. Es erfolgten neben Unterwerfungen auch eine Reihe von Ausschlüssen aus der Partei. Im Gegensatz zur KPO waren die Versöhnler als Gruppe nicht klar abgegrenzt. Informelle Gruppen bestanden nur in Hamburg, Hannover und Berlin, sodass tatsächlich davon gesprochen werden kann, dass die Versöhnler zu einer Randerscheinung der kommunistischen Geschichte geworden waren.[261] Das Ziel der Versöhnler war, eine Änderung der KPD-Politik hin zu einer Kooperation mit der SPD und den Gewerkschaften zu erreichen. Ein Informant berichtete der Hamburger KPD 1930, dass die Versöhnler sich systematisch an unzufriedene oder auch inaktive KPD-Mitglieder wandten, um sie zu agitieren.[262] Diesen Schritt haben bei Brandt Heinrich Süßkind und Anka Vikova gemacht. Die Versöhnler-Gruppe traf sich heimlich in Privatwohnungen. Brandt nannte allerdings keine Zahlen über die Versöhnler, noch wie einflussreich die Gruppe in Berlin war. Zu den Berliner Versöhnlern, mit denen Brandt im Kontakt stand, sind nach seinen Angaben Alex Ende, Paul Baudisch und Robert Volk zu rechnen, ebenso sein Freund Siggi Neumann.[263] Aus den erwähnten Namen lässt sich ableiten, dass die Gruppe von ehemaligen höheren Funktionären und Parteiintellektuellen geprägt war. Die Berliner Gruppe wird durch Hinweise in ihren Diskussionsbeiträgen versucht haben, den ultralinken Kurs der KPD zumindest vorsichtig umzusteuern, indem Skepsis in der Mitgliedschaft geweckt werden sollte. Dabei beschränkte sich die Arbeit – wie auch in Hamburg und Hannover – offensichtlich auf die vorsichtige Agitation von Parteimitgliedern und Betriebsarbeit, wenn ein Einfluss bestand.[264]

Für Brandt boten die Versöhnler die Chance, trotz Skepsis und Zweifel an der praktizierten Politik in der Partei zu verbleiben und im Kreise kritischer Kommunisten offener zu sprechen und Zweifel vorzubringen.[265] Der Rückzug in private Freundschaften als geschützter Sprechraum war – anderes als die Partei- und Funktionärsräume, in denen immer die »Abweichung« von der richtigen und häufig wechselnden Parteilinie drohte – ein allgemeines Phänomen unter den Funktionären und Mitgliedern.[266] Vor allem aber hätten Süßkind und die Versöhnler Brandt deutlich gemacht, dass man alleine gegen die Partei nichts ausrichten könne. Die SPD, aber auch die kleinen linken Zwischengruppen seien zur Bedeutungslosigkeit verdammt und daher keine politisch wirkungsvolle Alternative. Dazu beeindruckte Brandt, der im Kreis der Versöhnler der Jüngste und Unerfahrenste gewesen sei, die Hoffnung auf einen Um-

261 Birke, Parteiopposition, 9.
262 Ebd., 43.
263 Brandt, Traum, 107 f.
264 Vgl. Birke, Parteiopposition, 48.
265 Abschrift Seminar, Tonband 3, 26-27.
266 Herbert Wehner: Zeugnis, Köln 1982, 59.

schwung des Komintern-Kurses, da neben Bucharin führende internationale Kommunisten mit den Positionen der Versöhnler sympathisieren würden.[267] Brandts Versöhnlertätigkeit, die sich nach seinen Angaben vor allem auf die Warnung vor dem Nationalsozialismus bezog sowie der Anschluss an kritische Intellektuelle, habe seine Illusionen über die KPD genährt.[268] Trotz einer skeptischen Haltung war Brandt jedoch gegenüber SPD und der freien Gewerkschaft nicht positiv eingestellt, für ihn waren sie nur »lahme Esel«, dennoch: »Sie waren für mich nicht die Zukunft, aber sie waren notwendige, unbedingte, unverzichtbare Bundesgenossen.«[269] Die geheime Fraktionstätigkeit bei den Versöhnlern bot zudem die Möglichkeit, sich wieder als Beobachter zu positionieren. Das »Überwintern« in der Partei mit der Hoffnung auf einen Kurswechsel war kennzeichnend für die Haltung der Versöhnler.[270] Brandt verglich seine damalige Position mit der Beobachtung eines Motorradunfalls auf dem Kurfürstendamm, bei dem er nicht eingreifen konnte:

> »Ich war Augenzeuge dieses Unfalls – nicht anders als Zeuge der politischen Katastrophe jener Tage, die vor meinen Augen abrollte, mit jener fatalen Automatik, die mich nur registrieren ließ, während ich doch so sehnlich hatte eingreifen, wirken, verändern, verhindern wollen. Das war eine bittere Erfahrung, und sie traf mich besonders; tatendurstig, visionserfüllt, wie ich mit meinen dreiundzwanzig Jahren war.«[271]

Die Frage, ob eine Einheitsfront der Arbeiterparteien einen Sieg Hitlers verhindert hätte, war eines der zentralen Motive in den Diskussionen nach 1933 und besonders in der Nachkriegszeit. Während die KPD bzw. SED behauptete, sie habe dies gewollt, nur die SPD habe gezögert – dabei fiel in der Regel die Politik gegen den »Sozialfaschismus« weg – wurden von sozialdemokratischer Seite nicht nur die wütenden Angriffe auf die SPD hervorgehoben, sondern auch die antiparlamentarische Haltung der KPD. Brandt platzierte sich mit den Versöhnlern gewissermaßen zwischen den beiden Parteien: die eine zu verbal-radikal, die andere zu unentschlossen und dadurch beide unfähig zum Handeln.

Brandt sah später keinen inhaltlichen Unterschied zwischen KPO und Versöhnlern, sondern nahm allein die taktische Frage, ob man in der Partei oder von außen einen Kurswechsel erreichen kann, als wesentlichen Unterschied. Überraschend ist jedoch, dass Brandt betonte, die bürgerliche Demokratie der Weimarer Republik hätten die Versöhnler als verteidigenswert angesehen, um darauf eine sozialistische Demo-

267 Brandt, Traum, 81-85; Abschrift Seminar, Tonband 4, 10.
268 Ebd., Tonband 3, 27.
269 Ebd., Tonband 4, 3.
270 Vgl. Birke, Parteiopposition, 51.
271 Brandt, Traum, 89.

kratie zu errichten.[272] Mit dieser Haltung, die eine bewaffnete Verteidigung der Republik einschloss, war die Frage der Revolution evolutionär gewendet, da »Sowjetdeutschland« nicht mehr durch den Aufstand, sondern durch die Zustimmung der Mehrheit der Bevölkerung aufgerichtet werden sollte. Dieses demokratische Verständnis verortet Brandt in der Linie des »demokratischen Kommunismus«. Aber die Quellen für seine damaligen Aktivitäten sind zu unergiebig, als dass eine solch dezidierte Programmatik abgeleitet werden kann. Sein damaliges politisches Ziel war auch als Versöhnler der Sturz der bürgerlich-kapitalistischen Gesellschaft, wozu die Sozialdemokratie gewonnen werden sollte. Brandt mystifizierte die Versöhnler, um Vorstellungen einer demokratischen Linken historisch zu fundieren. Die Versöhnler seien zwar untergegangen, aber »sie [sind] zweifellos ein Samenkorn der *neuen*, der *humanen* Linken gewesen, all dessen, was sich heute bemüht, den Homo sapiens zu erhalten [...].«[273] Angesichts der sehr disparaten Lebenswege der Versöhnler nach 1945 ist diese Feststellung kritisch zu werten, aber es zeigt die aufgeladene Bindung, die - Brandt an die Versöhnler als »seiner Gruppe« besaß. So erscheint auch verständlicher, warum Brandt die von ihm als unheilvoll betrachtete Politik der KPD mittrug. Als Versöhnler hoffte er auf einen realpolitischen Kurswechsel der KPD. Gleichzeitig brachte diese Position auch erneut einen Wissensvorsprung gegenüber der Mehrzahl der Parteimitglieder. Er gehörte wieder einem »Orden der Wissenden« an.

Den Widerspruch zur offiziellen Parteilinie hat Brandt nach eigenen Angaben auch praktisch organisiert. Auf die Anregung von Kurt Süßkind hin habe er in der Eintracht-Siedlung in Weißensee ein Bündnis von KPD-Mitgliedern und sozialdemokratischem Reichsbanner aufgebaut.[274] Im Mai 1932 rief die KPD die »Antifaschistische Aktion« aus, die im Arbeitermilieu teilweise zur Zusammenarbeit von Sozialdemokraten und Kommunisten führte und Hoffnungen auf eine »Einheitsfront« zur Abwehr des Faschismus nährte. Allerdings distanzierten sich die Führungen beider Parteien nach einiger Zeit von solchen Vorstellungen sehr scharf, konnten aber lokale Zusammenschlüsse bis zum endgültigen Ende der Republik nicht mehr vollständig unterbinden.[275] Um ein solch lokales Schutzbündnis wird es sich gehandelt haben. Nach Aussagen von Brandt hatte er mit der lokalen Führung des Reichsbanners gemeinsame Patrouillengänge organisiert, um Überfallvorbereitungen von nationalsozialistischer Seite rechtzeitig erkennen und verhindern zu können. In der Waschküche der Carl-Legien-Wohnanlage in der Grellstraße war die Zentrale.[276] Diese Form der Kontrolle eines territorial abgegrenzten Gebietes war eine der verbreiteten Formen

272 Abschrift Seminar, Tonband 4, 9-11.

273 Brandt, Traum, 110.

274 Ebd., 99; Abschrift Seminar, Tonband 5, 1.

275 Mallmann, Kommunisten, 376-378.

276 Erklärung von Heinz Brandt für Karl Julius Podehl, 29.10.1973. NLB. Podehl hatte Brandt um eine Bestätigung seiner Aktivitäten vor 1933 gebeten. Er war in derselben Straßenzelle wie Brandt organisiert.

im Straßenkampf in Berlin.[277] Brandt hat als Vertreter der KPD die Verteidigungsaktivitäten mit organisiert, im Unterbezirk Weißensee kam es auch in einem anderen Wohngebiet zu gemeinsamen Absprachen.[278]

Heinz Brandt war 1931 in die Grellstraße 59 nach Berlin-Weißensee gezogen und wohnte zur Untermiete bei der Familie Platschek, deren Angehörige ebenfalls Mitglieder der KPD waren.[279] Die Grellstraße lag in dem dicht am Prenzlauer Berg gelegenen Teil von Weißensee, der noch stärker proletarisch geprägt war als andere Teile von Weißensee. Weißensee, der am dünnsten besiedelte Berliner Bezirk, war ansonsten von seiner Stadtrandlage bestimmt. Prenzlauer Berg, der nördlichste Stadtteil des alten Berlin, galt als proletarische Hochburg.[280] Juden lebten in beiden Bezirken nur in geringer Zahl.[281] Brandt wohnte in einem 1929/30 errichteten Neubaugebiet, der Carl-Legien-Siedlung im Prenzlauer Berg, war aber im Unterbezirk Weißensee organisiert. Familiäre Bindungen verlor er durch die Auswanderung seiner beiden Geschwister in die Sowjetunion im August 1932. Heinz Brandt sprach später davon, dass er als ältester Bruder einen »unheilvollen Einfluß« auf seine Geschwister gehabt habe, denn er hatte sie in dem Gedanken bestärkt, vor dem drohenden Faschismus in die Sowjetunion zu fliehen.[282] Für Lili Brandt waren der anwachsende Antisemitismus und die ökonomische Perspektivlosigkeit die Gründe, Deutschland zu verlassen.[283] Ob Brandt noch engere Bindungen an sein Elternhaus gehabt hat, lässt sich nicht belegen. Im Laufe des Jahres 1934 besuchte Brandt seine Eltern in Posen das letzte Mal.[284] Seine Eltern wussten, ähnlich wie seine Schwester, nur sehr wenig über sein Leben. Die Mutter schrieb zum Beispiel 1938, dass sie nicht wisse, wie viele Semester ihr Sohn eigentlich studiert habe.[285] Lili Brandt hob im Gespräch hervor, dass sie oft nicht wusste, womit sich ihr Bruder Heinz beschäftigte. Richard Brandt war zwar auch im KJVD organisiert, aber ob die beiden Brüder politisch zusammenarbeiteten, ist nicht bekannt. Die Geschwister unterstützten sich jedoch in der Großstadt, in der sich alle drei eigenständig durchschlagen mussten. (☛ vgl. Abb. 5, S. 81)

277 Eve Rosenhaft: Beating the fascists? The German communists and political violence 1929–1933, Cambridge u. a. 1983, 143-144.

278 Hans-Rainer Sandvoß: Widerstand in Prenzlauer Berg und Weißensee, Berlin 2000, 142. Sandvoß kann für die Angabe der Zusammenarbeit von KPD und Reichsbanner allerdings nur Brandt selbst als Beleg anführen.

279 Erklärung Werner Platscheks für Heinz Brandt vom 29.10.1960, NLB. Werner Platschek (1905–1978) wurde zu einem der engsten Freunde Brandts.

280 Sandvoß, Widerstand, 6 f.

281 Meyhöfer, Gäste, 41.

282 Abschrift Seminar, Tonband 2, 2.

283 Gespräch mit Lili Brandt in Frankfurt/Main, 2.3.1999.

284 Gertrude Brandt an Juliette Favez, 10.2.1938. EFA, Mappe Gertrude Brandt.

285 Gertrude Brandt an Erich Fromm, 15.9.1938. EFA, Mappe Gertrude Brandt.

**Abb. 5:** Richard, Lili und Heinz Brandt um 1930, vermutlich in Berlin.

Wovon lebte Brandt Anfang der 30er-Jahre? Nachdem er aus der Universität entlassen worden war, widmete er sich überwiegend der Parteiarbeit. Er gab zwar an, dass er als Redakteur für kommunistische und sozialistische Zeitungen gearbeitet hat, aber Artikel von ihm sind nicht nachweisbar. Nach Angaben, die im Rahmen des Entschädigungsverfahrens in der Bundesrepublik erfolgten, habe er zwischen 350–400 Mark im Monat durch Arbeit für die linke Presse verdient.[286] Diese Summe ist beeindruckend hoch, lag doch das offizielle Existenzminimum für eine fünfköpfige Familie in Berlin 1931 bei 43,85 Mark wöchentlich.[287] Es ist eher davon auszugehen, dass Brandt bei der späteren Angabe etwas höher griff, als der reale Verdienst gewesen ist. Brandt gab an, für die *Weltbühne*, *Rote Post*, *Arbeiter Illustrierte Zeitung* und die kommunistische Berliner Tageszeitung *Welt am Abend* aus dem Münzenberg-Konzern geschrieben zu haben. Für die *Weltbühne* erwähnte er die Abgabe eines kleinen Beitrages bei Carl von Ossietzky selbst.[288] Seine Zuarbeit zu dieser radikaldemokratischen und linken Intellektuellenzeitschrift in Berlin hat Brandt in der Rückschau überzeichnet. Ein eigenständiger Beitrag ist von ihm in der *Weltbühne* nicht nachweisbar. Vermutlich wird er von den knapp eintausend anonymen Beiträgen zwischen 1928 und 1933, die in der Zeitschrift erschienen, einen oder mehrere verfasst haben, wobei es sich hierbei

286 So die Angaben im Antragsformular »Schaden an Körper oder Gesundheit (§§ 28-42 BEG)« vom Oktober 1960, welches Brandt für seinen Entschädigungsantrag ausfüllte. Dies Formular ebenso wie Erklärungen für das Entschädigungsverfahren von Werner Platschek vom 29.11.1960 und von Gustave Stern vom 4.1.1961, in denen sie als Verdienst von Brandt ebenfalls diese Summe angeben, sind im NLB enthalten.

287 Laurenz Demps u. a.: Geschichte Berlins von den Anfängen bis 1945, Berlin 1987, 621.

288 Brandt, Traum, 86; Antragsformular für »Schaden an Körper oder Gesundheit« vom Oktober 1960. NLB.

auch um Kurzmeldungen gehandelt haben kann.[289] Das hohe Ansehen, das die *Weltbühne* als linksintellektuelle Zeitschrift der Weimarer Republik bis heute genießt, bot Brandt die Möglichkeit, sich in der Bundesrepublik – ergänzend zur Versöhnlerhaltung – als unabhängiger Linksintellektueller zu positionieren. In der DDR hat er keine Angaben über journalistische Tätigkeiten gemacht, sondern seine Erwerbslosigkeit herausgestellt.[290] In den von Brandt erwähnten Zeitungen *Welt am Abend* und der *Arbeiter Illustrierten Zeitung* konnte bei einer Prüfung kein Artikel Brandt zugeordnet werden. Brandt wird vermutlich auch hier einige Kurzmeldungen und Berichte über Ereignisse im Umfeld seiner politischen Tätigkeit verfasst haben.[291] Es erscheint unwahrscheinlich, dass Brandt für Artikel, die er im Rahmen seiner Parteitätigkeit schrieb, größere Summen erhielt. Da Brandt keine Einzahlungen in die 1927 geschaffene Arbeitslosenversicherung leisten konnte, hat er vermutlich die Erwerbslosenfürsorge in Anspruch nehmen müssen. Die Kontakte zum linken journalistischen Umfeld zeigen jedoch, dass Brandt vermutlich schon vor 1933 Ambitionen als Journalist hegte; auch der Einsatz als Agitprop-Verantwortlicher und Herausgeber des *Schulkampfes* weisen auf ein Interesse an publizistischer Arbeit hin. Er kam so mit einem linksintellektuellen Milieu in Kontakt und konnte sich hiermit – ähnlich wie in seiner Arbeit bei den Versöhnlern – entschiedener von der in seinen Augen fatalen ultralinken Politik der KPD absetzen.

## 4 Illegale Parteiarbeit im nationalsozialistischen Berlin

Heinz Brandt erlebte als Beobachter den Aufmarsch der nationalsozialistischen Anhänger am Abend des 30. Januars vor der Reichskanzlei. Er habe allein zugeschaut und sich an die Posener Fronleichnamsprozession erinnert – nur war diese Situation um ein Vielfaches bedrohlicher und beängstigender.[292] Für den Versöhnler Brandt war die Machtübergabe an Hitler der Beweis für die richtige Kritik an der KPD-Linie. Die KPD war in diesem Moment ebenso wenig wie die SPD zum aktiven Handeln fähig. Dabei schien der Machtantritt von Hitler die Warnungen der KPD vor einer faschistischen Diktatur zu bestätigen. Die Unfähigkeit zur Reaktion ergab sich aus mehreren

289 Die Weltbühne ist bezüglich ihrer Autoren umfassend ausgewertet worden. Vgl. zu den obigen Angaben: Joachim Bergmann: Die Schaubühne, Die Weltbühne: 1905–1933; Bibliographie und Register mit Annotationen, München u. a. 1991. Darin Auflistung der anonymen Artikel 1928–1933: 286-297; Elmar E. Holly: Die Weltbühne 1918–1933. Ein Register sämtlicher Autoren und Beiträge, Berlin 1989.

290 Handschriftlicher Lebenslauf von Heinz Brandt, 9.2.1951. LAB, C Rep 905 Personenakte Heinz Brandt.

291 Darauf deutet ein Brief von Wolfgang Nelki hin, in dem er sich und Brandt bei einem Prozess in Wittstock im Jahre 1931 als »Vertreter der Berliner Presse«bezeichnete. Wolfgang Nelki an Heinz Brandt, 15.12.1985. NLB.

292 Brandt, Traum, 91.

Komponenten der kommunistischen Politik. Die KPD, gebunden an die Attacken gegen den »Hauptfeind Sozialdemokratie«[293], sah in der NSDAP nur eine Ausformung der kapitalistischen Herrschaft.[294] Die sich bald nach dem 30. Januar 1933 entfaltende Dynamik der nationalsozialistischen Diktatur wurde von der KPD völlig unterschätzt.[295] Da das Verbot von kommunistischen Massenorganisationen – wie dem RFB seit 1929 – oder der kommunistischen Presse ein immer wieder gegen die KPD eingesetztes Mittel war, rechnete man mit Verfolgungsmaßnahmen bis hin zum Parteiverbot, glaubte aber, die Massenpartei in der Illegalität fortführen zu können. Erstaunlich war jedoch, dass die KPD im Februar 1933 einen nahezu legalistischen Kurs betrieb. Zwar rief die KPD zum Generalstreik und zur Bildung der Einheitsfront mit der SPD auf, lehnte aber einen Nichtangriffspakt gegenüber der SPD ab und hielt an den »Sozialfaschismus«-Vorwürfen fest. Intern versuchte die KPD-Führung, Aktionen zu verhindern, die als Vorwand für ein Verbot hätten dienen können. Reaktionen wie Streiks oder Demonstrationen gegen den Machtantritt der Nationalsozialisten blieben auch aus diesem Grund nur sehr vereinzelt. Einen Generalstreik hätte die KPD, die ihren Einfluss in den meisten Betrieben verloren hatte, kaum mit Erfolg organisieren können. Gleichzeitig wurde durch Räumung der Parteibüros, Umstellung der Zellenarbeit auf Fünfergruppen, Ausbau der Kurier- und Instrukteurverbindungen und andere Maßnahmen Vorbereitungen auf die Illegalität getroffen.[296] Der 30. Januar 1933 wurde nicht als der tiefe Einschnitt gesehen, als der er sich herausstellen sollte. Hitler war Reichskanzler in einem von Konservativen dominierten Kabinett, am 5. März standen erneut Reichstagswahlen an und die neue Regierung versprach, sich an Gesetze halten zu wollen.[297] Nach dem Reichstagsbrand vom 28. Februar 1933 wurde die KPD zerschlagen. In Berlin und im Reich erfolgten eine Vielzahl von Verhaftungen führender Kommunisten und die Zerschlagung des legalen Parteiapparates. Innerparteilich bedeutete die Illegalität die weitere Zentralisierung der Parteiabläufe und vor allem das geradezu stoische Beharren darauf, dass die KPD keine »Niederlage« erlitten habe, sondern weiterhin der revolutionäre Aufschwung erfolge.[298] Für die Kommunisten, die die ersten Verhaftungswellen in Freiheit überstanden hatten, standen in den Augen der Parteiführung zwei Aufgaben im Vordergrund: Das Überleben der Organisation selbst zu sichern sowie durch öffentliche Aktionen die Existenz der

293 Vgl. Hermann Weber: Hauptfeind Sozialdemokratie. Strategie und Taktik der KPD 1929–1933, Düsseldorf 1983.

294 Detlev Peukert: Die KPD im Widerstand. Verfolgung und Untergrundarbeit an Rhein und Ruhr 1933 bis 1945, Wuppertal 1980, 39.

295 Jakob Walcher: Zwischen Revolutionserwartung und Untergang. Die Vorbereitung der KPD auf die Illegalität in den Jahren 1929–1933, Frankfurt/Main u. a. 1983, 188-190; Bahne, KPD, 34-42.

296 Walcher, Revolutionserwartung, 191-197; Peukert, KPD, 71-78; Wehner, Zeugnis, 64.

297 Peukert, KPD, 35, weist auf diesen Aspekt hin.

298 Allan Merson: Kommunistischer Widerstand in Nazideutschland, Bonn 1999, 82-84, Bahne, KPD, 58-62, Peukert, KPD, 109-114.

Partei zu beweisen. Auch in der Illegalität sollte die KPD weiterhin eine Massenpartei bleiben.

Die Zahl der weiterhin aktiven Kommunistinnen und Kommunisten kann nur geschätzt werden. Wo die KPD ihre Parteistrukturen nach der Verhaftungswelle wieder aufbauen konnte, sollen rund ein Viertel der Mitglieder aktiv geblieben sein, ein Viertel noch eine Zeitlang ihren Beitrag gezahlt haben, während der Rest sich zurückzog oder gar nicht mehr erfasst werden konnte.[299] Die von Wilhelm Pieck Ende 1933 genannte Zahl von rund 100.000 aktiven Kommunisten im Reich wird allgemein als zu hoch eingeschätzt.[300] Angesichts der regionalen Unterschiede und der ständig zusammenbrechenden Verbindungen zu den unteren Parteieinheiten lässt sich nicht sicher klären, wie viele Mitglieder tatsächlich noch für die KPD arbeiteten. Für Berlin sind Zahlen von noch rund 5.000 Aktiven bis 1935 angegeben worden, von denen ein Großteil – wie Brandt – erwerbslos war.[301]

Bei den Berliner Kommunalwahlen eine Woche nach den letzten Reichstagswahlen konnte die KPD das letzte Mal legal auftreten. Heinz Brandt agitierte wie bereits am 5. März vor einem Wahllokal in Weißensee mit einem umgehängten Wahlplakat für die KPD, eine Aktion, die er selbst »jugendlich-heroisch« nannte. Da er in Weißensee als Kommunist bekannt war, wurde er am 13. März 1933 von einer SA-Gruppe aus Weißensee erkannt und in der Grellstraße verhaftet.[302] In der SA-Kaserne Hedemannstraße in Berlin-Kreuzberg wurde er misshandelt, aber nach zwei Tagen überraschend wieder freigelassen. Über seine politischen Aktivitäten waren die SA-Vernehmer nach Brandts Ansicht nicht informiert. Trotz der Kürze der Haft war vor allem die Folter und die Schutzlosigkeit gegenüber einer erbarmungslosen Maschinerie für Brandt ein tief einschneidendes Erlebnis. Er nannte das Ende dieser willkürlichen Verhaftung später seine erste »Auferstehung« und stellte sie neben die Befreiung aus dem Konzentrationslager und die Entlassung aus der DDR-Haft.[303] Zu der Extremsituation von Misshandlungen kam das Gefühl, den SA-Schlägern völlig ausgeliefert zu sein. In seiner Gemeinschaftszelle erlebte Brandt andere gefolterte Häftlinge, die ihm die eigene Bedrohung vor Augen führten. Seine überraschende Entlassung hing nach seiner Ansicht damit zusammen, dass er keine bedeutsamen Informationen für die SA hatte.

---

299 Peukert, KPD, 107.

300 Bahne, KPD, 51. Merson schätzt für das Reich, dass bis 1935 10 Prozent der alten Mitgliedschaft, rund 30.000 Personen, aktiv geblieben seien. Merson, Widerstand, 96.

301 Ebd., 97. Vgl. Berlin-Brandenburg. Allgemeine Lage bei Übernahme (8.9.1934). BA-SAPMO, RY I 3/1-2/109, 14.

302 Die Darstellung der Verhaftung beruht auf Angaben von Brandt, Traum, 97-102. Nach dem 5. März 1933 nahmen SA-Verbände noch stärker als zuvor willkürliche Verhaftungen vor allem von Kommunisten vor, die erst mit der Zeit durch systematisiertere Repression seitens der Verfolgungsorgane ersetzt wurden. Peukert, KPD, 86-89.

303 So Brandt zu Journalisten bei der Ankunft in Frankfurt 1964. Brandt, Traum, 336. Dies wurde auch von Zeitungen aufgegriffen. Vgl. »Heute bin ich zum drittenmal auferstanden« Ergreifende Szenen bei der Ankunft des aus DDR-Haft entlassenen Redakteurs Brandt, FR, 30.5.1964.

Angesichts der Gefahr einer erneuten Verhaftung ging Brandt nicht in seine Wohnung in der Grellstraße in Weißensee zurück, sondern kam zuerst bei einer Freundin unter und zog dann nach Charlottenburg in die Goethestraße 68, wo er bis zu seiner zweiten Verhaftung bei einer älteren Dame zur Untermiete wohnte.[304] Er lebte die gesamte Zeit über legal und unter seinem richtigen Namen in Berlin.

**Abb. 6:** Heinz Brandt um 1933.

Die Verhaftung hatte Brandt brutal vor Augen geführt, dass die Warnungen der Versöhnler vor dem Faschismus und ihre Analysen zutreffend waren.[305] Der Nationalsozialismus bedeutete nach seiner Einschätzung eine schwere Niederlage der Arbeiterbewegung und keinesfalls einen nur kurzfristigen Rückschlag auf dem Wege zur Revolution. Heinrich Süßkind und Anka Vikova reisten vor der Reichstagswahl nach Prag, um von dort aus nach Moskau zu gehen. Sie hofften angesichts der Niederlage auf einen Umschwung der Komintern-Politik und den Sturz Stalins.[306] Die in Berlin gebliebenen Versöhnler versuchten, über ein eigenes Positionspapier für einen neuen KPD-Kurs zu wirken. Brandt berichtete, dass im Sommer 1933 die Berliner Versöhnlergruppe ein Dokument erstellte und verteilte. Der Autor war Robert Volk, der zur Abfassung aus seinem damaligen Aufenthaltsort Kopenhagen nach Berlin gereist war. Brandt überbrachte die von Volk einzeln geschriebenen Seiten über mehrere Tage lang in eine Wohnung, in der das Manuskript abgeschrieben wurde.[307] Bei dieser Schrift handelt es sich um ein kürz-

304 Eidesstattliche Erklärung Werner Platscheks, 29.11.1960, Stockholm. NLB; Lebenslauf Heinz Brandt 12.7.1945. LAB, C Rep 118-01/ A 1130, Bl. 4.

305 Brandt band die Erfahrung der körperlichen Erniedrigung und Folter an die politischen Analysen der Versöhnler: »Der Faschismus ist genau das, wofür wir ihn gehalten. Er hat sich in der SA-Kaserne seinem Gesetz entsprechend verhalten. Ich selbst habe die Probe aufs Exempel gemacht. Das berühmte Kriterium der Praxis erweist, daß unsere Theorie über das Wesen des Faschismus richtig ist.« Brandt, Traum, 102.

306 Ebd., 93 f.

307 Ebd., 107-110. In der Anklageschrift gegen Max Frenzel wurde festgehalten, dass der Versöhnlerkreis in Berlin 1933 eine kritische Stellungnahme zur KPD-Politik erarbeiten wollte, dies jedoch nicht mehr geschah. Vermutlich hatte Frenzel über das von Brandt erwähnte Papier gesprochen, dessen Existenz der Gestapo offenbar unbekannt war. Anklageschrift gegen Max Frenzel, 9.1.1940, S. 8. BA-SAPMO, NJ 1193.

lich veröffentlichtes Versöhnlerpapier.[308] Dafür spricht, dass es im Sommer 1933 in Berlin-Weißensee erstellt worden sein soll. Die Diktion und die offene Kritik an der alten KPD-Politik entsprechen den Angaben zu der Versöhnlerschrift von Brandt. Seinen Angaben nach führte die Stellungnahme zum Bruch mit Heinrich Süßkind, der sich gegen eine öffentliche Kritik an der KPD-Führung aussprach. Brandt hielt, im Loyalitätskonflikt zwischen Süßkind, der im Sommer 1933 illegal in Berlin war, und der Versöhnlergruppe um Robert Volk zu Letzterem.[309]

Die Versöhnler stellten sich offen gegen die bisherige KPD-Führung, ohne ganz mit der Partei zu brechen. Am Anfang des Papiers wird auf die langjährige Parteizugehörigkeit der Verfasser verwiesen, die alle seit 1928 mit der Politik der KPD nicht einverstanden gewesen seien. Unter Wahrung der Parteidisziplin hätten sie sich gegen die nationalistische Politik ebenso ausgesprochen wie gegen falsche Gewerkschaftspolitik und die Unterschätzung des Faschismus. Sie postulierten als »erste und entscheidende Aufgabe [...] um jeden Preis unserer Partei und der deutschen Arbeiterklasse die Wahrheit, die unbedingte, nackte Wahrheit zu sagen«.[310] Die Wahrheit sei, dass die Arbeiterklasse in Deutschland geschlagen sei und die »Konterrevolution« gesiegt habe. Dies stand diametral zu der von der Führung ausgegebenen Einschätzung. Die Berliner Bezirksleitung hatte Ende März 1933 verkündet, dass die nationalsozialistische Regierung »Ausdruck der Schwäche und Labilität der bürgerlichen Herrschaft, der dauernden Furcht vor der proletarischen Machteroberung« sei.[311]

Der KPD war es nach der Analyse der Versöhnler nicht gelungen, die Mehrheit der »entscheidenden Schichten« des Proletariats auf ihre Seite zu ziehen. Dies habe sich bereits am 20. Juli 1932, bei der Absetzung der sozialdemokratischen Regierung Preußens durch die Reichsregierung, gezeigt. Die Gründe lägen in der verfehlten Politik gegenüber der Sozialdemokratie. Dabei stimmten die Versöhnler mit der These überein, dass die SPD eine »vom Standpunkt der proletarischen Revolution gegenrevolutionäre Arbeiterpartei« sei. Die KPD treffe jedoch die Schuld, die sozialdemokratischen Arbeiter nicht richtig angesprochen zu haben.[312] Unter den Bedingungen der Illegalität sollte eine Massenpartei weitergeführt werden, die auf eine lange Illegalität eingestellt sei und daher »sorgsam« mit ihren Kräften umgehe. Ebenso entscheidend sei aber auch die Wiederherstellung der innerparteilichen Demokratie, auch unter er-

308 War Hitlers Machtübernahme unvermeidlich? Zur Einschätzung der ehemaligen »Versöhnler-Fraktion in der KPD«, vorgestellt von Bernhard H. Bayerlein. In: INL-CCS 2, (1994/95), Nr. 5/6, 75-81. Das Dokument stamme aus dem BA-SAPMO, Historisches Archiv der KPD. Leider gibt Bayerlein keine Signatur an. Zukünftig zitiert als Bayerlein, Machtübernahme. Das Papier war nicht namentlich gezeichnet.

309 Brandt, Traum, 107.

310 Bayerlein, Machtübernahme, 76.

311 Entschließung der Bezirksleitung vom 25. März 1933 über die politische Lage und die Aufgaben der Parteiorganisation Berlin-Brandenburg. BA-SAPMO, RY 3/1-2/107, Bl. 6-10, 6r.

312 Bayerlein, Machtübernahme, 78-79.

schwerten Bedingungen.[313] Brandt gab an, ihr Papier sei in einer Auflage von mehreren tausend Stück verteilt und von vielen mit Zustimmung gelesen worden, von der KPD-Führung wurde es öffentlich verurteilt.[314]

Als geheime Fraktionsgruppe agierten die Versöhnler in einem Bedrohungsgeflecht von Partei und Gestapo. Durch die Verhaftungen Eduard Walds 1936 und Max Frenzels 1939 gelang es der Gestapo, ein vages Bild der Tätigkeit dieser Gruppe zu gewinnen. Allerdings erscheinen die in den Vernehmungsakten und Urteilen beschriebenen Organisationsstrukturen auch der Verfolgungsperspektive geschuldet, da die Gestapo nach Organisationen suchte und den Einfluss vermutlich zu hoch veranschlagte. In den Verfolgungsunterlagen ging die Gestapo von einer reichsweiten Organisation der Versöhnler mit vier Gruppen in Hannover, Hamburg, Berlin und Stettin aus, die ab Ende 1934 eine feste Struktur mit einer »Berliner Reichsleitung« und einer »Auslandsleitung« besessen haben soll.[315] Kontakte werden unter den Versöhnlern noch bestanden haben, die auch mit Hilfe von Emigrierten, vor allem in Kopenhagen, aufrecht erhalten wurden. Ihr Erfolg war es, Widerstandsgruppen zu bilden und untereinander im Austausch zu bleiben.[316] Die Mehrzahl der Angehörigen des Berliner Kreises, die namentlich bekannt sind, war 1933 und 1934 emigriert und unterstützte die Arbeit der Versöhnler aus dem Exil.[317] Max Frenzel gab an, dass Paul Gräfe, 1934 für die Arbeit der KPD bei Siemens in Berlin zuständig, mit einem »Spandauer Nordmann«, zusammenarbeitete, der Versöhnler gewesen sein soll.[318] Da Heinz Brandt zu der Zeit ebenfalls in der Siemensarbeit eingesetzt war und im Raum Charlottenburg und Spandau arbeitete, könnte es sich um einen Hinweis auf ihn handeln. Für die Anbindung von Brandt an die Versöhnler spricht auch, dass er von Robert Volk nach dessen Abreise einen konspirativen Kontakt zu einem bürgerlichen Journalisten übernahm, der mit den Versöhnlern sympathisiert hätte. Als dieser ihm von illegalen Rüstungsvorbereitungen berichtete, übergab Brandt den Kontakt an den Versöhnler Georg Krausz.[319] Brandt

313 Ebd., 81.

314 Brandt, Traum, 105. Bayerlein nennt eine Auflage von 800 Exemplaren, von denen 200 nach Hannover gingen. Dort hatte Eduard Wald nach 1933 eine Versöhnlergruppe aufgebaut. Bayerlein, Machtübernahme, 76.

315 Vgl. die Verfahren gegen Eduard Wald, BA-SAPMO, NJ 168, Band 3; Gegen Max Frenzel, BA-SAPMO, NJ 1193; Zusammengefasst auch bei Eiber, 600 f. Wald agierte bis zu seiner Verhaftung im Frühjahr 1936 als »Reichssekretär« der Versöhnler. Vgl. auch die Angaben bei Eduard Wald: Opfer und Entbehrung waren nicht vergebens. In: Uhlmann, Sterben, 241-253, 241.

316 Birke kann nachweisen, dass Hamburger Versöhnler bereits 1933 ein »Schneeballsystem« zur Weitergabe von Informationen und Diskussionen aufgebaut hatten. Das Ziel war nicht die »massenwirksame« Agitation, sondern die Verbreitung systemfeindlicher Einstellungen in einem dezentralen organisatorischen Rahmen. Vgl. Birke, Parteiopposition, 68-73.

317 Dazu gehörten Robert Volk, Paul Baudisch, Hans Holm, Lex Ende, Otto Heller, Leonidas Savinus, Heinrich Süßkind, Anka Vikova.

318 Vernehmung Max Frenzels, 7.11.1939, BA-SAPMO, NJ 1193, 89r.

319 Brandt, Traum, 110-118. Brandt vermutete, dass es sich bei dem Journalisten, dessen Namen er nicht erfuhr, um Richard Sorge gehandelt habe.

reiste zweimal im Auftrag der Partei nach Prag, wo er wohl Kontakte zu Versöhnlern aufnahm.[320] Die Aktivitäten der Versöhnler wurden auch der KPD-Bezirksleitung bekannt. In einem Bericht wurde vermerkt, dass Versöhnler im Unterbezirk Nordost durch die Äußerung aufgefallen seien, »jetzt endlich ist die Partei gezwungen, das zu tun, was wir schon lange gesagt haben«.[321]

Das EKKI beschäftigte sich am 1. April 1933 mit der Situation in Deutschland und übernahm die Parole der KPD-Führung, es handele sich nicht um eine Niederlage, sondern die Partei führe einen »geordneten Rückzug« durch.[322] Angesichts der erfahrenen Realität der Verfolgung und der Passivität der Arbeiterschaft fanden solche Argumentationsfiguren nicht unbedingt Zustimmung. Für den mutigen und auch selbstlosen Einsatz vieler Kommunisten waren vermutlich nicht allein diese Argumentationen entscheidend, sondern die längere Bindung an die Partei.

> »Als idealtypischer illegaler Kommunist der Jahre 1933 bis 1935 kann ein junger Mann von knapp 30 Jahren gelten, der in einer der industriellen kommunistischen Hochburgen lebte. Er hatte, obwohl qualifizierter Arbeiter, bereits mehrere Jahre Erwerbslosigkeit hinter sich und war unter dem Eindruck der Weltwirtschaftskrise in die KPD – und mehrere ihrer Nebenorganisationen – eingetreten, die ihm einen radikalen Ausweg aus der Hoffnungslosigkeit, ein Sowjetdeutschland versprach. Er fühlte sich angesichts der nationalsozialistischen Machtergreifung eher in seinen bitteren Prognosen über das ›System‹ bestätigt und setzte trotz seiner Erlebnisse bei SA-Razzien, Massenverhaftungen, Folter und Schutzhaft im Frühjahr 1933 seine gewohnte Parteiarbeit unbeirrt fort, in der Hoffnung, daß die Entscheidung, das ›letzte Gefecht‹, durch eine letzte große Kraftanstrengung herbeigerufen werden könnte.«[323]

Brandt ist von dieser Skizze in einigen Beziehungen abzugrenzen. Realistischer als andere Kommunisten übernahm er zwar Funktionen und Aufgaben für die Partei, hoffte aber auf eine andere Politik. Dennoch stellt sich die Frage, warum er sich der großen Gefahr der illegalen Parteiarbeit aussetzte und gerade auch angesichts seiner Kritik an der Parteilinie nicht emigrierte. Einige seiner engsten Freunde aus dem SSB verließen das Land.[324] Als Kommunist war Brandt der Parteidisziplin unterworfen, eine Flucht hätte von der Partei genehmigt werden müssen, andernfalls drohte im Ausland der Verlust von Unterstützung durch die Partei.[325] Brandt nannte später seinen »Front-

320 Ebd., 181; Abschrift Seminar, Tonband 7, 4; Wir waren immer, 39.
321 Über die Tätigkeit der KPD Bericht Nr. 3 vom 16. 3. 34. BA-SAPMO, RY I 3/1-2, Bl. 95-99, Bl. 95.
322 Peukert, KPD, 111.
323 Ebd., 174.
324 Dazu gehörten Werner Platschek und Siggi Neumann. Siehe zu den beiden auch Kap. III.5.
325 Soell, Wehner, 316-318; Peukert, KPD, 158.

fimmel« als Grund dafür, dass er in Berlin blieb.[326] Mit einem starken Selbstbewusstsein, aber auch der Bereitschaft zur Hingabe seines Lebens aus politischer Überzeugung habe er sich für den Opfergang entschieden, in Deutschland zu bleiben und gegen den Nationalsozialismus zu kämpfen. Ihm war bewusst, dass die Arbeit zur Verhaftung führen würde, wie es für die meisten kommunistischen Funktionäre galt, die illegale Arbeit unternahmen.[327] Brandt wollte in Deutschland bleiben, um über die Verbrechen des Nationalsozialismus berichten zu können. Dies gehörte einerseits zu seinen Aufgaben als Parteimitglied, aber er baute auch eigene Kontakte auf. Siggi Neumann versprach er, über die Entwicklungen in Deutschland zu berichten. Neumann, mit dem Brandt durch die Arbeit im SSB befreundet war, emigrierte 1933 nach Paris, wo er später, nach einem Ausschluss aus der KPD, dem Umfeld der KPO zuzurechnen war.[328] Aber auch die oppositionelle Haltung gegenüber der ultralinken Linie war für ihn wichtig:

> »Nein, ich wollte nicht bei denen sein, den vielen, die bisher den Mund so voll genommen hatten, uns Versöhnlern Kapitulantentum und Defätismus unterstellten, sich jetzt aber angesichts der Gefahr des blutigen Terrors feige verkriechen sollten.«[329]

Es schimmert bei diesem Zitat ein Motiv durch, welches für Brandt bedeutsam war: Zur innerkommunistischen Kritik auch durch seinen persönlichen Opfermut legitimiert zu sein.

Die alltägliche Parteiarbeit unter illegalen Bedingungen erforderte einen hohen Einsatz an Zeit und ein ausgesprochen vorsichtiges Agieren. Es war für die Partei in dieser Hinsicht von Vorteil, dass der große Teil der Funktionäre weiterhin erwerbslos war und daher die aufwändige Arbeit leisten konnte.[330] Als Brandt im März 1933 nach Charlottenburg gezogen war, arbeitete er zuerst weiter in Weißensee, im Sommer 1933 ging er, dort zu bekannt, in die Arbeit des Unterbezirks Charlottenburg, wo er an der Herausgabe von illegalem Material des Bezirks und bei der Anleitung von Zellen beteiligt war.[331] In Charlottenburg gelang es, wie auch in einigen anderen Unterbezirken, im Sommer 1933 noch alle acht Tage eine eigene Zeitung herauszu-

326 Brandt, Traum, 172.
327 Merson, Widerstand, 76.
328 Brandt, Traum, 172-173. Brandt habe Neumann für den Versöhnlerkreis gewonnen. Ebd. Neumann kämpfte im spanischen Bürgerkrieg mit der trotzkistischen POUM und floh 1938 nach Schweden. 1945 arbeitete er in Hannover für den Parteivorstand der SPD, 1954 war er bei der Hauptverwaltung der IG Metall in Frankfurt/Main tätig. Angaben zu Neumann (eigentlich Paul Brandenburg, 1907–1960) aus: AdsD, NL Siggi Neumann, Findbuch, I-II.
329 Brandt, Traum, 89.
330 Peukert, KPD, 173; Merson, Widerstand, 100.
331 Lebenslauf Heinz Brandt 12.7.1945. LAB, C Rep 118-01/ A 1130, Bl. 4.

bringen.[332] Im Frühjahr 1934 wurden in Berlin noch rund 110 lokale kommunistische Druckschriften herausgegeben.[333] Allerdings wurde intern kritisiert, dass zu wenig lokale Themen behandelt wurden, auch die Sprache noch zu oft parteiintern und daher abschreckend für nichtkommunistische Arbeiter sei. Gerade von der Thematisierung lokaler und vor allem betrieblicher Ereignisse versprach sich die Führung größere Mobilisierungserfolge.[334] Angesichts der geringen Zahl von Betriebsarbeitern ist es wenig überraschend, dass die KPD nur wenige Betriebszellen hatte. Anfang 1934 sollen es nach Parteiangaben 363 Straßenzellen gegenüber 69 Betriebszellen gewesen sein, die in Berlin arbeiten konnten.[335] Besondere Aufmerksamkeit wurde einigen Großbetrieben gewidmet, wozu die Siemenswerke im Nordosten Berlins gehörten. Heinz Brandt wurde Anfang 1934 als Instrukteur für Siemens eingesetzt.

Die Verbindung der Bezirksleitung zu den Betriebszellen bei Siemens wurde im Oktober 1933 durch Verhaftungen unterbrochen, der Unterbezirk Siemensstadt, der vermutlich eher aus Erwerbslosen bestand, hatte zu der Zeit kaum eigene Verbindungen in das Werk.[336] Heinz Brandt wurde, zusammen mit dem Spandauer Genossen Emil Nessler, als Organisationssekretär für die Siemensarbeit eingesetzt, um die Verbindungen zu den Betriebszellen in den Siemenswerken wieder herzustellen.[337] Die große Bedeutung, die die KPD dem Siemenswerk zuwies, ergab sich aus der hohen Zahl von Beschäftigten und einer möglichen Rüstungsproduktion. In einem Bericht vom August 1934 sind für den Unterbezirk Siemens vier Betriebszellen mit 50 Parteimitgliedern angeführt.[338] Brandt gab 1945 an, dass es ihm und Nessler im Laufe des ersten Halbjahres 1934 gelungen sei, die Verbindungen zu den Hauptwerken von Siemens und den Abteilungen wieder herzustellen. Vielleicht etwas zu optimistisch ist es, Brandts Zugehörigkeit zu den Versöhnlern als wesentlichen Grund dafür anzunehmen, dass es der KPD gelang, im Siemenswerk wieder Fuß zu fassen.[339] Emil Nessler,

332 So der Bericht einer Instrukteurin nach Prag. Informationen über die Reise vom 1. bis 25. Juli 33 nach B[erlin]. BA-SAPMO, RY I 3/1-2/107, Bl. 54-62, Bl. 57 f.

333 I. Stand der Organisation (Eingangsstempel 27.8.1934). BA-SAPMO, RY I 3/1-2/108, 265-279, 275. Wehner, Zeugnis, 101, nennt die Zahl von 80-100 lokalen Berliner Zeitungen.

334 Ebd., 272-276.

335 Ebd., 266.

336 Berlin (Eingangsstempel 22.7.1934). BA-SAPMO, RY I 3/1-2/108, Bl. 50-52, 51. Vgl. zu den abgebrochenen Verbindungen auch: Zur innerparteilichen Lage bei Siemens, verfasst von Ackermann und Boldt, Moskau 4.9.1935. BA-SAPMO, RY I 3/1-2/111, 163-172, 164.

337 Lebenslauf Heinz Brandt 12.7.1945. LAB, C Rep 118-01/ A 1130, Bl. 4r. Nessler (1899–1960) war über den RFB 1929 zur KPD gekommen. Er war vor 1933 Zellenleiter. Vgl. die Angaben aus seiner OdF-Akte: LAB, C Rep 118-01/ A 14412.

338 I. Stand der Organisation (Eingangsstempel 27.8.1934). BA-SAPMO, RY I 3/1-2/108, 265-279, 266. Der Schlüssel zu den Unterbezirken findet sich: Ebd, Bl. 260.

339 So schreibt Hans-Rainer Sandvoß: »In [Berliner] Betrieben konnte die KPD nur dann erfolgreich wirken, wenn ihre Vertreter undogmatische Funktionäre waren, so Max Frenzel in Moabit oder Heinz Brandt bei Siemens die beide zur sog. Versöhnler-Fraktion zählten.« Hans-Rainer Sandvoß: In Berlin gab es auch Widerstand. In: Berlinische Monatsschrift 9 (2000), Heft 9, 48-58, 53.

vermutlich kein Versöhnler, war an dem Aufbau der Verbindungen in das Werk ebenfalls beteiligt. Die KPD konzentrierte Anfang 1934 zudem einen Teil ihrer Kräfte auf den Aufbau der Parteiorganisation bei Siemens.[340]

Im Juni 1934 begann in der Berliner Parteiorganisation ein organisatorischer Umbau. Die bisherigen 29 Unterbezirke wurden nun auf 36 Unterbezirke erweitert; zwischen Unterbezirke und einzelne Zellen wurde eine neue organisatorische Ebene eingezogen: die Stadtteilleitung, die 10 bis 15 Zellen anleiten sollte, die Unterbezirke wiederum sollten sechs Stadtteile umfassen.[341] Grundgedanke der Umstellung war es, die Struktur der Partei noch feiner zu verästeln, um bei Verhaftungen möglichst wenige Folgeverhaftungen zu riskieren. Auch bei enger Zusammenarbeit sollte vermieden werden, dass die richtigen Namen der anderen Personen bekannt seien. Die drei Großbetriebe AEG, BVG und Siemens wurden ausgegliedert und jeweils durch einen eigenen Instrukteur angeleitet, der im direkten Kontakt mit der Bezirksleitung stand. Für Siemens übernahm diesen Posten Heinz Brandt.[342] Sein Kontakt zu der Bezirksleitung lief über zwei Personen, deren Namen Brandt nicht kannte, die kurz zuvor von der Lenin-Schule der Komintern in Moskau nach Berlin zurückgekehrt waren.[343] Der Strukturplan sah vor, dass die Betriebsinstrukteure mit einem Volontär der Bezirksleitung Kontakt halten, der wiederum mit dem zuständigen Sekretär in Verbindung steht. So sollte eine schnelle Weitergabe von Informationen möglich sein und die Volontäre sollten für den Fall einer Verhaftung des Sekretärs zügig den Sekretärsposten einnehmen können.[344] Als Polleiter für den Unterbezirk Siemens wurde im September 1934 ein »Fritz« eingesetzt, der bereits vor 1933 als Angestellter bei Siemens gearbeitet hatte. Er sowie »Oskar«, der im Werk arbeitete und der Unterbezirksleitung von Siemens angehörte, schlugen der Bezirksleitung Heinz Brandt als Instrukteur vor.[345] Ob es sich bei »Fritz« um den bereits erwähnten Versöhnler Paul Gräfe handelte, der im Herbst 1934 als Polleiter für Siemens aktiv gewesen sein soll, lässt

340 Vgl. Zur innerparteilichen Lage bei Siemens, verfasst von Ackermann und Boldt, Moskau 4.9.1935. BA-SAPMO, RY I 3/1-2/111, 163-172, 163.

341 Bezirk I Berlin (Stadt- u. Land). o. D., BA-SAPMO, RY I 3/1-2/ 109, Bl. 284-287, Bl. 284.

342 Handschriftlicher Lebenslauf von Heinz Brandt, 9.2.1951. LAB, C Rep 905 Personenakte Heinz Brandt.

343 Lebenslauf Heinz Brandt 12.7.1945. LAB, C Rep 118-01/ A 1130, Bl. 4r. Die Rückkehr von in Moskau ausgebildeten Funktionären im Jahre 1934 war insofern von Vorteil, weil die Lenin-Schüler die neueren Diskussionen um den sich ändernden Parteikurs kannten. Die früheren Opponenten der Parteilinie, wie die Versöhnler, begrüßten die Änderungen in der KPD-Politik. Peukert, KPD, 157-159.

344 Bericht »Streng vertraulich« – 1.7.1934. BA-SAPMO, RY I 3/1-2/ 108, Bl. 317-325, Bl. 318-319.

345 Zur innerparteilichen Lage bei Siemens, verfasst von Ackermann und Boldt, Moskau 4.9.1935. BA-SAPMO, RY I 3/1-2/111, 163-172, 164. Bei Ackermann dürfte es sich um Anton Ackermann handeln, der von 1933 bis 1935 Polleiter in Berlin gewesen war.

sich nicht sicher belegen.[346] Sollte Brandt von ihm vorgeschlagen worden sein, so könnte hier eine noch bestehende Versöhnler-Verbindung eine Rolle gespielt haben. Mitte 1935 wurde »Fritz« aus der Partei ausgeschlossen, »Oskar« als Mitglied der Unterbezirksleitung Siemens seiner Ämter enthoben.[347] Die Bezirksleitung von Berlin warf beiden vor, fraktionelle Arbeit betrieben und die Linie der Partei in der Gewerkschaftsfrage nicht umgesetzt zu haben.[348] Brandt sowie Emil Nessler waren im Dezember 1934 mit anderen verhaftet worden, in den parteiinternen Untersuchungen wurden sie 1935 nicht erwähnt.[349]

Der Konflikt zwischen der Berliner Bezirksleitung und der Unterbezirksleitung von Siemens ergab sich aus einer geänderten Taktik der KPD in der Gewerkschaftsfrage. Die KPD hatte bereits vor 1933 die Politik der eigenständigen Gewerkschaftsgruppen widersprüchlich gehandhabt. Nicht überall konnten RGO-Gruppen aufgebaut werden, häufig verblieben Kommunisten auch im ADGB. Die RGO wurde nach 1933 zwar weiterhin als eigenständige Organisation geführt, aber größere Aktivitäten konnten nicht entfaltet werden; wenn in den Betrieben kommunistische Zellen waren, handelte es sich überwiegend – wie bei Siemens – um Parteizellen.[350] Erst nach dem so genannten Röhm-Putsch im Juni 1934, als Hitler innerparteiliche Konkurrenten vor allem aus der SA ermorden ließ, begann eine Umorientierung der KPD-Politik. Die fast völlige Passivität der Arbeiterschaft, aber auch die geringen Mobilisierungsmöglichkeiten der »Massenpartei« KPD angesichts der schwersten innenpolitischen Krise des neuen Regimes machten deutlich, dass die bisherige Politik der Aufstandsvorbereitung gescheitert war und eine Neuorientierung notwendig wurde. Heinz Brandt konnte zu den Ereignissen des so genannten Röhm-Putsches noch am selben Abend ein Flugblatt verfassen und veröffentlichen, das in den Siemenswerken verteilt wurde und in dem zur Einheit der Arbeiterbewegung aufgerufen wurde. Er registrierte zwar Unruhe in der Arbeiterschaft, aber diese ebbte bald ab, für Brandt der Beweis für die relative Stabilität der Nazi-Diktatur.[351] Am 1. August 1934 fasste das ZK der KPD in Moskau den Beschluss, die RGO-Gruppen umzuwandeln und mit Sozialdemokraten und ehemaligen Gewerkschaftern wieder freie Gewerkschaften aufzubauen. Die Gruppen sollten

346 So die Angaben Max Frenzels gegenüber der Gestapo 1939. BA-SAPMO, NJ 1193, Bl. 20 und 94. Nach seinen Angaben war Gräfe bis 1929 bei Siemens tätig, nach Angaben von Ackermann und Boldt war »Fritz« früher Angestellter bei Siemens.

347 Oskar: An das Zentralkomitee der KPD, Juli 1935. BA-SAPMO, RY I 3/1-2/111, Bl. 98-100.

348 Zur innerparteilichen Lage bei Siemens, verfasst von Ackermann und Boldt, Moskau 4.9.1935. BA-SAPMO, RY I 3/1-2/111, 163-172, 171.

349 Brandt und Nessler sind vermutlich in einem Brief von »Oskar« erwähnt, in dem es heißt, dass die UBL Siemens mit den Verhaftungen im Dezember zwei wichtige Leute verloren hatte. »Oskar« an das Zentralkomitee, Juli 1935. BA-SAPMO, RY I 3/1-2/111, Bl. 99.

350 Michael Schneider: Unterm Hakenkreuz. Arbeiter und Arbeiterbewegung 1933 bis 1939, Bonn 1999, 804-807.

351 Das Flugblatt konnte nicht identifiziert werden. Die Angaben zu den Ereignissen und dem Flugblatt bei Brandt, Traum, 119-121.

innerhalb der DAF fraktionelle Arbeit leisten, um von innen heraus die nationalsozialistische Politik zu hintertreiben.[352] Die KPD folgte der sich ändernden politischen Linie der Komintern, die schließlich auf dem VII. Weltkongress der Komintern 1935 als Volksfrontpolitik offizielle Politik wurde.

In diesem Kontext bewegte sich der Konflikt zwischen der Unterbezirksleitung Siemens und der Berliner Bezirksleitung. Während »Oskar« der Bezirksleitung vorwarf, die August-Beschlüsse nicht umgesetzt zu haben, drehten die Angehörigen der Bezirksleitung den Vorwurf um: Die Unterbezirksleitung, vor allem der ausgeschlossene »Fritz«, seien dafür verantwortlich gewesen, dass die neue Gewerkschaftspolitik bei Siemens nicht umgesetzt wurde. Ganz offensichtlich hatte es politische Spannungen zwischen beiden Parteigremien gegeben, für die Brandt Ende 1934 die Vermittlungsstelle war. Die Bezirksleitung kritisierte vor allem die Betriebszeitung *Siemens-Lautsprecher* scharf. Die Artikel in den Zeitungen seien phrasenhaft und zu schönfärberisch verfasst; auch hätten sie die Beitragssperre bei der DAF propagiert, obwohl die Parteilinie die konspirative Arbeit innerhalb der DAF forderte.[353] Brandt war für die Herausgabe des *Siemens-Lautsprechers* verantwortlich und hatte immer betont, dass die Zeitung die Arbeiter ansprach.[354] Er wurde in dieser Auseinandersetzung jedoch nicht angegriffen. Dass es gelang, in den Siemenswerken einige Parteizellen zu etablieren, mag auch damit zusammenhängen, dass im *Siemens-Lautsprecher* nicht allein die Parteiparolen wiedergekäut wurden und von daher ein direkterer Bezug auf die alltäglichen Probleme der Belegschaft gegeben war. Ein solches Vorgehen war auch kennzeichnend für die Versöhnler-Politik, für die die Demokratisierung eine der wesentlichen Forderungen war.[355] Trotz des beeindruckenden Aktivismus und der großen Einsatzbereitschaft eines Kerns von kommunistischen Parteimitgliedern konnte ein Manko jedoch nicht behoben werden: Es war der KPD zwar gelungen, trotz vieler Rückschläge und Verhaftungen bis 1935 die Partei als Organisation immer wieder zu beleben; aber die Arbeiterschaft blieb weitgehend passiv und dies konnte auch die noch so engagierte Arbeit nicht beheben.[356]

Die Belastungen der fast zweijährigen illegalen Arbeit Brandts lassen sich nicht mehr rekonstruieren. Als »Berufsrevolutionär« hatte er sich nach dem tiefen Schock der ersten Verhaftung und Misshandlung im März 1933 dafür entschieden, solange wie möglich im nationalsozialistischen Deutschland zu bleiben und die Gefahren der illegalen Arbeit für die KPD und auch für die Gruppe der Versöhnler auf sich zu nehmen. Brandt war daher einer Doppelbelastung ausgesetzt: dem immensen Verfolgungsdruck der nationalsozialistischen Repressionsorgane und auch dem potenziel-

352 Bahne, KPD, 55-57.

353 Zur innerparteilichen Lage bei Siemens, verfasst von Ackermann und Boldt, Moskau 4.9.1935. BA-SAPMO, RY I 3/1-2/111, Bl. 163-172, Bl. 165-168.

354 Brandt, Traum, 122.

355 Birke, Parteiopposition, 102 f.

356 Peukert, KPD, 108 f.

len Konflikt mit der Partei. Diese Arbeit hat sein Leben weitgehend bestimmt. Als erwerbsloser Parteifunktionär widmete er sich fast ausschließlich der illegalen Arbeit. Ein »privates« Leben von Brandt, seine persönlichen Träume und Hoffnungen jener Zeit herauszupräparieren, ist bei einem »political animal«, das Brandt bereits zu jener Zeit war, kaum möglich. Eine private Lebensplanung, Beziehungen und damit verbundene persönliche Perspektivplanungen hat Brandt nicht im Auge gehabt. Eine Beziehung, die er in seiner Autobiografie erwähnte, entstand aus seiner hilflosen Situation nach der ersten Verhaftung und wurde von ihm vor allem als Zeit der Reproduktion geschildert.[357] Brandt ordnete Elli, die auch aus der kommunistischen Bewegung kam und ohne Nachnamen bleibt, politisch nicht ein. Dies entspricht der klassischen Arbeitsteilung, in der Frauen überwiegend zur sozialen Reproduktion dienten und weniger am aktiven Widerstand beteiligt waren. Der aktive Anteil verschwindet aus dem Sichtfeld. Die politische Grundierung seiner eigenen Lebensdeutung legt die Vermutung nahe, dass eine individuelle Perspektive für ihn nicht wichtig war, sondern allein politisches Denken und Agieren sein Leben bestimmten.

357 Brandt, Traum, 103.

# II Politisches Subjekt bleiben: Verfolgung und Widerstand im Nationalsozialismus

Heinz Brandt gehörte zu der Gruppe von kommunistischen Funktionären, die in den ersten Jahren des Nationalsozialismus wegen ihrer illegalen Arbeit verhaftet wurden und bis zur Befreiung Deutschlands Zuchthaus und Konzentrationslager nicht mehr verlassen konnten. Über zehn Jahre war Brandt in verschiedenen nationalsozialistischen Zuchthäusern und Konzentrationslagern inhaftiert. Die psychischen Spannungen und Belastungen der langjährigen Haft versuchte Brandt mit dem Bild der Nacht zu umreißen: »Jede dieser Nächte war eine Nacht vor der Hinrichtung, eine Nacht vor dem Foltertod, war eine Nacht der Hoffnung, eine Nacht vor der Befreiung.«[1] Dass er, fast täglich mit dem Tode bedroht, die Hölle überlebte, bezeichnete er selbst als »Glück, Glück und noch einmal Glück«. Aber dazu gehörte auch die »glühende antifaschistische Überzeugung«, die ihn Folter und Misshandlungen ertragen ließ, und die Solidarität der politischen Gefangenen.[2] Für Brandt gilt das Wort Jean Amérys, dass die »Gläubigen«, zu denen Améry Marxisten ebenso zählte wie religiös Gläubige, die Schreckenserfahrungen durch Rationalisierungen und Sinndeutungen in ein historisches Kontinuum stellen, das ihnen einen Umgang damit ermöglichte:

> »Der im weitesteten Sinn gläubige Mensch, sei sein Glaube metaphysischer oder ein immanenzgebundener, überschreitet sich selbst. Er ist nicht der Gefangene seiner Individualität, sondern gehört einem geistigen Kontinuum an, das nirgends, und auch in Auschwitz nicht, unterbrochen wird.«[3]

Im Moment der Verfolgung, aber auch im Nachhinein konnte die Haft, selbst der Massenmord in den Vernichtungslagern mit Sinn behaftet werden. Das brutale und wütende Morden der Nationalsozialisten war in der orthodox-marxistischen Sicht Teil des Kampfes der untergehenden kapitalistischen Ordnung. Auch wenn Brandt sich später davon löste und angesichts der Judenvernichtung auf den Unterschied zwischen Faschismus und Nationalsozialismus insistierte[4], blieb für ihn Antisemitismus im Wesentlichen ein politisches Instrument, um im Rahmen einer Sündenbocksuche

1 Brandt, Traum, 165.

2 Zitate aus dem handschriftlichen Manuskript von Heinz Brandt: »Missglückter Persönlichkeitsraub«, ca. 1965, NLB.

3 Jean Améry: Jenseits von Schuld und Sühne. Bewältigungsversuche eines Überwältigten, Stuttgart 1977, 36. Améry reflektiert in diesem 1966 erstmalig veröffentlichten Werk die Situation der Intellektuellen in den Vernichtungslagern.

4 Abschrift Seminar, Tonband 6, 1.

politische Konflikte zu verlagern.[5] Brandt war die Bedrohung durch den Antisemitismus sehr wohl bewusst. Dennoch war für sein politisches Denken die Inhaftierung aufgrund seiner politischen Arbeit, an die er seine Selbstdeutung als bewusst Widerstehender und Handelnder sehr viel besser aufrichten konnte, ungleich gewichtiger.[6]

Gerade bei Autobiografien von kommunistischen Überlebenden der Konzentrationslager ist eine »Subjektlosigkeit« der Texte festgestellt worden. Nicht das individuelle Leiden, nicht die Beschreibung von selbst erfahrener Folter und Entbehrungen steht im Vordergrund, das individuelle Überleben wird an den kollektiven politischen Kämpfen und der Empathie mit dem Leiden anderer aufgezeigt.[7] Diese Beobachtung lässt sich auch bei Heinz Brandt machen, zumindest bei den Abschnitten über die Haftzeit im Nationalsozialismus. In seiner Autobiografie, aber auch in anderen Texten Brandts, die die Haft- und Lagerzeit zum Thema haben, erwähnte Brandt eigene Zweifel, Ängste und Verletzungen selten. Er sprach auch im privaten Kreis nie von den erlittenen Verletzungen und Schmerzen.[8] Im Zentrum seiner Darstellung standen einerseits die binnenkommunistischen Auseinandersetzungen über die richtige Parteilinie – was ihn gegenüber anderen kommunistischen Darstellungen auszeichnet, da er Widersprüche öffentlich thematisierte –und andererseits die Beschreibung von Widerstandsaktionen. Für ihn war der wesentliche Aspekt beim Überleben die Aufrechterhaltung der politischen Identität.[9]

Dieser Gewichtung von Brandt soll in der folgenden Darstellung seiner Haftzeit nicht allein gefolgt, sondern auch die Frage nach dem Verdrängten mit in den Blick genommen werden. Die zehn Jahre der Haft im Nationalsozialismus zerfallen in zwei voneinander abgrenzbare Phasen: Die ersten sechs Jahre verbrachte Brandt als Verurteilter in Zuchthäusern, danach wurde er in das Konzentrationslager Sachsenhausen deportiert. Zuerst sollen Verhaftung und die Zuchthauszeit dargelegt werden.

---

5 Vgl. Heinz Brandt: Vorwort. In: Leopold Spira: Feindbild Jud, Wien/München 1981, 7-12.

6 So bei einem Interview 1984: Wir waren immer, 40.

7 Rolf Krause: Autobiographisches Schreiben als Spätform der Bewältigung der Verfolgung, unveröffentlichtes Manuskript anlässlich einer Tagung der Medizinischen Hochschule Hannover vom 11. bis 14.10.1989 zum Thema: Psychische Schäden alternder Überlebender des Nazi-Terrors und ihrer Nachkommen, 14. Die Beobachtung der Subjektlosigkeit machte Lutz Niethammer in den Akten ehemaliger Buchenwaldhäftlinge: Vgl. Lutz Niethammer (Hrsg.): Der »gesäuberte« Antifaschismus. Die SED und die roten Kapos von Buchenwald, Berlin 1994, 150 f.

8 Information von Stefan Brandt, Berlin 25.1.1999.

9 Vgl. die Interviews: diskus-Interview mit Heinz Brandt. Erstabdruck: diskus, Juni 1973. Wiederabdruck in: Linke Liste (Hrsg.): Die Mythen knacken. Materialien wider ein Tabu, Frankfurt/Main 1987, 42-43; Wir waren immer.

## 1 Verhaftung und Parteiarbeit im Zuchthaus 1934–1940

Am vierten Dezember 1934 wurde Heinz Brandt in Berlin-Spandau verhaftet. Später wertete er die Verhaftung fast positiv: »Aber was mir damals als schweres Unglück erscheint, erweist sich späterhin als Rettung von einem noch schlimmeren.«[10] Diese angesichts der folgenden zehnjährigen Haft irritierende Feststellung hat Brandt in unterschiedlichen Variationen immer wieder hervorgehoben. Die Verhaftung durch die Nationalsozialisten sei das »kleinere Übel« gewesen gegenüber einer möglichen Verfolgung im Stalinismus.[11] Diese Deutung Brandts hängt damit zusammen, dass er von einem Verbindungsmann zur Bezirksleitung – dessen Namen er nicht kannte – kurz vor der Verhaftung informiert wurde, dass er als Schüler der Lenin-Schule der Komintern in Moskau vorgeschlagen worden war. Für Brandt war die Delegierung zuallererst eine Auszeichnung. Der *Siemens-Lautsprecher* und die Siemens-Arbeit überhaupt hätten in Moskau Beachtung gefunden, sodass er über den Besuch der Lenin-Schule eine politische Weiterqualifikation erhalten sollte. Er war »begeistert, [...] absolut begeistert«, auch, weil er hinter der Delegierung seinen Versöhnler-Freund Heinrich Süßkind vermutete.[12] Die Delegierung wird aber auch damit zusammengehangen haben, dass in der Illegalität gerade junge Funktionäre schnelle Aufstiegschancen hatten. Die personelle Reserve der KPD wurde immer kleiner und die Ausbildung an der Lenin-Schule, die auch militärische und technische Ausbildungen umfasste, bot die Perspektive, gut geschulte Kader zur illegalen Arbeit in Deutschland einzusetzen.[13]

Das von ihm beschriebene Paradoxon der Lebensrettung durch die nationalsozialistische Verhaftung war für Brandt zu dem Zeitpunkt nicht erkennbar. Brandt bezog es in der Rückschau auf den stalinistischen Terror, dem in der Sowjetunion auch viele Versöhnler, darunter Heinrich Süßkind, sein Schwager und sein Bruder Richard zum Opfer fielen: »Also diese Verhaftung am 4. Dezember rettet mich vor dem schrecklichsten Untergang, der nur möglich ist. Nämlich in dem anscheinend gelobten Land, vom anscheinenden Freund gefoltert und ermordet zu werden.«[14] Brandt ging davon aus, dass auch er zu den Opfern des Stalinismus gehört hätte. Diese Gegenüberstellung verweist auf die tiefe Verstörung, die die stalinistischen Verbrechen für seine politischen Überzeugungen bedeutet haben. Im moralischen Sinne »schlimmer« war für ihn dabei der Verrat durch die politischen Freunde, da von den Nationalsozialisten im

---

10 Brandt, Traum, 122.

11 »Aber was mir damals als Pech erscheint, erweist sich später als das kleinere Übel.« So schrieb Brandt in einem Manuskript-Entwurf für die Autobiografie. AdsD, NL Kuno Brandel, Mappe 20, Seite 13 des Manuskripts »Ich verließ die DDR.«

12 Abschrift Seminar, Tonband. 7, 3-6; Darstellung der geplanten Delegierung auch: Brandt, Traum 121 f.; Lebenslauf Heinz Brandt 12.7.1945. LAB, C Rep 118-01/A 1130, Bl. 4.

13 Merson, Widerstand, 98; Peukert, KPD, 157.

14 Abschrift Seminar, Tonband 7, 5.

Sinne einer freiheitlichen Utopie nichts zu erwarten war, von der Sowjetunion hingegen viel. In diese Sichtweise flossen nicht allein die späteren Erfahrungen in der DDR und die Enthüllungen über die stalinistischen Verbrechen mit ein. Als Versöhnler war Brandt den Weg der inneren Opposition gegangen und hielt, trotz der vielen niederschmetternden Nachrichten, von denen er bereits in den 30er-Jahren erfuhr, noch viele Jahre an den Idealen des Kommunismus und der Hoffnung auf einen Kurswandel fest. In seinem politischen Koordinatensystem war dies für ihn später die große Illusion, über die er Rechenschaft ablegen wollte und um die viele seiner politischen Überlegungen kreisten. Die Vernachlässigung des eigenen Leidens und die Hervorhebung der binnenkommunistischen Auseinandersetzung über den Verrat lassen so seine irritierende Formulierung zur Lebensrettung durch die Verhaftung verständlicher erscheinen.

Brandts Verhaftung stand im Zusammenhang mit der Siemens-Arbeit. Er hielt den Kontakt zu Franz Budell, der im Siemens-Elektromotorenwerk arbeitete und als Zellenleiter einer KPD-Gruppe aktiv war.[15] Budell hatte einem SA-Mann, der im Werk arbeitete und Unzufriedenheit äußerte, eine Zeitung der KPD persönlich übergeben.[16] Dieser verriet Budell Anfang Dezember an die Gestapo. Budell wurde im Werk verhaftet und machte Aussagen, in denen er Emil Nessler belastete und vermutlich einige Namen von Kommunisten aus seiner Gruppe nannte. Brandt fuhr am 4. Dezember zu einem Treffen in die Wohnung Budells nach Spandau. Da der übliche Kurier wegen Grippe ausgefallen war, übernahm Brandt es auch, Exemplare der *Roten Fahne* mit zu Budell zu nehmen, obwohl dies nicht zu seinen Aufgaben gehörte und ihn als höheren Funktionär gefährdete. In der Wohnung traf er die Frau von Budell, Karla Budell, an und übergab ihr die Zeitungen. Kurze Zeit später stürmte die Polizei die Wohnung und durchsuchte die Räume, und im ersten Schockmoment gab Karla Budell an, dass Brandt die Zeitungen mitgebracht hatte, obwohl abgesprochen war, ihn als wohnungssuchenden Arbeiter auszugeben. Brandt ging davon aus, dass eine Leugnung Karla Budell nur empören würde, da sie ihren Mann schützen wollte. Daher gab er den Transport der *Roten Fahne* zu und wurde mit Karla Budell verhaftet.

Brandt wurde von den Vernehmungsbeamten zwar geschlagen, aber nicht über längere Zeit gefoltert. Er gab an, die Zeitungen von einem »dicken Juden« erhalten zu

15 Budell (1903–1975) gehörte der KPD seit 1928 an und war im DMV und später im EVMB aktiv als Zellenleiter. Er lebte in Spandau. Angaben aus seiner OdF-Akte: LAB, C Rep 118-01, A 18035.

16 Die Darstellung der Verhaftung beruht auf den Angaben von Brandt. Vgl. Brandt, Traum, 122-126; Lebenslauf Heinz Brandt 12.7.1945. LAB, C Rep 118-01/A 1130, Bl. 4; Abschrift Seminar, Tonband 7, 1-4; Handschriftlicher Lebenslauf von Heinz Brandt, 9.2.1951. LAB, C Rep 905 Personenakte Heinz Brandt. Einige ergänzende Angaben sind aus den Gestapo-Akten entnommen. Die Unterlagen des späteren Prozesses sind verloren gegangen. Die Angaben zur Weitergabe einer *Roten Fahne* durch Budell im November 1934 werden durch die Ermittlungen der Gestapo gestützt. Vgl. Ausriss aus einem Tagesbericht der Staatspolizei für den Landespolizeibezirk Berlin, vermutlich 5.12.1934. BA, R 58 3663, Reichssicherheitshauptamt, Abteilung IV, Bl. 126.

haben, mit dem er sich direkt im Anschluss treffen wollte. Dieser falsche Köder, mit dem Brandt der Gestapo ein Schnippchen geschlagen hatte, erfüllte ihn noch in späteren Jahren mit gewissem Stolz: »Wie leicht diese Bestien anbeißen, wenn der vorgegaukelte Fraß nur ihren bösen Instinkten, ihren üblen Ressentiments entspricht [...]«.[17] Die erste Nacht verbrachte er im Kreisgefängnis von Spandau. Der wachhabende Gefängniswärter sei vielleicht alter Sozialdemokrat gewesen, vermutete Brandt später, zumindest legte er ihn in die Nachbarzelle von Franz Budell. So gelang es Brandt, von Budell zu erfahren, welche Aussagen er gemacht hatte und ihn darin zu bestärken, zukünftig weitere Angaben zu verweigern und zu behaupten, mit seinen ersten Aussagen bereits alles gesagt zu haben, was er wisse. So sei es Brandt gelungen, die Lücke zu schließen und weitere Verhaftungen zu verhindern.

Insgesamt wurden neun Personen nach den Aussagen Budells verhaftet. Neben Brandt, Emil Nessler, Franz und Karla Budell waren dies die Schlosser Rudolf Greinert, Paul Hoffmann und Willi Treffner, die am 5. und 6. Dezember festgenommen wurden.[18] Einige Tage später wurden noch die Schlosser Fritz Seemann und Friedrich Schamp festgenommen.[19] Brandt, Budell und Greinert waren der Gestapo als Kommunisten bekannt. Greinert war Unterkassierer in Spandau gewesen, Budell war erst im Mai 1934 aus der Haft entlassen worden. Er hatte noch eine Strafe wegen eines Verfahrens von 1932 abgesessen.[20] Die Verbindungspersonen zu höheren Stellen in der illegalen Bezirksleitung waren Brandt und Nessler. Da sie keine verwertbaren Aussagen mehr machten, brach die Kette der Verhaftungen ab. »Über meine und Nesslers wirkliche Rolle ist sich die Gestapo natürlich nicht klar geworden. Es gelang uns auch, jedes Aufrollen unserer Betriebsorganisation oder gar unsere Verbindung zu der Bezirksleitung Berlin zu verhindern«[21], schrieb Brandt 1945.

Die Angaben Brandts zeigen ihn als einen relativ selbstbewussten und sicheren Gefangenen, der nur gezielte Aussagen machte. Seine Gefängniserfahrungen aus der Weimarer Zeit, vor allem aber die kurzfristige Willkürverhaftung im März 1933 bilde-

---

17 Brandt, Traum, 124. Fiktive Personen in Verhören zu nennen, um falsche Spuren zu legen und Informationen anzubieten, wurde von politischen Gegangenen häufiger als Strategie eingesetzt. Vgl.: Henry Jacoby: Von des Kaisers Schule zu Hitlers Zuchthaus, Frankfurt/Main 1980, 185-188.

18 Tagesbericht 6. Dezember 1934 der Staatspolizeistelle für den Landespolizeibezirk Berlin. BA, R 58 3663. Reichssicherheitshauptamt, Abteilung IV, Bl. 30. Tagesbericht 7. Dezember 1934 der Staatspolizeistelle für den Landespolizeibezirk Berlin. BA, R 58 3663, Reichssicherheitshauptamt, Abteilung IV, Bl. 18. Greinert war 1901 geboren, Hoffmann und Treffner waren beide 1900 geboren. Mit ihnen wurde auch Nessler verhaftet.

19 Tagesbericht 10. Dezember 1934 der Staatspolizeistelle für den Landespolizeibezirk Berlin. BA, R 58 3663, Reichssicherheitshauptamt, Abteilung IV, Bl. 112. Seemann war 1902, Schamp 1887 geboren.

20 Ausriss aus einem Tagesbericht der Staatspolizeistelle für den Landespolizeibezirk Berlin, vermutlich 5.12.1934. BA, R 58 3663. Reichssicherheitshauptamt, Abteilung IV, Bl. 126. Zu Budells vorheriger Strafe vgl. auch: LAB, C Rep 118-01, A 18035.

21 Lebenslauf Heinz Brandt, 12.7.1945. LAB, C Rep 118-01/ A 1130, Bl. 4r.

ten für Brandt einen Erfahrungshintergrund, der ihn die erneute Verhaftung überlegt angehen ließ. Als Funktionär der illegalen KPD gehörte die Einstellung auf eine Verhaftung mit zu den notwendigen Vorbereitungen. Er habe sich keine Illusionen über die Haft gemacht: »Das wird kein kurzer, das wird kein leichter Knast sein.«[22]

Am 15. März 1935 verurteilte der 2. Strafsenat des Kammergerichts Berlin von den neun Verhafteten acht Angeklagte. Paul Hoffmann war vorher freigelassen worden, Paul Treffner wurde freigesprochen. Seemann und Schamp, die Funktionen in der DAF ausübten, erhielten nur Strafen von wenigen Monaten.[23] Sie hatten von Budell Zeitungen gekauft und waren in die Struktur der Zelle nicht tiefer eingebunden. Karla Budell erhielt wegen Beihilfe ein Jahr Zuchthaus.[24]Als Haupttäter wurden Nessler, Brandt und Budell verurteilt. Nessler erhielt mit sieben Jahren Zuchthaus die höchste Strafe, Brandt erhielt sechs Jahre, Budell fünf Jahre, Rudolf Greinert drei Jahre. Alle Urteile lauteten auf »Vorbereitung von Hochverrat«, mit jedoch unterschiedlichen Tatanteilen. Da die wirkliche Rolle Brandts als Instrukteur für Siemens nicht bekannt war, wurde er nur wegen seiner Kuriertätigkeit verurteilt. Brandt war der einzige Jude unter den Verhafteten. Dass er deswegen eine so hohe Strafe erhalten hat, lässt sich nur vermuten. Brandt selbst hat dies verneint.[25] Die Verurteilung durch das Kammergericht Berlin belegt, dass die Gruppe als kleinere kommunistische Zelle angesehen wurde. Für höhere Funktionäre war als Reaktion auf den für die Nationalsozialisten unrühmlichen Ausgang des Reichstagsbrandprozesses vor dem Reichsgericht in Leipzig 1934 eigens der Volksgerichtshof für politische Strafverfahren eingerichtet worden.[26] Die Kammergerichte waren hingegen für die lokalen Verfahren vorgesehen.[27]

Mit der Verhaftung kam Brandt in die Welt von Zuchthaus und Gefängnis, die eine abgeschlossene und eigene Gesellschaft bildete. Ein gleichförmiger Tagesablauf, das Eingeschlossensein in der Zelle, der Kommandoton der Beamten und die Kontrolle des Privaten bestimmten den Grundton des alltäglichen Lebens. Gerade in der Abgeschlossenheit der Gefangenschaft ging es darum, in diese Isolation Brüche zu schlagen

22 Brandt, Traum, 126.

23 Der Generalstaatsanwalt bei dem Kammergericht übersandte am 15. Juni 1935 an den Polizeipräsidenten Abteilung K., Berlin, eine Zusammenfassung des Urteils, BLHA, Rep. 30 Berlin C Polizeipräsidium Berlin Tit. 198 A, 1. Politisch Nr. 336 (Gefangenenakte von Emil Nessler), ohne Paginierung. Dort auch die weiteren Urteile.

24 Karla Budell, geb. Roock (1907), hat ihren Mann später wegen seiner politischen Aktivitäten verlassen. Vgl. die Angaben von Franz Budell: LAB, C Rep 118-01, A 18035.

25 Wir waren immer, 40.

26 Bernd Jürgen Wendt: Deutschland 1933–1945. Das Dritte Reich, Hannover 1995, 326.

27 Sandvoß, Berlin, 52. Er gibt die Zahl der in Berlin angeklagten Kommunisten bis 1935 mit über 1000 an. Ebd. Von Anfang 1933 bis Ende 1935 wurden in mindestens 2.935 Prozessen 18.243 Personen in Zusammenhang mit kommunistischer Widerstandstätigkeit verurteilt. Hinzu kommen noch eine Reihe von Kommunisten, die wie der Parteiführer Thälmann ohne Verfahren festgehalten wurden. Heinz Kühnrich: Die KPD im Kampf gegen die faschistische Diktatur 1933–1945, Berlin 1983, 58.

und möglichst eigene Formen der sozialen Kommunikation zu finden. Die Bedingungen hierfür waren Mitte der 30er-Jahre auch in nationalsozialistischen Zuchthäusern noch vorhanden. Die Todesdrohung war hier nicht jeden Tag präsent wie später im Konzentrationslager. Die Zuchthäuser, in denen Brandt inhaftiert war, wurden erst nach seiner Verlegung zu Hinrichtungsstätten. Brandt nannte als »Grundproblem« in allen Gefängnissen die »Isolierung«.[28] Er eignete sich bewusste Strategien zum Umgang mit der Einsamkeit an.[29]

Gegenüber den nichtpolitischen Gefangenen im Zuchthaus hatte Brandt einen identitätssichernden Vorteil. Er war politischer Gefangener, der aufgrund seines Widerstandes gegen ein verbrecherisches Regime in Haft war:

> »Ich habe mich allerdings durch das sogenannte Ausgestoßensein aus der jeweiligen ›Gesellschaft‹ niemals moralisch bedrückt gefühlt. [...] Der Häftlingskittel, ob nun Gefängnis-, Zuchthausstreifen, das Zebra der KZ-Uniform oder die abgelegten Vopo-Uniformen im DDR-Zuchthaus Bautzen, sie galten mir – und damals uns allen – als ›Ehrenkleid‹.«[30]

Zu der Zuversicht, auf der richtigen Seite zu stehen, kam die Sicherheit, dass das Hitlerregime untergehen werde. Diese in ihrem Grundton optimistische Haltung ermöglichte die Abstraktion von dem individuellen Leiden und der Gefahr, in der sich Brandt nicht nur als Kommunist, sondern gerade auch als Jude befand.

Die erste Zeit war Brandt in einem Übergangsgefängnis in der Kantstraße in Charlottenburg untergebracht, nach der Verurteilung wurde er in das Zuchthaus Luckau überführt. In der alten Haftanstalt aus dem 19. Jahrhundert, für 300 Gefangene angelegt, saßen 1935 rund 1.000 Gefangene ein.[31] Brandt war in einer Einzelzelle untergebracht, die jedoch mit drei Personen belegt war. Einer von Brandts Mithäftlingen in der Zelle war der Magdeburger KPD-Funktionär Hermann Danz. Mit ihm und anderen inhaftierten Kommunisten sei eine Diskussion über die politische Lage möglich gewesen, die sich auf einen politischen Neuanfang konzentrierte. Über Kassiber – die vertrauenswürdige Kalfaktoren weitergaben oder die versteckt wurden – sowie beim Hofgang bestand die Möglichkeit zur politischen Kommunikation.[32] Im Oktober 1935 wurde Brandt, wie andere Gefangene mit höheren Strafen, von Luckau in das Zuchthaus Brandenburg-Görden verlegt, das Hauptzuchthaus für politische Gefangene aus

28 Brandt, Traum, 127.

29 Vgl. Ebd., 15-24, mit Beispielen aus der DDR-Haft.

30 Ebd., 127.

31 Bernhard Danziger aus dem Zuchthaus Luckau an Eli Dutith in Holland, 25.8.1935. Abgedruckt in: Was bleibt ist Hoffnung. Eine Briefdokumentation aus Brandenburger Konzentrationslagern, Zuchthäusern und Gefängnissen der NS-Zeit 1933–1945, hg. von der Brandenburgischen Landeszentrale für Politische Bildung, Potsdam 1994, 53-56, 53 f.

32 Brandt, Traum, 128-131, zu der Zeit in Luckau.

dem Raum Berlin-Brandenburg. Es unterstand der Strafvollzugsbehörde, was gewisse Spielräume eröffnete.[33] Seine Gefangenennummer 658/35 lässt auf eine Einweisung in der zweiten Jahreshälfte schließen, da die Nummern fortlaufend an die Neuzugänge vergeben wurden.[34] In Brandenburg-Görden war eine große Anzahl von Kommunisten, Sozialdemokraten und anderen politischen Gefangenen inhaftiert, sodass die kommunistischen Gefangenen eine Parteistruktur der KPD organisieren konnten. Die Verbindungen zwischen den politischen Gefangenen bestanden zum Teil nur in den einzelnen Abteilungen des Zuchthauses. Die Zahl der politischen Gefangenen wird auf rund die Hälfte aller Gefangenen, zumeist über tausend, geschätzt.[35]

Das Zuchthaus Brandenburg lag auf der Halbinsel Görden, sechs Kilometer von der Stadt Brandenburg selbst entfernt. 1928 als modernes Zuchthaus konzipiert, dauerte die endgültige Fertigstellung bis 1935. Errichtet für 1.800 Gefangene, bestand seit 1936 eine kontinuierliche Überbelegung des Zuchthauses. Es bestand aus vier Hafthäusern. Unterteilt waren die Häuser noch in jeweils drei Flügel.[36] Durch die Überbelegung mussten viele Inhaftierte in den so genannten »Kammkästen« leben, kleinen Einzelzellen, die als Übernachtungszellen für Hausarbeiter gedacht waren. Viele dieser Zellen waren ständig mit drei Gefangenen belegt, die auf diesem beengtem Raum auch arbeiten mussten.[37] Brandt war im Haus I, Flügel C, untergebracht.[38] Im Haus I befanden sich die meisten zentralen Einrichtungen des Zuchthauses wie Hausvaterei, Bibliothek, Küche und Verwaltung sowie mehrere Gemeinschaftsarbeitsplätze, hier war die Arbeit der KPD am ausgeprägtesten.[39]

Eine dauerhafte Konfliktlinie für die politischen Gefangenen im Zuchthaus, auch unter anderen Bedingungen in den Konzentrationslagern, war die Frage der Funktionshäftlinge. Innerhalb der Häftlingshierarchie des Zuchthauses bedeutete die Übernahme von Funktionen – wie Essensausgabe, Vorarbeiter, Hausarbeiter, Bibliotheksleitung – eine gewisse Machtposition und größere Bewegungsspielräume. In Brandenburg begannen die Kommunisten 1936 damit, Gefangene in Funktionen zu

33 Alfred Schaefer: Einleitung. In: Uhlmann, Sterben, 18-25, 21.

34 Brandt, Traum, 132. Zur Praxis der Nummernvergabe: Walter Schwerdtfeger: Ein Journalist wird zum Schweigen gebracht. In: Uhlmann, Sterben, 26-107, 44. Die Gefangenennummer Brandts ist in einem Brief von ihm angeführt. Heinz Brandt an Tante Mirlie, 29.8.1940. EFA, Mappe Gertrude Brandt.

35 Grosse gibt für 1936 sogar 70% politische Gefangene an. Fritz Grosse: Bericht über die Arbeit der KPD im Zuchthaus Brandenburg. BA-SAPMO, RY 1 I 2/3/153, Bl. 225-229r, Bl. 225. Schwerdtfeger, Journalist, 43, spricht von ca. der Hälfte bei 2500 Gefangenen 1939, was vermutlich realistischer erscheint. Grosse verfasste seinen Bericht 1945.

36 Alle Angaben nach ebd., 35-43.

37 Die kleinen Zellen hatten 15 Kubikmeter, die normalen 22 Kubikmeter Luftraum. Ebd., 44.

38 Brandt, Traum, 133.

39 Max Frenzel/Wilhelm Thiele/Arthur Mannbar: Gesprengte Fesseln. Ein Bericht über den antifaschistischen Widerstand und die Geschichte der illegalen Parteiorganisation der KPD im Zuchthaus Brandenburg-Goerde von 1933 bis 1945, Berlin (DDR) 1975, 131 f.

bringen. Zuvor – und auch parallel – besetzten nichtpolitische Gefangene diese Funktionen. Vermutlich brachte der gestiegene Arbeitskräftebedarf, aber auch eine gewisse Disziplin der politischen Gefangenen die Gefängnisleitung dazu, auch auf sie als Funktionshäftlinge zurückzugreifen.[40] Ein solidarisches Netzwerk konnte so gespannt werden, mit dem materielle Unterstützung und politischer Austausch organisiert werden konnten.

Trotz der inhaltlichen Differenzen seien die politischen Gefangenen eine »große Familie, wenn auch mit internem Familienkrach« geblieben, hielt Brandt fest.[41] Dabei ist allerdings zu berücksichtigen, dass es sich hierbei vor allem um KPD-Mitglieder und Sozialdemokraten handelte. Die fortgesetzte Kritik an der KPD- bzw. Kominternpolitik konnte zum Verlust der Unterstützung führen. Die in der DDR-Version der Widerstandsgeschichtsschreibung über Brandenburg behauptete Lenkung von politischen Diskussionen durch die Parteileitung überhöhte vermutlich die Bedeutung der Parteistruktur, da viele politische Diskussionen und Unterstützungen auch ohne Wissen oder Beteiligung der Parteileitung entstanden.[42]

Neben der Diskussion über Funktionshäftlinge war vor allem die Frage der Informationsbeschaffung von großer Bedeutung. In Brandenburg war es möglich, Besuche zu empfangen und Post zu erhalten sowie die Gefängnisbibliothek zu nutzen. Auch die NSDAP-Parteizeitung *Völkischer Beobachter* gehörte, konspirativ organisiert, zu der regelmäßigen Lektüre, aus der durch Umdeutung Informationen gewonnen werden konnten. Da viele Gefangene die meiste Zeit des Tages in den Zellen eingesperrt waren, mussten einige wenige Momente genutzt werden, in denen Kontaktmöglichkeiten zu anderen Personen bestanden. Dazu gehörte das Entleeren des Fäkalieneimers, das dreimal täglich erfolgte, der zwanzigminütige Hofgang, Besuche beim Zuchthausarzt, Badezeiten, Essens- und Arbeitsmaterialausgabe.[43]

Brandt skizzierte drei politische Strömungen unter den Kommunisten und Sozialisten, die in seinem Umfeld im politischen Austausch standen: Die Linientreuen, die die Komintern- und Stalinpolitik rechtfertigten, eine Gruppe von kritischen und skeptischen Kommunisten und Sozialisten sowie eine Gruppe von zurückhaltenden

40 Dies vermuteten zumindest Frenzel u. a. als Grund. Ebd., 127-130. Auch wenn es eine gewisse Ablehnung der häufig nur als »Kriminelle« bezeichneten nichtpolitischen Gefangenen gab, hoben Frenzel u. a. hervor, dass die Umstände viele erst zu Kriminellen gemacht hätten. Zudem hätten auch viele Kriminelle Denunzianten verachtet. Ebd., 140-143. Brandt unterschied zwar auch zwischen politischen und kriminellen Gefangenen, hob aber auch eine Zuverlässigkeit von nichtpolitischen Gefangenen hervor, vor allem bei so genannten »Schwerverbrechern«. Vgl. die sympathisierende Darstellung einiger nichtpolitischer Gefangener in Brandenburg: Brandt, Traum, 143-150.

41 Ebd., 135.

42 Schaefer, Einleitung, 21 f.

43 Frenzel u. a., 112 f.; Fritz Grosse: Bericht über die Arbeit der KPD im Zuchthaus Brandenburg. BA-SAPMO, RY 1 I 2/3/153, Bl. 225-229r, 225rf.

Genossen, die sich nicht festlegen wollten.[44] Brandt rechnete sich der zweiten Gruppe zu. Die Auseinandersetzungen seien vor allem um aktuelle Entwicklungen gegangen, so um die Moskauer Schauprozesse und den Spanischen Bürgerkrieg. »Lebensgefährlich« sei jedoch die Diskussion um den sowjetisch-deutschen Nichtangriffsvertrag, den »Hitler-Stalin-Pakt« von Ende August 1939, geworden.[45] Für Brandt und andere Gefangene bedeutete der Vertrag den fast endgültigen Bruch mit der stalinistischen Variante des Kommunismus und eine Verschärfung der Auseinandersetzungen innerhalb der Gruppen:

> »Wo war noch zu spüren, daß dem Stalinismus im Unterschied zum – auch der Idee nach menschenfeindlichen – Faschismus als humaner Kern auch jetzt noch die großartige Menschheitsvision des Karl Marx zugrunde lag? Wer wie wir im Faschismus den Todfeind sah, konnte an seinem jetzigen Helfershelfer, dem Stalinismus, nicht vorbeigehen, mußte auch ihn bekämpfen.«[46]

Die Enttäuschung, ja Verzweiflung über den »Verrat« der Sowjetunion, die aus diesen Zeilen spricht, betraf einen großen Teil der kommunistischen Bewegung in Europa. Der Nichtangriffspakt zwischen dem »Vaterland der Werktätigen« und der »offenen Diktatur der Monopolbourgeoisie« verlangte den Kommunisten argumentative Kapriolen ab und bedeutete auch eine Isolation gegenüber anderen antifaschistischen Kräften.

In den ersten Tagen sei die Auseinandersetzung in Brandenburg noch offen geführt worden, berichtete Brandt. Allerdings hätten die Stalinisten den Angehörigen der kritischen Gruppe gedroht, dass sie als »Abweichler« und »Agenten« später von der Partei zur Verantwortung gezogen würden. Neben dieser Drohung wurde auch zum Problem, dass viele der Unentschlossenen sich daran klammerten, in der zermürbenden Situation der Haft ihren Glauben an die »richtige Sache« zu bewahren.[47] Hiermit nannte Brandt einen Punkt, den er nicht bei sich, aber bei anderen beobachtete: Das Festhalten an falschen Ansichten, um nicht die eigene brüchige Identität zu erschüttern. Die »Wahrheit«, das kritische Fragen könne in der Situation der Haft zur Verunsicherung beitragen. Brandts Gruppe nannte sich die »Wissenden«. Aus Sorge um die labileren Genossen hielten sie sich mit ihrer entlarvenden Kritik zurück. Daher

44 Brandt, Traum, 134.

45 Ebd. Auch Fritz Grosse hebt 1945 die Diskussion um den Vertrag als herausragendes Ereignis hervor. Fritz Grosse: Bericht über die Arbeit der KPD im Zuchthaus Brandenburg. BA-SAPMO, RY 1 I 2/3/153, Bl. 225-229r, 227.

46 Brandt, Traum, 138 f.

47 Brandt berichtet von dem Sozialdemokraten Karl Oltersdorf, mit dem er zusammenarbeitete und der Brandt bat, ihn mit »herabreißenden, negierenden« Diskussionen zu verschonen. Für Oltersdorf gelte nur noch die Linie der Partei, an der er sich orientieren wolle, um nicht zu verzweifeln. Ebd., 140.

seien sie in den »doppelten Untergrund« gegangen: Weder die Rache der Stalinisten provozieren noch eine Verzweiflungsstimmung auslösen. Sie hätten sich auf die »sokratische« Methode zurückgezogen: Gezielte Fragen stellen, um so Denkprozesse in Gang zu setzen.[48]

Die Stellung zum Hitler-Stalin-Pakt wurde nach dem Krieg innerhalb der SED zu einem Topos der Unterwerfung. Mit der Stalinisierung der SED ab 1948 wurde die Frage nach der Zustimmung zum Pakt als Beweis für Treue und Loyalität zur Partei verstanden. Bei Parteiverfahren gegen SED-Oppositionelle wurde ab 1949 eine kritische Haltung zum Pakt mit in die Anklagen aufgenommen.[49] In seinem Lebenslauf anlässlich der Parteiüberprüfung 1951 schilderte Brandt daher die Situation anders:

> »Den deutsch-sowjetischen Nichtangriffspakt habe ich in den ersten Wochen überhaupt nicht verstanden. Ich hatte gar keine Erklärung dafür – ein Beweis für meine ideologische Schwäche, mein Unverständnis für die Friedenspolitik der S. U. und die meisterhafte Stalinische Strategie der Ausnutzung der imperialistischen Gegensätze. [...] Es gelang mir, zu erreichen, daß Gen.[osse] Bruno Baum in meine Zelle gelegt wurde, der mich sehr rasch auf die Beine stellte. [...] Das war für mich eine entscheidende Hilfe – ohne die ich nicht all das durchgehalten hätte, was mich noch erwartete.«[50]

Da Baum zur Zeit der Abfassung des Lebenslaufs ein führendes Mitglied der Landesleitung der SED war, wird Brandt eine gemeinsame Zeit in der Zelle nicht erfunden haben. Angesichts der Gefahr, die eine »falsche Haltung« zum Pakt Anfang der 50er-Jahre bedeutete, musste Brandt hier eine fast völlige Verdrehung seiner tatsächlichen Haltung vornehmen.

Brandts antistalinistische Haltung wurde dadurch verstärkt, dass er noch während der Haftzeit in Brandenburg durch besuchende Freunde von der Verhaftung von Heinrich Süßkind und Richard Brandt in Moskau erfuhr. Er wusste, dass beide keinerlei Kontakt zu Angehörigen haben durften, während er noch Brief- und Besuchskontakt hatte.[51] Brandt hatte keine Ahnung, dass sein Bruder und sein Freund beide kurz nach ihrer Verhaftung erschossen worden waren und nicht, wie nach dem Krieg behauptet wurde, in sowjetischen Lagern umgekommen waren.[52] Die Parallelisierungen, die Brandt vornahm, erklären sich auch aus dem Schicksal seiner Familie in Po-

48 Ebd., 141.

49 Vgl. Wilfriede Otto: Visionen zwischen Hoffnung und Täuschung. In: Thomas Klein/Wilfriede Otto/Peter Grieder: Visionen, Repressionen und Opposition in der SED (1949–1989), 2 Teile, Frankfurt/Oder ‚1997, 137-561, 202.

50 Handschriftlicher Lebenslauf von Heinz Brandt, 9.2.1951. LAB, C Rep 905 Personenakte Heinz Brandt.

51 Brandt, Traum, 142.

52 Gespräch mit Lili Brandt in Frankfurt/Main, 2.3.1999.

sen. Er erfuhr noch in Brandenburg von der Deportation seiner Eltern und des jüngsten Bruders Wolfgang nach Ostrow-Lubelski in der Nähe von Lublin: »Ich habe die Menschen, die mir am nächsten standen, gleichzeitig und auf die gleiche Weise durch die Nazis und Stalinisten verloren«, resümierte er bitter.[53]

Es gab für Heinz Brandt in den Jahren 1938 bis 1941 einen kleinen Hoffnungsschimmer im Gefängnis: Seine Mutter bemühte sich engagiert, eine Freilassung und Ausreise zu erreichen. In seiner Autobiografie ging Brandt auf diese langjährigen Bemühungen nicht ein, er erwähnte öffentlich diese Vorgänge erst viele Jahrzehnte später.[54] Die Eltern Brandt lebten in Posen mit dem jüngsten Sohn Wolfgang in ärmlichen Verhältnissen. Sie wohnten noch immer am Sapiehaplatz Nr. 2. Alleinige Ernährerin der Familie war Trude Brandt, die als Privatlehrerin für deutschsprachige Kinder noch etwas Geld verdiente. Ihr Schülerkreis kam im September 1938 nicht mehr zu Stande, sodass die Brandts gezwungen waren, Teile ihres Mobiliars zu verkaufen.[55] Finanzielle Unterstützung erhielt sie von ihrem Großneffen Erich Fromm.[56] Ihre Hoffnungen richteten sich darauf, dass nach einer Haftentlassung Heinz Brandts, dem 1936 die deutsche Staatsbürgerschaft aberkannt worden war[57], eine Ausreise möglich wäre. Erich Fromm, der zu der Zeit in New York lebte und für das Institut für Sozialforschung arbeitete, wurde von Trude Brandt gebeten, für Heinz Brandt ein Affidavit, eine Garantieerklärung für den Einreisenden gegenüber den US-amerikanischen Behörden, zu besorgen. Fromm übersandte dieses im Januar 1939.

Trude Brandt hatte ihren Sohn im Juli 1938 im Gefängnis besucht und im Februar 1939 ein Gnadengesuch gestellt, das jedoch im Mai 1939 ohne Begründung abgelehnt wurde.[58] Trotz dieses Rückschlags versuchte Erich Fromm weiterhin, für Brandt von verschiedenen Ländern eine Einreisemöglichkeit zu erhalten. Offizielles Strafende war im Dezember 1940. Im Juni 1940 war es vermutlich Fromm mit Hilfe seiner in Genf residierenden ehemaligen Sekretärin aus dem Institut, Jeanette Favez, gelungen, für Heinz Brandt ein Visum für Shanghai zu besorgen.[59] Die Reise sollte zuerst mit der transsibirischen Eisenbahn erfolgen. Fromm hatte das Geld hierzu – wie auch die Kaution für den Aufenthalt – mit Unterstützung von Verwandten von Georg und

53 Brandt, Traum, 143.

54 Wir waren immer, 40.

55 Gertrude Brandt an Erich Fromm, 29.12.1938. EFA, Mappe Gertrude Brandt.

56 Dies wird ersichtlich aus einem Briefwechsel zwischen dem Sekretariat von Fromm und der Firma Charles Somlo & Co, New York, vom Dezember 1936 und Januar 1937. EFA, Mappe Gertrude Brandt.

57 Preußischer Polizeipräsident in Berlin: Verzeichnis über den aufgrund des Gesetzes vom 14. Juli 1933 (RGBl I S. 480) erfolgten Widerruf der Einbürgerung des Heinz Eduard Brandt. Bundesverwaltungsamt Köln, Staatsangehörigendatei.

58 Trude Brandt an Erich Fromm, 22.5.1939. EFA, Mappe Gertrude Brandt.

59 Shanghai, zu der Zeit internationale Stadt, war einer der letzten Orte auf der Welt, in denen eine Einreise ohne größere Formalitäten möglich war. Vgl.: Wilfried Seywald: Journalisten im Shanghaier Exil 1939–1949, Wien u. a. 1987, 33-47.

Trude Brandt in den USA aufgebracht.[60] Heinz Brandt selbst schrieb im August 1940 einen eindringlichen Brief an Verwandte in Berlin – vermutlich an seine Tante Sophie Engländer – und bat sie nachdrücklich, ein Durchreisevisum für Schweden zu besorgen. Die finanzielle Seite sei geregelt, Brandt war auch im Besitz eines Fremdenpasses, aber von Deutschland aus war eine Reise nach Shanghai nicht mehr möglich. Als Staatenloser hoffte er, in Schweden auf eine Passage warten zu können.[61]

Zwar konnten noch 1940 einige Inhaftierte Deutschland verlassen[62], aber Heinz Brandt gehörte nicht zu ihnen. Als Heinz Brandt am 8. Dezember 1940 das Zuchthaus Brandenburg verließ, erwarteten ihn zwei Polizisten am Zuchthaustor. Sie brachten ihn in das Polizeigefängnis am Berliner Alexanderplatz, von wo aus er im Februar 1941 in das KZ Sachsenhausen gebracht wurde.[63] Für die so genannte »Schutzhaft« war vermutlich die jüdische Herkunft Brandts entscheidend. Die beiden Mitangeklagten Brandts aus dem Prozess von 1935, Emil Nessler und Franz Budell, wurden nach Ende ihrer Strafhaft freigelassen.[64]

Der Kriegsausbruch verhinderte auch Aktivitäten von Trude Brandt. Nach dem deutschen Überfall auf Polen war das Posener Gebiet wieder in das Deutsche Reich eingegliedert worden. Da alle Juden aus annektierten Gebieten deportiert werden sollten, wurden die Posener Juden bereits im Dezember 1939 in das besetzte Polen verschleppt.[65] Darunter waren auch die Eltern Brandt und ihr jüngster Sohn Wolfgang.[66] Die Familie wurde in den kleinen Ort Ostrow-Lubelski in der Nähe von Lublin gebracht.[67] Georg Brandt erkrankte und starb im Januar 1940 in einem Kranken-

60 Es handelte sich um 160 $ Reisekosten und 400 $ Kaution. Die Verwandten waren Dr. Ernest Levy, ein Vetter von Georg Brandt, und William Reichert. Erich Fromm an Ernest Levy, 19.6.1940 sowie Trude Brandt an Erich Fromm 6.6.1940. EFA, Mappe Gertrude Brandt.

61 Heinz Brandt an Tante Mirlie (vermutlich Sophie Engländer), 23.8.1940. EFA, Mappe Gertrude Brandt.

62 So der ebenfalls in Brandenburg einsitzende jüdische Kommunist Alfred Schaefer, der nach Shanghai emigrierte. Vgl. Schaefer, Einleitung 18.

63 Brandt, Traum, 151.

64 Vgl. die Lebensläufe in den OdF-Akten. LAB, C Rep 118-01, A 18035 und LAB, C Rep 118-01/ A 144412.

65 Heinrich Himmler hatte am 30.10.1939 angeordnet, die jüdische Bevölkerung aus den annektierten Gebieten zu deportieren. Die Deportationen aus Posen, aus dem neben Hohensalza und Gnesen die Juden zuerst verschleppt werden sollten, begannen am 12. Dezember. Das Lubliner Gebiet war als »Judenreservat« vorgesehen, aber nur ein Teil der Deportierten wurde dorthin gebracht, der Plan des »Judenreservats« wieder aufgegeben. Vgl. Golczewski, Polen, 428-430.

66 Jeanette Favez an Erich Fromm, 28.2.1940. Ebd.

67 Es wurden bis Ende 1939 rund 15.000 Juden, bis 1941 insgesamt rund 32.000 Juden aus den annektierten Gebieten in die Lubliner Gegend gebracht. Hinzu kamen noch ca. 23.000 illegal in die Gegend gekommene Juden sowie polnische Deportierte. Vgl. zu den Zahlen: Bogdan Musial: Deutsche Zivilverwaltung und Judenverfolgung im Generalgouvernement. Eine Fallstudie zum Distrikt Lublin, 1939–1944, Wiesbaden 1999, 158. Vgl. auch: Dieter Pohl: Von der »Judenpolitik« zum Judenmord. Der Distrikt Lublin des Generalgouvernements, Frankfurt/Main 1993. Er gibt die Zahl der aus dem »Warthegau« Deportierten mit rund 25.000 an. Ebd., 51 f.

haus in Lublin an einer Lungenentzündung.[68] Es gelang Jeanette Favez, wieder mit Trude Brandt Kontakt aufzunehmen und sie zu unterstützen, Erich Fromm überwies erneut die zulässige Höchstsumme an Trude Brandt. Ebenfalls erhielt die Familie Unterstützung durch den *Bund – Gemeinschaft für sozialistisches Leben*, eine kleine sozialistische Reformgemeinschaft, die konspirativ Unterstützungen für Verfolgte organisierte.[69]

Die Lebensbedingungen der in das Lubliner Gebiet deportierten und der bereits dort lebenden Juden waren katastrophal. Es war ein »durch Vernachlässigen eingeleitetes Morden«.[70] Rund 100.000 Juden im Lubliner Distrikt waren fast ausschließlich von externer Versorgung abhängig. Die Verpflegung bestand zumeist aus einer einmal täglich ausgeteilten Suppe und etwas Brot.[71] Da es an allem fehlte, mussten Kleidungsstücke oder andere Waren bei der polnischen Bevölkerung gegen Lebensmittel eingetauscht werden. Die finanzielle Hilfe Erich Fromms und die materielle Hilfe durch den *Bund* erleichterten die Situation für Trude Brandt etwas. Trude Brandt arbeitete in der ersten Zeit als Fürsorgerin und später für einige Zeit in einer bezahlten Stelle als Kinderbetreuerin.[72] Im Laufe des Jahres 1942 verstarb ihr Sohn Wolfgang, der ganz auf ihre Pflege angewiesen war. Sie nahm einen fünfjährigen Waisenjungen bei sich auf.[73] Das letzte Lebenszeichen von Trude Brandt ist eine Karte, die sie am 22. April 1943 vor einer erneuten Deportation versandte. Ostrow-Lubelski war zu der Zeit vermutlich schon geräumt, eventuell war sie im nahe gelegenen Lubartow untergebracht. Ziel der Deportation war Auschwitz, wo Trude Brandt ermordet wurde.

---

68 Trude Brandt an Jeanette Favez, wiedergegeben im Schreiben Jeanette Favez an Erich Fromm, 28.2.1940. EFA, Mappe, Gertrude Brandt.

69 Vgl. zum Bund: Gelebte Utopie. Aus dem Leben einer Gemeinschaft, nach einer Dokumentation von Dore Jacobs, hg. von Else Bramsfeld u. a. Essen 1990, 12-15. Zu der Unterstützung für die Familie Brandt: Ruth Kotik: Sie wußten, was sie tun. Von Menschen, die der nazistischen Unmenschlichkeit widerstanden. Radiosendung von Ruth Kotik, gesendet am 1.7.1983 auf WDR und NDR 1. Manuskript dieser Sendung im NLB.

70 Golczewkski, Polen, 447.

71 Musial, Zivilverwaltung, 163; Kotik (NLB), 6.

72 Ebd., 18.

73 Ebd., 24 f.

## 2 Lagerhaft und Widerstand: Sachsenhausen, Auschwitz, Buchenwald 1941–1945

In der eigenen Darstellung seiner Konzentrationslagerzeit blieb Brandt seiner Lebensdeutung als aktiv Handelnder verpflichtet. Im Vordergrund standen für ihn erneut die Diskussionen unter den kommunistischen Gefangenen und die Möglichkeiten zum Handeln in der Extremsituation des Konzentrationslagers. Die Stationen seiner Haftzeit sind mit Symbolorten des späteren antifaschistischen Erinnerungsnarrativs in der DDR wie auch in der Bundesrepublik eng verbunden: Sachsenhausen/Oranienburg als eines der frühen Konzentrationslager, Auschwitz als Symbol des nationalsozialistischen Massenmordes und schließlich Buchenwald als das Lager, welches von Antifaschisten befreit wurde. Es gilt bei einer Biografie nach dem individuellen Weg zu fragen, den individuellen Bedingungen, die der Einzelne im Lager erfuhr. Daran schließt sich die Frage nach den Bedingungen des Überlebens an. Brandt nannte selbst neben dem »Glück« seine antifaschistische Überzeugung und die Solidarität der politischen Gefangenen als wichtigste Aspekte.[74]

Die Lagergesellschaft lag an der »Grenze jeder Sozialität«, da die in ihr wirkende »absolute Macht« willkürlich zwischen Vergesellschaftung und Dissoziation wechseln konnte.[75] Die »absolute Macht« ist eine Machtstruktur eigener Art; die Gewalt ist ihr Selbstzweck. Die Unterworfenen sollten nicht diszipliniert werden, sondern waren der Totalität der absoluten Macht und ihrer Gewalt ausgeliefert. Letzter Bezugspunkt war das Töten, worauf die absolute Macht in den Konzentrationslagern ausgerichtet war.[76] Die deutschen Nationalsozialisten organisierten die Vernichtung und die Gesellschaft der Lager, sie erschufen eine Welt, in der bisherige moralische Werte und Normen und soziale Erfahrungen keine Bedeutung mehr hatten. Diese Gesellschaft beruhte auf »Terror, Organisation und exzessiver Tötungsgewalt«.[77] Das Handeln der Häftlinge – sofern dazu noch die Möglichkeit bestand und sie nicht bei Ankunft im Lager sofort ermordet wurden – unterlag keinen gängigen Moralkategorien. Die SS, verantwortlich für die Lager, zwang die Häftlinge zur Aufgabe ihrer bisherigen Wertvorstellungen und Verhaltensweisen und zur Einfindung in eine Gesellschaft, in der der Tod ständig präsent war.[78] Das Überleben konnte immer nur für eine ungewisse Zeit gesichert werden. Auch Funktionshäftlinge, die lebenserhaltende Vorteile hatten, konnten alle Privilegien verlieren und getötet werden. In dieser moralischen Ambivalenz und Zwangslage befanden sich auch die kommunistischen Häftlinge. Neuere Diskussionen um die kommunistischen Funktionshäftlinge haben die Fra-

74 Vgl. das Manuskript Heinz Brandts: »Mißglückter Persönlichkeitsraub«, ca. 1965, NLB.

75 Wolfgang Sofsky: Die Ordnung des Terrors: Das Konzentrationslager, Frankfurt/Main [2]1999, 18.

76 Vgl. ebd., 27-40.

77 Ebd., 23.

78 Jean Améry beschreibt eindringlich die Verlorenheit des skeptischen Intellektuellen, dessen Fähigkeiten in der Lagergesellschaft keine Bedeutung mehr hätten. Vgl. Améry, Schuld.

ge aufgeworfen, inwieweit Häftlinge von den von der SS geschaffenen Machtstrukturen profitieren konnten und selber schuldig wurden.[79] Auch wenn es in späteren NS-Prozessen zu Verurteilungen von Funktionshäftlingen – zumeist von so genannten »Berufsverbrechern« – gekommen ist, so bleibt doch die unverrückbare Feststellung, dass viele Hilfsaktionen – so die Einteilung in ein »leichteres« Arbeitskommando, die Streichung von Transportlisten, die einzelne Erhöhung der immer knappen Essensrationen – fast immer auch die Benachteiligung eines anderen bedeutete. Den Rahmen dieser von der SS geschaffenen Struktur des Kampfes der Häftlinge untereinander um die knappen Ressourcen und geringen Überlebenschancen darf die Diskussion um Funktionshäftlinge und Verteilungskämpfe nicht vernachlässigen.

In den Lagern entwickelte sich eine Hierarchie unter den Häftlingen aus den Klassifizierungen, die von der SS vorgenommen wurden. Die Häftlinge wurden anhand farbiger Stoffdreiecke, der so genannten Winkel, einer bestimmten Gruppe zugeordnet. Der Winkel wurde zu einem ersten und wichtigen Erkennungszeichen der Lagergesellschaft. Heinz Brandt trug als jüdischer Kommunist ein rotes Dreieck und ein darunter gelegtes gelbes Dreieck, dessen Spitze nach oben wies. Dies bedeutete eine eigentümliche Stellung: Als politischer Gefangener – zudem mit deutscher Muttersprache, ein großer Vorteil gegenüber den vielen anderen Inhaftierten, die die Sprache der SS nicht verstanden – war er auch durch das kommunistische Netzwerk in der Häftlingshierarchie einer der höheren Klassen verbunden, als Jude jedoch in der Häftlingshierarchie ganz unten angesiedelt. Nach den Gründen für sein Überleben gefragt, ist die Zugehörigkeit zum politischen Netzwerk ein entscheidender Aspekt, wie im Folgenden zu zeigen sein wird. Dabei, und das darf bei der manchmal zynisch anmutenden Frage nach dem Überleben nicht vergessen werden, ist die Abwesenheit von Unglück wichtig, wie Brandt selbst festhielt: »Niemals durfte man, und sei es eine einzige Sekunde lang, Pech haben.«[80] An derselben Stelle schrieb Brandt auch von seiner robusten Gesundheit. Die gesamte Haftzeit hindurch litt er an keiner schweren Erkrankung.[81] Anhand seiner Stationen in den drei Konzentrationslagern, die Brandt er-

---

79 Vgl. Niethammer, Antifaschismus. Die darin von Niethammer ausgebreiteten Dokumente einer SED-Untersuchung aus der unmittelbaren Nachkriegszeit über die politischen Funktionshäftlinge in Buchenwald hat eine scharfe Auseinandersetzung darüber ausgelöst, ob die Kommunisten ihre Stellung nutzten, um missliebige Gefangene töten zu lassen. Diese Diskussion ist vor allem auf die »roten Kapos« von Buchenwald fokussiert, hat inzwischen aber auch andere kommunistische Funktionshäftlinge in den Blick genommen. Aus eher apologetischer Sicht das u. a. von ehemaligen politischen Häftlingen herausgegebene Werk: Emil Carlebach/Willy Schmidt/Ulrich Schneider: Buchenwald. Ein Konzentrationslager. Berichte – Bilder – Dokumente, Bonn 2000 u. a., 98-105; polemisch gegen die politischen Häftlinge: Horst Schuh (Hrsg.): Buchenwald und der deutsche Antifaschismus, Brühl 1996; ausgewogen die verschiedenen Perspektiven beschreibend: Wolfgang Röll: Sozialdemokraten im Konzentrationslager Buchenwald 1937–1945, Göttingen 2000, 231-244.

80 Manuskript Heinz Brandt: »Mißglückter Persönlichkeitsraub«, ca. 1965, NLB, 3.

81 1938 schrieb Brandt an seine Eltern, dass er in den vier Jahren Haft immer gesund war. Vgl. Auszug aus einem Brief Heinz Brandts an seine Eltern vom Dezember 1938. EFA, Mappe Gertrude

lebte, sollen die Bedingungen und Konstellationen aufgezeigt werden, die ihm das Überleben ermöglichten.

Das Konzentrationslager Sachsenhausen war Ende 1936 als »ordentliches« Konzentrationslager errichtet worden.[82] In Oranienburg, ca. 35 Kilometer nördlich von Berlin, hatte bereits 1933 ein »wildes«, das heißt ein von der SA eingerichtetes Konzentrationslager bestanden, das 1935 aufgelöst wurde. In der Nähe dieses ehemaligen Lagers wurde das Stammkonzentrationslager Sachsenhausen eingerichtet, das sich in Aufbau und Struktur an dem Konzentrationslager Dachau orientierte. Die Verwaltung aller Konzentrationslager wurde nach Oranienburg verlegt, Sachsenhausen sollte als Musterlager für weiter einzurichtende Konzentrationslager dienen. Bald nach seiner Einrichtung kamen zu politischen und in Schutz- bzw. Vorbeugehaft genommenen nichtpolitischen Gefangenen weitere Gefangenengruppen hinzu, die im Zuge der sozialrassistischen Politik der Nationalsozialisten inhaftiert wurden. Hierzu gehörten die so genannten »Asozialen«, die im Juni 1938 im Rahmen des so genannten »Asozialen«-Erlasses verhaftet wurden – ein breites Spektrum von Personen, denen normabweichendes Verhalten unterstellt wurde. Als weitere Häftlingsgruppen wurden Homosexuelle und Zeugen Jehovas – die so genannten Bibelforscher – ins Lager gebracht. Nach der Reichspogromnacht 1938 wurden rund 500 Juden eingeliefert. Mit Beginn des Krieges kamen viele ausländische Gefangene in das Konzentrationslager. Diese »Internationalisierung« betraf alle Konzentrationslager und bestimmte auch die Formen des Widerstandes.[83] In den neun Jahren des Bestehens des Lagers Sachsenhausen waren rund 200.000 Menschen inhaftiert, von denen die Hälfte dort umkam.[84] Die hohe Todesrate in Sachsenhausen – wie in allen anderen Konzentrationslagern – ergab sich vor allem aus den unmenschlichen und tödlichen Bedingungen, denen die Häftlinge ausgesetzt waren. Neben der schlechten Verpflegung und den Willkürfolterungen und -morden der SS-Bewacher war der Arbeitseinsatz häufig tödlich.

Heinz Brandt wurde im Laufe des Februars 1941 aus dem Polizeigefängnis in Berlin nach Sachsenhausen überstellt, zu der Zeit waren rund 10.700 Menschen inhaftiert.[85] Er wurde im »kleinen Lager« untergebracht, im Block 38.[86] Das Lager Sachsen-

Brandt. Organische Spätfolge der Haft war eine inaktive Lungen-TBC, die unbemerkt aufgetreten war. Sie wurde später als Haftschädigung anerkannt. Rechtsanwalt Heinz Gregor an Heinz Brandt, 23.6.1967, NLB.

82 Vgl. zur Geschichte des Lagers: Manuela R. Hrdlicka: Alltag im KZ. Das Lager Sachsenhausen bei Berlin, Opladen 1992, 39-46; Falk Pingel: Häftlinge unter SS-Herrschaft: Widerstand, Selbstbehauptung und Vernichtung im Konzentrationslager, Hamburg 1978, 61 f.

83 Hrdlicka, Alltag, 45 f.; Pingel, Häftlinge, 69-74, allgemein zu der Veränderung der Häftlingsgruppen Ende der 30er-Jahre.

84 Hrdlicka, 109-133, zu Willkürstrafen und den Ermordungseinrichtungen in Sachsenhausen; Sofsky, Ordnung, 229-275, allgemein zu den Mechanismen der Tötung in den Konzentrationslagern.

85 Ebd., 46.

86 Brandt, Traum, 151.

hausen war in der Form eines gleichschenkligen Dreiecks aufgebaut. An der Unterseite, hinter dem Lagereingang und der SS-Kommandantur, lag der halbrunde Appellplatz. In der Verlängerung des Appellplatzes standen in einem Halbrund die Häftlingsbaracken, in der Spitze des Dreiecks waren Wirtschaftseinrichtungen der SS untergebracht. Das »kleine Lager«, 1938 aufgebaut, war vom Hauptlager durch einen Zaun getrennt. Von den 18 Baracken waren Block 38 und 39 für die jüdischen Häftlinge vorgesehen. Den Juden – Anfang 1942 betrug die Zahl der jüdischen Häftlinge rund 480 Männer[87] – war der Kontakt zu den anderen Häftlingen außerhalb von Arbeitskommandos verboten, was den Aufbau von Verbindungen erschwerte und die Isolation der jüdischen Häftlinge unterstreichen sollte. Die Baracken in Sachsenhausen waren überbelegt. In den beiden Baracken für jüdische Häftlinge waren die Bedingungen noch dadurch verschärft, dass statt der schmalen Pritschen, auf denen mehrere Häftlinge schlafen mussten, nur Strohhaufen als Schlafstätte dienten.[88]

Brandt hat überwiegend im »Baukommando« des Lagers gearbeitet. Für diese Arbeit war er anfangs durch eine Art »Maurerlehre« qualifiziert worden.[89] Er war an der Erstellung von kleinen Häusern für prominente Gefangene des NS-Regimes beteiligt gewesen, die sich im Bereich des Lagers befanden, aber außerhalb des Todesstreifens, der das Lager umgab.[90] Diese Arbeit gehörte zu den Aufgaben der Vielzahl von Arbeitskommandos, die im Lager selbst eingesetzt worden waren. Brandts Tätigkeit zählte zu den »besseren« im Lager. Besonders berüchtigt war die Arbeit im Klinkerwerk, einer nahe gelegenen Ziegelei. Den jüdischen Häftlingen wurden in diesem Kommando die schlechtesten und damit schwersten und gefährlichsten Arbeiten gegeben.[91] Für die »günstigeren« Arbeitsbedingungen Brandts spielte eine Rolle, dass der Kommunist Albert Buchmann als Funktionshäftling für den Arbeitseinsatz verantwortlich war.[92] Bei der Beschreibung seiner Zeit in Sachsenhausen stand für Brandt die Diskussion zwischen den deutschen Kommunisten im Vordergrund. In Sachsenhausen war eine größere Zahl von Kommunisten inhaftiert und als Heinz Brandt nach Sachsenhausen kam, waren bereits eine Reihe von Funktionshäftlingen Kommunisten. Der Lagerälteste war der ehemalige Hamburger KPD-Funktionär Harry Naujoks.[93] Wieder charakterisierte Brandt drei Gruppen, die über die Frage der Zukunft

87 Harry Naujoks: Mein Leben im KZ Sachsenhausen. Erinnerungen des ehemaligen Lagerältesten, Berlin 1989, 318.

88 Hrdlicka, Alltag, 51; Naujoks, Leben, 39 f., zum Kontakt vom Hauptlager zu den jüdischen Baracken.

89 Wir waren immer, 41.

90 Brandt, Traum, 156.

91 Damals in Sachsenhausen. Solidarität und Widerstand im Konzentrationslager Sachsenhausen, hg. vom Komitee der antifaschistischen Widerstandskämpfer in der DDR, Berlin o. J. (1978), 75; Naujoks, Leben, 110-115, zum Klinkerwerk.

92 Brandt, Traum, 155; Naujoks, Leben, 224, zum Einsatz von Buchmann und anderen Kommunisten bei der Arbeitsverteilung, wodurch manchen geholfen werden konnte; zu Buchmann auch: Damals in Sachsenhausen, 120.

kommunistischer Politik im Streit lagen. Die dogmatischen Stalinisten, eine Gruppe von realistischer Argumentierenden und eine Gruppe, die ein »nebelhaftes Streben nach etwas *völlig Neuem*« verband.[94] Der Überfall auf die Sowjetunion am 22. Juni 1941 hieß für die Kommunisten eine erneute komplette Umorientierung ihrer Politik. Angesichts der Kriegssituation kamen jedoch nur noch sehr spärlich Informationen über die kommunistische Taktik ins Lager, sodass die Diskussionen zwischen Kommunisten weitgehend auf eigene Interpretationen angewiesen waren. Für die meisten war die erneute Korrektur des Feindbildes – nun war Nazideutschland wieder der Hauptfeind – eine Erleichterung. Einig waren sich alle drei Gruppen darüber, dass das Nazi-Regime untergehen werde. Brandt gibt an, dass er schriftlich eine knappe Plattform skizzierte, in der er die Weiterentwicklung von der parlamentarischen zur sozialistischen Demokratie forderte[95]: Diese Haltung fand Anschlüsse an die Parteipolitik seit 1935, in der eine demokratische Volksregierung, also keine proletarische Diktatur, als nächster Schritt gefordert wurde.

Die Diskussionsstruktur zwischen den Kommunisten war nicht identisch mit dem illegalen Gefangenenkomitee in Sachsenhausen. In ihm arbeiteten auch Sozialdemokraten und andere Antifaschisten mit. Die so genannte »Häftlingsselbstverwaltung« ermöglichte Spielräume, da die SS die Häftlinge viele alltägliche Belange organisieren ließ. Widerstand hieß, sich gegenseitig mit Nahrungsmitteln, Medikamenten und anderer Unterstützung zu helfen, um ein Überleben zu sichern.[96] Für viele »einfache« Gefangene waren die Funktionshäftlinge häufig nur die Handlanger der SS. Vor allem die so genannten »kriminellen« Funktionshäftlinge werden häufig als brutal bei der Durchsetzung von SS-Befehlen und nur auf eigene Privilegien bedacht beschrieben.[97] Die politischen Funktionshäftlinge versuchten in der Regel, weniger brutal und egoistisch vorzugehen. Das kommunistische Überlebenskollektiv rechtfertigte jedoch die Durchsetzung von Disziplin, was auch Härte gegenüber anderen Häftlingen bedeuteten konnte. Die Opferbereitschaft der meisten Kommunisten ist unbestritten und gerade die Aussicht auf eine Sinnhaftigkeit ihres Opfers gab Lebensmut. Auch Brandt hatte die notwendige Disziplin im Lager verinnerlicht. August Baumgarte, in Brandts Zeichnung ein dogmatischer Stalinist, forderte Ende 1941, in Sachsenhausen einen bewaffneten Aufstand zu unternehmen, um die Ermordung der sowjetischen Kriegsgefangenen zu verhindern. Eine solche Aktion wurde von der Mehrheit der Kommunisten aber abgelehnt, da es den Tod für die Beteiligten

93 Naujoks (1901–1983) war 1934 verurteilt worden und anschließend in Haft geblieben. Lagerältester war er von 1939 bis 1942. Er wurde von Sachsenhausen mit anderen politischen Häftlingen in das KZ Flossenbürg deportiert und überlebte dort.

94 Brandt, Traum, 153-156 hierzu, Zitat 155. Dort auch das Folgende.

95 Ebd., 155.

96 Hrdlicka, Alltag, 91-100.

97 Vgl. prinzipiell zu den Funktionshäftlingen Sofsky, Ordnung, 152-168; für Auschwitz Hermann Langbein: Menschen in Auschwitz, Wien 1987, 169-196.

und für andere bedeutet hätte, und die Ermordung der Kriegsgefangenen nicht verhindert worden wäre.[98] Brandt erinnerte hier an ein moralisches Dilemma gerade der politischen Gefangenen. Die solidarischen Netzwerke halfen einigen – nicht nur Genossen –, aber gegen die geplanten wie willkürlichen Ermordungen ließ sich nichts ausrichten, und wenig nur gegen die planmäßige Vernachlässigung und die unmenschlichen Lebensbedingungen.

Im Oktober 1942 wurde Heinz Brandt nach Auschwitz deportiert. Der Grund war ein Befehl Heinrich Himmlers, Reichsführer der SS, von Anfang Oktober 1942, in dem die Deportation aller Juden aus den Konzentrationslagern im Reich nach Auschwitz oder Majdanek befohlen wurde.[99] Bei der Schilderung des Transports vermischte Brandt in der Autobiografie zwei Ereignisse. Nach seinen Angaben war der Transport eine Reaktion auf das erfolgreiche Attentat auf den Chef des Reichssicherheitshauptamtes, Reinhard Heydrich. Dem Transport ging nach den Angaben Brandts eine Selektion voraus: Als Brandt mit seinem Arbeitskommando in das Lager zurückkehrte, musste er, wie alle Juden im Lager, in der Strafkompanie, einem abgetrennten Bereich mit zwei Baracken vor dem Gefängnisbau des Lagers, in hockender Stellung mit verschränkten Armen längere Zeit verharren. Als die Juden in der Strafkompanie zusammengefasst waren, hätten die SS-Soldaten Freiwillige für eine »leichte Arbeit« gesucht. Die »alten Lagerhasen«, zu denen Brandt sich zählte, hätten gewusst, dass dies nur eine Falle sein könne und sich nicht gemeldet, aber von den neu Eingetroffenen hätten sich eine Reihe gemeldet, die dann ermordet worden seien.[100] Es ist anzunehmen, dass Brandt hier in der Erinnerung zwei Ereignisse zusammenzog. Heydrich ist am 27. Mai 1942 ermordet worden. Nach Angaben von Harry Naujoks wurden am 28. Mai 1942 250 jüdische Geiseln in Sachsenhausen erschossen in Reaktion auf einen Anschlag der jüdisch-kommunistischen Widerstandsgruppe um Herbert Baum auf eine Propagandaausstellung in Berlin.[101] Brandt erwähnte diese Erschießungen nicht, berichtet aber von einer Gruppe von Juden, die als erste Reaktion auf die Ermordung verhaftet und nach Sachsenhausen verschleppt worden seien.[102] Dies spricht dafür, dass er die Erschießungen vom Mai in der Erinnerung zusammensetzte mit der Deportation im Oktober 1942.

Der Transport nach Auschwitz begann am 22. Oktober 1942. Dabei kam es noch im Lager zu einer Widerstandsaktion, deren Verlauf und Ergebnis allen Erfahrungen im Lager widersprach. Gerüchteweise war vorher bekannt geworden, dass die jüdischen Häftlinge in ein Vernichtungslager deportiert werden sollten. Möglicherweise

98 Brandt, Traum, 154.

99 Raul Hilberg: Die Vernichtung der europäischen Juden, Band 2, Frankfurt/Main 1992, 475 f.; Pingel, Häftlinge, 140.

100 Brandt, Traum, 156. Er nennt die Zahl von fast 100, Naujoks schreibt von 96 jüdischen Häftlingen, die ausgewählt wurden. Naujoks, Leben, 303-306.

101 Ebd., 303.

102 Brandt, Traum, 156.

hatten sich einige jüdische Häftlinge aus dem Block 39 schon vorher darauf verständigt, eine Deportation in ein Vernichtungslager nicht hinzunehmen.[103] Am Abend des 22. Oktobers, als das gesamte Lager auf dem Appellplatz antreten musste, begannen einige Häftlinge des Blockes 39 über den Platz zu laufen und SS-Männer niederzuwerfen. Die anderen Häftlinge – auch Heinz Brandt – blieben angetreten stehen und beobachteten, wie SS-Männer die jüdischen Häftlinge gefangen nahmen und zusammenschlugen. Überraschenderweise wurden sie nicht ermordet, sondern ihnen wurde versichert, dass es ein »normaler« Transport sei. Auch die den Juden im Laufe des Tages abgenommene Kleidung wurde zurück- und Transportverpflegung ausgegeben.[104] Die Reaktion der SS-Lagerleitung war aber vermutlich weniger einem bürokratischen Geist geschuldet, wie Brandt annahm, sondern es sollte vermutlich das Ziel des Transports verschleiert werden, um die anderen Häftlinge zu beruhigen.[105] Heinz Brandt schrieb später: »Niemals hatte ich für mein Leben so wenig gegeben wie in jenem schlimmen Moment, als der Block 39 ›meuternd‹ auseinanderstob.«[106] Es gehörte zur Disziplin der politischen Häftlinge, spontane Widerstandshandlungen abzulehnen, da die SS auch auf einzelne Widerstandshandlungen erfahrungsgemäß mit Sanktionen gegen andere Häftlinge reagierte.[107]

In Viehwaggons wurden die jüdischen Häftlinge nach Auschwitz gebracht. Brandt hatte von nichtjüdischen Genossen vor der Abfahrt einige warme Kleidungsstücke bekommen, Ausdruck einer praktischen Solidarität, die aber auch von Hilflosigkeit geprägt war. »Ihr Abschied galt einem Todeskandidaten« schrieb Brandt.[108] Nach Angaben Brandts umfasste der Transport rund einhundert jüdische Häftlinge, die Fahrt dauerte zwei Tage.[109] Nach Angaben von Walter Löbner, mit dem Brandt in Auschwitz zusammen war und der ebenfalls aus Sachsenhausen deportiert wurde, waren ca. 600 jüdische Häftlinge in dem Transport, einhundert pro Waggon. Es gab während der

---

103 So deutet es Hans Jonas an. Nach seinen Angaben hätten sich einige jüdische Jungkommunisten zu diesem Schritt entschlossen. Vgl. Damals in Sachsenhausen, 113-118. Jonas, jüdischer Kommunist, wurde ebenfalls nach Auschwitz deportiert und war in der kommunistischen Arbeit tätig. Vgl. Hendryk Świebocki: Widerstand. In: Wacław Długoborski/Franciszek Piper (Hrsg.): Auschwitz 1940–1945. Studien zur Geschichte des Konzentrations- und Vernichtungslagers Auschwitz, Band 4: Widerstand, 11-411, 130.

104 Damals in Sachsenhausen, 117 f. Die Zahl der an dieser Widerstandsaktion Beteiligten wird mit 18 angegeben; Brandt, Traum, 157; Pingel, Häftlinge, 195 f. zu diesem Vorfall.

105 Brandt, Traum, 157; die zweite Deutung: Pingel, Häftlinge, 196.

106 Brandt, Traum, 158 f.

107 Vgl. Pingel, Häftlinge, 190-194; Bruno Baum: Widerstand in Auschwitz: Bericht der Internationalen antifaschistischen Lagerleitung, Berlin 1949, 17-22.

108 Brandt, Traum, 157.

109 Vernehmung Heinz Brandt am 15.12.1959 bei der Staatsanwaltschaft beim Landgericht Frankfurt. Staatsanwaltschaft bei dem Landgericht Frankfurt/Main, 4 Ks 2/63, Band 19, Bl. 3304. Für die Einsicht in die entsprechenden Unterlagen des Auschwitz-Prozesses danke ich Werner Renz vom Fritz-Bauer-Institut, wo Abschriften aufbewahrt werden.

Fahrt keine weitere Verpflegung, einige Häftlinge verstarben während des Transports.[110]

Das Konzentrations- und Vernichtungslager Auschwitz ist durch die Größe des Komplexes und wohl auch durch die Mischung aus Konzentrations- und Vernichtungslager zum Synonym für die Ermordung des europäischen Judentums geworden wie kein anderer Ort der nationalsozialistischen Gewaltherrschaft. Auschwitz umfasste eine Vielzahl von unterschiedlichen Lagern.[111] Auschwitz 1, das Stammlager, wurde ab Mai 1940 in ehemaligen Kasernen von polnischen und deutschen Häftlingen ausgebaut. Der Ausbau des Lagers ergab sich aus den Notwendigkeiten der Kriegswirtschaft. Angesichts des Arbeitskräftemangels wurden die Konzentrationslager stärker in die Rüstungsproduktion mit eingegliedert und die Häftlinge als Arbeitskräfte ausgebeutet.

Ende 1941 wurde in Auschwitz-Birkenau (Auschwitz II) ein Lager für sowjetische Kriegsgefangene eingerichtet, die dort fast alle umkamen. Auf diesem Gelände wurde schließlich das Vernichtungslager Auschwitz-Birkenau errichtet. Ab dem Frühjahr 1942 begann die SS, jüdische Transporte nach Auschwitz nicht mehr zu registrieren, sondern die Menschen direkt in den Gaskammern in Auschwitz-Birkenau zu ermorden. Ab Juli 1942 wurden die eintreffenden Transporte systematisch bei der Ankunft »selektiert«, d. h., die SS entschied, wer sofort ermordet und wer zur Arbeit ins Lager kommen sollte. Als Vernichtungslager fungierte Auschwitz-Birkenau bis Ende 1944, im Januar 1945 wurde das Konzentrationslager aufgrund des Frontverlaufes weitgehend geräumt. Registrierte Häftlinge – die Nummern in die Haut tätowiert bekamen – waren in Auschwitz schätzungsweise 405.000 Menschen, von denen 360.000 nicht überlebt haben. Die Zahl der sofort Ermordeten ist unbekannt. Nach jüngeren Forschungen wird von einer bis eineinhalb Millionen Menschen ausgegangen.[112]

Der Transport aus Sachsenhausen, der im Oktober 1942 Auschwitz erreichte, wurde bei der Ankunft keiner Selektion unterzogen, alle überlebenden Häftlinge wurden in das Stammlager gebracht. Für Brandt war dies Teil des »Glücks«, das zu

---

110 Vernehmung Dr. Walter Löbner am 26.2.1962 durch Untersuchungsrichter Dr. Düx in Frankfurt. Staatsanwaltschaft beim Landgericht Frankfurt/Main, 4 Ks 2/63, Band 62, Bl. 11604. Löbner gibt den 22.10.1942 als Ankunftstag in Auschwitz an, verwechselte das Datum aber vermutlich mit der Abfahrt. Der Arzt Dr. Löbner, 1905 in Hermannshütte/CSR geboren, war im April 1939 als tschechischer Staatsbürger verhaftet worden, 1940 kam er nach Sachsenhausen und mit Brandt nach Auschwitz. 1945 ging er in die CSR zurück und wanderte nach einiger Zeit nach Israel aus. Brandt und Löbner blieben bis in die 60er-Jahre miteinander in Kontakt.

111 Jochen August: Geschichte und Topographie von Auschwitz Birkenau. In: Auschwitzhefte, Anhang, 268-272, 268. Vgl. zu der Entwicklungsgeschichte des Lagers auch: Danuta Czech: Konzentrationslager Auschwitz. Abriss der Geschichte. In: Auschwitz – faschistisches Vernichtungslager, Warschau 1988, 11-38; Wacław Długoborski/Franciszek Piper (Hrsg.): Auschwitz 1940–1945. Studien zur Geschichte des Konzentrations- und Vernichtungslager Auschwitz, Band 1: Aufbau und Struktur des Lagers, Oświęcim 1999; Pingel, Häftlinge, 145-151.

112 Franciszek Piper: Einleitung. In: Długoborski/Piper, Band 1, 39.

seinem Überleben beitrug.[113] Brandt wurden nach der Ankunft alle Sachen abgenommen, man rasierte ihn am ganzen Körper und tätowierte ihm die Häftlingsnummer 69912 in den linken Unterarm. Nackt musste er zusammen mit den anderen zu den Blocks laufen. Eine Selektion erfolgte einige Tage später.[114] Auf dem Appellplatz mussten die Gefangenen wiederum nackt vor SS-Männern laufen. Wer das vorgegebene Tempo nicht halten konnte, wurde als »nicht arbeitsfähig« in den Gaskammern ermordet. Solche »Appellselektionen« waren perfide Formen des Massenmordes. Einzelne SS-Männer, häufig Ärzte, entschieden, wer weiterleben durfte und wer ermordet wurde. Zwar schien das Kriterium der »Schwäche«, der entkräfteten und nicht mehr zur körperlich schweren Arbeit geeigneten Körper, noch einer gewissen zynischen Rationalität zu folgen. Aber die Auswahl geschah willkürlich, es konnten auch körperliche Merkmale oder Launen der SS-Männer sein, die zum Tode führten. Die absolute Macht war hier besonders deutlich inszeniert: Einzelne waren zu Herren über Leben und Tod geworden.[115]

Brandt hat in seiner Autobiografie hervorgehoben, dass er und einige andere Häftlinge aus Sachsenhausen sofort versuchten, aus dem Stammlager in eines der vielen Nebenlager von Auschwitz zu kommen. Zwar seien sie als Neuankömmlinge gefährdet gewesen, da sie die Strukturen des Lagers noch nicht überblicken konnten. Sachsenhausen war die »Hölle« gewesen, aber eine überschaubare Hölle. Auschwitz war hingegen nicht nur eine Todesfabrik, sondern auch ein »Mord-, Beute- und Sklavendschungel«.[116] Als bereits erfahrene KZ-Häftlinge wussten sie, dass zum Überleben bestimmte Vorteile notwendig waren. Walter Löbner, der tschechischer politischer Häftling war, sei es gelungen, von polnischen politischen Häftlingen, die für die Kleiderausgabe zuständig waren, für einige Häftlinge aus Sachsenhausen Lederschuhe zu organisieren, sodass Brandt und andere sich der groben Holzschuhe, der so genannten »Holländer«, entledigen konnten, die durch ihre Schwere die Lebenschancen minderten.[117] Es gelang Löbner, Brandt und drei weiteren Häftlingen aus Sachsenhausen, mit

113 Brandt, Traum, 158. Dort auch die folgende Darstellung der Ankunft in Auschwitz. Vgl. Vernehmung von Heinz Brandt am 15.12.1959 bei der Staatsanwaltschaft beim Landgericht Frankfurt. Staatsanwaltschaft bei dem Landgericht Frankfurt/Main, 4 Ks 2/63, Band 19, Bl. 3304 f.

114 Nur in der Autobiografie spricht Brandt davon, dass die Selektion am nächsten Tag stattgefunden habe. In der Vernehmung von 1959 und einem Interview 1984 spricht er von einigen Tagen. Brandt, Traum, 159; Wir waren immer, 42; Vernehmung Heinz Brandt am 15.12.1959 bei der Staatsanwaltschaft beim Landgericht Frankfurt. Staatsanwaltschaft bei dem Landgericht Frankfurt/Main, 4 Ks 2/63, Band 19, Bl. 3304.

115 Sofsky, Ordnung, 279 f.

116 Brandt, Traum, 159. Auch Hermann Langbein hob hervor, dass ihm die Überlebenschancen in Dachau größer erschienen. Hermann Langbein: Die Kampfgruppe Auschwitz. In: H. G. Adler/Hermann Langbein/Ella Lingens-Reiner (Hrsg.): Auschwitz. Zeugnisse und Berichte, Frankfurt/Main [2]1979, 227-238. Weitere Belege für die unterschiedliche Bewertung der Konzentrationslager durch Häftlinge bei: Langbein, Menschen, 35. Dort wird auch Brandt zitiert.

117 Brandt, Traum, 160.

der Hilfe eines polnischen Blockschreibers in ein Außenlager zu gelangen.[118] Die Gruppe wurde in das fünf Kilometer entfernte Außenlager Auschwitz-Budy verlegt.

Zu dem riesigen Komplex von Auschwitz gehörten einige landwirtschaftliche Außenlager, die in Dörfern in der näheren Umgebung des Stammlagers eingerichtet wurden. Die polnische Bevölkerung war von der SS aus ihren Dörfern vertrieben worden. Insgesamt sechs landwirtschaftliche Betriebe wurden bis Ende 1944 eingerichtet: ein Gartenbaubetrieb in Rajsko, ein Geflügel- und Fischzuchtbetrieb in Harmense (Harmęże) sowie Pflanzen- und Tierzuchtbetriebe in Budy, Babitz (Babice), Birkenau (Brzezinka) und Plawy (Pławy). Die Zahl der Häftlinge in den landwirtschaftlichen Betrieben wird für 1943 und 1944 mit rund 4.000 angegeben, wobei es in der Mehrzahl Frauen waren, die täglich aus dem Frauenlager in Birkenau zur Arbeit geführt wurden.[119] Das Männerlager in Budy wurde im April 1942 eingerichtet. Dort waren zwischen 200 und 400 Gefangene untergebracht.[120] Das Männerlager in Budy hat bis zur Räumung im Januar 1945 bestanden. Brandt blieb bis zu diesem Zeitpunkt in Budy.[121]

In einem landwirtschaftlichen Außenlager unterzukommen, erhöhte die Überlebenschancen in mehrfacher Hinsicht. Das Männerlager selbst und die Arbeitskommandos waren häufig kleiner. Wenn es dann noch spezialisierte Arbeiten waren, die ausgeübt wurden, ließ die Willkür der SS-Aufseher manchmal nach. Brandt, der vermutlich im Laufe des Jahres 1943 in das Kommando »Fischerei« kam und an den Fischteichen, die zwischen Budy und Harmense lagen, arbeitete, berichtete von einem Fischzuchtfachmann der SS, der vor allem an der Arbeit interessiert und nicht auf den Tod der von ihm unterstellten Häftlinge aus war.[122] Die Arbeit im landwirtschaftlichen Bereich ermöglichte eine gewisse Ergänzung der geringen Nahrung, die die Häftlinge erhielten. So hat Brandt sich von kleinen Fischen und auch Bisamratten zusätzlich ernähren können, was einige SS-Aufseher tolerierten.[123] Hunger war allgegenwärtig für die Häftlinge. Die Ernährung war in allen Konzentrationslagern auf geringe Mengen von Brot, Suppe und Heißgetränken beschränkt, die in kurzer Zeit bei

118 Ebd. Brandt sprach in der Autobiografie von einer »Gruppe« von Häftlingen. Nur in einem Interview nannte er die Zahl von fünf Häftlingen aus Sachsenhausen. Außer Löbner nannte er jedoch keine weiteren Namen. Wir waren immer, 42.

119 Francisek Piper: Die Ausbeutung der Arbeit der Häftlinge. In: Długoborski/Piper, Band 2: Die Häftlinge. Existenzbedingungen, Arbeit und Tod, 83-167, 118-121.

120 Irena Strzelecka/Piotr Setkiewicz: Bau, Ausbau und Entwicklung des KL Auschwitz. In: Długoborski/Piper, Band 1, 73-155, 119-124 mit Angaben zu den anderen Außenlagern, die nach Budy gegründet wurden.

121 Irritierenderweise wird in der Forschung angegeben, dass das Männerlager Budy im Winter 1942/43 kurze Zeit nicht bestanden haben soll. Vgl. Strzelecka, Bau, 122.

122 Wir waren immer, 43; nach den dortigen Angaben kam er in das Fischerei-Kommando durch Verbindungen, da ein ehemaliger Roter Student dort als Fischbiologe arbeitete, der Brandt zu sich holte.

123 Wir waren immer, 43.

den meisten Menschen zur Entkräftung führte.[124] Es bestand die Gefahr, zu einem »Muselmann« zu werden. Vor dem körperlichen kam für die »Muselmanen« der »soziale Tod«. Ehe der »Muselmann« sich selbst aufgab, wurde er von den Mithäftlingen aufgegeben – auch eine Abwehrreaktion gegen den drohenden eigenen Tod.[125] Zum Überleben gehörte nicht allein, sich zusätzliche Nahrung zu organisieren, sondern auch Formen einer Identität aufzurichten oder zu wahren, um sich gegen die Dehumanisierungen und Entwürdigungen der SS zu wappnen. Dies bestand zum Beispiel in dem Versuch, trotz der Umstände auf Sauberkeit und Rituale zu achten.[126] Dazu gehörte für Brandt auch die politische Arbeit, wie er sie in Budy fortsetzen konnte: »[...] wir waren ein Teil einer Kampfgemeinschaft, wir empfanden uns nicht nur als ohnmächtiges Individuum, wir waren ein Körper«, fasste er 1982 die Überlebensstrategie zusammen.[127]

Auch ein Außenlager bot keinerlei Garantie zum Überleben. Neben regelmäßigen Selektionen vor allem aus der von Walter Löbner aufgebauten Krankenstation drohte stets die Willkür der SS-Aufseher. Brandt berichtete mehrmals von einem Waldkommando, das nach der Flucht zweier Häftlinge von den SS-Aufsehern einfach erschossen wurde, um ungestört nach den beiden Geflohenen suchen zu können.[128] Brandt arbeitete zuerst in den Kommandos »Betonierung« – vermutlich beim Bau von Pferde- und Schweineställen – sowie »Teichbau«. Das letzte Kommando galt als besonders hart, da die Drainagearbeiten sehr schwer waren und häufig im Wasser stehend gearbeitet werden musste.[129] Im Kommando »Teichbau« war Brandt im Frühjahr 1943 mehrere Wochen eingesetzt. Mit rund 40 Häftlingen musste schwerer Lehmboden für neue Teiche ausgehoben werden. Der SS-Unterscharführer Weiß – der einzige Name, an den Brandt sich im Zusammenhang mit Verbrechen in Budy erinnern konnte – befahl den Häftlingen, die er quälen wollte, die Schubkarre besonders voll zu laden, sodass die Häftlinge auf dem schmierigen Boden oder den Holzbrettern ausrutschten. Weiß hätte sie dann geschlagen und befohlen, die so gequälten Häftlinge in einen Bach zu werfen. Dadurch erkrankten die Häftlinge zumeist und kamen in den Krankenbau,

124 Vgl. zum Hunger: Zdzisław Ryn/Stanisław Kłodziński: Hunger im Konzentrationslager. In: Auschwitzhefte, Band 1, 241-260; Tadeusz Iwaszko: Die Unterbringung, die Bekleidung und die Ernährung der Häftlinge. In: Długoborski/Piper, Band 2, 57-73, 68-73.

125 Sofksky, Ordnung, 229-236. Vgl. zum Muselmann auch: Langbein, Menschen, 111-128; Zdzisław Ryn/Stanisław Kłodziński: An der Grenze zwischen Leben und Tod. Eine Studie über die Erscheinung des »Muselmann« im Konzentrationslager. In: Auschwitzhefte, Band 1, 89-154.

126 Gegen die Läuse hätten die Häftlinge in Budy trotz des »unbeschreiblichen Drecks« noch einigermaßen ankämpfen können. Brandt, Traum, 161.

127 Wir waren immer, 45.

128 Vernehmung Heinz Brandt am 15.1.1959 bei der Staatsanwaltschaft beim Landgericht Frankfurt. Staatsanwaltschaft bei dem Landgericht Frankfurt/Main, 4 Ks 2/63, Band 19, Bl. 3306; Wir waren immer, 43; Brandt, Traum, 160 f.

129 Piper, Ausbeutung, 121.

aus dem viele für den Tod bestimmt wurden. Die Erschießung eines älteren jüdischen Häftlings durch Weiß erlebte Brandt aus nächster Nähe mit.[130]

Ein Netzwerk von Bekannten zu haben, die sich gegenseitig unterstützten, war unerlässlich zum Überleben. Auch Zufälle spielten eine Rolle. Der Lagerkapo von Budy, ein so genannter »krimineller« Gefangener, kannte Brandt von einem kurzen gemeinsamen Zuchthausaufenthalt in Berlin und unterstützte die Sachsenhausener Häftlinge. Angesichts der Dominanz der »kriminellen« deutschen Häftlinge in den Funktionsposten in Auschwitz und der häufigen Brutalität dieser Gruppe gehörte dies zum »Glück« des Überlebens.[131] Walter Löbner wurde, nachdem er längere Zeit Außenarbeiten verrichtet hatte, nach einer von ihm durchgeführten Notoperation als Häftlingsarzt für einige Monate ins Stammlager gebracht, und kehrte wieder nach Budy zurück, wo er bis zum Sommer 1944 als Häftlingsarzt in der Krankenstation blieb.[132] Löbner hat – auch mit der Hilfe von Heinz Brandt – zum Teil die Verlaufskurven der Erkrankten gefälscht, um ihre »Selektion« zu verhindern.[133] Bereits dies waren Widerstandshandlungen, Versuche, gegen die absolute Macht Leben zu verlängern.

Zum zentralen Bezugspunkt für Brandts Identität gehörte die Teilnahme am politischen Widerstand in Auschwitz. Die Möglichkeiten für eine politische Widerstandsarbeit waren in Auschwitz durch die sprachlichen und politischen Barrieren erschwert. Die meisten Gruppen organisierten sich daher zuerst im nationalen Bezugsrahmen. Im Frühjahr 1943 wurde auf Betreiben polnischer und österreichischer Häftlinge eine internationale Organisation aufgebaut, die »Kampfgruppe Auschwitz«. Sie versuchte, die verschiedenen nationalen Gruppen zusammenzubringen. Die Initiative ging von österreichischen Häftlingen aus, die »Kampfgruppe Auschwitz« war zwar durch Kommunisten und Sozialisten dominiert, strebte aber eine breite Beteiligung vieler Gruppen an. Durch die polnischen Häftlinge, die schon seit 1941 eine nationale Gruppe organisiert hatten, war die Verbindung mit dem polnischen Widerstand möglich, der mit Partisanengruppen in Kontakt stand.[134] Die Arbeit der »Kampfgruppe« umfasste drei wesentliche Bereiche: Das Überleben von Häftlingen so weit es ging zu

130 Vernehmung von Heinz Brandt am 15.1.1959 bei der Staatsanwaltschaft beim Landgericht Frankfurt. Staatsanwaltschaft bei dem Landgericht Frankfurt/Main, 4 Ks 2/63, Band 19, Bl. 3305 f.

131 Brandt, Traum, 160; Wir waren immer, 42.

132 Vernehmung von Dr. Walter Löbner am 26.2.1962 durch Untersuchungsrichter Dr. Düx in Frankfurt. Staatsanwaltschaft bei dem Landgericht Frankfurt/Main, 4 Ks 2/63, Band 62, Bl. 11604.

133 Brandt, Traum, 161; Wir waren immer, 43; Heinz Brandt an Annelie Brandt, ca. Anfang 1964, NLB. Löbner erwähnte in der Vernehmung, dass er von dem Hausapotheker Dr. Capesius im Stammlager Chinin forderte und keine speziellen Malariamittel, um zu verhindern, dass die Betreffenden für den Tod bestimmt werden. Er erhielt allerdings kein Chinin. Vernehmung von Dr. Walter Löbner am 26.2.1962 durch Untersuchungsrichter Dr. Düx in Frankfurt. Staatsanwaltschaft bei dem Landgericht Frankfurt/Main, 4 Ks 2/63, Band 62, Bl. 11606, 11610-11612.

134 Vgl. zu der Kampfgruppe: Langbein, Kampfgruppe: Świebocki, Widerstand, insb. 153-159. Die polnischen Gruppen waren die militärischen Organisationen und linksgerichteten Gruppen. Ebd., 121-125.

sichern, teilweise durch Übernahme von Funktionen, die in Auschwitz meist von »kriminellen« deutschen Häftlingen ausgeübt wurden.[135] Zum Zweiten sollte die Sammlung und Verbreitung von Informationen über die Verbrechen in Auschwitz erfolgen, und drittens wurde versucht, Fluchten und Sabotageaktionen zu organisieren.

Eine Widerstandsgruppe von deutschen Kommunisten begann sich erst Ende 1942 zu organisieren, teilweise in Verbindung mit österreichischen Kommunisten und Sozialisten, was jedoch anfangs nicht immer konfliktfrei geschah.[136] Der jüdische Kommunist Bruno Baum, der 1943 aus Brandenburg-Görden nach Auschwitz deportiert worden war, nannte Anfang 1943 als Zeitpunkt, an dem sich die deutschen Kommunisten zu organisieren begannen.[137] Seit 1942 stieg die Zahl der jüdischen Häftlinge gegenüber den polnischen Häftlingen stark an. Juden bildeten schließlich die allergrößte Gruppe der registrierten Häftlinge in Auschwitz.[138] Da die Zahl der deutschen Häftlinge relativ gering war, ist davon auszugehen, dass die Deportation der jüdischen Kommunisten aus den Konzentrationslagern und Zuchthäusern im Reichsgebiet dazu beigetragen hat, dass eine kommunistische Gruppe in Auschwitz aufgebaut wurde. Es handelte sich also zumeist um Häftlinge, die oft schon viele Jahre Zuchthaus oder Konzentrationslager hinter sich hatten und in konspirativer Arbeit geübt waren. Das Zentrum der Aktivitäten war das Stammlager. Brandt habe, so der Bericht von Baum, mit der Leitung im Stammlager ständig Kontakt gehabt und in Budy eine Gruppe von 40 Häftlingen um sich gesammelt.[139] Die Zahl wird vermutlich zu hoch geschätzt sein.[140]

Der Kontakt zum Stammlager lief über den Essenwagen, der die Hungerrationen nach Budy brachte. Brandt, Löbner und der tschechische Kommunist Karl Beran konnten öfter mit dem Wagen mitfahren und so Informationen ins Stammlager bringen.[141] Durch die Verbindungen der polnischen Gruppen gelang es der Kampfgruppe,

---

135 Langbein, Kampfgruppe, 229; Tadeusz Iwaszko: Haftgründe und Häftlingskategorien. In: Długoborski/Piper, Band II, 9-48, 30 f.

136 Świebocki, Widerstand, 126-130.

137 Bruno Baum: Bericht über die Tätigkeit der KP im Konzentrationslager Auschwitz, undatiert (1945). BA, RY 1 I 2/3/153, Bl. 3-13r, 1a. Dieser Text bildete die Grundlage für den Bericht von Baum 1949. Vgl. Baum, Widerstand (1949). In erweiterter Form wurde der Bericht noch zweimal aufgelegt: Bruno Baum. Widerstand in Auschwitz, Berlin 1957 und überarbeitete zweite Auflage Berlin 1961.

138 Geschätzte Gesamtzahlen: April 1942 23.070, Dezember 1942 30.623, August 1944 104.878 Häftlinge. 1944 betrug der jüdische Anteil fast 70%.

139 Bruno Baum: Bericht über die Tätigkeit der KP im Konzentrationslager Auschwitz, undatiert (ca. 1945). BA, RY 1 I 2/3/153, Bl. 3-13r, 4r; Charakteristika einzelner Gefangener aus Auschwitz. BA, RY 1 I 2/3/153, Bl. 121.

140 Baum hatte für Auschwitz eine Zahl von rund 1000 aktiven Kommunisten angegeben, die bereits zeitgenössisch als zu hoch angesehen wurde. Vgl. Ludwig Wörl: Feststellung über den Auschwitzer Bericht des Gen. Bruno Baum, Wien 19. Juni 1945. BA, RY 1 I 2/3/153, Bl. 19-20.

141 Baum, Widerstand (1957), 79 und 85. In der überarbeiteten Neuausgabe von 1961 war der Name von Brandt ersatzlos gestrichen worden, sodass die Leitung der Widerstandsgruppe nur noch

Informationen aus dem Lager herauszuschmuggeln. Diese Verbindungen – über Kontakte zu polnischen Zivilarbeitern oder in der Nähe wohnenden Polen – funktionierten von 1942 bis Ende 1944 weitgehend reibungslos. Die herausgebrachten Kassiber wurden von der polnischen Untergrundbewegung verbreitet, teilweise durch einen Sender in Krakau oder auf schriftlichem Weg. Ziel war, das Ausland und die polnische Exilregierung in London über Ermordungen und Verbrechen in Auschwitz zu informieren.[142]

Eher literarisch berichtete Brandt über den polnischen Sender, der ihre Informationen verbreitete.[143] Die Kampfgruppe hat nach Angaben von Baum den Radiosender auch für Reden und Berichte genutzt, die über die polnische Gruppe nach Krakau gelangten.[144] Brandt hat vermutlich die Leitung der Kampfgruppe im Stammlager mit Informationen versorgt, die dann weitergegeben wurden. Von politischen Diskussionen, die sich mit der Nachkriegszeit beschäftigten, berichtete Brandt nicht. Dies hing damit zusammen, dass Politik für die Kommunisten in den Konzentrationslagern vor allem »Lagerpolitik« war. Erst Ende 1944, als der Zusammenbruch des nationalsozialistischen Regimes in greifbare Nähe gerückt war, begann zum Beispiel in Buchenwald die Diskussion über eine Nachkriegskonzeption wieder mehr Raum einzunehmen.[145]

Für die Verarbeitung der fortgesetzten Todesdrohung war die Widerstandsarbeit von großer Relevanz. Der Kontakt zu Löbner[146], die Versuche, Menschen vor den »Selektionen« zu retten und die Beteiligung an der Bezeugung der Verbrechen ebenso wie eine Ende 1944 geplante Flucht zu polnischen Partisanen – die jedoch nicht ausgeführt wurde[147] – gaben Brandt Lebensmut. Die Aufgabe, auch im Konzentrationslager gegen die Nationalsozialisten zu kämpfen richtete seine Identität auch angesichts der Todesdrohung auf. Dies ermöglichte eine Verhärtung, ein Abkapseln vor der eigenen Bedrohung ebenso wie gegenüber dem unsagbaren Leid, das Brandt in Auschwitz-Budy umgab. Die Unterstützung für andere gehörte mit zur politischen Aufgabe. Bruno Baum resümierte 1945:

---

Karl Beran innehatte. Bruno Baum: Widerstand in Auschwitz, Berlin 1961, 78, 84. Kritik an Baum auch bei: Langbein, Menschen, 22.

142 Zu der Nachrichtenübermittlung aus Auschwitz vgl. Świebocki, Widerstand, 335-381.

143 Brandt, Traum, 161 f.

144 Vgl. zu dem Radiosender Baum, Widerstand (1949), 32-35, ders., Widerstand (1961), 86-91. Nach seinen Angaben konnten ab Mitte 1944 zweimal wöchentlich Nachrichten nach Krakau überbracht werden.

145 Niethammer, Antifaschismus, 59 f.

146 Diese Freundschaft, die über den Krieg hinaus anhielt, gehört zu den wichtigen Momenten. Löbner schrieb 1960 an Brandt: »Lieber Heinz, erinnerst Du Dich, wie wir am freien Sonntag Vormittag über den Hof von Budy wandelnd, angesichts der Eisenbahnzüge mit den morituri, eingehüllt von den Rauchschwaden und dem Gestank verbrannten Fleisches der vom nahen Birkenau herüberwehte dennoch den Lebenswillen uns gegenseitig injizierten.« Walter Löbner an Heinz Brandt, 13.3.1960, NLB.

147 Wir waren immer, 44; vgl. auch Baum, Widerstand (1949), 41-43 zu den gescheiterten Plänen des Aufstands.

> »Unsere erste Aufgabe sahen wir darin, den ankommenden Genossen durch Unterstützung mit den primitivsten Dingen den ersten Schreck über die Vergasungen, an denen er ja gerade vorbeigerutscht ist, wenn er ins Lager kam, zu überwinden helfen und ihm neuen Lebens- und Kampfwillen auch angesichts der Hölle wiederzugeben.«[148]

Dieser Einsatz, verbunden mit den »glücklichen« Umständen, hat mit dazu beigetragen, dass Heinz Brandt die Jahre in Auschwitz überlebte.

Im November 1944 wurden angesichts des Kriegsverlaufs die Ermordungen von Jüdinnen und Juden in Gaskammern eingestellt. Das Anrücken der Roten Armee zwang die SS, Auschwitz aufzugeben. Die Häftlinge wurden in »Todesmärschen« in weiter westlich gelegene Konzentrationslager gebracht. Vermutlich am 18. Januar 1945 musste Brandt in einem großen Zug von Häftlingen drei Tage lang bis nach Gleiwitz marschieren. Von dort fuhren die Häftlinge weitere drei Tage in einem offenen Güterwaggon nach Buchenwald, wo Brandt am 23. Januar 1945 mit 916 weiteren Häftlingen aus Auschwitz eintraf.[149] Die Todesmärsche führten in der Zusammenbruchsphase des Nazi-Regimes zu einer unglaublich großen Zahl von weiteren Toten. Auf den Märschen ohne Verpflegung wurden erschöpfte Häftlinge von der SS erschossen. Gegen die Kälte gab es keinen Schutz, sodass auf den Märschen und den Zugfahrten viele erfroren. Brandt bezeichnete sich selbst als zum Skelett abgemagerten »Muselmann«, als er in Buchenwald ankam. Er wurde in das völlig überfüllte »Kleine Lager« gebracht.[150] Dort konnte er mit dem Blockältesten, einem politischen Häftling, sprechen und sich als politischer Häftling zu erkennen geben, der bereits seit über zehn Jahren im Zuchthaus und KZ sei. Emil Carlebach, der Brandt von den Roten Studenten kannte, und der ehemalige »Versöhnler« Georg Krausz konnten Brandt in die Baracke 22 des Großen Lagers bringen, in der überwiegend jüdische Häftlinge waren. Dort wurde er von politischen Häftlingen mit zusätzlicher Nahrung versorgt, die ihm so das Leben retteten.[151] Diese Lebensrettung zeigt vielleicht am eindringlichsten die zentrale Bedeutung der politisch-solidarischen Netzwerke der Kommunisten in den Konzentrationslagern. In Buchenwald waren sie besonders ausgeprägt.[152]

---

148 Bruno Baum: Bericht über die Tätigkeit der KP im Konzentrationslager Auschwitz, undatiert (ca. 1945). BA, RY 1 I 2/3/153, Bl. 3-13r, 2r.

149 Archiv der Gedenkstätte Buchenwald, Zugangsliste vom 23.1.1945, Bl. 124. Brandt erhielt die Zugangsnummer 119435. Den Todesmarsch beschreibt Brandt: Brandt, Traum, 163; Wir waren immer, 43.

150 Das Kleine Lager, 1943 eingerichtet, bestand aus Pferdeställen aus Holz, die für die Wehrmacht produziert worden waren so wie aus großen Zelten. Die Bedingungen waren noch katastrophaler als in den Steinbaracken im Großen Lager. Vgl. Carlebach u. a., 30-33.

151 Wir waren immer, 43; Brandt, Traum, 163 f.

152 Solche Hilfsmaßnahmen galten nicht allein jüdischen Kommunisten, sondern ebenso anderen Häftlingen. Niethammer betont in seiner sehr kritischen Untersuchung, dass es keine Hinweise

In Buchenwald war angesichts der großen Zahl von inhaftierten Kommunisten, teilweise langjährigen Kadern, nicht nur die Besetzung der Häftlingsselbstverwaltung, sondern auch die Schaffung einer illegalen Parteistruktur gelungen. Buchenwald war vermutlich das Konzentrationslager mit dem größten Einfluss von kommunistischen Funktionshäftlingen.[153] Durch die Rückkehr von Außenkommandos, die aufgrund des Frontverlaufes zurückgenommen wurden, und durch die Todesmärsche aus anderen Lagern, waren am 3. April 1945, dem letzten Tag eines Appells durch die SS, 80.011 Häftlinge im KZ Buchenwald und seinen Außenlagern, im Stammlager rund 50.000 Häftlinge.[154] Die Internationalisierung der Konzentrationslager seit Kriegsbeginn hatte auch in Buchenwald eine ganze Reihe von nationalen Widerstandskreisen hervorgebracht. Die deutschen Häftlinge, und hier die am besten organisierten Kommunisten, befanden sich gegenüber den anderen Häftlingsgruppen durch die Sprache, gegenüber den so genannten Kriminellen aber auch durch diszipliniertes Vorgehen im Vorteil, auch das einer der Gründe, warum die KZ-Verwaltung auf Kommunisten als Funktionshäftlinge zurückgriff.[155] Dies schuf die Möglichkeit, 1943 ein Internationales Lagerkomitee einzurichten, in dem Vertreter der nationalen Gruppen zusammenarbeiteten. Zu den Zielen des Komitees gehörte auch die Einrichtung einer militärischen Organisation für den Fall eines Aufstandes. Diese »Internationale Militärorganisation« konnte einige Waffen in ihren Besitz bringen.[156]

Im Februar und März 1945 verlor die SS immer mehr die Kontrolle über das Lager. Dies lag vor allem an den vielen eintreffenden Transporten, die zu einer völligen Überfüllung des Lagers führten.[157] Manche Bereiche, vor allem von Krankheiten betroffene Blocks, wurden von der SS ganz gemieden. Angesichts des Frontverlaufs sollte Anfang April mit der Evakuierung des Lagers begonnen werden. Zuerst sollten die jüdischen Häftlinge antreten, um auf einen weiteren Todesmarsch zu gehen. Das Internationale Lagerkomitee verzögerte den Abmarsch um einen Tag. Ein bewaffneter Aufstand wurde seitens der Mehrheit des Lagerkomitees abgelehnt, stattdessen wurde den jüdischen Häftlingen geraten, sich im Lager zu verteilen. Während der Nacht und am nächsten Tag versteckte sich eine Reihe von jüdischen Häftlingen in anderen Baracken; so auch Brandt unter dem Decknamen »Posnanski« in einem polnischen Block.[158] Es gelang nicht, den Todesmarsch zu verhindern, und am 4. April mussten über 3.000 jüdische

---

auf explizit antisemitische Verhaltensweisen unter den kommunistischen Funktionshäftlingen gibt. Vgl. Niethammer, Antifaschismus, 51 f.

153 Vgl. zu dieser Entwicklung Niethammer, Antifaschismus, 27-51.

154 Carlebach u. a., 30. Zahlen zu den Transporten aus Auschwitz: Ebd., 182; bis 1942 lag die Belegungszahl unter 10.000, erst danach setzte ein sprunghafter Anstieg ein. Vgl. zu den Zahlen auch Niethammer, Antifaschismus, 44 f.

155 Ebd., 49-50.

156 Vgl. zu beiden Organisationen Carlebach u. a., 117-131; Pingel, Häftlinge, 198-200.

157 Vgl. zum Folgenden: Carlebach u. a., 133-143; reflektiert Pingel, Häftlinge, 218-228.

158 Wir waren immer, 43.

Häftlinge das Lager verlassen.[159] Dennoch war mit der Appellverweigerung eine Aktion des Widerstands über den Kreis der organisierten Häftlinge hinaus unternommen worden. Über die Hälfte der jüdischen Häftlinge versteckte sich im Lager. In den folgenden Tagen wurden, zumeist unter direkter Gewaltanwendung, insgesamt noch sieben Transporte mit über 28.000 Häftlingen aus dem Lager gebracht. Das Internationale Lagerkomitee versuchte dies zu verzögern, entschied sich aber angesichts der herannahenden Front gegen einen Aufstandsversuch. Die verbliebenen 21.000 Häftlinge erlebten am 11. April 1945, wie die SS sich abzusetzen begann. Um die Mittagszeit, als bereits die herannahende amerikanische Armee zu hören war, stürmte die Internationale Militärorganisation die Wachtürme, erbeutete eine Vielzahl von Waffen der SS und nahm noch im Lager und der Umgebung sich aufhaltende SS-Männer gefangen, die später der amerikanischen Armee übergeben wurden.[160] Heinz Brandt beteiligte sich an der Befreiung. 1945 gab er eine Aktivität als militärischer Kader in Buchenwald an, die auch bei einer Überprüfung durch die Stasi 1951 nicht angezweifelt wurde.[161] Dass Brandt angesichts des späten Zeitpunkts, zu dem er ins Lager kam, nicht zur militärischen Führungsgruppe gehören konnte, liegt auf der Hand. Er wird vermutlich einer der unbewaffneten Kader gewesen sein, die sich – wie andere Häftlinge auch – mit erbeuteten SS-Waffen bewaffneten.[162]

Der 11. April, der Tag der Selbstbefreiung der Häftlinge in Buchenwald, gehörte zu einem der zentralen Bestandteile des »antifaschistischen Gründungsmythos« in der DDR. In Buchenwald hätten unter Führung der kommunistischen Häftlinge die Gefangenen einen aktiven und erfolgreichen Widerstand gegen die Nazi-Herrschaft organisiert und militärisch geführt. Auch wenn es unbestritten ist, dass hierbei vielfältige Überhöhungen, Verdichtungen und Verdrängungen gegenüber anderen Häftlingsgruppen mit einbezogen wurden, so bleibt doch festzustellen, dass die Häftlinge in Buchenwald einen Aufstand durchführten und das Lager selbst in die Hand bekamen. Sicher war ein solches Vorgehen angesichts des militärischen Ungleichgewichts kaum früher möglich als im Moment des Zusammenbruchs der SS-Herrschaft über

159 Von diesen Häftlingen überlebt nur eine kleine Zahl, über 2500 Häftlinge kamen um. Vgl. Carlebach u. a., 135 f.

160 Die Zahlen differieren. Brandt gibt 30 festgenommene SS-Männer an, Carlebach u. a. 120. Zutreffend wird wohl die Zahl von etwas über 70 sein. Diese Zahl wird von Pingel und von Niethammer genannt. Brandt, Traum, 164; Carlebach u. a., 141; Pingel, Häftlinge, 226, Niethammer, Antifaschismus, 253, Fn. 231.

161 Lebenslauf Heinz Brandt 12.7.1945. LAB, C Rep 118-01/ A 1130; BStU, ZA, MfS HA VIII/RP/ 1771/4, Bl. 4. Auch wenn diese nachtäglichen Angaben unzutreffend sein können, ist doch nicht anzunehmen, dass Brandt, der nach der Befreiung zu der Partei in Buchenwald gehörte, sich als militärischer Kader ausgab zu einer Zeit, in der eine Überprüfung dieser Angaben noch relativ leicht durch andere Buchenwaldhäftlinge möglich gewesen wäre. Die KPD überprüfte ihre Mitglieder 1945 relativ streng. Vgl. Gerhard Keiderling: Wir sind die Staatspartei. Die KPD-Bezirksorganisation Groß-Berlin April 1945 bis April 1946, Berlin 1997, 106 f.

162 Carlebach u. a., 141; Niethammer, Antifaschismus, 187.

das Lager und unter dem Eindruck der nahen amerikanischen Truppen.[163] Diese Aktion hatte für die Häftlinge, die seit Jahren unter der Entrechtung, Dehumanisierung und der alltäglichen Vernichtungsdrohung litten, eine befreiende Wirkung: Sie hatten die Handlungsfreiheit zurückgewonnen und einige der Peiniger selbst verhaften können. Dieser Aspekt darf nicht vergessen werden, wenn der Begriff der Selbstbefreiung heute angezweifelt wird. Am 21. April 1945 traten die im Lager verbliebenen 21.000 Häftlinge zu einer gemeinsamen Trauerkundgebung zusammen, auf der der berühmte »Schwur von Buchenwald« geleistet wurde.[164] Für viele Gefangene war er Ausdruck der Verbundenheit und des Willens zur politischen Initiative. Für den politischen Häftling Heinz Brandt erhielt der Schwur eine hohe symbolische Bedeutung. Er resümierte nachträglich: »Gestern noch waren wir Sklaven, kommandiert zum Appell: Moribundi – zum ›Block‹ geordnet, todesstarr formiert in ›Reih und Glied‹. Heute stehen wir in der lebendigen Ordnung der Freiheit und appellieren an die Welt.«[165]

Die zehn Jahre Haft waren ein Opfergang des jungen Kommunisten, der ihn zum Aufbau einer neuen Welt ermächtigte. Trotz seiner Skepsis gegenüber dem Hitler-Stalin-Pakt war die kommunistische Überlebensgemeinschaft im Lager, aber auch die Erfahrung gemeinsamer Aktionen und Verbundenheit mit nichtkommunistischen Häftlingen für Brandt das Motiv, sofort nach der Befreiung den Kampf für eine andere, neue Welt wieder aufzunehmen. Noch mit dem Tage der Befreiung setzte Brandt die politische Arbeit in der KPD fort.

Heinz Brandt hat in der Darstellung seiner Haftjahre überwiegend auf den politischen Widerstand abgehoben und die wichtige Funktion der politischen Widerstandsarbeit für sein Überleben herausgestellt. Der Perspektivwechsel gegenüber kommunistischer Heldenhistoriografie ergab sich aus den unterschiedlichen Entwicklungen nach der Haft. Brandt wandte die Sicht auf die politische Arbeit gegen kommunistische Darstellungen, in dem er von einem Verrat an dem Schwur von Buchenwald sprach. In einem Rundumschlag gegen bekannte Signaturen von Gewalt nach 1945 hob Brandt hervor: »Heute eint uns der gemeinsame Abscheu vor den Verbrechen der Vergangenheit. Morgen wird uns die unterschiedliche Beurteilung der neuen Verbrechen trennen.«[166]

---

163 Vgl. ebd., 51 zu diesem Aspekt.

164 Ganzer Text abgedruckt in: Carlebach u. a., 153.

165 Brandt, Traum, 166.

166 Ebd., 167. Er nannte als Verbrechen: den Atombombenabwurf auf Hiroshima, das sowjetische Gulag-Lager in Workuta, die stalinistischen Schauprozesse der Nachkriegszeit, die Unterdrückung des Aufstands vom 17. Juni 1953 in der DDR, die Niederschlagung des ungarischen Aufstands 1956 und schließlich die US-amerikanische Invasion in Vietnam.

# III Enttäuschte Hoffnungen – Aufstieg und Fall in der SED

Heinz Brandt gehörte im Sommer 1945 zu den kommunistischen Funktionären, die kurz nach der Etablierung der nationalsozialistischen Diktatur in den Zuchthäusern und Konzentrationslagern um ihr Überleben kämpfen mussten und nun, häufig von einem erstaunlichen Arbeitseifer kurz nach der eigenen Befreiung beseelt, sich ganz der politischen Arbeit verschrieben und einen schnellen Aufstieg in der KPD bzw. SED erlebten. Ein »eigenständiger deutscher Weg zum Sozialismus« war bis 1948 offizielle Parteipolitik der SED.[1] Dies propagierte Ziel bot Brandt die Möglichkeit, seine Zweifel gegenüber autoritären und terroristischen Maßnahmen seitens der sowjetischen Besatzungsmacht zurückzustellen, da er hoffte, dass es sich nur um kurzfristige Maßnahmen handeln würde, die in der Folge des Nationalsozialismus' notwendig waren. Bestärkt von der Hoffnung auf einen »eigenständigen« Weg zum Sozialismus ordnete Brandt sich der Disziplin in der KPD unter.

Nach einer kurzen Zeit der »Halblegalität« der Parteien, in der sich vor allem die KPD reorganisieren konnte, wurden in der Sowjetischen Besatzungszone (SBZ) im Juni 1945 politische Parteien wieder zugelassen. Sie arbeiteten im so genannten »Antifaschistischen Block« zusammen.[2] Im Frühjahr 1946 wurde die SPD zur Vereinigung mit der KPD gezwungen, woraus die Sozialistische Einheitspartei Deutschlands (SED) entstand. Diese Vereinigung, auf die SBZ und Berlin beschränkt, gehörte mit zu den Aspekten einer beginnenden Entfremdung zwischen den Besatzungszonen. Der Rolle als Staatspartei entsprechend dominierte die SED sehr schnell die Verwaltung in der SBZ sowie in Berlin und sicherte ihre Parteiherrschaft ab. Für die vielfältigen Aufgaben suchte die SED qualifizierte und zugleich politisch zuverlässige Leute. Dabei changierte der Begriff der politischen Zuverlässigkeit: Nachdem ab 1947 der Konflikt zwischen den Westalliierten und der Sowjetunion offen ausbrach, begann in der SED eine Stalinisierung, die schließlich Anfang der 50er-Jahre in eine große Säuberungs-

---

1 Prägend hierfür war ein Artikel des ZK-Mitglieds Anton Ackermann, der im Februar 1946 in der theoretischen Parteizeitung *Einheit* veröffentlicht wurde: »Gibt es einen besonderen deutschen Weg zum Sozialismus?«. Darin war eine Absage an revolutionäre Umstürze und Vorstellungen eines »demokratischen Machtgewinns« enthalten. 1948 wurden die Thesen von Ackermann widerrufen. Andreas Malycha ordnet die Strategie des eigenständigen Weges vor allem als Ausdruck der damaligen sowjetischen Außenpolitik ein, die in allen besetzten Staaten angewandt wurde. Vgl. Andreas Malycha: Die SED. Geschichte ihrer Stalinisierung 1946–1953, Paderborn 2000, 123-127.

2 Die zugelassenen Parteien waren: KPD, SPD, Christlich-Demokratische Union (CDU), Liberaldemokratische Partei Deutschland (LDP, später LDPD). Zum Aufbau des Blocks vgl. Hermann Weber: Geschichte der DDR, München [2]2000, 37-49.

welle mündete. Die Spaltung Deutschlands und die Gründung zweier Teilstaaten 1949 verschärfte nicht allein die Repression gegen politisch anders Denkende innerhalb der SBZ bzw. DDR, sie trug die Verfolgung echter oder vermeintlicher Oppositioneller auch in die SED selbst hinein. Brandt vollzog in dieser Zeit einen nicht ungewöhnlichen Aufstieg vom Abteilungsleiter der SED-Landesleitung in Berlin zum Sekretär der Landesleitung. Erst nach dem 17. Juni 1953 erfolgte eine Degradierung zum Abteilungsleiter, im Sommer 1954 verlor Brandt alle Funktionen in der SED. Dieser Verlauf entspricht seiner Selbstdeutung als Oppositioneller in der SED, der lange Zeit unerkannt wirken konnte und schließlich enttarnt wurde. Diese Selbstdeutung ist nicht wirklich anzuzweifeln, aber im folgenden Kapitel wird danach zu fragen sein, wie und ob sich eine oppositionelle Haltung zur offiziellen Parteilinie ausmachen lässt. Eindeutig ist, dass Brandts Widerspruch lange Zeit auf dem Boden einer prinzipiellen marxistischen Überzeugung stand, den Sozialismus in Deutschland aufzubauen. Viele Schritte in der SBZ – vor allem die Bodenreform, die Sozialisierung der Großbetriebe, die Schulreform und die Verfolgung von Nationalsozialisten – fanden Brandts Zustimmung.[3] Nach seiner Entlassung als Funktionär arbeitete er in einem Zeitschriftenverlag. Eine Verfolgung von Brandt durch staatliche Repressionsorgane lässt sich erst für 1958 nachweisen, die Entlassung 1954 geschah dagegen auf Veranlassung der Bezirks-Partei-Kontrollkommission (BPKK). Illegale Widerstandsarbeit leistete Brandt erst ab Ende 1956, als er über persönliche Kontakte mit dem Ostbüro der SPD in Verbindung trat. Die Gefahr der Entdeckung dieser Arbeit war das wesentliche Motiv für seine Flucht Ende 1958.

Die Jahre bis 1953 sind unter der Perspektive der Stalinisierung auch die Geschichte der Ausrichtung der Mitgliedschaft auf die vorgegebene Parteilinie und die Ausschaltung innerparteilicher Kritik. Dabei ist es umstritten, inwieweit die innerparteilichen Kritiker in der SED als Oppositionelle zu verstehen sind. Für die große Mehrzahl der Kommunisten, die bis Ende der 50er-Jahre kritisch und ablehnend gegenüber der Politik der SED-Führung eingestellt waren, gilt als Charakteristikum, dass sie weitgehend in »Begriffen machtgeleiteter reformistischer Gesellschaftstransformation« dachten und sich nicht konspirativ organisierten.[4] Auch wenn Heinz Brandt schon früh kritisch gegenüber der Entwicklung der SED eingestellt war, blieb ihm doch die alte Hoffnung der Versöhnler, dass sich von der Machtzentrale her die kommunistische Politik ändern würde. Er charakterisierte sich später als »Fraktionist«, der die »mehr oder weniger utopische Hoffnung« hegte, einmal zur führenden Fraktion in der SED zu gehören.[5] Es ist davon auszugehen, dass der Verlust innerparteilicher

3 Brandt, Traum, 184.

4 Thomas Klein: Reform von oben? Opposition in der SED. In: Ulrike Poppe/Rainer Eckert/Ilko-Sascha Kowalczuk (Hrsg.): Zwischen Selbstbehauptung und Anpassung. Formen des Widerstandes und der Opposition in der DDR, Berlin 1995, 125-141, 139.

5 Brandt, Traum, 251.

Demokratie, die Ausrichtung auf einen dogmatischen Kurs der Stalinisierung und die repressive Politik der SED-Führung mit einem wachsenden Unbehagen von Brandt einherging, auch wenn er der prinzipiellen politischen Linie noch zustimmte. Die großen Hoffnungen auf eine demokratische und antifaschistische Gesellschaft, die ihn nach der Befreiung 1945 getragen hatten, schwanden in dieser Zeit.[6] In der Fortsetzung seiner Versöhnler-Arbeit hat er in seinem persönlichen und politischen Umfeld durch versteckte Hinweise in Diskussionen und Gesprächen gewirkt. Dies ist nachträglich kaum noch aufzuhellen, da diese Form der Einflussnahme nicht schriftlich geschah und auch häufig nur im Sprechkontext verständlich ist. Dennoch soll – überwiegend anhand parteiinterner Quellen – für den Funktionär Heinz Brandt das Spannungsfeld zwischen einer wachsenden Unzufriedenheit bei gleichzeitigem Aufstieg in der Partei nachgezeichnet und bewertet werden. Dabei wird deutlich, dass sich mit der Biografie Heinz Brandts die These stützen lässt, dass in der SBZ bis zur Stalinisierung und darüber hinaus auch in der SED konkurrierende Politikansätze zur herrschenden Linie zu finden waren.

## 1 Die zweite Auferstehung: Arbeit bei den Ausschüssen »Opfer des Faschismus« 1945

Einen Tag nach der Befreiung etablierte sich in Buchenwald bereits eine Parteigruppe der KPD, der Heinz Brandt angehörte. Auf dem ersten Treffen am 12. April 1945 nahmen allerdings nur Delegierte aus den Parteibezirken teil, zu denen Brandt vermutlich nicht zählte. Auf dieser ersten Sitzung skizzierte Harry Kuhn, bereits vor der Befreiung Mitglied der Parteileitung der KPD, die anstehenden Aufgaben. Die KPD-Mitglieder sollten nur mit Zustimmung der Partei das Lager verlassen und die nächste Zeit auch für politische Schulungen zur Verfügung stehen. Da die illegale Parteileitung der KPD bereits vor der Befreiung durch Radiogeräte über die Politik des Nationalkomitees Freies Deutschland (NKFD) orientiert war[7], gab Kuhn als politische Orientierung die Volksfrontpolitik und die Abkehr von Forderungen nach einer Diktatur des Proletariats aus. Gleichzeitig warnte er jedoch auch vor möglichen Spannungen zwischen den Westmächten und der Sowjetunion, worauf sich die Kommunisten ebenfalls einzustellen hätten.[8] Im Vordergrund stand die Aufrechterhaltung der Disziplin im Lager, das seit dem 12. April unter amerikanischer Militärverwaltung stand, die den Gefangenen die Waffen abnehmen ließ.[9] In Buchenwald befanden sich unter

6 Vgl. Interview mit Heinz Brandt: »Die Illusion vom Sozialismus«, Jugendmagazin 'ran des DGB, Februar 1985, 12-14. Auf die Frage, was von seinen Illusionen aus dem Jahre 1945 geblieben sei, antwortete Brandt nur knapp »Nichts«.

7 Niethammer, Antifaschismus, 59 f.

8 Das Protokoll dieser ersten Sitzung bei Ebd., 173-179, Rede von Kuhn 174-177.

9 Dies vermerkte auch Brandt etwas verbittert. Brandt, Traum, 164.

den 21.000 Häftlingen 796 deutsche Kommunisten, von denen aber nur 626 sofort in die »Parteiaktiv« genannte Parteigruppe übernommen wurden.[10] Die Mitglieder wurden nach ihren Herkunftsgebieten eingeteilt, Heinz Brandt gehörte dem Berliner Parteiaktiv an, das 41 Mitglieder umfasste. Die Besonderheit der Buchenwalder KPD war ihre eigenständige Organisierung ohne Anleitung durch KPD-Funktionäre der Moskauer Emigration. Die große Zahl von Kommunisten und das Selbstbewusstsein, sich nach vielen Jahren der Lagerhaft diszipliniert organisiert zu haben, machte die Buchenwalder Häftlinge später aus der Sicht der aus der Moskauer Emigration zurückkehrenden KPD-Führung zu einem gewissen Unsicherheitsfaktor.[11] Eine undatierte Charakteristik skizzierte die Mitglieder des Berliner Parteiaktivs in Buchenwald, die in drei Kategorien eingeteilt wurden: Die erste Kategorie waren die »qualifizierten [Genossen] in politischer und organisatorischer Hinsicht, die zu leitenden Funktionen befähigt sind«. Der zweiten Kategorie wurde Brandt zugeordnet: »zuverlässige, einsatzbereite, aber politisch nicht ganz so qualifizierte Genossen«. Brandt hätte, so wird vermerkt, eine starke Begabung für propagandistische Arbeit.[12] Als dritte Gruppe wurden Genossen genannt, die im Lager oder nach der Befreiung im Sinne der KPD nicht positiv aufgefallen seien.

Es ist nicht genau bekannt, wann Brandt sich auf den Weg nach Berlin machte. Er gab an, zusammen mit drei weiteren Genossen als erste Gruppe vom Buchenwalder Parteiaktiv nach Berlin entsandt worden zu sein.[13] Ein Überprüfungsausschuss der amerikanischen Lagerleitung, die Entlassungen genehmigen musste, hörte Brandt am 21. April 1945, ein Entlassungstag jedoch ist nicht notiert. Der ihn nach Berlin begleitende Viktor Drewnitzki wurde ebenfalls am 21. April angehört, seine Entlassung am 10. Mai bestätigt.[14] Die letzte Parteiarbeiterkonferenz in Buchenwald fand am 15. Mai 1945 statt.[15] Zwischen die beiden letzten Daten wird der Fußmarsch von Buchenwald in das rund 250 Kilometer entfernte Berlin fallen.[16] Nach Berlin zu gehen lag auf der

10 111 erhielten den Status Kandidat, 59 wurden gestrichen, zumeist, weil sie ohne Erlaubnis das Lager verlassen hatten. Niethammer, Antifaschismus, 66. Die Zahlenangaben auch bei Günter Benser: Die KPD im Jahre der Befreiung. Vorbereitung und Aufbau der legalen kommunistischen Massenpartei (Jahreswende 1944/45 bis Herbst 1945), Berlin (DDR) 1985, 79.

11 Zu der Verfolgung einiger führender Buchenwalder Kommunisten vgl. Malycha, SED, 431-434; Überlegungen zu dem Selbstverständnis der Buchenwalder Kommunisten bei Niethammer, Antifaschismus, 142-145.

12 BA, RY 1/I2/3/155, Bl. 16-18. Die Charakterisierungen sind von Herbert Kaluga in Berlin verfasst worden und stammen aus dem Sommer 1945.

13 Brandt, Traum, 169.

14 Gedenkstätte Buchenwald, Kopien aus dem National Archive and Record Administration. NARA Washington, RG 242, Film 12B zu Brandt, Film 15B zu Viktor Drewnitzki. Brandt gibt auf dem Fragebogen die politischen Häftlinge und Erich Fromm in New York als Zeugen für seine antifaschistische Tätigkeit an.

15 Benser, KPD, 84.

16 Drewnitzki war ein Altkommunist, der im Lager Funktionen in der illegalen Parteistruktur ausgeübt hatte. Vgl. Niethammer, Antifaschismus, 497.

Linie der Buchenwalder Kommunisten, durch entsandte Instrukteure wieder Kontakt zu den Herkunftsbezirken aufzubauen.[17] Die KPD-Mitglieder konnten organisiert vorgehen und waren immer noch Teil einer Gemeinschaft: »Du bist KZler, du bist Berliner, dort ist Not am Mann, da gehört jeder von uns hin – war unsere Meinung.«[18] Nun aber war es kein Verteidigungskampf mehr, es ging um die Erwartung eines gesellschaftlichen Neuanfangs und die Wiederkonstituierung der kommunistischen Partei. Die Realitäten der Besatzungssituation und der Zerstörung Deutschlands führten schnell zu einer Ernüchterung. Vor allem die Fiktionen über »antifaschistische Massenbewegungen«, die nach dem Ende des Nationalsozialismus in der Bevölkerung entstehen würden, zerfielen rasch. »Weil wir selbst neu geboren waren, glaubten wir an die deutsche Wiedergeburt«, skizzierte Brandt später die Täuschung.[19]

Im weitgehend zerstörten Berlin war die aus Moskau kommende zehnköpfige Gruppe Ulbricht mit dem Aufbau der Stadtverwaltung und der Partei betraut.[20] Ihre Zentrale saß in einem Wohnhaus in der Prinzenallee 80. Sie war Anlaufzentrale für die aus der Illegalität oder den Lagern zurückkehrenden Kommunisten in Berlin.[21] Da Brandt im Auftrag der Partei nach Berlin gegangen war, ist anzunehmen, dass er ebenfalls in der Prinzenallee erste Hilfe und Anweisungen bekam. Die ersten Tage wohnte er in einem Christlichen Hospiz in Wedding, aber noch im Mai 1945 bezog er eine Wohnung im Wedding, in der er bis zum Sommer 1946 lebte.[22] Der mit sowjetischer Zustimmung eingesetzte Berliner Magistrat hatte am 28. Mai 1945 beschlossen, anerkannten Opfern des Faschismus ein einmaliges Hilfsgeld von 450 Reichsmark und eine Sonderzuweisung der Lebensmittelkarte I für drei Monate zu geben, ebenso vermittelte der Magistrat Wohnraum und medizinische Betreuung.[23] Brandt hat diese Unterstützung in Anspruch genommen.[24] Trotz seines damals chronischen Unterge-

---

17 Benser, KPD, 79.

18 Brandt, Traum, 169.

19 Ebd.

20 Immer noch sehr empfehlenswert ist der Bericht Wolfgang Leonhards, der als junger Funktionär mit der Gruppe Ulbricht Ende April 1945 nach Berlin kam. Vgl. Wolfgang Leonhard: Die Revolution entlässt ihre Kinder, Köln/ Berlin [17]1962, insb. 274-323 über die Arbeit im Mai 1945; Wolfgang Ribbe: Berlin zwischen Ost und West. In: Geschichte Berlins, Band 2: Von der Märzrevolution bis zur Gegenwart, München 1987, 1027-1126, 1027-1043.

21 Keiderling, Staatspartei, 303 f.

22 Die Wohnung war in der Sansibarstraße 9, Berlin 65.

23 Olaf Groehler: Integration und Ausgrenzung von NS-Opfern. Zur Anerkennungs- und Entschädigungsdebatte in der Sowjetischen Besatzungszone Deutschlands 1945 bis 1949. In: Jürgen Kocka (Hrsg.): Historische DDR-Forschung. Aufsätze und Studien, Berlin 1993, 105-127, 106.

24 So das Bezirksamt Pankow, Abteilung OdF, an die Bezirksdienststelle Berlin-Weißensee am 24.2.1949 anlässlich eines Umzuges von Heinz Brandt. LAB, C Rep 118-01, A 1130 Heinz Brandt, Bl. 8.

wichts und erheblicher körperlicher Beeinträchtigungen in Folge der Haft stürzte Brandt sich schnell wieder in die Arbeit für die Partei.[25]

Die KPD befand sich im Mai 1945 in einem Zustand der »Halblegalität«.[26] Die Gruppe Ulbricht sammelte in Berlin die eintreffenden Kommunisten, was von der sowjetischen Besatzungsmacht geduldet wurde.[27] Die Wiederzulassung von politischen Parteien erfolgte in der SBZ im Juni 1945. Der Gründungsaufruf der KPD vom 11. Juni 1945 war Anfang Juni in Moskau mit der sowjetischen Führung abgestimmt worden. Die politische Programmatik zielte auf ein »antifaschistisch-demokratisches Regime« in der Form einer Volksfront. Die alte Mitgliedschaft der KPD in Berlin – es waren Mitte Mai rund 5000 Kommunisten, die wieder in der Stadt organisiert waren – zerfiel in dieser frühen Zeit grob gerastert in drei Gruppen: Die aus der Moskauer Emigration Zurückgekehrten, die Gruppe der Konzentrationslagerhäftlinge und diejenigen, die in Deutschland illegal gearbeitet hatten.[28] Einige Zeit später kamen Emigranten aus dem Westen als weitere Gruppe hinzu. Der dominierende Einfluss der »Moskauer Kader« in der Partei war unzweifelhaft. Kennzeichen dieser Gruppe waren die engen Verbindungen, der gemeinsame Erfahrungshorizont der stalinistischen Terrorphase, eine hohe Loyalität gegenüber der Sowjetunion und die sich daraus ergebenden guten Beziehungen zur sowjetischen Besatzungsmacht.[29] Heinz Brandt selbst nahm die Moskauer Funktionäre als besondere Gruppe war, die den »Kommunisten im Lande« skeptisch gegenüberstanden.[30] Eine der ersten Aufgaben der Moskauer Funktionäre war die Durchsetzung der neuen politischen Linie gegen alte revolutionäre Vorstellungen, die für viele Kommunisten, die in Deutschland geblieben waren, anfangs noch als Orientierung dienten.[31]

---

25 Seit 1946 wurde er von Dr. W. Günther in Berlin behandelt, der später auch in den Westen flüchtete und Brandt 1960 im Rahmen seines Entschädigungsverfahrens erneut untersuchte. Das Gutachten vom 8.11.1960, in dem Günther auch auf den Gesundheitszustand von Brandt kurz nach Kriegsende hinweist, befindet sich im NLB.

26 Benser, KPD, 130.

27 Keiderling, Staatspartei, 46 f.

28 Ebd., 70, Zahlenangabe 73.

29 Vgl. Peter Erler: »Moskau-Kader« der KPD in der SBZ. In: Manfred Wilke (Hrsg.): Anatomie der Parteizentrale. Die KPD/SED auf dem Weg zur Macht, Berlin 1998, 229-291. Definition der »Moskau-Kader« 231-242; Erler gibt die Zahl der Remigranten 1945 mit mindestens 116 Personen an, ebd., 253.

30 Brandt, Traum, 174 und 185. Für ihn waren sie die »Moskauer«.

31 Olaf Groehler: Verfolgten- und Opfergruppen im Spannungsfeld der politischen Auseinandersetzungen in der Sowjetischen Besatzungszone und in der Deutschen Demokratischen Republik. In: Jürgen Danyel (Hrsg.): Die geteilte Vergangenheit. Zum Umgang mit Nationalsozialismus und Widerstand in beiden deutschen Staaten, Berlin 1995, 17-30, 19. Groehler betont, dass von den alten Vorstellungen der Weimarer Republik – auch mit der Skepsis gegenüber Sozialdemokraten und bürgerlichen Parteien – auch viele kommunistische Konzentrationslagerhäftlinge geprägt waren. Dies widerspricht insofern Brandts vermutlich idealisierter Aussage, gerade diese Gruppe sei sofort für eine überparteiliche Zusammenarbeit eingetreten. Vgl. Brandt, Traum, 184 f.; vgl. auch Erler, Moskau-Kader, 271-276.

Die KPD-Führung um Ulbricht drängte im Mai 1945 darauf, dass Kommunisten im Magistrat entscheidende Funktionen übernahmen. Der Wiederaufbau sollte genutzt werden, um Machtpositionen in der Verwaltung zu besetzen. Dabei war die KPD-Führung darauf bedacht, dass neben Kommunisten auch Sozialdemokraten und bürgerliche Antifaschisten in der Stadtverwaltung vertreten seien. Wichtig war die Besetzung der Personalämter durch in Moskau geschulte Kommunisten, um den Einfluss auf die Einstellungspolitik gewährleisten zu können.[32] Strategisch war in den ersten Tagen nach dem Kriegsende der schnelle Aufbau der Verwaltung wichtiger als der Aufbau von Parteistrukturen. Der Magistrat von Groß-Berlin wurde von der Gruppe Ulbricht Mitte Mai 1945 ausgewählt und nahm am 19. Mai 1945 seine Arbeit auf, nachdem die Sowjetische Militäradministration (SMAD) ihn bestätigt hatte. Oberbürgermeister wurde der parteilose Arthur Werner, von kommunistischer Seite waren – als nicht in Moskau gewesene Kommunisten – Ottomar Geschke und Hans Jendretzky dabei.[33] Ottomar Geschke wurde Stadtrat für Sozialwesen. Das Amt für Sozialwesen war auch für die Betreuung der zurückkehrenden KZ-Häftlinge zuständig und am 14. Juni 1945 wurde der »Hauptausschuss Opfer des Faschismus« (HA OdF) für Berlin gegründet. In diesem ehrenamtlichen Gremium waren Vertreter der meisten politischen Widerstandsgruppen anzutreffen, womit der überparteiliche Charakter demonstriert werden sollte.[34] Beim Berliner Magistrat wurde ebenfalls zentral ein »Hauptausschuss Opfer des Faschismus« eingerichtet. Als Teil des Amtes für Sozialwesen übernahm dieser Hauptausschuss die soziale Betreuung der Überlebenden, aber auch ihre politische Vertretung. An den Bezirksämtern wurden ebenfalls OdF-Ausschüsse eingerichtet.[35] Diese Ausschüsse hatten eine eigentümliche Doppelstellung. Als Teil der örtlichen Verwaltung waren sie in der SBZ und in Berlin Amtsträger. Sie waren aber zugleich auch politisches Repräsentationsorgan der ehemaligen Häftlinge und Verfolgten.

Heinz Brandt arbeitete ab Juli 1945 als Abteilungsleiter für Kultur beim Hauptausschuss OdF des Berliner Magistrats.[36] Der Berliner HA OdF beim Magistrat umfasste bis Oktober 1945 38 Angestellte, die sich auf acht Abteilungen verteilten.[37] Die wichtigste und größte Abteilung war die Prüfabteilung für Anträge, die im Oktober

32 Keiderling, Staatspartei, 171-172.

33 Ebd., 168-171.

34 Der zwölfköpfige Vorstand bestand aus: vier Kommunisten, drei Sozialdemokraten, drei Widerstandskämpfern des 20. Juli und je einem Repräsentanten der »rassisch Verfolgten« und des christlichen Widerstands. Groehler, Integration, 107.

35 Vgl. Elke Reuter/Detlef Hansel: Das kurze Leben der VVN von 1947 bis 1953, Berlin 1997, 76-79.

36 Angaben nach einem Lebenslauf Brandts, Berlin-Schlachtensee, 10.2.1959, vermutlich für die Bewerbung bei der IG Metall erstellt, geschrieben in Westberlin. NLB.

37 Dies waren: Sekretariat, Soziale Betreuung, Suchaktion, Prüfungsausschuss, Kultur und Propaganda, Heim- und Durchgangslager, Beschaffungsstelle, Abteilung für die Opfer der Nürnberger Gesetzgebung. Vgl. Bericht über die Tätigkeit des Hauptausschusses »Opfer des Faschismus« für die Zeit vom 1.6. bis 30.9.1945. LAB, C Rep 118-01, 1054, Bl. 1-7, 1r.

1945 aus elf Angestellten bestand, die zu der Zeit 18.000 Anträge von Verfolgten zu bearbeiten hatten.[38] Aufgrund der doppelten Funktion als Amt für soziale Aufgaben und als politische Repräsentation kam der Abteilung Kultur und Propaganda eine wichtige Rolle zu. Dies hing mit der hohen symbolischen und praktischen Bedeutung zusammen, die die antifaschistischen Widerstandskämpfer für den Wiederaufbau Deutschlands hatten. Dieser Aspekt soll zunächst erläutert werden.

Der Antifaschismus ist als »Gründungsmythos« der DDR bezeichnet worden.[39] Mythische Erzählungen dienen dazu, politische Gemeinschaften nach innen wie nach außen abzugrenzen. Der Blick auf ein historisches Ereignis, auf das sich ein Mythos bezieht, wird weniger vom Geschehen als der Frage nach der historischen Bedeutung bestimmt. Hierin verbinden sich Aufladungen und Perspektiven, die mehr mit den gegenwärtigen Interessen verbunden sind als mit dem Ereignis selbst. Diese »Komplexitäts-Reduktion« ist notwendige Voraussetzung, einen Mythos überhaupt erst wirksam werden zu lassen.[40] Antifaschismus ist ein in der Regel nicht ausgeführter Begriff, der insofern unklar in der Zielstellung bleibt und semantisch nur eine Abgrenzung markiert, in der Verwendung bei KPD/SED jedoch zur Chiffre für antinationalsozialistische und antikapitalistische Politik zugleich wurde.[41] Der kommunistische Widerstand und – in abgeschwächter Form – auch der anderer Gruppen ebenso wie der Sieg der Roten Armee wurden in der DDR zur bestimmenden politischen Erzählung über den Nationalsozialismus. Diese Entwicklung ist prägnant als »Universalisierung« beschrieben worden, in der der Nationalsozialismus kein Problem der DDR-Geschichte war, sondern auf die Bundesrepublik verschoben wurde.[42] Diese Abstraktion und Entdifferenzierung des Antifaschismus ermöglichte auch eine Integration der NS-Belasteten oder von Mitläufern.[43]

Die Verfestigung zum Mythos war 1945 noch nicht ausgereift, aber in der Politik der OdF-Ausschüsse lassen sich bereits die Muster des Mythos erkennen. Die über-

---

38 Tätigkeitsbericht der Prüfabteilung für Monat Oktober. LAB, C Rep 118-01, 895, Bl. 1-2.

39 Herfried Münkler: Antifaschismus und antifaschistischer Widerstand als politischer Gründungsmythos der DDR. In: APUZ 47 (1998), 16-29. Münkler hat, im Gegensatz zu manch polemischen Arbeiten nach 1989, den Gründungsmythos in ein systematisches Konzept gestellt. Vgl. als polemisches Werk: Antonia Grunenberg: Antifaschismus – ein deutscher Mythos, Reinbek 1993.

40 Münkler, Antifaschismus, 19.

41 Jürgen Danyel: Die geteilte Vergangenheit. Gesellschaftliche Ausgangslagen und politische Dispositionen für den Umgang mit Nationalsozialismus und Widerstand in den beiden deutschen Staaten nach 1949. In: Jürgen Kocka (Hrsg.): Historische DDR-Forschung. Aufsätze und Studien, Berlin 1993, 129-147, 133 f.

42 Rainer M. Lepsius: Das Erbe des Nationalsozialismus und die politische Kultur der Nachfolgestaaten des »Großdeutschen Reiches«. In: Max Haller u. a. (Hrsg.): Kultur und Gesellschaft, Frankfurt 1989, 247-265.

43 Jürgen Danyel: Die Opfer- und Verfolgtenperspektive als Gründungskonsens? Zum Umgang mit der Widerstandstradition und der Schuldfrage in der DDR. In: Ders. (Hrsg.): Die geteilte Vergangenheit. Zum Umgang mit Nationalsozialismus und Widerstand in beiden deutschen Staaten, Berlin 1995, 31-46, 42.

parteiliche Zusammensetzung der Ausschüsse sollte das »andere Deutschland« repräsentieren. Die Widerstandskämpfer bewiesen, dass ein Teil der deutschen Bevölkerung einen Beitrag zur Befreiung geliefert habe. Eine Mitschuld der deutschen Bevölkerung am Nationalsozialismus und den Folgen betonte der KPD-Aufruf vom 11. Juni 1945 noch deutlich[44] und in allen Verfolgtengruppen waren die Diskussionen um das Verhältnis zur deutschen Bevölkerung vorhanden. Die Widersprüchlichkeit eines positiven Bezugs auf das Volk und die Herausstellung der Mitverantwortung am Nationalsozialismus wird auch bei Heinz Brandt deutlich, wenn er im Oktober 1945 forderte:

> »[...] denn die Verbrechen, die im Namen der Nazistellen, im Namen der öffentlichen Stellen des Staates an den Juden begangen worden waren, müssen selbstverständlich als allgemeine Pflicht der Gesellschaft wieder in Ordnung gebracht werden, wie es ja allgemeine Pflicht der Gesellschaft ist, die Verbrechen, die die Nazis begangen haben, wieder auszulöschen und dem deutschen Volke klarzumachen, was hier passiert ist.«[45]

Eine anklagende Distanz zur Bevölkerung, so nachvollziehbar sie angesichts der nationalsozialistischen Verbrechen war, konnte jedoch »im eigentlichen Sinne nicht politikfähig« werden.[46] Die Moskauer Kader setzten daher bald auf ein stärker politisch-taktisches Vorgehen in der Frage des Umgangs mit der NS-Vergangenheit. Ab 1946 wurde eine Integrationspolitik gegenüber ehemaligen Nationalsozialisten propagiert, was aufseiten der OdF-Ausschüsse nicht ohne Widerspruch blieb.[47]

Die OdF-Ausschüsse waren 1945 auch der Ort, an dem geklärt werden musste, wer eigentlich als Opfer des Faschismus zu verstehen sei. Kennzeichnend für die OdF der SBZ war, dass zunächst fast überall nur Widerstandskämpfer verschiedener politischer Richtungen als Opfer verstanden wurden. Juden, Sinti und Roma, Zeugen Jehovas, Homosexuelle und so genannte »Asoziale« wurden zumeist nicht darunter ge-

44 Die Mitschuld bezog sich allerdings vor allem auf die Wahl Hitlers und die Ignorierung der Warnungen der KPD. Die Shoah fand in dem Aufruf keine Erwähnung, war aber dem Begriff »Verbrechen« der Nazis eingeschrieben. Mario Keßler: Schuld, Verantwortung und Restitution. KPD, SED und die Juden in der Sowjetischen Besatzungszone 1945–1949. In: Wladislaw Hedeler/Mario Keßler/Gert Schäfer (Hrsg.): Ausblicke auf das vergangene Jahrhundert. Die Politik der internationalen Arbeiterbewegung von 1900 bis 2000, Hamburg 1996, 188-207, 190 f.; Vgl. auch Benser, KPD, 44 f.; Schulungsmaterial Nr. 3 der KPD: »Die Kriegsschuld Deutschlands und die Mitschuld des deutschen Volkes«, Sommer 1945. LAB, C Rep 900-01, 24, unpaginiert.

45 Konferenz der OdF am 27/28.10.1945 in Leipzig. BA-SAPMO, DY 54/277/1/1, Bl. 1-115, Bl. 45r. Für die Überlassung der Kopien des Konferenzprotokolls danke ich Frau Dr. Susanne zur Nieden.

46 Groehler, Verfolgten- und Opfergruppen, 24.

47 Vgl.: Jürgen Danyel: Die SED und die »kleinen Pg's«. Zur politischen Integration der ehemaligen NSDAP-Mitglieder in der SBZ/DDR. In: Annette Leo/Peter Reif-Spirek (Hrsg.): Helden, Täter und Verräter. Studien zum DDR-Antifaschismus, Berlin 1999, 177-196; Keiderling, Staatspartei, 365-368 für die frühe Zeit.

fasst.[48] In der verengten Perspektive der OdF-Ausschüsse kam ein Elitebewusstsein zum Ausdruck, welches bei dem demokratischen Neuaufbau aus dem eigenen Einsatz und Leiden einen politisch-moralischen Führungsanspruch reklamierte.[49] Allerdings war diese Teilung nicht lange durchzuhalten. Innerhalb des Berliner OdF-Ausschusses kam es zu Auseinandersetzungen über den Beschluss des Hauptausschusses, Juden und Zeugen Jehovas von der Unterstützung auszuschließen. Im September 1945 wurden in Berlin die Arbeitsstelle »Opfer der Nürnberger Gesetzgebung« geschaffen und Juden ebenfalls durch die OdF-Ausschüsse unterstützt.[50] Die Abteilung sollte, wie Heinz Brandt einige Zeit danach ausführte, in ihrem Namen bewusst die nationalsozialistische Kategorisierung widerspiegeln, da sich nicht alle der von den Verfolgungsmaßnahmen Betroffenen als Juden fühlten.[51]

Im Oktober 1945 kam es in Leipzig zu einer ersten Konferenz der OdF-Ausschüsse aus der SBZ. Auf dieser Konferenz hielten nur Angehörige des Berliner Ausschusses, der eine politische Leitfunktion besaß, die Hauptreferate. Heinz Brandt übernahm es, über die Frage der jüdischen Opfer zu sprechen.[52] Da es Vorbehalte aus einigen OdF-Ausschüssen in der SBZ bezüglich einer Einbeziehung von Juden gab, sollte Brandt mit seinem Referat die »Berliner Linie« durchsetzen. Er definierte den Begriff des Opfers:

> »Alle jene Schichten, die auf Grund der religiösen, politischen und rassischen Wahnlehren der Nazis verfolgt wurden, sind Opfer des Faschismus, wobei es zunächst einmal für diesen Begriff nicht massgeblich ist, ob diese Menschen auf Grund ihres aktiven politischen Kampfes bekämpft, vernichtet und ausgerottet wurden, sondern einfach nur deshalb, weil sie von den Nazis als passive Opfer in die Kz's kamen.«[53]

48 Diese Diskussion ist vor allem im Hinblick auf die jüdischen Verfolgten ausführlich bearbeitet worden. Vgl. Danyel, Opfer; Groehler, Verfolgten- und Opfergruppen; Keßler, Schuld; Jeffrey Herf: Zweierlei Erinnerung. Die NS-Vergangenheit im geteilten Deutschland, Berlin 1998, 87-129 mit Schwerpunkt auf die Diskussionen im ZK. Zur Ausgrenzung von Verfolgten in Berlin nach 1945 vgl. Susanne zur Nieden: »L. ist ein vollkommen asoziales Element«. Säuberungen in den Reihen der »Opfer des Faschismus« in Berlin. In: Annette Leo/Peter Reif-Spirek (Hrsg.): Vielstimmiges Schweigen. Neue Studien zum DDR-Antifaschismus, Berlin 2001, 85-108.

49 Reuter/Hansel, 81.

50 Groehler, Integration, 109 f.

51 Konferenz der OdF am 27/28.10.1945 in Leipzig. BA-SAPMO, DY 54/277/1/1, Bl. 46 f. Dies hing mit der großen Zahl getaufter Juden zusammen, die nach Berlin zurückkehrten und sich nicht von der Jüdischen Gemeinde vertreten lassen wollten. Vgl. Ulrike Offenberg: »Seid vorsichtig gegen die Machthaber«. Die jüdischen Gemeinden in der SBZ und der DDR 1945 bis 1990, Berlin 1998, 46 f.

52 Die Brisanz dieser Diskussion zeigte sich daran, dass Brandts Referat auf Antrag vorgezogen wurde, da Chemnitzer Abgeordnete über eine Rede von Richard Grosskopf aus Dresden empört waren, in der Grosskopf der Einbeziehung der Juden nur »schweren Herzens« zugestimmt habe. Konferenz der OdF am 27/28.10.1945 in Leipzig. BA-SAPMO, DY 54/277/1/1, Bl. 67r.

Trotz dieser präzisen Feststellung versuchte Brandt im Referat, eine maßgebliche politische Aktivität von Juden hervorzuheben. In den Konzentrationslagern hätten die Juden die »Massen« der Inhaftierten gestellt und die politischen Häftlinge hätten – »wie bei allen Massen« – die jüdischen Häftlinge zum Widerstandskampf organisiert. Brandt berichtete auch von der Verweigerungshaltung der jüdischen Inhaftierten in Sachsenhausen im Oktober 1942, stellte es aber so da, als ob alle jüdischen Häftlinge daran beteiligt gewesen wären und die Aktion von den kommunistischen Häftlingen angeleitet worden sei.[54] Das Konzentrationslager wurde von Brandt als Raum konturiert, in dem die Kommunisten die politische Handlungshoheit innehatten. Er verwies auch auf die internationale Komponente der Diskussion: Würde die Aufnahme von Juden in die OdF-Maßnahmen nicht erfolgen, würde die »Weltöffentlichkeit« mit Unverständnis reagieren.[55] In der sich dem Referat anschließenden Diskussion fand die Skepsis gegenüber der Einbeziehung von Juden keine ausgeprägte Unterstützung, die »Berliner Linie« setzte sich durch. Brandt hatte im Sinne des Berliner Ausschusses dafür plädiert, die Unterscheidung zwischen Opfer und Kämpfer beizubehalten, indem »Kämpfer« in den ausgegebenen Ausweisen noch gesondert vermerkt werden sollte. Dies wurde als Ergebnis der Konferenz schließlich beschlossen und praktiziert.[56]

In der Literatur wird des Öfteren auf einen Beitrag von Jenny Matern, verantwortlich für Soziale Fürsorge in Sachsen, verwiesen, in dem sie eine Verbindung von jüdischen Opfern und finanziellen Forderungen behauptete.[57] Auch wenn in ihrem Beitrag unzweifelhaft eine »antisemitische Denkfigur« auftaucht, in dem Juden und Geld zusammen gedacht werden[58], war die Zustimmung auf der Konferenz selbst gering. Matern argumentierte eher defensiv und plädierte ebenfalls für eine Einbeziehung der Juden in die OdF-Maßnahme. Stattdessen fanden die drei jüdischen Kommunisten große Zustimmung, die sich auch mit persönlicher Betroffenheit gegen die von Matern und Richard Großkopf geäußerten Bedenken wandten.[59] Brandt griff Matern in seinem Schlusswort direkt an und warf ihr vor, nicht den Kern erfasst zu haben. Die OdF-Ausschüsse hätten sich als Behörde zu verhalten und dies erfordere unzweideutig die Anerkennung der Juden als Opfer des Faschismus.[60]

Die Zweiteilung in Kämpfer und passive Opfer bot Anschlüsse an das kommunistische Verständnis von Maskulinität, welches auf die Figur des einsatzbereiten und mu-

53 Referat von Heinz Brandt: Unsere Stellung zu den Opfern der Nürnberger Gesetzgebung, Konferenz der OdF am 27/28.10.1945 in Leipzig. BA-SAPMO, DY 54/277/1/1, Bl. 41r-48, Bl. 42.

54 Ebd., Bl. 44, Zitate Bl. 42.

55 Ebd., Bl. 44.

56 Ebd., Bl. 97 f.; vgl. zur Praxis Groehler, Integration, 112; Herf, Erinnerung, 100.

57 Ebd., 103; Groehler, Integration, 110; unkritisch Reuter/Hansel, 83 f.

58 Keßler, Schuld, 195.

59 Konferenz der OdF am 27/28.10.1945 in Leipzig. BA-SAPMO, DY 54/277/1/1, Bl. 73 und 94-96r. Auch die Empörung, die der Beitrag von Großkopf ausgelöst hatte und die zum Vorziehen des Referats von Brandt führte, stützt diese Annahme.

60 Konferenz der OdF am 27/28.10.1945 in Leipzig. BA-SAPMO, DY 54/277/1/1, Bl. 105.

tigen Kämpfers zielte, der selbstlos und diszipliniert sein Leben für den politischen Kampf einzusetzen bereit sei.[61] Der daraus abgeleitete Führungsanspruch bestimmte bereits das Vorgehen der Kommunisten in den Lagern und diese Haltung wurde nach dem Krieg weitergetragen. Das Referat Heinz Brandts war, trotz des klaren Bekenntnisses zu den jüdischen Opfern, von einer funktional-paternalistischen Haltung geprägt. Brandt zielte, wie auch die meisten anderen Redner und Rednerinnen, in der Frage der jüdischen Opfer explizit auf die politische Zwangslage, nur in dem Falle der Einbeziehung von Juden von den Westalliierten anerkannt zu werden.[62] Seine Argumentation war insofern funktionalistisch, als er behauptete, die jüdischen Opfer könnten sich von der KPD abwenden, wenn sie nicht einbezogen werden würden. Die führende Rolle im gesellschaftlichen Aufbau jedoch sollten die Kämpfer, und das hieß ganz überwiegend kommunistische Widerstandskämpfer, übernehmen. Hier war ein Grundstein für das antifaschistische Legitimationsnarrativ in der späteren DDR gelegt.

Brandts Abteilung Kultur und Propaganda war vor allem für den Kontakt zur entstehenden Berliner Presse und zum Rundfunk zuständig und organisierte am 9. September 1945 eine Großkundgebung in Berlin zum Gedenken für die Opfer des Faschismus. Die lizenzierte und unter alliierter Kontrolle stehende Presse wurde von der Abteilung Kultur und Propaganda auf Pressekonferenzen regelmäßig informiert. Zu den Aufgaben der Abteilung gehörte die Ausgestaltung von Veranstaltungen und Kundgebungen mit Transparenten, die Einrichtung eines Zentralarchivs zur Geschichte der Konzentrationslager und einer antifaschistischen Bücherei.[63] Die Arbeit von Brandts Abteilung konzentrierte sich Ende 1945 auf die Kampagne »Rettet die Kinder«.[64] Ziel war, für möglichst alle Berliner Kinder zum Weihnachtsfest ein Geschenk und ein Kleidungsstück zu sammeln. Auf etwas mehr als 1700 Weihnachtsfeiern wurden rund 365.000 Kinder in Berlin beschenkt und mit Essen versorgt.[65] Für diese Aktion wurde in Zeiten knapper Papierversorgung ein beachtlicher Aufwand mit Plakaten, Sammellisten und Aufrufen betrieben.[66]

---

61 Vgl. hierzu: George L. Mosse: Das Bild des Mannes. Zur Konstruktion der modernen Männlichkeit, Frankfurt/Main 1997, insb. 166-173 zum kommunistischen Verständnis in der Weimarer Republik.

62 Vgl. vor allem den Beitrag von Julius Meyer, der hierfür Beispiele aus der Berliner Praxis anführte. Die Anerkennung der behördlichen Anbindung der OdF-Ausschüsse durch die Westalliierten am 17. Oktober 1945 führte er auf die Einbeziehung der jüdischen Opfer zurück. Konferenz der OdF am 27/28.10.1945 in Leipzig. BA-SAPMO, DY 54/277/1/1, Bl. 69-73r.

63 Bericht über die Tätigkeit des Hauptausschusses »Opfer des Faschismus« für die Zeit vom 1.6. bis 30.9.1945. LAB, C Rep 118/1054, Bl. 1-7, Bl. 5.

64 Vgl. die Monatsberichte Oktober bis Dezember 1945 des Hauptausschusses OdF. LAB, C Rep 118/1054.

65 Statistische Angaben bei Reuter/Hansel, 91-93.

66 Es wurden insgesamt über 310.000 Plakate und Listen gedruckt, dazu 350.000 Sammelmarken. Vgl. LAB, C Rep 118/1054, Bl. 10.

Ende November 1945 beendete Brandt seine Tätigkeit für den Hauptausschuss OdF beim Berliner Magistrat. Die Gründe lagen in kaderpolitischen Schwierigkeiten der KPD. Die Berliner KPD hatte in zweierlei Hinsicht Probleme mit der hohen Zahl von kommunistischen Angestellten beim Magistrat: Die drei anderen Parteien forderten seit dem Sommer 1945, dass die Magistratsstellen stärker paritätisch zu besetzen seien. Die KPD stimmte dem zwar zu, aber die Dominanz von kommunistischen Angestellten wurde nur nach und nach abgebaut.[67] Auf der anderen Seite hatte die Partei selbst personell unter der Besetzung der Verwaltungsstellen gelitten, da viele Funktionäre durch ihre kommunalen Aufgaben der Parteiarbeit nur noch begrenzt zur Verfügung standen.[68] Vor diesem Hintergrund wechselte Brandt am 1. Dezember 1945 zur Bezirksleitung der KPD, wo er in Zukunft für die Pressearbeit zuständig war.

## 2 Parteikarriere: Vom Abteilungsleiter zum Sekretär für Propaganda der SED in Berlin 1946–1953

Die Zeit Heinz Brandts als Abteilungsleiter und als Sekretär der Landesleitung der SED in Berlin[69] war durch einen nicht untypischen Aufstieg gekennzeichnet. Hierzu gehörte auch die Delegierung an die Parteihochschule Karl Marx, an der Brandt 1949/50 einen Kurs für Spitzenfunktionäre besuchte. Dies geschah zu einer Zeit, in der sich die Blockkonfrontation zu verschärfen begann. Die Spaltung Deutschlands verfestigte sich mit der Gründung beider deutscher Staaten im Herbst 1949 und der Sowjetisierung der DDR.[70] Die SED vollzog ab 1948 eine forcierte Stalinisierung und eine ständig ansteigende Mobilisierung der Mitglieder und der Bevölkerung.[71] Gewisse Diskussionsfreiräume in der SED waren bis 1948 weitgehend zurückgedrängt worden.

67 Keiderling, Staatspartei, 204-210.

68 Ebd., 175.

69 Lange Zeit war die offizielle Bezeichnung »Groß-Berlin«, auch nachdem die Spaltung der Stadt vollzogen war. Im Text wird weitgehend von Berlin gesprochen, womit die gesamte Stadt gemeint ist. Beziehen sich die Aktivitäten auf einen der beiden Stadtteile, ist dies vermerkt. Bis 1952 hieß es Landesleitung, mit der Verwaltungsreform vom Juli 1952, als die Länder aufgelöst wurden, wurde auch Berlin in der SED-Struktur zum Bezirk. Verwaltungstechnisch behielt Ostberlin, angesichts des Viermächtestatus, eine Sonderstellung. Die Umbenennung in Bezirksleitung, Bezirkssekretariat usw. erfolgte im August 1952.

70 Vgl. Weber, Geschichte, 101-162. Zur Diskussion auch: Michael Lemke (Hrsg.): Sowjetisierung und Eigenständigkeit in der SBZ/DDR (1945–1953), Köln/Weimar/Wien 1999.

71 Andreas Malycha hat in seiner materialreichen Studie überzeugend von einer »schleichenden Stalinisierung« der SED gesprochen, die schon 1946 einsetzte. Mit dem Jahr 1948, als es zum Bruch zwischen der Sowjetunion und Jugoslawien kam, setzte die Umwandlung zum »Partei Neuen Typs« ein, mit dem die bisherige SED-Politik einer zumindest behaupteten Parität zwischen ehemaliger KPD und SPD beendet wurde. Malycha, SED, 509. Vgl. auch Harold Hurvitz: Die Stalinisierung der SED. Zum Verlust von Freiräumen und sozialdemokratischer Identität in den Vorständen 1946–1949, Opladen 1997.

Als »Partei Neuen Typs« wurde die SED ganz auf das sowjetische Parteimodell der hierarchisch geführten Kaderpartei ausgerichtet, in der die ideologische Geschlossenheit zum zentralen Element des Parteiverständnisses geworden war. Mit dieser Entwicklung ging eine dogmatische Erstarrung einher, auch in der Mitgliedschaft breitete sich ein Klima der Angst und Erschöpfung aus. Für die Parteiangestellten wurde eine ständige Mobilisierung kennzeichnend, die anhand der Struktur der Berliner SED-Führung und den sich überschlagenden Kampagnen im Folgenden anhand ausgewählter Beispiele der Tätigkeiten Heinz Brandts nachgezeichnet werden soll.

Dass Brandt zu den »eigensinnigen« Funktionären in der Nachkriegszeit gehörte, zeigt die Bekanntschaft mit Wolfgang Leonhard. In vorsichtigen Gesprächen thematisierten sie ihr Unbehagen an der SED-Politik[72] und Leonhard schrieb später:

> »Während der ersten Nachkriegsjahre [...] war ich oft mit ihm [Brandt] zusammen gewesen. Er gehörte zu jenen, die sich ihre Ideale, ihren Charakter und ihre Menschlichkeit bewahrten – und damit früher oder später in Konflikt mit den zynischen und eiskalten Apparatschiks geraten musste.«[73]

Noch immer hegte Brandt Hoffnungen auf einen eigenständigen deutschen Weg zum Sozialismus und auf eine Wiedervereinigung mit demokratischer Perspektive. 1948, als die These vom eigenständigen Weg zum Sozialismus nicht nur für die SBZ, sondern für alle im sowjetischen Einflussbereich stehenden Länder widerrufen wurde, kam es in der kommunistischen Weltbewegung zum Bruch mit Jugoslawien. Der jugoslawische Weg der Eigenständigkeit bot für Brandt Hoffnungen auf eine Eindämmung der sowjetischen Hegemonie.[74]

Die seit 1947 einsetzende Blockkonfrontation verengte die Möglichkeiten für eigenständige, sich von Ost wie West absetzende politische Bewegungen. In der SED war eine offene Diskussion nicht möglich. Ehemalige Angehörige so genannter »parteifeindlicher Gruppierungen« wie der KPO oder den Versöhnlern waren von Anfang an unter Beobachtung in der SED.[75] Offene Opposition von Kommunisten konnte es in der SED nicht geben, »aber immer noch eigensinnige, nichtstalinisierte Kommunisten.«[76] Brandt gehörte zu diesen »eigensinnigen« Kommunisten.

---

72 Brandt, Traum, 175-177.

73 Wolfgang Leonhard: Geheimprozess in Ostberlin. In: Die Zeit, 25.5.1962.

74 Brandt, Traum, 178.

75 Vgl. Thomas Klein: »Für die Einheit und Reinheit der Partei«. Die innerparteilichen Kontrollorgane der SED in der Ära Ulbricht, Köln/Weimar/Wien, 2002, insb. 48-93; Jochen Cerný: KPO in der SED? In: Wladislaw Hedeler/Mario Keßler/Gert Schäfer (Hrsg.): Ausblicke auf das vergangene Jahrhundert. Die Politik der internationalen Arbeiterbewegung von 1900 bis 2000, Hamburg 1996,100-117.

76 Cerný, KPO, 113.

Obwohl Brandt seine Autobiografie als Darstellung seines politischen Lebensweges verstand, blieb seine konkrete Tätigkeit als Funktionär in Berlin weitgehend unbeleuchtet. Diese Lücke erklärt sich daraus, dass Brandt außer den Kontakten zu Wolfgang Leonhard und zu Siggi Neumann nur wenig Ansatzpunkte aus seiner Arbeit hatte, die seiner Selbstdeutung als Oppositioneller entsprachen. Dies erklärte Brandt damit, nicht offen auftreten zu können:

> »Im Bannkreis der priesterlich-unfehlbaren, gottgeführten Monopolpartei ist nur innere Emigration, geheime Fraktion möglich – in der mehr oder weniger utopischen Hoffnung, dereinst als führende Fraktion eine Renaissance einzuleiten, für die man in homöopathischen Dosen schon vorher Voraussetzungen schafft.«[77]

Aus den verfügbaren Unterlagen lässt sich dementsprechend eine oppositionelle Haltung nur sehr schwer destillieren.

Neben dieser politischen Interpretation hat Brandt jedoch in einer unveröffentlichten Skizze auf ein weiteres Motiv für den langen Verbleib in der SED verwiesen: die Geborgenheit und Sicherheit eines geschlossenen Weltbildes. Er wählte hierfür die Metapher des Ammonhorns.[78] Diese Versteinerung von urzeitlichen Weichtieren symbolisierte für Brandt den Zustand des Schutzes, aber auch der Erstarrung in dem geschlossenen marxistisch-leninistischen Gedankengebäude der kommunistischen Partei. Dadurch erschien alles erklärbar und die Zweifel an der kommunistischen Politik habe er immer wieder verdrängt, um den Schutz des geschlossenen Lehrgebäudes nicht verlassen zu müssen. Erst die »stalinistische Entartung« habe ihn von diesem Weg der Gläubigkeit abgebracht und die Möglichkeit eines gedanklich freien Lebens eröffnet.[79] In dieser Rechtfertigungsschrift ist, ohne es explizit zu formulieren, seine Beteiligung an der Stalinisierung der SED und der Festigung der Diktatur in der SBZ und DDR mit aufgehoben. Brandt verstand sich als Getäuschter, der in bester Absicht schwer wiegende politische Fehler begangen habe.[80]

77 Brandt, Traum, 251.

78 Heinz Brandt: Das Ammonshorn. Unveröffentlichtes Manuskript, ca. 1964, NLB.

79 Ebd., 4.

80 Er stellte dem Abschnitt über seine Funktionärszeit einen Ausspruch von Nietzsche voran: »Das hab ich getan, sagt mein Gedächtnis. Das kann ich nicht getan haben, sagt mein Stolz – und bleibt unerbittlich. Endlich gibt das Gedächtnis nach.« Brandt, Traum, 168. Das Zitat: Friedrich Nietzsche: Jenseits von gut und böse. In: Friedrich Nietzsche. Werke in vier Bänden, Band IV, Salzburg 1985, 153-279, 197.

## 2.1 Pressearbeit für die SED-Landesleitung 1946–1949

Die KPD befand sich Ende 1945 in einer schwierigen Situation. Die Partei hatte zwar beachtliche Erfolge in der Mitgliederwerbung und war durch ihr enges Verhältnis zur Sowjetischen Militär-Administration (SMA) die in der Verwaltung führende deutsche Partei. Gerade in Berlin zeigte sich aber, dass die KPD in den Westsektoren ihre Mobilisierungsfähigkeit langsam verlor.[81] Es war zu befürchten, dass bei freien Wahlen nicht die KPD, sondern die anderen drei Parteien, vor allem die SPD, große Erfolge verbuchen würde.[82] Als Brandt im Dezember 1945 zur Bezirksleitung der KPD kam, war der Parteiapparat der KPD auf den »Fusionskampf« eingestellt: die Schaffung der Einheitspartei von SPD und KPD. Nach 1945 war die Forderung nach einem Zusammenschluss der beiden Arbeiterparteien verbreitet. Der »Bruderkampf« der Weimarer Republik, für viele der Grund für die Niederlage der Arbeiterbewegung gegen Hitler, sollte nicht fortgesetzt werden. Der Zentralausschuss der SPD (ZA) unter Otto Grotewohl in Berlin hatte bei der Konstituierung im Juni 1945 einen Zusammenschluss der beiden Parteien gefordert, den die KPD zu diesem Zeitpunkt jedoch aus taktischen Gründen ablehnte. Erst sollten sich beide Parteien wieder selbstständig konstituieren und nach einer ideologischen Klärung vereinigen, allerdings während dieser Zeit in einer »Aktionseinheit« bereits eng zusammenarbeiten.[83] Schon nach wenigen Monaten waren die Rollen vertauscht: Der ZA in Berlin war von einer schnellen Vereinigung abgerückt, in den Westzonen etablierte sich unter Kurt Schumacher eine SPD, die ein Zusammengehen mit der KPD ablehnte. Die KPD begann im Herbst 1945, eine breite Kampagne für die Einheitspartei zu entfalten, und im April 1946 vereinigten sich die beiden Parteien in der SBZ und in Berlin zur SED. Es ist heute weitgehend unstrittig, von einer »Zwangsvereinigung« zu sprechen, auch wenn es in der Basis beider Parteien Einheitsbestrebungen und auch praktische Zusammenarbeit gab. Die SPD in der SBZ hätte als Alternative zur Vereinigung nur die Selbstauflösung gehabt, eine eigenständige SPD war hier nicht mehr möglich.[84] Auch Brandt sprach später von der Zwangsvereinigung und rechtfertigte seine eigene Beteiligung damit, dass ablehnende Sozialdemokraten forderten, »gerade solche Genossen wie ich soll-

81 Keiderling, Staatspartei, 430 f. Im Oktober 1945 waren 47.052 Personen in der Berliner KPD, dies war eine Steigerung gegenüber der alten Mitgliederzahl vor 1933 um 142,6 %, gegenüber einer Mitgliederzählung vom August 1945 um 26,3 %. Allerdings waren die Steigerungen in der SBZ bedeutsam höher als in Berlin. Vgl. zu den Zahlen Benser, KPD, 276.

82 Für die KPD ernüchternd waren die Wahlergebnisse aus Österreich und Ungarn, die im November 1945 vernichtende Niederlagen der Kommunisten gebracht hatten. Vgl. Christoph Kleßmann: Die doppelte Staatsgründung. Deutsche Geschichte 1945–1955, Göttingen 1991, 139.

83 Ebd., 136-138.

84 Vgl. dazu Weber, Geschichte, 69-83; Leonhard, 348-359; zu der Diskussion um die Bewertung der Fusion nach 1990 vgl. Hurvitz, Stalinisierung, 19-26; Johannes Klotz (Hrsg.): Zwangsvereinigung? Zur Debatte über den Zusammenschluss von SPD und KPD in Ostdeutschland, Heilbronn 1996.

ten unter den Kommunisten in der neuen KPD und SED politisch wirken.«[85] Mit dieser Selbstbeschreibung, die stärker als spätere Rechtfertigung für sein Wirken zu verstehen ist, schloss sich Brandt einer Vorstellung von Demokratisierung und Eindämmung der stalinistischen KPD-Linie an, wie sie 1946 von manchen Sozialdemokraten, die in die SED kamen, vertreten wurde.[86] Auch wenn Brandt die Zwangssituation bei der Einigung erkannte, hat er das Vorgehen dennoch mitgetragen, da er politisch für notwendig gehalten habe.[87] Das »Ammonshorn« seiner Überzeugungen verhinderte eine kritische Auseinandersetzung mit den Ereignissen der Zwangsvereinigung. Zu der Abkapselung von kritischen Gedanken gehörte auch, dass Brandt bereits 1945 Arthur Koestlers *Darkness at Noon* las, dieses antistalinistische Buch jedoch nur als »Verleumdung, gemeine, raffinierte Lügen von Renegaten« ansah.[88]

Der »Fusionskampf« hatte in Berlin durch das Viermächtestatut eine besondere Komponente gegenüber der SBZ. Nachdem der ZA der SPD im Februar 1946 für die Vereinigung votiert hatte, sammelten sich in Berlin die sozialdemokratischen Einheitsgegner, die schließlich eine Urabstimmung über die Vereinigung durchführen ließen. Das Ergebnis dieser einzigen freien Abstimmung in der SPD über die Vereinigung, die auf die drei Westsektoren beschränkt blieb, zeigte eine klare Ablehnung einer sofortigen Vereinigung, auch wenn über 60 % prinzipiell für eine Zusammenarbeit mit der KPD stimmten.[89] Der Alliierte Kontrollrat verweigerte zunächst die Zulassung der SED, erst Ende Mai 1946 wurden die SED und die wiedergegründete SPD im gesamten Berliner Gebiet zugelassen.[90] Bei den Vereinigungsverhandlungen war festgelegt worden, dass die Besetzung der leitenden Funktionen paritätisch erfolgen sollte. Die SED war als eine Massenpartei konzipiert, in der jeder mitarbeiten konnte. Die Bekenntnisse zur Demokratie und zum friedlichen deutschen Sonderweg zum Sozialismus gehörten mit zu den Parteiprinzipien, die manchen Sozialdemokraten – aber wohl auch eigensinnigen Kommunisten wie Heinz Brandt – auf eine demokratische Entwicklung der Vereinigung zumindest hoffen ließen.[91] Wilhelm Pieck hatte auf

85 Brandt, Traum, 172. Ebd., 184 f., betonte Brandt, dass seiner Ansicht nach viele Sozialdemokraten mit ehrlicher Überzeugung in die SED kamen.

86 Hurvitz, Stalinisierung, 33-38, nennt es eine Selbsttäuschung der fusionswilligen SPD-Führung, die Kommunisten zu demokratisieren.

87 Vgl. seine Ausführungen 1985 auf einem Seminar in der Gustav-Heinemann-Akademie zur Zwangsvereinigung, in Auszügen abgedruckt in: Dieter Rieke (Hrsg.): Sozialdemokraten als Opfer im Kampf gegen die rote Diktatur, Bonn 1994, 31.

88 Brandt, Traum, 314.

89 Malycha, SED, 121. Zu dem »Fusionskampf« in Berlin vgl. auch das voluminöse Werk: Harold Hurvitz: Demokratie und Antikommunismus in Berlin nach 1945, Band 4: Die Anfänge des Widerstandes, Teil 2: Zwischen Selbsttäuschung und Zivilcourage: Der Fusionskampf, Köln 1990.

90 Die SPD blieb in Ostberlin bis 1961 bestehen, stand aber unter starkem Druck der SED und der Repressionsorgane. Die SED blieb ebenfalls bis 1961 in Westberlin bestehen und nannte sich danach in »Sozialistische Einheitspartei Westberlin« um.

91 Vgl. Ebd., 122-135; Weber, 82 f.

einer Sitzung der Bezirksleitung der Berliner KPD im April 1946 noch festgehalten: »Wenn wir auch auf dem Boden voller Parität stehen, so muss die Führung doch in unauffälliger Weise bei den Kommunisten liegen.«[92] Es ist unbestritten, dass die kommunistische Führung die Blockpolitik ebenso wie die Vereinigung als Mittel zum Machterhalt und -ausbau verstand.[93] Brandt war als Abteilungsleiter in der KPD-Bezirksleitung über diese Taktik informiert.

Zumindest in den ersten Jahren hatte Brandt noch Kontakte zu alten Freunden im Westen, die der kommunistischen Politik ablehnend gegenüberstanden. Ein Treffen mit dem alten SSB-Genossen und Versöhnler Siggi Neumann im Sommer 1946, der zu der Zeit für das Büro Schumacher in Hannover arbeitete, war nach den Angaben von Brandt davon geprägt, dass Neumann ihn beschwor, in den Westen zu gehen, da er in der langjährigen Haft nicht die Verbrechen des Stalinismus und somit das Scheitern des sowjetischen Sozialismusmodells mitbekommen habe. Brandt hielt dagegen, er wolle in Berlin bleiben, um hier für eine Demokratisierung einzutreten.[94] Die von Brandt an dieser Stelle angedeutete andauernde konspirative Verbindung zu Siggi Neumann ist nicht zutreffend.[95] Die Treffen mit Neumann, die Brandt der SED meldete, blieben Episode.[96] Brandt besuchte Ende 1947 auch seinen alten Freund aus SSB-Tagen, Werner Platschek, in Schweden. Diese Reise, für die er finanzielle Hilfe von Erich Fromm in Anspruch nahm, wurde von der SED genehmigt.[97] Vermutlich gab Brandt jedoch nicht Platschek, sondern einen Onkel Julian Zedner in Stockholm als Reiseziel an, um gegenüber der Partei unverdächtiger zu wirken.[98] Siggi Neumann und Werner Platschek hatten während des Krieges der Landesgruppe deutscher Gewerkschafter in Schweden angehört. In den Auseinandersetzungen um die Nachkriegsordnung arbeiteten sie in der »Gewerkschaftsopposition«, einem Kreis von

92 »Protokoll der B.L.-Sitzung und der Sekretäre der V. B. L. am 3. April 1946. LAB, C Rep 901/17, unpaginiert.

93 Vgl. Malycha, SED, 125 f.

94 Brandt, Traum, 173-174.

95 Vgl. zur Diskussion dieser Angaben Kap. III. 5 dieser Arbeit. 1946 ging Neumann zum Büro Schumacher nach Hannover und war kurze Zeit Leiter des Ostbüros bis November 1948, dann beim Parteivorstand der SPD beschäftigt. Ab 1954 arbeitete er beim IG-Metall Hauptvorstand. Vgl. Einleitung im Nachlass. AdsD, NL Siggi Neumann, Findbuch, I-II; Wolfgang Buschfort: Parteien im Kalten Krieg. Die Ostbüros von SPD, CDU und FDP, Berlin 2000, 22.

96 Handschriftlicher Lebenslauf vom 9.2.1951. LAB, C Rep 905 Personenakte Heinz Brandt.

97 Brandt erhielt für die Reise nach Schweden drei Wochen Sonderurlaub. Protokoll der Sitzung des Sekretariats der Landesleitung Groß-Berlin der SED, 18.10.1947. LAB, C Rep 901/96, Bl. 13. [diese Protokollreihe zukünftig zitiert als: Protokoll der Landessekretariatssitzung, Datum, Signatur].
Erich Fromm zahlte das Geld für die Fahrkarte von Berlin nach Schweden, da Brandt über keine ausländische Währung verfügte. Werner Platschek an Erich Fromm, 15.11.1947, EFA, Mappe Werner Platschek.

98 Diesen Hinweis hat die Stasi 1958 aus nicht überlieferten Parteiunterlagen entnommen. BStU, ZA, AOP 4617/63, Band 3, Bl. 164-167.

Linksoppositionellen aus KPO und unabhängigen Linken, die sich gegen eine Unterordnung unter alliierte Interessen aussprachen und für eine soziale Revolution plädierten.[99] Der Kontakt zu beiden Freunden ist spätestens 1948 eingeschlafen. Dies könnte mit den unterschiedlichen Positionen zusammenhängen – Brandt verteidigte zu der Zeit gegenüber den Freunden die Linie der Partei[100] – oder auch mit einer Gefährdung Brandts. Seine Westkontakte konnten ihm mit dem Beginn der Stalinisierung gefährlich werden. Gerade auch zu einer Zeit, in der er in der SED-Hierarchie aufrückte und sich mit dem 2. Parteitag der SED im September 1947 bereits die Stalinisierung und offene Konfrontation mit dem Westen ankündigte.[101]

Heinz Brandt war im April 1946 in den Apparat der SED-Landesleitung Berlin übernommen worden. Der Sitz der Landesleitung war in der vorherigen SPD-Zentrale in der Behrensstraße 35-39, im Ostsektor ganz in der Nähe des Brandenburger Tors gelegen. Auch in mancherlei anderer Hinsicht reklamierte die SED sozialdemokratische Traditionen. Dazu gehörte die neue Berliner Parteizeitung, die in Anlehnung an das alte SPD-Parteiblatt der Vorkriegszeit *Vorwärts* genannt wurde. Dennoch war die SED aus dem »Fusionskampf« in Berlin geschwächt hervorgegangen: Nur etwas über ein Drittel der Sozialdemokraten in Berlin traten der SED bei.[102] Insofern bestand hier auch schon sehr früh ein eindeutiges Übergewicht an Kommunisten. Nach den freien Stadtverordnetenwahlen in Berlin im Oktober 1946 verlor die SED dramatisch: Nur knapp 20 Prozent der Stimmen konnte die Partei auf sich vereinen, während die SPD mit fast 50 Prozent nicht nur in der Stadtverordnetenversammlung, sondern auch in fast allen Bezirken die Mehrheit stellte. Die SED versuchte mit Hilfe der Sowjets in der alliierten Kommandantur ihre Verwaltungspositionen zu halten, verlor aber an Einfluss.[103] Nach dem Beginn der Berliner Blockade, ausgelöst um die Frage der Wäh-

99 Vgl. dazu Dieter Günther: Gewerkschafter im Exil. Die Landesgruppe deutscher Gewerkschafter in Schweden, Marburg 1982, insb. 114-125; Zu den Aktivitäten von Siggi Neumann vgl. auch Helmut Müssener: Exil in Schweden. Politische und kulturelle Emigration nach 1933, München 1974, insb. 122-131, 179; die Zugehörigkeit von Platschek ergibt sich aus der Unterschrift unter eine Stellungnahme der Opposition in der Landesgruppe 1944. AdsD, NL Siggi Neumann, Box 12.

100 Neumann hob 1956, als der Kontakt wieder aufgenommen wurde, hervor, dass die Diskussionen »einseitig« gewesen seien. Siggi Neumann an Heinz Brandt, 6.3.1956 und 18.5.1956. AdsD, NL Siggi Neumann, Box 1; Werner Platschek betonte Neumann gegenüber, dass Brandt keine »Illusionen« mehr habe. Er hatte nach dem Besuch Ende 1947 auch keinen Kontakt mehr zu Brandt. Werner Platschek an Siggi Neumann, 16.10.1956. AdsD, NL Siggi Neumann, Box 7.

101 Brandt erlebte im Oktober 1948 den »Fall« Robert Hensel, ehemaliger Sozialdemokrat und Mitglied im Landessekretariat der SED in Berlin. Er hatte sich über die Verdrängung von Sozialdemokraten aus den Führungsfunktionen beschwert und war scharf angegriffen worden, vor allem, weil er sich mehrere Male mit Kommunalbeamten aus der SPD, die nach 1933 entlassen worden waren, nach 1945 getroffen hatte. Er übte eine scharfe Selbstkritik und konnte in Funktion bleiben. Vgl. LAB, C Rep 901/107, Bl. 1 und 9; Hurvitz, Stalinisierung, 468-470. Zum 2. Parteitag: Malycha, SED, 263-270; Hurvitz, Stalinisierung, 345-349.

102 Keiderling, Staatspartei, 558; Hurvitz, Stalinisierung, 100-103.

103 Vgl. Ribbe, Berlin, 1043-1046.

rungsreform in Berlin, kam es schließlich zur Spaltung der Stadt. Der SPD-geführte Berliner Magistrat und die Stadtverordnetenversammlung wurden in den Westen verlegt, daraufhin konstituierte sich im Ostsektor im November 1948 der »demokratische Magistrat«, der nicht gewählt, sondern auf einer Massenkundgebung ausgerufen wurde.[104] Diesen Vorgang hat Heinz Brandt für die Landesleitung in der SED-Theoriezeitschrift *Einheit* im März 1949 bewerten dürfen.[105] Die Ereignisse nannte er einen »revolutionären Akt«, mit dem es der SED gelungen sei, zumindest den Ostsektor von Berlin an die Entwicklung in der SBZ anzuschließen. Erst nach dieser Spaltung war es möglich, auch in Ostberlin die Verstaatlichung von Betrieben durchzuführen, die in der SBZ bereits 1946 durchgeführt worden war.[106] Ebenso konnte der Zweijahresplan, 1948 in der SBZ eingeführt, nun auch in Ostberlin umgesetzt werden.[107] Brandt nannte drei Aufgaben der Berliner SED: Annahme des Angebots des Ostberliner Magistrats, die Versorgung von ganz Berlin zu übernehmen; die Rückdrängung der in Westberlin eingeführten so genannten B-Mark und »Kampf gegen die rückständigen antisowjetischen und chauvinistischen Stimmungen«.[108] Hiermit waren die wichtigsten Ziele der SED-Politik für Berlin umrissen: Die Kontrolle über die gesamte Stadt zu erlangen, die Bindung Westberlins an die neue Westwährung zu kappen und schließlich die Unterdrückung von abweichenden Positionen, für die antisowjetisch und chauvinistisch sprachliche Chiffren darstellten. Die argumentative Grundlage des Artikels war die Behauptung, dass die »imperialistischen, kriegstreibenden Kräfte die Westsektoren zum ›Brückenkopf‹ der Reaktion« ausbauen würden. Neben der Figur der sich wieder erholenden »Reaktion« argumentierte Brandt bereits mit dem Ausverkauf Deutschlands an die Westmächte. Westdeutschland würde sich zur Kolonie entwickeln und ebenso wie Westberlin als ökonomischer Konkurrent ausgeschaltet werden. Diese dichotomische Einteilung entsprach der sowjetischen Zwei-Lager-Theorie.[109]

---

104 Ebd., 1050-1061; aus DDR-Sicht Gerhard Keiderling: Berlin 1945–1986. Geschichte der Hauptstadt der DDR, Berlin 1987, 297-304.

105 Heinz Brandt: Bedeutung und Konsequenzen des 30. November 1948. In: Einheit. Theoretische Zeitschrift des wissenschaftlichen Sozialismus 4 (März 1949), Heft 3, 228-234.

106 Weber, Geschichte, 67-69.

107 Brandt, Bedeutung, 232. Hierüber hatte Brandt bereits einige Monate vorher in der Einheit geschrieben: Heinz Brandt: Probleme des Berliner Zweijahresplans. In: Einheit. Theoretische Zeitschrift des wissenschaftlichen Sozialismus 3 (September 1948), Heft 9, 816-821.

108 Brandt, Bedeutung, 233.

109 Das Informationsbüro der Kommunistischen und Arbeiterparteien (Kominform), Nachfolgeorganisation der 1943 aufgelösten Komintern, verkündete auf seinem Gründungskongress im September 1947, dass die Welt in zwei Lager geteilt sei: Das Lager des Friedens – gemeint war die Sowjetunion und ihre Verbündeten – und das Lager des Imperialismus unter Führung der USA, welches einen Krieg ansteuern würde. Vgl. Thomas Haury: Antisemitismus von links. Kommunistische Ideologie, Nationalismus und Antizionismus in der frühen DDR, Hamburg 2002, 350 f.

Die politische Führung der Berliner Parteiorganisation lag nach dem Parteistatut bei dem gewählten Landesvorstand. Allerdings zeigte sich bald, dass die Landesvorstände in der SBZ und in Berlin seltener als geplant zusammentraten und die bestimmende Arbeit in den Landessekretariaten erfolgte, dessen Mitglieder aus den Reihen des Landesvorstands gewählt worden waren. Die SED folgte hier einer kommunistischen Parteitradition, sie war von Anfang an eine zentralisierte Partei, in der untergeordnete Parteigliederungen nicht eigenständig agieren sollten, sondern Anordnungen umzusetzen hatten.[110] Ende 1946 bestand der Apparat der Landesleitung aus 14 Abteilungen und 187 Beschäftigten, von denen 97 aus der KPD und 60 aus der SPD kamen.[111]

Heinz Brandt fungierte Ende 1946 als Abteilungsleiter für »Presse und Information«. Sein Stellvertreter war der ehemalige Versöhnler Gustav Ulfert.[112] Als Abteilungsleiter unterstand Brandt dem zuständigen Sekretär der Landesleitung der SED. In der KPD war dies Bruno Baum gewesen, der im Juni 1945 Sekretär für Presse und Agitation wurde. Da sich Brandt und Baum aus Auschwitz kannten und sich mit einer gewissen Sympathie zugetan waren, wird dies möglicherweise auch ein Grund für den Übertritt Brandts in den Parteiapparat gewesen sein.[113] In der SED wurde 1946 der Altkommunist Karl Mewis zuständiger Sekretär, im September 1947 dann Alfred Lowack.[114]

Die Abteilung hatte mehrere Aufgaben: Neben der Sammlung von Presseartikeln gehörte der Kontakt zur örtlichen Presse sowie der Presseabteilung des Parteivorstandes der SED dazu. Die Abteilung Information beschäftigte mehrere Berichterstatter, die für die Sammlung von Informationen in den unteren Parteigliederungen zuständig waren.[115] Diese Aufgabenverteilung war Ende 1947 bereits wieder umgruppiert worden. Brandt leitete nun die Abteilung »Werbung – Presse – Rundfunk«.[116] Mit »Werbung« war, sprachliche Reminiszenz an die sozialdemokratischen Traditionen, Agitation gemeint. Unter diesem Namen wurde dann im April 1949 eine eigenständige Ab-

110 Vgl. zum Organisationsaufbau der SED allgemein: Malycha, SED, 128-134; In den Landesvorständen wurden noch am längsten – bis 1948 – echte Debatten geführt. Die luzide Auswertung dieser Quellen bei Hurvitz, Stalinisierung; Malycha, SED. Brandt selbst nahm als Abteilungsleiter für Presse und Information nur selten an den Landesvorstandssitzungen teil.

111 Liste aller Funktionäre und Angestellten des Landesverbandes nach parteimäßiger Herkunft geordnet (ca. Ende 1946/Anfang 1947). LAB, C Rep 901/532, unpaginiert.

112 Ulfert hatte ab 1935 für die KPD bei Siemens gearbeitet. Sandvoß, Spandau, 82-84.

113 Vgl. Keiderling, Staatspartei, 93. Zum Verhältnis von Baum und Brandt vgl. Brandt, Traum, 191 f; Noch nach seiner Entlassung aus der Bezirksleitung hatte Brandt öfter mit Baum Kontakt, wie aus Berichten an das Ostbüro der SPD deutlich wird. Vgl. Willi [sic!] Baum kündigt entscheidende SED-Maßnahmen an. B1228/19, 29.5.1957. AdsD, SPD-PV-Ostbüro, 330 I, unpaginiert.

114 Liste der Einkünfte der Angehörigen der Landesleitung, 1.8.1947. LAB, C Rep 901/532, unpaginiert; Protokoll der Landessekretariatssitzung 27.4.1949. LAB, C Rep 901/95.

115 Liste aller Funktionäre und Angestellten des Landesverbandes nach parteimäßiger Herkunft geordnet (ca. Ende 1946/Anfang 1947). LAB, C Rep 901/532, unpaginiert.

116 Zusammenstellung der Personalliste nach dem Stand vom 18.11.1947. LAB, C Rep 901/532, unpaginiert.

teilung »Massenagitation« eingerichtet, Brandt blieb Abteilungsleiter für »Presse und Rundfunk«.[117] Aus dieser Funktion war er bereits – ohne gewählt zu sein – im September 1948 vertretungsweise in das Landessekretariat aufgerückt und nahm regelmäßig mit beratender Stimme an den Sitzungen teil, da der zuständige Sekretär für seine Abteilung, Alfred Lowack, ein ehemaliger Sozialdemokrat, an die Parteihochschule Karl Marx delegiert worden war und erst im März 1949 zurückkam.[118] Dem Landessekretariat gehörte Brandt auch weiterhin in beratender Funktion an, als die Führungsstruktur der SED im Rahmen der Umwandlung zur »Partei Neuen Typs« geändert wurde. Im Januar 1949 wurde auf der 1. Parteikonferenz der SED die Bildung eines Politbüros beschlossen sowie ein »Kleines Sekretariat« eingerichtet, welches dem Politbüro zuarbeiten sollte. Auch in den Ländern und in Berlin wurde ein Kleines Sekretariat aus wenigen leitenden Funktionären eingerichtet. Die Landessekretariatssitzungen, an denen Brandt weiterhin teilnahm, fanden seltener statt. Diese Maßnahmen dienten zur weiteren Zentralisierung der Macht, da die größeren Landesvorstände aus der tatsächlichen politischen Arbeit ausgeschaltet wurden und zu Akklamationsveranstaltungen verkamen.[119] Allerdings wurden schon im Juni 1949 die Kleinen Sekretariate wieder als Landessekretariate geführt, der Kreis der Teilnehmenden wuchs erneut an. Endgültig wurde die neue Führungsstruktur mit Zentralkomitee, dem entscheidenden Politbüro und der Entmachtung des Parteivorstandes und der Landesvorstände auf dem III. Parteitag der SED im Jahre 1950 beschlossen.[120]

Für Brandt war die Arbeit im Pressebereich die Fortsetzung seiner journalistischen Ambitionen aus der Zeit vor 1933. Allerdings war die Aufgabe nicht journalistisch, sie bestand vielmehr in konzeptioneller Öffentlichkeitsarbeit für die »Staatspartei«. Die Entwicklung der Presse war auch in Berlin von der besonderen Situation der Viermächtestadt gekennzeichnet. Bis Ende 1946 erschienen in der ganzen Stadt 16 Tageszeitungen, davon zehn im Osten, sechs im Westteil der Stadt.[121] Im Osten dominierten die Parteizeitungen sowie Zeitungen der Massenorganisationen, während im Westen unabhängige Zeitungen von den Alliierten lizenziert wurden. Alle Zeitungen unterlagen der Zensur der jeweiligen Besatzungsmacht. Diese erfolgte als zeit- und personalaufwändige Vorzensur, die für den sowjetischen und französischen Sektor – fast ein Jahr nach den beiden anderen Sektoren – erst im November 1946 abgeschafft

117 Aufbau der beiden Abteilungen vom 25.4.1949 vgl. LAB, C Rep 901/113, Bl. 120-122.

118 Abt. Personalpolitik an das Büro Sekretariat, 25.8.1948. LAB, C Rep 901/108, Bl. 45.

119 Vgl. Malycha, SED, 307-310; Monika Kaiser: Die Zentrale der Diktatur – organisatorische Weichenstellungen, Strukturen und Kompetenzen der SED-Führung in der SBZ/DDR 1946 bis 1952. In: Jürgen Kocka (Hrsg.): Historische DDR-Forschung. Aufsätze und Studien, Berlin 1993, 57-86, 72-75.

120 Ebd., 80 f.

121 Rudolf Reinhardt: Zeitungen und Zeiten, Journalismus im Berlin der Nachkriegszeit, Köln 1988, 54. Vgl. als Überblick über die Presseentwicklung in der SBZ: Heinz-Dietrich Fischer: Parteien und Presse in Deutschland seit 1945, Bremen 1971, 74-84; detailliiert zur Berliner Situation: Hurvitz, Eintracht, 124-138.

wurde. Bis 1950 erfolgte eine Nachzensur. In den »Richtlinien für die Lizenzinhaber der deutschen periodischen Presse« legten die Sowjets für ihren Sektor die Tabuthemen fest: Verboten waren tendenziöse Schilderungen über die Lage der Besatzungszonen, über die Besatzungstruppen selbst, eine feindliche Haltung gegen die Sowjetunion, Berichte über Vorfälle mit sowjetischen Militärpersonen, über Demontage und Reparationen, Produktionskraft und Stärke von Betrieben. Kommentare durften über Westalliierte, aber nicht über die Sowjetunion erscheinen.[122] Drei Zeitungen – die *Berliner Zeitung* (ab 1945) und die beiden Boulevardblätter *Nacht-Express* (1945–1953) und *Berlin am Mittag* (1947–1948) erschienen als privat lizenzierte Zeitungen, waren aber unter Kontrolle der SED. Sie sollten ein Gegengewicht gegen die westlichen Berliner Zeitungen bilden.[123] Das Landessekretariat der SED leitete direkt nur den *Vorwärts* an sowie die Berliner Seite des *Neuen Deutschlands (ND)*. Bereits am 9. April 1946, also vor der Vereinigung zur SED gegründet, gehörte der *Vorwärts* zu der lizenzierten Parteipresse. Die Zeitung erschien in dem SED-eigenen Vorwärts-Verlag, mit dem SED-Landesverband Berlin als Gesellschafter.[124] Ein Redakteur dieser Zeitung nahm regelmäßig an den Sekretariatssitzungen teil. Der *Vorwärts* wurde von dem Altkommunisten Max Keilson geführt, im Frühjahr 1947 kam der ehemalige Sozialdemokrat Robert Keller als zweiter Chefredakteur hinzu. Keilson leitete den Vorwärts bis zu dessen Einstellung Ende 1949. Die Einstellung des *Vorwärts* erfolgte auf Anweisung des Politbüros.[125]

Die Zeitungen der SED wurden im leninistischen Sinne als Agitationsblätter verstanden.[126] Die sowjetischen Behörden konnten sich weitgehend darauf verlassen, dass die ihr unangenehmen Themen in der SED-Presse nicht behandelt werden würden, da die Redakteure sich an die Vorgaben halten müssten.[127] Es gab zwar häufiger von SED-Mitgliedern, die aus der SPD kamen, Kritik an der Berichterstattung des *Vorwärts*.[128] Inhaltlich wurde vor allem beklagt, dass das Image der »Russenpartei«, das in den internen Diskussionen im Landesvorstand als Grund für die Wahlniederlage der SED vom Oktober 1946 ausgemacht wurde, im *Vorwärts* nicht angesprochen

122 Peter Strunk: Zensur und Zensoren. Medienkontrolle und Propagandapolitik unter sowjetischer Besatzungsherrschaft in Deutschland, Berlin 1996, 92-111.

123 Ebd., 85-91.

124 Die Lizenz für die Zeitung war bereits im Januar 1946 erteilt worden. Vgl. Ebd., 72. Die Landesleitung gründete auch eine eigene Druckerei für die Zeitung. Vgl. Bericht über die Errichtung einer Druckerei für den »Vorwärts«, 28.5.1946. LAB, C Rep 901/91, Bl. 2 f.

125 Strunk, Zensur, 74. Auch die anderen Landeszeitungen der SED wurden eingestellt. Das Berliner Landessekretariat versuchte die Einstellung anfänglich zu verhindern, beugte sich aber zügig dem Politbürobeschluss. Protokoll der Landessekretariatssitzung 4. und 9.11.1949. LAB, C Rep 901/120, Bl. 4 und 38. Der *Vorwärts* erschien weiter als Montagsausgabe des *ND* in Berlin.

126 Strunk, Zensur, 59.

127 Ebd., 154.

128 Vgl. die Diskussionen im Landesvorstand der SED im Herbst 1946: LAB, C Rep 901/13, Bl. 20-36; 16, Bl. 20-50.

werden könne.[129] Angesichts des zurückgehenden Zuspruchs für die SED vor allem im Westen sollte der *Vorwärts* genutzt werden, um für die Politik der SED zu werben. Bei der Gründung betrug die Auflage rund 140.000 und stieg nach wenigen Monaten auf rund 300.000 Exemplare, fiel danach jedoch wieder rapide. 1947 betrug die Auflagenhöhe wieder nur rund 140.000 Exemplare.[130] Damit lag sie nur knapp über dem Mitgliederstamm der Berliner SED, der im Juni 1948 bei etwa 115.000 Personen lag.[131] Angesichts der angespannten Situation nach Beginn der Blockade beantragte Brandt im September 1948, das Thema »Vorwärts« auf die Tagesordnung zu setzen.[132] Ende Dezember 1948 nahm das Landessekretariat der SED eine Vorlage Brandts zum *Vorwärts* an.[133] Die Redaktion der Zeitung sollte durch eine engere Bindung an das Landessekretariat unterstützt werden. Der *Vorwärts* sollte zur »politisch-operative(n) Zeitung« werden, in der die »Berliner Genossen und die mit auf unserer Seite stehenden Werktätigen [...] am Mittag im ›Vorwärts‹ die Aufgaben und Argumente für ihren politischen Tageskampf finden«.[134] Durch die Einrichtung einer neuen Morgenredaktion sollten die Westberliner Blätter ausgewertet und Gegenargumentationen entwickelt werden. Als Drittes versprach man sich von dem Ausbau der »Arbeiterkorrespondenten«, die aus den Betrieben und Wohngebieten für die Zeitung schreiben sollten, eine Stärkung. Hierzu organisierte Brandt im November 1948 eine Tagung der Berliner Betriebskorrespondenten, auf der er die Durchführung des Berliner Zweijahresplanes propagierte.[135] Der Vertrieb des *Vorwärts* sollte durch eigene Verkaufsstände der SED-Presse verbessert werden.[136] Im Westen sollten die Kreisorganisationen

---

129 Vgl. Hurvitz, Stalinisierung, 71-80; Norbert Podewin/Manfred Teresiak: »Brüder, in eins nun die Hände ...« Das Für und Wider um die Einheitspartei in Berlin, Berlin 1996, 161 f.

130 Strunk, Zensur, 72.

131 Die obige Gesamtzahl verteilt sich auf 73.344 Mitglieder im Ostsektor, 41.627 im Westsektor. Zu den Zahlen vgl. Hurvitz, Stalinisierung, 278.

132 Abtl. Werbung/Presse/Rundfunk an das Büro des Sekretariats, 28.9.1948. LAB, C Rep 901/107, Bl. 51. Zu den Sitzungen sollte auch einer der Chefredakteure des Berliner Rundfunks entsandt werden, die bisher nicht regelmäßig an den Sitzungen des Landessekretariats teilnahmen. Die Zuständigkeit für Rundfunk bezog sich nicht auf eine Anleitung der Sender, dies erfolgte durch die SED-Zentrale. Aufgabe der Abteilung Presse war die Versorgung der Rundfunkjournalisten mit Materialien der Landesleitung.

133 Vorlage über Charakter und Zukunft des »Vorwärts« o. D. (zur Landessekretariatssitzung 29.12.1948). LAB, C Rep 901/109, Bl. 89-92.

134 Ebd., Bl. 59.

135 LAB, C Rep 901/107, Bl. 84 f. Die Betriebskorrespondenten bzw. »Volkskorrespondentenbewegung« wurde ab 1948 systematisch aufgebaut. Gemeint waren bei Zeitungen geführte regelmäßige Berichterstatter vor allem aus den Betrieben. Damit sollte eine größere Massenverbundenheit erreicht, aber auch das »Spezialistentum« von Journalisten verhindert werden. Vgl. Sigrun Richter: Die Volkskorrespondenten-Bewegung der SED-Bezirkspresse. Theorie, Geschichte und Entwicklung einer Kommunikatorfigur, Frankfurt/Main u. a. 1993, insb. 187-246 als historischer Abriss für die Jahre 1946–1951.

136 Protokoll der Landessekretariatssitzung vom 15.1.1949 und 22.1.1949. LAB, C Rep 901/110, Bl. 33 f. und 72.

der SED die Verteilung organisieren.[137] Eine Auflagensteigerung brachten diese Maßnahmen nicht.

Konflikte um Brandts Tätigkeiten sind aus den Unterlagen des Landessekretariats nicht ersichtlich. Nur wenige Artikel erschienen im *Vorwärts* mit Namen[138], wie es in der SED-Presse allgemein üblich war. Wenn dies erfolgte, waren es vor allem bekanntere Persönlichkeiten, die zeichneten, um so die Repräsentativität und Bedeutung von programmatischen Aussagen in Artikeln zu unterstreichen. Dies galt für den *Vorwärts* wie auch für das *ND*.[139] Brandt verfasste die oben erwähnten Artikel für die *Einheit* als Vertreter des Landessekretariats. Dies wird auch der Grund für einen dritten Artikel in dem zentralen Organ gewesen sein, den Brandt bereits 1946 verfasst hatte.[140] Er fasste darin anhand des Siemens-Konzerns in Berlin die Versuche der SED zusammen, die entschädigungslose Enteignung der Betriebe von Kriegsverbrechern und ehemaligen NSDAP-Mitgliedern zu erreichen. Aufhänger war die Forderung nach der Entlassung zweier nationalsozialistisch belasteter Vorstandsmitglieder von Siemens. Sie waren von einem Spandauer Entnazifizierungsausschuss nicht entlastet worden, woraufhin die SED ihre Entlassung und die Sozialisierung des Betriebs forderte.[141] Die Verbindung von Entnazifizierung und Sozialisierung begründete Brandt damit, dass nur so die Demokratie gesichert werden könne.[142]

Häufiger trat Brandt als Referent der Landesleitung bei unteren Parteigliederungen oder an der Landesparteischule der SED in Berlin auf[143] oder war für die Ausgestaltung von Veranstaltungsorten zuständig, so bei einer Landeskonferenz im November 1948.[144] Auch ein Fotoalbum für Wilhelm Pieck, den Vorsitzenden der SED, über die konstituierende Sitzung des Ostberliner Magistrats am 30. November 1948 sollte Brandt erstellen.[145] Die soziale Situation von Brandt war durch die privilegierte Stellung als Funktionär weniger von den großen Belastungen der Nachkriegsjahre ge-

137 LAB, C Rep 901/112, Bl. 26.

138 Heinz Brandt: »Schluß jetzt mit den Kriegsverbrechern in Berlin!«. Vorwärts, 21.9.1946, 2. Darin unterstützte Brandt den SED-Antrag im Einheitsausschuss nach Enteignung der Betriebe von Kriegs- und Naziverbrechern.

139 Kristen Benning: Die Geschichte des SED-Zentralorgans »Neues Deutschland« von 1946 bis 1949. Die Waffenlieferanten »im Kampfe gegen die Reaktion und ihre Verwirrungsmanöver«, Münster 1997, 161.

140 Heinz Brandt: Der Prozeß von Spandau. In: Einheit. Theoretische Monatsschrift für Sozialismus 1 (Oktober 1946), Heft 5, 302-310.

141 Einer der beiden Betroffenen, der frühere Personaldirektor Wolf-Dietrich von Witzleben, wurde im Januar 1947 von der britischen Militärverwaltung entlassen, jedoch kurz darauf als unbelastet eingestuft. Im März 1947 wurde er nach einer Abstimmung der Belegschaft wieder eingestellt. Vgl. Berlin 1946–1948, 134 und 187.

142 Brandt, Prozeß, 306.

143 Abt. Parteischulung, Kultur und Erziehung an das Landessekretariat, 25.10.1948. LAB, C Rep 901/107, Bl. 95.

144 LAB, C Rep 901/108, Bl. 75.

145 LAB, C Rep 901/109, Bl. 73.

prägt. Als Abteilungsleiter verdiente Brandt bereits 1947 mit Zuschlägen 600 Mark.[146] Die höheren Lebensmittelzuteilungen und die Vergünstigungen für leitende Funktionäre enthoben Brandt einer alltäglichen Auseinandersetzung um die Versorgung. Die Vorzugsbehandlung wurde damit gerechtfertigt, dass der Sozialismus keine »Gleichmacherei« bedeute, sondern nach Arbeitsleistung bezahlt werde.[147] Für skeptische SED-Mitglieder war die unterschiedliche Behandlung der Funktionäre jedoch ein Punkt der Kritik.[148] Wohl auch diese Erfahrungen haben Brandt später davon sprechen lassen, dass im Westen der Profit, im Osten hingegen das Privileg regieren würde.

Die politischen Bindungen an Berlin wurden durch private Bindungen vertieft. Eine erste Ehe schloss Brandt 1946 mit der aus der Moskauer Emigration zurückgekehrten Elfriede Meier. Allerdings hielt die Ehe, aus der eine Tochter stammte, nicht lange, bereits 1947 trennten sich die beiden Ehepartner wieder. Im Juni 1949 heiratete Brandt die 1922 geborene Anneliese Schwichtenberg. Sie war nach eigenen Angaben bereits während des Krieges mit Sozialdemokraten in Kontakt gekommen und 1945 der SPD beigetreten.[149] Seit 1946 arbeitete sie bei der Landesleitung der SED, zuerst als Sekretärin, dann als Pressereferentin in der Abteilung Presse und Information.[150] Bei ihrer Heirat arbeitete sie als Korrespondentin für die *Berliner Zeitung* und war ab 1951 Redakteurin beim Berliner Rundfunk.[151] Die Tochter Brandts blieb bei der Mutter, Anneliese Schwichtenberg brachte einen Sohn mit in die Ehe. 1949 wurde ein gemeinsamer Sohn geboren, 1955 noch eine Tochter. Die in der SBZ geschlossene Verbindung hielt bis zum Tode von Heinz Brandt. (☛ vgl. Abb. 7, S. 153)

## 2.2 Kaderausrichtung: An der Parteihochschule Karl Marx

Notwendiger Schritt für die Parteikarriere Brandts war die politische Qualifikation, die er an der Parteihochschule Karl Marx 1949/50 erhielt. Die Kaderpolitik war die Grundlage, um organisatorische, politische und ideologische Einflussnahmen auf

---

146 Liste der Einkünfte der Angehörigen der Landesleitung, 1.8.1947. LAB, C Rep 901/532, unpaginiert.

147 Protokoll der Landesvorstandssitzung, 4.10.1946. LAB, C Rep 901/14, Bl. 6 f.; vgl. auch Weber, Geschichte, 111.

148 Vgl. dazu Leonhard, Revolution, 405-409.

149 Lebenslauf Annelie Brandt, undatiert (nach 1964). NLB. Im Weiteren, wenn in den Quellen nicht explizit anders geschrieben, wird von Annelie Brandt gesprochen, da dies im Familien- und Freundeskreis der gängige Rufname war.

150 Liste aller Funktionäre und Angestellten des Landesverbandes nach parteimäßiger Herkunft geordnet (ca. Ende 1946/Anfang 1947). LAB, C Rep 901/532, unpaginiert. Dort ist Annelie Schwichtenberg als »Stenotypistin« vermerkt. Im August 1947 ist sie Referentin für Kriegsverbrecherbetriebe laut Unterlagen des Landessekretariats. Vgl.: Liste der Einkünfte der Angehörigen der Landesleitung, 1.8.1947. LAB, C Rep 901/532, unpaginiert.

151 Lebenslauf Annelie Brandt, undatiert (nach 1964). NLB.

**Abb. 7:** Heinz Brandt mit seiner Tochter Irmgard aus erster Ehe am Rande einer Kundgebung, um 1949.

Staat, Gesellschaft und in der Partei selbst zu sichern. Dazu gehörte eine strenge Auswahl der Kader durch die vorgesetzten Parteistellen. Dabei stand nicht unbedingt die fachliche Qualifikation im Vordergrund, sondern die ideologische Zuverlässigkeit.[152] Das Machtmonopol der SED im Staat führte zu einer »Entdifferenzierung von Institutionen«, da es sich die SED vorbehielt, für alle gesellschaftlichen Bereiche die führende Rolle durch ihre Kader zu übernehmen.[153] Das Kadernomenklatursystem, das sowjetische Elitenlenkungsmodell mit der Beschreibung aller Arbeitsstellen in Partei und Staat, die von der SED kontrolliert und besetzt wurden, entwickelte sich Anfang der 50er-Jahre im Rahmen der Stalinisierung.[154] Das wesentliche Mittel zur Qualifizierung der Kader war die Schulung. Dies galt prinzipiell für alle Parteimitglieder, die sich auf wöchentlichen Schulungsabenden mit der Politik der Partei vertraut machen sollten. Grundlage war der aus der KPD stammende Gedanke, die Durchschlagskraft der politischen Argumentation der Mitglieder durch eine umfassende Schulung mit zentral herausgegebenem Material zu erhöhen und gleichzeitig zu vereinheitlichen.[155] Die Bildungstraditionen der Arbeiterbewegung ermöglichten Anschlüsse an die marxistische Schulung der früheren Zeit, wobei die KPD eine umfassendere Tradition der Mitgliederschulung besaß als die SPD.[156] Mit der forcierten Stalinisierung zur »Partei

152 Malycha, SED, 208.

153 Rainer M. Lepsius: Die Institutionenordnung als Rahmenbedingung der Sozialgeschichte der DDR. In: Hartmut Kaelble/Jürgen Kocka/Hartmut Zwahr (Hrsg.): Sozialgeschichte der DDR, Stuttgart 1994, 17-30, 18.

154 Kaiser, Zentrale, 75 f.

155 Thekla Kluttig: Parteischulung und Kaderauslese in der Sozialistischen Einheitspartei Deutschlands 1946–1961, Hamburg 1997, 45-53.

156 Ebd., 40-44.

neuen Typs« wurde die »Theorie des wissenschaftlichen Sozialismus« in der sowjetischen Ausprägung des Marxismus-Leninismus bestimmend für die Schulung der Partei. Die Parteischulung der hauptamtlichen Kader organisierte die SED über einen gestaffelten Schulbesuch. Die Gliederung bestand analog zum gesamten hierarchisierten Parteiaufbau. Auf unterer Ebene standen Kreisparteischulen, die von den Kreisen angeleitet wurden, aber bezüglich des Schulungsmaterials und des Personals von der jeweiligen Landesorganisation kontrolliert wurden. In ihnen fanden in der Regel kürzere Kurse statt. Die Berliner Kreisparteischule für alle Kreise lag in Berlin-Kaulsdorf. Die Landesparteischule wurde vom Landesverband angeleitet, jedoch vom zentralen Parteiapparat kontrolliert. In Berlin lag die Landesparteischule »Friedrich Engels« in Karolinenhof. Höchste Stufe war die zentrale Parteihochschule Karl Marx.[157]

Die Parteihochschule Karl Marx war im Juni 1946 mit einem ersten Halbjahreslehrgang in Liebenwalde nördlich von Berlin eröffnet worden.[158] Im Januar 1948 wurde die Parteihochschule nach Klein-Machnow im Süden von Berlin verlegt. Das weitläufige Gelände lag abgeschirmt in einem Wald.[159] Die Schüler lebten auf dem Gelände und konnten nur an den Wochenenden die Schule verlassen. Als Heinz Brandt im September 1949 an die Parteihochschule kam, dominierte ein Klima der Repression, das anfängliche freiere Diskussionsklima war verschwunden.[160]

Brandt war bereits im September 1947 für den Besuch der Parteihochschule vorgeschlagen worden. Da für seine Stelle in der Landesleitung jedoch kein geeigneter Ersatz vorhanden war, wurde sein Besuch um ein halbes Jahr zurückgestellt.[161] Seine erneute Delegierung erfolgte schließlich erst im Sommer 1949. Für den »5. Lehrgang für leitende Parteifunktionäre im Zonen- und Landesmaßstab« wurde er zusammen mit 21 weiteren Kadern von der Abteilung Personalpolitik der Berliner Landesleitung der Personalabteilung des ZK vorgeschlagen[162], am gesamten Lehrgang nahmen 172 Kader teil.[163] Brandt war bei seiner Delegierung dafür vorgesehen, nach dem Schulbesuch als Redakteur im *Vorwärts* zu arbeiten. Die Charakteristik hielt fest:

> »Gen.[osse] B.[randt] verfügt aufgrund seiner Schulbildung über ein gutes Allgemeinwissen und grosse Parteierfahrung, besonders auf dem Gebiet der Presse. Er

157 Ebd., 77 f.

158 Ebd., 210-221 zur Gründung und Struktur der Parteihochschule; Hermann Weber: Damals, als ich Wunderlich hieß. Vom Parteihochschüler zum kritischen Sozialisten. Die SED-Parteihochschule »Karl Marx« bis 1949, Berlin 2002, 12.

159 Ebd., 100 f.

160 Vgl. Ebd.; Leonhard, Revolution, 389-396; Kluttig, Parteischulung, 468.

161 Protokoll der Landessekretariatssitzung, 20.9.1947 und 25.9.1947. LAB, C Rep 901/95, Bl. 18 und 22.

162 Bestätigung der Perspektiven der Kandidaten des 5. Halbjahreslehrganges an der Parteihochschule »Karl Marx«. LAB, C Rep 901/117, Bl. 131-136.

163 Kluttig, Parteischulung, 563.

würde eine Verstärkung in der Redaktion bedeuten, vielleicht sogar dort in leitender Stellung.«[164]

Die Delegierung an die Parteihochschule zeigt, dass er innerhalb der SED-Kaderhierarchie für höhere Aufgaben vorgesehen war.

Der »Neunmonatslehrgang« dauerte von September 1949 bis Ende Mai 1950. Anfänglich nur als Halbjahreslehrgänge angeboten, dienten diese Lehrgänge für höhere Funktionäre, die bereits längere Zeit in der Partei waren.[165] Die Schulung jüngerer Kader wurde in Zweijahreslehrgängen vorgenommen.[166] Brandt war mit seinen 40 Jahren nur knapp über dem Altersdurchschnitt der von der Landesleitung Berlin entsandten Teilnehmer, der etwas über 38 Jahren lag.[167] Obwohl für einen Kader der SED der Schulbesuch auch notwendiger Teil der Parteikarriere war, hat Brandt doch mit einem gewissen Unmut die Parteischule besucht. In einer Beurteilung der Schule wurde hervorgehoben, dass seine Leistungen zwar zwischen sehr gut und gut liegen würden, aber ob seiner Vorbildung – er gehörte zu den 14 Kursteilnehmern, die eine höhere Schule besucht hatten – ein besseres Ergebnis zu erwarten sei. Ein Unterschätzen der Arbeit, auch »gesellschaftlicher Arbeit« – Brandt war Redakteur der Wandzeitung in der Schule – hätte zu diesem Ergebnis geführt.[168] Auch seine Schülergruppe kritisierte Brandt dafür, dass er sich anfangs »theoretisch gleichwertigen, aus seiner praktischen Tätigkeit bekannten Berliner Genossen sowie Genossen der Parteileitung in seiner Freizeit näher anschloß. Nach Kritik des Kollektivs hatte er den Anschluß an das Kollektiv gefunden.«[169] Brandt hat den Schulbesuch als eine Rückstufung erlebt. Der Kontakt zu seiner vorherigen Arbeitsstelle half ihm anfangs, den Bedeutungsverlust zu verwinden. Dies wird aus der von Brandt überlieferten Selbsteinschätzung vom

164 Bestätigung der Perspektiven der Kandidaten des 5. Halbjahreslehrganges an der Parteihochschule »Karl Marx«. LAB, C Rep 901/117, Bl. 131.

165 In Brandts Lehrgang kamen jedoch nur 47 % der Teilnehmer aus der Arbeit auf Landesebene, die anderen aus unteren Parteigliederungen. Bei den vorhergegangenen Lehrgängen war das Verhältnis für die höheren Funktionäre noch ungünstiger. Vgl. Kluttig, Parteischulung, 319 f. Später wurden die Lehrgänge auf ein Jahr verlängert.

166 Der erste Zweijahreskurs begann 1947, Hermann Weber nahm daran teil. Vgl. Weber, Damals, 16 f.; Leonhard, Revolution, 389 f.

167 Bestätigung der Perspektiven der Kandidaten des 5. Halbjahreslehrganges an der Parteihochschule »Karl Marx«. LAB, C Rep 901/117, Bl. 131-136, eigene Berechnungen.

168 Parteihochschule Karl Marx: Beurteilung Heinz Brandt, 29.4.1950. LAB, C Rep 900 IV L-2/4/1422, unpaginiert; teilweise wortidentisch: Charakteristik Heinz Brandt, 19.1.1950. LAB, C Rep 900 IV L-2/4/1422, unpaginiert. Diese Charakteristik hatte die Klassenlehrerin Luise Wagner (1906–1980) unterschrieben. Wagner stammte aus der Sozialdemokratie und war zuerst noch offener gegen die Stalinisierung aufgetreten, dann aber zurückhaltender geworden. Sie verließ die Parteihochschule im März 1950. Vgl. Weber, Damals, 259 f.

169 Gruppeneinschätzung zur Selbsteinschätzung des Gen. Heinz Brandt, 26.4.1950. LAB, C Rep 900 IV L-2/4/1422, unpaginiert. Dort die folgenden Zitate.

April 1950 deutlich, in der er sich als reuigen Sünder inszenierte.[170] Er betonte, bereits mit großem Vorwissen an die Parteihochschule gekommen zu sein, dessen Vertiefung und Systematisierung er erwartet habe. Aber erst im Verlaufe des Studiums sei ihm die »Lückenhaftigkeit meiner bisherigen Kenntnisse in vollem Umfang bewußt« geworden. Er habe nun die »weltgeschichtliche Bedeutung« der Sowjetunion und ihrer »genialen Führer Lenin und Stalin« verstanden. Die theoretischen Kenntnisse wollte Brandt im Selbststudium vertiefen und sein »ganzes Bestreben« darauf richten, sie in der politischen Arbeit umzusetzen. Er räumte auch weitere Schwächen ein: So wollte er sein »ungenügendes Gedächtnis für sachliche Einzelheiten« trainieren; ebenso sei es verfehlt gewesen, dass er sich anfangs noch in die »operative Berliner Arbeit« einschaltete und so seine Rolle als Schüler verkannte. Die Herausbildung einer stalinistischen Identität war durch eine strikte Disziplinierung und Brechung individueller Eigenarten bestimmt. Die soziale Praxis innerhalb der Partei war hierzu die »Kritik und Selbstkritik«, die mit der Stalinisierung der SED aus der sowjetischen Partei übernommen wurde.[171] Vor allem zwei Praktiken kamen hier zum Einsatz: Die für die Partei geschriebenen Lebensläufe und die ritualisierten Sitzungen im jeweiligen Parteiumfeld, in denen parteiöffentlich »Kritik und Selbstkritik« zu üben waren. Dabei sollte gerade nicht die individuelle Persönlichkeit dargestellt werden, sondern eine soziale Person, die den Normen und Werten der Partei entsprach. So konnten auch Banalitäten zum Anlass für Selbstanklagen werden. Die Selbstanklagen wurden häufig nicht als Identitätsverlust, sondern als Konstituierung der Persönlichkeit im »Wir« der Partei erlebt.[172] Brandt betonte in seiner Einschätzung, dass sein »Parteibewußtsein« durch »das Erlebnis der Kritik und Selbstkritik sowie die erzieherische Wirkung der Schule des Kollektivs weiter gefestigt« worden sei.[173] Aufgrund der durchgängig positiven Beurteilungen von Brandt ist nicht davon auszugehen, dass er im Rahmen der Parteihochschule durch zweifelnde Reden oder gar offenen Widerspruch aufgefallen ist.[174] Carola Stern, die zur selben Zeit wie Brandt an der Parteihochschule einen

170 Selbsteinschätzung Heinz Brandt, o. D. (Frühjahr 1950). LAB, C Rep 900 IV L-2/4/1422, unpaginiert.

171 Vgl. für die sowjetische Entwicklung in den 30er-Jahren: Brigitte Studer/Berthold Unfried: »Das Private ist öffentlich«. Mittel und Formen stalinistischer Identitätsbildung. In: Historische Anthropologie. Kultur – Gesellschaft – Alltag 7 (1999), Heft 1, 83-108; ebenso Klaus-Georg Riegel: Konfessionsrituale im Marxismus-Leninismus, Graz/Wien/Köln 1985.

172 Studer/Unfried, 93-95.

173 Selbsteinschätzung Heinz Brandt, o. D. (Frühjahr 1950). LAB, C Rep 900 IV L-2/4/1422, unpaginiert.

174 So in der Beurteilung der Parteihochschule: »Hoch entwickeltes Parteibewusstsein, kämpferisch und klar, ehrlich, starke innere Anteilnahme.« Parteihochschule Karl Marx: Beurteilung Heinz Brandt, 29.4.1950. LAB, C Rep 900 IV L-2/4/1422, unpaginiert; in einem Zwischenbericht der Kaderabteilung der Landesleitung der SED Berlin wurde hervorgehoben, dass sich im Kollektiv anfangs bei Brandt »individualistische Züge« zeigten, die jedoch überwunden seien. Vorschläge zur Verwendung der Schüler des 4. Funktionärslehrganges anhand der Zwischencharakteristiken. LAB, C Rep 901/125, Bl. 45-50, 45.

Zweijahreslehrgang besuchte, hat ihn als einen der »verlässlichen Kader« wahrgenommen, der ob seiner Vergangenheit angesehen war.[175] Aber trotz seiner stalinistischen Unterwerfungsbekundungen ist davon auszugehen, dass Brandt sich hier verstellte und einen innerlichen Spagat vollzog. Als langjähriger Parteifunktionär und ehemaliger Fraktionist wusste er sich in der »Sklavensprache« zu bewegen.[176] Verbergen und Verstellen, auch die Ausnutzung der formelhaften Struktur der Abläufe von Selbstanklage und Läuterung bot eine Rückzugsmöglichkeit, die sich strategisch einsetzen ließ.[177] In seiner Selbsteinschätzung verfuhr auch Brandt formelhaft: Er bezichtigte sich einer gewissen Überheblichkeit und Nachlässigkeit, die jedoch durch die Hilfe des Kollektivs und der Parteihochschule überwunden werden könne. Dass Abweichungen lebensgefährlich werden konnten, war seit dem 1948 aufgenommenen Kampf der SED gegen »Sozialdemokratismus« und kritische Einstellungen deutlich. Gegen diese politischen Entwicklungen war bei Brandt nur eine unterschwellige sprachliche Kritik zu lesen: »Während des Studiums war ich bemüht, die großen politischen Ereignisse (Sieg in China, Bildung der DDR, Stalintelegramm, Agentenprozesse Rajk und Kostoff) in Zusammenhang mit dem Studienstoff zu bringen und zu verarbeiten.«[178] In dieser standardisiert klingenden Formulierung scheint im »bemüht« die Schwierigkeit auf, die Ereignisse – und vor allem die stalinistischen Schauprozesse in Ungarn und Bulgarien – zu verstehen.

Der Lehrstoff an der Parteihochschule war in fünf Gruppen unterteilt: Geschichte der KPdSU(B), Grundfragen der marxistisch-leninistischen Politik, Philosophie, Politische Ökonomie und Allgemeine Geschichte und Geschichte der Arbeiterbewegung. Die Parteihochschule war bis 1950 in vier Fakultäten gegliedert: Grundfragen, Philosophie, Ökonomie und Geschichte. Der »Kurze Lehrgang« zur Geschichte der KPdSU(B) war Grundlage in allen Fächern und vor allem durch eine undifferenzierte Verurteilung der Abweichler und so genannten Parteifeinde sowie eine Vielzahl von Verfälschungen gekennzeichnet.[179] Mit der Ausrichtung der Lehrinhalte auf den Stalinismus ging auch eine Abkehr von Quellenstudien einher. Die Verurteilung von »parteifeindlichen« Haltungen sollte ohne Kenntnis des Gesagten erfolgen. Die Forderung nach Quellenstudien oder der Lektüre von Originaltexten galt seit 1949 als »Objektivismus«, den es zu bekämpfen gelte.[180] Brandt kannte aus dem SSB die offene Dis-

175 Gespräch mit Carola Stern in Berlin, 9.3.2001. Zu Sterns Zeit an der Parteihochschule vgl.: Carola Stern: Doppelleben. Eine Autobiographie, Köln 2001, 64-75.

176 Diesen Begriff für die Parteisprache verwandte Brandt 1956 in einem Brief an Siggi Neumann. Brief von Heinz Brandt an Siggi Neumann, 11.10.1956, AdsD, NL Neumann Box 1. Auch später bezeichnete er das Sprechen in der SED mit diesem Begriff.

177 Zu diesen Gegenstrategien vgl. Stern, Doppelleben, 74 f.; Leonhard, Revolution, 188 f.

178 Selbsteinschätzung Heinz Brandt, o. D. (Frühjahr 1950). LAB, C Rep 900 IV L-2/4/1422, unpaginiert.

179 Kluttig, Parteischulung, 418 f.

180 Ebd., 461-463; Leonhard, Revolution, 430-432.

kussion und das seminaristische Vorgehen und viele der Verfälschungen in der Parteigeschichte, gerade gegen die so genannten Abweichler, die nun als »Agenten«, »Titoisten« oder »Trotzkisten« verfolgt wurden. Die Flucht seines Bekannten Wolfgang Leonhard, der im März 1949 als Dozent von der Parteihochschule nach Jugoslawien geflohen war, hatte einen Schock an der Parteihochschule ausgelöst.[181] Brandts Zugehörigkeit zu den Versöhnlern wurde nun zu einem gefährlichen Makel, den er vor der Partei geheim halten musste. Das häufig stupide Abschreiben und Auswendiglernen der kanonisierten Klassiker muss für ihn eine Qual gewesen sein.[182]

Brandt schloss die Parteihochschule in allen fünf Fächern mit »sehr gut« ab.[183] Da in allen Beurteilungen die besondere Befähigung zur propagandistischen Arbeit hervorgehoben worden war, schlug ihn die Kaderabteilung der Landesleitung als Abteilungsleiter für Parteischulung bei der Landesleitung Berlin vor.[184] Im September 1950 wurde er auf Vorschlag des Zentralkomitees zusammen mit Alfred Neumann und Fritz Reuter als Sekretär der Landesleitung kooptiert.[185] Brandts Posten als Landessekretär war nach dem Parteistatut ein Wahlamt, offiziell gewählt wurde Heinz Brandt aber erst bei den Parteiwahlen im Juni 1952.[186] Bei den Parteiwahlen Ende 1949 hatte die SED-Führung darauf gezielt, vor allem SED-Mitglieder in Kaderfunktionen zu bringen, die erst seit 1945 politisch organisiert waren. Durch diesen »Kaderaustausch« sollte die Transformation zur »Partei Neuen Typs« vorangetrieben werden. Auf den unteren Parteileitungsebenen gelang der Kadertausch, bis zu den Kreisvorständen lag der Anteil von Neumitgliedern teilweise bei 50 Prozent. In den Landesvorständen hingegen waren nur 7,5 Prozent Neumitglieder, in den Landessekretariaten, den faktischen lokalen Machtzentren, waren es von 49 Sekretären in der SBZ und Berlin nur fünf, in Berlin sogar keiner: »Verblieben waren jene Sozialdemokraten und Kommunisten, die die seit 1948 forciert betriebene Stalinisierung der Partei offensiv mitgetragen hatten.«[187] Diese etwas schematische Aussage gibt einen Hinweis darauf, dass der Aufstieg von Heinz Brandt zum Landessekretär nur gelang, da er in keiner Weise als kritisch gegenüber der Partei galt. Seine Leistungen auf der Parteihochschule qualifizierten ihn hinsichtlich der politischen Zuverlässigkeit für höhere Funktionen.

181 Weber, Damals, 308-315.

182 Diesen Unterrichtsstil beschreibt Stern, Doppelleben, 70.

183 Abschlußzeugnis Heinz Brandt 24.5.1950. LAB, C Rep 900 IV L-2/4/1422, unpaginiert.

184 Protokoll der Landessekretariatssitzung vom 27.1.1950. LAB, C Rep 901/122, Bl. 111; Vorschläge zur Verwendung der Schüler des 4. Funktionärslehrganges anhand der Zwischencharakteristiken, 14.4.1950. LAB, C Rep 901/125, Bl. 45.

185 Das Büro des Sekretariats des Zentralkomitees an die Landesleitung der SED Berlin, 21.9.1950. LAB, C Rep 901/532, unpaginiert.

186 Vgl. Malycha, 453 f.

187 Ebd., 334-341, Zahlen 337 f.

## 2.3 Forcierte Mobilisierung und Schulung: Sekretär der SED-Leitung in Berlin

Die SED in Berlin stand 1950, verglichen mit der DDR, in einer schwierigeren Situation. Für Berlin galt das Viermächtestatut, aber nach der Gründung der DDR wurde Berlin als »Hauptstadt der DDR« propagiert. In der geteilten Stadt lagen alle zentralen Stellen von Partei und staatlicher Verwaltung der DDR. Westberlin gab sich im Oktober 1949 eine Landesverfassung. Die Westalliierten erkannten diese an, behielten aber noch Hoheitsrechte über die Stadt, vor allem bezüglich der äußeren Sicherheit.[188] Als Heinz Brandt Sekretär der Landesleitung wurde, war die sich vertiefende Spaltung der Stadt bestimmend für die Politik. Es bestanden noch vielfältige kulturelle, persönliche und berufliche Beziehungen und auch institutionelle Verflechtungen zwischen beiden Stadtteilen, in der Stadt konnte man sich beiderseits weitgehend frei bewegen. Berlin war daher einerseits Fluchtpunkt für viele DDR-Bürger, aber auch Kommunikationsort zwischen Ost und West. Grenzgänger pendelten noch zu ihren Arbeitsplätzen.[189] Westberlin war für die sich etablierende SED-Herrschaft ein »Pfahl im Fleisch«, da den Ostberlinern und auch DDR-Bürgern politische Freiheiten und ein größeres Konsumangebot greifbar nahe vorgeführt wurden.[190] Walter Ulbricht forcierte die verbalen Angriffe auf die »Frontstadt« Westberlin auf der 2. Parteikonferenz im Juli 1952. Westberlin, so Ulbricht, sei eine Zentrale von Geheimdiensten, gegen die entschieden vorgegangen werden müsse.[191]

Die SED in Berlin musste daher immer damit rechnen, dass nicht nur die Bevölkerung, sondern auch ihre Mitglieder von vermeintlichen Verlockungen des Westens angezogen würden.[192] Gerade in der stalinistischen Phase, als die Horrorszenarien des imperialistischen Feindes immer überzogener wurden und die Identität von Parteiherrschaft und Beherrschten monolithisch propagiert wurde, wuchs die Gefahr, dass durch das »Schaufenster Westberlin« auch bei Parteimitgliedern Zweifel und Begehrlichkeiten aufkommen konnten. Im Folgenden soll anhand einiger Arbeitsbereiche

188 Ribbe, Berlin, 1067.

189 Ebd., 1086.

190 Westberlin konnte allein durch die massive Unterstützung aus der Bundesrepublik und dem Westen überleben. Ribbe betont, dass es bewusst zum »Schaufenster der freien Welt« ausgebaut wurde. Ebd., 1085.

191 Karl-Wilhelm Fricke/Roger Engelmann: »Konzentrierte Schläge«. Staatssicherheitsaktionen und politische Prozesse in der DDR 1953–1956, Berlin 1998, 11.

192 »Die Qualität und das grosse Angebot der Waren des täglichen Bedarfs in Westberlin blieb nicht ohne Auswirkungen auf das Denken der Menschen in Westberlin, aber besonders auch auf die Bevölkerung des demokratischen Sektors von Berlin und der Deutschen Demokratischen Republik, die im grossen Ausmass in der letzten Zeit in den Berliner Westsektoren ihre Einkäufe tätigen«, stellte das Arbeitsbüro Westberlin der Bezirksleitung der SED Berlin im Juli 1953 etwas resigniert fest. Vgl. Die faschistische Provokation am 17. Juni 1953 und ihre Auswirkungen auf Westberlin, Arbeitsbüro Westberlin, 21.7.1953. LAB, C Rep 902/177, Bl. 16-40, Bl. 16.

und Kampagnen der Landes-/Bezirksleitung herausgearbeitet werden, vor welchen speziellen Herausforderungen Brandt stand und was seitens der Partei von ihm erwartet wurde. Sein Aufstieg als Sekretär fand in einer Zeit statt, in der die SED ihre Herrschaft in der frisch gegründeten DDR und in Ostberlin absichern musste. Diese Absicherung wurde mit der These Stalins vom »verschärften Klassenkampf« verdeckt.

Am 3. November 1950 beschloss das Landessekretariat eine neue Arbeitsverteilung für die Sekretäre der Landesleitung. Brandt wurde, aus der laufenden Arbeit erwachsend, zuständig für Propaganda, also für die Schulungsvorhaben der Partei[193] sowie für die Abteilung Kultur und Erziehung, den Kulturbund und die Funktionärszeitung *Wille und Weg*, die die Landesleitung bis Ende 1950 herausgab.[194] Abteilungsleiter für Propaganda blieb Alfred Schulz, die Abteilung Agitation übernahm der neue Sekretär Alfred Neumann, die Kaderabteilung und die Kontrolle der staatlichen Verwaltung wurden Fritz Reuter unterstellt.[195] Für die politischen Hoffnungen Brandts spielte der erste Sekretär Hans Jendretzky eine wichtige Rolle, der Brandt freundschaftlich zugetan war. Nach Brandts Angaben war Jendretzky vor 1933 ein Sympathisant der Versöhnler und mit Brandt aus der Zeit in Weißensee bekannt.[196] Bruno Baum sollte weiterhin für Wirtschaftsfragen und den FDGB zuständig sein. Zum Sekretariat gehörte auch der Berliner Oberbürgermeister Friedrich Ebert, der jedoch aufgrund seiner Arbeitsbelastungen keinen eigenständigen Zuständigkeitsbereich erhielt. Der zweite Sekretär Ernst Hoffmann war für die Nationale Front – der er in Berlin auch mit vorsaß – und für die Arbeit in die SPD zuständig. Die einzige Frau im Sekretariat war Lena Fischer, die neben der Organisations-Instrukteur-Abteilung auch für Parteifinanzen und – wenig überraschend – für Frauen zuständig war.[197]

Jeder Sekretär verfügte über ein eigenes Büro und eine eigene Schreibkraft. Die Abteilung Propaganda umfasste 21 Mitarbeiter, die Abteilung Kultur und Erziehung 15.[198] Der größte Teil der politischen Mitarbeiter war als Instrukteure eingesetzt, die die Verbindung zu den Kreisen und den Grundeinheiten der Partei zu halten hatten.

193 Die Umbenennung der Abteilung Parteischulung in Parteipropaganda war im August 1950 zentral erfolgt. Vgl. Kluttig, Parteischulung, 93 f.

194 Die Anleitung der Abteilung Kultur und Erziehung gab Brandt im Laufe des Frühsommers 1951 an Ernst Hoffmann ab. Er übernahm dafür die Anleitung der Abteilung Agitation.

195 Protokoll der Landessekretariatssitzung 3.11.1950. LAB, C Rep 900 IV L-2/3/128, Bl. 10-11. Dort auch die weiteren Angaben.

196 Brandt, Traum, 190.

197 Lena (Helene) Fischer (1906–1985) 1927 KJVD, 1930 KPD. 1933 illegale Arbeit als KJVD-Funktionärin, 1936 verhaftet, 1937 in die Sowjetunion abgeschoben. Juni 1947 Rückkehr in die SBZ, 1. Kreissekretärin in Köpenick, Ende 1949 in das Landessekretariat gewählt. Aufgrund angeblicher Aussagen gegenüber der Gestapo geriet sie in die Mühlen der Säuberungsdynamiken. Im März 1953 verhaftet, wurde sie erst im November 1955 entlassen. Danach arbeitete sie in untergeordneten Funktionen und wurde von der Partei nicht wieder voll rehabilitiert. Vgl. die instruktive Skizze zu Fischer: Andreas Herbst: Der Fall Lena Fischer. Der Umgang mit einer Verräterin. In: Annette Leo/Peter Reif-Spirek (Hrsg.): Vielstimmiges Schweigen. Neue Studien zum DDR-Antifaschismus, Berlin 2001, 223-237.

Der Sekretär koordinierte die Arbeiten der Abteilungen und beriet die erforderlichen Schritte im Sekretariat. Die wesentlichen Ausführungsarbeiten, Entwurfabfassungen und Kontrollen der einzelnen Arbeitsschritte übernahmen zumeist die Abteilungsleiter, der Sekretär zeichnete gegen und war für den Inhalt verantwortlich.[199] Die SED in Gesamt-Berlin erfasste Anfang 1951 rund 83.000 Mitglieder, durch die 1951 begonnene Parteisäuberung sank die Zahl schließlich auf rund 60.500 abgerechnete Mitglieder, über 16.000 waren statistisch nicht erfasst oder nicht korrekt belegt, wurden aber zur Gesamtzahl gerechnet.[200] Nach der Mitgliederüberprüfung 1950/51 hielt bis 1953 in der gesamten SED ein teilweise gewollter – mit der Überprüfung sollten einerseits politisch unzuverlässige Mitglieder, andererseits so genannte »Karrieristen« oder »parteifremde« Mitglieder aus der Partei ausgeschlossen werden –, teilweise mit Besorgnis beobachteter Mitgliederrückgang an.[201] Die SED hatte in den drei Jahren von Brandts Sekretärstätigkeit weniger Mitglieder als bei der Gründung 1946.[202]

Die erste große Aufgabe, die Brandt als Sekretär zu bewältigen hatte, war die Durchführung des Parteilehrjahres. Diese Methode der systematischen Schulung aller Parteimitglieder war direkt von der KPdSU übernommen worden und wurde im Juni 1950 von der SED-Parteiführung beschlossen.[203] Eine groß angelegte Schulung anhand vorgegebener Lehrinhalte sollte in den Grundeinheiten erfolgen. Jede Grundeinheit hatte die Aufgabe, die Parteimitglieder nach Gesprächen bezüglich der politischen Bildung einzustufen. Die unterste Stufe, zu der auch die Kandidaten der Partei und Parteilose zugelassen waren, umfasste die »Politische Grundschule«. Die nächste Stufe umfasste im ersten Lehrjahr einen Zirkel zur Biografie von Stalin oder einen über die Geschichte der KPdSU(B) anhand des »Kurzen Lehrgangs«. Für Funktionäre der Grundeinheiten wurden Kreisabendschulen eingerichtet, für höhere Funktionäre eine Abenduniversität in Berlin.

198 Strukturplan der Landesleitung SED Groß-Berlin vom 22.9.1950. LAB, C Rep IV L-2/3/126, Bl. 174 und 177. Im Apparat der Landesleitung waren zu diesem Zeitpunkt 196 Personen beschäftigt.

199 Es wurde gefordert, dass die Sekretäre die Vorlagen mit der Abteilung gründlich durchsprechen, was darauf hinweist, dass die Kontrolle nicht immer im geforderten Umfang möglich war. Vgl. Plan zur Analysierung der Organisationsarbeit (Juni 1951). LAB, C Rep 901/136, Bl. 43-132, Bl. 78, Bl. 93-95.

200 Vgl. zur ersten Zahl: Ebd., Bl. 121 f; zur Zweiten: Analyse zur Organisations-Statistik im 1. Quartal 1953, 5.5.1953. LAB, C Rep 902/169, Bl. 81-96, Bl. 82.

201 Vgl. Klein, Einheit, 145-152; Malycha, SED, 435-447. Bedenklich war vor allem, dass viele Arbeiter die Überprüfungen verweigerten, was eigentlich einen Ausschluss bedeutete. Gerade die Erhöhung des Arbeiteranteils war jedoch Ziel der SED-Führung, sodass hier oft pragmatisch verfahren wurde.

202 Vgl. ebd., 506-508.

203 Vgl. zu der Einführung Kluttig, Parteischulung, 115-119. Dort auch das Folgende. Die Vorbereitungen für das Parteilehrjahr begannen im Landessekretariat kurz nach der Beschlussfassung im ZK. Vgl. LAB, C Rep 901/127, Bl. 120-128.

Das erste Berliner Parteilehrjahr begann am 1. November 1950. Hans Jendretzky hob zur Eröffnung des Parteilehrjahres im *Neuen Deutschland* hervor, dass »ohne gründliches Studium des Marxismus-Leninismus unsere Mitglieder nicht die großen Aufgaben zu lösen vermögen, die heute vor uns stehen«.[204] Diese umfassende Schulung zielte auf eine politisch einheitliche Ausrichtung der Parteimitglieder. Die »Unterschätzung der Theorie« sollte überwunden werden, die Parteimitglieder – insgesamt waren rund 72 Prozent der Parteimitglieder für eine Schulung vorgesehen[205] – sollten sich einem kontinuierlichen Lernprozess unterziehen. Die Zirkel waren nicht auf kritische Diskussion ausgerichtet, sondern auf das schematische Auswendiglernen und Abfragen des am sowjetischen Vorbild orientierten Lernstoffes. Aber die Schulungen eröffneten auch eine Flanke, die sich zu einer kontinuierlichen Quelle des Widerspruchs auswachsen konnte. Wer die vorgeschriebenen Denkpfade verließ und im Selbststudium die marxistischen Klassiker vertiefte, konnte auf Widersprüche zur erlebten Herrschaftspraxis stoßen.[206] Eine Möglichkeit, kritische Fragen zu verhindern, war die Kontrolle der Materialien. Im Landessekretariat wurde Anfang September 1950 festgestellt, dass die Büchereien der 20 SED-Kreise – identisch mit den Verwaltungskreisen von Berlin – häufig noch ältere marxistische Literatur hätten, die nicht den neuesten Anforderungen entsprächen.[207] Brandt und Schulz legten hierzu Ende Dezember 1950 einen Entwurf vor. Die Überprüfung der Bibliotheken in den Kreisleitungen habe ergeben, dass die Ausgaben der Klassiker von vor 1945 – dies waren die Werke von Marx, Engels, Lenin und Stalin – häufig Mängel und Fehler aufwiesen würden, worunter »trotzkistische Anmerkungen« verstanden wurden. Da sie jedoch kaum genutzt würden, sollten alle Werke der Klassiker des Marxismus-Leninismus, die vor 1945 erschienen seien, aus den Kreisbibliotheken herausgenommen werden. In der Landesleitung der SED sollten die Ausgaben geprüft und neue vollständige Serien erstellt werden, die an die Kreis- und die Landesparteischule sowie das Parteikabinett – eine Schulungseinrichtung im Haus der Landesleitung – abgegeben werden. Die Kreisbibliotheken dürften nur »einwandfreie Ausgaben der Klassiker des Marxismus-Leninismus enthalten, die nach 1945 herausgegeben wurden«.[208] Da man für die vielfältigen Schulungsaufgaben eine Vielzahl von Büchern benötigte,

204 Hans Jendretzky: Berlins Parteimitglieder lernen, ND (B), 2.11.1950.

205 Es waren insgesamt 53.502 Zirkel und Schulen geplant, von denen 81 Prozent Politische Grundschulen waren, 8 Prozent Zirkel zur Stalin-Biografie, 7 Prozent im Elementar- und 2 Prozent im Fortgeschrittenenzirkel zum »Kurzen Lehrgang«, 2 Prozent in Kreisabendschulen. Kluttig, Parteischulung, 119.

206 Vgl. Stefan Wolle: Der Traum vom demokratischen Sozialismus. Tod, Verklärung und Auferstehung einer gescheiterten Idee. In: Ulrike Poppe/Rainer Eckert/Ilko-Sascha Kowalczuk (Hrsg.): Zwischen Selbstbehauptung und Anpassung. Formen des Widerstandes und der Opposition in der DDR, Berlin 1995, 116-124.

207 Protokoll der Landessekretariatssitzung 1.9.1950. LAB, C Rep 900 IV L-2/3/126, Bl. 13.

208 Vorlage der Abteilung Propaganda vom 27.12.1950 für die Sitzung des Landessekretariats 29.12.1950. LAB, C Rep 900 IV L-2/3129, Bl. 225. Brandt war auf der Sitzung nicht anwesend.

wurden die inkriminierten Bücher nicht vernichtet, sondern nur noch höheren Funktionären an den Schulen zugänglich gemacht. Auffällig ist hier, dass weniger mit der Gefährdung als mit der geringen Nutzung in den Kreisen argumentiert wurde. Bereits zwei Wochen später konnte Brandt dem Landessekretariat die Umsetzung melden. Aus fast allen Kreisbibliotheken waren Bücher entfernt worden, die »wertvolles Material zur Geschichte der Arbeiterbewegung enthalten und dem ZK zur Verfügung gestellt« wurden. In vier Kreisen war eine Häufung von Klassikern entdeckt worden, die »trotzkistische Anmerkungen« enthielten.[209] Diese Aktion hatte dazu geführt, dass in den Kreisbibliotheken große Lücken auftraten und die Abteilung Propaganda im März 1951 beklagte, den Propagandisten läge zu wenig Literatur zum Nachschlagen vor und den Schülern wäre keine Möglichkeit zum Selbststudium gegeben. Daher wurde eine Auswahl von Titeln erstellt, die für die Kreisbibliotheken angeschafft werden sollten. Dies waren neben den Klassikern vor allem Titel von führenden SED-Politikern.[210]

In der Praxis zeigte sich im Parteilehrjahr eine Vielzahl von Schwierigkeiten. Zum einen fehlten aus Sicht der SED qualifizierte Propagandisten, also Lehrer vor allem für die Politische Grundschule. Zum anderen konnten die Vorgaben für die Schulung nicht eingehalten werden, im Laufe des Jahres nahm die Zahl der Teilnehmer immer weiter ab. Zu Beginn waren 94.877 Parteimitglieder in Berlin für die Schulung angemeldet, von denen am Ende nur noch 56.926 die Kurse besuchten, wobei die Zahlen zwischenzeitlich stark geschwankt hatten.[211] Das ganze Jahr hindurch wurde im Sekretariat immer wieder die Frage nach der Verbesserung der Teilnahme und der Qualifizierung der Lehrer aufgeworfen. In einem vorläufigen Bericht vom Mai 1951 bewerteten Brandt und Kurt Gossweiler, der für das Parteilehrjahr in der Abteilung Propaganda zuständig war, den Verlauf der Schulungen[212]:

> »Bei der Eröffnung des Parteilehrjahres wurde bereits festgestellt, dass ausserordentlich große Mängel vorhanden waren. Ungenügende ideologische Vorbereitung bewirkte, dass nur ca. 60 Prozent der Eingestuften zum Eröffnungstag erschienen; hinzukommende organisatorische Mängel [...] bewirkten, dass die Beteiligung im November durchschnittlich nur 48 Prozent und im Dezember

209 Protokoll der Landessekretariatssitzung 12.1.1951. LAB, C Rep 900 IV L-2/3/130, Bl. 31, Vorlage Bl. 95.

210 Protokoll der Landessekretariatssitzung 9.3.1951. LAB, C Rep 900 IV L-2/3/132, Bl. 47, Vorlage Bl. 91 f.

211 Kluttig, Parteischulung, 119. Diese Zahlen umfassen auch die Volkspolizei, die von der Landesleitung Berlin nicht mit angeleitet wurde. In diesen Zeitraum fällt auch die Parteisäuberung mit dem Rückgang der Mitgliederzahlen.

212 Sie stellten die Ergebnisse auf der Sekretariatssitzung vom 8.6.1951 vor. LAB, C Rep 901/35, Bl. 32.

45 Prozent und im Januar 1951 sogar nur noch 41 Prozent der Parteimitglieder umfasste.«[213]

Die rückläufige Beteiligung sollte durch die Qualifizierung von Lehrern, vor allem aber durch eine umfassendere Anleitung und Kontrolle durch die Landesleitung behoben werden. Das Ziel der Schulung war auch, die Produktivität der Arbeiter zu erhöhen. Daher wurde im Bericht stolz festgehalten: »Der Genosse Reinhold Schaffer hat im Verlaufe des Parteilehrjahres mehrmals seine Norm erhöht und arbeitet jetzt an zwei statt an einer Maschine.«[214] Daher wurde nicht nur bei der Schulung, sondern in allen Kampagnen der Berliner SED Anfang der 50er-Jahre ein besonderes Augenmerk auf die Schwerpunktbetriebe gelegt. Organisationspolitisch wurde bei allen parteiinternen Untersuchungen nach dem Arbeiteranteil gefragt. Dieser sollte nach Möglichkeit erhöht werden. Im Parteilehrjahr war das Verhältnis besonders ungünstig: Zwar waren rund 75 Prozent der Zirkellehrer der Herkunft nach Arbeiter, aber nur knapp 10 Prozent der Lehrer an Grundschulen standen noch in der Produktion, in den höheren Kursen noch weniger. Die meisten waren Angestellte, von denen viele als Parteiangestellte oder bei den Massenorganisationen arbeiteten.[215] Das Landessekretariat forderte daher die Betriebsparteisekretäre in einem Schreiben dazu auf, verstärkt Arbeiter aus der Produktion auf die Lehrerlehrgänge zu entsenden.

Das zweite Parteilehrjahr 1951/52 begann am 1. Oktober 1951 mit niederschmetternden Ergebnissen, die Beteiligungsrate war gegenüber dem ersten Parteilehrjahr noch geringer geworden.[216] Der von Brandt vorgelegte Maßnahmenkatalog zielte auf eine stärkere Kontrolle und sollte die Kreisleitungen in die Pflicht nehmen, das Parteilehrjahr zur Angelegenheit der gesamten Leitung zu machen und nicht allein auf die Abteilung Propaganda bei den Kreisleitungen abzuschieben. Die Zirkelleiter wurden von Brandt aufgefordert, die Fragen der Teilnehmer »so zu formulieren, wie sie von den Teilnehmern gestellt wurden«.[217] Diese Formulierung ist in zwei Richtungen interpretierbar: Einerseits konnten so abweichende Meinungen präziser erkannt werden, andererseits – und dies wird Brandt eher im Auge gehabt haben – konnten kritische Fragen belegt werden. Im Parteilehrjahr tauchten eine Reihe von »ideologischen Unklarheiten« auf. So wurden im ersten Parteilehrjahr zum Beispiel die Oder-Neiße-Grenze zu Polen, Kosmopolitismus, Objektivismus und gerechte

213 Die Entwicklung des Parteilehrjahres 1950/51, Abt. Propaganda, Sektor Parteilehrjahr. 15.5.1951. LAB, C Rep 901/135, Bl. 97-119, Bl. 97. In den Unterlagen war nur diese Entwurfsfassung aufzufinden.

214 Ebd., Bl. 112.

215 Ebd., Bl. 107-111. Ebenso ungünstig war der Anteil von Frauen bei den Lehrern, der nur knapp 13 Prozent betrug.

216 Protokoll der Landessekretariatssitzung 1.11.1951. LAB, C Rep 901/140, Bl. 140.

217 Verbesserung der Durchführung des Parteilehrjahres, Abt. Propaganda, 30.10.1951. LAB, C Rep 902/140, Bl. 33-34.

und ungerechte Kriege als unklare Punkte aus den Zirkeln an das ZK weitergeleitet.[218] Die Probleme in den folgenden Parteilehrjahren bestanden weiterhin in der unzureichenden Beteiligung und in organisatorischen und ideologischen Problemen. Begegnet wurde diesen Schwächen seitens des Landessekretariats mit den Methoden der schärferen Anleitung und Kontrolle von oben nach unten.[219] Es gelang der SED in den 50er-Jahren gleichwohl nicht, die Beteiligung an dem Parteilehrjahr auf das gewünschte Maß zu heben.[220]

Brandt zog sich Anfang 1952 aus der Anleitung der Propagandaarbeit zurück. Im April 1951 hatte er bereits zum Teil die Anleitung der Abteilung Agitation übernommen, da der eigentlich zuständige Alfred Neumann zum stellvertretenden Oberbürgermeister von Berlin bestimmt worden war.[221] Im März 1952 wurde Brandt schließlich auf die längere Zeit nicht besetzte Stelle des Sekretärs für Agitation berufen, im April 1952 kam Erich Hönisch neu ins Sekretariat und übernahm die Propagandaabteilung, damit Brandt entlastet wurde.[222] Zu der Verantwortung für die Agitation der Landesleitung war Brandt noch für die Anleitung zweier SED-Vorfeldorganisationen, des Berliner Friedenskomitees und des Groscurth-Ausschusses, zuständig. Neben Erich Hönisch war noch Martin Helas mit der Zuständigkeit für die Kulturabteilung neu in das Sekretariat kooptiert worden.[223] Ausgeschieden war Ernst Hoffmann, der aus »kaderpolitischen Gründen« in die Hauptabteilung der Staatlichen Kunstkommission versetzt worden war.[224]

Die Abteilung Agitation umfasste gegenüber der früheren Abteilung Presse und Rundfunk einen erheblich erweiterten Aufgabenbereich. Die Verbindung zur Presse, vor allem zum *ND* und der darin erscheinenden Berlin-Seite gehörte weiterhin zum Aufgabenfeld, ebenso der Kontakt zur ZK-Abteilung für Agitation, die von Hermann Axen geleitet wurde.[225] Die Abteilung Agitation der Landesleitung war gewissermaßen die Vervielfältigungsmaschine, mit der die unzähligen Kampagnen der SED umgesetzt werden sollten. Neben der Erstellung von schriftlichem Material und

---

218 Die Entwicklung des Parteilehrjahres 1950/51, Abt. Propaganda, Sektor Parteilehrjahr. 15.5.1951. LAB, C Rep 901/135, Bl. 97-119, Bl. 117.

219 Vgl. An das Sekretariat zur Vorlage, Abteilung Propaganda, Heinz Brandt und Wally Hähnel, 17.1.1952. LAB, C Rep 901/145, Bl. 33-36; Analyse über Beginn des Parteilehrjahres 1952/53, Abteilung Propaganda, 5.11.1952. LAB, C Rep 901/164, Bl. 38-51.

220 Vgl. zu der gesamten Entwicklung Kluttig, Parteischulung, 115-134.

221 LAB, C Rep IV L-2/3/133, Bl. 132; Berlin. Chronik der Jahre 1951–1954, hg. vom Senat von Berlin, bearbeitet von Hans J. Reichardt, Berlin 1968, 66 (zukünftig: Berlin, Chronik).

222 Protokoll der Landessekretariatssitzung 20.3.1952. LAB, C Rep 900 IV L-2/3/148, Bl. 164; Protokoll der Landessekretariatssitzung 24.4.1952. LAB, C Rep 900 IV L-2/3/151, Bl. 5.

223 Protokoll der Landessekretariatssitzung 3.7.1952. LAB, C Rep 900 IV L-2/3/156, Bl. 5 f.

224 Hoffmann kam aus der SPD und war drei Jahre in amerikanischer Kriegsgefangenschaft. Dies dürfte der kaderpolitische Grund für seine Versetzung gewesen sein. Protokoll der Landessekretariatssitzung 24.6.1952. LAB, C Rep 900 IV L-2/3/155, Bl. 127 f.

225 Brandt, Traum, 188.

der Medienlenkung gehörten auch die Agitatoren und Agitatorengruppen zum Tätigkeitsfeld. Ausgewählte Mitglieder der Grundorganisationen sollten geschult werden, die jeweiligen neuesten Kampagnen und die Politik der Partei in Einzeldiskussionen zu vertreten. Ende 1951 gab es in der Berliner Parteiorganisation 5.862 Agitatoren, die in 272 Agitationsgruppen zusammengefasst waren.[226] Ein halbes Jahr später war die Zahl der Agitatoren um über tausend zurückgegangen und Brandt musste dem Sekretariat berichten, dass »das organisatorische Niveau der Agitationsarbeit nicht auf der Höhe der politischen Aufgaben« sei. Die Verantwortung wurde vor allem der Abteilung Agitation der Landesleitung zugeschrieben – und damit auch Brandt als verantwortlichem Sekretär –, da sie »nicht beharrlich und konsequent genug die Abteilungen Agitation–Propaganda der Kreisleitungen in der Durchführung des Beschlusses des Politbüros kontrolliert hat«.[227] Aufgabe der Abteilung Agitation in der Landesleitung war es, diese »Diskussionsarmee« mit ständig aktualisierten Argumentationen bezüglich der SED-Politik zu füttern und zu präparieren. Die wesentliche Frage – und sie durchzieht auch die meisten internen Materialien der Landesleitung aus dieser Zeit – war daher, wie die Anleitung und Kontrolle der unteren Parteigliederungen und Massenorganisationen effektiver zu organisieren sei. Inhaltliche Fragen spielten eine eher untergeordnete Rolle. Die Perspektive der Landesleitung lag vor allem auf der organisationspolitischen Umsetzung der zentralen Vorgaben.[228]

Die frühen 50er-Jahre waren von einer Vielzahl von Kampagnen geprägt, mit denen die SED ihre Politik zu verbreiten suchte. Diese Kampagnenstruktur war von zum Teil abrupten Positionswechseln begleitet. Das »Primat der Propaganda« ist ein Kennzeichen der SED-Herrschaft:

> »Eine Dominanz propagandistischer Anstrengungen kennzeichnet speziell kommunistische Herrschaftssysteme und in einem ganz besonderen Maße die Diktatur der SED. Denn die Disparität von erfahrbarer Realität und ideologisch begründeten Fiktionen war in vielen Bereichen so ausgeprägt, dass sie nur mit massivster Agitation notdürftig kompensiert werden konnte.«[229]

Die Disparität war für Brandt bereits in seiner Tätigkeit als Sekretär erkennbar, aber er überdeckte die Zweifel in seiner prinzipiellen Zustimmung zur antikapitalistischen Politik. Später hat er den Widerspruch mit dem Hinweis auf Hans-Christian Ander-

---

226 Abteilung Agitation der Landesleitung: Analyse über die Entwicklung der Agitationsarbeit in Berlin, 4.12.1951. LAB, C Rep IV L-2/3/142, Bl. 104-127, Bl. 118.

227 Stand der Agitatorenkader in Gross-Berlin und Vorschläge zur Verbesserung der Agitationsarbeit, unterzeichnet Heinz Brandt und Heinz Marohn, 19.8.1952. LAB, C Rep 901/158, Bl. 186-191, Zitate Bl. 189.

228 Vgl. Plan zur Analysierung der Organisationsarbeit (Juni 1951). LAB, C Rep 901/136, Bl. 43-132.

229 Fricke/Engelmann, Schläge, 98.

sens Märchen *Des Kaisers neue Kleider* zu charakterisieren versucht: Es »[...] genügte das erste offene Aussprechen der Wahrheit, die erste Gegenüberstellung der Wirklichkeit mit der offiziellen Fiktion, um die Menschen sehend zu machen.«[230]

Die Kampagnen der SED bezogen sich vor allem auf den Aufbau der DDR, die Durchsetzung ökonomischer Maßnahmen sowie ab Juli 1952 auf den von der II. Parteikonferenz beschlossenen Aufbau des Sozialismus. Hinzu kamen die vielfältigen deutschlandpolitischen Kampagnen, die von der Berliner SED auch im Westteil der Stadt organisiert wurden. Als ein Kennzeichen der Agitationsarbeit Heinz Brandts in den Jahren 1951 bis 1954 muss die eigentümliche Doppelstruktur der Partei in der geteilten Stadt berücksichtigt werden: Im Ostteil ging es darum, den Staatsaufbau abzusichern und auszubauen, im Westteil hingegen, unter zum Teil konspirativen Bedingungen, den Einfluss der insgesamt randständigen SED zu erhöhen. Die Westarbeit in Berlin war organisatorisch getrennt von der Westarbeit der SED insgesamt. In der Bundesrepublik bestand mit der KPD eine formal eigenständige Partei, die jedoch massiv von der SED unterstützt wurde.[231] Organisatorisch waren die zwölf Westberliner SED-Kreise – identisch mit den Berliner Verwaltungsbezirken – der SED-Landesleitung unterstellt. Es ergaben sich jedoch angesichts der unterschiedlichen Bedingungen erhebliche Schwierigkeiten in Westberlin, die Mobilisierungsanforderungen und die stalinistische Parteipraxis durchzusetzen. Beklagt wurden bei den Westberliner Mitgliedern immer wieder »Kapitulations-Tendenzen vor der imperialistischen Ideologie und dem Druck des Gegners«.[232] Seit 1950 wurde die so genannte »Patenarbeit«, die Unterstützung der Westberliner Kreise durch die Ostberliner Kreisorganisationen, ausgebaut.[233] Eine Anerkennung der unterschiedlichen Bedingungen war der ab April 1952 betriebene Aufbau eines Westberliner Büros bei der Landesleitung Berlin. Dieses sollte auf Beschluss des Politbüros

> »wissenschaftliche Arbeit durch[...]führen und für das Sekretariat entsprechende Analysen aus[...]arbeiten, die das Sekretariat in die Lage versetzen, konkrete

230 Brandt, Traum, 232. Das Märchen handelt von Opportunismus und der Selbsttäuschung der Macht: Ein narzisstischer Kaiser lässt sich von Betrügern neue Kleider arbeiten, die nur der sehen könne, der nicht dumm sei oder für sein Amt ungeeignet. Tatsächlich arbeiten die Betrüger mit nichts, und alle vom Hofe reden sich ein, die kostbaren Kleider sehen zu können. Als der Kaiser seine neuen Kleider der Öffentlichkeit präsentiert, ist es ein Kind, das ausspricht, dass der Kaiser schlichtweg nackt ist.

231 Vgl. für die Anfänge der zentralen Westarbeit der SED: Michael Kubina: »Was in dem einen Teil verwirklicht werden kann mit Hilfe der Roten Armee, wird im anderen Teil Kampffrage sein.« Zum Aufbau des zentralen Westapparates der KPD/SED 1945–1949. In: Wilke, Anatomie, 413-500.

232 Landes-Überprüfungskommission, Berlin 3.10.1951. LAB, C Rep 901/139, Bl. 50-56, Bl. 50 f.

233 Vgl. Bericht über den Stand der Patenschaftsarbeit, Sekretariat Lena Fischer, 29.3.1951. LAB, C Rep 901/132, Bl. 266-268.

Beschlüsse für den Apparat der Landesleitung und die Parteiorganisation in Westberlin zu fassen«.[234]

Neben der Ausarbeitung von Analysen über die Parteien und Gewerkschaften gehörte jedoch auch die operative Anleitung zum Tätigkeitsfeld.[235] Erst nach dem Desaster des 17. Juni 1953 beschloss das Politbüro, ein Westberliner Büro einzurichten, das für Westberlin alleine zuständig war.[236] Es wurde nun ein eigener Apparat für Westberlin aufgebaut, Heinz Brandt wurde bei dieser Neugründung des Westberliner Büros als Abteilungsleiter für Agitation eingesetzt.[237] Diese organisatorische Trennung war ein Eingeständnis, dass eine einheitliche Anleitung der SED in ganz Berlin nicht mehr möglich war.[238]

Mit der Gründung der DDR begann der zügige Ausbau der SED-Parteiherrschaft. Anfang der 50er-Jahre war eine dauerhafte zweistaatliche Entwicklung für viele noch nicht vorstellbar und daher verfolgten die deutschlandpolitischen Initiativen und Kampagnen der SED auch das Ziel, mögliche Standortvorteile und Einflussnahmen im Westen zu sichern.[239] Der SED-Kurs kann als »nationale Orientierung in der Form, Ostintegration in der Sache« gesehen werden.[240] Über die Realisierungschancen der Initiativen kann hier nicht entschieden werden. Für die Entwicklung des politischen Denkens von Heinz Brandt ist jedoch bedeutsam, dass er immer davon ausging, die Moskauer Führung wäre unter bestimmten Voraussetzungen zur Aufgabe der DDR bereit gewesen.[241] Ein wiedervereinigtes Deutschland ohne militärische Westbindung als Pufferstaat zwischen dem Westen und der Sowjetunion hätte strategische Vorteile für die Sowjetunion bieten können gegenüber einer direkten Konfron-

---

234 Bildung eines Westberliner Büros, Sekretariat Fischer, 16.4.1952. LAB, C Rep 901/150, Bl. 266-267, Bl. 266.

235 Aufgaben der Abteilung Arbeitsbüro Westberlin, 18.8.1952. LAB, C Rep 901/158, Bl. 56-60.

236 Protokoll der Bezirkssekretariatssitzung 17.8.1953. LAB, C Rep 902/178, Bl. 79.

237 Besetzung des Westberliner Büros in der Bezirksleitung, 14.9.1953. LAB, C Rep 902/179-1, Bl. 213 f.

238 Endgültig wurde die Fiktion einer einheitlichen Partei erst nach dem Mauerbau 1961 aufgegeben. Die SED in Westberlin wurde 1962 zur »Sozialistischen Einheitspartei Deutschland – Westberlin«, später nur »Sozialistische Einheitspartei Westberlin«. Sie blieb weiterhin von der SED abhängig. Vgl. Kurt L. Shell: Bedrohung und Bewährung. Führung und Bevölkerung in der Berlin-Krise, Köln/Opladen 1965, 277 f.

239 Michael Lemke: Einheit oder Sozialismus? Die Deutschlandpolitik der SED 1949–1961, Köln/Weimar/Wien 2001, 17.

240 Dietrich Staritz: Zur Geschichte der DDR. In: Werner Weidenfeld/Hartmut Zimmermann (Hrsg.): Deutschland-Handbuch. Eine doppelte Bilanz 1949–1989, Bonn 1989, 73. Mit ähnlicher Intention Kleßmann, Staatsgründung, 299 f.

241 Brandt hat dies vor allem mit dem Neuen Kurs ab Juni 1953 in Verbindung gebracht, den er später als »letzte Chance« zur Wiedervereinigung bezeichnete. Durch den Aufstand und die ablehnenden Reaktionen des Westens sei diese Chance verspielt worden. Heinz Brandt: Zum Stellenwert des 17. Juni im Geschichtskalender. In: Die Neue Gesellschaft 18 (1971), 494-497, 494; vgl. auch Brandt, Traum, 220-222.

tation der beiden Blöcke in den deutschen Teilstaaten. Die Hoffnung von Brandt bestand darin, dass in freien Wahlen die diskreditierte SED ihren Einfluss verlieren würde und sich in einem geeinten Deutschland ein »Dritter Weg« zwischen Ost und West etablieren könnte, vermutlich in sozialdemokratischer Reformperspektive mit sozialisierten Schlüsselindustrien.[242]

Die DDR war mit dem Anspruch gegründet worden, den Kernstaat eines geeinten Deutschlands darzustellen.[243] Die »nationale« Rhetorik der SED brandmarkte die bundesdeutsche Politik der Westbindung als »nationalen Verrat« und inszenierte sich als die Bewahrer deutscher Traditionen, während in Westdeutschland und Westberlin ein Ausverkauf an die »angloamerikanischen« Imperialisten erfolge und der Westen zur Kolonie verkommen würde. Zudem begründete die seit 1950 in der BRD geführte Debatte um einen deutschen Wehrbeitrag zum westlichen Bündnis die Argumentation, die Bundesregierung beteilige sich an den imperialistischen Kriegsvorbereitungen gegen die Sowjetunion.[244] Auch in der Agitation der Berliner SED herrschte eine nationalistische, stereotypisierte Sprache, in der Politik im Freund-Feind-Schema gedacht wurde. Da ein Kennzeichen der SED-Agitation ein manichäisches Weltbild war, wurde auch der Kampf gegen die »amerikanische Kulturbarbarei« aufgenommen. Brandt und Jendretzky legten im April 1952 einen Kampagnenplan vor, in dem sie unter anderem sexualisierte Bedrohungsszenarien entwarfen:

> »Anhand der breiten Massenstimmung und bereits entstandener Massenaktionen gegen die Verkupplung deutscher Mädchen an die imperialistischen Besatzungsmächte ist eine breite Kampagne für den Schutz, die Ehre und Würde der deutschen Frauen und Mädchen zu führen.«[245]

FDGB, FDJ und DFD sollten in Westberlin vor Betrieben und Arbeitsämtern Diskussionen und Aufklärung über angebliche Verkupplungen organisieren. Diese Mobilisierungskomponente setzte an eine ressentimentgeladene Ablehnung von Fremden an und operierte mit dem Bild der bedrohten körperlichen Integrität, welche im moralisch sauberen Sozialismus geschützt sei. Die Anschlüsse auch an länger bestehende Ressentiment-Traditionen nahm man bewusst in Kauf, ging es doch vor allem darum, Mobilisierungserfolge zu erzielen. Gerade bei der Gegenübersetzung von amerikanischer Unkultur und wahrhaftiger deutscher Kultur sind diskursive Affinitäten zu an-

242 Ebd., 213 f.

243 Vgl. Kleßmann, Staatsgründung, 202-208.

244 Vgl. zu den Eckdaten dieser Feindbildentwicklung: Lemke, Einheit, 120-125; zu den Charakteristika der Sprache: Haury, Antisemitismus, 360-367.

245 Steigerung der Volksbewegung für den Abschluss eines Friedensvertrages und die Schaffung der demokratischen Einheit Deutschlands, unterzeichnet von Heinz Brandt und Hans Jendretzky (April 1952). LAB, C Rep 901/151, Bl. 26-29, Bl. 27. Dort auch das Folgende.

tisemitischen Stereotypen zu erkennen.[246] Brandt hat sich dieser Sprache ebenfalls bedient.[247] Auch wenn er später von der »Sklavensprache« sprach, die er in der DDR habe benutzen müssen, ist in seinen zeitgenössischen Entwürfen keine Distanz zur Agitationssprache der SED zu erkennen.

Die deutschlandpolitischen Initiativen der Sowjetunion und der SED- bzw. DDR-Führung zu »popularisieren« gehörte zu den wichtigen Aufgaben des Berliner Landessekretariats. In Ostberlin wurde die Zustimmung der Bevölkerung organisiert, durch Briefe, Unterschriften und Resolutionen, auch immer mehr mit Arbeitsverpflichtungen in den Betrieben.[248] Hier stand für die SED eine legitimierende Wirkung im Horizont, in der die Sowjetunion bzw. die DDR als die »friedliebende« Kraft dargestellt werden konnte, die sich weiterhin um eine Wiedervereinigung bemühe und daher beanspruchen könne, für das gesamte Deutschland zu sprechen. Im Westteil hingegen ging es darum, Unterstützung zu gewinnen und die jeweiligen Vorschläge bekannt zu machen. 1951, nachdem der Versuch einer Kontaktaufnahme durch ein Schreiben von Otto Grotewohl, Ministerpräsident der DDR, an die Bundesregierung an der westlichen Weigerung gescheitert war, wurde eine Volksbefragung gegen eine mögliche Wiederbewaffnung organisiert.[249] Brandt gehörte der operativen Leitung zur Durchführung der Volksbefragung an. Als eine der ersten Maßnahmen wurden die vorher bei der Kampagne zur Aktionseinheit in Westberlin vom FDGB gebildeten Ausschüsse in »Berliner Arbeiterkomitees gegen Remilitarisierung« umbenannt.[250] Eine solch freimütige Verfügung über die im Westen als unabhängig auftretenden Gruppen kennzeichnete die Haltung gegenüber den Bewegungen. Sie wurden nicht als eigenständige Organisierung, als soziale Bewegung verstanden, sondern nur als Instrumente zur Umsetzung der jeweiligen Kampagne. Die »Volksbefragung gegen Remilitarisierung« wurde von der KPD in Westdeutschland nach Anleitung durch die SED organisiert und sollte gegen die Wiederbewaffnung der Bundesrepublik und die Einbindung in das westliche Bündnis mobilisieren. Trotz eines Verbotes der Volksbefragung im April 1951 durch die Bundesregierung gelang es, in der Bundesrepublik rund 6,2 Millionen Unterschriften zu sammeln.[251] In Berlin wurde die Volksbefragung von der SED durchgeführt. Ende April 1951 verbot der Berliner Senat die Volksbefra-

246 Haury, Antisemitismus, 386.

247 Vgl. Heinz Brandt: Kein Publikum für USA-Gangsterstücke. ND (B), 7.10.1950; Heinz Brandt: Gemeinsamer Kampf gegen den gemeinsamen Feind wird das Vaterland retten, o. O., o. J. (Sommer 1952).

248 »Stets muß die Agitation eine konkrete Maßnahme (Produktionssteigerung usw.) zur Folge haben«, hieß es zum Beispiel. Aktionsplan zur Vorbereitung der Weltfestspiele der Jugend und Studenten für den Frieden, Abteilung Agitation, 5.4.1951, LAB, C Rep 901/133, Bl. 21-33, Bl. 25.

249 Lemke, Einheit, 138.

250 Protokoll der Landessekretariatssitzung 15.4.1951. LAB, C Rep 901/133, 18-20.

251 Lemke, Einheit, 145. Die Zahl von 9,1 Millionen Stimmen gibt an: Dieter Rucht: Protestbewegungen. In: Wolfgang Benz (Hrsg.): Die Geschichte der Bundesrepublik Deutschland, Band 3: Gesellschaft, Frankfurt/Main 1989, 311-344, 314.

gung.[252] Die Kampagne konnte sich zwar auf eine antimilitaristische Stimmung in der Bevölkerung stützen und war auch von nicht kommunistischen Gruppen begrüßt worden. Organisatorisch war die Volksbefragung jedoch weitgehend eine Angelegenheit der Kommunisten.[253] Die Anleitung durch die SED in Berlin zeigte sich unter anderem darin, dass Brandt vom Landessekretariat beauftragt wurde, zuerst die Gründung von lokalen Ausschüssen gegen die Remilitarisierung zu initiieren, damit dann am 28. April 1951 ein »Zentraler Ausschuss für Volksbefragung und gegen die Remilitarisierung in West-Berlin« gegründet werden könne. Dieses Vorgehen sollte den Bewegungscharakter und eine von unten wachsende Bewegung suggerieren.[254] Brandt entwickelte ebenfalls eine Argumentation für Westberlin, die im *ND* veröffentlicht wurde, allerdings erst nach Überarbeitung, da der erste Entwurf im Landessekretariat als unzureichend eingestuft wurde.[255] Brandt sollte dafür sorgen, dass bekannte Persönlichkeiten für die Kampagne gewonnen werden, von pazifistischen Organisationen bis hin zu nationalen Verbänden.[256] Zudem sollte jede soziale Unzufriedenheit in Westberlin genutzt werden, um sie für die Volksbefragung zu mobilisieren. Zu den zu agitierenden Gruppen gehörten Kleingärtner, Erwerbslose und Kriegsbeschädigte. Zugleich sollte den Behauptungen öffentlich entgegengetreten werden, der Zentrale Ausschuss sei von der SED gesteuert.[257]

Dass die Stimmung in Westberlin nicht völlig gegen die SED eingestellt war, zeigte die Volksbefragung, die sich über mehrere Monate hinzog. Rund 290.000 Westberliner hatten unter den erschwerten Bedingungen für die offensichtliche SED-Kampagne gestimmt.[258] Die Volksbefragung konnte insgesamt als ein Erfolg einer deutschlandpolitischen Bündnispolitik der SED gewertet werden, die jedoch in die deutsche Frage keine Bewegung brachte.[259] In der DDR und im Ostteil von Berlin wurde die Volksbefragung unter Anleitung der Nationalen Front und dem Ostberliner Magistrat durchgeführt. Die »Nationale Front des demokratischen Deutschlands« (Nationale Front) war als nationales Bündnis aller Parteien und Massenorganisationen gegründet worden und wurde mit einem umspannenden Netz von Aufklärungslokalen,

---

252 Berlin, Chronik, 75.

253 Lemke, Einheit, 144-146; Rucht, Protestbewegungen, 314.

254 LAB, C Rep 901/133, Bl. 118-120. Der Zentrale Ausschuss wurde auch fristgerecht am 28. April 1951 der Öffentlichkeit vorgestellt. Berlin, Chronik, 73.

255 ND (B), 1.6.1951; LAB, C Rep 901/134, Bl. 84.

256 LAB, C Rep 901/133, Bl. 282 f.

257 LAB, C Rep 901/134, Bl. 39 f.

258 3,85 % hatten mit Nein, 8,04 % mit Enthaltung gestimmt. An der Wahl, die als eine Unterschriftensammlung verstanden werden muss, hatten 329.897 Personen teilgenommen von 1.662.083 Stimmberechtigten, was der Berliner Wahlbevölkerung entsprach. Vgl. Aufstellung über prozentuale Beteiligung an der Volksbefragung in Westberlin, 15.1.1952. LAB, C Rep 901/145, Bl. 37. Zu berücksichtigen ist, dass die Frage rein suggestiv war: Sie lautete: »Sind Sie gegen die Remilitarisierung und für den Abschluß eines Friedensvertrages mit Deutschland im Jahre 1951?«

259 Lemke, Einheit, 146.

Hausgemeinschaften und Straßenvertrauensleuten ausgestattet. Sie stand völlig unter der Leitung der SED und war ein Transmissionsriemen in die Gesellschaft hinein.[260] Die Nationale Front wurde ebenso wie der Magistrat vom Landessekretariat angeleitet, dessen zweiter Vorsitzende Ernst Hoffmann zugleich zweiter Vorsitzender der Nationalen Front in Berlin war. Die Volksbefragung wurde vom 3. bis 5. Juni 1951 durchgeführt. Alle Parteimitglieder wurden zur verstärkten Propagierung der Wahl aufgefordert, wobei das Landessekretariat auch die »stärkere Organisierung der geschlossenen Einsichtnahme der Hausgemeinschaften in die Stimmlisten« forderte, faktisch die offene Abstimmung.[261] Die Zustimmungsquote lag in Ostberlin bei 97,2 Prozent.[262]

Die SED-Agitation zielte immer stärker darauf ab, die angeblichen westdeutschen Kriegsvorbereitungen anzugreifen. Weltpolitischer Hintergrund war der 1950 ausgebrochene Korea-Krieg, mit dem ein Umschlag vom »kalten« zum »heißen« Krieg wahrscheinlicher schien und der die Debatte um einen deutschen Verteidigungsbeitrag in der Bundesrepublik forcierte.[263] Die nationalen Töne wurden in der SED-Agitation wüster, auch in den Papieren, die Brandt mit ausarbeitete. Die von der CDU-Regierung betriebene Einbindung der Bundesrepublik in das westliche Bündnis wurde angegriffen:

> »Diese Politik der nationalen Entwürdigung und Versklavung, die die Adenauer-Regierung und die rechten Führer der SPD und der Gewerkschaftsbewegung betreiben, unterstützt durch den Reuter-Senat und die Westberliner Koalitionsparteien, führt geradezu zu einer Militärdiktatur und zum Kriege«,

formulierten Brandt und Ernst Hoffmann 1952.[264] Um eine Einbindung der Bundesrepublik in das westliche Bündnis zu verhindern, sollte die Agitation für Westberlin im Februar 1952 ganz auf die Frage einer angeblich geplanten Wehrpflicht in Westberlin ausgerichtet werden. Korruptionsskandale bei der Westberliner Polizei, das Betriebsverfassungsgesetz, die Anbindung Westberlins an die Bundesrepublik und weitere Punkte wurden auf den angeblichen Willen des Westberliner Senats zur Einführung der Wehrpflicht zurückgeführt. Die Ablehnung der Bevölkerung gegenüber Wiederbewaffnungsplänen sollte genutzt werden, um an dem besonders sensiblen

260 Vgl. Weber, Geschichte, 128; Lemke, Einheit, 51-54.

261 Protokoll der Landessekretariatssitzung, 25.5.1951. LAB, C Rep 901/134, Bl. 121-122, Bl. 122.

262 Zahlen bei: Wolfgang Kraushaar: Die Protestchronik. Band 1: 1949 bis 1952, Hamburg 1996, 439.

263 Vgl. Kleßmann, Staatsgründung, 230 f.

264 Entwurf: Fortführung und Verbreiterung der Kampagne gegen die Durchführung des Schumann-Plans, gegen Generalvertrag, gegen die Verbotsmaßnahmen der Bonner Regierung gegen die KPD und für gesamtdeutsche Beratung zu Wahlen für eine Nationalversammlung, 8.2.1952. Ein erster Entwurf war von Hans Jendretzky erstellt worden, den Heinz Brandt und Ernst Hoffmann überarbeiteten. LAB, C Rep 901/148, Bl. 146, Text Bl. 160-172. Dort auch das Folgende.

Punkt der Wehrpflicht für die SED-Politik zu mobilisieren, indem in einem Rundumschlag fast alle Entwicklungen in Berlin allein unter dieser Perspektive betrachtet wurden. Entsprechend der neuen Kampagnenausrichtung wurden die Ausschüsse für Volksbefragung in »Volksausschüsse gegen die Remilitarisierung« umbenannt, der Zentrale Ausschuss sollte sich in »Westberliner Ausschuss gegen Wehrpflicht und für den Abschluss eines Friedensvertrages mit Deutschland« umbenennen.[265] Ein neuer Ausschuss – »Volksausschuss für Friedensvertrag gegen Generalkriegsvertrag« – sollte aus Personen der anderen Westberliner Ausschüsse von Brandt geschaffen werden[266], als im März 1952 die sowjetische Regierung eine neue Initiative bezüglich der Regelung der deutschen Frage startete, die so genannte Stalin-Note.[267] Das Berliner Sekretariat war am 11. März 1952 über die Note der Sowjetregierung informiert worden. Die Sowjetunion bot, zum Preis der Neutralität Deutschlands, vor der Bildung gemeinsamer Regierungsgremien gesamtdeutsche Wahlen an, was faktisch eine Aufgabe der DDR bedeutet hätte.[268] Sicherlich war eines der wichtigen Motive für die Note der sowjetische Versuch, die Westintegration der Bundesrepublik zu verhindern. Wenn die endgültige Beantwortung, ob die Sowjetunion bei der Stalin-Note die DDR aufzugeben bereit war, auch anhand neuer Aktenfunde in Moskau nicht geklärt ist[269], so kann doch davon ausgegangen werden, dass innerhalb der SED die Befürchtung oder die Hoffnung bestand, dass die Sowjetunion aus geostrategischen Überlegungen heraus zu einer Aufgabe der DDR bereit war.[270] Für Heinz Brandt war es die Hoffnung, die stalinistische Phase zu überwinden. Angesichts der allgemein hoch gespannten Erwartungen hielt das Landessekretariat fest, dass diese Initiative eine »neue internationale und nationale Situation« geschaffen habe und daher eine intensive Propagierung erfordere, was Heinz Brandt zu organisieren hatte.[271] Dabei wurden die Aufgaben für Ost- und Westberlin unterschieden: Im Osten bedeutete »Popularisie-

---

265 Entwurf: Fortführung und Verbreiterung der Kampagne gegen die Durchführung des Schumann-Plans, gegen Generalvertrag, gegen die Verbotsmaßnahmen der Bonner Regierung gegen die KPD und für gesamtdeutsche Beratung zu Wahlen für eine Nationalversammlung, 8.2.1952. LAB, C Rep 901/148, Bl. 160-172, Bl. 169 f.

266 Steigerung der Volksbewegung für den Abschluss eines Friedensvertrages und die Schaffung der demokratischen Einheit Deutschlands, von Heinz Brandt und Hans Jendretzky, 24.4.1952. LAB, C Rep 901/151, Bl. 26-29, Bl. 27.

267 Vgl. zu Hintergründen und Ablauf der Stalin-Note Wilfried Loth: Stalins ungeliebtes Kind. Warum Moskau die DDR nicht wollte, Berlin 1996, 178-184; Lemke, Einheit, 206-240; Peter Borowsky: Deutschland 1945–1969, Hannover 1993, 144-147.

268 Diese zweite Note war am 9. April 1952 an die Westalliierten übersandt worden. Loth, Stalins, 182.

269 Vgl. Jürgen Zarusky (Hg.): Die Stalinnote vom 10. März 1952. Neue Quellen und Analysen, München 2002.

270 Lemke, Einheit, 216.

271 Agitationsplan zur Popularisierung der Note der Regierung der Sowjetunion, Abteilung Agitation, 13.3.1952, (unterzeichnet von Heinz Brandt und Heinz Marohn). LAB, C Rep 901/148, Bl. 115-124, Bl. 115.

rung«, die »guten Absichten« der Sowjetunion zu betonen und Produktivitätssteigerungen zu erreichen; im Westen sollten mit der Note vordringlich Arbeiter agitiert werden und Erklärungen aus den Betrieben zur Einheit kommen. Brandt schlug zudem vor, dreimal wöchentlich Vertreter der Landesleitung, der Massenorganisationen und der kontrollierten Ausschüsse zusammenzubringen und die notwendige Argumentation zu besprechen. Die Sekretäre sollten zweimal wöchentlich Kommentare im Berliner Rundfunk geben.[272]

Den besondern Umständen in Berlin geschuldet, wurde analog zu einem Schreiben der Volkskammer der DDR an die Bundesregierung, mit dem die Stalin-Note gestützt werden sollte, auch ein Schreiben Eberts an Ernst Reuter vom Bezirkssekretariat verabschiedet. Darin schlug man gemeinsame Stellungnahmen beider Verwaltungen zur sowjetischen Initiative vor. Reuter hatte dies mit dem knappen Hinweis abgelehnt, dass Ebert und die Ostberliner Verwaltung nicht rechtmäßig eingesetzt seien, er aber Wahlen auf der Grundlage der Berliner Wahlordnung von 1946 sofort durchführen würde.[273] Obwohl Reuter auf die Vorschläge Eberts nicht eingegangen war, erarbeitete Brandt im Auftrage des Landessekretariats nach ersten Stichworten von Ebert einen Briefentwurf, in dem eine Verständigung über gesamtdeutsche Wahlen durch die Berliner Verwaltungen und gemeinsame Konsultationen über einen Wiederaufbau vorgeschlagen wurden. Bei gesamtdeutschen Wahlen sollten gleichzeitig Berliner Kommunalwahlen stattfinden.[274] Gerade dieser letzte Punkt führte zu einer harschen Zurückweisung des Entwurfs durch das Politbüro. Das Protokoll vermerkte:

> »Das Sekretariat nahm den Bericht des Genossen Jendretzky über die Aussprache und Stellungnahme des Politbüros zu dem Entwurf eines Antwortschreibens an Prof. Reuter, Westberliner Senat, zur Kenntnis, und stellte nach einer eingehenden selbstkritischen Stellungnahme zu der Ursache und den Gründen des Fehlers fest, dass eine ernsthafte Änderung der Arbeitsweise und Arbeitsmethoden des Sekretariats der Landesleitung besonders bei der Abfassung solcher Dokumente notwendig ist. Der entscheidende Fehler bestand darin, dass in diesem Dokument die Frage der kommunalpolitischen Wahlen in Berlin in Verbindung gebracht wurde mit den gesamtdeutschen Wahlen.«[275]

272 Sekretariat Brandt. Vorlage an das Sekretariat, 13.5.1952. LAB, C Rep 901/152, Bl. 22.

273 Zustimmung zu Eberts Brief: LAB, C Rep 900 IV L-2/3/148, Bl. 112. Der Brief war am 19.3.1952 bei Reuter eingetroffen und am 21.3.1952 beantwortet worden. Vgl. Berlin, Chronik, 317 f.

274 Protokoll der Landessekretariatssitzung 24.3.1952. LAB, C Rep IV L-2/3/148, Bl. 1 f.; Entwurf Bl. 5-7.

275 Protokoll der Landessekretariatssitzung, 27.3.1952. LAB, C Rep IV L-2/3/148, Bl. 22.

Zur Überarbeitung wurden Brandt nun noch Alfred Neumann und Hans Kiefert an die Seite gestellt. Der neue Entwurf war im Ton wesentlich schärfer und griff Reuter als verantwortlich für die Spaltung der Stadt in gewohnter Weise an.[276] Wenn auch die politischen Gesamtumstände nicht die Annahme zulassen, dass das Berliner Landessekretariat kurzfristig an einen Erfolg der Kontaktaufnahme glaubte, ist doch auffällig, dass der von Brandt zuerst allein formulierte Brief keine wütenden Angriffe gegen den Westberliner Senat enthielt. Er scheint von der Hoffnung getragen gewesen zu sein, dass die Stalin-Note tatsächlich Bewegung in die festgefahrene Deutschlandfrage bringen könnte.

Die ablehnende Haltung der Bundesregierung, die auch gegen den erbitterten Widerstand der SPD-Opposition am Kurs der Westintegration festhielt, war für Brandt Ausdruck einer reaktionären Haltung, die für eine Wiedervereinigung allein unter westlicher Hegemonie stand. Hoffnungsvoller blickte er auf die SPD, die zumindest partiell – bei eindeutiger Ablehnung der kommunistischen Diktatur – zu Gesprächen bereit war und eine Westbindung nur unter »gesamtdeutschem Vorbehalt« wollte.[277] Aus der Perspektive des kritischen SED-Funktionärs war die ablehnende Haltung des Westens ein Rückschlag und bestärkte die Bindung an die SED. Gleichzeitig waren die Folgen der gescheiterten Annäherung einschneidend. Die SED ließ am Tage der Unterzeichnung des Generalvertrages Ende Mai 1952 die DDR-Grenze zur Bundesrepublik und nach Westberlin durch einen fünf Kilometer langen »Sicherheitsstreifen« sperren und schränkte Reisen in die DDR erheblich ein. Westberlin wurde von der sie umgebenden DDR abgeriegelt.[278] Brandt rechtfertigte im Sekretariat die Maßnahmen der DDR als Schutzmaßnahmen vor den Gefahren eines drohenden Krieges und bildete eine Kommission zur propagandistischen Begleitung.[279] Dazu gehörte auch, Bedrohungsszenarien zu entwerfen, hierzu sollte besonders der so genannte »Burianek-Prozess« vom Mai 1952 dienen, in dem einige Angehörige der Westberliner Kampfgruppe gegen Unmenschlichkeit (KgU) wegen eines angeblich geplanten Sprengstoffanschlags in der Nähe von Berlin zum Tode verurteilt worden waren.[280]

---

276 Protokoll der Landessekretariatsbesprechung 31.3.1952. LAB, C Rep IV L-2/3/148, Bl. 124, Entwurf Bl. 126 f.

277 Diese Sichtweise hat Brandt für den Neuen Kurs der SED im Juni 1953 aufgezeigt. Vgl. Brandt, Soulèvement; Brandt, Traum, 207-217; als weitgehend textidentischer Auszug auch veröffentlicht als: Heinz Brandt: Die sowjetische Deutschlandpolitik im Frühsommer 1953 aus der Sicht fortschrittlicher Kräfte in der SED. In: Osteuropa. Zeitschrift für Gegenwartsfragen des Ostens 15 (1965), Heft 5, 369-377. Zur Politik der SPD vgl.: Kurt Klotzbach: Der Weg zur Staatspartei: Programmatik, praktische Politik und Organisation der deutschen Sozialdemokratie 1945–1965, Berlin/Bonn 1982, 194-226.

278 Vgl. zu den einzelnen Maßnahmen in Berlin: Berlin, Chronik, 374-385.

279 Protokoll der Landessekretariatssitzung 29.5.1953. LAB, C Rep 901/152, Bl. 3-5.

280 Ebd., Bl. 4. Fricke und Engelmann gehen davon aus, dass ein Anschlag auf eine Bahnlinie vermutlich geplant, aber die Ausführung abgebrochen wurde. Fricke/Engelmann, Schläge, 85.

Agentengruppen, innere und äußere Feinde sollten durch »revolutionäre Wachsamkeit« aufgespürt werden. Dies diente auch zur Arbeitsdisziplinierung.[281]

Im Juli 1952 erfolgte eine neue Kurskorrektur: Die II. Parteikonferenz der SED hatte den »Aufbau des Sozialismus« in der DDR beschlossen. Neben der entschiedenen Abgrenzung zur Bundesrepublik bedeutete der Beschluss vor allem innenpolitische Repressalien gegen die noch bestehende Privatwirtschaft, die Verfolgung von Kirchenaktivitäten, besonders in der »Jungen Gemeinde«, eine beginnende Kollektivierung der Landwirtschaft und die Propagierung des »verschärften Klassenkampfes«.[282] Diese Politik, von Heinz Brandt später als »Amoklauf« bezeichnet[283], verschärfte die ökonomische Krise der DDR. Folgen waren nicht allein eine wachsende Unruhe in der Bevölkerung, sondern auch eine ansteigende Fluchtwelle.

Es gab für die Agitation der SED in Westberlin unterschiedliche gesellschaftliche Adressaten. Im Rahmen der »nationalen Politik« gehörten dazu auch bürgerliche und nationale Kreise, deren Unterstützung gewonnen werden sollte.[284] Der Schwerpunkt in der Agitation der SED richtete sich jedoch weiterhin auf die Westberliner Arbeiterschaft und vor allem auf unzufriedene SPD-Mitglieder. Die Führung der SPD wurde einerseits als Unterstützer der kapitalistischen Restauration angegriffen, andererseits aber umworben. Geradezu schwankend zeigte sich die SED in der Frage, ob nun die vorgeblich »rechte« SPD-Führung oder die CDU-Bundesregierung der »Hauptfeind« in der Westagitation sei.[285] Ab 1950 wurde die »Aktionseinheit« propagiert, die Zusammenarbeit zwischen SED-Mitgliedern (bzw. KPD-Mitgliedern in der Bundesrepublik) und Sozialdemokraten der unteren Ebene. Es gehörte zu den Widersprüchlichkeiten der SED, dass zugleich der »Sozialdemokratismus« in der eigenen Partei bekämpft werden sollte, was die Diskussion mit SPD-Mitgliedern komplizierte.[286]

---

281 Bericht über Kontrolle von zehn Berliner Gross-Betrieben über Schlussfolgerungen aus dem Burianek-Prozess, Abteilung Agitation (Unterzeichner Heinz Brandt und Heinz Marohn), 3.7.1952. LAB, C Rep 901/156, Bl. 62-66.

282 Weber, Geschichte, 147-149; Malycha, SED, 461-464; Borowsky, Deutschland, 211-216.

283 Brandt, Traum, 195.

284 Brandt legte dem Sekretariat zum Beispiel eine Teilnehmerliste für ein Treffen vor, dass das ausgeschlossene CDU-Mitglied Kneidel organisieren sollte. Darunter waren CDU-Mitglieder, ein Pfarrer, Ärzte und Lehrerinnen. Die Zusammenkunft war offenbar von Brandt mit vorbereitet worden und wurde vom Landessekretariat bestätigt. Zusammenkunft eines Initiativkreises für Gesamtdeutsche Beratung und Gesamtdeutsche Wahlen in Westberlin am 30.11.1952, Sekretariat Heinz Brandt, 21.11.1952. LAB, C Rep 901/141, Bl. 49 f.

285 Vgl. Lemke, Einheit, 148-156.

286 So beklagte sich der Oberbürgermeister Ebert nach einem inszenierten dreistündigen Gespräch mit SPD-Mitgliedern nicht nur über eine schlechte Vorbereitung durch das Landessekretariat, sondern auch, dass die Sozialdemokraten kritisierten, der »Sozialdemokratismus« werde in der SED als Schimpfwort gebraucht. Protokoll der Landessekretariatssitzung 24.4.1952. LAB, C Rep 901/151, Bl. 7. Ein systematischer Versuch über den »Sozialdemokratismus« als wesentliche Abgrenzungsfolie der SED in der Zeit 1948 bis 1956 anhand veröffentlichter Quellen: Peter Lübbe: Kommunismus und Sozialdemokratie. Eine Streitschrift, Berlin/Bonn 1978, 154-191.

Mit der Sozialdemokratischen Aktion (SDA) versuchte die SED seit 1949, einen organisatorischen Rahmen für unzufriedene SPD-Mitglieder aufzubauen.[287] Die SDA blieb jedoch, trotz großer materieller Unterstützung durch die SED, weitgehend ohne Einfluss. Ihr Schwerpunkt lag in Ostberlin, wo sie gegen die dortige SPD arbeitete und Funktionen im Rahmen der Blockpolitik übernahm.[288]

Heinz Brandt hatte 1950 einen programmatischen Text zur Aktionseinheit in der Berliner Funktionärszeitung *Wille und Weg* veröffentlicht.[289] Dieser Text, ganz in der starren Konfrontationssprache der SED verfasst, entsprach im Aufbau der »Schablonisierung« von Texten der SED-Funktionäre.[290] Zu Beginn zitierte Brandt ausführlich eine Resolution der Kominform vom November 1949, in der angesichts der wachsenden Kriegsgefahr zur Einheit von unten aufgerufen wurde. Daraus leitete er ab, dass auch in Westberlin die »Aktionseinheit« geschaffen werden müsse. Allerdings hätten viele Mitglieder der SED und des FDGB dies noch nicht verstanden und würden sich weiterhin »sektiererisch« gebärden. Hier setzte Brandt zur Untermauerung der Kritik ein Stalin-Zitat. Alle sozialen Probleme sollten argumentativ abgeleitet werden aus der angenommenen Kriegspolitik der USA. Trotz dieser und vieler anderer agitatorischer Anstrengungen blieben größere Erfolge bei der Agitation sozialdemokratischer Mitglieder in Westberlin aus. Eher kontrafaktisch konstatierte Brandt 1953 eine gesteigerte »Kampfbereitschaft« der SPD-Mitglieder, die für die SED-Politik zu gewinnen wären.[291] Dementsprechend ernüchternd hätte es eigentlich sein müssen, immer wieder die mangelnden Erfolge der Agitationsarbeit in der SPD in Westberlin festzustellen.[292] Noch im Juni 1953, als die ökonomische Lage sich in der DDR katastrophal entwickelt hatte, behauptete Heinz Brandt in einem Einschätzungspapier zur politischen Lage in Westberlin, dass angesichts der »wirtschaftlichen Perspektivlosigkeit« in Westberlin die dortige Bevölkerung »im wachsenden Maße unter der Einwirkung

287 Die Gründung war in Berlin am 6.11.1949 erfolgt, im Oktober 1949 war die bundesdeutsche SDA in Frankfurt gegründet worden. Vgl. Berlin. Ringen um Einheit und Wiederaufbau 1948–1951, hg. vom Senat von Berlin, Berlin 1962, 474 (zukünftig: Berlin, Ringen); Kraushaar, Protestchronik, Band 1, 132.

288 Im Juni 1952 hatte die SDA in Berlin 212 feste Mitglieder, davon nur wenige in Westberlin. Bericht über die Tätigkeit der SDA, Sekretariat Ernst Hoffmann, 11.6.1952. LAB, C Rep 901/154, Bl. 36-43, Bl. 37.

289 Heinz Brandt: Schaffung der Aktionseinheit – die entscheidende Aufgabe. In: Wille und Weg, Heft 10, 1950, 28-30.

290 Christian Bergmann: Totalitarismus und Sprache. In: APUZ, 48 (1999), 18-24, 20.

291 So der von Brandt, Siegmund Spieler und Emil Redmann ausgearbeitete Entwurf: Entwicklung einer breiten Opposition in der Sozialdemokratischen Partei, 11.3.1953. LAB, C Rep 901/162-1, Bl. 222-226.

292 Geprägt von einer angeblich immer besser werdenden Situation hieß es zur Arbeit der SDA: »Der Einfluss der SDA auf die Mitglieder der SPD ist nicht messbar«, aber durch vereinzelte Kontakte sei ein »guter Anfang« gemacht. Das musste das Landessekretariat fast zwei Jahre nach Gründung der SDA konstatieren! Bericht über die Tätigkeit der SDA, Sekretariat Ernst Hoffmann, 11.6.1952. LAB, C Rep 901/154, Bl. 36-43, Bl. 43.

der Friedensinitiative der Sowjetunion« stehe, gleichzeitig würden sich die »Erfolge des friedlichen Aufbaus in der Deutschen Demokratischen Republik und im demokratischen Sektor und des nationalen Widerstandes in Westdeutschland stärker in Westberlin« auswirken.[293] Die Problematik bestand weniger darin, dass es in Westberlin nicht eine Ablehnung der Westpolitik Adenauers gab und die schwierige ökonomische Lage Westberlins Anlass zu lohnpolitischen Auseinandersetzungen war. Vielmehr verweist die häufig inhaltsleere Sprache, die mit Komparativen wie »immer stärker«, »im wachsenden Maße«, »verstärkt«, »verschärfen« etc. eine ständig wachsende Zustimmung zur SED-Politik suggerierte, auf Realitätsverluste und Fehleinschätzungen. Auch in den internen Papieren scheinen die SED-Funktionäre immer wieder das Bedürfnis gehabt zu haben, sich selbst zu überzeugen.

In Ostberlin und der DDR lagen die Aufgaben der Agitation anders. Sie war darauf ausgerichtet, die Anforderungen des Wiederaufbaus durchzusetzen und Zustimmung zu staatlichen Maßnahmen zu erreichen. In der Zeit von Brandts Sekretärstätigkeit war dies für Berlin vor allem der Wiederaufbau der Stadt, der ab Ende 1951 als große Kampagne propagiert wurde. Das »Nationale Aufbauprogramm« war nach längeren Diskussionen im Politbüro im November 1951 der Öffentlichkeit präsentiert worden. Darin wurde der Plan vorgestellt, für Berlin eine nationale Initiative zum Wiederaufbau zu beginnen, die sich vor allem in der Gestaltung der Stalinallee ausdrücken sollte. Damit würde auch ein Beweis für die Leistungsfähigkeit der neuen Ordnung gegeben werden.[294] Die sich anschließende Kampagne für die Aufbaumaßnahmen gehörte für das folgende Jahr zu den Schwerpunkten der Agitation. Die Stalinallee war in den Planungen an sowjetischen Bauvorbildern orientiert. Das Landessekretariat versuchte daher, über die »Großbauten des Kommunismus« die Überlegenheit der Sowjetunion unter Beweis zu stellen.[295] Es wurden Besichtigungsfahrten mit DDR-Bewohnern organisiert, aber auch mit Westberlinern und Westdeutschen, denen die Baumaßnahmen als Erfolge des Sozialismus präsentiert werden sollten. In einem Plan der Abteilung Agitation wurde die symbolisch ausgerichtete Argumentation entfaltet: »Jedem Berliner muss klar werden [...], dass die neuerstehende Hauptstadt zum Symbol des Lebens der deutschen Nation wird.«[296] Dementsprechend wurde das Aufbauprogramm als »eine entscheidende Etappe unseres nationalen Kampfes« verstanden, in der die Agitation »prinzipiell und wissenschaftlich« vorgehen

293 Zur politischen Lage in Westberlin (Unterzeichner Heinz Brandt), 4.6.1953. LAB, C Rep 902/173, Bl. 28-35, Zitate 30 und Bl. 33.

294 Berlin, Chronik, 237; Herbert Nicolaus/Alexander Obeth: Die Stalinallee. Geschichte einer deutschen Straße, Berlin 1997, 126 f.

295 Das Thema wurde im Parteikabinett im November 1951 auf den Vortragsplan gesetzt. LAB, C Rep 901/139, Bl. 229.

296 Plan für die weitere Agitation zur Massenmobilisierung für das Nationale Aufbauprogramm Berlin 1952, Abteilung Agitation, 11.1.1952. LAB, C Rep 901/144, Bl. 108-115, Bl. 108. Dort und Bl. 109 die weiteren Zitate.

müsse. Nicht nur nationale Bautraditionen sollten in den Bauten »schöpferisch« fortgeführt werden, es verband sich damit auch eine Absage an moderne Architektur: »Der Aufbau unserer Hauptstadt vollzieht sich in konsequentem Kampf gegen jegliche Form des Kosmopolitismus und Formalismus in der Baukunst.« Hier reihte sich das Landessekretariat bruchlos in die vom ZK im März 1951 verkündete Ablehnung des »Formalismus« in der Kunst, ein weitgehend undeutlicher Begriff, mit dem architektonisch vor allem die Bauhaus-Tradition in Deutschland verworfen wurde.[297] Die Architektur sollte vom »Volk« als schön empfunden werden – das bedeutete eine Absage an architektonische Experimente und einen Rückgriff auf klassizistische Architektur, die schließlich die Stalinallee prägen sollte.[298] Brandt organisierte ein Treffen mit zwölf Architekten aus Westberlin, die dafür gewonnen werden konnten, das Nationale Aufbauprogramm zu unterstützen und die Übernahme auch in Westberlin zu fordern.[299] In propagandistischer Hinsicht war für die Einheitsagitation der SED ein Erfolg zu verbuchen. Die Agitation konnte an einem konkreten Objekt die Gegenüberstellung des »schaffenden« Deutschlands zu dem destruktiven, kriegstreibenden Deutschland im Westen konturieren.

Doch den immer überzogener propagierten Erfolgen beim Aufbau standen die realen Entwicklungen gegenüber, die von einer ökonomischen Krise und einer Delegitimierung der SED-Herrschaft geprägt waren. Bereits auf der II. Parteikonferenz war beschlossen worden, die erhöhten Kosten für den Aufbau des Sozialismus durch Einsparungen zu erwirtschaften. Die Konsumgüterproduktion wurde zu Gunsten der Förderung der Schwerindustrie gedrosselt.[300] Im Januar 1953 wurde ein »Feldzug für strengste Sparsamkeit« ausgerufen, den Brandt als verantwortlicher Sekretär zu propagieren hatte. In einem von Brandt überarbeiteten Entwurf Heinz Marohns hieß es:

> »In der gesamten Argumentation ist ständig zu erläutern, dass es sich bei dem Prinzip der strengen Sparsamkeit um das kluge und weise Prinzip des Sozialismus handelt, um das ökonomische Grundgesetz des Sozialismus in Anwendung zu bringen und dass es sich also nicht um eine nur vorübergehende, zeitbedingte Notmassnahme handelt.«[301]

---

297 Entschließung des Zentralkomitees der Sozialistischen Einheitspartei Deutschlands, angenommen auf der V. Tagung vom 15. bis 17. März 1951. Abgedruckt bei: Kleßmann, Staatsgründung, 527-531.

298 Vgl. zu der Architekturdiskussion Nicolaus/Obeth, 77-83; zur Formalismus-Debatte: Weber, Geschichte, 156-158.

299 Brief der Westberliner Architekten an das Nationale Komitee, Sekretariat Brandt, 16.1.1952. LAB, C Rep 901/145, Bl. 21-22.

300 Vgl. Staritz, Geschichte, 100-104.

301 Agitationsplan zur Durchführung des Feldzuges für strenge Sparsamkeit, Sekretariat Brandt, 24.3.1953. LAB, C Rep 901/164, Bl. 30-37, Bl. 30.

Der Druck auf die Bevölkerung fand seine Entsprechung in steigenden Flüchtlingszahlen.[302] Zu der euphemistisch »Republikflucht« genannten Flucht aus der DDR und Ostberlin entwickelte Brandt im April 1953 eine Analyse.[303] Brandt nannte allein zwei Fluchtmotive: Entweder waren es Kriminelle und Verbrecher, die sich einer Sanktion entziehen wollten, oder es handelte sich um politisch Unerfahrene und Verführte, die durch Gegenpropaganda wieder zurückgewonnen werden könnten. Brandt drückte hier eine simplifizierte Erklärung der Fluchtbewegung aus, die das Herangehen der gesamten Partei kennzeichnete.

Die Parteikarriere Brandts verlief bis Mitte 1953 ohne Brüche. Er organisierte als Sekretär die Schulung der Parteimitglieder und schließlich die Agitationsarbeit der SED in Berlin. Als Referent und Redner der Landes-/Bezirksleitung war Brandt öffentlich als Stimme der SED wahrnehmbar. Dies brachte ihm während der Entstalinisierung Vorwürfe ein, als er die Politik der Partei offen kritisierte: »Er war Sekretär der B[ezirks]L[eitung] und wir wurden von ihm angeleitet. Nach dem XIX. Parteitag [der KPdSU] hat uns Gen.[osse] Brandt informiert, wie man über die bedeutungsvollen Worte des Gen. [Stalin] agitieren muß«, hielt ihm eine Kollegin 1956 vor.[304] Es kann davon ausgegangen werden, dass Brandt diese Tätigkeit als tiefen Zwiespalt erlebte. Seine Hoffnungen auf den Aufbau eines Sozialismus, der gegenüber der kapitalistischen Gesellschaft attraktiver und menschlicher sei, banden ihn in der Blockkonfrontation. Dazu gehörte eine selektive Wahrnehmung und der Glaube, die Verbrechen und Gewalttaten in der Sowjetunion und bei dem Aufbau der DDR würden nach einiger Zeit zurückgehen.

Seine Aufgabe war augenscheinlich paradox: Als Sekretär für Agitation war er dafür verantwortlich, die von ihm skeptisch beurteilte Politik der SED gegenüber der Öffentlichkeit zu propagieren und in den rosigsten Farben auszumalen. Seine Energie beim Entwickeln von Aktionsplänen und die weitgehend unkritisch übernommenen zentralen Vorgaben geben keinen Hinweis darauf, dass er insgeheim gegen die SED-Politik arbeitete. Widerspruch konnte er als höherer Funktionär allerdings auch kaum offen äußern. Ihm blieb nur, in exponierter Stellung nicht aufzufallen und auf eine neue Politik zu hoffen. Angesichts der Verhaftungen auch führender Parteifunktionäre stand Brandt vor Augen, auf welch einem schmalen Grat er sich bewegte.[305] In seiner Autobiografie sprach Brandt mehrmals von einem Freundeskreis von

302 1952 waren 182.393 Personen geflohen, 1953 waren es 331.390 gewesen. Dies war die höchste Zahl von Flüchtlingen, aber auch nach 1953 blieb die Zahl zumeist über 200.000. Zu den Zahlen Borowsky, Deutschland, 227.

303 Massnahmen gegen die Republikflucht und zur Aufklärung der Öffentlichkeit, Sekretariat Brandt, 21.4.1953. LAB, C Rep 902/168, Bl. 20-24.

304 Aktennotiz der BPKK über die Mitgliederversammlung der Betriebsparteiorganisation Verlag »Die Wirtschaft«, 21.3.1957. LAB, C Rep 900-IV-2/4/1422, unpaginiert.

305 Brandt musste auch befürchten, selbst mit in das Mahlwerk der Anklagen zu geraten. Zu groß war sein Bekanntenkreis unter den langjährigen Kommunisten, als dass er nicht damit rechnen musste,

»humanen Sozialisten«, die heimlich auf einen Umschwung setzten, nannte aber keine Namen.[306] Hans Jendretzky, aber auch Hans Kiefert skizzierte Brandt als unzufriedene Funktionäre, die mit dem stalinistischen Kurs nicht einverstanden gewesen seien. Dass gerade mit dem ZK-Mitglied Jendretzky politische Gemeinsamkeiten bestanden, bestärkte Brandt in seinem Versöhnler-Weg. Robert Havemann, mit dem Brandt seit 1950 enger befreundet war und politisch in den Friedenskampagnen der SED zusammenarbeitete, gehörte zu den »humanen Sozialisten«.[307] Brandt und Havemann waren zu der Zeit jedoch keine Regimegegner: »Mehr als lästern war das damals nicht, denn keiner von uns beiden zweifelte an Marx, Engels und Lenin, was deren Utopie, deren Gesellschaftstraum und ihre historische Leistung betraf«[308], charakterisierte Brandt später ihre gemeinsamen Gespräche. Die Parteikarriere Brandts verband sich mit dem Aufbau eines Netzwerks von Freunden und Sympathisierenden, die ebenfalls antistalinistisch eingestellt waren. Eine solche Verbundenheit erleichterte das Verharren und Abwarten. Anfang Juni 1953 schien diese Strategie endlich vom Erfolg gekrönt zu sein.

## 3 Wetterleuchten: Ein neuer Kurs und der 17. Juni 1953

Für die lebensgeschichtliche Selbstdeutung, aber auch für die spätere öffentliche Wahrnehmung Heinz Brandts bildeten der neue Kurs der SED und der Aufstand vom 17. Juni 1953 zentrale Bezugspunkte.[309] Dieser kurzen Zeit des Aufbruchs war jedoch

auch unter Verdacht geraten zu können. Vgl. Brandt, Traum, 180-183. Zu den Schauprozessvorbereitungen in der DDR, die ab 1949 im Gange waren, vgl. Hermann Weber: Schauprozeß-Vorbereitungen in der DDR. In: Weber/Mählert, 459-485.

306 Brandt, Traum, 221.

307 Robert Havemann (1910–1982) Physiker und Chemiker, seit 1932 KPD-nah, war wegen Widerstandstätigkeit 1943 zum Tode verurteilt worden, konnte aber im Zuchthaus Brandenburg überleben. 1945 wurde er Leiter des Kaiser-Wilhelm-Instituts in Berlin, 1950 aus politischen Gründen vom Westberliner Senat entlassen, Übersiedelung in die DDR. 1946–1964 Professur an der Humboldt-Universität. 1964 wegen Kritik an der Partei entlassen und aus der SED ausgeschlossen. Er wurde zum bekanntesten Dissidenten der DDR, wo er bis zu seinem Tode vielfältigen Repressalien ausgesetzt war. Die Bekanntschaft von Havemann und Brandt resultierte aus der Zeit, als Havemann im Berliner Friedenskomitee arbeitete, das von Brandt als Sekretär der SED-Landesleitung angeleitet wurde. Robert Havemann: Fragen Antworten Fragen. Aus der Biographie eines deutschen Marxisten, München 1990 (Erstausgabe München 1970), 111.

308 Brandt, Traum, 292. Vgl. von Havemann auch seinen selbstkritischen Text: Ja, ich hatte Unrecht. Warum ich Stalinist war und Antistalinist wurde. Erstabdruck: Die Zeit, 7.5.1965. Hier zitiert nach: Robert Havemann: Die Stimme des Gewissens. Texte eines deutschen Antistalinisten, Reinbek 1990, 124-129.

309 In sehr vielen Darstellungen zum 17. Juni wird auf die Autobiografie von Brandt Bezug genommen. Für manche Ereignisse dient Brandt als einzige Quelle, so bei der Entscheidung zur Rücknahme der Normerhöhungen durch das Politbüro. Vgl. z. B. Wilke/Voigt, Kurs, 71 f.; Diedrich, 17. Juni, 59-62; Darstellung bei Brandt: Brandt, Traum, 230 f.

eine Zeit vorausgegangen, in der die SED in einem »Amoklauf« ihre katastrophale Politik fortsetzte.[310] Der Tod Stalins im März 1953, das vermutlich entscheidendste Ereignis dieses bewegten Jahres[311] führte nicht zu einem Bruch der stalinistischen Politik der SED, die bisherige Politik wurde unvermindert fortgesetzt. Für Brandt waren die letzten Monate der Herrschaft Stalins mit lebensbedrohlichen Konsequenzen verwoben. Der Druck von Parteisäuberungen und Agentenjagden erhielt im Zuge des Slánský-Prozesses in der Tschechoslowakei Ende 1952 eine antisemitische Wendung, die auch in der DDR Niederschlag fand. Daher soll zunächst auf diese spezifische Komponente der Bedrohung eingegangen werden. Die Erleichterung Brandts über die Entwicklung vom Frühsommer 1953 wird hierdurch deutlicher erkennbar.

Heinz Brandt musste stets damit rechnen, dass seine Vergangenheit als Versöhnler oder die Westkontakte der 40er-Jahre im Zuge der sich verschärfenden Säuberungen gegen ihn gewandt werden könnten. Bereits Anfang Januar 1949 war er kurzzeitig in eine missliche Lage geraten: Er war von seinem Arbeitsplatz weg verhaftet worden, kam jedoch nach einigen Stunden wieder frei, da es sich um eine Namensverwechslung gehandelt hatte. Brandt war ohne Widerspruch mitgegangen.[312] Sein ruhiges Verhalten bei der Verhaftung hatte für Irritationen gesorgt.[313] Die Dynamik der Säuberungen steigerte sich bis zur antizionistischen Kampagne Ende 1952. Der Beginn dieser Phase war der Prozess gegen Rudolf Slánský, ehemaliger Generalsekretär der Kommunistischen Partei der Tschechoslowakei, und 13 weitere ehemals führende tschechoslowakische Kommunisten im November 1952. Da ein Großteil der Angeklagten jüdischer Herkunft war, wurde eine angebliche »zionistische Verschwörung« in der begleitenden Agitation besonders hervorgehoben.[314] Die SED-Führung veranlasste eine intensive Auseinandersetzung der Partei mit dem Prozess.[315] In der Folge wurden in der DDR SED-Mitglieder verhaftet und ein Schauprozess vorbereitet, in dessen Zentrum das ehemalige ZK-Mitglied Paul Merker stehen sollte.[316] Die »makabre Atmosphäre von Furcht und Denunziation zuzeiten des Prager Prozesses«[317] war für Brandt eine be-

310 Ebd., 195.

311 So Bernd Stöver: Zusammenfassung. Das Umbruchsjahr 1953 – ein Resümee. In: Christoph Kleßmann/Bernd Stöver (Hrsg.): 1953 – Krisenjahr des Kalten Krieges in Europa, Köln/Weimar/Wien 1999, 199-222, 199.

312 Brandt, Traum, 186 f.

313 Vgl. zu diesem Vorgang LAB, C Rep 901/110, Bl. 8 und 65 f.; 111, Bl. 44.

314 Vgl. zum Slánský-Prozess: Karel Kaplan/František Svátek: Die politischen Säuberungen in der KPČ. In: Weber/Mählert, Terror, 487-599; Georg Hermann Hodos: Schauprozesse. Stalinistische Säuberungen in Osteuropa 1948–54, Frankfurt/New York 1988, insb. 136-144; Karel Kaplan: »Massenungesetzlichkeit« und politische Prozesse in der Tschechoslowakei 1948 bis 1953. In: Wolfgang Maderthaner/Hans Schafranek/Berthold Unfried (Hrsg.): »Ich habe den Tod verdient« Schauprozesse und politische Verfolgung in Mittel- und Osteuropa 1945–1956, Wien 1991, 37-56.

315 Vgl. Klein, Einheit, 161 f.; Ulrich Mählert: Parteisäuberungen in der SED. In: Hermann Weber/Ulrich Mählert (Hrsg.): Terror. Stalinistische Parteisäuberungen 1948–1953, Paderborn 1998, 351-457, 429-438; Haury, Antisemitismus, 399.

316 Vgl. Haury, Antisemitismus, 399-410.

drohliche Situation: »Wenn ich an diese Wochen vom Januar bis März 1953 zurückdenke, zieht sich mir heute noch der Magen zusammen. Eine neuerliche blutige Säuberungskatastrophe zeichnet sich am Horizont ab.«[318] Als Auslöser nannte Brandt vor allem die am 14. Januar 1953 in der DDR-Presse veröffentlichte Meldung, dass in Moskau eine Verschwörung von jüdischen Ärzten aufgedeckt worden sei, die führende Parteiangehörige zu ermorden geplant hätten. Diese Meldung führte zu einem offenen Gespräch mit Bruno Baum, in dem sich beide versicherten, dass die angebliche Ärzteverschwörung erfunden sein muss. Baum berichtete Brandt einige Tage später auch, entgegen den Vorschriften, dass der zuständige Beauftragte der sowjetischen Kommandantur für die Bezirksleitung bei Baum nachgefragt hatte, wer von den Angehörigen der Bezirksleitung jüdischer Herkunft sei.[319] Als jüdischer Kommunist war Brandt daher besonders gefährdet, als im Frühjahr 1953 die Überprüfung der Kaderakten jüdischer Parteimitglieder begann.[320] Hans Jendretzky versprach Brandt, ihn zu warnen, falls Gefahr drohe. Brandt bereitete für diesen Fall seine Flucht in den Westen vor.[321] Anfang 1953 flohen angesichts der antizionistisch verbrämten Säuberungen rund 400 Juden aus der DDR, davon führende jüdische Kommunisten und die meisten jüdischen Gemeindevorsitzenden.[322] Brandt wusste aus den Erfahrungen der letzten Jahre, dass allein seine jüdische Herkunft ausreichen könnte, in die Mühle der schematischen Verhaftungen zu geraten. Die Angst ergriff Brandt auch physisch:

> »Es kamen jene Nächte wieder aus der Nazizeit, wo man gegen Morgengrauen unruhig schläft, im Unterbewußtsein fürchtet, irgendwie könnten sie es doch rausbekommen, was man ist, gleich wird es klopfen, gleich wird es klopfen: Haussuchung und Verhaftung.«[323]

Jüdische Kommunisten standen bereits seit 1948 unter dem Denunziationsbegriff »Kosmopolitismus« unter besonderem Legitimationszwang, wenn sie noch Verbin-

317 Klein, Visionen, 35.

318 Vgl. Brandt, Traum, 188.

319 Ebd., 187. Für eine kaderpolitische Überprüfung durch die SKK zu dieser Zeit spricht, dass Hans Kiefert dem zuständigen sowjetischen Offizier Tarchow eine angeforderte Aufstellung aller Mitglieder und Mitarbeiter der BPKK übersandte, in denen zusätzliche Angaben zu den Personen gemacht wurden. Jüdische Kommunisten waren nicht dabei. Vgl. Bezirks-Partei-Kontrollkommission an die SKK, z. Hd. des Genossen Tarchow, 23.4.1953. LAB, C Rep 902/641, unpaginiert.

320 Haury, Antisemitismus, 404; Klein, Einheit, 179-181; zur Reaktion jüdischer Kommunisten auf Slánský-Prozess und Ärzteverschwörung vgl. Karin Hartewig: Zurückgekehrt. Die Geschichte der jüdischen Kommunisten in der DDR, Köln/Weimar/Wien 2000, 334-347.

321 Brandt, Traum, 192 f.

322 Zahl bei Klein, Einheit, 181. Vgl. auch: Hartewig, Zurückgekehrt, 339-347; Offenberg, Machthaber, 84-90.

323 Manuskript Heinz Brandt: »Ich war noch einmal davongekommen!« AdsD, NL Kuno Brandel, Mappe 20, unpaginiert, Seite 10 des Manuskripts; sinngemäß Brandt, Traum, 193.

dungen in den Westen hatten. Der Charakter stalinistischer Säuberungen war gerade von Zufälligkeit und damit Unberechenbarkeit geprägt. Brandt musste all die Jahre, die er Karriere in der Partei machte, mit einer Verhaftung rechnen. Nicht wegen einer tatsächlichen Agententätigkeit, sondern weil ihn über Bekanntschaften, offene Worte oder schematische Ableitungen – neben der jüdischen Herkunft gehörte dazu auch das Stigma der »kleinbürgerlichen Herkunft« – ein Verfolgungsraster hätte erfassen können. Der Tod Stalins am 5. März 1953 war für Brandt eine große Entlastung. »Ein Jahrzehnte alter Traum scheint sich erfüllt zu haben: Palastrevolution im Kreml«, schrieb Brandt, der noch Jahre später davon ausging, dass Stalin keines natürlichen Todes gestorben sei.[324] Für den Versöhnler Brandt schien es denkbar, dass sich nach dem Tode Stalins eine neue Politik durchsetzen könne. Zu dieser Hoffnung gab auch Anlass, dass die Ärzteverschwörung im Mai 1953 öffentlich dementiert wurde, da die Geständnisse durch »physischen Druck« erpresst worden seien. Für Brandt war dies der Moment, eine öffentliche Enthüllung über die stalinistischen Verbrechen insgesamt zu erwarten.[325] Aber die Hoffnung trog. Die antizionistische Propaganda verschwand zwar relativ abrupt, die Vorbereitungen für einen Schauprozess in der DDR – in die noch im Mai 1953 das Politbüromitglied Franz Dahlem einbezogen wurde –, gingen jedoch unvermindert weiter.[326]

Die Krise der SED-Diktatur erwuchs nicht aus einer Auseinandersetzung mit den stalinistischen Verbrechen, sondern aus der sich verschärfenden ökonomischen Lage der DDR, die sich aus dem Aufbau des Sozialismus ergab, und der Verunsicherung der Macht in Moskau nach Stalins Tod. Es ist in der Forschung unstrittig, dass die Vorgaben für einen Kurswechsel in der DDR aus dem Moskauer Machtzentrum kamen. Angesichts der alarmierenden Meldungen über sich anbahnende ökonomische Katastrophen, die hohe Fluchtbewegung und die insgesamt verschärfte Lage diskutierte das sowjetische Politbüro im April und Mai 1953 eine Änderung der Deutschlandpolitik. Am weitesten gingen Überlegungen des Geheimdienstchefs Lawrentija Berija, zu der Zeit auch Innenminister und seit 1939 für den stalinistischen Terror verantwortlich, der vermutlich sogar zur Aufgabe der sozialistischen DDR aus machttaktischen Überlegungen bereit war.[327] Die SED-Führung wurde Anfang Juni 1953 nach

324 Brandt, Traum, 193. Der Tod Stalins wurde am 6. März offiziell bekannt gegeben. Der schnelle Tod – die Krankheit dauerte nur wenige Tage – hat bis in die Gegenwart zu Spekulationen über eine mögliche Ermordung geführt. Die Berichte aus Stalins engerem Umfeld sprechen jedoch gegen eine Ermordung, vielmehr war das Personal zu eingeschüchtert, den nach einem Schlaganfall reglosen Stalin zu stören. Sie verständigten erst das Politbüro, ärztliche Hilfe kam vermutlich viel zu spät. Stalin ist eher an dem von ihm selbst geschaffenen Klima der Angst und Paranoia gestorben. Vgl. Manfred Hildermeier: Geschichte der Sowjetunion 1917–1991, München 1998, 686 f.

325 Vgl. Brandt, Traum, 193 f.

326 Haury, Antisemitismus, 418; Klein, Einheit, 195 f.

327 Brandt ging nach seiner Flucht davon aus, dass im Frühsommer 1953 Chancen für eine neue Politik und auch eine mögliche Wiedervereinigung bestanden hatten. Vgl. Brandt, Traum, 207-217; Brandt, Deutschlandpolitik 369-377. Vgl. zur Diskussion um Berijas deutschlandpolitische Über-

Moskau bestellt und über den Kurswechsel informiert.[328] Am 9. Juni 1953 wurde ein Beschluss des Zentralkomitees der SED über den »Neuen Kurs« gefasst, der am 11. Juni 1953 veröffentlicht wurde.[329] In ihm räumte das Politbüro nicht nur Fehler ein, sondern verkündete auch die Rücknahme verschiedener repressiver Maßnahmen. Alle Bürger erhielten wieder Lebensmittelkarten, eine Amnestie wurde in Aussicht gestellt und Rückkehrerleichterungen für geflohene Bauern und Einzelhändler bekannt gegeben. Das Berliner Bezirkssekretariat war bereits am 7. Juni zusammengerufen worden und wurde von Hans Jendretzky über die zu erwartende neue Entwicklung informiert. Dieser Tage war Brandt voller Hoffnung, dass der »Neue Kurs« zur Wiedervereinigung führen würde, da die Politbüro-Erklärung als Eingeständnis des Bankrotts der SED zu lesen gewesen sei.[330] Bereits nach dem Tode Stalins sei Brandt im Bezirkssekretariat und bei den zentralen Pressebesprechungen im ZK offener aufgetreten, wenn auch weiterhin sehr vorsichtig. So habe er das Verbot von Kirchenbauten in Stalinstadt (heute Eisenhüttenstadt) kritisch hinterfragt und die von ihm und Hans Jendretzky ausgearbeitete 1. Mai-Rede sei von Ulbricht als »typisch kapitulantenhafte Brandt-Rede Jendretzkys« bezeichnet worden, da sie zu stark auf eine Verständigung in der Deutschlandpolitik gezielt habe.[331]

Der am 11. Juni verkündete Neue Kurs hatte eine wesentliche Belastung vor allem für Arbeiter nicht berührt: Die erhöhten Arbeitsnormen sollten weiter gegen den wachsenden Unmut der Arbeiterschaft durchgesetzt werden, diese Frage war im Kommuniqué des Politbüros überhaupt nicht erwähnt worden. Um die ehrgeizigen sozialistischen Ziele zu erreichen, war eine freiwillige Normerhöhungsbewegung mit der II. Parteikonferenz initiiert worden, mit der die Arbeitsproduktivität gesteigert werden sollte. Faktisch bedeutete die Steigerung der Arbeitsnorm jedoch einen realen Lohnverlust der Arbeiter. Als diese Maßnahmen nicht den gewünschten Erfolg hatten, beschloss das ZK der SED am 14. Mai 1953 eine durchschnittliche Normerhöhung um zehn Prozent, die administrativ durchgesetzt werden sollte. Das Eingeständnis von Fehlern mit dem Neuen Kurs und die beschlossenen Erleichterungen reichten nicht mehr aus, den sozialen Unmut über die andauernden Belastungen für die Arbeiterschaft zu kanalisieren.

Für Brandt gehörten die Tage bis zum 17. Juni zu den glücklichsten seines Lebens, da sich seine Hoffnungen auf eine demokratische Wiedervereinigung nun zu erfüllen

---

legungen: Loth, Stalin, 193-204; Gerhard Wettig: Berijas deutsche Pläne im Licht neuer Quellen. In: Christoph Kleßmann/Bernd Stöver (Hrsg.): 1953 – Krisenjahr des Kalten Krieges in Europa, Köln/Weimar/Wien 1999, 49-69.

328 Vgl. Wilke/Voigt, 42-48.

329 Kommuniqué des Politbüros des Zentralkomitees vom 9. Juni 1953, ND, 11.6.1953. Abgedruckt in Gerhard Beier: Wir wollen freie Menschen sein. Der 17. Juni 1953: Bauleute gingen voran, Köln 1993, 94-96.

330 Brandt, Traum, 213 f; Brandt, Deutschlandpolitik, 372.

331 Brandt, Traum, 196-200, Zitat 201.

schienen: »Das Schachspiel der Weltpolitik schien nun dieser Konstellation zuzustreben, auf die hin ich meine Züge gemacht hatte, für die ich mich bereitgehalten hatte.«[332] Jendretzky hätte ihm den Neuen Kurs als einen Neuanfang präsentiert, mit dem eine Wiedervereinigung möglich wäre. Brandt ging davon aus, dass ein solcher Kurswechsel gleitend, nicht explosiv verlaufen sollte. Es fehlten jedoch, dass erkannte Brandt ebenfalls, organisierte Kräfte innerhalb der Partei oder der DDR, die einen Kurs der Selbstaufgabe der SED-Herrschaft durchsetzen konnten. »Individuelle Oppositionelle«, zu denen Brandt sich zählte, seien kaum in der Lage gewesen, die stalinistische Führung um Ulbricht zu entmachten.[333] Hier zeigte sich auch, dass Brandt als Fraktionist weiterhin im Rahmen einer machtgeleiteten Transformation der DDR dachte.

Die Ereignisse um den 17. Juni 1953 erlebte Brandt als Agitationssekretär der Bezirksleitung der SED in Berlin aus nächster Nähe mit. Bereits am 15. Juni abends wurde Brandt Zeuge, wie die Sekretärin Otto Grotewohls bei Bruno Baum einen Brief von Bauarbeitern des Krankenhausneubaus Friedrichshain vorbeibrachte, in dem diese die Rücknahme der Arbeitsnormen forderten. Eine Delegation sollte am nächsten Tag zu Grotewohl kommen. Nach Brandt habe Baum abgewogen und meinte, die Delegation sollte empfangen werden, da sich die Arbeiter davon beeindrucken lassen würden. Für Brandt war dies Ausdruck eines obrigkeitlichen Denkens, da die autoritative Wucht von hohen Institutionen sie vor 1933 oft selbst in der politischen Arbeit gehindert habe, wenn Arbeiter sich davon besänftigen ließen.[334] Baums Verhalten war für Brandt Beweis der Machtkorruption. Allerdings hat auch Brandt zusammen mit Baum am selben Abend eine Sitzung von Betriebspartei- und Gewerkschaftssekretären der Baustellen an der Stalinallee geleitet, in der festgelegt wurde, in der Normenfrage »keine Nachgiebigkeit« zu zeigen.[335]

Am Morgen des 16. Juni, einem Dienstag, waren die Sekretäre des Bezirkssekretariats schon früh im Hause. Von ausgesandten Agitatoren mussten sie erfahren, dass vor allem die Bauarbeiter nicht mehr bereit waren, die Normerhöhung mitzutragen. Brandt hat seine eigene Rolle in diesem Moment als ausschlaggebend dargestellt: Er fragte die anwesenden Baum und Hans Kiefert, ob er auch in ihrem Namen die Rücknahme der Normerhöhungen beim Politbüro beantragen dürfe. Beide hätten zugestimmt und Brandt begab sich zum Politbüro, das an dem Tag turnusgemäß tagte, um Hans Jendretzky über den Antrag der Berliner Bezirksleitung zu informieren. Jendretzky brachte den Antrag dann im Politbüro ein.[336] Allerdings ist zu berücksichti-

332 Ebd., 208.

333 Vgl. ebd., 211-214 zu seinen Überlegungen.

334 Ebd., 227 f. Für die Episode in der Bezirksleitung über den Brief der Bauarbeiter an Grotewohl ist Brandt bisher die einzige Quelle. Vgl. Beier, Menschen, 53 f.; Diedrich, 17. Juni, 59; Wilke/Voigt, 68 f.

335 Über den Einsatz und das Verhalten der Bezirksleitung und der Kreisleitungen in den Juni-Tagen, 31.7.1953, unterzeichnet von Erich Loeser, Vorsitzender der BPKK. LAB, C Rep 902/653-1, unpaginiert.

gen, dass Brandt mit Kiefert und Baum allein keinen formalen Beschluss der Bezirksleitung fassen konnte, es ist wohl mehr als dringliche Aufforderung zu verstehen, die Brandt dem Politbüro überbrachte. Brandts Anstoß führte schließlich zu einem Kommuniqué des Politbüros, in dem die administrative Durchsetzung der Normen abgelehnt wurde.[337] Für Brandt, der im Flur des Politbüros mehrere Stunden gewartet hatte, war der gefällte Beschluss zu unentschlossen und zu spät verkündet.[338] Zeitgleich zur Tagung des Politbüros hatte sich von den Baustellen der Stalinallee ein Demonstrationszug in Bewegung gesetzt, der das Haus der Ministerien der DDR in Berlin-Mitte nahe der Sektorengrenze ansteuerte. Dieser Zug wuchs, verstärkt durch Passanten, auf rund 2.000 bis 3.000 Menschen an, die gegen 14.00 Uhr am Leipziger Platz ankamen.[339] Vor dem Haus verharrten die Demonstranten, deren Zahl zeitweilig auf über 10.000 Menschen anwuchs.[340] Die Forderungen, wie sie in Parolen und Sprechchören erhoben wurden, verschoben sich von sozialen – wie der Rücknahme der Normerhöhungen – zu politischen: Freie Wahlen und der Rücktritt der Regierung wurden gefordert.[341] Brandt war der Demonstration entgegengegangen und hatte einigen Demonstranten an der Spitze mitgeteilt, dass die Normerhöhungen zurückgenommen werden würden. Vor dem Regierungssitz versuchte er, in dem er auf ein Fahrrad kletterte, die Rücknahme erneut zu verkünden. Allerdings verpufften seine Worte, da die Demonstranten dies von Ulbricht oder Grotewohl selbst hören wollten. Ebenso wirkungslos waren die Versuche Robert Havemanns, beruhigende Worte an die Demonstranten zu richten.[342] Die Forderung nach höheren Regierungsvertretern war vermutlich eher ein Ausweichen, da die Dynamik der Demonstration mit dem Gefühl, der bisherigen Autorität fordernd und entschlossen gegenüberzutreten, wohl nicht durch einzelne Regierungsvertreter besänftigt worden wäre.[343] Der einzige Re-

336 Brandt, Traum, 230 f.

337 In dem Kommuniqué wurden nur einzelne Ministerien für die administrative Normerhöhung verantwortlich gemacht, nicht das eigentlich verantwortliche Politbüro. Vgl. Erklärung des Politbüros des ZK der SED zur Normenfrage. ND, 17.6.1953. Abgedruckt in: Beier, Menschen, 100 f.

338 Brandt, Traum, 231.

339 Vgl. Diedrich, 60 f.; Manfred Hagen: DDR – Juni '53. Die erste Volkserhebung im Stalinismus, Stuttgart 1992, 44 f.

340 Beier, Menschen, 331 f.

341 So ebd., 331 f.; Ilko-Sascha Kowalczuk/Stefan Mitter: »Die Arbeiter sind zwar geschlagen worden, aber sie sind nicht besiegt!« Die Arbeiterschaft während der Krise 1952/53. In: Dies./Stefan Wolle: Der Tag X – 17. Juni 1953. Die »Innere Staatsgründung« der DDR als Ergebnis der Krise 1952/54, Berlin $^{2}$1996, 31-74, 56; dagegen geht Diedrich, 17. Juni, 60 f. davon aus, dass die Forderungen am 16. Juni einen »rein sozialen Charakter« hatten.

342 Havemann stützte in seinen Erinnerungen die Darstellung Brandts. Allerdings wich er in zwei Punkten von Brandt ab: Sie hätten sich bei der Bezirksleitung getroffen und seien gemeinsam der Demonstration entgegengefahren, während Brandt nicht mehr wusste, wie Havemann zur Demonstration gekommen war; auch standen beide nicht auf einem Fahrrad, sondern auf einem Tisch. Vgl. Brandt, Traum, 237; Havemann, Fragen, 124-126.

343 Hierauf hat Hagen hingewiesen. Hagen, DDR, 44 f.

gierungsvertreter, der aus dem verschlossenen Haus der Ministerien zu den Demonstranten kam, war Fritz Selbmann, zu der Zeit Minister für Hüttenwesen und Erzbergbau sowie Politbüromitglied, der von einem Tisch aus sprechen wollte, jedoch von den Demonstranten niedergeschrien wurde.[344] Brandts Absicht war, wie die Havemanns, die Demonstration durch den Hinweis auf die Rücknahme der Normerhöhungen zu beruhigen. Auch am nächsten Tag sah Brandt seine Aufgabe darin, Unruhe zu besänftigen und zu kanalisieren, um eine Eskalation zu vermeiden. Das Bezirkssekretariat kam am Nachmittag zu einer kurzen Besprechung zusammen, in der die Sekretäre beauftragt wurden, am nächsten Tag in einigen Großbetrieben zu sprechen und die Rücknahme der Normen zu verkünden. Die Demonstration am 16. Juni bewegte sich vom Haus der Ministerien weg und löste sich erst nach einiger Zeit auf, ohne dass die Volkspolizei eingriff. Während der Demonstration wurde zum Generalstreik aufgerufen.[345] Abends fand eine länger geplante Parteiaktivtagung der Berliner SED statt, auf der Ulbricht und Grotewohl sprachen. Nach Brandts Angaben war das Bezirkssekretariat mehr von der Organisierung dieser Veranstaltung in Anspruch genommen als von den dramatischen Ereignissen. Die Parteiaktivtagung war für Brandt ein »kleiner Erfolg der Opposition gegen Walter Ulbricht«, da die Führung auf ihr öffentlich Stellung zum Neuen Kurs nehmen sollte. Die Tagung nahm nach Brandt einen »gespenstischen Verlauf«, da über die Demonstration des Tages und die Forderungen der Bauarbeiter kaum gesprochen wurde.[346]

Am Morgen des 17. Juni begab sich Heinz Brandt, wie im Sekretariat abgesprochen, in die Maschinenbaufabrik Bergmann-Borsig in Pankow, einen VEB-Betrieb mit gut 4.200 Belegschaftsangehörigen. Bei der Ankunft Brandts habe niemand gearbeitet und auf seine Anweisung hin wurde eine Betriebsversammlung einberufen. Er forderte dazu auf, zur Untersuchung von Mängeln einen Betriebsausschuss zu wählen, was auch erfolgte. Die Versammlung zog sich über den Vormittag hin und Brandt verließ sofort nach ihrem Ende das Werk und ging zu Fuß zur Bezirksleitung zurück.[347] Eine Demonstration sammelte sich erst gegen 13.00 Uhr vor dem Werk, als bereits der Ausnahmezustand über Berlin verhängt war. An ihr nahmen rund 2.000 Betriebsangehörige teil. Die Niederschlagung des Aufstands erlebte Brandt im Hause der Bezirksleitung mit.[348]

Die Darstellung Brandts über die Geschehnisse bei Bergmann-Borsig hat dazu geführt, dass sein Verhalten als Versuch des Aufbaus von rätedemokratischen Strukturen am 17. Juni gewertet wurde.[349] Es ist allerdings zu fragen, ob ein Bezirkssekretär in

344 Havemann, Fragen, 126; Brandt, Traum, 237. Vgl. auch Beier, Menschen, 58 und 61.

345 Beier, Menschen, 62; Diedrich, 17. Juni, 62.

346 Brandt, Traum, 238 f. Zur Parteiaktivtagung vgl. Hagen, DDR, 53-56.

347 Vgl. Brandt, Traum, 240-244.

348 Lagebericht Nr. 168 des Operativstabes der PdVP, 17./18.6.1953. Polizeihistorische Sammlung des Polizeipräsidenten in Berlin, PdVP/Stab Operativ/Rapporte, 15.–30.6.1953, Nr. 8012, Bl. 59-67. Hier zitiert nach: www.17juni53.de/chronik/530617/53-06-17_pdvp-stab.pdf, (Stand 3.1.2003).

einem bedeutsamen Großbetrieb wie Bergmann-Borsig eine solche – gegen die SED-Herrschaft gerichtete – Maßnahme wie den Aufbau eigenständiger Strukturen der Arbeiterschaft überhaupt hätte veranlassen können. Brandt selbst hat später immer wieder hervorgehoben, dass seine Absetzung als Sekretär eine politische Abstrafung angesichts seines Verhaltens am 17. Juni gewesen sei.[350] Diese Deutung bestimmte auch die Rezeption der Person Brandts.[351] Allerdings ist weniger davon auszugehen, dass Brandt wegen seines Verhaltens am 17. Juni abgestraft, sondern als enger Vertrauter von Hans Jendretzky abgelöst wurde. Vorwürfe eines parteifeindlichen Verhaltens am 17. Juni hat es gegen Brandt zu keiner Zeit gegeben. In einem Bericht der BPKK über das Verhalten der Bezirksleitung wurde das vorbildliche Verhalten aller Bezirkssekretäre hervorgehoben.[352] Erst über ein Jahr später tauchten Gerüchte über sein Verhalten bei Bergmann-Borsig auf, die Brandt jedoch gegenüber der BPKK entkräften konnte. Der Vorwurf lautete, er habe am Ende der Betriebsversammlung gesagt, man solle besser gehen, bevor etwas passiere, was die Parteivertreter nicht mehr gutheißen können.[353] Eine solche Äußerung konnte als Zurückweichen interpretiert werden. Brandt rechtfertigte die Äußerung damit, dass die Versammlung eine Kommission – auch mit SED-Vertretern – gewählt habe, die die auf der Betriebsversammlung auftauchenden Beschwerden untersuchen sollte. Damit wollte Brandt ein Gremium zur Kanalisierung der Unruhe schaffen, um anschließend zur Rückkehr an die Arbeitsplätze aufzufordern. Mit seinem Aufbruch wollte er die Versammlung beenden, von den anschließenden Auseinandersetzungen mit streikbereiten Arbeitern habe er nichts mehr mitbekommen. Zumindest in dieser Darstellung handelte es sich bei dem gewählten Gremium nicht um einen Betriebsausschuss, der die Leitung des Werks übernehmen sollte.[354] Zwar hatten sich gerade auf den unteren SED-Ebenen Mitglieder mit den Streikenden solidarisiert und teilweise auch Leitungsfunktionen übernommen, allerdings war ein solches Verhalten nur bei einer Minderheit anzutreffen, zum Teil auch aus den Dynamiken der Streikentwicklungen in den Betrieben geboren. Die große

349 Mohr, Brandt, 337.

350 Vgl. Rexin, Kommunisten, 179 f.

351 So zuletzt Mohr, Brandt, 338.

352 Vgl. Über den Einsatz und das Verhalten der Bezirksleitung und der Kreisleitungen in den Juni-Tagen, 31.7.1953, unterzeichnet von Erich Loeser, Vorsitzender der BPKK. LAB, C Rep 902/653-1, unpaginiert. Auch eine Denunziation des ehemaligen Abteilungsleiters Alfred Schulz, der Anfang 1952 nach einem Parteiverfahren aus der Bezirksleitung entlassen wurde und bei Bergmann-Borsig arbeitete, nach der Flucht von Brandt 1958 behandelte Ereignisse von 1951, aber enthielt keinen Hinweis auf den 17. Juni bei Bergmann-Borsig. Hätte Brandt in der Betriebsversammlung am 17. Juni tatsächlich ungewöhnliche Maßnahmen eingeleitet, hätte Schulz dies sicherlich im Betrieb erfahren. Vgl. Bericht 10.11.1958, Abteilung V. BStU, ZA, AOP 4617/63, Band 2, Bl. 35.

353 Akten-Notiz Aussprache mit dem Gen. Heinz Brandt, Bezirksleitung am 26.7.1954. LAB, C Rep 900 IV-2/4-1421, Bl. 6 f. Dort auch das Folgende. Die Stasi hielt 1957 fest, dass eine endgültige Klärung der Angelegenheit aus den Unterlagen der BPKK nicht ersichtlich sei. Auskunftsbericht, Hauptabteilung V/1, 27.12.1957. BStU, ZA, AOP 4617/63, Band 1, Bl. 37.

354 So die Behauptung von Brandt in der Autobiografie. Brandt, Traum, 240 f.

Mehrzahl der SED-Mitglieder verhielt sich passiv und abwartend.[355] Demgegenüber zeigte Brandt am 16. Juni ein offensives Verhalten, wo er, ausgestattet mit der guten Botschaft der Normrücknahme, den direkten Kontakt zur Demonstration suchte. Es fällt auch auf, dass Robert Havemann sich zusammen mit Brandt persönlich einsetzte und nicht wie fast alle führenden SED-Kader in Deckung blieb. Dabei war das Motiv Brandts, auch am 17. Juni, die Kanalisierung der Demonstrationen, damit der von ihm ersehnte Neue Kurs mit der Absetzung Ulbrichts nicht verhindert werde. Hoffnungen auf den Neuen Kurs waren gerade für kritische Parteifunktionäre, aber auch für viele Angehörige der Intelligenz ein Grund, dem Aufstand insgesamt eher skeptisch gegenüberzustehen.[356] Diesem Verhaltensmuster ist Brandt zuzurechnen.

Für die jüdischen Kommunisten in der DDR war 1953 das »schwarze Jahr«. Nach den Säuberungen wurde auch der 17. Juni nicht selten als Bedrohung wahrgenommen: »Nach dem Aufruhr der ›Massen‹, der in der jüdischen Wahrnehmung von Episoden und Bildern der NS-Machtübernahme und der ›Kristallnacht‹ überblendet wurde, flüchteten sich viele in den Schutzraum des kommunistischen Apparates.«[357] Für Brandt lassen sich solche skeptischen Wahrnehmungen des Aufstands nicht feststellen, er empfand es allerdings als unpassend, dass einige Demonstranten das »Deutschlandlied« gesungen hätten.[358] Sympathisierend schrieb er über die Betriebsversammlung bei Bergmann-Borsig: »In diesem Moment, da die Arbeiter hier in Aktion versammelt waren, so fuhr es mir durch den Kopf, und nur für die Dauer dieser Aktion, gehört dieser Betrieb wahrhaft ihnen. Genau das sagte ich auch.«[359] Auch die Demonstrationen waren für Brandt, trotz seiner Versuche, den Aufstand zu kanalisieren, »echte Aktionen der Arbeiterklasse«.[360] Eine Distanz oder auch nur Skepsis über die Dynamiken des Aufstands ist bei Brandt nicht zu lesen. Ebenso vehement wies er die

355 Dass die Gesamtzahl nicht zu hoch zu veranschlagen ist, zeigen die Zahlen zur Mitgliederbewegung der SED nach dem 17. Juni. Es wurden 363 Mitglieder und Kandidaten ausgeschlossen, 1737 traten aus. Unter einem Teil der Verhafteten – nicht alle wurden hieraufhin ausgewertet – waren rund 8,1 Prozent aus der SED. Vgl. zu den Zahlen Diedrich, 17. Juni, 300-302; zur Bewertung des Mitgliederverhaltens Ilko-Sascha Kowalczuk: »Wir werden siegen, weil uns der Große Stalin führt!« Die SED zwischen Zwangsvereinigung und IV. Parteitag. In: Ders./Armin Mitter/Stefan Wolle, 171-242, 209-211; Hagen, DDR, 75-78.

356 Diedrich, 17. Juni, 147, für diese verbreitete These. Dagegen wendet Kowalczuk ein, dass »Intelligenz« ein heterogener Begriff sei, die Ablehnung des Aufstandes vor allem für die künstlerische und universitäre Intelligenz zuträfe, weniger für die technische oder medizinische. Vgl. Ilko-Sascha Kowalczuk: Volkserhebung ohne »Geistesarbeiter«? Die Intelligenz der DDR. In: Ders./Mitter/Wolle, 129-169.

357 Hartewig, Zurückgekehrt, 429.

358 Von den Demonstranten sei eine Vielzahl von Liedern gesungen worden und es habe sich gezeigt, dass es kein allgemein verbindendes Lied gegeben habe. Brandt, Traum, 242.

359 Ebd., 240. Es muss zumindest zweifelhaft erscheinen, dass Brandt hierbei die Arbeiter gegen die SED als Besitzer verstand. So eindeutig hätte Brandt kaum ohne Folgen sprechen können.

360 Ebd., 233-235.

Behauptung zurück, westliche Agenten seien für den Aufstand verantwortlich, wie die offizielle Deutung der SED verbreitete:

> »Das spontane Moment war ausschlaggebend. Gerade darum ist das von Ulbricht später erfundene Märchen so besonders primitiv, es handele sich um eine teuflische Planung, um die ›Ansetzung des Tag X auf den 17. Juni‹ durch die ›faschistischen Provokateure‹ in ›Bonn und New York‹.«[361]

Wenn er auch die politischen Auswirkungen des Aufstands für katastrophal hielt, war seine Sympathie auf der Seite der Handelnden und der spontanen Aktion. An dieser Wertung wird nicht allein die Distanz Brandts gegenüber der SED-Herrschaft deutlich. Sie zeigt auch die fast naive Begeisterung über den Moment des Aufbruchs, der Befreiung in Aktion. Brandt stellte sich in die Tradition der Überlegungen Rosa Luxemburgs über die »dialektische Wechselbeziehung von Spontaneität und Führung«, welche von den »deutschen Organisationshirnen als Spontaneitätsverherrlichung« abgetan wurde.[362] Am 17. Juni zeigte sich für Brandt das Versagen der SED, gegenüber der Arbeiterklasse einen Führungsanspruch zu behaupten. Brandt bezeichnete – in der ihm eigenen literarischen Diktion – den 17. Juni als »Tragödie«, »weil seine Helden, die Massen, genau wie in der klassischen griechischen Tragödie, ihren Untergang gerade mit der Aktion herbeiführten, die ihn hatte verhindern sollen. [...] Sie zerstörten durch ihre Aktion gerade jenen Ansatz, den sie hatte entwickeln wollen.«[363] Die heutige Forschung changiert in der Bewertung, ob es sich um einen Arbeiteraufstand mit überwiegend sozialen Ursachen, einen Volksaufstand gegen die Diktatur oder gar eine gescheiterte Revolution handelte.[364] Für Brandt war der 17. Juni eine »Volkserhebung«.

Angesichts der politisch angespannten Situation nach dem Aufstand ist es überraschend, dass Heinz Brandt am 2. Juli 1953 durch das Bezirkssekretariat einen sofortigen Urlaub erhielt, der trotz Urlaubssperre für leitende Funktionäre genehmigt wurde.[365] Über einen Monat, bis zum 6. August 1953, war Brandt nicht in der Bezirksleitung. Am Tag der Urlaubsentscheidung hatte Brandt noch einen »Rohen Entwurf« für eine Stellungnahme der Berliner Bezirksleitung an die Bevölkerung in Westberlin

---

361 Ebd., 234.

362 Ebd., 246. Vgl. Rosa Luxemburg: Massenstreik, Partei und Gewerkschaften. In: Rosa Luxemburg. Politische Schriften I, hg. und eingel. von Ossip K. Flechtheim, Frankfurt/Main/Wien, 1966, 135-228.

363 Brandt, Traum, 246.

364 Vgl. als Übersicht zu den verschiedenen Positionen: Torsten Diedrich: Zwischen Arbeitererhebung und gescheiterter Revolution in der DDR. Retrospektive zum Stand der zeitgeschichtlichen Aufarbeitung des 17. Juni 1953. In: JfhK 2 (1994), 288-305.

365 Sitzung des Bezirkssekretariats Berlin am 2.7.1953, LAB, C Rep 902/175, Bl. 13 f.

unterzeichnet, zusammen mit Bruno Baum.[366] Die Vorlage sprach zwar auch von einem »Tag X«, mit dem »Adenauerregierung und Reutersenat« eine Annäherung der Deutschen verhindern wollten. Aber der Schwerpunkt wurde auf den Neuen Kurs der SED gelegt, mit dem »ein gegenseitiges Näherkommen der Deutschen untereinander« erleichtert und so die Einheit wieder möglich werde. Brandt und Baum nannten die sich anbahnende Beilegung des Koreakrieges als Hintergrund dieser Entwicklung und schlugen technische Kommissionen zwischen West- und Ostberlin vor, die sich über die Vereinheitlichung der Versorgungsbetriebe und des Verkehrs austauschen sollten. Die Vorlage wurde im Sekretariat »kritisch« – das heißt in der dürren Protokollsprache vernichtend – diskutiert und abgelehnt.

Brandt selbst nannte als Grund für seinen Urlaub eine private »Konspiration« Robert Havemanns und Anneliese Brandts, die den erschöpften Brandt für eine Zeit aus Berlin heraushaben wollten. Jendretzky habe auf Wunsch von Havemann einen Urlaubsplatz in Ahrenshoop an der Ostsee organisiert, wohin Brandt mit seiner Familie fuhr.[367] In die Selbstdeutung Brandts passt die Version des politischen Arbeitstiers, der von Frau und Freund gewissermaßen vor sich selbst geschützt werden müsse. Mit dem Urlaub war zumindest keine politische Abstrafung verbunden. Die Zeit in Ahrenshoop beschrieb Brandt ausführlich in seiner Autobiografie, da er in der Diskussion mit Intellektuellen und Künstlern – er nannte u. a. Gerhart Eisler und Ernst Bloch – den »Keim« für intellektuelle Unzufriedenheit mit Ulbricht sah.[368] Sein Urlaub endete mit der Nachricht vom 15. Plenum des ZK, auf dem Rudolf Herrnstadt und Wilhelm Zaisser, aber auch Hans Jendretzky und Elli Schmidt entmachtet worden waren.[369] Im August 1953 wurde Brandt zusammen mit Jendretzky als Sekretär abgelöst. Seine Hoffnungen auf eine vom kommunistischen Machtzentrum ausgehende neue Politik zerstoben.

---

366 »Roher Entwurf zur Stellungnahme der Bezirksleitung der SED Gross-Berlin an die Westberliner Bevölkerung«, 2.7.1953, LAB, C Rep 902/175, Bl. 21. Den Auftrag hierzu hatte das Bezirkssekretariat Baum und Brandt am 29.6.1953 erteilt. LAB, C Rep 902/174-1, Bl. 177.

367 Brandt, Traum 253-254.

368 Vgl. Ebd., 254-262.

369 Vgl. zu Herrnstadt. Helmut Müller-Enbergs: Der Fall Rudolf Herrnstadt. Tauwetterpolitik vor dem 17. Juni, Berlin 1991; Weber, Geschichte, 169-171.

# 4 »Höre mal, Brandt, du scheinst mir ein Wanderer ins Nichts zu sein, wohin führt dein Weg?« Verdrängung und Ausgrenzung aus der Partei 1954–1958

In der Folge des 17. Juni 1953 begann für Brandt in der DDR ein politischer Isolierungsprozess, der schließlich 1958 mit seiner Flucht in den Westen endete. Dabei war die Absetzung als Sekretär der Bezirksleitung im August 1953 noch nicht das Ende seiner Parteikarriere. Erst als Brandt im Juli 1954 aufgrund eines Parteiverfahrens wegen »unmoralischen Verhaltens« aus der Bezirksleitung entlassen wurde, war seine Parteikarriere definitiv beendet. Er wurde von der Partei in den Verlag *Die Wirtschaft* versetzt.

Anfang 1956 nahm Brandt die Ende der 40er-Jahre abgerissene Verbindung in den Westen wieder auf, seit November 1956 hatte er intensiven konspirativen Kontakt mit dem Ostbüro der SPD. Die Entscheidung, einen solchen Kontakt aufzunehmen, beruhte auf einer tiefen und erschütternden Desillusionierung über die Möglichkeiten eines humanen und demokratischen Sozialismus in der DDR. Die strategische Hoffnung, in der Partei auf einen Umschwung zu warten, fand in der Herrschaftspraxis der SED immer weniger Nahrung. Auch die Entstalinisierungskrise im Zuge des XX. Parteitages der KPdSU änderte an dieser Desillusionierung nur wenig. Allerdings trat Brandt 1956, in einer Phase der offeneren Diskussion, vehement gegen die Ulbricht-Führung auf, was ihm ein erneutes Parteiverfahren einbrachte. Er konnte jedoch die BPKK von seiner angeblichen Reue überzeugen und in der Partei verbleiben. Dennoch war der Weg in den Westen durch die Zusammenarbeit mit dem Ostbüro der SPD, um dessen strafrechtliche Dimension in der DDR Brandt wusste, vorgezeichnet. Im folgenden Kapitel sollen die Parteiverfahren und die Aktivitäten Brandts nach der Entlassung aus der Bezirksleitung untersucht werden. Seine politische Enttäuschung über den Weg der SED fiel zusammen mit einer langsamen Ausgrenzung aus der Partei, dem vertrauten politisch-sozialen Umfeld und einem Einflussverlust, den der Politiker Brandt nur schwer verkraften konnte und durch ein neues politisches Umfeld zu kompensieren suchte. Auch die biografischen Komponenten der politischen Ausgrenzung müssen auf dem Weg zu seiner konspirativen Widerstandstätigkeit im Auge behalten werden.

Die Absetzung als Bezirkssekretär war eine »stillschweigende Abservierung« von Brandt[370], die im Zusammenhang mit der Ablösung von Hans Jendretzky stand. Direkt nach Brandts Rückkehr aus dem Urlaub im August 1953 fand eine Sitzung des Bezirkssekretariats statt, in der auch Ulbricht anwesend war und in der von Jendretzky Rechtfertigungen verlangt wurden.[371] Heinz Brandt wurde auf der Sitzung der

370 Brandt, Traum, 270.

371 Vgl. ebd., 262-266. Unzufriedenheit herrschte vor allem bezüglich der Erklärungen von Jendretzky über seine Beziehung zu Herrnstadt und Zaisser, aus der keine Fraktionsbildung konstruiert

Bezirksleitung am 7. August 1953 nicht wieder als Sekretär vorgeschlagen, das ZK hatte einen Tag zuvor seine und Jendretzkys Ablösung beschlossen.[372] Jendretzkys Absetzung wurde mit seinen »Schwankungen« am 17. Juni begründet, während bei Brandt eine öffentliche Verurteilung ausblieb.[373] Das Schweigen der Quellen über einen explizit politischen Grund für die Absetzung Brandts spricht nicht automatisch gegen eine politisch motivierte Ablösung. Die Entscheidung wird auf höherer Ebene vermutlich mündlich gefallen sein und musste gegenüber der Parteibasis, ja selbst gegenüber der Bezirksleitung nicht näher begründet werden. Diese Entwicklung bedeutete für Brandt noch keinen tiefen Sturz. Er wurde als Abteilungsleiter für Agitation in den Apparat des neu geschaffenen Westberliner Büros delegiert. Gerade der Einsatz in dem sicherheitspolitisch sensiblen Bereich der Westarbeit – wozu auch die Erlaubnis zum Besuch der Westsektoren gehörte – spricht nicht für ein tiefes Misstrauen gegen Brandt seitens der SED-Führung. Der zuständige Sekretär für die Westberlinarbeit wurde Bruno Baum, der seine Zuständigkeit für Wirtschaftsfragen abgeben musste. Allerdings war das Arbeitsklima im Apparat der Bezirksleitung für Brandt unfreundlicher geworden. Der neue 1. Sekretär Alfred Neumann wie auch der vom ZK entsandte 2. Sekretär Hermann Axen waren Brandt nicht mehr wie Jendretzky wohl gesonnen, sodass er von Hintergrundinformationen abgeschnitten blieb.

Erst im Juli 1954 wurde Brandt sehr kurzfristig als Abteilungsleiter im Westberliner Büro abgesetzt. Anlass hierfür war eine sexuelle Belästigung von Brandt gegenüber einer ihm untergebenen Mitarbeiterin des Groscurth-Ausschusses. Bevor die Einzelheiten und Hintergründe dieser Absetzung dargestellt werden, sollen zunächst die Geschichte und die Mechanismen der Parteikontrolle skizziert werden. So kann die Entlassung im Kontext dieses stalinistischen Disziplinierungsmechanismus konturiert werden.

SED-Mitglieder unterlagen gewissermaßen einer »doppelten Gerichtsbarkeit«: Neben strafrechtlicher Verfolgung durch staatliche Organe war die Parteikontrolle ein Sanktionsgremium. Im Rahmen der Stalinisierung der Partei beschloss der Parteivorstand der SED im September 1948, zu einer aktiven Parteikontrolle zurückzukehren, wie es der kommunistischen und sowjetischen Parteitradition entsprach. Im Februar 1949 wurden Parteikontrollkommissionen eingerichtet: eine Zentrale beim

---

werden konnte. Vgl. auch Protokoll der Bezirkssekretariatssitzung vom 13.8.1953. LAB, C Rep 902/178, Bl. 14 f.

372 Protokoll der ZK-Sitzung vom 6.8.1953. BA-SAPMO, ZPA IV 2/11/v. 5355, Bl. 172, hier zitiert nach Hartewig, Zurückgekehrt, 397.

373 Die Abt. LOPM notierte nur knapp: »Gen.[osse] Brandt wurde auf der 8. Tagung der BL von seiner Funktion als Sekretär entbunden; daher entfällt die Notwendigkeit, neu zu kandidieren.« Bei Jendretzky waren in dieser Aufstellung »Schwankungen während der Zeit der faschistischen Provokation« notiert. Vgl. Vorschläge für die neu zu wählende Bezirksleitung, Abt. LOPM der SED-Bezirksleitung Berlin, 30.12.1953. LAB, C Rep 902/1216, unpaginiert.

Parteivorstand, Länder- bzw. später Bezirkskontrollkommissionen und schließlich Kommissionen auf Kreisebene. In den Kontrollkommissionen waren vor allem Kommunisten in den leitenden Funktionen eingesetzt. Die Abwehr von Feinden, aber auch die »Sauberkeit und Einheit« der Partei sowie die Kontrolle über die richtige Durchführung der Parteibeschlüsse sollte so gewährleistet werden.[374] Die Parteikontrolle bildete, neben den staatlichen Verfolgungsorganen und den sowjetischen Besatzungsbehörden, die zentrale Institution bei den stalinistischen Säuberungen der Nachkriegszeit in der SED. Die ZPKK und die ihr nachgeordneten Gremien leiteten die Untersuchungen gegen Westemigranten, vermeintliche Abweichler, ehemalige Angehörige von Zwischengruppen, westliche Kriegsgefangene, führende Parteimitglieder in der Vorbereitung auf Schauprozesse. Die Funktion als Einrichtung zur Verfolgung vermeintlicher oder echter politischer Opposition innerhalb der Partei ist die wichtigste Aufgabe der Parteikontrolle gewesen.[375] Auf den unteren Ebenen hatten die Kreiskommissionen häufiger Konflikte aus Alltagssituationen zu verhandeln, zu denen nicht nur politischer Dissens Anlass war. Die Parteikontrolle war auch eine Institution zur Sozialdisziplinierung der Mitglieder.

Die Grundorganisation der Partei war die formal zuständige Instanz, um Parteistrafen zu verhängen. Die Parteikontrollkommission bearbeitete einzelne herausgehobene Fälle oder höhere Kader sowie Einsprüche gegen Parteistrafen der Grundorganisationen. Die Parteistrafe sollte »erzieherisch« auf das einzelne Mitglied wirken, durch eine Parteiöffentlichkeit aber auch andere Mitglieder disziplinieren.[376] Die Disziplinierung und Formung des stalinistischen Parteikörpers war nicht allein ein von der Führung herangetragenes Element. Es existierte eine kommunistische Parteitradition, die Säuberungen und die hypostasierte »Einheit« der Partei als notwendige Kampfform akzeptierte.[377] Es gab daher in der Parteibasis auch Zustimmung zu der rigiden Kontrolle, die im Alltag der Parteimitglieder in der Disziplinierungstechnik von »Kritik und Selbstkritik« eine prägende Rolle spielte. Die soziale Disziplinierungstechnik konnte mit dem Anspruch genutzt werden, alle, also auch alle höheren Funktionäre, gleich zu behandeln. Unter den verschiedenen Gründen für Parteistrafen rangierte – abgesehen von der »Republikflucht«, die automatisch zum Ausschluss führ-

---

374 Vgl. Malycha, SED, 365-372; Klein, Einheit, 94-111; Mählert, Parteisäuberungen, 371-375.

375 Vgl. vor allem die instruktiven Arbeiten von Thomas Klein, der aus den Akten der ZPKK die Repression, aber auch Opposition innerhalb der SED darstellen kann: Klein, Einheit; Thomas Klein: Parteisäuberungen und Widerstand in der SED. Die innerbürokratische Logik von Repression und Disziplinierung. In: Ders./Wilfriede Otto/Peter Grieder: Visionen. Repression und Opposition in der SED (1949–1989), 2 Teile, Frankfurt/Oder ²1997, 9-136.

376 Vgl. die Ausführungsbestimmungen von 1952: Richtlinien zur Arbeit der Parteikontrollkommission und zur Verhängung von Parteistrafen. Dokumente der SED, Folge 33. Beilage zu »Neuer Weg« Nr. 17/1952.

377 Vgl. Hermann Weber: Einleitung. Bemerkungen zu den kommunistischen Säuberungen. In: Weber/Mählert, 1-32.

te – »unmoralisches Verhalten« häufig an der Spitze der Verfahrensgründe.[378] Hierunter war ein ganzes Bündel an inkriminierten Handlungen zu verstehen: Der Verlust des Mitgliedsbuches oder eine allgemeine Unachtsamkeit konnten als Verletzung der Parteidisziplin bestraft werden, als unmoralisch konnten unter anderem wechselnde Sexualpartner, undurchsichtige Lebensweise oder Alkoholvorfälle verstanden werden. Gewiss verbargen sich hinter vielen der untersuchten Vorfälle politische Konflikte, die mit solchen Vorwürfen überdeckt werden sollten. Dass dies jedoch für jeden Fall zutrifft, ist unwahrscheinlich. Der Graubereich in dieser Frage wird an der Entlassung Heinz Brandts zu zeigen sein.

Am 26. Juli 1954 erschien Käthe Schröder[379], SED-Mitglied aus Reinickendorf und Mitarbeiterin im Groscurth-Ausschuss[380], bei dem ersten Sekretär des Kreissekretariats Reinickendorf, Siebert. Schröder wollte der Partei Meldung über Heinz Brandt machen. Die handschriftlichen Notizen Sieberts enthalten eine erste Fallschilderung über die längere Zeit erfolgte sexuelle Belästigung von Käthe Schröder durch Brandt. Am nächsten Tag verfasste Schröder eine weitere Stellungnahme für die BPKK. Darin betonte sie, dass ihr die ausführliche Schilderung der Vorgänge schwer falle, sie es aber für notwendig erachte, der Partei das Geschehen zur Kenntnis zu bringen. In ihrer Stellungnahme zielte Schröder von einer eigenen Verletzung weg auf die Gefahr, die der Partei durch das schnell als »krankhafte Perversität« apostrophierte Verhalten Brandts erwachsen würde:

> »Ich vertraue mich der BL an, weil ich Angst habe. Nicht nur um mich. Ich glaube, der Gen.[osse] B.[randt] ist krankhaft so veranlagt, daß er gar nicht anders kann. Ich befürchte nur, daß der Gegner mit unserm Gen.[ossen] zu leichtes Spiel hat, denn ich kann wohl ohne Übertreibung sagen, wenn eine Frau sein Typ ist, vergißt er alles. Darum komme ich jetzt zur Partei, vielleicht kann sie dem Gen.[ossen] anders helfen.«[381]

378 Vgl. LAB, C Rep 902/1410. In diesem Konvolut sind Einschätzung, Analysen und Statistiken über Parteistrafen der Berliner BPKK ab 1953 enthalten. Ein ZPKK-Bericht vom Dezember 1954 nennt neben Republikflucht Verfahren wegen unmoralischen Verhaltens und Verletzung der Parteidisziplin als häufigste Verfahrensursache in den Grundorganisationen. Vgl. Bericht über die Tätigkeit der Parteikontrollkommissionen vom IV. Parteitag bis zum November 1954, ZPKK (unterzeichnet Herta Geffke), 6.12.1954. BA-SAPMO, DY 30/IV/2/4/8, Bl. 173-206, Bl. 184-186.

379 Aus Gründen des Persönlichkeitsschutzes ist hier ein Pseudonym gewählt worden.

380 Der Groscurth-Ausschuss wurde im August 1951 von der SED gegründet, um nach Ausschreitungen auf einer FDJ-Demonstration in Westberlin das Vorgehen der Westberliner Polizei zu untersuchen. Benannt wurde der Ausschuss nach der Charlottenburger Amtsärztin Annelie Groscurth, die die Volksbefragung 1951 öffentlich unterstützt hatte und deswegen entlassen worden war. Der Ausschuss wurde von Robert Havemann, Walter Neye und Alfons Steiniger offiziell gegründet. Vgl. Berlin, Chronik, 161; LAB, C Rep 901/137-1, Bl. 8. Brandt war ihm Rahmen seiner Arbeit für Westberlin für den Ausschuss verantwortlich und hatte bereits die Gründung mit initiiert.

Mit dieser Zielrichtung entsprach Schröder der Subordination des Einzelnen unter die Ziele der Partei. Ihr formuliertes Interesse war weniger die Verletzung ihrer eigenen Rechte und Persönlichkeitssphäre als die Sorge um die Sicherheit und Geschlossenheit der Partei. Die Qualifizierung des Verhaltens von Brandt als »krankhaft« ist eine Rationalisierung, mit der normabweichendes Verhalten handhabbar gemacht werden sollte. Schröder und Brandt kannten sich seit 1952, als Schröder die Kreisparteischule besucht hatte. Brandt hatte sich dafür eingesetzt, dass sie im Groscurth-Ausschuss Arbeit als Sekretärin bekam. Dort war sie seit Januar 1954 tätig. Brandt, so schilderte Schröder, habe sie dann öfter zu sich bestellt oder sie im Ausschuss persönlich aufgesucht, um mit ihr zu sprechen. Dabei habe er sie gedrängt, mit ihm einen Kaffee zu trinken. Bei diesem Anlass habe er ihr das Angebot gemacht, ein intimes Verhältnis einzugehen, was Schröder jedoch mit dem Hinweis zurückwies, dass beide verheiratet seien. Am 1. Mai 1954 habe Brandt sie gebeten, sie am Rande der Mai-Demonstration in West-Berlin zu begleiten, damit er durch ihren Westausweis geschützt sei. Dies habe ihr eigentlich widerstrebt, aber Brandt habe es als »Parteiauftrag« bezeichnet. Kurz bevor Schröder die Vorfälle der Partei meldete, habe Brandt sie in ihrem Büro bedrängt, bis Schröder Brandt hinauswarf.[382]

Diese Vorwürfe wurden von der BPKK unverzüglich untersucht. Brandt wurde am 28. Juli 1954 vernommen. Konfrontiert mit den Vorwürfen Schröders, räumte Brandt ein, dass Schröder ihm sympathisch sei und dass es auch zu einem gemeinsamen Kaffeetrinken gekommen sei. Insofern sei es zutreffend, dass er sie wegen Nichtigkeiten zu sich bestellte, um sie zu sehen. Im Protokoll der BPKK wurden die Antworten Brandts skeptisch bewertet. Er gebe Verfehlungen nur zu, wenn er überführt sei. Brandt sei nicht offen gegenüber der Partei, hieß es.[383] Brandt wurde vorgeworfen, dass er sich zu verteidigen suchte und eine andere Deutung der Vorfälle vornahm; ein Vorgehen, dass in Parteiverfahren immer starke Skepsis erregte. Zwei Tage später verfasste Brandt zwei handschriftliche Stellungnahmen, in denen er ebenfalls versuchte, die Ereignisse herunterzuspielen. Er bezeichnete die Darstellung Schröders als im »Kern richtig«, aber »überspitzt«, woraus sich ein »falsches Gesamtbild« ergebe. Dennoch stand auch für Brandt das Ergebnis bereits fest, denn er schrieb: »Für mich ist das ganze eine sehr ernste Lehre, die mich sehr erschüttert hat und für mein weiteres Verhalten bestimmend sein soll. Unabhängig davon aber ist mein Verbleiben in lei-

381 Erklärung von Käthe Schröder zu Heinz Brandt, 27.7.1954. LAB, C Rep 900-IV-2/4/1421, unpaginiert.

382 Betr.: Gen. Heinz Brandt, 27.7.1954, Unterzeichner Siebert; Betr.: Gen. Heinz Brandt, 27.7.1954, Unterzeichnerin Schröder sowie ein Zusatz von Siebert. LAB, C Rep 900-IV-2/4/1422, unpaginiert.

383 Akten-Notiz BPKK, 30.7.1954, Unterzeichner Georg Scharrer. LAB, C Rep 900-IV-2/4/1422, unpaginiert.

tenden Funktionen nicht angebracht.«[384] Es gehörte zum Stil der Parteiverfahren, gegebenenfalls für den eigenen Ausschluss zu plädieren und so die eigene Bestrafung als Erziehungsmittel zu fordern. Brandt stritt zwar weiterhin die Deutung der Geschehnisse als sexuellen Übergriff ab, wusste aber auch, dass sein Verbleib in der Position angesichts der Vorwürfe nicht zu erwarten war. Von daher bewies Brandt mit der Unterwerfung und der Straferbittung, dass er die Regeln der Parteiverfahren verinnerlicht hatte. Die BPKK schlug dem Bezirkssekretariat daher schon am 4. August vor, Brandt mit einer »Strengen Rüge« zu bestrafen, ihn aus seinen Funktionen zu entlassen und ein einjähriges Funktionsverbot in der Partei zu verhängen.[385] Das Bezirkssekretariat bestätigte diese Parteistrafe am selben Tag. In der Begründung hieß es, Brandt habe

> »als verantwortlicher Funktionär der Bezirksleitung seine Funktion mißbraucht, um zu versuchen, mit einer Genossin in intime Beziehungen zu treten. Damit hat der Gen.[osse] Brandt gezeigt, daß sein Moralbegriff sich keineswegs mit den Auffassungen unserer Partei deckt. Sein Bestreben war, unter Beibehaltung seiner Ehe und der Ehe der Genossin ein intimes Verhältnis zwischen ihnen herbeizuführen.«[386]

Diese verwirrenderweise »Spießermoral« genannte Haltung sei insofern besonders verwerflich, weil er seine höhere Funktion ausgenutzt und das Vertrauen der Partei, in seiner Funktion als Vorbild zu wirken, missbraucht habe. Am 6. August 1954 wurde Brandt der Beschluss mündlich mitgeteilt. Dadurch war Brandt jedoch nicht der Verfügung der Partei entzogen. Die Abteilung LOPM war beauftragt worden, für Brandt einen Arbeitsplatz zu finden, und so wurde er Mitte August 1954 in die Archivabteilung des Verlags *Die Wirtschaft* versetzt.[387]

Heinz Brandt hat die Parteistrafe nicht akzeptiert. Eine Mitarbeiterin der Bezirksleitung schrieb Anfang September 1954, Brandt habe gegenüber dem Genossen Heinz Zantoff, Vorsitzender des Groß-Berliner Friedensrates und mit Brandt aus der Arbeit der Bezirksleitung bekannt, geäußert, dass »so was« vorkomme, die Vorwürfe aber auch übertrieben seien.[388] Brandt selbst hat einige Monate später mündlich bei der BPKK gegen die Parteistrafe Einspruch erhoben. Er hielt die Höhe der Strafe nicht für gerechtfertigt. Die BPKK blieb jedoch bei ihrem Beschluss.[389] Erst im Juni 1956, nach

---

384 Handschriftliche Erklärung von Heinz Brandt, 30.7.1954. LAB, C Rep 900-IV-2/4/1421, unpaginiert.

385 Vorlage an das Büro der Bezirksleitung, 5.8.1954. LAB, C Rep 900-IV-2/4/1422, unpaginiert.

386 Ebd.

387 Abteilung LOPM an das Büro der Bezirksleitung, 18.8.1954. LAB, C Rep 900-IV-2/4/1422, unpaginiert.

388 Franziska Schulze-Iburg, Abt. Massenorgane A (Westberliner Büro) an die BPKK, 4.9.1954. LAB, C Rep 900-IV-2/4/1422, unpaginiert.

389 BPKK, Akten-Notiz, 5.2.1955. LAB, C Rep 900-IV-2/4/1422, unpaginiert.

der beginnenden Entstalinisierung, erneuerte er seinen Einspruch gegen die Parteistrafe bei der eigentlich zuständigen Instanz, der ZPKK. Die Parteistrafe sei durch die Vorfälle nicht gerechtfertigt gewesen und Hermann Axen habe ihn mit »persönlichen Rachemaßnahmen« verfolgt, schrieb Brandt.[390] Diesen Einspruch hat Brandt jedoch inhaltlich auch auf Nachfrage nicht begründet, sodass es zu keiner erneuten Untersuchung der Angelegenheit gekommen ist.[391]

Auch wenn gegenüber den SED-Parteiakten größte Skepsis geboten ist, bleibt die Frage, ob die Vorwürfe gegen Brandt gerechtfertigt waren. Er selbst hat diese Vorgänge später herunterzuspielen versucht: Ihm sei »eine Mädchensache angehängt [worden] die aus den Fingern gesogen war. Eine SED-Funktionärin wurde als Provokateurin vorgeschoben.«[392] Hier scheint Brandt es sich jedoch etwas zu einfach gemacht zu haben. Brandt räumte selbst gegenüber der BPKK die Vorfälle der Bedrängung ein, versuchte sie aber in einer patriarchalen Deutung herunterzuspielen. Er habe nicht bemerkt, dass Käthe Schröder sich von ihm bedrängt gefühlt habe. Zum anderen hat Heinz Brandt in seiner Autobiografie mehrmals auf die große Bedeutung von Sexualität für sich hingewiesen. Brandt war Affären nie abgeneigt und aus diesem Grunde hat die Stasi später auch eine weibliche Mitarbeiterin auf ihn angesetzt.[393]
Die Entlassung war für Brandt ein herber Einschnitt. Die soziale Anerkennung und auch der politische Einfluss, den er in der Bezirksleitung genoss, waren verloren. Sozial war die vierköpfige Familie noch durch das Einkommen Anneliese Brandts, die bis zur Geburt der Tochter Regina 1955 als Redakteurin beim Berliner Rundfunk arbeitete, abgesichert. Der Verlag *Die Wirtschaft*, in den Brandt versetzt wurde, war ein weit verzweigter Betrieb, in dem eine Reihe von Fachzeitschriften zu einzelnen Berufssparten erschienen. Bereits nach drei Monaten, die Brandt im Archiv des Verlags in der Französischen Straße im Berliner Bezirk Mitte arbeitete und wo er hauptsächlich mit der Auswertung der westlichen Fachpresse beschäftigt war, wurde ihm eine hervorragende fachliche wie politische Arbeit bescheinigt. Er sollte für den Verlag erhalten bleiben und für weitere Aufgaben eingesetzt werden.[394] Im Laufe des Jahres 1955 wurde Brandt zum stellvertretenden Chefredakteur der Redaktionsgruppe Handwerk, im Juli 1956 dann zum kommissarischen Chefredakteur für die Metallzeitungen des Verlags ernannt. In den Beurteilungen über ihn wurde festgestellt, dass er nicht über fachtechnische Qualifikation verfüge, aber politisch sehr positiv auffalle.[395] Nach

390 Heinz Brandt an die ZPKK, 29.6.1956. LAB, C Rep 900-IV-2/4/1422, unpaginiert.

391 Schreiben der ZPKK an Heinz Brandt vom 6.7.1955 und vom 23.11.1956. LAB, C Rep 900-IV-2/4/1422, unpaginiert.

392 Heinz Brandt. Zu spät, Der Spiegel 18 (24. 6.1964), Nr. 26, 40-43, 43.

393 Vgl. hierzu Kap. V.1.

394 Abschrift: Hausmitteilung Betr.: Beurteilung des Kollegen Heinz Brandt, 20.11.1954, Unterzeichner Schomburg. BStU, ZA, AOP 4617/63, Band 1, Bl. 12.

395 So Abschrift Hausmitteilung: Beurteilung des Kollegen Heinz Brandt, o. D. (Frühjahr 1956). BStU, ZA, AOP 4617/63, Band 1, Bl. 13.

seinem zweiten Parteiverfahren wurde er Ende April 1957 als Chefredakteur für die Gruppe Metall wieder abgesetzt und in die Werbeabteilung des Verlags strafversetzt.[396]

Seine Tätigkeit im Verlag bedeutete Brandt nur wenig. Er wollte politisch Einfluss nehmen, von daher funktionierte der Grundgedanke der Parteistrafen, durch Rückstufung in untergeordnete Tätigkeiten eine »erzieherische« Wirkung zu erzielen bei Brandt nicht. Insofern gab er sich nicht mit der zugeteilten Arbeit zufrieden und begann nebenbei publizistisch zu arbeiten. Als Schriftsteller und mit Beiträgen für den Rundfunk – hier halfen die Verbindungen seiner Frau – versuchte er sich neue Betätigungsfelder zu erschließen, von denen er perspektivisch zu leben hoffte.[397] Die selbstständige publizistische Tätigkeit, zu der auch Vortragstätigkeiten für die populärwissenschaftliche *Gesellschaft zur Verbreitung wissenschaftlicher Kenntnisse* gehörten, ermöglichte ihm auch eine umfassendere Beschäftigung mit der politischen Entwicklung und eröffnete gewisse oppositionelle Spielräume.[398]

Politisch wirkungsvoll war Brandts Auseinandersetzung mit Fragen einer zweiten industriellen Revolution. Seine Überlegungen dazu publizierte er in zwei Artikeln 1956 und 1957.[399] Dabei standen für ihn nicht technische Fragen der Automatisierung im Vordergrund, sondern politische Umdeutungen. In der DDR war die Diskussion Mitte der 50er-Jahre aufgekommen und Ulbricht forderte auf der III. Parteikonferenz im März 1956, eine industrielle Umwälzung einzuleiten.[400] Brandt suchte den Anschluss an diese Debatte, in dem er versuchte, auf marxistischer Grundlage einen neuen Geschichtsabschnitt theoretisch zu ergründen, in dem sich die sozialen Verhältnisse angesichts geänderter Produktionsmittel neu formieren würden:

396 Abschrift: Verlagsleitung: Beurteilung für den Kollegen Heinz Brandt, für die Zeit seiner Tätigkeit als kommissarischer Chefredakteur, 24.7.1957 (ohne Unterschrift). BStU, ZA, AOP 4617/63, Band 1, Bl. 27; Brandt begann am 1.5.1957 mit der neuen Aufgabe, sein Gehalt betrug 750 Mark. Kaderabteilung Verlag Die Wirtschaft an Heinz Brandt, 24.4.1957 (Unterschrift vermutlich Engler). NLB.

397 Heinz Brandt an Siggi Neumann, 26.6.1956. AdsD, NL Siggi Neumann, Box 1.

398 Brandt berichtete dem Ostbüro der SPD, er habe in Vorträgen vor SED-Funktionären vorsichtig oppositionell gesprochen. Vgl. Bericht Quelle V 547, 16.11.1956. AdsD, SPD-PV-Ostbüro, 330 I, unpaginiert. Die Gesellschaft zur Verbreiterung wissenschaftlicher Kenntnisse war 1954 als populärwissenschaftliche Vereinigung gegründet worden und stellte sich in die Tradition der freidenkerischen Urania-Bildungsvereinigung von vor 1933 (1966 wurde der Zusatz »Urania« in den Namen aufgenommen). Vgl. So funktionierte die DDR, Band 2, 1066-1069.

399 Eberhard Arlt/Heinz Brandt: Gibt es eine zweite industrielle Revolution? In: Die Wirtschaft Nr. 43, 25.10.1956; Heinz Brandt: Gibt es eine zweite industrielle Revolution? In: Wissenschaft und Fortschritt. Populärwissenschaftliche Monatszeitschrift 7 (1957), Heft 4, 104-108.

400 Wolfgang Mühlfriedel: Zur technischen Entwicklung in der Industrie der DDR in den 50er-Jahren. In: Axel Schildt/Arnold Sywottek (Hrsg.): Modernisierung im Wiederaufbau. Die westdeutsche Gesellschaft der 50er-Jahre, Bonn 1998, 155-169, 166.

> »Notwendig wird im gesamten gesellschaftlichen Leben der selbstständig denkende, hoch gebildete, schöpferisch tätige Mensch. Der aber will Subjekt und nicht Objekt der Wirtschaft, der Geschichte sein – ein Wesen also mit ständig steigenden Bedürfnissen, sowohl materiellen Ansprüchen als aber auch politischen, geistigen und kulturellen Bedürfnissen.«[401]

Sein Zugriff auf den technischen Wandel war politisch motiviert, wie er es auch in einem Brief an Siggi Neumann betonte: Brandt wollte den Begriff erst einmal in die Diskussion einführen, weil er eine Basis für Veränderungen sein könne.[402] Der im obigen Zitat aufgerissene Horizont hatte in der DDR subversive Tendenzen. Brandts Vorstellungen bildeten sich auch an westdeutschen Debatten vor allem in der Sozialdemokratie über die zweite industrielle Revolution aus. Der führende sozialdemokratische Technikpolitiker dieser Zeit, Leo Brandt, verband ebenfalls innenpolitische Innovationen mit dem Vorschlag, die Frage der Automatisierung stärker in den Blick zu nehmen.[403] Diese Bezüge legte Brandt in seinen Veröffentlichungen nicht offen, sondern griff vielmehr sozialdemokratische Konzeptionen an. Im Kapitalismus müsse die zweite industrielle Revolution mit der sozialen Revolution verbunden werden, im Sozialismus werde hingegen die Voraussetzung geschaffen, dem Menschen im Produktionsprozess höherwertige Aufgaben zu ermöglichen. Diese Formulierungen nannte Brandt jedoch gegenüber Freunden »Sklavensprache«, die er verwenden müsse.[404]

1958 wurde zu diesen Thesen – wie auch zu weiterer DDR-Literatur in dieser Frage, besonders von dem kurz zuvor aus dem ZK ausgeschlossenen Fritz Selbmann – Stellung genommen. Der Philosoph Horst Jacob griff Brandt in der *Deutschen Zeitschrift für Philosophie* scharf an und bezichtigte ihn des politischen Opportunismus. Sein Gedanke, eine endgültige Klärung des Begriffes erst in der Diskussion zu erlangen bzw. der schwammigen Kategorie »Geschichte« zu überlassen, sei unmarxistisch und daher abzulehnen. Jacob hob hervor, dass man nicht von einer industriellen, sondern nur von einer technischen Revolution sprechen könne, da sich nicht die Produktionsverhältnisse ändern würden.[405] Brandt wurde auch aus sowjetischen Diskussionen inspiriert, hierbei vor allem durch den Kybernetiker Arnošt Kolman, den er bei einem Besuch in Moskau im April 1957 kennen gelernt hatte. Von ihm übernahm Brandt den Gedanken, dass zukünftig Wissenschaftler das Wesen der Gesellschaften stärker bestimmen würden und die Technik das menschliche Leben mehr als bisher er-

401 Brandt, Industrielle Revolution (1957), 108.
402 Heinz Brandt an Siggi Neumann, 16. 10. (1956). AdsD, NL Siggi Neumann, Box 1.
403 Joachim Radkau: »Wirtschaftswunder« ohne technologische Innovation? Technische Modernität in den 50er-Jahren. In: Schildt/Sywottek, 129-154, 152-153. Vgl: Auch: Leo Brandt: Die zweite industrielle Revolution. In: Der Gewerkschafter 5 (1957), Heft 2, 10-13.
404 Heinz Brandt an Siggi Neumann, 16. 10. (1956). AdsD, NL Siggi Neumann, Box 1.
405 Horst Jacob: Gibt es eine zweite industrielle Revolution? In: Deutsche Zeitschrift für Philosophie 6 (1958), Heft 4, 517-548, insb. 529-532.

leichtern könne.[406] Damit verband sich bei ihm eine Aufwertung von intellektuellen Einflüssen auf gesellschaftliche Prozesse, die größere Bedeutung als die Arbeiterklasse erhalten könnte. Aktionen von westdeutschen Studenten gegen eine Atombewaffnung waren für Brandt Anlass zu optimistischen Vorstellungen über eine gesellschaftliche Umwälzung.[407] Das verlockende Angebot hierbei war für ihn, dass sich die zweite industrielle Revolution als Prozess in der gesamten Welt vollzog und somit auch als eine Folie für einen Wandel in der DDR verwenden ließ. Dafür wollte er den Begriff gewissermaßen diskursiv stärken.

Für das zweite Parteiverfahren und für die politischen Aktivitäten Brandts bedeutsam ist in den Jahren 1956 bis 1958 die Periode des so genannten Tauwetters in den sozialistischen Ländern. Der XX. Parteitag der KPdSU im Februar 1956 hatte gerade unter eigensinnigen Kommunisten große Erwartungen ausgelöst: Chruschtschow kritisierte in einer nicht öffentlichen Rede Stalin und bezichtigte ihn schwerer Verbrechen. Zudem bekräftigte er in einem öffentlichen Teil die Möglichkeit des friedlichen Überganges zum Sozialismus, des eigenständigen nationalen Weges zum Sozialismus sowie der friedlichen Koexistenz. Auch sprach er von einer Demokratisierung der sozialistischen Gesellschaften.[408] Diese Jahre sind als »Entstalinisierungskrise« bezeichnet worden, welche die bisherige Parteiherrschaft erschütterten.[409] Vor allem die Reformen in Ungarn und Polen gaben im Laufe des Jahres 1956 Anlass zur Hoffnung. Für Oppositionelle in der SED waren so auch Referenzen geschaffen: Ende 1956 gehörte zu einer der wichtigsten Forderungen Brandts, die er in vielen Gesprächen zum Ausdruck brachte, die Veröffentlichung der Rede des neu gewählten polnischen Parteivorsitzenden Gomulka, der selber vorher in Haft gesessen hatte und eine politische Öffnung in Polen einleitete.[410]

---

406 Bericht Quelle B 1228, 2.5.1957. AdsD, SPD-PV-Ostbüro 338 C, unpaginiert; Heinz Brandt im Gespräch. In: Wanderbühne. Zeitschrift für Literatur und Politik, Nr. 4, (1982), 7-9, 9. Zu dem Leben von Kolman vgl. seine Autobiografie: Arnošt Kolman: Die verirrte Generation. So hätten wir nicht leben sollen, Frankfurt/Main 1982.

407 Heinz Brandt an Siggi Neumann, 5.5.1956 und 26. 6. (1956). AdsD, NL Siggi Neumann, Box 1.

408 Hildermeier, Geschichte, 762-764; Weber, Geschichte, 188 f. Vgl. auch den Sammelband: Reinhard Crusius/Manfred Wilke: Entstalinisierung. Der XX. Parteitag der KPdSU und seine Folgen, Frankfurt/Main 1977. Brandt ging in seinem Beitrag davon aus, dass die Entstalinisierung mit dem Tode Stalins begann, aber erst Chruschtschow den Mut hatte, die GULag-Lager aufzulösen. Dies ergab sich jedoch aus der strukturellen Notwendigkeit, die Sklavenarbeit der Häftlinge, die für die nachholende Industrialisierung notwendig war, aufzuheben. Vgl. Heinz Brandt: Die soziale Revolution des Nikita Sergejewitsch Chruschtschow. In: Ebd., 285-320.

409 Zum Geschehensablauf der Jahre 1956–58 in der DDR vgl. Weber, Geschichte, 188-200; Christoph Kleßmann: Zwei Staaten, eine Nation. Deutsche Geschichte 1955–1970, Bonn 1988, 303-308; Borowsky, Deutschland, 230-236; Klaus Schroeder: Der SED-Staat. Geschichte und Strukturen, München 1999, 132-141.

410 Diese Äußerungen Brandts sind durch das zweite Parteiverfahren gut zu belegen. Anlass waren Denunziationen über Brandt, in denen seine Sicht auf die polnischen Ereignisse als parteischädigend geschildert wurde. So Aktennotiz vom 7.12.1956. LAB, C Rep 900 IV-2/4/1422. Zu der Ent-

Es schien sich nun erneut die Chance für eine Kursänderung zu ergeben, deren Ursprung im Machtzentrum der kommunistischen Welt selbst lag. Allerdings war Brandt nicht so euphorisch wie jüngere DDR-Intellektuelle im Sommer 1956.[411] Als erfahrener Parteitaktiker wusste er um das Beharrungsvermögen der SED-Führungsgruppe um Ulbricht und die Ausrichtung der Partei auf die Anweisungen von oben. Bald zeigte sich auf der III. Parteikonferenz der SED im März 1956, dass die SED die eingeleiteten Öffnungen zu kanalisieren versuchte. Stalin wurde aus dem Kanon der Klassiker gestrichen, ansonsten sollte weiterhin unbeirrt für den Aufbau des Sozialismus gearbeitet werden.[412] Neben Freiheiten im kulturellen Bereich kam es vor allem zu einer Überprüfung alter Parteistrafen und der Rehabilitierung von Verfemten. Die Parteistrafen von Hans Jendretzky, Elli Schmidt und Franz Dahlem wurden im Juli 1956 aufgehoben, eine Reihe von Inhaftierten wurde freigelassen.[413]

Die Opposition in der DDR nach dem XX. Parteitag der KPdSU war stärker als 1953 von Intellektuellen geprägt. Diese vertraten aber kein umfassendes Programm. Das Schlagwort des »Dritten Weges« oder die Angriffe der SED-Führung auf den »Revisionismus« meinten in der Selbst- wie auch der Fremdzuschreibung eher deviantes Verhalten gegenüber dem harten Kurs der Parteiführung um Ulbricht und zielten auf eine tatsächliche Entstalinisierung der Partei.[414] Die interne SED-Opposition operierte weitgehend in »Begriffen machtgeleiteter reformistischer Gesellschaftstransformation« und organisierte sich nur in wenigen Fällen konspirativ.[415] Insgesamt blieben die organisatorischen Verbindungen der Oppositionellen untereinander begrenzt. Brandt, dies wird im nächsten Kapitel gezeigt, konzentrierte seine Überlegungen weitgehend auf die Frage der Ablösung von Ulbricht, allerdings arbeitete er dabei konspirativ mit dem Ostbüro der SPD zusammen. Er agierte als Einzelperson, die Informationen sammelte und in Diskussionen relativ offen die SED-Führung kritisierte.[416]

---

wicklung in Polen vgl. Pawel Machcewicz: Der Umbruch 1956 in Polen. In: Jan Foitzik (Hrsg.): Entstalinisierungskrise in Ostmitteleuropa 1953–1956. Vom 17. Juni bis zum ungarischen Volksaufstand, Paderborn u. a. 2001, 139-164.

411 Armin Mitter/Stefan Wolle: Untergang auf Raten. Unbekannte Kapitel der DDR-Geschichte, München 1993, 228-237, zu Zwerenz 236-237. Vgl. auch: Stefan Wolle: Die DDR zwischen Tauwetter und Kaltem Krieg. »Mutmaßungen« über das Jahr 1956. In: Jan Foitzik (Hrsg.): Entstalinisierungskrise in Ostmitteleuropa 1953–1956. Vom 17. Juni bis zum ungarischen Volksaufstand, Paderborn u. a. 2001, 293-330.

412 Weber, Geschichte, 190 f.

413 Ebd., 192; Erhard Neubert: Geschichte der Opposition in der DDR 1949–1989, Bonn 1997, 103-105. Vgl. zu den Rehabilitierungen durch die ZPKK: Klein, Einheit, 268-282.

414 Weber, Geschichte, 193-195. Vgl. auch die frühe, aber gut informierte Studie: Martin Jänicke: Der Dritte Weg. Die antistalinistische Opposition gegen Ulbricht seit 1953, Köln 1964; sowie Helga Grebing: Der Revisionismus. Von Bernstein bis zum »Prager Frühling«, München 1977, insb. 157-171 zur Harich-Gruppe.

415 Klein, Reform, 139.

416 In einer MfS-Dokumentation über die Opposition, welche bei der 33. ZK-Tagung im Oktober 1957 dem ZK vorgelegt wurde, werden einzelne Oppositionsgruppen skizziert. Allgemein wird

Vor dem Hintergrund oppositioneller Äußerungen wurde im Dezember 1956 ein zweites Parteiverfahren gegen Brandt eingeleitet.[417] Der Anlass waren Denunziationen und der Konflikt um eine Broschüre der Wirtschaftswissenschaftler Fritz Behrens und Arne Benary[418], die im Verlag *Die Wirtschaft* erscheinen sollte. Behrens hatte bereits im Januar 1956 die Wirtschaftswissenschaften in der DDR kritisiert. Als Leiter des Staatlichen Zentralamtes für Statistik mit den tatsächlichen Zahlen konfrontiert, forderte er eine stärkere Berücksichtigung von wirtschaftlichen Fakten bis hin zum Vergleich der Lebenshaltungskosten in der BRD und der DDR. Die wirtschaftswissenschaftliche Forschung desavouiere sich, wenn sie ohne empirische Daten weiterhin die Krise des Kapitalismus beschwöre und die ökonomische Überlegenheit des Sozialismus einfach behaupte.[419] Zusammen mit seinem Schüler Arne Benary verfasste er die Broschüre *Zur ökonomischen Theorie und ökonomischen Politik in der Übergangsperiode*. Darin kritisierten sie das bürokratisch-zentralistische Wirtschaftssystem und analysierten ein »Absterben des Staates« im Wirtschaftsleben, was gewissermaßen einem Zentralangriff auf die Grundlagen der ökonomischen Politik der SED darstellte, die auf einer vollständig staatlich gelenkten Planwirtschaft beruhte. Den einzelnen Betrieben sollte nach Behrens und Benary eine Art von Selbstverwaltung ermöglicht werden. So würde nicht eine Verstaatlichung, sondern eine echte Vergesellschaftung möglich sein.[420] Die Auslieferung der bereits gedruckten Schrift war Anfang Dezember 1956 vom ZK der SED verboten worden. Benary und Behrens standen im Zentrum einer öffentlichen Kampagne gegen den »Revisionismus« und wurden auf der 30. Tagung des ZK im Januar 1957 scharf kritisiert.[421]

---

von »Einzelgängern« gesprochen, die in Verbindung mit westlichen Stellen ständen. Dieser Gruppe ist Brandt zuzurechnen. Das Dokument ist abgedruckt: Ilko-Sascha Kowalczuk: Frost nach dem kurzen Tauwetter: Opposition, Repressalien und Verfolgungen 1956/57 in der DDR. Eine Dokumentation des Ministeriums für Staatssicherheit. In: JfhK 4 (1997), 167-215.

417 Der Beginn der Ermittlungen ging vermutlich auf eine Denunziation von Wolfgang Schmidt gegenüber der BPKK zurück, in der Schmidt über Brandts Forderung nach Ablösung von Ulbricht berichtete. Aktennotiz BPKK Berlin, 7.12.1956 (Unterzeichner Paul Rothe). LAB, C Rep 900-IV-2/4/1422, unpaginiert.
Die ZPKK übersandte am 15.12.1956 die Unterlagen zu Brandt, die sie zur Überprüfung des Einspruches erhalten hatten, an die BPKK zurück, da Eichholz von einem neuen »Fall Brandt« gesprochen hatte. ZPKK an die BPKK Berlin, 15.12.1956. LAB, C Rep 900-IV-2/4/1422, unpaginiert.

418 Vgl. die biografische Skizze: André Steiner: Arne Benary und Fritz Behrens. In: Fricke/Steinbach/Tuchel, 236-241.

419 Manfred Wilke/Hans-Peter Müller: SED-Politik gegen die Realitäten. Verlauf und Funktion der Diskussion über die westdeutschen Gewerkschaften in SED und KPD/DKP 1961 bis 1972, Köln 1990, 42-44 und 50-53.

420 Vgl. zu den Konzeptionen der Broschüre: Otto, Visionen, 251 f.; Jänicke, Dritter Weg, 105 f. Dort auch das Folgende.

421 Jänicke, Dritter Weg, 106.

Dem Verbot der Broschürenauslieferung sollte von der Parteiorganisation der SED im Verlag *Die Wirtschaft* zugestimmt werden. In der Zweigstelle des Verlags in der Französischen Straße, wo die Buchauslieferung, die Zeitschrift *Wirtschaftswissenschaft* und Brandts Metall-Zeitschriftengruppe untergebracht war, traf sich am 18. Dezember 1956 die SED-Betriebsgruppe. Die Betriebsparteileitung des Gesamtverlags beantragte, die Nichtauslieferung der Broschüre zu unterstützen. Brandt sprach offen gegen diesen Antrag, da den meisten Parteimitgliedern die Broschüre nicht bekannt sei und sie könnten daher auch nicht qualifiziert abstimmen. Ein solches Vorgehen entspräche Methoden, die mit dem XX. Parteitag abgeschafft seien.[422] Seinen Gegenantrag begründete er damit, dass Behrens und Benary nicht zur Parteiversammlung eingeladen seien und daher ihre Ansichten nicht darlegen könnten. Es gelang Brandt nicht, den Beschluss zu verhindern, er stimmte als Einziger von 36 Stimmberechtigten gegen die Nichtauslieferung. Vorausgegangen war jedoch eine längere Diskussion, in der die Parteileitung ihren Antrag gegen einige Widerstände durchsetzen musste. Der Antrag wurde im Ergebnis dahingehend erweitert, dass es eine Diskussion mit Behrens und Benary geben sollte.[423] Der Widerspruch gegen die Vorgaben der Parteileitung zeigt, dass Brandt bereit war, sich nun offen gegen Parteivorgaben zu stellen.

Die BPKK hatte bereits vorher begonnen, gegen ihn Material zu sammeln. Anfang Februar 1957 fasste der bearbeitende Paul Rothe die Ergebnisse zusammen: Brandt hätte nicht nur für die Broschüre gesprochen, sondern habe gegenüber Informanten in der Öffentlichkeit über die Regierung geschimpft und zeige eine insgesamt parteifeindliche Einstellung.[424] Eine erste Aussprache mit Brandt über diese Vorwürfe führte die BPKK am 20. Februar 1957 in Anwesenheit der Parteileitung des Verlages. Einzelne Sätze, die Informanten hinterbracht hatten, wurden ihm vorgelegt und Brandt musste dazu Stellung nehmen. Brandt versuchte einiges zu relativieren, bestritt aber nicht, dass er die Informationspolitik über die Ereignisse in Polen und Ungarn für falsch hielt, ebenso den sowjetisch-deutschen Nichtangriffspakt von 1939. Sein Eintreten für die Broschüre von Behrens und Benary empfand Brandt ebenfalls als richtig.[425] Das Verhalten Brandts blieb der BPKK suspekt, widersprach es doch nicht der

422 Bericht über die Mitgliederversammlung der BPO des Verlages »Die Wirtschaft« in der Französischen Straße (Buch- und Zeitschriftenverlag) am 18. Dezember 1956, Abt. Wissenschaft/Propaganda [des ZK], 18.12.1956, Unterzeichner Kampfert. LAB, C Rep 900-IV-2/4/1422, unpaginiert.

423 SED-BPO II im Verlag Die Wirtschaft/ Französische Straße, an die Kreisleitung der SED Bezirk Mitte, 4.1.1957, (Unterzeichner Parteisekretär König). Dort auch der Versammlungsbeschluss. LAB, C Rep 900-IV-2/4/1422, unpaginiert. Vgl. auch den Bericht von Brandt an das Ostbüro der SPD: Verbot einer Broschüre von Prof. Fritz Behrens (Zentralverw. Statistik), Quelle B 1228, 21.12.1956. AdsD, SPD-PV-Ostbüro, 330, unpaginiert.

424 Betr.: Gen. Heinz Brandt, 11.2.1957 (BPKK Berlin, Paul Rothe). LAB, C Rep 900-IV-2/4/1422, unpaginiert.

425 BPKK Aktennotiz, 21.2.1957 (Unterzeichner Krüger/Rothe). LAB, C Rep 900-IV-2/4/1422, unpaginiert.

geforderten Subordination in Parteiverfahren. Am 6. März 1957 fand eine zweite – wie es hieß – »Aussprache« statt, mit der auch offiziell das Parteiverfahren gegen Brandt eröffnet wurde. Die Anordnung des Treffens hatte mehr den Charakter einer Gerichtsverhandlung mit Zeugen als es die harmlos klingende »Aussprache« vermuten lässt. Brandt bestritt zwar noch manche Äußerungen, baute allerdings auch eine Verteidigungslinie auf. Er sei emotional belastet gewesen von den Ereignissen in Ungarn, aber auch vom Schicksal seines Bruders in der Sowjetunion, der während der stalinistischen Säuberungen umkam, wovon Brandt erst Anfang 1957 über seine Schwester erfuhr. »Er sei damals und zum Teil auch heute noch besonders durch persönliche Erlebnisse erschüttert«, vermerkte das Protokoll des Verhörs.[426] Er verteidigte sein Verhalten jedoch weiterhin politisch. Das Argument des Nutzens für den Gegner, wenn Fehler offen diskutiert werden, lehnte Brandt ab:

> »Der Feind wird immer versuchen hervorzustoßen, aber andererseits müssen wir selbst einen Damm bauen; eindeutig abgrenzen von dem, was gewesen ist, sonst wird die Gefahr des Einbrechens des Feindes noch größer. Unsere Idee ist nur dann unverwundbar, wenn sie rein ist.«[427]

Brandt musste gerade auch angesichts seiner neuen Westkontakte taktisch argumentieren, aber in dem Zitat schimmert etwas von seiner eigentlichen Intention durch. Eine ehrliche Auseinandersetzung mit stalinistischen Verbrechen hätte ermöglicht, zu einer moralischen Politik zurückzukehren. Die Entstalinisierung hätte so eine Katharsis ermöglicht, aus der eine Politik des »Dritten Weges« hätte entstehen sollen.

Die BPKK konnte mit diesen Rechtfertigungen von Brandt nicht zufrieden sein und führte das Verfahren weiter. Zeitnah wurde eine Mitgliederversammlung der Betriebsparteiorganisation der SED in der Französischen Straße durchgeführt, die sich allein mit Brandt befasste.[428] Von der BPKK übernahm es deren Leiter Erich Eichholz, zu Beginn die Vergehen von Brandt darzustellen. Dazu mussten sie in formale Kriterien gefasst werden. Eichholz hob drei Komplexe hervor: Brandt habe sich parteifeindlich verhalten, da er die Beschlüsse der III. Parteikonferenz nicht anerkenne. Da Brandt den sowjetischen Einfluss auf die SED kritisiert hatte, wurden ihm zweitens antisowjetische Einstellungen vorgeworfen. Drittens habe er die Partei jahrelang belogen und sei »doppelzünglerisch« gewesen, in dem er seine Kritik an Stalin nicht offen geäußert habe.[429] Brandt bestritt die Vorwürfe nicht, sondern wollte vor allem über den Vorwurf der Unehrlichkeit sprechen. Dazu sei er durch die Umstände ge-

426 BPKK Aktennotiz, 8.3.1957 (Unterzeichner Eichholz/Krüger/Rothe). LAB, C Rep 900-IV-2/4/1422, unpaginiert.

427 Ebd., S. 2 f. des Protokolls.

428 Die Versammlung am 20.3.1957 wurde von der BPKK protokolliert. BPKK Aktennotiz 21.3.1957. LAB, C Rep 900-IV-2/4/1422, unpaginiert. Vgl. auch den Bericht des Parteisekretärs für den gesamten Verlag, Nehring, an die BPKK. Bericht, 22.3.1957, Unterzeichner Nehring. Ebd.

zwungen gewesen: »Wenn ich damals gesagt hätte, wie ich zum Nichtangriffspakt und den Terrorakten stehe, hätte ich mich automatisch aus der Arbeiterbewegung ausgeschaltet und wäre aus der Partei ausgeschlossen worden.«[430] Die Nichtanerkennung der III. Parteikonferenz betrachtete Brandt nicht als schwer wiegend. Er sei schon lange in der Partei und habe eben diese Auffassungen; er würde sie für sich behalten, wenn es verlangt würde. Damit machte Brandt aber auch deutlich, dass er sich in dieser öffentlichen Anordnung nicht zu unterwerfen gedenke. Die meisten der dann folgenden Diskutanten beschrieben Brandt als gefühlvollen und auch beliebten Kollegen, der jedoch seit dem XX. Parteitag der KPdSU fehlerhafte Diskussionen führen würde. Jedoch seine Unehrlichkeit – einige erinnerten daran, dass Brandt vorher in hohen Funktionen war – mache, so beendeten fast alle ihren Beitrag, den Ausschluss als härteste Strafe notwendig. Die emotionale Belastung durch persönliche Schicksale wurde von den meisten ebenfalls anerkannt, aber Brandt sei »Politiker« und könne sehr wohl erkennen, dass sein Verhalten schädlich sei und ihn isoliere.[431] Beschwörend hielt ein Redner fest: »Höre mal, Brandt, du scheinst mir ein Wanderer ins Nichts zu sein, wohin führt dein Weg?«[432]

Angesichts seines offenen Widerspruchs schlug die BPKK dem Bezirkssekretariat den Ausschluss Brandts vor. Dieser Vorschlag wurde Ende April 1957 jedoch zurückgestellt. Es sollte eine erneute »Aussprache« mit Brandt erfolgen.[433] Ergebnis der Unterredung war, dass Brandt dem Bezirkssekretariat eine schriftliche Stellungnahme vorlegen sollte.[434] In seiner Stellungnahme widerrief Brandt seine Ansichten. Dabei argumentierte er hintersinnig. Brandt hatte im April 1957 seine Schwester Lili Brandt in Moskau besucht[435], dort werde offen diskutiert:

> »Ich habe jetzt das Vertrauen gewonnen, daß auch bei uns – da die führende Kraft, die KPdSU, konsequent den Weg des XX. Parteitages weitergeht – die Lehren der sowjetischen und chinesischen Entwicklung Anwendung finden werden […]«[436]

429 Den Beitrag von Eichholz fasst zusammen: Bericht, 22.3.1957, Unterzeichner Nehring. LAB, C Rep 900-IV-2/4/1422, unpaginiert.

430 BPKK Aktennotiz 21.3.1957. LAB, C Rep 900-IV-2/4/1422, unpaginiert, S. 1. des Protokolls.

431 Ebd., S. 7 des Protokolls.

432 Ebd., S. 5 des Protokolls.

433 Protokoll der Bezirkssekretariatssitzung vom 18.4.1957. LAB, C Rep 902/289, unpaginiert.

434 Handschriftliche Notiz von Erich Eichholz, 20.5.1957. LAB, C Rep 900-IV-2/4/1422, unpaginiert.

435 Die Verbindung war erst Anfang 1957 zu Stande gekommen. Ebenso wie Lili Brandt hatte Adele Herzberg, genannt Hanno, die Frau von Richard Brandt, die stalinistischen Säuberungen und den Krieg überlebt. Beide Frauen konnten erst 1956 wieder nach Moskau ziehen. Brandt erfuhr, dass seine Schwester und seine Schwägerin noch leben, und nahm brieflichen Kontakt auf. Vgl. den Brief von Lili Brandt an die Familie Brandt, 6.2.1957. NLB.

Brandt erwähnte jedoch die III. Parteikonferenz der SED mit keinem Wort. Die BPKK lud Brandt zu einer erneuten Aussprache. Brandt erklärte nun, dass die Beschlüsse der III. Parteikonferenz richtig seien und er mit seinen Äußerungen der Partei geschadet habe. Dies sei, so auf Nachfrage, seine innere Überzeugung.[437] Die BPKK beschloss, dass Brandt erneut eine »Strenge Rüge« und zwei Jahre Funktionsverbot erhalten sollte. Der Ausschluss war aus zwei Gründen nicht erfolgt: Zum einen hatte Brandt sich unterworfen und die Kritik an der SED-Führung zurückgenommen, zum anderen wurde seine langjährige Parteizugehörigkeit und vor allem die Verfolgung während des Nationalsozialismus berücksichtigt.[438] Eine mögliche Rückkehr in Parteifunktionen war nun für Brandt verbaut. Das Ergebnis bedeutete zwar die weitere soziale Stigmatisierung Brandts, aber eben nicht den völligen Bruch der SED mit ihm. Für Brandt bedeutete das Parteiverfahren angesichts seiner neuen Westkontakte eine noch größere Bedrohung als nur die soziale Ausgrenzung. Dennoch trat er selbstbewusst auf und verteidigte seine Überzeugungen. Auffällig ist, wie intensiv sich das Bezirkssekretariat um ihn bemühte. In den Augen der SED war Brandt ein gefährlicher Einzelgänger, der durch die Erschütterungen des XX. Parteitages von der Partei abgekommen war, aber noch integrierbar erschien.

Das Bild vom oppositionellen Einzelgänger war nicht weit entfernt von der tatsächlichen Situation Brandts. Die Denunziationen, die über Brandt bei der BPKK und auch bei der Stasi hinterbracht wurden, zeigen, dass Brandt in Berliner Parteikreisen bekannt war und mit vielen Menschen in lockerer Verbindung stand. Es waren überwiegend private Kontakte, in denen Brandt seine Unzufriedenheit mit der SED-Führung äußerte. Dabei wird er nicht selten auf Zuspruch gestoßen sein, konnte aber immer noch als unzufriedenes Parteimitglied ohne Einfluss gelten. Gerade auch die abgebrochene Parteikarriere sahen manche als Entschuldigung für Brandts Verhalten.[439] Die Disziplinierungstechnik der Parteistrafen erreichte Brandt jedoch nicht mehr. Die Verbindung zum Ostbüro der SPD verdeutlicht dies.

---

436 Stellungnahme, 3.6.1957, unterzeichnet Heinz Brandt. LAB, C Rep 900-IV-2/4/1422, unpaginiert.

437 BPKK Berlin, Akten-Notiz, 31.7.1957, Unterzeichner Eichholz. LAB, C Rep 900-IV-2/4/1422, unpaginiert.

438 Schreiben der BPKK Berlin an die KPKK Prenzlauer Berg, 20.8.1957, Unterzeichner Eichholz. LAB, C Rep 900-IV-2/4/1422, unpaginiert.

439 So ein Mitglied seiner Parteigruppe im Verlag im März 1957. Vgl. BPKK Aktennotiz 21.3.1957. LAB, C Rep 900-IV-2/4/1422, unpaginiert, S. 7. des Protokolls.

# 5 Oppositionsarbeit auf neuen Wegen – Westkontakte und das Ostbüro der SPD

Anfang 1956 knüpfte Brandt an alte Kontakte im Westen wieder an. Er wandte sich an seinen alten SSB-Genossen und Freund Werner Platschek in Stockholm. Die Verbindung war nach dem Besuch Brandts in Schweden 1947 abgerissen.[440] Die Schwester Werner Platscheks, Hertha Platschek, die ebenfalls vor 1933 in Berlin in der kommunistischen Bewegung aktiv gewesen war, zeigte im März 1956 Siggi Neumann einen Brief Brandts. Neumann wandte sich schriftlich an Brandt und bat um Kontaktaufnahme. Es entwickelte sich ein Briefwechsel und im November 1956 besuchte Neumann Brandt in Berlin und brachte ihn dabei mit einem Vertreter des Ostbüros, Alfred Weber, zusammen. Seitdem sind auch Berichte Brandts im Ostbüro nachzuweisen.[441]

Bei der Zusammenarbeit Brandts mit dem Ostbüro der SPD sind einige Fragen zu klären, welche die Dauer der Zusammenarbeit betreffen. Brandt hat in der Autobiografie behauptet, mehrere Treffen mit Siggi Neumann 1946 seien der Beginn eines regelmäßigen Austausches gewesen, die als Verbindung zum Ostbüro der SPD verstanden werden könnte.[442] Die Treffen hatten aber aller Wahrscheinlichkeit nach keinen konspirativen Charakter. Brandt meldete die Treffen der SED und ließ sie sich genehmigen.[443] Es ist nicht anzunehmen, dass der damalige Kontakt, der vermutlich nur bis Anfang 1947 bestand, bereits einer Zusammenarbeit Brandts mit dem Ostbüro gleichkam. Neumann wurde erst im Juli 1947 Leiter des Ostbüros der SPD.[444] Brandt selbst deutete später zwar an einigen Stellen eine Zusammenarbeit seit 1946 an[445], gegen diese Darstellung sprechen aber eine Reihe von starken Indizien. Auch im DDR-Prozess gegen Brandt von 1962 wurde eine frühe Zusammenarbeit behauptet. Die angebliche Zusammenarbeit lieferte der SED die Vorlage, Brandt als langjährigen Spion zu diffamieren.[446] Brandt selbst legte jedoch gegenüber der Stasi im Januar 1964 in einer politi-

---

440 Brief von Werner Platschek an Siggi Neumann, 16.10.1956. AdsD, NL Siggi Neumann, Box 7, unpaginiert.

441 Siggi Neumann an Werner Platschek, 7.11.1956. AdsD, NL Siggi Neumann, Box 7, unpaginiert. Der erste Bericht an das Ostbüro datiert vom 5.11.1956. Bericht Quelle V 547, 5.11.1956. AdsD, SPD-PV-Ostbüro 330 I, unpaginiert.

442 Brandt, Traum, 172-174.

443 Handschriftlicher Lebenslauf von Heinz Brandt (1951). LAB, C Rep 900 II 00 IV/1.879.

444 Neumann wurde jedoch bald wieder abgelöst, da seine Versuche, die nachrichtendienstlichen Tätigkeiten auszubauen, umstritten waren. Vgl. Buschfort, Parteien, 53-54.

445 So in der Autobiografie und: Heinz Brandt: Windjacke kontra Regenschirm. In: Pflasterstrand 228, 25.1.–7.2.1986, 22-26, 26. Diese Andeutungen haben dazu geführt, dass der Beginn seiner Zusammenarbeit mit dem Ostbüro auch in der Literatur häufig mit 1946 angegeben wird. Zuletzt: Eintrag Brandt, Heinz. In: Lexikon Opposition und Widerstand, 83 f.

446 So im Schreiben des Sekretärs des Staatsrates der DDR, Otto Gottsche, an Lord Bertrand Russell, 30.10.1963. Annelie Brandt betont in einer Stellungnahme zu dem Schreiben, dass Brandt mit Neumann erst wieder 1956 Kontakt aufgenommen habe. Beide Dokumente befinden sich im NLB.

schen Erklärung unmissverständlich dar, dass seine Zusammenarbeit mit dem Ostbüro erst im November 1956 begonnen habe.[447] Gegen eine Kooperation mit dem Ostbüro seit 1946 spricht auch, dass Neumann in einem der ersten Briefe hervorhob, wie sehr er sich über den Einstellungswandel Brandts freue, da es zehn Jahre zuvor nicht zu einer gemeinsamen Einschätzung der Lage gekommen sei.[448] Die Treffen Brandts und Neumanns 1946 hatten den Charakter von Diskussionen zwischen alten Genossen und waren von persönlicher Sympathie geprägt. Offen muss bleiben, ob Neumann die Treffen mit Brandt für das Ostbüro auswertete, was nahe liegt. Die späteren Behauptungen Brandts über die langjährige Zusammenarbeit hatten vielmehr einen spezifischen Grund: die soziale Absicherung Brandts nach einer Flucht in den Westen durch die Anerkennung als langjähriger SED-Gegner.[449] Dieses Motiv nannte Brandt auch gegenüber dem Generalstaatsanwalt der DDR 1964.[450]

Das Motiv für die Zusammenarbeit lässt sich gut aus dem Briefwechsel zwischen Siggi Neumann und Werner Platschek erschließen. Die beiden alten Freunde waren sich einig, dass die Flucht Heinz Brandts in den Westen eigentlich die optimale Lösung sei. Auch Brandt selbst war im November 1956 zur Flucht bereit. Angesichts der Niederwerfung des ungarischen Aufstands befürchtete er eine erneute Repressionswelle in der DDR, die auch ihn gefährden würde. Neumann wie der Ostbüro-Vertreter Alfred Weber rieten ihm jedoch von der Flucht ab, da sie eine erneute harte Repressionswelle nicht erwarteten, sondern vielmehr eine Politik der Aufrechterhaltung von Ruhe und Ordnung in der DDR.[451] Neumann und Weber hatten unterschiedliche Interessen: Für Weber war Brandt eine neue und wichtige Quelle über die Entwicklungen in der SED, Neumann hingegen befürchtete, dass Brandt bei einer überstürzten

---

Auch Erich Mielke malte die Agententätigkeit seit 1946 vor dem ZK aus. Vgl. Redebeitrag von Erich Mielke auf dem 15. ZK-Plenum im März 1962. BA-SAPMO, DY 30/J V2/1/269, Bl. 75-94.

447 Heinz Brandt: Erklärung an die Generalstaatsanwaltschaft der DDR, 19.1.1964. BStU, ZA, HA XX 1655, Bl. 68-74, Bl. 71-72.

448 Siggi Neumann an Heinz Brandt, 6.3.1956 und 18.5.1956. AdsD, NL Siggi Neumann, Box 1, unpaginiert. Ebenso schrieb Wolfgang Nelki, ein gemeinsamer Freund aus dem SSB, der nach London emigrierte, dass er im Mai 1946 mit Brandt nur telefoniert hätte und ihm nun auch »böse« sei. Wolfgang Nelki an Siggi Neumann, 6.5.1946. Ebd., Box 6, unpaginiert.

449 Vgl. das Notaufnahmeverfahren 1958, Bundesverwaltungsamt Gießen, NG 40 Brandt, Heinz. In dem NLB findet sich ein Lebenslauf, in dem Brandt sogar behauptet, seine Karriere in der SED sei seit 1946 in enger Absprache mit Siggi Neumann erfolgt. Lebenslauf, Berlin-Schlachtensee 10.2.1959, NLB. Nach seiner Freilassung aus der DDR 1964 äußerte sich Heinz Brandt gegenüber bundesdeutschen Ermittlungsbeamten, der Wahrheitsgehalt seiner Behauptung im Lebenslauf, er würde seit 1946 mit dem Ostbüro zusammenarbeiten, sei dahingestellt. Vfg. 5.6.1964, Staatsanwaltschaft Frankfurt, 4 Js 392/64. Hier zitiert nach: Staatsanwaltschaft II beim Landgericht Berlin, 29/2 Js 1376/92, Band 1, Bl. 48.

450 Heinz Brandt: Erklärung an die Generalstaatsanwaltschaft der DDR, 19.1.1964. BStU, ZA, HA XX 1655, Bl. 68-74, Bl. 71, 73.

451 Siggi Neumann an Werner Platschek 7.11.1956. AdsD, NL Siggi Neumann, Box 7, unpaginiert; Bericht Quelle V 547, 5.11.1956. AdsD, SPD-PV-Ostbüro 330 I, unpaginiert.

Flucht im Westen nicht Fuß fassen würde. Er drängte Brandt danach mehrmals, sich bei Anzeichen der geringsten Gefahr in den Westen abzusetzen und keine Rücksicht auf die politischen Interessen des Ostbüros zu nehmen.[452] Neumann ermöglichte den Kontakt zur IG Metall, 1957 und 1958 erschienen anonym einige Artikel Brandts in der IG-Metall-Funktionärszeitschrift *Der Gewerkschafter*.[453] Platschek und Neumann diskutierten in ihren Briefen die besten Optionen für eine Flucht Heinz Brandts in den Westen. Neumann ging davon aus, dass Brandt als »Nutznießer« des Systems nicht als politischer Flüchtling anerkannt und daher vor einem finanziellen Desaster stehen würde.[454] Wenn er aber im Kontakt mit dem Ostbüro stände, ließe sich seine Tätigkeit in der SED als Widerstandshandlung darstellen, daher hatte Neumann – trotz schlechten Gewissens über die Gefährdung – diese Verbindung ermöglicht.[455] Die beiden Freunde planten auch Geldsammlungen im Freundeskreis für Brandt nach einer Flucht in den Westen.[456] Beide glaubten, dass Brandt bereit für die Flucht sei, da er in der DDR keine wirkliche politische Aufgabe mehr sehe. Haupthindernis sei jedoch seine Frau, die noch Hoffnungen auf einen Umschwung in der DDR habe und familiär gebunden sei. Zudem sei Brandt nicht zuverlässig als Ernährer der fünfköpfigen Familie. Annelie Brandt stelle die praktische Seite in ihrer Ehe dar und ihre Nichtbereitschaft zur Flucht sei sehr ernst zu nehmen.[457]

Offenbar hatten die Fluchtgedanken Brandts stärker die situative Anordnung während der Ungarn-Krise zur Ursache, denn Brandt blieb mit seiner Familie noch bis zum September 1958 in der DDR und arbeitete intensiv – durchaus auch mit eigenen politischen Interessen – mit dem Ostbüro der SPD zusammen. Von dieser Arbeit wusste auch seine Frau Anneliese, die teilweise Manuskripte für ihn abtippte. Die Gefahr, die mit dieser Arbeit verbunden war, war ihr sehr wohl bewusst. Deutlich

---

452 Siggi Neumann an Heinz Brandt, 7.11.1956 und 21.2.1957. AdsD, NL Siggi Neumann, Box 1, unpaginiert.

453 Es handelte sich um die anonym erschienenen Artikel: Streiflichter aus Moskau. In: Der Gewerkschafter 5 (1957) Nr. 7, 19 f.; Streng geheim: Absperrung Marx-Engels-Platz. In: Der Gewerkschafter 5 (1957), Nr. 10, 18; Warum wurde dieses Buch in der Sowjetzone verboten? In: Der Gewerkschafter, 6 (1958), Nr. 5, 19 f. Nach dem fünften Parteitag der SED. In: Der Gewerkschafter 6 (1958), Nr. 8, 22-24. Vgl. als Beleg für die Autorenschaft von Brandt: Bundesverwaltungsamt Gießen, NG 40 Brandt, Heinz, Bl. 2.

454 Neumann erwähnt gegenüber Platschek selbst ein Beispiel der Ablehnung durch die westdeutschen Behörden. Siggi Neumann an Werner Platschek, 31.1.1956. AdsD, NL Siggi Neumann, Box 7, unpaginiert. Auch dem späteren Ostbüro-Mitarbeiter Robert Bialek wurde 1953 die Anerkennung als politischer Flüchtling versagt. Buschfort, Parteien, 177; Michael Herms/Gert Noack: Aufstieg und Fall des Robert Bialek, Berlin 1998, 243-247.

455 Siggi Neumann an Werner Platschek, 7.11.1956. AdsD, NL Siggi Neumann, Box 1, unpaginiert.

456 Werner Platschek an Siggi Neumann, 13.1.1957. AdsD, NL Siggi Neumann, Box 7, unpaginiert. Platschek nahm Kontakt zu dem Berliner Rechtsanwalt Siegfried Kroll auf, der später auch das Entschädigungsverfahren von Brandt durchführte.

457 Platschek an Neumann, ebd. Platschek hatte Brandt zum Jahreswechsel 1956/57 ebenfalls in Berlin getroffen.

wird die fragile Situation als SED-Oppositioneller in beiden deutschen Staaten der 50er-Jahre: In der DDR musste Brandt die politische Verfolgung fürchten, in der BRD die soziale Marginalisierung, wenn er als 47-Jähriger nicht wieder Fuß fassen würde. Die Hilfestellung seiner Freunde war daher für einen Neuanfang in der BRD unerlässlich.

Ein zweites Motiv für die Zusammenarbeit mit dem Ostbüro lag in den politischen Ambitionen Brandts. Ihm bot sich so die Möglichkeit, über die publizistischen Formen des Ostbüros Einfluss auf SED-Mitglieder zu gewinnen. Brandt hat neben seiner Redakteurstätigkeit immer wieder Vorträge in Parteieinrichtungen gehalten, so Ende 1956 »im Sinne der polnischen Ereignisse«.[458] Diese vorsichtige Oppositionsarbeit konnte durch das Ostbüro gestützt werden. 1956 verfügte das Ostbüro über eine Palette an Publikationen in Ost wie West, die sich auch speziell an Funktionäre und Mitglieder der SED richteten. Dazu gehörten Tarnausgaben der *Einheit*, dem SED-Theorieorgan nachempfunden, die als Sonderausgaben von 1954 bis 1959 mehr als fünfzigmal erschienen und Auflagen bis zu 10.000 Exemplaren erreichten.[459] Seit Ende 1953 erschien auch die *SED-Opposition*, eine Ausgabe, die den Eindruck einer DDR-Produktion vermitteln sollte und nach eigenen Angaben eine Auflage von bis zu 50.000 Stück gehabt haben soll, was aber vermutlich nicht der tatsächlichen Auflage entsprach.[460] Im Westen publizierte das Ostbüro u. a. den *Ostspiegel – Sozialdemokratischer Pressedienst*. Zwar betrug die Auflage nur 1.400 Exemplare, die Zeitung hatte aber durch die Verteilung an Multiplikatoren eine breitere Wirkung.[461]

Brandt wusste, dass der Kontakt zum Ostbüro der SPD illegal war. Seinem Verständnis als Ulbricht-Gegner entsprechend und durch die politischen Entwicklungen in der DDR tief enttäuscht, war er bereit, dieses Risiko auf sich zu nehmen. Für Brandt war diese Arbeit kein Verrat, sondern Teil einer oppositionellen Fraktionsarbeit innerhalb einer gesamtdeutschen Arbeiterbewegung. Er berichtete zwar selbst darüber, dass Kontakte zum Ostbüro in den Kreisen der SED-Oppositionellen weitgehend abgelehnt wurden, etwa nachdem die Verbindung Wolfgang Harichs zum Ostbüro bekannt wurde.[462] Da jedoch ein Merkmal der damaligen SED-Opposition der Versuch einer Annäherung an die SPD in Westdeutschland war, um so eine Wiedervereinigung unter sozialistischen Vorzeichen zu erreichen, lag der Kontakt zur SPD nahe. Dieser war häufig nur über das Ostbüro möglich, welches im Verständnis der SPD die dafür zuständige Stelle war.[463]

---

458 Bericht B 1228, 16.11.1956. AdsD, SPD-PV-Ostbüro, 330 I, unpaginiert.

459 Wolfgang Buschfort: Das Ostbüro der SPD. Von der Gründung bis zur Berlin-Krise, München 1991, 101-102; Helmut Bärwald: Das Ostbüro der SPD. 1946–1971 Kampf und Niedergang, Krefeld 1991, 75-76.

460 Buschfort, Ostbüro SPD, 102-103.

461 Bärwald, Ostbüro, 91.

462 Bericht Quelle V 547 5.12.1956. AdsD, SPD-PV-Ostbüro, 330 I, unpaginiert.

Demgegenüber steht die Zeichnung des Ostbüros der SPD als gemeingefährliche Agentenzentrale durch die SED-Propaganda. Auch im Westen war das Ostbüro – besonders seit den 60er-Jahren – umstritten.[464] Es ist vor allem Wolfgang Buschfort mit seinen Arbeiten zu danken, dass die Geschichte des Ostbüros der SPD sachlich nachgezeichnet werden kann.[465] Das Ostbüro der SPD entstand unter dem Eindruck der Zwangsvereinigung von KPD und SPD 1946. Anfangs ging es um die Betreuung von geflohenen Sozialdemokraten und die Aufrechterhaltung von Strukturen der SPD in der SBZ. Erst nach einiger Zeit kam die Informationssammlung als wesentliches Tätigkeitsfeld hinzu.[466] Am Ende der 40er-Jahre, nachdem illegale Parteistrukturen weitgehend durch Verhaftungen zusammengebrochen waren, rückte die Informationsbeschaffung über Einzelkontakte in den Vordergrund, verbunden mit einer konspirativen publizistischen Tätigkeit. Die Berliner Dienststellen waren die wichtigsten Verbindungsstellen in die DDR, sie bildeten die »eigentliche Zentrale der konspirativen Aktionen des Ostbüros«.[467] Mitte der 50er-Jahre gehörte die Unterstützung von oppositionellen SED-Mitgliedern zu einer der wichtigsten Aufgaben des SPD-Ostbüros. Dabei wurden auch Vertreter eines »dritten Weges« zwischen Kommunismus und Kapitalismus stärker unterstützt.[468] Im Westen suchten linkssozialistische ehemalige SED-Mitglieder die Zusammenarbeit, um in die DDR hineinzuwirken.[469]

Wie genau die Wirkung des Ostbüros der SPD in der DDR war, kann nur vermutet werden. Die große Bedeutung, welche ihm die DDR-Behörden zumaßen, belegt, dass die Aktivitäten zur Propagierung von sozialdemokratischen Überzeugungen in der DDR nicht ohne Erfolg geblieben waren. Diese Anfälligkeit ergab sich zum einen daraus, dass auch nach den Säuberungen im Zuge der Stalinisierung der SED nach 1948 noch viele ehemalige Sozialdemokraten in der Partei waren, die als nicht zuverlässig galten. Zum anderen aber musste die SED-Führung damit rechnen, dass sich auch ehemalige Kommunisten der SPD annähern würden. Vor diesem Hintergrund erhielt die Propaganda gegen das Ostbüro seinen spezifischen Stellenwert. Als Spionageorganisation wurde es als Handlanger amerikanischer und britischer Geheimdienste diffa-

463 So erklärte auch Wolfgang Harich seine Gespräche mit dem Ostbüro. Wolfgang Harich: Keine Schwierigkeiten mit der Wahrheit. Zur nationalkommunistischen Opposition 1956 in der DDR, Berlin 1953, 70-71.

464 Vgl. aus der vorwurfsvollen Innenschau eines Beteiligten Bärwald, Ostbüro, insb. 140-161; Buschfort, Parteien, 232-235.

465 Vgl. Buschfort, Ostbüro SPD und Buschfort, Parteien. Ebenfalls sachlich Beatrix Bouvier: Ausgeschaltet! Sozialdemokraten in der Sowjetischen Besatzungszone und in der DDR 1945–1953, Bonn 1996, 261-291.

466 Zu den ersten Jahren vgl.: Ebd., 261-270; Buschfort, Ostbüro SPD, 17-32; Buschfort, Parteien, 32-34.

467 Buschfort, Ostbüro SPD, 81.

468 Buschfort, Parteien, 138; Bouvier, Ausgeschaltet, 276.

469 Vgl. Hermann Weber: Vorwort. In: Michael Herms: Heinz Lippmann. Porträt eines Stellvertreters, Berlin 1996, 12.

miert.[470] Unter »Spionage« wurde jedoch jede politische Diskussion gefasst: »Im Grunde galt jegliche Informationsübermittlung in den Westen, die unter Umständen geeignet war, dem Regime zu schaden, als ›Spionage‹ bzw. ›Agententätigkeit‹.«[471]

Wie gestaltete sich nun die konkrete Zusammenarbeit mit dem Ostbüro der SPD? Die Verbindung zwischen Brandt und dem Ostbüro lief über die Berliner Zweigstelle des Ostbüros. Leiter der Berliner Dienststellen des Ostbüros war der bereits erwähnte Alfred Weber alias Peter Wandel, der ab 1951 diese Position innehatte.[472] Weber und Brandt kannten sich seit 1927 aus dem Arbeitersportbund Fichte. Sie hätten in Berlin seit 1932 politisch zusammengearbeitet, auch in der Illegalität, bis zur Flucht Webers im November 1933 nach Dänemark.[473] Die ersten Berichte sind alle von Weber abgezeichnet, später traf sich Brandt auch mit Eberhard Zachmann alias Müller. Beide arbeiteten in der Berliner Zentrale des Ostbüros in der Langobardenallee.[474] Brandt war eine wichtige Quelle für das Ostbüro. Durch seine alten Verbindungen gelang es, Informationen aus der Berliner Bezirksleitung und aus dem Umfeld des Zentralkomitees zu bekommen. Bis zur Flucht Brandts sind etwas über fünfzig Berichte von ihm überliefert.[475] In der umfangreichen Registratur der Sachakten sind sie fast ausschließlich in den Sachgruppen zur SED und Opposition überliefert und enthalten überwiegend Darstellungen von politischen Diskussionen. Anfänglich traf Brandt sich wöchentlich mit Weber, Mitte 1957 waren es nur noch monatliche Berichte. Im Umfeld des 35. ZK-Plenums im Februar 1958 wiederum muss Brandt alle zwei Tage nach Westberlin gefahren sein, um Weber und Zachmann über die neuesten Entwicklungen auf dem Laufenden zu halten. Die Berichte, oft als »vertraulich« klassifiziert, sind Niederschriften der Gespräche, die Weber und Zachmann mit Brandt geführt hatten.

---

470 Zwar gab es partielle Zusammenarbeit mit westlichen Geheimdiensten, gerade in der »Frontstadt« Berlin, aber von einer Lenkung durch westliche Geheimdienste kann in keinem Falle gesprochen werden. Vgl. Buschfort, Ostbüro SPD, 57-64.

471 Fricke/Engelmann, Schläge, 100.

472 Weber war in skandinavischer Emigration gewesen und hatte vermutlich Kontakt zum dänischen Geheimdienst, der ihn 1952 als Leiter des Ostbüros in Berlin vorschlug. Buschfort, Ostbüro SPD, 80; Buschfort, Parteien, 97-98. Stefan Brandt berichtete auch, dass mit Weber nach der Flucht noch private Kontakte bestanden. Information Stefan Brandt.

473 Erklärung für Alfred Weber von Heinz Brandt, am 28.3.1961 vor dem Notar Lucht in Berlin-Charlottenburg. NLB.

474 Buschfort, Parteien, 97-98.

475 Brandt wurde zuerst mit der Nummer V 547, dann B 1228 geführt. Wann die Nummer umgestellt wurde, ist unklar, da er noch 1958 mit V 547 bezeichnet wurde. Vermutlich wurde die Nummer B 1228 nach der Flucht Brandts verwandt, als er noch eine Zeitlang mit dem Ostbüro zusammenarbeitete. Zumindest wurden die meisten älteren Berichte mit der neuen Nummer handschriftlich umgeändert.
Eine Einsichtnahme in die Sachakten des Ostbüros der SPD ist jederzeit möglich. Nicht möglich ist die Einsichtnahme in die Personenakten des Ostbüros. Diese Einsichtnahme würde eventuell die Zusammenarbeit Brandts mit dem Ostbüro noch weiter erhellen. Nach den Angaben des zuständigen Referenten im AdsD, Horst-Peter Schulze, war Brandt allerdings nie hauptamtlicher Mitarbeiter des Ostbüros, sodass über ihn keine eigene Personalakte angelegt worden sei.

Es ist also zu berücksichtigen, dass hier bereits eine doppelte Filterung der meisten Angaben vorliegt. Denn Brandt berichtete ganz überwiegend von Gesprächen, die er selber mit anderen geführt hatte. Dabei wurden die wesentlichen Gesprächspartner Brandts vom Ostbüro als »Nebenquellen« geführt. Die Bezeichnung Nebenquelle ist nicht dahingehend zu verstehen, dass die Betreffenden vom Kontakt Brandts zum Ostbüro wussten.

Eindeutig zu identifizieren ist Karl Raddatz, der zumeist als Nebenquelle A geführt wurde und zu der Zeit Abteilungsleiter beim »Ausschuss für Deutsche Einheit« war. Brandt und Raddatz kannten sich aus der gemeinsamen Arbeit beim »Hauptausschuss Opfer des Faschismus« 1945. Der spätere Mitangeklagte Brandts war einer seiner zentralen Gesprächspartner, vor allem, da er enge Verbindungen zu Karl Schirdewan und Ernst Wollweber hatte. Weiter waren mit Nebenquellen vermutlich der britische Journalist John Peet und Nathan Steinberger, Mitarbeiter der Staatlichen Plankommission und Brandt aus dem SSB bekannt, gemeint.[476] Trotz dieser Kennzeichnung wurden die betreffenden Personen auch immer wieder mit vollem Namen genannt. Die Berichte wurden zumeist in neunfacher Ausfertigung erstellt, davon gingen sieben in der Regel nach Bonn, wo sie ausgewertet wurden. Da sie also auch der internen Kommunikation zwischen den Berliner und Bonner Stellen des Ostbüros dienten, finden sich teilweise auch Diskussionen zwischen Brandt und Weber oder Vorschläge für weiteres Vorgehen des Ostbüros in den Berichten. Im *Ostspiegel – Sozialdemokratischer Pressedienst* wurde wöchentlich eine Übersicht zu Ereignissen in Osteuropa aus Presse und Informantenberichten zusammengestellt. Aus den Berichten Brandts wurden eine Reihe von Meldungen übernommen und seine Einschätzungen flossen mit in Leitartikel ein. Allerdings wurde hier auf allgemeinere Darstellungen Wert gelegt, um eine Identifizierung einzelner Personen zu verhindern. Die Darstellungen Brandts wurden teilweise auch verfremdet, um die Authentizität der Berichterstattung über die DDR zu erhöhen. So hatte Brandt über die Parteiaktiv-Sitzung der SED Groß-Berlin im Februar 1958 in seinem eigenen Betrieb gehört und fasste die Ausführungen Ulbrichts zusammen. Der *Ostspiegel – Sozialdemokratischer Pressedienst* referierte die Ausführungen von Ulbricht als direkte Rede, wobei der Aufbau des Artikels und die teilweise wortidentische Übernahme aus dem Bericht Brandts auf dessen Ursprung hindeuten.[477]

476 Bericht Quelle B 1228, 11.3.1958. AdsD, SPD-PV-Ostbüro 338 C, unpaginiert, deutet auf Steinberger hin. Sein Name wurde mehrmals auch als Klarname genannt. Steinberger, 1910 geboren, verbrachte mehrere Jahre in sowjetischen Lagern und war erst 1955 in die DDR zurückgekehrt. Vgl. Nathan Steinberger/Barbara Broggini: Berlin – Moskau – Kolmya und zurück. Ein biographisches Gespräch über Stalinismus und Antisemitismus, Berlin/Amsterdam 1996. Steinberger wurde 1958 aus der Plankommission wieder versetzt, ebd. 103 f.

477 Vgl. Bericht B 1228, 21.2.1958. AdsD, SPD-PV-Ostbüro 330 II, unpaginiert; sowie »Materialien über die Parteiaktiv-Tagung der SED Groß-Berlin«, Ostspiegel – Sozialdemokratischer Pressedienst Nr. 7, 28.2.1958, 6-7.

Mit dem Schwerpunkt auf die Opposition in der SED ging eine überwiegend optimistische Zeichnung der Schwäche der SED-Führung einher. Ende 1956 verkündete Brandt, dass »die Verhältnisse in der Partei [...] subjektiv reif für eine Umstellung im Sinne Gomulkas« seien. Die ökonomischen Schwierigkeiten seien nicht lösbar und würden daher mit der Unzufriedenheit in der SED zur Ablösung von Ulbricht führen.[478] Auch das Ostbüro vertrat in seinen Publikationen die These, dass die SED-Führung geschwächt sei.[479] Nach der Verhaftung der Harich-Gruppe sprach das Ostbüro von einer »ideologischen Krise der SED«, die eine politische Schwächung bis in die Zentren der Macht tragen würde.[480] Diese Einschätzung stützte Brandt mit seinen Berichten über oppositionelle SED-Mitglieder und Intellektuelle.

Vor allem die persönliche Bekanntschaft von Raddatz mit Karl Schirdewan und Ernst Wollweber erwies sich Ende 1957 und Anfang 1958 als kostbare Informationsquelle. Der möglicherweise größte »Coup« liegt in diesem Zusammenhang: Brandt konnte im November 1957 berichten, dass er bei einem Freund in das Protokoll des 33. Plenums des ZK vom Oktober 1957 Einsicht nehmen konnte. Er gab einige Diskussionsbeiträge aus dem Kopf wieder.[481] Der *Ostspiegel – Sozialdemokratischer Pressedienst* brachte bald darauf eine Sondernummer mit Beiträgen des 33. Plenums heraus. Es wurde behauptet, man sei im Besitz des unveröffentlichten Protokolls des 33. Plenums. Die Vermutung liegt zumindest nahe, dass es Brandt doch gelungen war, das Exemplar für kurze Zeit auszuleihen.[482] Die Auswahl der Redebeiträge in der Sondernummer sei unter dem Gesichtspunkt erfolgt, den »fortschreitenden Zersetzungsprozeß innerhalb der SED« aufzuzeigen. Führende Funktionäre würden sich gegen die Politik Ulbrichts stellen, auch wenn sie nicht offen sprechen.[483] Diese Interpretation gewann Brandt aus Gesprächen mit Raddatz, der von andauernden Auseinandersetzungen in der Parteispitze ausging, trotz des scharfen Tons des 33. Plenums gegen die Ulbricht-Opponenten.[484] Bald darauf konnte Brandt Alfred Weber sehr detailliert über die Vorbereitungen von Schirdewan und Wollweber zum geplanten Angriff auf Ulbricht auf dem 35. ZK-Plenum berichten.[485] Der Selbstmord des Sekretärs für Wirtschaft beim ZK, Gerhart Ziller, kurz zuvor habe die Ablehnung Ulbrichts im Politbüro und Zentralkomitee noch verstärkt. Das Ostbüro erklärte programmatisch, alle Kräfte in der DDR zu unterstützen, die für einen »menschliche(n), demokratische(n) Sozialismus« ständen.[486] Als im Februar 1958 Schirdewan,

---

478 Bericht V 547 16.11.1956. AdsD, SPD-PV-Ostbüro 330 I, unpaginiert.
479 So Ostspiegel – Sozialdemokratischer Pressedienst, Nr. 46, 14.11.1956, 2.
480 Ostspiegel – Sozialdemokratischer Pressedienst, Nr. 5, 1.2.1957, 3.
481 Bericht Quelle B1228, 24.11.1957. AdsD, SPD-PV-Ostbüro 330 II, unpaginiert.
482 Ostspiegel – Sozialdemokratischer Pressedienst Nr. 49 (Sondernummer), 11.12.1957.
483 Ebd., 1-2.
484 Bericht Quelle B 1228, 18.11.1957. AdsD, SPD-PV-Ostbüro, 330 II, unpaginiert.
485 Bericht Quelle B 1228 23.12.1957. AdsD, SPD-PV-Ostbüro 330 II, unpaginiert.
486 Wider den »dritten Weg«. Ostspiegel – Sozialdemokratischer Pressedienst Nr. 50, 18.12.1957, 1-2.

Wollweber und andere aus dem ZK ausgeschlossen wurden und die Partei über ihre »fraktionelle Tätigkeit« zu diskutieren hatte, waren die internen Auseinandersetzungen in der Öffentlichkeit der DDR weitgehend unbekannt.[487] Das Ostbüro war jedoch vorher gut informiert und konnte dementsprechend berichten.[488] In der Folgezeit wurden die Berichte über die Lage Schirdewans, der nach Potsdam in die staatliche Archivverwaltung abgeschoben war, dringlicher. Das Ostbüro schlug Brandt vor, Schirdewan – über Raddatz – zur Abfassung eines Textes über die Geschichte der Opposition anzuregen, auch seine eventuelle Flucht vorzubereiten.[489] Schirdewan hoffte noch im Sommer 1958 auf eine Rehabilitierung, die Fluchtpläne wurden wieder verworfen.[490]

Erkennbar ist aus den Berichten auch, dass die Hoffnungen der oppositionellen Kreise auf die Entwicklungen in den anderen sozialistischen Ländern und vor allem der Sowjetunion lagen. Immer wieder interpretierte Brandt einzelne Ereignisse in die Richtung, dass die SED-Führung isoliert sei. So wurden Gespräche von Redakteuren des Verlags *Die Wirtschaft* mit chinesischen Botschaftsangehörigen dahingehend interpretiert, dass die chinesische Partei sich ein realistisches Bild über die ökonomische Lage in der DDR machen wolle und gegenüber der offiziellen Propaganda misstrauisch sei.[491] Am stärksten im Blick war die Entwicklung in der Sowjetunion. Brandt ging auch später davon aus, dass Chruschtschow die Ablösung Ulbrichts unterstützt hätte, aber nach dem Einmarsch in Ungarn zögerte, die SED-Führung auszuwechseln. Die politischen Entwicklungen in der Sowjetunion wurden oft mit der Situation in der DDR synchronisiert: Der Machtkampf im sowjetischen ZK und der Sturz der »konservativen« Kreise um Molotow und Malenkow im Juni 1957 wurden mit »Begeisterung« aufgenommen, da nun die Position Ulbrichts geschwächt sei.[492]

Im Laufe des Sommers 1958 verdichteten sich Hinweise, dass Brandt akut gefährdet ist. Raddatz soll Brandt vor einem neuen Parteiverfahren gewarnt haben, das für ihn gefährlich werden könnte.[493] Offenkundig wurde die Gefährdung dadurch, dass Brandt nicht die *Medaille für Kämpfer gegen den Faschismus* erhielt, die im September 1958 an Widerstandskämpfer verliehen werden sollte. Die Bestimmungen über die Verleihungen vom März 1958 verlangten eine »antifaschistische Gesinnung« auch

---

487 Weber, Geschichte, 199.

488 Der Verfall schreitet fort. Ostspiegel – Sozialdemokratischer Pressedienst Nr. 6, 12.2.1958, 1-3.

489 Bericht Quelle B 1228, 13.6.1958. Ebd.

490 Bericht Quelle B 1228, 2.7.1958. Ebd. Schirdewan selbst sprach davon, dass Freunde ihm zur Flucht geraten hätten, er aber nicht als Verräter gelten wollte. Karl Schirdewan: Aufstand gegen Ulbricht, Berlin 1995, 150.

491 Bericht Quelle B 1228, 29.5.1957. AdsD, SPD-PV-Ostbüro, 330 II, unpaginiert.

492 Bericht Quelle B 1228, 9.7.1957. Ebd. Zu den Ereignissen selber vgl.: Hildermeier, Sowjetunion, 765-766.

493 Protokoll der Sitzung des Obersten Gerichtes der DDR, 3.5.1963. Als Kopie in: Staatsanwaltschaft II beim Landgericht Berlin, 29 Js 55/94, Bl. 93 und 104.

nach 1945, sodass die Nicht-Verleihung als Bedrohung eingestuft werden musste.[494] Das Ostbüro hat Brandt dementsprechend gewarnt und zur Flucht geraten.[495] Am 14. September 1958 floh die Familie Brandt nach Westberlin und fand Aufnahme im Flüchtlingslager Berlin-Marienfelde. Im Zuge des zweiten Parteiverfahrens war auch die Stasi durch Denunziationen auf Brandt aufmerksam geworden und ermittelte seit Anfang 1957.[496] Erst im Juni 1958 wurde ein Überprüfungsvorgang formal eingeleitet, allerdings wurde hier nur die angebliche »Hetze« Brandts gegen Partei und Staat erwähnt.[497] Wenig später informierten die Sowjets die Stasi über eine angebliche Verbindung Brandts zum Ostbüro, daraufhin wurde seine Verhaftung im Juli 1958 vorgeschlagen.[498] Es muss unklar bleiben, warum keine Verhaftung durch die Stasi erfolgte.

Wie Brandt die illegale Arbeit persönlich verkraftete, lässt sich nicht mehr entschlüsseln. Gegenüber Bekannten in Westberlin äußerte er, dass er nach der Flucht zum ersten Mal seit zehn Jahren wieder ruhig schlafen konnte. Dies gibt einen Hinweis auf die großen psychischen Belastungen, die er durchlebt haben muss.[499] Nicht abschließend zu klären ist auch, welche Bedeutung Brandt für das Ostbüro der SPD hatte. Es gibt keine Aussagen über die Anzahl der Informanten aus der DDR. Brandt passte zumindest in das Profil der Verbindungsleute, das sich in den 50er-Jahren von alten Sozialdemokraten stärker zu jüngeren und enttäuschten DDR-Bürgern hin bewegte, auch vielen Anhängern eines diffusen »Dritten Weges«.[500] Aber nur wenige Informanten waren so dicht am engeren Parteiapparat.[501] Von daher kann davon ausgegangen werden, dass Brandt in den Zeiten der Entstalinisierungskrise eine wichtige Quelle darstellte. Es muss allerdings berücksichtigt werden, dass die Kontakte Brandts auf die Opposition in der SED konzentriert waren. Er hatte kaum Verbindungen zu überzeugten Anhängern Ulbrichts, nur ab und zu sprach Brandt noch mit seinem alten Kollegen aus der Bezirksleitung, Bruno Baum.[502] Dadurch war die Perspektive seiner Berichte weitaus optimistischer als die reale Situation. Dass die Darstellungen des Ost-

494 Die schmutzige Kehrseite der Medaille, Ostspiegel – Sozialdemokratischer Pressedienst, Nr. 34, 10.9.1958, 5-6.

495 Brief des Ostbüros der SPD an die Leitung des Notaufnahmeverfahrens, Berlin 27.9.1958, Bundesverwaltungsamt Gießen, NG 40 Brandt, Heinz, Bl. 8.

496 Die Stasi hat offenbar erst das Verfahren bei der BPKK abgewartet. Am 27.11.1957 wurde ein Suchzettel ausgefüllt, am 6.12.1957 die Postkontrolle eingeleitet. BStU, ZA AOP 4617/63, Band 1, Bl. 30-32.

497 Beschluß 6.6.1958, ebd. Bl. 40.

498 Vorschlag der Hauptabteilung V/1 zur Festnahme des Brandt, Heinz, 10.7.1958. Ebd., Bl. 53-54.

499 BPKK, Berlin 30.10.1958, Aussprache mit Gen. Heimbert und Friedel Schwandt, Charlottenburg, über den Verräter Heinz Brandt. LAB, C Rep 900-IV-2/4-1421, Bl. 35-36.

500 Buschfort, Parteien, 81. Er gibt keine Gesamtzahlen an, aber einige Beispiele von Zuträgern mit Kurzbiografien. Ebd., 67-80.

501 Dazu gehörte die Quelle V 548, die im selben Zeitraum sehr häufig aus dem Bezirk Suhl berichtete und offenbar in höherer SED-Funktion war.

502 Es werden nur in drei Berichten Gespräche mit Baum erwähnt. Bericht Quelle B 1228, 5. 11. 56, 22. 1. 57, 29. 5. 57. AdsD, SPD-PV-Ostbüro, 330 I und 330 II, unpaginiert.

büros noch nach der Niederlage der Gruppe um Schirdewan und Wollweber im Februar 1958 ob der Schwäche der SED-Führung durchaus zuversichtlich klangen, wird auch mit durch diesen Aspekt gefördert worden sein.

Heinz Brandt wählte nach 13 Jahren in der SED den Weg in den Westen. Wenn auch die Umstände ihn dazu zwangen, war dieser Weg politisch kein tiefer Einschnitt. Da Brandt sich schon seit Längerem in Opposition zur SED-Politik befand, konnte er schnell Anschlüsse an die Politik von Linkssozialisten in den Gewerkschaften und der SPD finden und dementsprechend seine eigenen Politikvorstellungen weiterverfolgen. Auch gegenüber der westlichen Politik der Stärke empfand Brandt sich im Widerspruch und offener Ablehnung. Voller Illusionen über die Möglichkeiten seines Einflusses war die Flucht vor allem ein Wechsel des Ortes, nicht des politischen Standpunktes. Als Teil der alten Arbeiterbewegung, aber auch der westlichen Anti-Kriegs-Bewegung dachte Brandt wie selbstverständlich gesamtdeutsch. Auch wenn er für die »Anerkennung der Realitäten« sprach, erhoffte er sich über die Anerkennung der DDR doch vor allem die Möglichkeit zur Annäherung beider deutscher Staaten. In aller gebotenen Vorsicht lässt sich sagen, dass Brandt das später von der SPD vertretene Konzept des »Wandels durch Annäherung« bereits in einer Vorform vertrat.

Gescheitert war jedoch die alte Versöhnler-Strategie, eine Änderung der kommunistischen Politik als Funktionär mitgestalten zu können. Dazu hatten seine Absetzung als Sekretär der Bezirksleitung und die Ausgrenzung durch die beiden Parteiverfahren beigetragen. Das erste Parteiverfahren hatte Brandt durch eigenes Verhalten mit verursacht, deutlicher tritt im zweiten Parteiverfahren zu Tage, dass der politische Druck selbst ein vorsichtiges Agieren innerhalb der Partei unmöglich machte. Von daher wusste Brandt, dass seine Tage in der DDR gezählt waren, wenn es nicht zu einem politischen Richtungswechsel kommen sollte. Einer Verhaftung wollte Brandt sich in jedem Falle entziehen, da er in einem Prozess keine politischen Vorteile erkannte:

> »Wem wäre mit meiner Verhaftung gedient gewesen? Meinen Freunden nicht, aber auch meiner politischen Aufgabe nicht, denn der Harich-Prozeß hat noch einmal bewiesen, daß noch viel weniger als bei der kapitalistischen Klassenjustiz ein totalitärer Stasi-Prozeß die Möglichkeit bietet, die eigene politische Überzeugung öffentlich darzulegen. Es wäre also reine Don-Quichotterie gewesen, sang- und klanglos im Kerker zu verschwinden, desgleichen meine Frau – und meine Kinder im Kinderheim Königsheide in Zwangserziehung zu sehen.«[503]

503 Heinz Brandt an Martin und Liselotte, Oktober 1958 (Abschrift). LAB, C Rep 900-IV-2/4-1421, unpaginiert.

# IV Der Weg von Ost nach West: Flucht, Oppositionsarbeit und Redakteur bei der IG Metall 1958–1961

Die Flucht nach Westberlin war für Heinz Brandt kein politischer Neuanfang, aber in sozialer Hinsicht, vor allem auch für die Familie, eine erhebliche Umstellung. Nach einem halben Jahr ungesicherter Verhältnisse in Westberlin fand Heinz Brandt, erneut durch die Unterstützung Siggi Neumanns, eine Arbeit bei der IG Metall in Frankfurt am Main. Die Mainmetropole wurde schließlich zum neuen Lebensmittelpunkt der Familie. Heinz Brandt setzte in Westberlin seine Zusammenarbeit mit dem Ostbüro der SPD fort und versuchte, oppositionell in die DDR zu wirken. Dies geschah vor dem Hintergrund einer neuen Gefährdung, da die Stasi Brandt nach der Flucht verfolgte und bereits 1958 eine Entführung plante. Brandt versuchte, letztlich mit wenig Erfolg, in linkssozialistischen Kreisen für eine Politik der Annäherung beider deutscher Staaten zu wirken und internationale Kontakte auszubauen, um so einen »Dritten Weg« zwischen West und Ost zu etablieren. Diese Entwicklung soll im folgenden Kapitel nachgezeichnet werden.

Zuerst musste die Hürde der Anerkennung als politischer Flüchtling überwunden werden. Im Notaufnahmelager Marienfelde in Westberlin wurde das Aufnahmeverfahren durchgeführt, in dem man prüfte, ob die Familie Brandt aus einer Zwangslage heraus die DDR verlassen hatte. Brandt wurde von den bundesdeutschen Behörden nicht mit offenen Armen empfangen: Am 26. September 1958 notierte ein Mitarbeiter des Aufnahmelagers Marienfelde auf einem Vermerk: »[D]er A[ntrag]st.[eller] war an hervorragender Stelle an der Sowjetisierung Ostdeutschlands beteiligt. Aufnahme nach Zwangslage erscheint deshalb nicht angebracht.«[1] Einen Tag später traf ein Brief des Ostbüros der SPD ein, in dem Alfred Weber und Eberhard Zachmann Brandt als einen »der aktivsten Widerstandskämpfer gegen den politischen Kurs der SED-Leitung« bezeichneten. Da das Ostbüro seine Verhaftung befürchten musste, hätten sie ihm zur Flucht geraten.[2] Am 29. September erteilte der Aufnahmeausschuss nach mündlicher Verhandlung in Anwesenheit Heinz Brandts die Aufenthaltserlaubnis und die Anerkennung als politischer Flüchtling. Das Schreiben des Ostbüros war für die Anerkennung entscheidend wie auch die Vorlage der Artikel aus dem *Gewerkschafter*, da Brandt so seine westlichen Verbindungen belegen konnte.[3]

1 Bundesverwaltungsamt Gießen, NG 40 Brandt, Heinz Bl. 5.
2 Ostbüro der SPD an die Leitung des Notaufnahmeverfahrens Berlin-Marienfelde, 27.9.1958. Ebd., Bl. 8.
3 Ebd. Bl. 10.

In Westberlin versuchte Brandt, seine oppositionelle Tätigkeit gegen die SED fortzusetzen. Dafür nutzte er seine Kontakte zum Ostbüro, für das er verschiedene anonyme Schriften für die SED-Opposition gegen Honorar verfasste.[4] Eine weitere Form der Intervention waren Briefe, die Brandt aus Westberlin an Freunde und Bekannte in der DDR verschickte. Vermutlich zehn Briefe versandte Brandt zwischen Oktober 1958 und Februar 1959.[5] Die Aktivitäten wurden von der Stasi und der BPKK aufmerksam verfolgt. Brandt muss damit gerechnet haben, dass die Briefe an die Partei- und Staatsorgane gelangen. Er hatte jetzt jedoch die Möglichkeit, seine Vorstellungen vom Sozialismus und die Kritik an der SED-Führung offen zu beschreiben. Den ersten Brief versandte Brandt im Oktober 1958 noch mit namentlicher Adressierung an einige Bekannte.[6] Schon den zweiten Brief versandte Brandt nicht mehr mit einer persönlichen Anrede, sondern in Form von vervielfältigten Serienbriefen an Bekannte aus der Partei und der Arbeit, Intellektuelle und persönliche Bekannte. Die Stasi konnte für den sechsten Brief 150 Empfänger feststellen.[7] Die meisten Briefe wurden von den Empfängern vermutlich bei Parteiorganen oder der Stasi selbst abgegeben. Dabei wird nicht allein die Ablehnung der von Brandt dargelegten Ansichten eine Rolle gespielt haben. Stefan Heym, den Brandt aus mehreren Gesprächen über den 17. Juni kannte[8], gab die Briefe bei der Volkspolizei mit dem Hinweis ab, es handele sich vermutlich um eine Provokation.[9] In diesem Dilemma befand sich die Mehrzahl der Empfänger der Briefe. Auch die Briefe an Havemann oder Karl Raddatz wurden von der Stasi erfasst, wobei unklar bleibt, ob diese abgegeben oder abgefangen wurden. Auch bekanntere SED-Funktionäre wie Franz Dahlem oder Hans Jendretzky erhielten Briefe, deren Abgabe angeraten war, wollten sie sich nicht belasten. Am 14. Oktober 1958 erschien im *ND* ein Artikel über Brandt, in dem er als »Verräter an der Partei« bezeichnet und die Versendung der Briefe öffentlich bekannt gegeben wurde.[10] Spätestens ab diesem Zeitpunkt musste jeder Empfänger damit rechnen, dass eine Annahme registriert werden würde.

---

4 Diese Information verdanke ich Wolfgang Buschfort, der sie von einem ehemaligen Mitarbeiter des Ostbüros erhielt. Email von Wolfgang Buschfort an den Verfasser, 3.5.2002.

5 Bis auf die Briefe Nr. 7 und 8 sind die Briefe in den Unterlagen der BPKK und der Stasi erhalten.

6 So an Arno Hausmann und die nicht identifizierten Empfänger »Martin und Liselotte«. Vgl. BStU, ZA, AOP 4617/63 Band 2, Bl. 22 f.; LAB, C Rep 900 IV/2/4/1421, unpaginiert.

7 BPKK Berlin an ZPKK, 22.10.1958. LAB, C Rep 900 IV/2/4/1421, unpaginiert; BStU, ZA, AOP 4617/63, Band 2, Bl. 127-137.

8 Brandt, Traum, 272-278; HA V/1, Aktennotiz, 17.10.1958 (Major Kienberg). BStU, ZA, AOP 4617/63, Band 2, Bl. 24-27.

9 Stefan Heym an Karl Heine, 9.10.1958. BStU, ZA, AOP 4617/63, Band 2, Bl. 19. Heine war der Mann der Sekretärin Heyms; er arbeitete bei der Stasi, wurde Heym jedoch – nach eigener Darstellung – als Volkspolizist vorgestellt. Heym führte später ein Gespräch mit einem Stasi-Offizier, was ihm 1994 als Stasi-Zuarbeit vorgeworfen wurde. Heym betonte den Selbstschutz-Charakter der Handlungen. Vgl. Heyms vermeintliche Stasi-Mitarbeit nicht belegbar, FR, 12.11.1994. Versiert im Umgang mit der Macht, taz, 12.11.1994.

Trotz dieser geringen Erfolgsaussichten schrieb Brandt die Briefe mit einer spürbaren Begeisterung. Sie lesen sich als der erste Versuch einer Generalabrechnung des langjährigen Kommunisten mit der SED. Weitgehend in marxistischen Horizonten operierend, handelte es sich bei den Briefen um binnenkommunistische Auseinandersetzungen. Dies war auch notwendig, um bei kritischen SED-Funktionären überhaupt Wirkung zu erzielen. Die SED denunzierte ihn daher im *ND* als »unversöhnliche(n) Feind der Arbeiterklasse und Agent der Bourgeoisie«.[11] Mit dieser Exklusion, die nicht auf Argumente Brandts einging, sondern sich mit der pauschalen Denunziation des »Verräters« begnügte, war jeder Satz, der von Brandt geschrieben wurde, bereits als feindlich markiert:

> »Voller Abscheu wendet sich die Partei von diesen Verrätern. Sie haben den Sozialismus und den Kampf um den Frieden verraten. Diese Elemente werden dort landen, wo alle Verräter gegenüber der Partei und der Arbeiterklasse bisher gelandet sind, auf dem Kehrichthaufen der Geschichte.«[12]

Brandt reagierte gelassen auf die öffentlichen Verleumdungen:

> »Man sollte diese Schmutzwerferei niedriger hängen, damit ein jeder sich selbst davon überzeugen kann, mit welchen Methoden Mielke und Ulbricht in Ermangelung von Argumenten, von Ideen, arbeiten. Ich werde in meinem nächsten Brief politisch, sachlich darauf eingehen, w e r ›Verräter‹ an der Partei und dem Sozialismus ist.«[13]

In seinem ersten Brief hatte Brandt dargelegt, dass er in der DDR solange wie irgend möglich wirken wollte, da ein »Dritter Weg« überall Fürsprecher bräuchte:

> »Ich bin aber der Meinung, daß die internationale Bewegung für den menschlichen Sozialismus, für einen d r i t t e n Weg, weil sie die Bewegung der Zukunft ist, ü b e r a l l existiert und überall Mitstreiter erfordert. Das bedeutet, daß – wo auch immer meine Familie und ich ihren Aufenthalt nehmen werden – wir dort

---

10 Verräter an der Partei. ND (B), 14.10.1958. Dieser Artikel wird vermutlich im Bezirkssekretariat verfasst worden sein. Bereits am 10.10.1958 wurden die Briefverschickung im Bezirkssekretariat Berlin erörtert und die Kreisleitungen in Berlin informiert. Oberst Wichert, Leiter der MfS-Verwaltung Berlin an Erich Mielke, Minister für Staatssicherheit, 10.10.1958. BStU, ZA, AOP 4617/63, Band 2, Bl. 20.

11 Verräter an der Partei. ND (B), 14.10.1958.

12 Ebd.

13 Heinz Brandt, Brief Nr. 2, Oktober 1958. LAB, C Rep 900 IV/2/4/1421, Bl. 42-45, 42.

> stehen werden, wo man sein muß, wenn man die Lehren aus Faschismus und Stalinismus ernsthaft gezogen hat.«[14]

Die internationale Bewegung, von der Brandt schrieb, blieb jedoch äußerst unpräzise. Seine wesentliche Kritik an der SED-Führung zielte auf die fehlende Legitimität und die undemokratischen Strukturen in der DDR. Die anstehenden Volkskammerwahlen in der DDR waren angesichts des bereits vorher feststehenden Ergebnisses für Brandt Ausdruck des mangelnden Vertrauens in die Bevölkerung. Freie Wahlen gehören nach Brandt zu den »wertvollsten Elemente(n) der bürgerlichen Formaldemokratie« und seien daher im Sozialismus, der ja aus der bürgerlichen Demokratie erwachse, unabdingbar. Hierbei berief Brandt sich auf Rosa Luxemburgs Kritik an undemokratischen Mitteln der Bolschewisten 1917.[15] Dies Vorgehen sei nicht allein Ausdruck der Angst der SED-Führung, es nütze auch den rechten Kreisen in der Bundesrepublik. Hier meinte Brandt eine prinzipielle Wesensverwandtschaft auszumachen: »Die Reaktionäre von der stalinistischen Fakultät spielen das Spiel der Reaktionäre von der faschistischen oder ultra-montanen Fakultät. Seit jeher haben die Reaktionäre und Scharfmacher aller Länder einander in die Hände gespielt.«[16] Brandt operierte in einer für ihn kennzeichnenden Denkfigur: Reaktionär oder konservativ war nicht primär eine Frage des politischen Bekenntnisses.

Ulbricht sei im Wesentlichen als der »deutsche Berija« für den Terror gegen Kommunisten in der Sowjetunion verantwortlich, er regiere als Ein-Mann-Diktatur:

> »Alle Entscheidungen gehen vom Pol-Büro, genauer gesagt von Walter Ulbricht aus; ist Walter Ulbricht auf Urlaub, steht die Politik still, weil selbst kein Pol-Büro-Mitglied in seiner Abwesenheit eine Entscheidung wagt. […] Rosa Luxemburg und Karl Liebknecht stehen an der Wiege der Partei, an ihrer Bahre steht Walter Ulbricht.«[17]

Brandts Briefe zeugen von einem ethisch geprägten Marxismus, wie es für die Marxismusrezeption in sozialistischen Kreisen Westdeutschlands kennzeichnend war: »[V]on anhaltender Faszination erwies sich Marx' realer Humanismus als ein Dechiffriermuster des abendländischen, aufklärerischen Emanzipationsgedankens […]«[18] Brandt ging

---

14 Heinz Brandt, Brief Nr. 1, Oktober 1958. LAB, C Rep 900 IV/2/4/1421, Bl. 23-25, 24.

15 Heinz Brandt, Brief Nr. 5, Anfang November 1958. LAB, C Rep 900 IV/2/4/1421, Bl. 50r-53, 51rf. Dort auch die Zitate. Vgl. Rosa Luxemburg, Zur russischen Revolution, Gesammelte Werke, Band 4, August 1914 bis Januar 1919, Berlin 1974, 332-365; der von Brandt im Brief zitierte Abschnitt befindet sich auf ebd., 363.

16 Heinz Brandt, Brief Nr. 2, Oktober 1958. LAB, C Rep 900 IV/2/4/1421, Bl. 42-45, 44.

17 Heinz Brandt, Brief Nr. 3, November 1958. LAB, C Rep 900 IV/2/4/1421, Bl. 28-32, Bl. 31.

18 Helga Grebing: Der Sozialismus. In: Schildt/Sywottek, 646-658, 650. Vgl. zur Bedeutung der Frühschriften Marx' für die Linkssozialisten: Kreter, Sozialisten, 181.

es darum, die undemokratische und unterdrückerische Herrschaftspraxis der SED anzuprangern und die Führung um Ulbricht als Verräter zu markieren. Sie seien es, die den Sozialismus diskreditieren würden. »So erhalten selbst solche an sich fortschrittliche Maßnahmen wie die Bodenreform von vornherein ein negatives Vorzeichen«, hielt Brandt fest.[19] Brandt erwähnte des Öfteren den im Februar 1958 aus dem ZK ausgeschlossenen Karl Schirdewan, um ihn als potenziellen Ulbricht-Nachfolger ins Gespräch zu bringen. Die Aussichten einer SED-Opposition waren jedoch nach dem Sieg Ulbrichts über innerparteiliche Kritiker düster.

Gerade die Enttäuschung über die unzulängliche Entstalinisierung ist den Briefen Brandts anzumerken. Die von der SED-Führung ausgegebene Parole von 1956, keine »Fehlerdiskussion« zu führen, war für Brandt eine Parallele zur Aufarbeitung der nationalsozialistischen Vergangenheit in Deutschland, in der die Geschichte ebenfalls verdrängt wurde. »Aber kann man die Gegenwart gestalten und die Zukunft gewinnen, ohne die bitteren Lehren aus der Vergangenzeit zu ziehen?«, fragte er programmatisch.[20] Hierin zeigt sich einer der wesentlichen Bruchpunkte für Brandt zur SED: die Verweigerung einer offenen Diskussion über die Verbrechen im Stalinismus. Brandt wollte eine Katharsis der sozialistischen Bewegung. Der Terror der Stalinzeit war für ihn kein einfacher Fehler, sondern ein brennendes Menetekel in der kommunistischen Bewegung.[21]

Auch wenn Brandt in den Briefen seine eigenen Vorstellungen darlegte, ist die politische Nähe zum Ostbüro doch unübersehbar. Angesichts des großen Aufwands, der finanziellen Unkosten der Verschickung und der bisherigen Zusammenarbeit mit dem Ostbüro ist es nahe liegend davon auszugehen, dass Brandt die Briefe zumindest in Absprache mit dem Ostbüro versandte.[22] Bei dem Abziehen der Briefe halfen ihm seine Kinder.[23] Für das Ostbüro war es eine gute Gelegenheit, mit dem in Berliner SED-Kreisen bekannten Heinz Brandt eine wenn auch verdeckte SED-Opposition zu beeinflussen und für einen »dritten Weg« zu werben, um so die SED-Herrschaft zu destabilisieren. Dass dies Vorgehen angesichts der Selbstkontrolle der meisten Empfänger schnell auch der Partei und den Überwachungsorganen bekannt werden würde, war zu erwarten. Aber selbst bei öffentlicher Verleumdung konnten die Briefe

19 Heinz Brandt, Brief Nr. 3, November 1958. LAB, C Rep 900 IV 2/4/1421, Bl. 28-32, 30.

20 Heinz Brandt, Brief Nr. 3, November 1958. LAB, C Rep 900 IV/2/4/1421, Bl. 28-32, 28.

21 Vgl. auch Warum wurde dieses Buch in der Sowjetzone verboten? In: Der Gewerkschafter 6 (1958), Nr. 5, 19 f. Darin schrieb Brandt über ein in der ČSR zuerst erschienenes Buch über Auschwitz Ota Kraus/Erich Kulka: Die Todesfabrik, Berlin (DDR) 1957, dessen deutsche Ausgabe von der SED eingezogen wurde. Der Grund war nach Brandt das Vorwort Hermann Langbeins, eines österreichischen Kommunisten, der einen Appell gegen noch bestehende Konzentrationslager aussprach. Diesen Aufruf zur Humanität hätte die SED-Führung nicht ertragen können.

22 Für eine Unterstützung durch das Ostbüro spricht auch, dass Brandt gegenüber der Stasi seine Tätigkeit für das Ostbüro bis März 1959 datierte. Vgl. Heinz Brandt: Erklärung an die Generalstaatsanwaltschaft der DDR, 19.1.1964. BStU, ZA, HA XX 1655, Bl. 68-74, Bl. 71 f.

23 Information von Stefan Brandt, 12.4.2003.

dazu beitragen, eine angebliche SED-Opposition bekannter zu machen. Brandt versuchte auch zu SED-Mitgliedern Kontakt aufzunehmen. Dieser Aspekt der Briefkampagne wurde jedoch fast vollständig von der Stasi überwacht und kontrolliert. Sie versuchte bereits von einem frühen Zeitpunkt an, Kontaktpersonen an Heinz Brandt heranzubringen und so eine Entführung vorzubereiten.

Wie im letzten Kapitel bereits erwähnt, führte die Stasi seit 1957 Ermittlungen gegen Brandt. Zuständig für die Bearbeitung war die Hauptabteilung (HA) V, die unter anderem die Opposition in der SED bearbeitete, aber auch das Ostbüro der SPD. Von ihr war im Juli 1958 der Vorschlag gekommen, Brandt zu verhaften.[24] Die Stasi konzentrierte sich nach der Flucht darauf, den Aufenthaltsort der Familie Brandt herauszufinden. Dafür sollten »Gesellschaftliche Mitarbeiter« (GM) und »Gesellschaftliche Informatoren« (GI) eingesetzt werden, zumeist Westberliner SED-Mitglieder. Ebenfalls sollten aus dem Kreis der Angeschriebenen einige ausgesucht werden, um mit Brandt Kontakt aufzunehmen.[25] Schließlich konnte die Stasi den Wohnort der Familie Brandt über die beiden Söhne ausfindig machen. Die Kontaktperson »Ulla«, vermutlich ein SED-Mitglied aus Westberlin, hatte in der Nähe einer Schule bereits die beiden Söhne erkannt, als sie Anfang Dezember 1958 bei einem Besuch einer mit der SED sympathisierenden Familie erfuhr, dass Jürgen Brandt mit ihrer Tochter in ihrer Klasse sei. So konnte »Ulla« auch die Wohnanschrift herausfinden.[26] Die Bemühungen der Stasi, Brandts Aufenthaltsort herauszufinden und die verschiedenen Skizzen vom Postamt in Wilmersdorf, von der Wohnung und der beobachteten Schule legen die Vermutung nahe, dass seit der Flucht eine Entführung im Horizont der Stasi war.[27] Zum eigentlichen »Operativvorgang« wurde die Beobachtung Brandts erst im Januar 1959, bis dahin galt die Verfolgung noch als Überprüfungsvorgang.[28] Aus der Vielzahl der Briefempfänger wurden zwei Personen ausgewählt, um deren Einsatz sich die Stasi erfolgreich bemühte: Arno Hausmann und Martin Böttcher.

---

24 HA IX/2, Betr.: Vorschlag der Hauptabteilung V/1 zur Festnahme des Brandt, Heinz, (Unterzeichner Beer), 10.7.1958. BStU, ZA, AOP 4617/63, Band 1, Bl. 53 f.

25 Vgl. zu diesem Vorgehen: HA V/2, Maßnahmenplan zur weiteren Bearbeitung des republikflüchtigen Verräters Brandt, Heinz, 13.11.1958. BStU, ZA, AOP 4617/63, Band 2, Bl. 29.

26 Bericht, (Unterzeichnerin Ulla), 4.12.1958. BStU, ZA, AOP 4617/63, Band 2, Bl. 99 sowie Bl. 92-98. Die neue Wohnung Brandts lag in der Goethestraße 35 in Zehlendorf. Dort war die Familie Brandt bereits Ende Oktober 1958 mit der Hilfe von Westbekannten, vermutlich aus dem Ostbüro der SPD, in eine Zweizimmerdachgeschosswohnung eingezogen. Information von Stefan Brandt, 12.4.2003.

27 BStU, ZA, AOP 4617/63, Band 2, Bl. 57 f.; Bl. 98, Bl. 108 f.

28 HA V/2, Beschluß für das Umregistrieren eines Überprüfungs-Vorganges, 7.1.1959. BStU, ZA, AOP 4617/63, Band 3, Bl. 22-25. Als Deckbezeichnung wurde der Begriff »Rüssel« gewählt, mit dem auf die Nasengröße Brandts angespielt werden sollte. Die Verbindung von äußerer Erscheinung und angeblichen Charaktereigenschaften taucht in den Stasi-Unterlagen häufiger auf. Vgl. BStU, ZA, AOP 4617/63, Band 3, Bl. 29.

Arno Hausmann, der als Schriftsteller in Potsdam lebte, hatte 1951/52 als GM für die Stasi gearbeitet und gehörte zu den Empfängern des ersten Briefes. Er kannte Brandt noch aus der Zeit vor 1933. Die Abteilung V der Stasi in Potsdam schlug daher der HA V in Berlin vor, Hausmann auf Brandt anzusetzen.[29] Die Zusammenarbeit mit Hausmann gestaltete sich für die Stasi jedoch schwierig. Hausmann bestand darauf, nur mit einem bestimmten Stasi-Offizier aus Potsdam zusammenzuarbeiten. Als dieser Ende Oktober erkrankte, brach für zwei Monate der Kontakt zu Hausmann ab. Hausmann war jedoch aus eigener Initiative fünfmal mit Brandt sowie der zeitweilig in Berlin anwesenden Hertha Platschek zusammengetroffen und hatte Diskussionen über die Kritik Brandts an der SED-Politik geführt. Die Stasi beauftragte ihn zuerst nur, das Vertrauensverhältnis zu festigen.[30] Hausmann traf sich im Januar 1959 mehrmals mit Brandt in Westberlin. Er arbeitete »freudig« mit der Stasi zusammen, bat aber darum, »dass man ihn rechtzeitig vor dem Endstadium aus der Bearbeitung herauslöst«.[31] Die Potsdamer Stasiabteilung wollte diesem Wunsch entsprechen, der belegt, dass Hausmann wusste, seine Bespitzelung Brandts hatte die Entführung zum Ziel. Dies dürfte auch für die Informanten der Stasi gelten, die die Wohnung, in der Brandt sich mit Personen aus der DDR traf, und die entsprechenden Lokale beobachteten und umfangreiche Skizzen darüber anfertigten.[32]

Noch umfangreicher als Hausmann konnte Martin Böttcher von der Stasi ausgenutzt werden. Böttcher, den Brandt aus der Zeit kannte, als er in der Bezirksleitung und Böttcher beim *ND* arbeitete, war später bei der *Wochenpost*, wo er eine Parteistrafe erhalten hatte.[33] Er schied aufgrund politischer Differenzen aus der Redaktion aus[34], anschließend arbeitete er als freischaffender Publizist. Die Stasi sah in ihm einen geeigneten Kandidaten, um eine Verbindung zu Brandt aufzubauen. Böttcher wurde

29 MfS Bezirksverwaltung Potsdam, Abteilung V, an MfS HA V Berlin, 16.10.1958. BStU, ZA, AOP 4617/63, Band 2, Bl. 21.

30 Aussprache mit dem ehemaligen GI »Hilde« [d. i. Arno Hausmann] über Brandt, Heinz. Abteilung V/2, MfS Potsdam (Unterzeichner Göttlich), 8.1.1959. BStU, ZA, AOP 4617/63, Band 3, Bl. 42-46.

31 Bericht über den Treff mit dem ehemaligen GI »Hilde«, HA V/2 Potsdam, 17.1.1959. BStU, ZA, AOP 4617/63, Band 3, Bl. 83-86, 85.

32 Vor allem Band 3 der Stasi-Akte enthält eine Vielzahl von Berichten und Skizzen. Vgl. BStU, ZA, AOP 4617/63, Band 3. Der GI Alfred stellte in seinen Beobachtungsberichten Vermutungen an und schrieb, nachdem Brandt zwei Kartons in einem Bus vergessen hatte: »Meine Ansicht ist, wenn man nicht in den nächsten Tagen zugreift, ist der Vogel ausgeflogen.« Bericht GI Alfred, 4.2.1959. BStU, ZA, AOP 4617/63, Band 3, Bl. 189-191, Bl. 190.

33 Schreiben Martin Böttchers an die WPO Glienicke/Nordbahn, 28.11.1958. BStU, ZA, AOP 4617/63, Band 2, Bl. 155. Mit dem Schreiben übersandte Böttcher einen Brief Brandts. Böttcher war Ende 1956 mit dafür verantwortlich, dass eine Rede des polnischen Staatschefs Gomulka in der *Wochenpost* veröffentlicht wurde, was vermutlich zu der Parteistrafe geführt hatte. Vgl. Jänicke, Dritte Weg, 144.

34 HA V/2, Auszug aus dem Bericht der Verwaltung Groß Berlin Abtlg. V/1 v. 15.12.1958, 19.12.1958. BStU, ZA, AOP 4617/63, Band 2, Bl. 161.

am 20. Dezember 1958 von dem ermittlungsführenden Unterleutnant Kimm aufgesucht und aufgefordert, mit Brandt in Kontakt zu treten.[35] Brandt hatte, in gesonderten Briefen, die Telefonnummer des Westberliner Malers Horst Strempel angegeben, der bereits Ende 1956 als seine Westberliner Deckadresse fungierte.[36] Die eigentliche Treffwohnung für Brandt – der gegenüber allen Kontaktpersonen aus dem Osten nie seine eigene Wohnanschrift angab – war in Charlottenburg bei einer Cousine Hertha Platscheks, Käte Rosenberg, die 1956 aus der Emigration in Südamerika zurückgekehrt war. Diese Wohnung in der Mommsenstraße in Charlottenburg wurde von der Stasi observiert. Brandt ging jedoch zu den Treffen meist in umliegende Lokale, um politische Diskussionen zu führen.[37] Die Spitzel ebenso wie die Stasi selbst mussten feststellen, dass Brandt für seine Gesprächspartner keine Spionageaufträge hatte, sondern vor allem an Diskussionen und Einschätzungen interessiert war. Brandt suchte Kontakte zu oppositionellen SED-Mitgliedern und forderte auch dazu auf, Artikel über die Situation in der DDR zu verfassen, worauf er jedoch nicht beharrte.[38]

Martin Böttcher hatte sich zwar schnell zur Kontaktaufnahme mit Brandt bereit erklärt, war aber anfangs ängstlich, sich auf ein Doppelspiel einzulassen.[39] Schließlich wurde Böttcher nach Drängen der Stasi zur Hauptquelle für die Verbindungen zu Brandt und hat sich, nachdem Brandt aus Berlin verzogen war, weiter mit Siegfried Weigel getroffen, ebenfalls ein aus der DDR geflohener, ehemaliger SED-Funktionär, der in Verbindung zum Ostbüro der SPD stand.[40] Den Kontakt zu Weigel hatte Brandt hergestellt. Nach der Verhaftung Brandts wurde Böttcher auf einer Pressekonferenz in Ostberlin als Doppelagent öffentlich präsentiert und gehörte zu den Hauptbelastungszeugen im Prozess gegen Brandt.[41]

Es gelang der Stasi zwar, über Böttcher und Hausmann noch weitere Spitzel an Brandt heranzubringen. Darunter war eine Frau, die mit Brandt ein »intimes Verhältnis« eingehen sollte, um so mit einer »aktiven Maßnahme« die Verfolgung zu beenden.[42] Dass es zu dieser Entführung 1959 nicht mehr kam, hing vermutlich mit dem

35 Aussprache mit Martin Böttcher, HA V/2, 20.12.1958. BStU, ZA, AOP 4617/63, Band 2, Bl. 163.

36 Strempel, der 1953 aus der DDR geflüchtet war, war ein Freund von Siggi Neumann. Dieser hatte Brandt geraten, Strempel als Kontaktadresse zu nutzen. Vgl. Siggi Neumann an Werner Platschek, 31.1.1957. AdsD NL Siggi Neumann, Box 7, unpaginiert.

37 Vgl. Bericht über den Treff mit »Robert« [d. i. Martin Böttcher] am 31.12.1958, HA V/2, 31.12.1958. BStU, ZA, AOP 4617/63, Band 2, Bl. 199-202.

38 Vgl. Bericht über den Treff mit »Robert« [d. i. Martin Böttcher] am 24.12.1958, HA V/2, 24.12.1958. BStU, ZA, AOP 4617/63, Band 2, Bl. 178 f.; Abschrift: 12.2.59 (Bericht Martin Böttcher), Ebd. Band 3, Bl. 226 f.

39 Vgl. Bericht über den Treff mit »Robert« [d. i. Martin Böttcher] am 24.12.1958, HA V/2, 24.12.1958. Ebd., Band 2, Bl. 178 f.

40 Buschfort, Parteien, 14 f., 178. Weigel, ehemaliger Mitarbeiter der Abteilung Kultur beim ZK der SED, war 1953 nach Westberlin geflüchtet. Für das Ostbüro der SPD verfasste er Schriften für die SED-Opposition.

41 Vgl. »Agent« des SPD-Ostbüros packt aus. ND (B), 30.9.1961.

Umzug Brandts nach Frankfurt am Main Ende März 1959 zusammen. Die Treffen wurden seltener und die Spitzel unternahmen keine Versuche, Brandt an andere Orte zu locken. Da Brandt von der Gefahr einer Entführung wusste, hätte er sich vermutlich auch nicht darauf eingelassen.[43] Auch nachdem Brandt in Frankfurt am Main arbeitete, traf er sich noch wenige Male mit Böttcher und Hausmann, an diesen Treffen nahmen auch zwei weitere Stasi-Spitzel teil. Danach übernahm Siegfried Weigel ganz die Kontakte.[44]

Mehr noch als mit Hausmann führte Brandt mit Martin Böttcher intensive politische Diskussionen. Aus den in den Stasi-Unterlagen wiedergegebenen Gesprächen lassen sich – wenn auch undeutlich und durch mehrere Hände gefiltert – Brandts politische Vorstellungen Anfang 1959 herauspräparieren. Es ist erkennbar, dass Brandt mit einer hohen Motivation in Westberlin arbeitete. Brandt warb für eine oppositionelle Plattform innerhalb der SED. Dabei äußerte Brandt gegenüber seinen Gesprächspartnern, dass er weiter gehende Ziele verfolge und an einer internationalen sozialistischen Zeitschrift mitarbeiten wollte. Diese Überlegungen gingen auf einen Kontakt zu Erich Fromm zurück, mit dem Brandt nach seiner Flucht wieder in Verbindung getreten war und der ihn vermutlich finanziell unterstützte.[45] Brandt plante Anfang 1959 Reisen nach Frankreich, Schweden und Mexiko, um über dortige Bekannte politische Sondierungsgespräche zu führen.[46] Die internationale Ausrichtung zeigte, dass Brandt in großen Horizonten operierte. Erich Fromm plante eine internationale sozialistische Zeitschrift und der Besuch Brandts sollte der konzeptionellen Vorbesprechung dienen.[47] Es liegt nahe, die politischen Konzeptionen Brandts mit Erich Fromms Wirken zu verbinden, da so Aufschlüsse über das politische Denken von Brandt zu gewinnen sind.

Die Kontakte zwischen Brandt und Fromm fallen in eine Zeit, in der sich Erich Fromm politisch in der amerikanischen Friedensbewegung und 1958 auch kurzzeitig in der Socialist Party – Social Democratic Federation (SP-SDF) der USA engagierte

42 HA V/2 Operativ-Plan Op.Vg. 3/59 »Rüssel«, 9.2.1959. BStU, ZA, AOP 4617/63, Band 3, Bl. 208-210, Zitate 209 f.

43 Annelie Brandt schrieb an ihren Mann im März 1959 aus Berlin nach Schweden, wo Brandt sich kurzzeitig bei Platscheks aufhielt, dass bei Käte Rosenberg ein anonymer Brief eingegangen sei, in dem Heinz Brandt aufgefordert wurde, Westberlin zu verlassen. Käte Rosenberg war darüber sehr aufgelöst und Annelie Brandt resümierte: »Nun, da ist zunächst nichts weiter zu tun als noch vorsichtiger zu sein.« Brieffragment Annelie Brandt an Heinz Brandt, März 1959, NLB.

44 HA V/2 Sachstandsbericht zum Op.-Vorgang 3/59 »Rüssel«, 2.12.1959. BStU, ZA, AOP 4617/63, Band 4, Bl. 92-100, 93.

45 In einem von der Stasi abgefangenen Schreiben an die Schwiegereltern kurz nach der Flucht berichtete Brandt, dass Fromm ihn unterstütze. Vgl. Abschrift, 23.9.1958. BStU, ZA, AOP 4617/63, Band 1, Bl. 78. Vgl. auch: HA V/2 Bericht über den Treff mit »Robert« [d. i. Martin Böttcher] am 31.12.1958. BStU, ZA, AOP 4617/63, Band 2, Bl. 199-202, 201; Bericht (über Treffen mit Arno Hausmann), Oberleutnant Göttlich, Potsdam 17.1.1959. Ebd. Band 3, Bl. 101-109, 108.

46 Abschrift: 4. 2. 59, (Bericht von Martin Böttcher). BStU, ZA, AOP 4617/63, Band 3, Bl. 221 f.

47 Abschrift: 15.1.1959, (Bericht Martin Böttcher). BStU, ZA, AOP 4617/63, Bl. 87-91, 90.

und internationale Kontakte ausbaute, um gegen die Atomrüstung arbeiten zu können.[48] Fromm stritt für einen »humanistischen Sozialismus« als Alternative zum Kapitalismus und zum sowjetischen Sozialismus. Dabei waren für Fromm die beiden Gesellschaftsformationen im Kern gleich, da es sich um bürokratisch verwaltete Gesellschaften handle, in denen die Entfremdung der Menschen durch materielles Gewinnstreben verstärkt wird:

> »Was ist mit dem Sozialismus geschehen? Er ist dem Geist des Kapitalismus zum Opfer gefallen, an dessen Stelle er treten wollte. Anstatt in ihm eine Bewegung zur Befreiung des Menschen zu sehen, haben viele seiner Anhänger und auch viele seiner Feinde ihn so verstanden, als ob er ausschließlich eine Bewegung zur Verbesserung der *wirtschaftlichen* Lage der Arbeiterklasse sei. Darüber wurden die humanistischen Ziele des Sozialismus vergessen [...] während man genau wie innerhalb des Kapitalismus das ganze Gewicht auf die Ziele des wirtschaftlichen Gewinns legte.«[49]

Die mit dieser Forderung verbundene moralische Position war Brandt sympathisch. Seine Überlegungen zum Jahreswechsel 1958/59 verweisen darauf, dass Brandt große Hoffnungen auf die Bewegungen setzte, die für Abrüstung und Entspannung eintraten. Hierin hoffte er neue Impulse für eine Demokratisierung des Ostens, aber auch des Westens zu gewinnen. Mit seinen Überlegungen bezüglich der zweiten industriellen Revolution, mit der Brandt sich auch im Westen beschäftigte[50], erarbeitete er sich eine Folie, auf der sich die gesellschaftliche Umwälzung gewissermaßen materialistisch aus den sich verändernden Produktionsverhältnissen ergeben würde. Brandt dachte zudem in einer Dichotomie von Untergang oder Befreiung: »Bei dem gegenwärtigen Stand der Technik, d. h. der Entwicklung der Atomwaffen, gibt es für die Menschheit nur zwei Wege: den zum Kommunismus und den der absoluten Vernichtung.«[51] Diese Zukunftsprognose erforderte nach Brandt größte Anstrengungen, einen möglichen Krieg zu verhindern. Die »Arbeiterklasse« müsse sich auf einen »Atompazifismus« in Ost und West konzentrieren.[52]

---

48 Vgl. Funk, Fromm, 142-147; Alfred Lévy: Traditionen und Perspektiven im Werk von Erich Fromm, Berlin 2000, insb. 89-96; Erich Fromm an Heinz Brandt, 10.12.1960. NLB.

49 Erich Fromm: Den Vorrang hat der Mensch! Ein sozialistisches Manifest und Programm (New York 1960) In: Ders.: Gesamtausgabe, Band V: Politik und Sozialistische Gesellschaftskritik, München 1989, 19-41, 28.

50 Abschrift: Heinz Brandt Auftrag Westberlin [Bericht GI Karl, d. i. Herbert Standke] 22.1.1959. BStU, ZA, AOP 4617/63, Band 3, Bl. 118-121.

51 [Bericht von GI »Michael«, d. i. Hilde Arnold, über Treffen mit Heinz Brandt] o. D. BStU, ZA, AOP 4617/63, Band 3, Bl. 299 f., 300.

52 HA V/2, Durchgeführter Treff mit dem GM »Houben« [d. i. Arno Hausmann] am 28.7.1959, 29.7.1959. BStU, ZA, AOP 4617/63, Band 4, Bl. 61-64, 63.

Angesichts seiner prekären finanziellen Situation in Berlin musste Brandt sich um langfristige Absicherung der Familie bemühen. Von den hochfliegenden Plänen einer internationalen Bewegung und dem oppositionellen Wirken in die DDR hinein ließ sich nicht auf Dauer leben. Daher versuchte Brandt, im Frühjahr 1959 eine Tätigkeit bei der IG Metall zu erhalten. Den Weg zur IG Metall hatte Brandt nach eigenen Angaben bereits frühzeitig ins Auge gefasst.[53] Hierfür sprechen auch die Artikel für *Der Gewerkschafter* und der Kontakt zu Siggi Neumann, der ab 1954 beim Hauptvorstand der IG Metall in Frankfurt am Main angestellt war. Zum 1. April 1959 wurde Brandt vom Vorstand der IG Metall als Redakteur der Mitgliederzeitschrift *Metall* auf eine seit Längerem vakante Stelle eingestellt. Der stellvertretende IG-Metall-Vorsitzende Alois Wöhrle versicherte dem Vorstand, dass die Unterlagen von Brandt sehr genau geprüft worden seien und er den Ansprüchen genügen würde.[54] Die Einstellung war vor den Vorstandssitzungen bereits durchgesprochen worden, wobei es Vorbehalte gegen Brandt gegeben haben soll. Diese begründeten sich in dem Gerücht, Brandt habe mit dem Ostbüro der SPD zusammengearbeitet sowie einer gewissen Skepsis vor einem ehemals höheren SED-Funktionär.[55] Die wesentliche Antriebskraft für die Einstellung war Siggi Neumann, der sich bei dem IG-Metall-Vorsitzenden Otto Brenner sowie dem Chefredakteur der *Metall*, Kuno Brandel, für Brandt verwandte und ein Vorstellungsgespräch ermöglichte.[56] Neumann war in Sorge über Brandts Zukunft:

> »Hoffentlich schnappt ihn [Heinz Brandt] nicht der Ulbricht'sche Apparat und verschleppt ihn nach drüben. Heinz ist mehr als leichtsinnig, und da er regelmäßig in die Zone hineinschreibt, mit seinem vollen Namen an ehemalige Freunde, ist seine Gefährdung besonders groß. Hoffen wir das Beste. Ich bemühe mich jedenfalls sehr, ihn aus Berlin herauszuholen und ihm zu einer Existenz in Westdeutschland zu verhelfen (Redaktion Metall!).«[57]

Die Einstellung war einerseits das Ergebnis des persönlichen Netzwerkes Brandts, aber es bedeutete für ihn auch die politisch akzeptabelste Lösung. Er sprach später von »meiner IG Metall«, zu der er 1964 zurückkehrte.[58] Um diese emphatische Zu-

53 Heinz Brandt: Erklärung an die Generalstaatsanwaltschaft der DDR, 19.1.1964. BStU, ZA, HA XX 1655, Bl. 68-74, Bl. 73.

54 Sitzung des IG Metall-Vorstandes, 10.3.1959. AdsD, IGMA V/104. Der geschäftsführende Vorstand hatte die Einstellung einen Tag vorher ohne Diskussion beschlossen. Sitzung geschäftsführender Vorstand, 9.3.1959. AdsD, IGMA G/246.

55 Benz, Dürrbeck, 22-24.

56 Siggi Neumann an Heinz Brandt, 25.2.1959 und Siggi Neumann an Kuno Brandel, 5.3.1959. AdsD, NL Siggi Neumann, Box 1, unpaginiert. Vgl. auch Benz, Dürrbeck, 24.

57 Siggi Neumann an Gustave Stern, 3.2.1959. AdsD, NL Siggi Neumann, Box 7.

58 Freigelassen, Metall 16 (2.6.1964), Nr. 11, 1.

stimmung einordnen zu können, soll ein kurzer Blick auf die Entwicklung der bundesdeutschen Gewerkschaften geworfen werden. In ihnen sah Brandt, wie viele Linkssozialisten in der Bundesrepublik Ende der 50er-Jahre, ein Wirkungsfeld für sozialistische Politik.[59]

Die Gewerkschaften in der Bundesrepublik – und besonders die IG Metall in ihrer Rolle als »Eisbrecher«[60] in Tarifauseinandersetzungen – blickten Ende der 50er-Jahre auf eine wesentliche politische Umorientierung zurück. Im Grundsatzprogramm des DGB vom Oktober 1949 waren Forderungen nach sozialisierten Schlüsselindustrien, volkswirtschaftlicher Planung und einer weitgehenden Mitbestimmung formuliert worden. Sie orientierten sich an Konzepten der Wirtschaftsdemokratie, wie sie in der Weimarer Republik vom ADGB gefordert wurden und wie sie auch aus Erfahrungen mit dem Nationalsozialismus begründet wurden.[61] Aber von der Realisierungserwartung dieser Forderungen wurde bald Abstand genommen. Mit der Sicherung der Montanmitbestimmung gelang 1951 zwar ein »Abwehrerfolg«.[62] Zur »Niederlage der Gewerkschaften« wurde die Auseinandersetzung um das Betriebsverfassungsgesetz 1952.[63] Der Versuch, die Bedingungen der Montanmitbestimmung auch auf andere Industriebereiche auszuweiten, scheiterte. Der DGB versuchte mit einem Wahlaufruf für die SPD zum September 1953, die parlamentarischen Kräfteverhältnisse für eine wirtschaftsdemokratische Änderung zu erreichen. Die Wahlniederlage der SPD verdeutlichte, dass es keine gesellschaftliche Mehrheit gab, welche die gewerkschaftlichen Forderungen nach einer Gesellschaftsreform trug. Die gewerkschaftliche Strategie-Diskussion bewegte sich stärker in Richtung einer pragmatischen Orientierung. Die Idee der Kaufkraftsteigerung durch Lohnerhöhungen stellte einen wichtigen Aspekt dar[64], aber es war nicht mehr als Kampfinstrument zur Überwindung des Kapita-

59 Zur zeitgenössischen linken Kritik gerade auch an der Rolle der IG Metall als nur scheinradikal vgl. Theo Pirker: Die blinde Macht. Die Gewerkschaftsbewegung in Westdeutschland, Zweiter Teil 1953–1960: Weg und Rolle der Gewerkschaften im neuen Kapitalismus, München 1960. Pirker war Mitarbeiter des 1955 aus dem DGB verdrängten Marxisten Viktor Agartz.

60 Michael Schneider: Kleine Geschichte der Gewerkschaften, Bonn 1989, 286.

61 Hans Otto Hemmer: Stationen gewerkschaftlicher Programmatik. Zu den Grundsatzprogrammen des DGB und ihrer Vorgeschichte. In: Erich Matthias/Klaus Schönhoven (Hrsg.): Solidarität und Menschenwürde. Etappen der deutschen Gewerkschaftsgeschichte von den Anfängen bis zur Gegenwart, Bonn 1984, 349-367, 353-357; Klaus Schönhoven: Die deutschen Gewerkschaften, Frankfurt/Main 1987, 207-209.

62 Ebd., 214-215.

63 Ebd., 197. Vgl. zum Geschehensablauf: 100 Jahre Industriegewerkschaft 1891 bis 1991. Vom Deutschen Metallarbeiter-Verband zur Industriegewerkschaft Metall, hg. vom Vorstand der Industriegewerkschaft Metall, Köln o. J. (1991) (zukünftig: 100 Jahre Industriegewerkschaft), 385-395.

64 Dies Konzept war von dem Leiter des Wirtschaftswissenschaftlichen Institut des DGB, Viktor Agartz, als systemüberwindendes Mittel entwickelt worden. Der Marxist Agartz wurde 1955 entlassen und später wegen Kontakten zur DDR angeklagt. Seine Entlassung gilt als Verdrängung marxistischer Positionen in den Gewerkschaften. Vgl. Pirker, Macht, 150-154; Schönhoven, Gewerkschaften, 220-221.

lismus gedacht, sondern um die materielle Lage der Arbeiter zu verbessern. Ziele eines 1955 verabschiedeten Aktionsprogramms waren Arbeitszeitverkürzung, höhere Löhne und Gehälter, größere soziale Sicherheit, mehr Mitbestimmung und besserer Arbeitsschutz. Das Aktionsprogramm hatte der gewerkschaftlichen Politik einen gewissen neuen Schwung gegeben. Der IG Metall gelangen bald Erfolge bei der Arbeitszeitverkürzung und bei der Lohnfortzahlung im Krankheitsfalle.

Trotz der pragmatischen Orientierung blieben Gewerkschaften und auch die SPD für die meisten Linkssozialisten der Bundesrepublik wesentliche politische Organisierungszentren. Gerade in den Gewerkschaften mit dem formal immer noch geltenden Grundsatzprogramm von 1949 konnten die Hoffnungen auf eine sozialistische Umgestaltung genährt werden. Für Heinz Brandt bot sie am ehesten Anschlüsse für seine politischen Pläne, da auch mit dem Aktionsprogramm eine Gesellschaftsreform verbunden war, die immer noch den Sozialismus als Fernziel fasste.

Die IG Metall war 1959 mit über 1,7 Millionen Mitgliedern die größte Einzelgewerkschaft des DGB und die Zahl der IG-Metallmitglieder stieg kontinuierlich an[65], allerdings sank der reale Organisationsgrad angesichts einer steigenden Beschäftigungsquote.[66] Im Gefüge des DGB hatte die IG Metall angesichts ihrer Größe eine gewichtige Stimme. Aber auch politisch stand die IG Metall häufiger im Konflikt mit der DGB-Führung oder anderen Einzelgewerkschaften. Sie verstand sich als eine politische Gewerkschaft, die sich in ihren Tätigkeitsfeldern nicht auf Tarif- und Sozialpolitik beschränken wollte. Aktionen gegen die Wiederbewaffnung und Atomrüstung der Bundesrepublik gehörten zu wichtigen Tätigkeiten wie seit 1958 auch die Auseinandersetzung mit der Notstandsgesetzgebung, die von der IG Metall entschieden bekämpft wurde.[67]

Heinz Brandt fand in der IG Metall eine neue politische Heimat. Die Arbeit als Redakteur bei der *Metall* entsprach jedoch nur bedingt Brandts hohen politischen Erwartungen. Die eigentliche Tätigkeit des nun Fünfzigjährigen beschränkte sich 1959 auf die Abfassung von Artikeln über Alltagsprobleme, so einen eher besinnlichen Artikel über den Frankfurter Zoo oder eine kurze Notiz über einen gemaßregelten Lehrer in Bayern.[68] Brandt betonte später die Schwierigkeiten seiner neuen Tätigkeit:

65 100 Jahre Industriegewerkschaft, 603. Dort Überblick über die Mitgliedszahlen 1950 bis 1990. 1965 überschritt die IG Metall die 2-Millionengrenze.

66 Vgl. zu dem Problem: Felicitas Merkel: Einleitung. In: Quellen zur Geschichte der deutschen Gewerkschaftsbewegung im 20. Jahrhundert, begr. von Erich Matthias. Hrsg. von Klaus Schönhoven und Hermann Weber, Band 9: Die Industriegewerkschaft Metall in den Jahren 1956 bis 1963, bearbeitet von Felicitas Merkel, Frankfurt/Main 1999, IX-LXIV, XII.

67 Vgl. ebd., XLV-XLIX.

68 Flamingos. In: Metall 11 (23.4.1959), Nr. 8, 5; Br.: Kavaliersstrafe. In: Metall 11 (21.10.1959), Nr. 18, 7. Das Kürzel »Br.« könnte auf Brandt verweisen. »HB« ist in dieser Zeit das für Horst Berger vorbehaltene Kürzel.

»Ich will nicht verhehlen, daß das gar nicht so einfach war, denn das alles bedeutete doch eine völlige Umstellung für mich. Ich mußte mich in die schwierigen Probleme der Gewerkschaft einarbeiten und hatte gerade das Gefühl gewonnen, nun einigermaßen ›drin‹ zu sein, als das Unglück [gemeint ist seine Entführung 1961] passierte.«[69]

Auch Fritz Schenk, noch aus der DDR-Zeit mit Brandt bekannt, bemerkte dessen Unzufriedenheit über die Tätigkeit als Redakteur, weil Brandt sich unterfordert fühlte und weitere – auch literarische – Ambitionen verfolgte.[70] Bis 1961 sind kaum namentlich gezeichnete Artikel Brandts in der *Metall* nachweisbar[71], wobei zu berücksichtigen ist, dass zu der Zeit die meisten Artikel ungezeichnet veröffentlicht wurden. Seiner Perspektive auf Abrüstung und friedliche Nutzung der Atomenergie entsprach ein Interview, dass Brandt kurz vor seiner Entführung in der *Metall* veröffentlichen konnte. Darin entwickelte der sozialdemokratische Bundestagsabgeordnete und Wirtschaftswissenschaftler Fritz Baade Visionen einer Welt im Jahr 2000, in der neue Technologien die Menschheitsprobleme Armut und Hunger gelöst hätten – Voraussetzung sei allerdings, dass abgerüstet und die frei werdenden Gelder in zukunftsträchtige Technologien investiert würden.[72] Dieser Artikel sowie ein Interview mit dem Publizisten Robert Jungk zeigen, dass es Brandt nach einiger Zeit gelang, in der Zeitung eigene Akzente zu setzen. Jungk forderte, gegen die Atomrüstung, die den Untergang der Menschheit bedeuten könne, »Sandkörner der Vernunft in die Kriegsmaschinerie« zu werfen und für die Abrüstung einzutreten.[73]

In der Redaktion arbeiteten mit dem Chefredakteur sechs Mitarbeiter, die sich nach Absprache die Themen aufteilten.[74] Die *Metall* hatte als Mitgliederzeitschrift eine Auflage entsprechend der Mitgliederzahl, 1961 waren es 1.850.000 Exemplare, die im Bundesgebiet zur Verteilung kamen.[75] Als zweiwöchentlich erscheinende Publikation hatte die *Metall* den Charakter einer Zeitschrift, in der neben gewerkschaftlichen Angelegenheiten auch politische und kulturelle Themen behandelt wurden. Als

69 Brandt, Traum, 338.

70 Telefonat mit Fritz Schenk, Frankfurt 29.5.2002. Schenk (1930–2006) war bis 1954 in der Staatlichen Plankommission der DDR unter Bruno Leuschner tätig, wo sich Brandt und Schenk kennen lernten. Vgl. Schenk, Vorzimmer.

71 So eine Filmkritik über den sowjetischen Film »Klarer Himmel«, den Brandt als Zeichen der Liberalisierung interpretierte: Heinz Brandt: Ein Tauwetterfilm bewegt Moskau. In: Metall 13 (17.5.1961), Nr. 9, 10.

72 Welt ohne Rüstung. Was die Technik leisten könnte – Prof. Fritz Baade sprach mit METALL. In: Metall 13 (14.6.1961), Nr. 11, 7 f. Zur Autorenschaft von Brandt vgl. Annelie Brandt an Klaus Vack, 17.7.1963. NLB.

73 Hiroshima war Wende, Metall 12 (17.5.1961), Nr. 9, 1 f., Zitat 2.

74 Gespräch mit Jakob Moneta in Frankfurt/Main, 3.3.1999.

75 Hans Siebold: Metall – die Zeitung der größten Gewerkschaft. In: Hanns P. Schlobben/Richard Kirsten (Hrsg.): Die Deutsche Gewerkschaftspresse, Köln 1961, 57-62, 57.

Mitgliederzeitschrift war die *Metall* ein verbandsöffentliches Organ, in dem überwiegend die Positionen des Vorstandes und der führenden Gremien dargestellt wurden. Die Redakteure verstanden sich nicht als unabhängige Journalisten, sondern als Gewerkschaftsmitarbeiter, die die Positionen der IG Metall zu vertreten hatten. Die Rolle des Redakteurs als weisungsgebundenen Angestellten des Vorstandes wurde von Brandt ohne Schwierigkeiten angenommen.

Neben der innergewerkschaftlichen Öffentlichkeitsarbeit erfüllte die Gewerkschaftspresse noch eine zweite zentrale Funktion: gewerkschaftliche Positionen gegen eine kritische und häufig ablehnende Öffentlichkeit zu propagieren.[76] In der jungen Bundesrepublik nahmen die Gewerkschafter eine ihnen feindlich gesonnene mediale Öffentlichkeit wahr. Dies galt besonders für die IG Metall. Der Gewerkschaftstag der IG Metall von 1960 und besonders das Grundsatzreferat Otto Brenners, in dem er das Münchner Grundsatzprogramm und die Sozialisierung der Schlüsselindustrien nicht aufgeben wollte, wurde in westdeutschen Medien scharf angegriffen, um »die IG Metall zu einem linksradikalen Außenseiter der Gewerkschaften zu stempeln«.[77] Durch gezielte Pressearbeit sollte zumindest eine sachgemäße Berichterstattung erreicht werden.

Dieser doppelten Aufgabenstellung der *Metall* entsprechend wurde versucht, der Zeitschrift einen aktuellen politischen Charakter zu geben. Das Titelblatt war mit mehreren Artikeln und großen Überschriften an die Aufmachung einer Tageszeitung angelehnt. Da die IG Metall sich als politische Gewerkschaft verstand, ging die Berichterstattung weit über gewerkschaftliche Themen hinaus. Internationale Themen wurden in der *Metall* ausführlich behandelt. Dazu gehörte 1959 der Algerienkrieg, in dem die IG Metall die algerischen Unabhängigkeitskämpfer unterstützte. Diese erste breite Internationalismusbewegung in der Bundesrepublik wurde zu einem Mobilisierungspunkt gerade auch »heimatloser« und junger Linker, die mittels algerischer Kontaktpersonen die Flucht deutscher Fremdenlegionäre mitorganisierten.[78] Die *Metall* berichtete häufiger über den Algerienkrieg und unterstützte die Rückführung geflohener Fremdenlegionäre, die in Hessen unter anderem von Klaus Vack von den Naturfreunden organisiert wurden.[79] Da Brandt sich gerade für die Algerienfrage en-

76 Julia Angster: Kuno Brandel und die Gewerkschaftszeitung Metall. In: Claus-Dieter Krohn/Axel Schildt (Hrsg.): Zwischen den Stühlen? Remigranten und Remigration in der deutschen Medienöffentlichkeit der Nachkriegszeit, Hamburg 2002, 267-293, 269 f.

77 Vgl. Protokoll der Vorstandssitzung der IG Metall 8.11.1960. Abgedruckt in: Quellen zur Geschichte, Band 9, 557-567, 557. Vgl. Peter Märthesheimer: Publizistik und gewerkschaftliche Aktion. Das Bild der IG Metall in westdeutschen Zeitungen dargestellt an der Tarifauseinandersetzung 1961/62 in der Metallindustrie, Dortmund 1964.

78 Vgl.: Claus Leggewie: Kofferträger. Das Algerien-Projekt der Linken im Adenauer-Deutschland, Berlin 1984.

79 Vgl. Die Schande der Legion. In: Metall 11 (7.10.1959), 6.

gagierte[80] und Klaus Vack mit Brandt bekannt war, ist anzunehmen, dass Brandt diese Themen in der *Metall* forcierte.

Ein politischer Schwerpunkt der *Metall* war zu der Zeit auch die Auseinandersetzung mit den Verhältnissen in der DDR. Die Zeitschrift vertrat dabei die gewerkschaftliche Position, keine Kontakte in den Osten aufzunehmen, obwohl es hierzu Stimmen innerhalb der Mitgliedschaft gäbe.[81] Indirekt kam es 1960 zu einem Konflikt um diese Frage zwischen dem Chefredakteur Kuno Brandel und den übrigen Vorstandsmitgliedern der IG Metall, der schließlich mit der Entlassung Brandels endete. Diese hatte ihre Ursachen in den innergewerkschaftlichen Auseinandersetzungen um die programmatische Ausrichtung der Gewerkschaften. Brandel tendierte zu dem gewerkschaftlichen Reformflügel um Georg Leber, der sich gegen antikapitalistische Gegenmachtkonzepte aussprach.[82] Mit dieser Haltung, die bei Brandel auch eine Befürwortung der NATO und der Wiederbewaffnung umfasste, stand er im Gegensatz zu den Beschlüssen der IG Metall. Um sein Verständnis von Gewerkschaftspolitik entwickelte sich ein zweijähriger Konflikt im Vorstand, der schließlich mit Brandels Amtsenthebung im Frühjahr 1961 endete. Für die alltägliche Arbeit der *Metall*-Redaktion war die Auseinandersetzung zwar eine Belastung, aber in der inhaltlichen Gestaltung der Zeitschrift schlug sich der Konflikt nicht signifikant nieder. Brandel hatte nicht zu Unrecht darauf hingewiesen, dass seine Veröffentlichungen und die Gesamtkonzeption der Zeitschrift der Politik der IG-Metall entsprachen.[83] Heinz Brandt, der durch das Netzwerk Siggi Neumanns in die Redaktion gekommen war, war bald mit Kuno Brandel wegen dessen Haltung zur militärischen Aufrüstung aneinander geraten.[84] Schließlich überwarf er sich mit Neumann und Brandel.[85] Gerade der Bruch mit Siggi Neumann war für die beiden langjährigen Freunde schmerzhaft.[86] Neumann hatte Brandts Weg aus der DDR und in die IG Metall überhaupt erst ermöglicht, und die eigenwillige Haltung Brandts Neumann gegenüber zeigt, dass Brandt für seine politische Überzeugungen bereit war, auch mit engen Freunden in Konflikt zu geraten.

80 So das IG Metall-Vorstandsmitglied Fritz Biggeleben auf einer Veranstaltung zu Heinz Brandt nach der Entführung. Redebeiträge auf der Veranstaltung »Freiheit für Heinz Brandt«, Frankfurt/Main, 13.7.1961. NLB, S. 8 des Manuskriptes.

81 Vgl. Nicht nach Wien. Das Weltjugendtreffen dient den Zielen Moskaus. In: Metall 11 (29.7.1959), 13; Der Sinn des 17. Juni. In: Metall 11 (17.6.1959), 2.

82 Vgl. Angster, Brandel. Zu Brandels positiver Haltung gegenüber der amerikanischen Gesellschaft und der Gewerkschaften vgl. K. B. [d. i. Kuno Brandel]: Der Streik in den USA und wir. In: Metall 11 (29.7.1959), Nr. 14, 2.

83 Brandel plädierte allerdings für die Akzeptanz der NATO und der bewaffneten Verteidigung der Demokratie. Dies verstand er als Anpassung an den Kurs der SPD. Vgl. Kuno Brandel: Der Parteitag der Sozialdemokraten. In: Metall 12 (30.11.1960), Nr. 23, 3.

84 Ossip K. Flechtheim an Erich Fromm, 9.6.1962. NLB.

85 Zum Zerwürfnis mit Neumann vgl. Brief von Annelie Brandt an Werner Platschek, 28.6.1961. NLB.

86 Brandt hat die wichtige Rolle, die Neumann in seinem Leben spielte, durch einen eigenen Abschnitt in der Autobiografie gewürdigt. Vgl. Brandt, Traum, 172-175.

Der frühe Tod Siggi Neumanns im November 1960 verhinderte eine mögliche Wiederannäherung.[87] Wolfgang Abendroth, einer der profiliertesten Kritiker des Godesberger Programms der SPD, Politikprofessor in Marburg und mit Brandt noch aus dem SSB flüchtig bekannt, schrieb nach der Entführung Brandts:

> »Damals [1959/60] war die Redaktion der Zeitung der IG Metall das Zentrum einer Klique, die (in enger Verbindung mit Herbert Wehner) einen zähen und systematischen Kampf gegen die klassenkämpferische Gruppe im Bundesvorstand dieser Gewerkschaft führte, aber H[einz] B[randt] begann (sobald er diese Situation erkannt hatte) sofort ein energisches und durchdachtes Ringen gegen diesen Geist der antikommunistischen Hysterie, die von seinen Redaktionskollegen vertreten wurde, und für eine Politik des Klassenkampfes, der Koexistenz und der Anerkennung der DDR als Staat. Ich habe von 1959 bis 1961 häufig mit ihm Zusammenkünfte gehabt u[nd] gemeinsame Schritte zur Propaganda z. B. gegen die Rüstungspolitik der Bundesregierung und der rechten SPD-Führung abgesprochen und durchgeführt […].«[88]

Aus Paris schrieb Brandt im November 1959 an seine Frau: »Hier gibt es eine echte politische Diskussion, ganz anders als im muffigen Deutschland, schade, daß du nicht dabei bist.«[89] Das »muffige« in Deutschland war nicht allein der Kalte Krieg, sondern auch die Stimmung innerhalb der Linken, die für Brandts Ideen nicht die Resonanz zeigten, die er sich erhofft hatte. Nach Paris war Brandt auf Einladung von Gustave Stern gereist[90], der ihn mit Jakob Moneta bekannt machte. Moneta arbeitete als Sozialattaché an der Deutschen Botschaft für den DGB und hatte einen Artikel Brandts über den 17. Juni in einer sozialistischen Zeitschrift von Exil-Ungarn gelesen, der ihn durch die marxistische Interpretationsfolie angesprochen hatte.[91] Stern, der als Publizist in Paris arbeitete, kannte Brandt ebenfalls aus der Zeit vor 1933 und hatte nach der Flucht mit Siggi Neumann eine finanzielle Unterstützung für Brandt organisiert.[92] Bei diesem Besuch lernte Brandt auch die ehemalige KPD-Vorsitzende Ruth Fischer und den Schriftsteller und ehemaligen KZ-Häftling Manès Sperber kennen.

---

87 Vgl. den Nachruf: Siggi Neumann. In: Der Gewerkschafter 8 (Dezember 1960), 1.

88 Hervorhebungen im Original. Wolfgang Abendroth an Erich Fromm, 10.6.1962. Kopie im Nachlass Flechtheim, NLB. Zu berücksichtigen ist bei den scharfen Formulierungen über die »Clique« bei der *Metall*, dass Abendroth eine politische Ehrenerklärung für Brandt verfasste, mit der Erich Fromm in Moskau für die Freilassung von Brandt arbeiten wollte.

89 Heinz Brandt an Annelie Brandt, 11.11.1959. NLB.

90 Gustave Stern an Siggi Neumann, 26.1.1959. AdsD, NL Siggi Neumann, Box 7.

91 Gespräch mit Jakob Moneta in Frankfurt/Main, 3.3.1999. Vgl. auch: Brandt, Soulèvement.

92 Vgl. Siggi Neumann an Gustave Stern, 29.9.1958; Gustave Stern an Siggi Neumann, 2.10.1958. AdsD, NL Siggi Neumann, Box 7.

Heinz Brandt vertrat einen dezidiert antimilitaristischen Standpunkt und sah die politische Hauptaufgabe in der Verhinderung eines Atomkriegs und der Annäherung beider Blöcke.[93] In diesem Sinne sprach Brandt auch auf SPD-Versammlungen in Frankfurt am Main, in die er durch den Ostagenten »Egon Reif«, vermutlich einem Frankfurter SPD-Mitglied, als Referent vermittelt worden war. Brandt hielt angesichts der Atomrüstung einen Krieg für das Ende der Menschheit.[94] Diese Haltung brachte Brandt mittelfristig in ideologischen Konflikt mit der SPD, der er kurz nach der Ankunft in Frankfurt am Main beigetreten war. Anfänglich legte Brandt große Hoffnungen in die Politik der SPD. Die Partei hatte im Frühjahr 1959 einen »Deutschlandplan« vorgelegt, in dem über Etappen der Zusammenarbeit beider deutscher Regierungen eine mittelfristige Wiedervereinigung ermöglicht werden sollte. Der Deutschlandplan, der »letztmalige offensive Versuch zur Lösung des Wiedervereinigungsproblems«[95], war allerdings in der SPD selbst umstritten und wurde nach einer hitzigen öffentlichen Debatte nicht weiter thematisiert. Als die SPD dann im Herbst 1959 das Godesberger Programm verabschiedete und so den programmatischen Schritt von der Arbeiter- zur linken Volkspartei vollzog, geriet Brandt in Gegensatz zur Politik der SPD-Führung. Die Stasi notierte irritiert, dass Brandt mit »provokatorische(n) Äußerungen« in Frankfurt gegen die Programmreform der SPD aufgetreten sei.[96] Für die Linkssozialisten in der SPD war die Programmreform eine Niederlage und führte zu einer Reihe von Ausschlüssen und Konflikten.[97] Die Wahl Willy Brandts zum Spitzenkandidaten und Vorsitzenden der SPD betrachtete Brandt als Annäherung an die CDU.[98] Die Orientierung der SPD auf die Regierungsverantwortung und ihre Anpassungsleistungen in diese Richtung stießen innerhalb der Linken in der SPD und auch bei Heinz Brandt auf Ablehnung. Nachdem im Juni 1960 Herbert Wehner im Bundestag den Vorrang der Westintegration vor der Wiedervereinigung betonte und so der außenpolitische Wandel der SPD abgeschlossen war[99], verstärkte sich die Enttäuschung, Brandt

93 HA V/2 Treffbericht mit GM »Houben« [d. i. Arno Hausmann], Berlin 29.7.1959. BStU, ZA, AOP 4617/63, Band 4, Bl. 61-64, 63.

94 Abschrift eines Briefes des GM »Egon Reif« vom 16.11.1959. BStU, ZA, AOP 4617/63, Band 4, Bl. 85. »Egon Reif« versuchte ab dem Sommer 1959 mit Brandt Kontakt aufzunehmen und schlug ihn für Vorträge vor. Vgl. HA V/2 Abschrift eines Tonbandes, Berlin 1.12.1959. Ebd., Bl. 90 f. Für die SPD-Mitgliedschaft von Reif sprechen nicht allein die Umstände seiner Tätigkeiten, sondern auch, dass die HA A II die Berichte von ihm in Auszügen an die HA V übersandte. HA A II war für die SPD zuständig. Vgl. Hubertus Knabe: Die unterwanderte Republik. Stasi im Westen, München 2002, 48.

95 Klotzbach, Weg, 482. Vgl. zum Deutschlandplan ebd., 482-494.

96 HV A/II/5 an HA V/2, Weitere Ermittlungen über Brandt, Heinz, 18.12.1959. BStU, ZA, AOP 4617/63, Band 4, Bl. 106 f.

97 Klotzbach, Weg, 466 f.

98 Rudi Küstermeier an Heinz Brandt, 17.1.1961. NLB.

99 Borowsky, Deutschland, 133.

blieb jedoch Mitglied der Partei. Als Referent wirkte er bei den Jungsozialisten in der SPD (Jusos).[100]

Mit einer solchen Referententätigkeit und auch schriftstellerischen Versuchen wollte Brandt sich Wirkungskreise außerhalb der Redakteurstätigkeit aufbauen. Anhand der Reaktionen nach der Entführung lässt sich ablesen, dass er gerade den Kontakt zu sozialistischen Jugendgruppen suchte, die für ihn eine »Ehrenerklärung« abgaben und ihn als aufrechten Sozialisten bezeichneten.[101] Bereits im Januar 1959 hatte Brandt einen Studentenkongress gegen die Atomrüstung besucht.[102] Dieser Kongress war Teil der zerfallenden Anti-Atomtod-Bewegung von 1958, die von der SPD nicht mehr wie vor der Bundestagswahl unterstützt wurde. Der Kongress erhielt seine besondere Bedeutung in einem Konflikt um eine Resolution, in der Gespräche zwischen beiden deutschen Staaten über die Wiedervereinigung gefordert wurden. Diese Resolution war von einer Gruppe von Mitgliedern der Studentenzeitschrift *konkret* initiiert worden, die zu der Zeit von der DDR finanziert wurde.[103] Dementsprechend führte die Annahme dieser Resolution zu scharfen Spannungen in der studentischen Anti-Atom-Bewegung.[104] Brandt begrüßte die Resolution, da er von der Notwendigkeit eines Gesprächs zwischen den beiden deutschen Staaten ausging. Ebenso nahm Brandt im April 1959 an dem studentischen Kongress »Für Demokratie – gegen Restauration und Militarismus« teil, auf dem ebenfalls eine Politik der Wiedervereinigung durch Abrüstung und Annäherung unterstützt wurde und wo sich eine Opposition innerhalb der SPD gegen den neuen Programmkurs formierte.[105] Brandt unterstützte die kritische Haltung gegenüber der SPD-Führung, wofür er sich die Kritik Brandels und Neumanns einhandelte.[106]

Nach der Ankunft in Frankfurt hat Brandt offensichtlich bereits daran gedacht, seine politische Lebensgeschichte aufzuschreiben. Im Nachlass Kuno Brandels findet

100 Brandt sprach im Rahmen von Schulungsabenden der Jusos am 14.6.1959 in Frankfurt/Main über »Die Chancen des Sozialismus im Zeitalter der zweiten industriellen Revolution«. Vgl. Geschäftsbericht des Bezirks-Ausschusses 1959/60 der SPD-Jungsozialisten Bezirk Hessen-Süd. AdsD SPD Bezirk Hessen-Süd 729, unpaginiert, S. 5 des Berichtes.

101 Erklärung des Komitees »Freiheit für Heinz Brandt« anlässlich seiner Gründung in Frankfurt/ Main, 28.6.1961. AdsD, IGMA G/768, unpaginiert.

102 Seine Teilnahme kündigte er Martin Böttcher gegenüber an. Vgl. BStU, ZA, AOP, 4617/63, Band 3, Bl. 89.

103 Vgl. hierzu die Autobiografie des Gründers und damaligen Chefredakteurs von *konkret*: Klaus Rainer Röhl: Fünf Finger sind keine Faust, Köln 1974. Zum Auftreten auf dem Kongress im Januar 1959 142-145.

104 Hans Karl Rupp: Außerparlamentarische Opposition in der Ära Adenauer, Köln 1980, 250-261; Kraushaar, Protestchronik Band 3, 2076-2079.

105 Vgl. Klotzbach, Weg, 460 f.

106 Propst Heinrich Grüber an Annelie Brandt, 5.7.1961. NLB. Grüber nahm ebenfalls an dem Kongress teil und wunderte sich, dass Brandt als Vertreter der IG Metall – der er formal nicht war – eine solch kritische Haltung gegenüber der SPD-Führung einnahm. Vgl. auch Annelie Brandt an Erich Fromm, 29.4.1963. NLB.

sich ein längeres Manuskript, das in Aufbau und Sprache einigen Kapiteln aus der späteren Autobiografie entspricht. Das Manuskript deckt die Zeit von der kommunistischen Jugendarbeit Brandts bis zum 17. Juni 1953 ab.[107] Möglicherweise plante Brandt, wie einige andere geflohene Kommunisten es bereits mit Erfolg getan hatten, seinen politischen Lebensweg zu publizieren.[108] Veröffentlicht wurden jedoch nur überarbeitete Auszüge des Manuskriptes, die sich mit der Vorgeschichte und den Ereignissen des 17. Juni 1953 beschäftigten, in einer ungarischen Exilzeitschrift in Brüssel.[109] Anlass seines Artikels, der als Zeugenbericht, nicht als wissenschaftlicher Beitrag rubriziert wurde, war eine Konferenz des Imre-Nagy-Instituts zur ungarischen Revolution von 1956, an der Brandt im Oktober 1959 teilnahm.[110] 1965 wurde der Text schließlich auf Deutsch veröffentlicht, der Schwerpunkt lag nun auf den »fortschrittlichen Kräften in der SED«, womit Brandt Funktionäre meinte, die auf den Neuen Kurs setzten.[111] Die Arbeiten waren auch Grundlage für das Kapitel über den 17. Juni in der Autobiografie. Der Grundtenor der Schriften war – wie bereits im Kapitel III. 3. ausgeführt –, die Tragik des Aufstands hervorzuheben, da durch ihn die Politik des Neuen Kurses und die Absetzung Ulbrichts verhindert worden seien. Brandt verband mit seiner Zeitzeugenschaft aktuelle politische Anliegen. Es ging ihm darum, den Verlust der Möglichkeit zur Annäherung beider deutscher Staaten und von Ost und West zu betonen. Seine

---

107 »Ich verließ die DDR, doch blieb ich in Deutschland«. Undatiertes Manuskript, ohne Unterzeichnung. AdsD, NL Kuno Brandel, Mappe 20. Für die Übereinstimmung des Manuskripts und der Autobiografie vgl. z. B. Seite 1 f. des Manuskripts mit den Seiten 73 f. der Autobiografie oder Seite 25 f. des Manuskripts mit den Seiten 141 f. der Autobiografie. Das Manuskript ist nicht vollständig, der Text bricht ab. Es fehlt die Ereignis-Darstellung zum 17. Juni. Für eine Abfassung 1959 sprechen mehrere aktuelle Anspielungen: »Heute bewegt mich, wühlt mich auf, das Schicksal von Boris Pasternak« heißt es auf Seite 1 des Manuskripts. Pasternak hatte 1958 für seinen 1957 in Italien erschienenen Roman *Doktor Schiwago* den Nobelpreis für Literatur erhalten, den er aber nach einer Kampagne in der Sowjetunion nicht annahm. Zur *Todesfabrik* heißt es auf Seite 28 des Manuskripts: »Es ist kein Zufall, daß Ulbricht jetzt in der DDR das Auschwitzbuch ›Die Todesfabrik‹ einstampfen ließ […]«. Brandt hatte dies Ereignis 1958 kommentiert. Vgl. [Heinz Brandt]: Warum wurde dieses Buch in der Sowjetzone verboten? In: Der Gewerkschafter, 6 (1958), Nr. 5, 19 f.

108 Vgl. Leonhard, Revolution. Die Erstausgabe war 1955 in Köln bei Kiepenhauer & Witsch erschienen. Susanne Leonhard, die Mutter Wolfgang Leonhards, hatte ihre Erfahrungen im sowjetischen Exil und in zehn Jahren Lagerhaft ebenfalls veröffentlicht: Susanne Leonhard: Gestohlene Jahre. Schicksal einer politischen Emigrantin in der Sowjetunion, Steingrüben 1959.

109 Brandt, Soulèvement. Der Text – den Brandt auf Deutsch schrieb – wurde im Juli 1959 verfasst. Vgl. Vernehmung Heinz Brandt durch Staatsanwalt Maier, Frankfurt/Main, 23.6.1964. GBA 2 BJs 10/64, hier zitiert nach 29/2 JS 1376/92 Staatsanwaltschaft II beim Landgericht Berlin, Band 2, Bl. 27-38, 31.

110 Vgl. Contribution de la Révolution hongroise à la pensée socialiste, compte-rendu de la conférence. réalisé par l'Institut Imre Nagy de Sciences Politiques, Bruxelles, 24–25 octobre 1959. – Bruxelles: L'Institut, o. J. [1959 oder 1960].

111 Vgl. Brandt, Deutschlandpolitik. Laut der Vorbemerkung handelte es sich um Auszüge aus einem Manuskript, das Brandt 1959 verfasst hatte.

Versöhnungspolitik, und darin das wesentliche Motiv der Verhinderung eines Atomkriegs, begründete er immer wieder mit seiner Lebensgeschichte. Sie galt ihm als Beweis für die Notwendigkeit einer solchen Politik, allen erlittenen Leidens- und Schicksalsschlägen zum Trotz.

Das Versöhnungsmotiv war auch zentral bei einer Erzählung über das Konzentrationslager, an der Brandt schon in der DDR gearbeitet hatte.[112] Trotz über einer Jahre immer wieder aufgenommenen Arbeit ist das Manuskript nie fertig geworden. Im Nachlass finden sich verschiedene Skizzen einiger ausgeführter Kapitel, aber keine abschließende Fassung.[113] Nach den ersten Versuchen 1958 hat die Arbeit an der Erzählung vermutlich geruht, Anfang 1961 scheint Brandt den Stoff weiter bearbeitet zu haben.[114] Lili Flechtheim hatte Auszüge der Erzählung gelesen und wollte mit Brandt am Tage der Entführung darüber sprechen. Sie war von den Entwürfen sehr angetan.[115] Obwohl die Arbeit noch nicht abgeschlossen war, wurde ein erstes Kapitel im Juni 1961 in der *Jüdischen Illustrierten* veröffentlicht.[116] Nach 1964 fertigte Brandt noch einige Entwürfe und Überarbeitungen, aber keine abschließende Fassung an.

Brandt begab sich mit dieser Arbeit auf unsicheres Terrain und es könnte für den nicht zu bewältigenden Stoff sprechen, dass es ihm auch später nicht gelang, die Erzählung zu beenden. Der Erzählstrang war um die Selbstvorwürfe des orthodoxen Juden Abraham Meier aus Polen gruppiert, der angesichts des Todes von Frau und Tochter bei der Ankunft in Auschwitz einen Racheplan verfolgt: Er will die kleine Tochter des Kommandanten des Lagers Budy töten. Als Auschwitz geräumt wird und der Kommandant seine Tochter selbst töten will, entscheidet er sich jedoch gegen seine Rache und nimmt die Tochter des Kommandanten als Kind zu sich. Brandt positionierte sich in der Erzählung als Beobachter mit dem Namen Heinz Breuer. Ein Teil der Handlung, so Brandt in den Exposés, sei authentisch. Er sei in Budy zwei Jahre lang mit einem polnischen Juden zusammen gewesen, der ihm von seiner Familie erzählte und dem Tod von Frau und Kind. Er habe auch die »fixe Idee« gehabt, die Tochter des Kommandanten zu töten. Authentisch sei auch gewesen, dass Brandt, Walter Löbner (der in der Erzählung Walter Lochner hieß) sowie Abraham Meier am

112 Stefan Heym berichtete der Stasi, dass Brandt ihm im Sommer 1958 einige Seiten eines Manuskripts über Konzentrationslager zeigte. Aktennotiz HA V/1, 17.10.1958 (Gespräch Major Kienberg mit Stefan Heym). BStU, ZA, AOP 4617/63, Band 2, Bl. 24-27, 25. Für erste Ausarbeitungen 1958 spricht auch, dass einige handschriftliche Notizen Brandts und erste Skizzen zu der Erzählung auf Werbezettel des Verlags *Die Wirtschaft* verfasst sind.

113 Manuskriptteile »Darum, daß Du meiner Stimme gehorcht hast …« Die Mappe beinhaltet verschiedene Kapitelskizzen, Exposés und handschriftliche Notizen. NLB.

114 Vgl. Gert Weymann an Heinz Brandt, 16.4.1961. Weymann arbeitete für den SFB und bot Brandt nach Lektüre des Exposés der Erzählung an, ihn bei der Ausarbeitung zu einem Hörspiel zu unterstützen.

115 Lili Flechtheim an Erich Fried, 28.6.1961. NL Flechtheim im NLB.

116 Heinz Brandt: »Darum, daß Du meiner Stimme gehorcht hast …«. In: Jüdische Illustrierte 10 (Mai/Juni 1961), Heft 1, 13 f.

21. Juli 1944 beauftragt wurden, die Fugen des Hauses des Lagerkommandanten zu weißen.[117] Die weiteren Ereignisse seien freie Gestaltung. Im Exposé betonte Brandt auch, dass Meier sich nicht von seinen persönlichen Racheplänen abbringen lassen wollte und daher nicht zur organisierten Widerstandsarbeit bereit war, obwohl er sich mit Brandt anfreundete. Brandt verlängerte mit seiner Beobachterposition die kommunistische Perspektive der Lagerhaftzeit. Trotz aller Sympathie und Verständnis für die Rachepläne wohnt diesen doch das Motiv des Eigennutzes, des vormodernen Affektes inne, während Brandt die Vorgänge von einer höheren Warte betrachtet. Obwohl Meier eine religiöse Figur ist, konzipierte Brandt die Novelle nicht als religiöse Erzählung: »Religiös sind nur die traditionell gegebenen Denkformen, in denen sich die Wandlung zur Humanität im Kopf Abraham Meiers vollzieht.«[118] Bei dieser Wandlung hatte Brandt seinen Großvater Krause vor Augen: »Mein Liebes, ja es sind jetzt zwei Jahre, daß wir uns zuletzt sahen, doch Dein Brief war mir tröstlich und Du hast sogar gespürt, daß es die Stimme meines wundervollen Großvaters ist, die (zum Schluß) aus meinem ›Meier‹ spricht.«[119] Die religiöse Komponente der Erzählung ergibt sich bereits aus dem Titel. »Darum, daß Du meiner Stimme gehorcht hast …« ist ein Zitat aus dem ersten Buch Mose, 22.18, in dem die Opferung Isaacs durch seinen Vater Abraham beschrieben wird. Die Bereitschaft Abrahams, seinen eigenen Sohn zu opfern, wird in der Erzählung zum Opferungs- und Versöhnungsmotiv zugleich. Zuerst plant Meier, die Tochter des Lagerkommandanten ebenfalls in den Bergen vor den gefesselten Eltern zu opfern, aber die Stimme Gottes hält ihn zurück mit den Worten, es sei seine eigene Tochter, die er ermorden wolle.[120] Im letzten Kapitel flieht Abraham Meier mit der Tochter des Lagerkommandanten in die nahe liegenden Berge; die beiden hierzu ausgearbeiteten Seiten sind angefüllt mit religiösen Bezügen. Das jüdische Shofar, das Widderhorn, halle in Meiers Kopf, früher Ausdruck der »alten, streitbaren Hebräer«, nun der Ton »als Unterpfand der Versöhnung der Menschen miteinander und Jehovas mit seinem Volk«.[121] Das Motiv des unschuldigen Kindes, das Angst vor seinem eigenen Vater hat, hat Brandt in der Erzählung als Versöhnungsangebot an die nicht belasteten Deutschen konzipiert. Dies ist auch erkennbar an den weiteren Figuren der Erzählung: Ohne Name bleibt der Lagerkommandant, der nur als »der Lärmende« vorgestellt wird. In den Skizzen als schwache Persönlichkeit charakterisiert,

117 Dieser Teil ist in der *Jüdischen Illustrierten* abgedruckt worden.

118 Exposé »Darum, daß Du meiner Stimme gehorcht hast …«. NLB, Seite 3 des Entwurfs.

119 Heinz Brandt an Annelie Brandt, Brief Nr. 15 (ca. Juli 1963). NLB. Annelie Brandt hatte über einen Besuch von Erich Fromm geschrieben und mehr aus der Familiengeschichte erfahren: »Ich bekam auch durch längere Gespräche zum erstenmal tieferen Einblick in Deine Familie, genauer gesagt, in die Familie Deiner Mutter und hörte, daß tolerantes Denken und Erziehung zu Toleranz auch zu den humansten Anliegen Deiner an sich streng orthodox-jüdischen Vorfahren gehörten.« Annelie Brandt an Heinz Brandt, 16.6.1963. NLB.

120 Diese Szene ist nicht ausgeführt, findet sich aber im Exposé.

121 Entwurf Letztes Kapitel. NLB, Seite 2 des Manuskripts.

ist er zudem impotent geworden ist, nach dem Meiers Frau ihn bei der Selektion angegriffen hatte.[122] Hingegen erhalten seine Tochter und die Frau des Lagerkommandanten eigene Namen, ebenso wie ein jugoslawischer Volksdeutscher, der gegen seinen Willen in den Dienst der SS gezwungen worden ist.[123] Gerade der Volksdeutsche, ein »Beutegermane«, wird als sympathische Figur gezeichnet, die auf das Kriegsende hofft und gegenüber den Häftlingen freundlich ist.[124] Mit diesem Figurenensemble bot Brandt eine Trennung zwischen den NS-Tätern an, deren Namen vergessen werden sollten, und den Unbeteiligten, Hineingezogenen, die sich bewähren können.[125] Aber nicht allein ein Versöhnungsangebot sprach aus den Entwürfen. Brandts eigene Vorstellungen kommen hier zum Ausdruck, die nationalsozialistischen Verbrechen als eine Art Katharsis zu begreifen. Die Humanität verlange, dass nicht affektive Rache der Antrieb für die Auseinandersetzungen sei, sondern die Verstrickungen der Menschen erkannt würden.

Die Skizze der Erzählung ist hier ausführlicher dargestellt, weil sie ein Versuch Brandts war, seine Erlebnisse im Konzentrationslager zu bearbeiten. Dabei ist deutlich geworden, dass Brandt nicht seine eigenen Verletzungen thematisieren wollte, sondern aus der Position des Beobachters reales Geschehen als Bezugnahme für Fiktionalisierungen und Verdichtungen nimmt, um aktuelle politische Ziele zu verfolgen. Sein Anliegen mit der Erzählung war der Konzeption nach, eine »Wandlung zur Humanität« darzustellen. Die religiöse Figur des Abraham Meier ist für ihn die Projektionsfläche, einen solchen Wandlungsprozess zu beschreiben. Die individuelle Rache wird durch gesellschaftliche Vernunft, hier durch Gott vermittelt, überwunden. Im Nachwort erläuterte Brandt die Gefahr eines Atomkrieges als andauernde Inhumanität. Durch Versöhnung und durch Interpretation des erlittenen Leidens als Opferung sollte eine Annäherung möglich gemacht werden. Dass Brandt an dem Stoff über mehrere Jahre immer wieder gearbeitet hat und schließlich daran scheiterte, belegt die symbolische Überfrachtung seines Vorhabens.

Dass Brandts utopische Vorstellungen ihn in Konflikte mit einer Organisation wie der IG Metall brachten oder der sich wandelnden SPD, ist wenig überraschend. Gewerkschaft wie Partei boten für Brandt vor allem Möglichkeiten, Bewusstseinspro-

---

122 Kapitelentwurf »Station Z« der Erzählung. NLB, Seite 2 f. des Manuskripts.

123 Vgl. Exposé der Erzählung. NLB. Die Namen wechselten mehrmals in den verschiedenen Entwürfen.

124 »Ach, dieser goldige Kerl. Gesegnet sei der Himmel, der uns in diese Hölle den Professor sandte, den Dozenten an der Hochschule für Musik in Laibach mit dem Hobby für deutsche Rede und dem Abscheu vor deutscher Tat.« Erstes Kapitel der Erzählung, Seite 2 f. NLB. Ob Brandt eine reale Person beschreibt, ist nicht überliefert, aber angesichts der Genauigkeit der Beschreibung anzunehmen.

125 Dies erfolgt auch bei der Szene, in der die Frau von Abraham Meier bei der Selektion einen SS-Mann angreifen will. Sie lässt von dem Angriff ab, da der SS-Mann Fotos macht und sein Gesichtsausdruck eine Empörung verrate; sie tötet dann einen brutalen SS-Mann. Vgl. Kapitelentwurf »Station Z« der Erzählung. NLB, Seite 1 des Manuskripts.

zesse zu initiieren, nicht aber um Interessenspolitik und politischen Alltag zu gestalten. Seine mit Energie vorgetragenen Utopien waren nur bedingt kompatibel mit den Anforderungen des gewerkschaftlichen Alltagsbetriebes. Gerade die sozialistischen Jugendgruppen boten Brandt daher eine Resonanzfläche, da dort noch um utopische Ziele gestritten wurde und die pragmatische Anpassung der SPD Enttäuschungen auslöste. Die Ankunft im Westen war keine Ankunft in einer politischen Heimat. Brandt blieb beseelt von weiten politischen Horizonten, die jedoch seiner Berufstätigkeit nicht entsprachen und in seinem sozialen Umfeld nur wenig Widerhall fanden.[126] Dieser Idealismus prägte Brandt noch in der Auseinandersetzung mit den DDR-Repressionsorganen, die ihn im Juni 1961 aus Westberlin entführten.

126 Vgl. Gespräch mit Carola Stern in Berlin, 9.3.2001; Telefonat mit Fritz Schenk, Frankfurt/Main, 29.5.2002.

# V Isolation und Symbol: Der »Fall Heinz Brandt«

Im Juni 1961 gelang der Stasi der lange vorbereitete Zugriff auf Heinz Brandt: Er wurde aus Westberlin entführt, nach Ostberlin verschleppt und dort zu 13 Jahren Zuchthaus verurteilt. Aufgrund einer dadurch ausgelösten, breit angelegten Freilassungskampagne wurde der Name Heinz Brandt international bekannt. Während in der DDR ein Prozess vorbereitet wurde und die Stasi versuchte, Brandt als eine zentrale Figur einer Spionagegruppe aufzubauen, wurde die Solidaritätskampagne für Heinz Brandt in Westdeutschland von den Gewerkschaften, aber auch linkssozialistischen und pazifistischen Kreisen getragen. Dabei wurden im Engagement dieser Kreise, die im Westen für eine Entspannungspolitik eintraten, eine Reihe von spezifischen Argumentationsmustern hervorgebracht, in denen sich Fragen der antifaschistischen Legitimität mit einem antitotalitären und antistalinistischen Diskurs verwoben. Für diese politischen Gruppierungen repräsentierte Brandt den Typus des aufrechten Kämpfers und Sozialisten, der bereits als SED-Funktionär für eine ehrliche und nicht korrumpierte Politik gestanden hatte. Zugleich zeigte sich in der Kampagne die Wirksamkeit des von Heinz Brandt geknüpften lebensgeschichtlichen und politischen internationalen Netzwerkes. Die Entführung und der Prozess Brandts, seine Haft und die Kampagne für seine Freilassung fallen zwar zeitlich zusammen, lassen sich aber inhaltlich nicht unmittelbar aufeinander beziehen. Die DDR reagierte auf die Freilassungsforderungen mit einigen wenigen, in der Argumentation stereotypen Verlautbarungen. Die Träger der Kampagne hingegen waren zumeist auf die Interpretation der DDR-Verlautbarungen angewiesen, um etwas über das Schicksal Brandts zu erfahren. Die Umstände der Entführung, die Vernehmungen Brandts und der Ablauf des Prozesses waren nicht bekannt. Im ersten Jahr war er von jeglichem Kontakt zur Außenwelt abgeschnitten, danach konnte er nur einige wenige Briefe von seiner Familie erhalten und an sie schreiben.[1] Das nächste Unterkapitel beschäftigt sich mit der Entführung und dem Prozess in der DDR sowie der persönlichen Situation Brandts im Gefängnis. Im zweiten Kapitel wird auf die Freilassungskampagne umfassender eingegangen. Im dritten Unterkapitel soll mit der Freilassung von Brandt und der ersten Zeit im Westen die Darstellung wieder zusammengeführt werden.

1 Erst nach der Verurteilung durfte Brandt einen Brief pro Monat schreiben und Post von Angehörigen erhalten. Annelie Brandt konnte in den Briefen nichts über die Aktivitäten für die Freilassung berichten. Höchstens aus Andeutungen konnte Brandt ahnen, dass er nicht vergessen war: »Nicht nur wir, alle Deine Freunde warten schmerzlich auf Deine 20 Zeilen. Du bist immer in unserer Mitte, immer in unseren Gesprächen, in unseren Gedanken und allem unseren Tun.« Annelie Brandt an Heinz Brandt, 3.11.1962, NLB.

## 1 Entführung, Prozess und Haft in der DDR 1961–1964

Am Morgen des 16. Juni 1961 bereitete Heinz Brandt sich auf einen Flug nach Westberlin vor, um im Auftrage der *Metall* einen Kongress der Gewerkschaft Handel-Banken-Versicherungen zu besuchen. Er diktierte noch einen Brief an Erich Fromm, in dem er einen gemeinsamen Aufenthalt in Paris Anfang Juli 1961 ankündigte.[2] Nach seiner Ankunft traf er mit Jakob Moneta zusammen, der auf einer Reise in Berlin war, um über den geplanten Parisbesuch und die Einstellung Monetas als Chefredakteur der *Metall* zu sprechen.[3] Anschließend verabschiedete sich Brandt, da er noch ein weiteres Treffen habe. Dass es sich bei der Verabredung um seine Geliebte Eva Walter handelte, die Brandt schließlich gegen 18.00 Uhr am Flughafen Tempelhof traf, erzählte er Moneta nicht. Telefonisch kündigte er seinen anschließenden Besuch bei dem Ehepaar Flechtheim an. Sie hatten sich einige Male getroffen und einen von großer Sympathie getragenen, lebhaften politischen Austausch gepflegt. Zu Flechtheims ist Brandt nie gekommen. Eva Walter war eine von der Stasi auf Brandt angesetzte Agentin, und dies dritte Treffen der beiden in Berlin bot der Stasi die Gelegenheit, den lange vorbereiteten Zugriff vorzunehmen.

Die Vorbereitungen auf die Entführung begannen kurz nach der Flucht von Heinz Brandt. Zuständig war die Hauptabteilung V/2 der Stasi, die das Ostbüro in Westberlin bearbeitete. Bereits im Frühjahr 1959 wurde geplant, durch die Einfädelung einer intimen Beziehung Brandt in den Ostteil der Stadt zu entführen.[4] Auch in Frankfurt am Main versuchten die auf Brandt angesetzten Agenten, Möglichkeiten für eine Entführung auszuloten.[5] Die Entführung wurde von der HA V vorbereitet, die letzte Entscheidung über solch heikle Unternehmungen lag bei der Stasi-Führung, besonders beim Minister für Staatssicherheit, Erich Mielke.[6]

Was aber waren die Gründe, die die Stasi-Führung 1961 das Risiko eingehen ließ, einen in linken Kreisen relativ bekannten Gewerkschaftsmitarbeiter zu entführen? Das politische Engagement Brandts in der BRD war der Stasi bekannt, ebenso, dass er keine Kontakte mehr in die DDR hatte. Seine Aktivitäten nach 1959 waren jedoch nicht das entscheidende Motiv, Brandt zu entführen. Unter den Unterstützern Brandts war

2 Heinz Brandt an Erich Fromm, 16.6.1961. EFA, Mappe Heinz Brandt.

3 Gespräch mit Jakob Moneta in Frankfurt/Main, 3.3.1999.

4 HA V/2 Operativ-Plan Op.Vg. 3/59 »Rüssel«, 9.2.1959. BStU, ZA, AOP 4617/63, Band 3, Bl. 208-210.

5 Dazu gehörte das Auskundschaften der Wohnung Brandts und die Beschaffung von Wohnungsschlüsseln. Vgl. HVA/II an HA V/2, 28.1.1960. BStU, ZA, AOP 4617/63, Band 4, Bl. 117 f.

6 Neben Mielke wird auch Markus Wolf als Leiter der Auslandsspionage in die Vorbereitungen einbezogen gewesen sein. Vgl. Karl Wilhelm Fricke unter Mitarbeit von Gerhard Ehlert: Entführungsaktionen der DDR-Staatssicherheit und die Folgen für die Betroffenen. In: Materialien der Enquete-Kommission »Aufarbeitung von Geschichte und Folgen der SED-Diktatur in Deutschland«, hg. vom Deutschen Bundestag, Band VIII, Teilband 2, Baden-Baden 1999, 1169-1208, 1188 f.

die Deutung verbreitet, dass es sich um einen Racheakt der Stasi an einem ehemals hohen SED-Funktionär und langjährigen Kommunisten handelte, dessen Flucht als unverzeihlich galt.[7] Persönliche Motive sind jedoch nur schwer aus den Quellen herauszulesen. Die überraschend lautstarke Freilassungskampagne musste in den Augen der Verantwortlichen in der SED unverständlich bleiben, galt ihnen Brandt doch als unmoralisch und verkommen.[8] Aber diese Exklusion Brandts aus dem kommunistischen Gruppenverständnis ist keine ausreichende Erklärung dafür, die mit einer Entführung verbundenen politischen Risiken einzugehen.

Entführungen waren ein häufig angewandtes Mittel der Stasi, um geflohene DDR-Bürger und manchmal auch bundesdeutsche aktive DDR-Gegner in ihre Gewalt zu bekommen.[9] Die Hochzeit dieser Maßnahmen lag in der Mitte der 50er-Jahre[10], die Entführung Brandts war vermutlich eine der letzten, in der körperliche Gewalt angewandt wurde.[11] Der Bau der Mauer erschwerte Entführungen logistisch und möglicherweise hat die Freilassungskampagne für Brandt den SED-Verantwortlichen tat-

7 Diese Deutung wurde von DDR-Vertretern in Gesprächen über Brandt zum Ausdruck gebracht. So von dem Ostberliner Rechtsanwalt Friedrich Kaul gegenüber Annelie Brandt, Annelie Brandt an Erich Fromm, 14.2.1963. NLB; Hilde Benjamin soll dies ebenfalls hervorgehoben haben, vgl. Klara Maria Faßbinder an Annelie Brandt, 4.2.1962. NLB.

8 Albert Norden, Leiter der Westkommission der SED, schrieb 1964 an Hilde Benjamin, die erneut Beschwerdebriefe wegen Brandt erhalten hatte: »Zu Deinen Briefen in der Sache Heinz Brandt möchte ich sagen, daß nichts anderes übrig bleibt, als die Interventen immer wieder ausführlich mit dem Sachverhalt zu konfrontieren, d. h. die wirkliche Diversionstätigkeit Brandts dem Betreffenden zu schildern. Vielleicht würde es sich dabei auch als nützlich erweisen, in persönlichen Gesprächen neben dem Sachverhalt auch die persönliche Entartung und moralische Pervertierung des Brandt zu erwähnen. Die Einzelheiten wirst Du wissen, sonst lasse Dir vom Genossen Mielke erzählen.« Albert Norden an Hilde Benjamin, 15.4.1964. BA-SAPMO, DY /30/ IV A 2/2.028/ 119, unpaginiert.

9 Vgl. Karl Wilhelm Fricke: Die DDR-Staatssicherheit. Entwicklung, Strukturen, Aktionsfelder, Köln 1982, 125; Fricke, Entführungsaktionen, 1189. Es gibt keine verifizierte endgültige Zahl über die Entführungen. Laut einer Liste der Westberliner Polizei von 1949 bis 1962 wurden aus Westberlin 295 Personen verschleppt, davon 208 mittels einer List, mit der die Betroffenen in die DDR oder nach Ostberlin gelockt wurden, und 87 gewaltsame Entführungen, bei denen körperliche Gewalt oder Betäubungsmittel eingesetzt wurden. Vgl. Untersuchungsausschuss Freiheitlicher Juristen, Schreiben an Reiner Jäck, 24.10.1969. BA, 209/1130, 1069, unpaginiert. Fricke, einer der besten Kenner der Stasi, schätzt die Gesamtzahl auf 600-700 versuchte und vollendete Entführungen. Er stützt sich dabei auf die Ermittlungen der Zentralen Ermittlungsstelle für Regierungs- und Vereinigungskriminalität, die 444 Verdachtsfälle bearbeiten würden; im Jahre 1998 wurden in der Gauck-Behörde 661 Verdachtsfälle bearbeitet, von denen sich allerdings nur die Hälfte bestätigte. Vgl. Fricke, Entführungsaktionen, 1180 f.

10 Vgl. 1954 und 1955 konzentrierte sich die Stasi auf mehrere große Verhaftungsaktionen gegen Personen, die mit westlichen Gruppen in Verbindung standen. Zu dieser Kampagne gehörten auch Entführungen aus Westberlin. Vgl. Fricke/Engelmann, Schläge. Zur Biografie eines Entführten, der in der Haft umkam: Herms/Noack, Bialek.

11 Die letzte gewaltsame Entführung war vermutlich die Verschleppung des ehemaligen MfS-Hauptmanns Walter Thräne, der 1962 mit seiner Freundin Ursula Schöne in den Westen floh; im September 1962 wurden beide aus Österreich entführt. Vgl. Fricke, Entführungsaktionen, 1208.

sächlich deutlich gemacht, welche internationale Empörung eine Verschleppung hervorrufen konnte. Dies war angesichts der Bemühungen der DDR um internationale Anerkennung Anfang der 60er-Jahre mehr als kontraproduktiv. Dennoch lag die Entführung in der Repressionslogik der Stasi. Brandt war für die Stasi ein nur knapp der Verhaftung entkommener Agent des Ostbüros, der aus Westberlin die konspirative Arbeit fortsetzte und ebenfalls, so wurde von der Stasi angenommen, in Frankfurt am Main gegen die DDR arbeiten würde. Als ehemaliger höherer Funktionär der SED, der möglicherweise lange Zeit als Agent gearbeitet hatte, war Brandt interessant, um ältere Verbindungen aufzudecken.[12] Brandts politische Positionierungen im linken Flügel der SPD wurden zwar registriert, aber eher als Tarnung eines Agenten verstanden.[13] Den Konflikt Brandts mit Kuno Brandel stufte man als persönliche Auseinandersetzung ein, ebenso einen Streit Brandts mit Alfred Weber.[14] Es kann kaum verwundern, das eine Repressionsinstitution wie die Stasi kein Gefühl für politische Konflikte besaß, sondern das politische Engagement Brandts nur in eine angebliche, fortgesetzte Agententätigkeit einpassen konnte. So stand der 1958 gefasste Entschluss zur Entführung in einer Mischung aus einer geringen politischen Reflexion, einem dichotomischen Denken in Freund-Feind-Kategorien und einem bürokratischen Selbstlauf nie zur Disposition. Brandt wurde durchgängig – trotz eindeutiger Hinweise auf das Gegenteil – als Agent betrachtet und daher seine Entführung vorangetrieben.

Brandt sollte – und dies war möglicherweise das entscheidende Motiv für die Entführung – eine wichtige Rolle in einem Schauprozess gegen die SED-Opposition übernehmen. Im Juni 1960 wurde Karl Raddatz verhaftet, einer der wichtigsten Quellen Brandts, als er mit dem Ostbüro der SPD Kontakt hatte. Die Mitglieder des Kreises um Raddatz wurden anschließend überwiegend verhaftet.[15] Zwei Tage nach der Verschleppung Brandts wurde in einem Bericht der Untersuchungsabteilung HA/IX/2 der Stasi bereits von einer geänderten Sachlage gesprochen, die sich aus der Inhaftierung Brandts ergäbe. Gegen Wilhelm Fickenscheer, Karl Raddatz, Günther Seigewasser und Lucie Gablonski sollte weiter ermittelt, die anderen Verhafteten hingegen zügig abgeurteilt werden.[16] Erich Mielke machte im November 1961 vor dem ZK der SED die Zielsetzung deutlich, mit der die Ermittlungen geführt wurden:

---

12 HA V/2, Sachstandsbericht zum Operativvorgang »Rüssel«, 2.12.1959. BStU, ZA, AOP 4617/63, Band 4, Bl. 92-100, 100.

13 Vgl. HVA/II/5 an HA/V, 23.2.1964. BStU, ZA, AOP 4617/63, Band 4, Bl. 119 f.

14 Vgl. HVA II/5 an HA/V, 7.11.1960. BStU, ZA, AOP 4617/63, Band 4, Bl. 133; zum Streit mit Weber vgl. Abteilung II, Auszug aus einem Treffbericht, 23.1.1961. BStU, ZA, AOP 4617/63, Band 4, Bl. 133.

15 In diesem Zusammenhang wurden festgenommen: Karl Raddatz, Karl Block, Karl Wesenick, Helga und Wilhelm Fickenscheer, Heinz Noppeney, Wilhelm Tichauer, Werner Höppner, Elisabeth Huener, Gudrun Raddatz und Lucie Gablonski.

16 Vorschlag: Abschluss der Untersuchungen im Ermittlungsverfahren gegen Fickenscheer, Wilhelm, Raddatz, Karl u. a. HA IX/2, 19.6.1961, hier zitiert nach Staatsanwaltschaft II beim Landgericht Berlin, 29/2 JS 1376/92, Band 1a, Bl. 32-49.

»Aber ich frage Euch, Genossen, wie kann man kämpfen, wenn solche Leute wie Schirdewan, Wollweber, Raddatz und Brandt, die auf hohen wichtigen Funktionen saßen, von allen Maßnahmen, die wir zur Festigung unserer Republik ergriffen, den Feind informierten, die Verteidigungskraft zersetzten und sich hinterhältig verhielten.«[17]

Mit den ehemaligen Politbüro-Mitgliedern Schirdewan und Wollweber war der potenzielle Kreis der Verdächtigen erweitert. Allerdings war allein Brandt tatsächlich im Kontakt mit westlichen Stellen gewesen. Ganz offensichtlich ergaben die Verhöre Brandts und Raddatz' keine überzeugenden Anklagemöglichkeiten gegen Schirdewan oder Wollweber, weshalb das Politbüro des ZK der SED im März 1962 festhielt, dass die Anklageschrift gegen Raddatz, Brandt und Fickenscheer »nur auf die drei Angeklagten zu konzentrieren« sei.[18]

Wie war der konkrete Ablauf der Entführung? Für die Durchführung war in Frankfurt am Main vor allem ein Mann wichtig: Hans Beyerlein, Sachbearbeiter in der Betriebsräte- und Vertrauensleuteabteilung der IG Metall-Vorstandsverwaltung und Nachbar von Heinz Brandt. Beyerlein wohnte in der Wohnung über der Familie in der Rohlederstraße 15, einem gewerkschaftlichen Neubau, und stand zum Ehepaar Brandt in freundschaftlichem Verhältnis.[19] Vermutlich stammen eine Reihe der HVA-Berichte von ihm, da sie eine intime Kenntnis des Familienlebens belegen.[20] Heinz Brandt und Beyerlein machten am Rande des Gewerkschaftstages der IG Metall in Berlin am 19. Oktober 1960 einen gemeinsamen Barbesuch. Beyerlein machte Brandt mit Eva Walter bekannt, die als MfS-Mitarbeiterin auf Brandt angesetzt worden war.[21] Brandt traf sich noch während des Gewerkschaftstages zweimal mit Eva Walter und blieb anschließend mir ihr im postalischen Kontakt. Er besuchte sie noch ein weiteres

17 Beitrag von Erich Mielke auf dem 14. Plenum des ZK, 26.11.1961. BA-SAPMO, DY 30/J IV 2/1/263, Bl. 12-25, 22.

18 Protokoll der Politbüro-Sitzung, 27.3.1962. BA-SAPMO, DY /30/J IV 2/2/821, Bl. 4 f.

19 Vgl. Vermerk, Frankfurt/Main, 29.5.1964 [Vernehmung Heinz Brandt]. Staatsanwaltschaft II beim Landgericht Berlin, 29 Js 55/94, Bl. 142-147.

20 Vgl. Abteilung II, Auszug aus einem Treffbericht, 23.1.1961. BStU, ZA, AOP 4617/63, Band 4, Bl. 133. Diese Berichtsauszüge blieben zumeist ohne Bezeichnung. Stasi-Akten zu Beyerlein existieren vermutlich nicht mehr. Beyerlein (1902–1979) gehörte von 1925 bis 1930 der NSDAP an, nach 1945 bis 1955 der KPD. Seit 1950 arbeitete er für die IG Textil und Bekleidung in Düsseldorf und wechselte 1957 zur IG Metall nach Frankfurt. 1964 setzte er sich in die DDR ab, wo er 1979 starb.

21 Eva Walter wurde 1928 geboren und lebte in Ostberlin. Für das MfS wurde sie 1960 geworben, vermutlich unter Androhung der Wegnahme ihres Kindes, da sie als Bardame in Westberlin arbeitete. Das MfS überprüfte im Januar 1964 die Rolle der westlichen Agenten bei der Entführung. Zu Beyerlein hieß es: »Die Quelle ›Straußberg‹ [d. i. Hans Beyerlein] hat in unserem Auftrag Brandt in die von der HA V festgelegte Bar eingeführt und dort an den G[esellschaftlichen] M[itarbeiter] der HA V herangeschleust.« HVA, Abt. II, 4.1.1964. In: BStU, ZA, MfS – Sekretariat des Ministers 1446, Bl. 139 f.

Mal in Berlin, ihre Zusammenkunft am 16. Juni 1961 war das dritte Treffen.[22] Brandt tappte geradezu unbedarft in die Falle der Stasi hinein. Er bemühte sich in der *Metall*-Redaktion, Dienstreisen nach Berlin zu erhalten, um mit Eva Walter zusammenzutreffen.[23]

Ungeklärt bleiben muss die Rolle von Heinz Dürrbeck, Vorstandsmitglied der IG Metall für den Bereich Jugend und Bildung. Gegen Dürrbeck wurde seit 1994 ermittelt, da in den Stasi-Unterlagen Hinweise auf einen dritten MfS-Mitarbeiter in der IG Metall-Hauptverwaltung gefunden wurden, der an der Entführung Brandts beteiligt gewesen sein soll.[24] Dürrbeck hatte seit 1956 Verbindungen in die DDR, die vermutlich über seinen Fahrer Ekkehard Ploner, der als Resident des MfS seit 1954 in der Bundesrepublik lebte, zu Stande gekommen waren. Eine Agententätigkeit konnte jedoch bereits in einem ersten Verfahren, das seit 1975 gegen Dürrbeck geführt wurde, nicht endgültig geklärt werden. Nach Annahme der bundesdeutschen Ermittlungsbehörden im zweiten Verfahren habe Dürrbeck Brandt beauftragt, im Juni 1961 zum Gewerkschaftskongress nach Berlin zu reisen. Allerdings scheint fraglich, inwieweit Dürrbeck, der durch die Abwesenheit des zweiten IG Metallvorsitzenden Alois Wöhrle zu dem Zeitpunkt für die Redaktion der *Metall* zuständig war, hier einen Auftrag erteilen musste.[25] Denn Brandt war von sich aus an Reisen nach Berlin interessiert. Erstaunlich bleibt auch, dass Ekkehard Ploner, der 1964 die Bundesrepublik verließ, nach seiner Vernehmung 1994 nicht in das Strafverfahren einbezogen wurde. Ploner war als Resident tätig. Er gab Informationen an Dürrbeck weiter. Mit der Entführung Brandts hatte er, so seine eigene Aussage, nichts zu tun.[26] Auch wenn es sich hier um eine Schutzbehauptung handeln kann, müsste Ploner als Verbindungsmann Dürrbecks in etwaige Entführungsvorbereitungen eingeweiht gewesen sein. Auch dieser Umstand spricht dagegen, dass Dürrbeck Brandt beauftragte, nach Berlin zu reisen. Zudem begann der Gewerkschaftskongress erst zwei Tage später. Brandt flog bereits am 16. Juni, um private Dinge zu erledigen.

Am 16. Juni 1961 traf sich Brandt mit Eva Walter zunächst in einem Café, anschließend gingen sie in ein von Walter bei dem Ehepaar Helga und Hellmuth Ast angemie-

---

22 Vermerk, Frankfurt, 29.5.1964 [Vernehmung Heinz Brandt]. Staatsanwaltschaft II beim Landgericht Berlin, 29 Js 55/94, Band 1, Bl. 142-147; Vernehmung Heinz Brandt am 23.6.1964. Ebd., Band 1a, Bl. 27-38.

23 Das fiel auch Annelie Brandt auf, die angesichts von Gerüchten in der IG Metall nach der Entführung, Brandt hätte noch Kontakte nach Ostberlin gehabt, an Werner Platschek schrieb: »Desweiteren haben IG-M-Leute angegeben, daß Heinz in den letzten Monaten auffällig interessiert gewesen sein soll, nach Berlin einen Dienstauftrag zu bekommen. (Das habe ich übrigens auch bemerkt, tippte dabei auf ein Mädchen.)«. Annelie Brandt an Werner Platschek, 28.6.1961. NLB.

24 Vermerk, ohne Datum, ohne Ort, über Quellen im Hauptvorstand der IG Metall. MfS Sekretariat des Ministers, BStU, ZA, MfS – Sekretariat des Ministers 1446, Bl. 111 f.

25 Vgl. zu den Hintergründen des Verfahrens gegen Dürrbeck: Benz, Dürrbeck.

26 Vgl. Vernehmung Ekkehard Ploner in Berlin durch Polizeibeamte, 10.11.1994. Staatsanwaltschaft II beim Landgericht Berlin, 29/2 JS 1376/92, Band 5, Bl. 62-70.

tetes Zimmer in Berlin-Steglitz. Hellmuth Ast betrieb ein Fotostudio und war seit 1954 Mitarbeiter der Stasi.[27] In der Wohnung trank Brandt, auf Drängen von Walter, zwei oder drei Gläser Whisky. In diesem Getränk war vermutlich das Betäubungsmittel, das Brandt zusammenbrechen ließ. Er wurde dann von zwei Mitarbeitern des MfS – einer von ihnen war Hellmuth Ast – in ein Auto gebracht und in das Untersuchungsgefängnis der Stasi in Hohenschönhausen gefahren.[28] Durchgeführt wurde die Entführung von der HA V/5, die für operative Maßnahmen wie Entführungen und Festnahmen zuständig war. Ihr Leiter, Heinz Volpert, war Führungsoffizier von Eva Walter. Volpert hat vermutlich die Entführung geplant.[29] Das Ehepaar Ast und Eva Walter setzten sich nach der Entführung in die DDR ab, wo sie verblieben.

Nach der Verschleppung war nicht mehr die HA/V mit dem Fall befasst, sondern die Untersuchungsabteilung der Stasi, HA/IX. Aufgabe dieser Abteilung war es, Prozesse vorzubereiten und Aussagen so aufeinander abzustimmen, dass ein Gerichtsverfahren problemlos geführt werden konnte. Ziel der Verhöre war es, »schauprozessfähige Fiktionen zu erzeugen«.[30] Dieses Bemühen ist auch aus den Vernehmungen Brandts und dem anschließenden Prozess zu erkennen. Mehrere Monate lang wurde Brandt immer wieder vernommen. Zwar hat Brandt nach der Freilassung betont, dass er nicht gefoltert worden sei, auch nächtliche oder tagelange Verhöre habe er nicht erleiden müssen.[31] Dennoch brauchte Brandt einige Zeit, um sich von der Wirkung des Betäubungsmittels und dem Schock der Entführung zu erholen.[32] Zum Konzept der Vernehmungen der Stasi gehörte es, dass ein Vernehmer allein die Verhöre vornahm. Damit sollte eine enge Bindung an den Vernehmer erzielt werden, damit er weniger als

27 Vermerk Generalbundesanwaltschaft, 16.8.1967, hier zitiert nach Staatsanwaltschaft II beim Landgericht Berlin, 29/2 JS 1376/92, Band 3, Bl. 400.

28 Die einzige Unklarheit bei dem Ablauf der Entführung besteht hinsichtlich des Ortes, an dem das Betäubungsmittel zu wirken begann. Brandt selbst sagte aus, dass er die Wohnung noch verlassen habe und dann auf der Straße zusammengebrochen sei, wo er von vier Männern in Empfang genommen wurde. (Vgl. Vermerk, Frankfurt, 29.5.1964 [Vernehmung Heinz Brandt], hier zitiert nach Staatsanwaltschaft II beim Landgericht Berlin, 29 Js 55/94, Bl. 142-147; Brandt, Traum, 339.) Hellmuth Ast sagte gegenüber bundesdeutschen Ermittlungsbehörden 1982 aus, dass Brandt nicht auf der Straße, sondern aus der Wohnung verschleppt worden sei. Vgl. Vernehmung von Hellmuth Ast durch Richter am Amtsgericht Kassel Otto, 17.9.1982. Hier zitiert nach Staatsanwaltschaft II beim Landgericht Berlin, 29/2 JS 1376/92, Band 3, Bl. 62-68, 64. Ast war als Rentner nach Kassel gereist und wurde aufgrund des bestehenden Haftbefehls festgenommen. Da er jedoch allein seine Frau beschuldigte, die Entführung mit geplant zu haben, wurde er wieder freigelassen, da seine Schutzbehauptungen nicht zu widerlegen waren.

29 Volpert (1931–1986) leitete von 1956 bis 1964 die Abteilung V/5 und war anschließend stellvertretender Leiter der umbenannten HA XX. Er war an mehreren Entführungen beteiligt. Vgl. Fricke/Engelmann, Schläge, 206.

30 Jürgen Zarusky: Widerstand als Hochverrat 1933–1945. Eine Mikrofiche-Edition des Instituts für Zeitgeschichte. In: VfZ 42 (1994), 4, 671-676, 676.

31 Brandt, Traum, 340.

32 Ebd., 339.

Vertreter der Staatsmacht denn als Vertrauter gesehen werde.[33] Im Falle Brandts war es Oberstleutnant Klaus Herzog von der HA IX/2/3, dem diese Aufgabe zufiel.[34] Brandt wurde nach seiner Festnahme angeboten, in der DDR ein angenehmes Leben führen zu können, wenn er sich als westlicher Agent und reumütiger Rückkehrer der Öffentlichkeit präsentiere. Dieses Angebot hat Brandt entrüstet abgelehnt und darauf bestanden, dass seine Festnahme ein politisches Debakel für die DDR sei.[35] Herzog behauptete in einer Stellungnahme an Mielke 1964, dass Brandt eine konkrete Zusammenarbeit nicht angeboten worden sei, er allerdings anfangs im Unklaren gelassen wurde, was mit ihm passieren solle. Laut Herzog bot Brandt jedoch an, dass er im Westen erfolgreicher für Abrüstung kämpfen könne denn als Gefangener in der DDR.[36] Auf diese politische Argumentation kam Brandt im Laufe seiner Vernehmungen und während seiner Inhaftierung immer wieder zurück. Es scheint hier noch ein Rest von Gemeinsamkeit mit den Vernehmern auf, da Brandt an eine politische Rationalität appellierte. Es zeigte sich, dass er mit einem weitgehend ungebrochenen Selbstbewusstsein der Stasi gegenübertrat. Denn die Isolation, in der Brandt sich während der langen Untersuchungshaft befand, zielte auch darauf ab, die Aussagebereitschaft zu erhöhen.[37] Die überlieferten Vernehmungen zeugen von einer weitgehenden Einlassung Brandts auf diese Extremsituation. In den Vernehmungsprotokollen, die Brandt Seite für Seite abzeichnete, berichtete er ausführlich über seine Teilnahme am IG-Metall-Gewerkschaftstag in Berlin, Verbindungen zu privaten Bekannten oder Frauenbekanntschaften.[38] Brandt bekannte sich offen zu seiner Gegnerschaft zu Ulbricht und zur Zusammenarbeit mit dem Ostbüro der SPD und hat so seine Identität als Antistalinist gefestigt. Gleichzeitig betonte er seine Zugehörigkeit zum linken Flügel der IG Metall.[39] Indem Brandt gegenüber der Stasi immer wieder die Richtigkeit seiner Überzeugungen darzulegen versuchte, suchte er sich in dieser prekären Situation als ein politisches Subjekt zu behaupten.

Herzog fasste im August 1961 die Ergebnisse der Vernehmungen zusammen. Danach hatte Brandt zugegeben, seit 1946 mit Siggi Neumann in Verbindung gestanden und ab 1956 für das Ostbüro der SPD gearbeitet zu haben.[40] Er sollte von Neumann

---

33 Petra Morawe: Untersuchungshaft bei der Staatssicherheit der DDR: Realitätsdiffusion infolge psychischer Folter. In: Bios 12 (1999), 191-208, 202.

34 Herzog (1935–1990) war 1960 bis 1962 Hauptsachbearbeiter, anschließend bis 1965 Leiter des Referats IX/2/3. Vgl. Kaderkarteikarte Klaus Herzog, hier zitiert nach Staatsanwaltschaft II beim Landgericht Berlin, 29/2 JS 1376/92, Band 1a, Bl. 68 f.

35 Vgl. Brandt, Traum, 339 f.; Erkennungszeichen Teddybär, Der Stern 14.6.1964, 97-101, 100.

36 Stellungnahme von Hauptmann Herzog an Minister Mielke, 9.1.1964. BStU, ZA, Sekretariat des Ministers 1446.

37 Morawe, Untersuchungshaft, 200 f.

38 Vgl. Vernehmungen vom 27.7.1961, 28.7.1961, 24.10.1961. BStU, ZA, HA XX 1655, Bl. 9-49.

39 Vernehmung vom 27.7.1961. BStU, ZA, HA XX 1655, Bl. 9-19, 11.

40 Sachstandsbericht, HA IX/2, 28.8.1961. Hier zitiert nach Staatsanwaltschaft II beim Landgericht Berlin, 29/2 JS 1376/92, Band 1, Bl. 193-209.

einen angeblich »generellen Auftrag« erhalten haben, über alles zu berichten, was interessant sei. Diese Formulierung verweist darauf, dass für die Zeit vor 1956 Konkretes gegen Brandt nicht vorlag.[41] Es taucht die Frage auf, warum Brandt in den Vernehmungen und im Prozess eine solch langjährige Zusammenarbeit mit dem Ostbüro der SPD behauptete. Brandt hat gegenüber seinem DDR-Rechtsanwalt Friedrich Wolff geäußert, er habe bei der Darstellung der Dauer und des Umfanges seiner konspirativen Tätigkeit für das Ostbüro der SPD übertrieben, um – so die im ersten Moment erstaunliche Begründung – eine hohe Strafe zu erhalten, damit er ausgetauscht werden könne.[42] Die innere Rationalität ist jedoch unverkennbar: Da Brandt mit dem Ostbüro zusammengearbeitet hatte, war die Übertreibung in Zeit und Umfang geeignet, im Westen die Anklage unglaubwürdiger erscheinen zu lassen. An dem Verfolgungsinteresse der Partei änderte es sowieso nichts. Die Erfahrungen aus den stalinistischen Schauprozessen waren zu eindeutig, als dass eine reale Verteidigung sinnvoll erschien.

Über die Anklage wurde vom Politbüro der SED eine endgültige Entscheidung getroffen, wie es bei politisch bedeutsamen Verfahren die Regel war.[43] Auf der 14. Tagung des ZK im November 1961 berichtete Mielke über die allgemeine Sicherheitslage und ging ausführlich auf Heinz Brandt ein. Mielke entwarf in einem Parforceritt das Szenario einer von Agenten durchsetzten und umzingelten DDR. Brandt und Raddatz – Mielke nannte aber auch Wollweber und Schirdewan – hätten gezeigt, dass es den Feinden auch gelänge, in die Partei einzudringen. Gleichzeitig schränkte er ein: »[...] wobei in jedem Falle parteifeindliche Einstellungen, Unaufrichtigkeit der Partei gegenüber, Amoralität, Trunksucht, Prahlerei, Überheblichkeit, Machthunger und Geltungsbedürfnis die Basis dafür waren.«[44] Mielke versuchte, die Genannten mit der Harich-Gruppe in Verbindung zu bringen, da eines ihrer Ziele die Absetzung Walter Ulbrichts und die Annäherung an die Sozialdemokratie gewesen sei. Dieser Stimmungsbericht sollte die Bedrohung unterstreichen.

Erst im Februar 1962 verhandelte das Politbüro schließlich über einen Prozess. Mielke wurde beauftragt, eine Anklageschrift vorzulegen, die die Agententätigkeit von Brandt und Raddatz zum Hauptinhalt haben sollte.[45] Mielke erhielt auch noch die Gelegenheit, auf der 15. Tagung des ZK der SED Mitte März 1962 erneut zu der Gefahr von Agenten zu sprechen. Mielke entfaltete ein Szenario, in der neben Brandt und

41 Vgl. Anklageschrift des Generalstaatsanwaltes der DDR gegen Heinz Brandt, Wilhelm Fickenscheer und Karl Raddatz, 17.4.1962. Hier zitiert nach Staatsanwaltschaft II beim Landgericht Berlin, 29 Js 55/94, Band 1, Bl. 50-79, Bl. 57.

42 HA XX/2, Bericht über Gespräch mit Rechtsanwalt Wolff, 13.5.1964. BStU, ZA, HA XX 1615, Bl. 1-4, 4.

43 Vgl. zu einer Vielzahl von Fällen: Falco Werkentin: Politische Strafjustiz in der Ära Ulbricht. Vom bekennenden Terror zur verdeckten Repression, Berlin, ²1997.

44 Rede von Erich Mielke auf der 14. Tagung des ZK der SED, 23.–26.11.1961. BA-SAPMO, DY 30/J IV2/1/263, Bl. 12-25, Bl. 21.

45 BA-SAPMO, DY 30/J IV 2/2/817, Bl. 3.

Raddatz vor allem Schirdewan und Wollweber in das Zentrum der Anklage gerückt wurden.[46] Ende März lag eine erste Fassung der Anklageschrift vor, die von Generalstaatsanwalt Streit unterschrieben war. In den dürren Worten des Protokolls wurde festgehalten, dass Mielke die Anklageschrift »entsprechend der Diskussion« umzuarbeiten habe. Offenbar war man im Politbüro zur Ansicht gekommen, Schirdewan und Wollweber aus der Anklage wieder herauszuhalten. Das Politbüro wollte später beschließen, was »hinsichtlich der gegen sie [Schirdewan und Wollweber] erhobenen Vorwürfe zu geschehen hat«.[47]

Die Anklage in der überarbeiteten Fassung war gegen Brandt, Fickenscheer und Raddatz gerichtet, die wegen schwerer Spionage vor dem 1. Strafsenat des Obersten Gerichts der DDR angeklagt wurden, Brandt zusätzlich wegen staatsgefährdender Propaganda.[48] Karl Raddatz arbeitete bis zu seiner Verhaftung am 22. Juni 1960 als Abteilungsleiter beim Ausschuss für Deutsche Einheit. Wilhelm Fickenscheer war als freiberuflicher Übersetzer in Berlin tätig.[49] Fickenscheer und Brandt kannten sich überhaupt nicht. Die Anklage war gewissermaßen der dürftige Rest, der von der Oppositionsgruppe übrig geblieben war. Raddatz und Brandt waren politisch am bedeutsamsten, Fickenscheer war durch die tatsächliche Verbindung zum Bundesnachrichtendienst interessant. Daher wurden diese Drei zusammen angeklagt, während die anderen Betroffenen, denen kaum Verbindungen in den Westen nachgewiesen werden konnten, gesondert verurteilt wurden.[50] Die Konstruktion der Anklage gruppierte sich um Karl Raddatz: Raddatz konnte nur vorgeworfen werden, dass er mit Brandt und Fickenscheer im Kontakt stand und mit ihnen politisch diskutierte. Direkte Verbindungen zu westlichen Stellen hatte er nicht. Man behalf sich mit der Behauptung, dass Raddatz von den jeweiligen Verbindungen wusste und daher ebenfalls ein Agent gewesen sei. Eine Vielzahl von Allgemeinplätzen wurde versammelt, die Raddatz verraten haben soll. Darunter zum Beispiel auch der »Verrat« von Terminen und Inhalten von Pressekonferenzen des Ausschusses für Deutsche Einheit.

Vom 3. bis 10. Mai 1962 wurde vor dem Obersten Gericht der DDR unter dem Vorsitz von Richter Walter Ziegler verhandelt. Ziegler war erst wenige Tage zuvor als Vizepräsident des Obersten Gerichts berufen worden, nachdem er 1957 wegen »Liberalismus« vom Obersten Gericht zum Bezirksgericht Frankfurt/Oder strafver-

46 BA-SAPMO, DY 30/J IV 2/1269, Bl. 72-89; Darstellung auch bei Wilfriede Otto: Erich Mielke. Biographie, Berlin 2000, 303-305.

47 BA-SAPMO, DY 30/J IV 2/2/821, Bl. 4-5.

48 Anklage des Generalstaatsanwaltes der DDR, 17.4.1962. Hier zitiert nach Staatsanwaltschaft II beim Landgericht Berlin, 29 Js 55/94, Band 1, Bl. 50-79.

49 Fickenscheer (1916–1983), der kurze Zeit in der Legion Condor gedient hatte und Kriegsteilnehmer war, hatte nach dem Krieg Volkswirtschaft studiert und bis 1954 im Verlag »Kultur und Fortschritt« gearbeitet, anschließend als freiberuflicher Übersetzer, unter anderem aus dem Russischen. Er soll seit 1955 mit dem Bundesnachrichtendienst in Kontakt gestanden haben.

50 Vgl. Claudia Georg/Andreas Herbst: Karl Raddatz – Stationen eines Lebens, unveröffentlichtes Manuskript, Bl. 5. Für die Überlassung danke ich Andreas Herbst recht herzlich.

setzt worden war.[51] Als Verteidiger für Brandt und Fickenscheer trat Rechtsanwalt Friedrich Wolff auf, der von Posser gebeten worden war, das Mandat zu übernehmen.[52] Im Verständnis der DDR war es kein Geheimprozess, da eine ausgesuchte Öffentlichkeit zugelassen war. Allerdings wurde der Prozesstermin im Westen nicht bekannt. Drei Tage dauerte die Beweisaufnahme, am 10. Mai wurde nachmittags das Urteil verkündet.

Alle drei Angeklagten wiederholten ihre Aussagen und gestanden die angeklagten Straftaten.[53] Die Umstände der Verhaftung wurden nicht thematisiert. Brandt versuchte, Raddatz zu schützen, in dem er hervorhob, dass er nichts von seiner Verbindung zum Ostbüro gewusst hätte. Auch Raddatz stritt dies ab. Sein politisches Selbstbewusstsein behielt Brandt bei, auch wenn er die Rolle des reuigen Angeklagten spielte. Auf die Frage des Gerichts, wie er seine Briefe aus Westberlin heute einschätze, antwortete er: »Ich glaubte an den Inhalt der Briefe, obwohl ich sie heute für sehr stark halte.«[54] Von den elf Zeugen, die auftraten, sagten nur zwei zu Brandt aus: Es waren Martin Böttcher und Arno Hausmann. Ihre Tätigkeit für die Stasi legten sie nicht offen, berichteten vielmehr von den »Anwerbegesprächen«. Böttcher behauptete entgegen den Tatsachen, dass vor allem der Kontakt zu Raddatz wieder hergestellt werden sollte.[55] Damit war der Zielsetzung des Prozesses gedient, Raddatz zu verurteilen. Brandt verzichtete am Ende der Verhandlung auf ein Schlusswort. Er wollte sich nicht dazu verleiten lassen, die Behandlung durch die Stasi als korrekt zu bezeichnen, da er die Entführung nicht thematisieren durfte.[56]

Die Verurteilung der drei Angeklagten stand schon vorher fest. Das Gericht blieb jedoch unter den Forderungen der Generalstaatsanwaltschaft: Sie hatte für Brandt 15 Jahre gefordert, das Gericht verhängte nur 13 Jahre Zuchthaus wegen schwerer Spionage in Tateinheit mit staatsgefährdender Propaganda und Hetze. Fickenscheer wurde zu zwölf, Raddatz zu sieben Jahren und sechs Monaten Zuchthaus verurteilt. Rechtsanwalt Wolff erinnerte an die kommunistische Überzeugung Brandts und machte individuelle Charakterschwächen verantwortlich. Dies war in das Urteil eingeflossen: Da der

> »Ausgangspunkt des vom Angeklagten begangenen Verbrechens nicht sofort eine offene Feindschaft gegenüber der Entwicklung im Osten Deutschlands war, sondern seine irrigen Vorstellungen von der Möglichkeit einer Versöhnung der antagonistischen Klassengegensätze ihn zu einem Verbrecher werden ließen, […]

51 Werkentin, Strafjustiz, 295 f.

52 Posser, Anwalt, 332.

53 Vgl. das Verlaufsprotokoll der Verhandlung. Hier zitiert nach Staatsanwaltschaft II beim Landgericht Berlin, 29 Js 55/94, Bl. 88-111.

54 Ebd., Bl. 94.

55 Ebd., Bl. 103 f.

56 Brandt, Traum, 340.

sah das Oberste Gericht [...] eine Zuchthausstrafe von dreizehn Jahren als ausreichenden Schutz der Arbeiter-und-Bauern-Macht an«.[57]

Brandt nahm das Urteil gefasst auf. Über seinen Anwalt Friedrich Wolff ließ er seiner Frau Grüße übermitteln. Er versicherte ihr, dass er trotz des Verfahrens nichts von seiner politischen Überzeugung aufgegeben habe. »Er legt großen Wert darauf, daß seine Söhne nicht mit irgend welchen Ressentiments gegen die DDR erfüllt werden«, schrieb Wolff.[58] Die Familie sollte jedoch auch einen Umzug in die Schweiz oder nach Mexiko erwägen. Brandt nannte auch Literatur, die seine Kinder lesen sollten: die Einleitung Marx' zur Hegel'schen Rechtsphilosophie, Voltaires Schrift zur Toleranz und Kants Schriften *Was ist Aufklärung?* und zum *Ewigen Frieden*. Es verwundert nicht, dass Anneliese Brandt diese Nachrichten als politisches Testament Brandts las. Aber sie verstand die Grüße, die Brandt übermitteln ließ, auch als politischen Wink: Denn mit Erich Fromm, Otto Brenner und Ossip und Lili Flechtheim nannte Brandt Personen, von deren Einsatz er sich Hilfe versprach.[59]

Der politische Schauprozess, wie Erich Mielke ihn wohl geplant hatte, war zu einem nachrangigen Prozess geworden, den man in der DDR-Öffentlichkeit nur sehr verhalten kommunizierte. Im *ND* wurde das Urteil kurz erwähnt und der Lebensweg der drei Angeklagten hervorgehoben, ohne die Verfolgungsgeschichte Brandts und Raddatz' zu erwähnen.[60] Angesichts des internationalen Aufschreis, den die Verurteilung hervorgerufen hatte, erschien im *ND* zwei Tage später noch der Kommentar »Lehren eines Prozesses«. Mit gespielter Arroganz wurde darin behauptet, das »hysterische Geschrei« über das Urteil beweise nur, dass »der Schlag gesessen hat«.[61]

Die Zurückhaltung bei der propagandistischen Auswertung in der DDR hat ihren Grund vermutlich auch in den massiven Interventionen aus dem Westen gehabt. Die Kampagne für eine Freilassung Brandts mag die SED-Führung davon abgehalten haben, in die propagandistische Offensive zu gehen. Zu Recht setzte Heinz Brandt auf die Freilassungskampagne die Hoffnung, dass er keine 13 Jahre im Zuchthaus verbringen muss. Nach der Verurteilung wurde Brandt am 27. Juli 1962 vom Untersuchungsgefängnis Hohenschönhausen in die Strafanstalt Bautzen II verlegt.[62] Die große Zahl von Einzelzellen und die versteckte Lage machte Bautzen II für die Stasi als Gefängnis für politische Häftlinge interessant. Seit 1956 führte die Stasi inoffiziell das Gefängnis.[63] Bautzen II war eine »Art Hochsicherheitsgefängnis«, in dem Opfer von Verschleppungen aus dem Westen und prominente politische Häftlinge untergebracht

57 Ebd., 25.

58 Friedrich Wolff an Annelie Brandt, 11.5.1962. NLB; vgl. auch Annelie Brandt an Friedrich Wolff, 19.5.1962 und Friedrich Wolff an Annelie Brandt, 29.5.1962, NLB.

59 Annelie Brandt an Ossip Flechtheim, 24.5.1962. NLB.

60 Spione verurteilt, ND (B) 11.5.1962.

61 Lehren eines Prozesses, ND (B) 13.5.1962.

62 Aufnahmebogen Heinz Brandt. BStU, ZA, StVA Berlin 15118, Bl. 4.

wurden. Die Zahl der Gefangenen schwankte zwischen 150–180.[64] Wie Brandt waren viele der Gefangenen in Einzelhaft und hatten keinerlei Kontakt zueinander.[65]

Der Alltag in den DDR-Gefängnissen war Anfang der 60er-Jahre von einer strikten, an militärischer Ordnung orientierten Haftordnung geprägt.[66] Die Gefangenen durften sich nur mit ihrer Gefangenennummer melden und wurden auch nur mit ihr angesprochen.[67] Brandt hatte bei seiner Einlieferung nach Bautzen die Nummer 362, später 558 erhalten. Er hatte sich durch seine langjährige Erfahrung in Gefängnissen eine Reihe von Strategien angeeignet, mit Entindividualisierung und Entwürdigung, aber auch der Eintönigkeit des Gefangenendaseins umzugehen. Dazu gehörte die Einstellung auf Gefahrensituationen bis hin zur Erwartung und gedanklichen Vorbereitung einer Hinrichtung. Brandt bezeichnete sich selbst als »gefaßte[n] Geist«, der sich auch auf die Situation der Einzelhaft einstellen konnte.[68] Er hob später immer hervor, dass angesichts des »sozialistischen« Gefängnisses die klaren politischen Fronten, aus denen er während der nationalsozialistischen Haft Kraft schöpfte und Widerstand entwickelte, hier verschwommen waren. Die letztlich drei Jahre Haft durchstand Brandt durch intensive Selbstversicherung und einer politischen Identität als Antistalinist.[69] Die Gefängnisorgane betrachteten Brandt als ruhigen und unauffälligen Strafgefangenen, der innerhalb des Zuchthauses nicht durch Regelverstöße auffiel, auch wenn er seine politisch ablehnende Haltung gegenüber der DDR beibehielt.[70]

Die meiste Zeit seiner Inhaftierung war Brandt abgeschnitten von sozialen Kontakten und verbrachte den Tag in seiner Zelle oder einer speziellen Arbeitszelle. Er bohrte Öffnungen in Schaltelementen für Relais aus, eine Arbeit für das VEB Elektroschaltgerätewerk Oppach/Oberlausitz.[71] Brandts Zellentür in Bautzen war mit einer roten

---

63 Karl Wilhelm Fricke: Der Strafvollzug in Bautzen während der realsozialistischen Diktatur (1950 bis 1989). In: Fricke, Karl Wilhelm (Hrsg.): Humaner Strafvollzug und politischer Missbrauch. Zur Geschichte der Strafvollzugsanstalten in Bautzen 1904 bis 2000, Dresden 1999, 118-186, 146-150.

64 Zitat und Zahlen: Ebd., 145.

65 Vgl. die Berichte der ehemaligen Häftlinge Karl Wilhelm Fricke und Gustav Just in: Wege nach Bautzen II. Biographische und autobiographische Porträts, eingeleitet von Silke Klewin und Kirsten Wenzel, Dresden 1998.

66 Klaus-Dieter Müller: »Jeder kriminelle Mörder ist mir lieber …« Haftbedingungen für politische Häftlinge in der Sowjetischen Besatzungszone und der Deutschen Demokratischen Republik und ihre Veränderungen von 1945–1989. In: Ders./Annegret Stephan (Hrsg.): Die Vergangenheit läßt uns nicht los. Haftbedingungen politischer Gefangener in der SBZ/DDR und deren gesundheitliche Folgen, Berlin 1998, 15-137, 52.

67 Fricke, Strafvollzug, 148.

68 Brandt, Traum, 16.

69 Vgl. diskus-Interview; Heinz Brandt: Im Loch von Bautzen. Selbstbildnis aus der Zellen-Perspektive. In: Hans-Jürgen Schultz (Hrsg.): Trennung, Stuttgart 1984, 224-236.

70 Hauptwachtmeister A. Donath, Einschätzung Strafgefangener 362 [Heinz Brandt], Bautzen 26.10.1963. BStU, ZA, StVA Berlin 15118, Bl. 46.

71 Beschreibung der Tätigkeit: Brandt, Traum, 16; Angaben zum Elektrowerk: Fricke, Strafvollzug, 156.

Eins und einem roten Querstrich versehen, womit seine Stellung als Einzelhäftling der Isolierstufe 1 markiert wurde. Bei sozialen Anlässen wie Filmvorführungen wurde Brandt von den anderen Gefangenen isoliert. Das dreijährige Schweigen, das Brand die meiste Zeit umgab, versuchte er durch die Erinnerung an literarische Texte und eigene Inszenierungen zu durchbrechen. An seine Frau schrieb Brandt, dass er den Hamlet inszeniert habe, mit sich als Hauptdarsteller, Regisseur und Publikum.[72] Solche Selbstgespräche und Tagträume bergen die Gefahr des Realitätsverlusts. Brandt versuchte durch Lektüre aus der Gefängnisbibliothek, aus der großen literarischen Bildung, die er besaß und der Beobachtung kleiner Vorkommnisse – wie einem brütenden Vogelpaar auf der Gefängnismauer – Anregungen zu erhalten und sich immer deutlich vor Augen zu führen, dass er Selbstgespräche führe.[73] Besuche erhielt er nicht, nur sein Anwalt Wolff war dreimal zu längeren Gesprächen in Bautzen. Kurze Gespräche waren nur mit Funktionshäftlingen wie dem Häftlingsarzt oder dem Kalfaktor möglich.[74] Aus diesem Kreis erfolgten im Frühjahr 1964 auch einige Besuche eines Gefangenen in der Zelle von Brandt. Allerdings handelte es sich hierbei um einen auf ihn angesetzten Spitzel der Stasi.[75] Die Qualen, die der isolierte Häftling Brandt durchleben musste, drückt eines der wenigen Zitate aus, in denen Brandt sich zu den psychischen Belastungen äußerte:

> »Manchmal schrecke ich des Nachts mit einem Entsetzensschrei auf: Ich habe in der Bautzener Zelle vom KZ geträumt. Sonst fühlte ich mich – wachwerdend – frei, erlöst. So aber bin ich aus dem Alptraum KZ in die Wirklichkeit Isolierungshaft gerissen – kein schönes Erwachen.«[76]

Brandt litt nach dem Kriege vor allem in der Nacht unter Albträumen und wachte oft schreiend auf, eine Folge der Konzentrationslagerhaft.[77]

Zu der Isolierung in Bautzen kam der fehlende Kontakt zu seinen Angehörigen und zur Außenwelt. Erst nach der Verurteilung, im Juni 1962, erhielt Brandt das erste Mal einen Brief von seiner Frau ausgehändigt. Annelie Brandt hielt sich in ihren Briefen bewusst zurück, um keinen Vorwand zur Nichtaushändigung zu geben und schrieb fast ausschließlich über familiäre Angelegenheiten, Theaterbesuche und Literatur. Zum Ende des Jahres 1962 verlief der Briefverkehr normal, einmal im Monat

72 Heinz Brandt an Annelie Brandt, Brief Nr. 18 (September 1963). NLB.

73 Vgl. diskus-Interview, 42.

74 Brandt, Traum, 30 f.

75 Vgl. die Berichte des Gefangenen 167 in BStU, ZA, HA XX 1615: Bl. 366 f. und Bl. 379-381.

76 Brandt, Loch, 228.

77 Zu den Schlafstörungen von Brandt vgl. Ärztliches Gutachten über Heinz Brandt von Dr. W. Günther, Schwaig über Nürnberg, 8.11.1960; Ärztliches Gutachten über Heinz Brandt von Erich Fromm, Mexiko-Stadt, 5.4.1965; Annelie Brandt an Werner Platschek, 28.6.1961. Alle drei Dokumente im NLB.

konnten sich die Eheleute schreiben. Über die vielfältigen Aktivitäten, die zu seiner Freilassung entfaltet wurden, erfuhr der Gefangene konkret nichts. Allerdings las er aus manchen Formulierungen, so wenn Annelie Brandt über ein neues Buch von Bertrand Russell schrieb oder indirekt Erich Fromm erwähnte, dass man sich für seine Freilassung einsetzte.[78] Brandt ging davon aus, dass weder die Familie noch sein politisches Netzwerk ihn vergessen hätten. Als Wolff im November 1962 einen weiteren Besuch in Bautzen abstattete – auf Drängen von Annelie Brandt – schrieb er an seine Familie: »[…] ich sehe daraus, daß Ihr, liebste Leute, in allem an mich denkt und alles Menschenmögliche für mich tut – soweit es in unserer Hand steht.«[79] Brandt versuchte, über die Briefe an seine Frau Nachrichten über die Hintergründe der Entführung zu übermitteln. Im Frühjahr 1964 startete Brandt in der Überzeugung, dass im Westen das Wirken von Beyerlein bekannt sei, einen eigenwilligen Vorstoß, seine Freilassung zu erreichen, in dem er die DDR-Behörden unter Druck zu setzen versuchte. Dies ist im übernächsten Kapitel dargestellt. Dieser Vorstoß bedeutete für Brandt vor allem die Möglichkeit, in der Situation fast vollständiger Isolierung aktiv zu werden. Diese Kraft kennzeichnete Brandt auch in der Haft.

## 2 »Testfall für die Entspannungspolitik des Ostens«: Die internationale Solidaritätskampagne für Heinz Brandt 1961–1964

Eine Freilassungskampagne[80] für einen in die DDR Verschleppten hatte an sich eine positive Resonanz in der Bundesrepublik zu erwarten. Die Kampagne für Heinz Brandt wurde jedoch von linken Kräften getragen, die bemüht waren, sich von einem hegemonialen Antikommunismus abzusetzen. Gerade spektakuläre Fälle von Entführungen aus dem Westen standen schnell im Blickpunkt des öffentlichen Interesses. Dies galt besonders für die Entführung von Heinz Brandt. Eine Freilassungskampagne wurde initiiert, die aus den üblichen Thematisierungen von DDR-Gefangenen deutlich heraussticht. Dies wirft die Frage auf, welches die besonderen Komponenten waren, eine solch große und international wirkungsvolle Kampagne zu organisieren und schließlich auch zum Erfolg zu führen. Lag es an dem Geschick der tragenden Kräfte der Kampagne? Hatte Heinz Brandt durch seine politischen Aktivitäten im Westen so viele Unterstützer gewinnen können, die vor allem aus dem linken Spek-

78 Brandt, Loch, 231.
79 Heinz Brandt an Annelie Brandt, Brief Nr. 9, ohne Datum (Dezember 1962). NLB.
80 Unter Freilassungskampagne wird hier verstanden, dass ein spezifischer Personenkreis über einen längeren Zeitraum kontinuierlich versucht, die Inhaftierung eines Gefangenen, vor allem über die Medien, ins öffentliche Interesse zu bringen. Gleichzeitig gehören auch Protestformen wie Demonstrationen, Protestresolutionen und Kundgebungen zu einer solchen Kampagne, mit denen auch eigene politische Forderungen verbunden werden.

trum in der Bundesrepublik kamen? Welche Rolle spielen die sich abzeichnende Entspannungspolitik und die Konturen einer Neuen Linken?

Die Kampagne für Brandt war trotz der beiden Mitangeklagten fast ausschließlich auf ihn zugeschnitten. Karl Raddatz wurde nur selten erwähnt, Fickenscheer so gut wie überhaupt nicht. Das Label der Kampagne, »Freiheit für Heinz Brandt«, fokussierte sich auf seine Person, seine Lebensgeschichte und seine politischen Überzeugungen. Getragen wurde die Freilassungskampagne von den Gewerkschaften, Teilen der Neuen Linken und der unabhängigen internationalen Friedensbewegung, die für Abrüstung und Entspannung eintrat. Brandt wurde in der Kampagne in mehrerer Hinsicht zu einer politischen Symbolfigur. »Der Fall war von Anfang an ein Symbol für den Unrechtscharakter der ostdeutschen Polizei- und Justiz-Praxis und wirkte überall in diesem Sinne« wurde nach der Freilassung resümiert.[81] Aber darüber hinaus war das politische Wirken Brandts nach der Flucht von großer Bedeutung. Die politische Lebensgeschichte Brandts, die Stilisierung zum aufrechten Sozialisten wurde zu einem zentralen Mobilisierungsmotiv in der Kampagne.[82] Darüber hinaus war es für Befürworter einer Annäherung der beiden Blöcke bedeutsam, Brandt als Kämpfer gegen den Kalten Krieg zu verstehen. Ebenso wurde Brandt für die 1961 gegründete neue Menschenrechtsbewegung Amnesty International (AI) zu einem wichtigen Symbol. Brandt entsprach dem von AI gefordertem Profil des gewaltfreien Bekenntnisgefangenen.[83]

Der organisatorische Kern der Freilassungskampagne lässt sich in drei Kreise trennen: Annelie Brandt, das internationale politische Freundschaftsnetzwerk Brandts und die IG-Metall in Frankfurt am Main. Die treibendste Kraft in der Kampagne war Annelie Brandt, die von Frankfurt aus unausgesetzt versuchte, immer neue Initiativen zur Freilassung zu starten und vor allem prominente Personen als Unterstützer zu gewinnen. Es ist sicherlich wenig überraschend, dass die Ehefrau des Verschleppten große Energien aufwandte, um die Freilassung ihres Mannes zu erreichen. Im Falle dieser Kampagne ist allerdings auffällig, dass Annelie Brandt mit großem politischen Geschick zwischen der IG Metall, den sozialistischen Freunden und internationalen Prominenten operierte, um der Freilassungsforderung immer neue Impulse zu geben. »She has borne all that has happened with such courage, with a complete lack of self-pity, at the same time doing everything that was possible with great intelligence and courage« charakterisierte Erich Fromm ihr Engagement.[84] Für einen Erfolg hielt Annelie Brandt öffentlichen Druck ebenso unerlässlich wie Gesprächskontakte in die DDR oder die Sowjetunion. Annelie Brandt, die der SED angehört hatte, war nach

---

81 Hanno Krämer: Kommentar, RIAS II, 24.5.1964, 12.40. Abschrift in: BStU, ZA, HA-XX 1615, Bl. 225.

82 Vgl. Carola Stern: Sein Leben war Kampf für die Freiheit. In: Metall 13 (12.7.1961), Nr. 13, 9.

83 Vgl. Mihr, Bemühungen. Zur Gründung von AI in der Bundesrepublik vgl. Carola Stern: Die Gründerjahre. In: Dies. (Hrsg.): amnesty international. Wer schweigt, wird mitschuldig, Frankfurt/Main 1981, 27-38.

84 Erich Fromm an Clara Urquuhart, 20.10.1963. EFA, Mappe Bertrand Russell.

der Flucht der SPD nicht beigetreten und trat wie ihr Mann für eine Politik der Abrüstung und Annäherung ein. Durch die Aufgabe ihrer Berufstätigkeit 1955 war Annelie Brandt in der Ehe weitgehend allein für die Erziehung und Versorgung der drei Kinder verantwortlich. Sie klagte über die Enge der häuslichen Arbeit und hätte gerne wieder eine berufliche Tätigkeit aufgenommen.[85] In seinem ersten Brief aus der Haft griff Heinz Brandt diese Situation auf:

> »Ich denke, daß so traurig auch alles ist, ein Gutes dabei ist, daß Du plötzlich vor Aufgaben standest und stehst, die das enge hauswirtschaftliche Joch, das Dich so einzwängte, etwas in den Hintergrund rückte – auch war es ja nicht so einfach mit mir.«[86]

Sozial war die Familie abgesichert, da die IG Metall das Gehalt Heinz Brandts unvermindert weiterzahlte.[87]

Die politisch tragende Rolle, die Annelie Brandt in der Freilassungskampagne wahrnahm, korrelierte bedingt mit der öffentlichen Darstellung ihrer Person. Die Verlassenheit der Frau und der drei Kinder wurde in den Vordergrund gerückt, um über dieses »Schicksal« Betroffenheit auszulösen.[88] Annelie Brandt nahm diese Rolle an, wenn es ihr politisch sinnvoll erschien. Vor einem Treffen mit dem Ostberliner Rechtsanwalt Friedrich Kaul schrieb sie: »Ich denke nicht daran, mich über den Prozeß als solchen bzw. dessen Ungerechtigkeit und meine Meinung auszulassen. Ich will als Frau auftreten, die den bestmöglichen Weg sucht, wieder zu Mann und Vater der Kinder zu kommen.«[89] Die schwierige Situation der Trennung war gewiss belastend für die Vierzigjährige und vor allem für die drei Kinder, aber allein dies Leiden in den Vordergrund zu rücken würde der politischen Rolle von Annelie Brandt nicht gerecht werden. Sie musste auch fürchten, als Mittäterin ihres Mannes – sie wusste von den Ostbüro-Verbindungen und hatte sie gebilligt – verdächtigt zu werden. Besuche in die DDR, um Heinz Brandt zu sehen, hat sie daher nicht unternommen.[90] (☛ vgl. Abb. 8, S. 262)

Der zweite Kreis der Kampagne war das politische Netzwerk, dass Brandt nach der Flucht in den Westen aufgebaut hatte. Diese Vertreter eines unabhängigen Sozialismus und Anhänger einer Entspannungspolitik lebten nicht allein in Deutschland

---

85 Annelie Brandt an Lili Flechtheim, 14.12.1962. NLB.

86 Heinz Brandt an Annelie Brandt, 5.6.1962. NLB.

87 Protokoll der GfV-Sitzung 3.7.1961. AdsD, IGMA G/263, unpaginiert; Annelie Brandt an Otto Brenner, 16.6.1963. NLB.

88 Vgl. Lothar Vetter: Seit drei Jahren sind die Kinder ohne Vater. Besuch bei der Familie Brandt, FR, 28.3.1964; Klaus Jellonek: Warten auf den Vater. Besuch bei der Familie von Heinz Brandt. In: Welt der Arbeit 15 (1964) Nr. 18.

89 Annelie Brandt an Werner Platschek, 15.1.1963. NLB.

90 Annelie Brandt an Erich Fromm, 29.12.1962. NLB.

**Abb. 8:** Inszenierung einer Familie: Stefan, Jürgen, Annelie und Regina Brandt posieren für ein Pressefoto 1964.

und konnten so sehr früh die internationale Ausrichtung der Kampagne forcieren. Dazu gehörten Erich Fromm in den USA und Mexiko, Ossip und Lili Flechtheim in Berlin, Gustave Stern und Jakob Moneta in Paris[91] sowie Werner Platschek in Stockholm. Sie kannten Brandt schon aus der Zeit vor 1933 – wie Platschek und Stern – oder hatten ihn nach seiner Flucht kennen gelernt und standen sich politisch nahe, so Moneta und die Flechtheims. Erich Fromm hatte Brandt zwar schon seit Langem finanziell unterstützt, persönlich getroffen hatten sie sich jedoch erst 1960 in Frankfurt. Für diese jüdischen Sozialisten war die Entführung von Brandt auch Ausdruck der stalinistischen Haltung gegenüber Linkssozialisten. Erich Fried, der in London beim deutschsprachigen Programm der BBC arbeitete und von Ossip K. Flechtheim über die Entführung informiert wurde, hielt eine Woche nach der Festnahme fest:

> »Der Schlag gegen Heinz Brandt ist wieder einmal ein Schlag gegen einen anständigen Menschen der Linken, gegen einen guten Sozialisten, gegen einen Gegner des Kalten Krieges! Es ist kein Zufall, dass gerade diese Menschen immer wieder zu Opfern des stalinistischen Gesindels werden.«[92]

91 Jakob Moneta wechselte erst Mitte 1962 nach Frankfurt/Main, um die Stelle des Chefredakteurs der *Metall* anzunehmen. AdsD, IGMA 1-1/111; Gespräch mit Jakob Moneta, Frankfurt/Main, 3.3.1999.

92 Sendeskript »Intimus«, written and read by Erich Fried, German Soviet Zone Programme, BBC, 26.6.1961. Manuskript im NLB.

Jakob Moneta hob kurz nach der Entführung gegenüber Annelie Brandt die Bedeutung der Persönlichkeit Brandts hervor:

> »Heinz hat in der kurzen Zeit, während der er sich im Westen aufhielt, viele gute Freunde gewonnen, die in der Aktion zu seiner Befreiung nicht locker lassen werden. Seine Schwächen – und wer hätte die nicht? – wiegen auch nicht im Entferntesten seinen Idealismus, seine Opferbereitschaft, seine zehn Jahre KZ, seine entschlossene Flucht in den Westen sowie insbesondere seinen Non-Konformismus im Westen unter widrigsten Umständen auf. Ich will ihn keineswegs idealisieren, aber unter so vielen Zwergen, die auf nichts anderes als ihr persönliches Wohlergehen bedacht sind, war Heinz bestimmt ein Riese.«[93]

Die Mischung aus politischer Verbundenheit und persönlicher Sympathie war mit ausschlaggebend, dass die Genannten ihre politischen und persönlichen Kontakte für die Freilassung einsetzten. Erich Fromm schrieb kurz nach der Entführung an Otto Brenner:

> »Ich kenne Heinz Brandt seit Jahren als einen Mann von absoluter Integrität und einer ungewöhnlichen Hingabe an die Ideale des demokratischen Sozialismus und des Friedens. Alle Bemühungen für seine Freilassung sind von größter Wichtigkeit, nicht nur aus grundsätzlichen Erwägungen, sondern auch besonders weil es sich um einen menschlich und politisch ungewöhnlichen Mann handelt.«[94]

Fromm war es schon Anfang Juli 1961 gelungen, die amerikanische Elektroarbeiter-Gewerkschaft zu einem Protestschreiben an die sowjetische Botschaft in den USA zu motivieren.[95] Sehr viele der Gesprächsversuche mit DDR- oder sowjetischen Staatsvertretern sowie zahlreiche Protestschreiben gingen schließlich auf diesen Personenkreis zurück. In der Anfangszeit der Kampagne gehörte auch das *Komitee Freiheit für Heinz Brandt* zum organisatorischen Kern. Das Komitee hatte sich noch im Juni 1961 aus Vertretern der hessischen Jusos, der Falken und des SDS in Frankfurt am Main gegründet und hob in dem Gründungsaufruf das Engagement Brandts für Abrüstung und für den Sozialismus hervor. »Heinz Brandt genießt das besondere und uneingeschränkte Vertrauen gerade der Jugendgruppen, die sich gleich ihm vom emotionalen Antikommunismus freigehalten haben« betonte auch das Komitee die linke politische Integrität Brandts.[96] Ossip K. Flechtheim versuchte in Berlin, ebenfalls ein Komitee

93 Jakob Moneta an Annelie Brandt, 26.6.1961. NLB.

94 Erich Fromm an Otto Brenner, 26.6.1961. AdsD, IGMA G/768, unpaginiert.

95 Telegramm von Erich Fromm an den Vorstand der IG Metall, 8.7.1961. AdsD, IGMA G/768, unpaginiert.

96 Erklärung des Komitees »Freiheit für Heinz Brandt« anläßlich seiner Gründung in Frankfurt/Main, 28.6.1961. AdsD, IGMA G/768, unpaginiert.

unter gleichem Namen zu etablieren und gewann auch einige prominente Unterstützung.[97]

Als dritter Kreis ist die IG Metall zu nennen, die mit ihrem Apparat und ihren Verbindungen zu den anderen Gewerkschaften eine breite Wirkung erzielte. Aus der IG Metall-Vorstandsverwaltung waren Fritz Opel und Werner Thönnessen die tragenden Kräfte in dem Aufbau der Freilassungskampagne. Beide arbeiteten direkt für Otto Brenner und galten als linkssozialistische Intellektuelle.[98] Opel, der in der amerikanischen Emigration war und aus der KPO kam, gehörte zu dem linkssozialistischen Kreis um Fritz Lamm und die Zeitschrift *Funken*.[99] Der um einige Jahre jüngere Werner Thönnessen gehörte ebenfalls zum linkssozialistischen Flügel der Gewerkschaften und stand für die Verwirklichung des Münchner Programms des DGB.[100] Brandt hatte Erich Fromm und Thönnessen 1960 in Frankfurt miteinander bekannt gemacht und Opel und Thönnessen für das Programm der amerikanischen Sozialisten interessieren können.[101] Wenn eine Motivation der beiden IG Metall-Mitarbeiter auch in einer politischen Nähe zu Brandt lag, vertraten sie doch vor allem die IG Metall. Im Interesse dieser Organisation war es zuallererst, einen Kollegen wieder in Freiheit zu bekommen, damit jedoch auch die DDR politisch anzugreifen. Otto Brenner betonte,

> »es bestehe die politische Verpflichtung unter den Mitgliedern und darüber hinaus, allgemein klar zu machen, mit welchen Methoden das System, von dem Heinz Brandt festgehalten werde, arbeitet. Keine Versammlung oder Veranstaltung darf vorübergehen, ohne daß eine Protestentschließung für die Freilassung des Kollegen Brandt abgefaßt wird.«[102]

Politisch war es für die Organisation IG Metall schwieriger als für Annelie Brandt oder die unabhängigen Linkssozialisten, durch Gespräche direkten Einfluss auf die DDR zu nehmen oder die SPD-kritische Haltung Brandts in den Vordergrund zu rücken. Es gab keinerlei offizielle Kontakte zwischen der Gewerkschaft und östlichen Stellen. Zudem galt die IG Metall in der Bundesrepublik als linke Gewerkschaft und musste auch hier auf mögliche Angriffe Rücksicht nehmen. Die IG Metall wirkte vor

97 Vgl. die Beitrittserklärungen zum Komitee im NL Flechtheim im NLB. Darunter waren Helmut Gollwitzer, das SDS-Mitglied Klaus Meschkat und die Soziologin Margarita von Brentano.

98 Kempter, Loderer, 211 f.

99 Vgl. zu diesem Kreis: Kreter, Sozialisten. Opel (1912–1973) war von 1934–37 inhaftiert und emigrierte dann über die Schweiz und Frankreich in die USA. Er gab 1951 bis 1959 den *Funken* mit heraus und war seit 1956 Vorstandssekretär von Otto Brenner. Ebd., 200-203.

100 Thönnessen, 1929 geboren, war von 1957 bis 1971 beim IGM-Vorstand angestellt und wechselte dann zum Internationalen Metallarbeiterbund, wo er stellvertretender Generalsekretär wurde. Zu seiner programmatischen Ausrichtung vgl. Werner Thönnessen: Am Münchner Programm festhalten. In: Der Gewerkschafter 8 (1960), Nr. 1, 34 f.

101 Werner Thönnessen an Erich Fromm, 14.1.1960. EFA, Mappe Heinz Brandt.

102 Protokoll der IGM-Vorstandssitzung 11.7.1961. AdsD, IGMA V/109, unpaginiert.

allem in zwei Richtungen: Über den Internationalen Bund Freier Gewerkschaften (IBFG) versuchte sie, den »Fall Heinz Brandt« vor internationale Gremien der UNO zu bringen.[103] Andererseits gewährte die IG Metall Brandt Rechtsschutz und beauftragte den Rechtsanwalt Diether Posser – der in Essen eine gemeinsame Kanzlei mit Gustav Heinemann unterhielt – mit der Wahrung von Brandts Interessen.[104]

Es muss auch berücksichtigt werden, dass die IG Metall nach außen zwar eine uneingeschränkte Unterstützung für Brandt propagierte, es aber intern – vor allem in der Vorstandsverwaltung – gegenüber der Person Brandts einige Vorbehalte gab. Zum einen gab es Zweifel an der Entführung, die bis zur Rückkehr Brandts 1964 nicht endgültig belegt werden konnte. Gerüchte waren im Umlauf, dass Brandt freiwillig in den Osten gegangen sei, um politische Kontakte zu pflegen.[105] Ebenso wurde kolportiert, dass Brandt noch geheimdienstliche Verbindungen hätte.[106] Auch Otto Brenner selbst hatte Zweifel an der Entführungsversion, bis Diether Posser nach der Verurteilung die Entführung dadurch belegen konnte, dass Brandt nicht für angebliche Spionagetätigkeiten im Jahre 1961 verurteilt wurde, wie es vorher von der DDR behauptet worden war.[107] Es gab zudem persönliche Vorbehalte gegen Brandt ob seines Verhaltens gegenüber Frauen, wie Annelie Brandt etwas erschüttert feststellen musste.[108] Auch wenn diese Gerüchte die prinzipielle Unterstützung für die Freilassungskampagne nicht verhinderte, führte es doch zu Irritationen. Vor allem Annelie Brandt hatte häufiger das Gefühl, dass die IG Metall sich zu zögerlich verhalte.[109]

Den drei organisatorischen Kreisen gelang es in kurzer Zeit, mediales Interesse zu wecken und eine Vielzahl von internationalen Beschwerden an die DDR und an die Sowjetunion auszulösen, die einen kontinuierlichen Druck ausüben sollten. »Freiheit für Heinz Brandt« war das Motto, unter dem die Freilassungskampagne organisiert

103 Der IBFG wurde 1949 gegen den kommunistisch dominierten Welt-Gewerkschaftsbund (WGB) gegründet. Vorausgegangen war ein Konflikt zwischen den Berufsgruppensekretariaten, die sich den Zentralisierungsvorstellungen des WGB nicht unterordnen wollten. Vgl. Sigrid Koch-Baumgarten (Hrsg.): Zwischen Integration und Autonomie. Der Konflikt zwischen den Internationalen Berufssekretariaten und dem Weltgewerkschaftsbund um den Neuaufbau einer internationalen Gewerkschaftsbewegung 1945 bis 1949, eine Quellenedition, Köln 1991.

104 Posser, Anwalt, 315. Heinemann hatte 1952 die Gesamtdeutsche Volkspartei (GVP) gegründet, in der auch Posser mitwirkte. Die Partei stand gegen die Politik der Wiederbewaffnung und vertrat einen neutralistischen Kurs. 1957 löste sich die GVP auf. Die Mitglieder wurden aufgefordert, der SPD beizutreten. Vgl. Rainer Dohse: Der Dritte Weg. Neutralitätsbestrebungen in Westdeutschland zwischen 1945 und 1955, Hamburg 1974, 142-164.

105 Annelie Brandt an Werner Platschek, 17.7.1961. NLB.

106 Vgl. Vernehmung Heinz Brandts durch Staatsanwalt Maier, Frankfurt 23.6.1964. GBA 2 BJs 10/64, hier zitiert nach: 29/2 JS 1376/92 Staatsanwaltschaft II beim Landgericht Berlin, Band 2, Bl. 27-38; Ergebnis der informatorischen Befragungen verschiedener Zeugen der IG-Metall in Frankfurt/Main, BKA-SG, 26.6.1964. Ebd., Bl. 66-70.

107 Posser hatte den Anwalt Brandts, Friedrich Wolff, danach befragt. Vgl. Posser, Anwalt, 343.

108 Annelie Brandt an Werner Platschek, 5.10.1961. NLB.

109 Annelie Brandt an Werner Platschek, 5.10.1961 und 27.10.1961. NLB.

wurde. Solche Parolen verdichten das politische Anliegen und dienen der Mobilisierung. Auch wenn einzelne Namen in ihnen auftauchen, ist damit nicht unbedingt allein die konkrete Person gemeint. Gerade das Engagement über den persönlichen Bekanntenkreis hinaus erfolgt vor allem dann, wenn mit der Parole mehr verbunden wird und der Gefangene Projektionsfläche für politische Inhalte werden kann. Es gehörte zur Tradition der Arbeiterbewegung, politische Freilassungskampagnen für einzelne Personen zu organisieren. Einerseits diente das dem Schutz der einzelnen Gefangenen, andererseits bot sich in diesen Freilassungskampagnen auch die Möglichkeit, politische Inhalte zu transportieren. Freiheit ist hierbei – und das galt auch für die Kampagne für Heinz Brandt – im doppelten Sinne zu verstehen: Einerseits als konkrete Entlassung aus dem Gefängnis, andererseits aber auch als eine politische Freiheit. Die beiden Grundlinien einer Freilassungskampagne sind nicht spannungsfrei. Um den Betreffenden freizubekommen, sind Protagonisten oft bereit, Kontakte zu politischen Gegnern aufzunehmen, um mit deren Hilfe Einfluss auf das Schicksal der Gefangenen zu nehmen. Für die politische Linie steht die öffentliche Thematisierung im Vordergrund, um einerseits Druck für die Freilassung auszuüben, andererseits eigene politische Vorstellungen zu transportieren. Hier ist das Ziel auch die Gewinnung neuer Unterstützer für übergeordnete politische Ziele. Die zu starke Betonung der politischen Linie mit öffentlicher Thematisierung kann jedoch als schädlich für direkte Freilassungsbemühungen verstanden werden, woraus sich Konflikte in der Gestaltung solcher Kampagnen ergeben können.[110]

Wie entwickelte sich die Kampagne zur Freilassung? Am 21. Juni 1961 veröffentlichte das *ND* eine Kurzmeldung über die Verhaftung des »Agenten« Heinz Brandt in der Nähe von Potsdam[111] Die IG Metall reagierte sofort und stritt eine Agententätigkeit Brandts ab; alles spräche für eine Entführung durch ostdeutsche Geheimdienste. Die deutsche und internationale Öffentlichkeit sollte die Forderung nach Freilassung unterstützen.[112] Bereits am nächsten Tag verabschiedete der Bundesvorstand des DGB auf einer Routinesitzung eine Protestresolution, in der auch der IBFG aufgefordert wurde, die vermutete Entführung Brandts zu thematisieren.[113] Bereits in diesen ersten Tagen ergingen eine Reihe von weiteren Protestresolutionen, so vom Bundesvorstand des SDS, von den hessischen Jungsozialisten, der Deutschen Journalisten Union (dju)

110 Carola Stern reagierte auf solche Bedenken bereits im August 1961, als sie einige Fälle aufzählte, in denen öffentlicher Druck zur Freilassung von Gefangenen in sozialistischen Ländern geführt hätte. Auch sei es eine Stärkung für die Inhaftierten, wenn sie davon erführen. Vgl. Carola Stern: Protest gegen Terror. Fordert Freiheit für Heinz Brandt. In: Der Gewerkschafter 9 (1961), Nr. 8, 3 und 6.

111 Agent festgenommen, ND (B), 21.6.1961.

112 Agenturmeldung dpa 200: Frankfurter Gewerkschafts-Journalist in Ostberlin verhaftet. AdsD, IGMA G/768, unpaginiert; Frankfurter IG-Metall-Redakteur von der Volkspolizei verhaftet, FR, 22.6.1961.

113 Erklärung des DGB-Vorstandes, Kiel 23.6.1961. AdsD, IGMA G/768, unpaginiert; Auch der DGB verlangt sofortige Freilassung Brandts, FR, 24.6.1961.

Hessen und dem Verein ehemaliger Auschwitzer in Hessen.[114] Gerade der Protest der ehemaligen Häftlinge kennzeichnete einen wichtigen Aspekt der Kampagne. In einem Schreiben an Walter Ulbricht forderte der Vorsitzende des Vereins, Franz Unikower, angesichts der zehnjährigen Haft im Nationalsozialismus die Freilassung Brandts; ebenso wurde das Präsidium des westdeutschen VVN angeschrieben, um die Unterstützung für einen ehemaligen KZ-Häftling zu gewinnen.[115] Die VVN reagierte jedoch nicht und hat sich an der Kampagne für Brandt nicht beteiligt.[116] Der »Kongress für die Freiheit der Kultur« hielt am 29. Juni 1961 eine Pressekonferenz in Bonn zu der Entführung ab. Es sprachen Carola Stern und Wolfgang Leonhard, beides ebenfalls ehemalige SED-Funktionäre und Freunde von Brandt. Sie hoben sein politisches Engagement und die langjährige Leidenszeit als Jude und Kommunist hervor.[117] Dies beförderte die erste Welle von Protestresolutionen mit, die schon damals bestaunt wurde: »Es wurde mit Erfolg eine Bewegung entfacht, von der heute schon gesagt werden kann, daß sie die Pläne Ulbrichts zunichte gemacht hat. Man kann Heinz Brandt nicht mehr, wie beabsichtigt, still und heimlich verschwinden lassen.«[118]

Allein durch öffentliche Proteste war jedoch nichts über das Schicksal Brandts in Erfahrung zu bringen. Die Redaktion der *Metall* schrieb daher an das Presseamt beim Ministerpräsidenten der DDR, um Informationen zu erhalten. Dessen Leiter Kurt Blecha antwortete in einem offenen Brief.[119] Dieses Schreiben enthielt die wesentlichen Argumentationsmuster, mit denen die DDR in den folgenden Jahren auf die Kampagne für Brandt reagierte. Da bereits sehr früh erkennbar war, dass sich vor allem linke Gruppierungen für Brandt einsetzten, wurde besonders die angeblich Frieden gefährdende Rolle des Ostbüros der SPD hervorgehoben. Zu Brandt selber fasste Blecha sich kurz. Dass auf die Umstände der Verhaftung nicht eingegangen werden könne, liege daran, dass vor dem Gerichtsverfahren keine »detaillierten Angaben über seine verbrecherische Tätigkeit in die Öffentlichkeit« getragen werden können. Tatsächlich wurde aber nur eine kurze Skizze »Wer ist Heinz Brandt?« über seine angebliche langjährige Agententätigkeit geliefert. Blecha führte verschiedene Beispiele von Tätigkeiten des Ostbüros an:

114 Vgl. Proteste gegen Verhaftung des Redakteurs Heinz Brandt, FR, 23.6.1961; Journalisten-Union fordert Freilassung Heinz Brandts, FR, 26.6.1961; Hessische Auschwitz-Gruppe fordert Freiheit für Heinz Brandt, FR, 28.6.1961.

115 Franz Unikower an den Vorsitzenden des Staatsrates der DDR, Walter Ulbricht, 26.6.1961; Franz Unikower an das VVN-Präsidium, 26.6.1961. Beide Schreiben finden sich in Abschrift im NLB.

116 Hessische Auschwitz-Gruppe fordert Freiheit für Heinz Brandt, FR, 28.6.1961.

117 Vgl. 232 Menschen aus West-Berlin entführt, FAZ, 30.6.1961; Weitere Proteste gegen Verhaftung von Heinz Brandt, FR, 30.6.1961.

118 Freiheit für Heinz Brandt! Für die Demokratie. Informationen, Kommentare, Presseschau aus gewerkschaftlicher Sicht, hg. vom Bundesvorstand des DGB 2 (Juli 1961), Heft 7, ohne Blattzählung. (Zukünftig: Für die Demokratie).

119 Kurt Blecha: Offener Brief an die Redaktion der Zeitung IG Metall in Frankfurt (Main), Tribüne, 29.6.1961. Ebenfalls abgedruckt in: ND (B), 30.6.1961. Dort auch die folgenden Zitate.

> »In dieser illustren Gesellschaft war der festgenommene Agent Heinz Brandt sowohl in seinem Denken als auch in seinem Handeln Gleicher unter Gleichen. Sein Weg führte ihn in den Sumpf: Verräterei und Spitzeltum, alkoholische Exzesse und sexuelle Ausschweifungen prägten sein Wesen.«

Blecha operierte, und dies war ein Kennzeichen der Reaktionen der DDR auf die westliche Kampagne, mit angedeuteten Unterstellungen, Vermutungen und moralisierenden Verwünschungen. Insgesamt wurden drei zentrale Aspekte gegen die Freilassungsforderung genannt, die später fast stereotyp vorgebracht wurden. Erstens das juristische Argument, dass Brandt als DDR-Bürger und wegen Verbrechen in der DDR angeklagt werde. Zweitens habe Brandt für das Ostbüro der SPD gearbeitet, das eine kriegstreibende Agentenzentrale sei. Damit galt Brandt – ein simpler Zirkelschluss – auch als Kriegstreiber und Kalter Krieger. Drittens sei Brandt moralisch verkommen, da er die Arbeiterklasse verraten habe, was auch seinen persönlichen Lebensstil präge.

Die persönlichen Diffamierungen erzielten im Westen kaum Wirkung. Das Ostbüro der SPD hatte erklärt, dass Brandt nicht für sie gearbeitet habe.[120] Solange keine konkreten Vorwürfe seitens der DDR erhoben wurden, konnte die Ostbüroverbindung als Propaganda abgetan werden.[121] Die Forderungen nach einer Freilassung steigerten sich in den folgenden Wochen. Das Frankfurter Komitee »Freiheit für Heinz Brandt« organisierte Anfang Juli 1961 eine Kundgebung in Frankfurt, an der über 500 Personen – überwiegend Gewerkschafter und jüngere Linke – teilnahmen.[122] Die IG Metall unterstützte das Komitee finanziell, blieb aber gegenüber den politischen Aufladungen zurückhaltend.[123] Auf der Veranstaltung am 13. Juli 1961 sprachen eine Reihe bekannter Personen. Der hessische SPD-Landtagsabgeordnete Philipp Pleß, die Publizistin Carola Stern, der Wissenschaftler Ossip K. Flechtheim, für die SPD der Unterbezirksvorsitzende Franz Sackenheim, für den IG Metall-Vorstand Fritz Biggeleben sowie Annelie Brandt.[124] Auf der Konferenz wurde ein politisches Argument hervorgehoben, dass die Kampagne für Brandt von anderen unterschied. Die Verhaftung »dient den Befürwortern der radikalen Unpersönlichkeit, den Gegner jeder sinnvoll vertretbaren Koexistenzbemühung« schrieb Eugen Kogon in einem Grußwort an die Veranstalter.[125] Die DDR schade sich selbst und den westlichen Kreisen, die für

120 Fernschreiben des Leiters des Ostbüros der SPD an die IG Metall/Werner Thönnessen, 29.6.1961. AdsD, IGMA G/768, unpaginiert. Vgl. auch: Die Ankläger auf der Anklagebank. Ostspiegel – sozialdemokratischer Pressedienst, 4.7.1961; 232 Menschen aus West-Berlin entführt, FAZ, 30.6.1961.

121 Vgl. Antwort auf einen »offenen Brief«. In: Metall (Sonderdruck) 13 (12.7.1961), Nr. 13.

122 Freiheit für Heinz Brandt gefordert, FR, 14.7.1961; Annelie Brandt an Werner Platschek, 17.7.1961. NLB. Die Mitglieder der Vorstandsverwaltung wurden von Otto Brenner aufgefordert, die Veranstaltung zu besuchen. Vgl. Hausmitteilung 13.7.1961. AdsD, IGMA G/1014A, unpaginiert.

123 Protokoll der GfV-Sitzung 10.7.1961. AdsD, IGMA G/263, unpaginiert; Aktennotiz Werner Thönnessen an Otto Brenner, 6.7.1961. AdsD, IGMA G/768, unpaginiert.

124 Die Manuskripte der Redebeiträge befinden sich im NLB.

eine Abrüstung und friedliche Koexistenz streiten würden. Bei einem Treffen einiger Freunde Heinz Brandts wurde ein Schreiben an den sowjetischen Botschafter entworfen: »Das Schwergewicht dieses Schreibens muß nicht auf das Barbarisch-Ungerechte dieser Handlung, sondern auf das UNKLUGE dieser Methode gelegt werden.«[126] Die Bemühungen der DDR um eine internationale Anerkennung wurden insofern ernst genommen und aufgegriffen. Das Frankfurter Komitee »Freiheit für Heinz Brandt« ging im November 1961 mit der Erklärung an die Öffentlichkeit, dass sie angesichts der Schritte zur Liberalisierung in der Sowjetunion und der DDR auf eine umfassende Entstalinisierung setzten, die auch den politischen Gefangenen Freiheit bringen würde.[127] Annelie Brandt nahm an den Treffen teil und formulierte die Presseerklärung mit, die allerdings von Werner Thönnessen abgelehnt wurde, da der Schritt weder mit der IG Metall noch mit der SPD abgesprochen worden sei.[128]

Die IG Metall hatte ihre Bezirksstellen Anfang Juli 1961 aufgefordert, Resolutionen für Brandt zu verabschieden.[129] *Metall* und *Der Gewerkschafter* druckten bis Ende des Jahres immer wieder Auszüge aus Resolutionen von Funktionärsversammlungen und aus den Betrieben ab.[130] Die Verabschiedung von Resolutionen führte vor allem dann zu Diskussionen, wenn Kommunisten dabei waren, die manchmal gegen eine Freilassungsresolution stimmten.[131] Bei diesen Resolutionen standen die Angriffe auf die DDR im Vordergrund sowie die Empörung über die Verhaftung eines Gewerkschaftsfunktionärs mit solch langer Verfolgungsgeschichte.[132] Ein solches Vorgehen diskreditierte die DDR in ihrem Bemühen, ihr Ansehen in den westdeutschen Gewerkschaften zu steigern. Der Schwerpunkt der Westarbeit von SED und illegaler KPD war die Unterstützung der Entspannungspolitik und die Anerkennung der DDR. Für beide politischen Ziele wurde der »Fall Heinz Brandt« zum andauernden Ärgernis. In einem vertraulichen Bericht der Gewerkschaftskommission der KPD vom Oktober 1962 wurde hervorgehoben, dass es innerhalb der Gewerkschaften eine »antikommunistische Hysterie« gäbe, die ihren Hauptgrund im Mauerbau und der

125 Redebeiträge auf der Veranstaltung »Freiheit für Heinz Brandt«, Frankfurt/Main, 13.7.1961. NLB, S. 24 des Manuskripts.

126 Christel Stulginski: Zusammenfassung unseres Gesprächs vom 26.7.1961. NLB.

127 Heinz-Brandt-Komitee hofft auf »Entstalinisierung« in der DDR, FR, 16.11.1961.

128 Werner Thönnessen an Annelie Brandt, 28.11.1961. NLB.

129 Annelie Brandt an Erich Fromm, 22.8.1961. NLB.

130 Bis zum 18. Juli 1961 waren 87 Protestschreiben beim IGM-Vorstand eingegangen. Vgl. Werner Thönnessen an Erich Fromm, 18.7.1961. EFA, Mappe Heinz Brandt, unpaginiert. Einige Resolutionen im AdsD, IGMA G/768, unpaginiert.

131 »Eine Reihe von Kommunisten habe sich über den Vorgang geschämt« hieß es im Vorstand der IG Metall. Protokoll der Vorstandssitzung 11.7.1961. AdsD, IGMA V/109, unpaginiert.

132 Vgl. die Auszüge aus Resolutionen: Millionen protestieren, Metall 13 (28.6.1961), Nr. 13, 8; Protestwelle geht weiter, Metall 13 (26.7.1961), Nr. 14, 3; Für die Demokratie 2 (1961), 7, ohne Seitenzählung.

Verurteilung von Heinz Brandt habe.[133] Kommunistische Unterstützer standen auf weitgehend verlorenem Posten, wenn sie gegen entsprechende Resolutionen sprachen.

Der Ruf des Ostbüros der SPD als Organisation von Kalten Kriegern führte in den von der Kampagne angesprochenen Kreisen zur Skepsis. Immer wieder tauchten Fragen über die Verbindung zum Ostbüro auf – verstärkt, nachdem Brandt sie im Prozess zugegeben hatte. Annelie Brandt argumentierte gegenüber Unterstützern, Heinz Brandt

> »[...] ist ein zutiefst ehrlicher Mensch und hat niemals aus seiner politischen Auffassung ein Hehl gemacht. Genauso wie er es ablehnte, irgend welchen Nachrichtendiensten ganz gleich wie geartete Informationen zukommen zu lassen, genauso hat er es nicht ertragen können, daß von der SED allein die politische Diskussion mit Angehörigen anderer demokratischer Parteien in Deutschland als ›strafbar‹ angesehen wurde.«[134]

Annelie Brandt appellierte an das politische Verständnis, dass eine offene Diskussion in der SED-Diktatur nicht möglich war. Dies entsprach wohl Brandts eigener Sicht, aber nicht der in der Friedensbewegung und der bundesrepublikanischen Linken verbreiteten Wahrnehmung des Ostbüros als Geheimdienstzentrale. Ossip Flechtheim war, nachdem Martin Böttcher in einer Pressekonferenz über die Ostbüroaktivitäten von Brandt berichtet hatte und sich als Doppelagent erklärte[135], äußerst empört. Annelie Brandt versuchte ihn dahingehend zu beruhigen, dass der Kontakt durch die alte Freundschaft mit Siggi Neumann zu erklären sei.[136] Auch nach dem Prozess zeigten Reaktionen, dass die Zusammenarbeit mit dem Ostbüro der SPD nicht offensiv vertreten werden konnte. An ihren Vertrauten Fromm schrieb Annelie Brandt: »Aber gerade aus Arbeiter- und Gewerkschafterkreisen hört man ständig, ›... ja, wenn er für das Ostbüro gearbeitet hat, dann kann man keine Solidaritätsadresse für ihn annehmen.‹«[137] Der faktisch unter Ausschluss der Öffentlichkeit stattgefundene Prozess war für die SED-Führung problematisch, als ihr Beharren auf Brandts Agententätigkeit angesichts der fehlenden öffentlichen Kontrolle unglaubwürdig erscheinen konnte. Angesichts der vermuteten Entführung und der Behandlung Brandts spielten die Ostbüro-Verbindung auch nach dem Prozess und nach der Freilassung Brandts in der öffentlichen Wahrnehmung im Westen nur eine untergeordnete Rolle. Annelie Brandt

133 »Vertraulicher Bericht über die Haltung der SPD-Führung, der Richter-Gruppe, der Führung der IG Metall und der Antragskommission zum 6. DGB-Kongreß«, ca. Oktober 1962, o. A., o. O. Abgedruckt in: Wilke/Müller, Realitäten, 470-474.

134 Annelie Brandt an Clara Maria Faßbinder, 18.12.1961, NLB.

135 »Agent« des SPD-Ostbüros packt aus. ND (B), 30.9.1961.

136 Annelie Brandt an Werner Platschek, 27.10.1961. NLB.

137 Annelie Brandt an Erich Fromm, 18.5.1962. NLB. Auch bei der IG Metall herrschte Skepsis gegenüber dem Ostbüro vor. Vgl. Annelie Brandt an Werner Platschek, 5.10.1961, NLB.

drängte für die öffentliche Agitation schon früh darauf, »legalistische« Aspekte nicht zu stark zu betonen, da Heinz Brandt nach DDR-Recht Straftaten begangen hätte. Die DDR könne darauf verweisen, dass Heinz Brandt DDR-Bürger und ein Agent sei, eine Verurteilung daher rechtens wäre. Besser schien es ihr, vor allem international, die Tragik der Verfolgung Brandts und seiner Familie im Nationalsozialismus und Stalinismus und den fehlenden Kontakt der Familie zum Gefangenen aufzugreifen.[138] Auch Erich Fromm forcierte diese Taktik:

> »I think the main point would be always to stress that we do not argue about the legal aspect, but we emphasize the fact that Heinz is one of the most active fighters for peace and disarmament in Germany, and hence from a political standpoint the East German government should release him.«[139]

Von Beginn an wurde in der Kampagne neben dem Abrüstungsengagement Brandts der Fokus auf die nationalsozialistische Verfolgung gelegt. Im bundesdeutschen medialen Diskurs wurde die erneute Inhaftierung als Fortsetzung der Inhaftierung im Nationalsozialismus verstanden. In der *Metall* wurde eine hierfür prägende Karikatur von Bodo Gerstenberg, einem Frankfurter Freund Brandts, veröffentlicht mit der Unterschrift »Ein deutsches Schicksal«. Hitler und Ulbricht stehen 1941 und 1961 jeweils vor einer Zellentür mit der Aufschrift »Heinz Brandt« und beschimpfen ihn als Hochverräter bzw. als Spion und Agenten. Bis in die Körperhaltungen von Hitler und Ulbricht wird ein identischer Bildaufbau vorgenommen.[140] Dass die Parallelisierung von Nationalsozialismus und DDR besonders von sozialdemokratischer und gewerkschaftlicher Seite erfolgte, entsprach der Wahrnehmung einer fortgesetzten Verfolgung von Sozialdemokraten.

Im ersten Jahr der Verschleppung konzentrierten sich die Protagonisten der Kampagne darauf, etwas über das Schicksal Brandts in Erfahrung zu bringen, die Verschleppung und den fehlenden Kontakt zu thematisieren. Rechtsanwalt Diether Posser war 1961 mehrmals in die DDR gereist und hatte im Juli 1961 mit Vertretern der Generalstaatsanwaltschaft der DDR und im November 1961 mit der Justizministerin der DDR, Hilde Benjamin, gesprochen.[141] Öffentlich verwertbar waren diese Kontakte, die zu einer Zeit stattfanden, als Kontakte in die DDR als Verrat an der eingemauerten Berliner Bevölkerung verstanden wurden, jedoch nicht. Posser hatte in beiden Gesprächen die politische Argumentation verfolgt, dass die Inhaftierung Brandts der DDR schaden würde und auf eine Vielzahl prominenter westlicher Linker verwie-

138 Annelie Brandt an Jakob Moneta, 21.11.1962. NLB.
139 Erich Fromm an Annelie Brandt, 5.1.1962. NLB.
140 Metall 13 (26.7.1961), Nr. 14, 4. Diese Karikatur fand einige Verbreitung. Vgl. Menschenräuber. In: Sozialdemokratischer Betriebsräterundbrief, August 1961. Abgedruckt in: Für die Demokratie 2 (1961), Heft 10, 24.
141 Posser, Anwalt, 320-323, 327.

sen, die diese Ansicht teilen.[142] Sein Ziel war es, Kontakt zu Brandt zu bekommen und am Verfahren teilzunehmen. Eine anwaltliche Vertretung war in der DDR nicht möglich, aber ein öffentlicher Prozess wurde ihm zugesichert, ebenso wie einem Vertreter von Amnesty International.[143]

Daher war der Schock umso größer, als am 10. Mai 1962 das Urteil über die ostdeutsche Presseagentur ADN bekannt wurde. Im Westen sprach man von einem »Geheimprozess«, der weltweite Empörung hervorrief.[144] Das Urteil erleichterte die Freilassungskampagne in gewisser Weise. Das Urteil war gesprochen und nun konnte ein Gnadenentscheid gefordert werden.[145] Die Protagonisten der Kampagne entschieden sich bald, dass nach dem Urteil weniger auf öffentlichkeitswirksame Aktionen gesetzt werden, sondern auf der Ebene von Kontakten und Einflussnahmen durch prominente westliche Friedensaktivisten eine Freilassung erreicht werden sollte. Erich Fromm und Ossip Flechtheim übernahmen es, über ihre Kontakte derartige Gespräche vorzubereiten. Ossip Flechtheim konnte im Juni 1962 auf einer Friedenskonferenz in Accra eine Reihe bekannter Personen dafür gewinnen, eine Resolution für Brandt zu unterschreiben, die an Generalstaatsanwalt Streit übersandt wurde.[146] Für Erich Fromm bot sich im Sommer 1962 die Möglichkeit, für Brandt zu intervenieren, als er als Mitglied einer Delegation des amerikanischen »National Committee for a Sane Nuclear Policy« zu einem Friedenskongress nach Moskau reiste. In Moskau hatte Fromm Gelegenheit, mit Ilja Ehrenburg und anderen sowjetischen Intellektuellen zu sprechen. Sie beteuerten jedoch, nichts tun zu können.

Fromm kam auf dem Rückweg nach Frankfurt und besprach mit Annelie Brandt sowie Werner Thönnessen das weitere Vorgehen. Man einigte sich auf einen »Waffenstillstand«: keine öffentlichen Angriffe auf die DDR in der *Metall* und im *Gewerkschafter*. Damit sollte guter Wille demonstriert werden. Nur Annelie Brandt war nicht einverstanden.[147] Werner Platschek gegenüber äußerte sie, einen »Waffenstillstand« nur bedingt einhalten zu wollen, da sie von der DDR immer nur hingehalten und betrogen worden sei. Fluchtpunkt der Überlegungen in der zweiten Hälfte 1962 war

142 Vgl. ebd.; Niederschrift über die Aussprache zwischen Herrn Rechtsanwalt Dr. Posser, Essen und dem Stellvertreter des Generalstaatsanwaltes, Genossen Czwoidzinski, am 20. Juli 1961; Vermerk über Unterredung Hilde Benjamin mit Rechtsanwalt Posser, Berlin 27.11.1965; BA, DP 1 VA/246, Bl. 30-32 und Bl. 50-52.

143 Schauprozess gegen Heinz Brandt? In: Metall 14 (20.3.1962), Nr. 6, 3.

144 Vgl. Zuchthausurteil gegen Heinz Brandt, Tagesspiegel, 11.5.1962; 13 Jahre Zuchthaus für Heinz Brandt, FR, 11.5.1962; Empörung über Zuchthausurteil, FR, 12.5 1962. Wolfgang Leonhard: Geheimprozess in Ostberlin, Die Zeit, 25.5.1962; Ein Regime der Lügen. In: Metall 14 (15.5.1962) Nr. 9, 1, 8-9.

145 Erich Fromm an Annelie Brandt, 16.5.1962. NLB.

146 Vgl. die Unterschriftenliste im NL Flechtheim im NLB. Unterzeichnet hatten 22 Personen, darunter so bekannte Menschenrechtler wie der Ire Sean McBride, Homer Jack (USA), Canon John Collins (England), Lelio Basso (Italien).

147 Annelie Brandt an Erich Fromm, 20.9.1962. NLB.

nun eine Reise des englischen Reverends John Collins in die DDR, der ebenfalls an der Moskauer Konferenz teilgenommen hatte und eine der führenden Personen der britischen Friedensbewegung war. John Collins wurde im Dezember 1962 von Walter Ulbricht empfangen, ein Besuch, der im Politbüro der SED intensiv vorbereitet wurde, Albert Norden hatte den Auftrag erhalten, in der Weltfriedensbewegung Enthüllungen über Brandt vorzubereiten.[148] Der Besuch brachte keine neuen Ergebnisse. Collins verlangte vor allem humanitäre Erleichterungen, während Ulbricht auf die rechtliche Sicht der DDR verwies.[149]

Annelie Brandt verließ sich nicht allein auf die Ebene direkter Kontakte. Sie sammelte Informationen über die Möglichkeit eines Gefangenenaustauschs zwischen der Bundesrepublik und der DDR, um auch diese Option aufzubauen.[150] Kontaktversuche zur Bundesregierung blieben jedoch erfolglos.[151] Flechtheim traf sich mit Bundesjustizminister Bucher, der IG Metall-Vorstand versuchte Bundesaußenminister Gerhard Schröder für den Fall zu interessieren.[152] Der Bundesregierung waren jedoch weitgehend die Hände gebunden, da zu den DDR-Behörden offiziell keine Kontakte bestanden und sie sich für Brandt nur im allgemeinen Rahmen der internationalen Klage über Menschenrechtsverletzungen in der DDR einsetzte wollte. Reguläre Gefangenenfreikäufe wurden erst 1964 begonnen, als Brandt bereits frei war.[153] Nach den enttäuschenden Ergebnissen des Collins-Besuchs wurde wieder verstärkt öffentlicher Druck aufgebaut. Allerdings war es nicht einfach, eine eingestellte Kampagne wieder zu starten. Immerhin wurde Heinz Brandt von Amnesty International 1963 zum Gefangenen des Jahres erklärt, allerdings eine eher zufällige Entscheidung auf einer Amnesty-Tagung, wie Carola Stern betonte.[154] Zwar blieben die Protagonisten der Kampagne aktiv, aber 1963 wurde es immer schwieriger, mediales Interesse für den Fall Brandt herzustellen.

Eine weitere internationale Schiene der Kampagne, die ein gewisses Eigenleben entwickelte, war der Versuch, die Entführung Heinz Brandts vor die UNO zu bringen. Die IG Metall hatte bereits Ende Juni 1961 den IBFG in Brüssel zu einer Intervention

---

148 Vgl. Protokoll der Politbürositzung 4.12.1962. BA-SAPMO, DY/ 30/ J IV 2/2, 860; Arbeitsprotokoll des Politbüros. BA-SAPMO, DY /30/J IV 2/2A, 938.

149 John Collins an Erich Fromm, 18.12.1962. NLB. Vgl. auch: Paul Oestreicher: Freiheit für Heinz Brandt: eine Reise in geheimer Mission, FR, 20.12.1994.

150 Annelie Brandt an Erich Fromm, 29.9.1962. NLB.

151 Ossip K. Flechtheim versuchte, über Beziehungen mit Bundesjustizminister Bucher zu sprechen, blieb jedoch erfolglos. Vgl. Ossip K. Flechtheim an Annelie Brandt, 18.4.1963. NLB.

152 Otto Brenner an Bundesaußenminister Gerhard Schröder, 2.8.1963. AdsD, IGMA G/768, unpaginiert.

153 Die ersten Freikäufe erfolgten bereits im Jahre 1963, aber erst seit 1964 gab es regelmäßige Kontakte. Die Anregung dazu kam aus der DDR. Vgl. den Rückblick des maßgeblich beteiligten Staatssekretärs im Gesamtdeutschen Ministerium Rehlinger. Ludwig A. Rehlinger: Freikauf. Die Geschäfte der DDR mit politisch Verfolgten 1963–1989, Berlin/Frankfurt/Main 1991.

154 Gespräch mit Carola Stern in Berlin, 9.3.2001.

aufgefordert. Der Generalsekretär des IBFG, Omer Becu, wandte sich an den UN-Generalsekretär Dag Hammarskjöld und bat darum, die Entführung Brandts vor die Menschenrechtskommission des Wirtschafts- und Sozialrates der UNO (ECOSOC) zu bringen.[155] Die Menschenrechtskommission erklärte sich schließlich nach längeren Beratungen für nicht zuständig, da die DDR kein Mitglied der UN sei.[156] Der IBFG betrachtete die Entführung Brandts als Verletzung gewerkschaftlicher Rechte, da Brandt als Gewerkschaftsredakteur nach Berlin gefahren sei. Die Beschwerde richtete der IBFG gegen die Regierung der Sowjetunion, die als zuständig für die in der ILO nicht vertretenen DDR angesehen wurde.[157] Die ILO erklärte sich jedoch ebenfalls nicht für zuständig, auf der Tagung des Verwaltungsrates der ILO im November 1962 konnte der Fall Brandt jedoch besprochen werden. Der DGB-Vorsitzende Willi Richter brachte das Anliegen Brandt vor, mehrmals von dem sowjetischen Vertreter unterbrochen.[158] Es war möglicherweise nicht das wesentliche Ziel dieser Bemühungen, eine Verurteilung der DDR oder Sowjetunion durch das UN-Organ zu erreichen. Wichtiger war die andauernde Thematisierung der Entführung Brandts, die eine öffentliche Erwähnung ermöglichte sowie die Drohung gegenüber der DDR, eine offizielle Verurteilung durch die Staatengemeinschaft zu erreichen. Aus diesem Grunde beschäftigte sich das Politbüro der SED mehrmals mit den Versuchen, die Entführung Brandts in den internationalen Gremien zur Sprache zu bringen.[159] Unter der Zielsetzung, einen andauernden Druck auf die DDR-Führung auszuüben, waren die Versuche erfolgreich.

Ende 1963 erhielt die Kampagne noch einmal internationale Beachtung, als es gelang, Lord Bertrand Russell zur Unterstützung zu gewinnen. Russell hatte bereits mehrmals an DDR-Behörden geschrieben und nur nichts sagende Antworten erhalten.[160] Russell hatte 1963 die Carl-von-Ossietzky-Medaille des Deutschen Friedensrats der DDR für seine Friedensaktivitäten verliehen bekommen. Aus Enttäuschung über fehlende positive Reaktionen aus der DDR zur Freilassungsforderung gab er diese Medaille im Januar 1964 wieder zurück, da Heinz Brandt immer noch in Haft sei.[161] Russells Engagement für Brandt war ein tiefer Schlag für die DDR-Führung.

155 Posser, Anwalt, 325; Fall Heinz Brandt vor den UN? FR, 5.7.1961.

156 Mihr, Bemühungen, 453; Posser, Anwalt, 325.

157 Mihr, Bemühungen, 456; Willi Richter an Otto Brenner, 21.6.1962. AdsD, IGMA G/768, unpaginiert.

158 Protokollauszug abgedruckt in: Für die Demokratie 4 (Februar 1963), Heft 2/3, 65 f.

159 Protokoll der Politbüro-Sitzung 4.9.1962. BA-SAPMO, DY/ 30/ J IV 2/2/846, Bl. 4 und BA-SAPMO, DY /30/J IV 2/2A/919, Bl. 74 f.

160 Vgl. Lord Bertrand Russell an Walter Ulbricht, Vorsitzender des Staatsrates der DDR, 12.8.1963. BA, DA 5/1893, Bl. 36; Brief von Otto Gotsche an Lord Bertrand Russell, 30.10.1963. BA-SAPMO, DY 30/IV12/20/471, unpaginiert. Gotsche (1904–1985) war zu der Zeit Sekretär des Staatsrats.

161 Russell gibt DDR-Preis zurück, FR, 8.1.1964; Lord Russell protestiert, Die Welt 9.1.1964; La pacifiste britannique renvoie à Ulbricht sa médaille du Conseil Est-Allemand »Pour la Paix«. En: La Voix Internationale de la Résistance 6 (Février 1964), 1.

Russell hatte bei der Parteiführung ein hohes Ansehen und wurde gerne als Kritiker gegen Aufrüstung und Militarisierung im Westen zitiert.[162]

Anfang 1964 waren es Russells Medaillenrückgabe und Versuche schwedischer Gewerkschafter, eine Ausreise Brandts nach Schweden zu ermöglichen, die Hoffnungen auf eine Bewegung ermöglichten.[163] Aber scheinbar bewegte sich noch nichts. Im Frühjahr 1964 versuchte Annelie Brandt, mit der Unterstützung von Carola Stern und Erich Fromm, ein Buchprojekt über Heinz Brandt umzusetzen.[164] Von Erich Fromm existierte bereits ein Vorwort, in dem er Heinz Brandt als »man of faith« beschrieb.[165] In diese Vorbereitungen kam, für alle überraschend, die Nachricht über die Freilassung Brandts am 23. Mai 1964. Die jahrelange Kampagne war erfolgreich gewesen.

## 3 »Meine IG Metall«: Freilassung und Rückkehr in die Bundesrepublik

Nach knapp drei Jahren kam Heinz Brandt aus der Einzelhaft in Bautzen frei: Am 23. Mai 1964 wurde ihm mitgeteilt, dass der Staatsrat der DDR seine Begnadigung beschlossen hatte. Er wurde in die DDR entlassen, konnte jedoch gleich einen Ausreiseantrag stellen, der zügig bearbeitet wurde. Am 28. Mai 1964 landete Brandt auf dem Frankfurter Flughafen und konnte, beobachtet von einem großen Presseaufgebot, Annelie Brandt und die Kinder wieder in die Arme schließen.

Wie war es zu dieser Freilassung gekommen? Ein starkes Gewicht hatte sicherlich die nicht nachlassende Kampagne. Für die Freilassung spielte auch das Verhalten Brandts eine Rolle, da er der Stasi einen Austausch anbot: seine Freilassung gegen die Nichtverfolgung von Hans Beyerlein. Denn Brandt war fest überzeugt, dass es ihm durch versteckte Botschaften in seinen Briefen gelungen war, seiner Familie und den Frankfurter Freunden Hinweise auf Beyerleins Rolle bei der Entführung gegeben zu haben.

Die Geschichte des Deals begann im Januar 1964. Die MfS-Führung war offensichtlich über die Rückgabe der Carl-von-Ossietzky-Medaille durch Bertrand Russell verunsichert. Brandt wurde am 17. Januar 1964 erneut in das Stasi-Gefängnis nach Hohenschönhausen verlegt.[166] Dort unterbreiteten ihm zwei Staatsanwälte den Vor-

162 So im Artikel: Weltprotest gegen Schandprozeß. Nobelpreisträger Russell: Ankläger von Lorenz Knorr gehören vor Gericht, ND (B), 21.5.1963.

163 Annelie Brandt an Erich Fromm, 17.1.1964. NLB.

164 Annelie Brandt an Erich Fromm, 30.3.1964. Ebd.

165 Erich Fromm: Heinz Brandt – A Man of Faith. Unveröffentlichtes Manuskript. EFA.

166 Übergabebescheinigung bei Verlegungen, Bautzen 17.1.1964. BStU, ZA, MfS Abt. XIV, 12729, Bl. 1; Brandt blieb zehn Tage in Berlin, am 28.1.1964 erfolgte die Rückverlegung nach Bautzen. Er erhielt dann auch eine neue Gefangenennummer. Mitteilung über Aufnahme, BStU, ZA, StVA 012980, Bl. 22.

schlag, er würde freikommen, wenn er sich öffentlich zu seiner Schuld bekennen und die Familie in die DDR holen würde.[167] Brandt verfasste daraufhin am 19. Januar 1964 ein achtseitiges Papier, gerichtet an den Generalstaatsanwalt der DDR, in dem er zu den Fragen seiner DDR-Bürgerschaft, des Ostbüros der SPD und zu seinen »Verbrechen« Stellung bezog.[168] Diese Erklärung enthielt scharfe politische Angriffe, wenn auch in höfliche Formulierungen gekleidet. Brandt betrachte sich als DDR-Bürger, allerdings, so die überraschende Wendung, stehe er zu manchen politischen Entwicklungen in der DDR sehr distanziert und glaube nicht, dass er diese hinnehmen könnte. Daher könne er seine Aufgaben als DDR-Bürger besser im Westen wahrnehmen, wenn er sich dort für Entspannung und Frieden einsetze. Seine »Verbrechen« seien wohl nach DDR-Gesetzen zu verurteilen gewesen, aber den Kontakt mit dem Ostbüro habe er im November 1956 aufnehmen müssen, um Verbindung zur SPD zu bekommen. Bis 1961 habe er als »linker Sozialdemokrat« viel für die DDR erreichen können. In dieser Stellungnahme wiederholte Brandt seine politische Argumentation aus den Vernehmungen, dass seine Verhaftung für die DDR politisch schädlich sei. Das Schreiben war auch Ausdruck des nach über zweieinhalb Jahren Einzelhaft ungebrochenen Selbstbewusstsein Brandts gegenüber den DDR-Organen. Er machte damit deutlich, dass er zu keiner Unterwerfung bereit sei.

Nach diesem für die Stasi unbefriedigenden Ergebnis wurde Brandt nach Bautzen zurückverlegt. Auf ihn wurde nun ein Mitgefangener als Spitzel angesetzt. Es muss unklar bleiben, ob Brandt bereits eine Bespitzelung annahm, zumindest redete er recht offen und erwähnte, dass die IG Metall über die Hintergründe seiner Verhaftung informiert sei.[169] Die Stasi versuchte nun herauszufinden, wie Brandt Informationen in den Westen gebracht haben könnte, und überprüfte eine Reihe von entlassenen Strafgefangenen und auch Gefängniswärtern als mögliche Übermittler. Der Briefwechsel mit seiner Ehefrau galt als unverdächtig. Als Ergebnis wurde festgelegt, dass der Inoffizielle Mitarbeiter mit Brandt freundschaftliche Beziehungen aufbauen soll.[170] In den Folgemonaten besuchte der Spitzel Brandt mehrmals, brachte aber keine weiteren Erkenntnisse zu Tage.

Eine Bespitzelung war letztlich gar nicht mehr notwendig, da Brandt es darauf anlegte, der Stasi mitzuteilen, dass er Informationen in den Westen gebracht hätte. Dafür wählte er den Weg über seinen Anwalt Wolff. In einem Schreiben an seine Frau berichtete er über eine Verkrümmung seiner rechten Hand. Annelie Brandt bewegte daraufhin Wolff zu einem erneuten Besuch in Bautzen.[171] Am 28. April 1964 berichtete

167 Bericht HA XX/2, Berlin 13.5.1964. BStU, ZA, HA XX, 1615, Bl. 1.

168 Heinz Brandt: Erklärung an die Generalstaatsanwaltschaft der DDR, 19.1.1964. BStU, ZA, HA XX 1655, Bl. 68-74. Dort auch die folgenden Zitate.

169 Betr. Strafgef. 558 vordem 363, Unterzeichner Nr. 167, Bautzen 7.2.1964. BStU, ZA, HA XX, 1615, Bl. 366 f.

170 Hauptabteilung VII/1, Bericht, Unterzeichner Hauptmann Baier und Oberstleutnant Weihrich, Bautzen 20.3.1964. BStU, ZA, HA XX, 1615, Bl. 369-376.

Brandt Wolff ganz offen, dass er über seine Briefe der Familie die Hintergründe der Entführung und vor allem die Rolle Beyerleins geschildert habe. Er wollte jedoch nicht, dass Beyerlein verhaftet werde, sondern bat Wolff, die Stasi zu informieren und gewissermaßen als Austausch seine Freilassung und Ausreise zu erwirken.[172] Die Briefe Brandts wurden nun von der Stasi analysiert und der Schluss gezogen, dass sie eindeutige Hinweise enthielten.[173] Da die Stasi davon ausgehen musste, dass Beyerlein in Frankfurt am Main akut gefährdet sei, wurde er am 13. Mai abberufen. Formale Voraussetzung zur Freilassung Brandts war nun eine Gnadenentscheidung des Staatsrates der DDR. Das Politbüro hatte am 19. Mai 1964 beschlossen, dass es aus »politischen Gründen für zweckmäßig gehalten« werde, Brandt zu entlassen und die Ausreise zu erlauben.[174] Mielke wies den zuständigen Sekretär Otto Gotsche am 19. Mai 1964 an, einen Gnadenentscheid vorzubereiten, der dann mit dem Datum vom 23. Mai 1964 vom Staatsrat beschlossen wurde.[175]

Die Entlassung war Brandt bereits am 22. Mai durch einen Stasi-Mitarbeiter eröffnet worden, am Tag der Staatsratsentscheidung wurde er von Bautzen nach Berlin gebracht und die Freilassung auch öffentlich bekannt gegeben. Es folgte nun eine intensive Begleitung durch Oberstleutnant Schröder von der Hauptabteilung XX/2, der Brandt in seinem Dienstwagen nach Berlin zu den Schwiegereltern, die noch in Pankow lebten, brachte. Schröder wies Brandt eindringlich darauf hin, dass er weiterhin DDR-Bürger sei; zudem verwies er auf die Erklärung vom Januar, und Brandt beteuerte, er wolle nicht öffentlich gegen die DDR auftreten, sondern für Entspannung wirken. Diese Gespräche, über die Schröder ausführliche Protokolle anfertigte, entbehrten nicht absurder Konstellationen. So schrieb Schröder:

> »Auf Grund seiner mehrmals in der Vergangenheit gestellten Fragen hinsichtlich seiner Festnahme, wo angeblich eine Frau und eine männliche Person der IG Metall eine Rolle gespielt haben sollen, wurde ihm erklärt, daß wir ihn in Potsdam festgenommen haben, wie er dahingekommen ist, das ist seine Sache. Zu dieser Erklärung machte BRANDT keine Ausführungen. Aus seiner Mimik war jedoch zu erkennen, daß er von dieser Tatsache nicht voll überzeugt ist.«[176]

171 Heinz Brandt an Annelie Brandt, ohne Datum (Brief Nr. 25). NLB; Annelie Brandt an Friedrich Wolff, 23.2.1964. NLB. Der Vorgang ist auch geschildert bei Brandt, Traum, 32-39.

172 Brandt, Traum, 36 f.; Hauptabteilung XX/2, Unterzeichner Oberstleutnant Schröder, Berlin 13.5.1964.

173 Einschätzung eines Briefes vom Strafgefangenen Brandt, Heinz, Hauptabteilung XX/2, Berlin 5.5.1964 (ohne Unterzeichner). BStU, ZA, HA XX, 1615, Bl. 335-339.

174 Auszug aus dem Beschluss des Politbüros vom 19.5.1964. BStU, ZA, HA XX 1615, Bl. 14.

175 Vgl. die Schriftwechsel in: BA, DA 5/1893, Bl. 28-36.

176 HA XX, Bericht (Unterzeichner Oberstleutnant Schröder), Berlin 25.5.1964. BStU, ZA, HA XX 1615, Bl. 31-35, 32.

Brandt war eingeschüchtert und von der überraschenden Freilassung geschockt. Seine große Angst war, dass ihm eine Ausreise doch nicht erlaubt werden würde, daher drängte er darauf, dass Beyerlein abgezogen werden sollte.[177] Diese Befürchtungen bedingten Brandts zurückhaltende und zum Teil unterwürfig wirkende Art gegenüber dem Stasi-Mitarbeiter, mit dem er sich bis zur Ausreise noch dreimal traf. Schröder versuchte dabei, generös und überlegen zu wirken. Gleichzeitig setzte die Stasi eine Kontaktperson aus dem näheren Bekanntenkreis der Schwiegereltern Schwichtenberg ein, um Brandt zu überwachen.[178] Brandt verhielt sich in den Tagen zurückhaltend. Er telefonierte zwar mit Otto Brenner, wollte sich aber vor einer Rückkehr nicht öffentlich äußern. Diether Posser kam am 25. Mai nach Ostberlin, um Brandt zu sehen und die Ausreise mit vorzubereiten. Brandt berichtete ihm von Beyerlein.[179] Nach zügiger Erledigung der Ausreisegenehmigung konnte Brandt am 28. Mai 1964 die DDR verlassen, begleitet von Gustav Heinemann, der ihn in Ostberlin abholte.[180] In Westberlin verließ Brandt den Interzonenzug und nahm ein Flugzeug nach Frankfurt, da er sich sofort dem Einflussbereich der DDR entziehen wollte. Noch während des Fluges gab er einem *Stern*-Reporter ein ausführliches Interview, schilderte seine Biografie und die Verschleppung.[181] In Frankfurt nahmen ihn seine Familie und eine Vielzahl von Journalisten in Empfang. Die Bindung an die IG Metall unterstrich Brandt effektvoll, indem er auf der Gangway sein Mitgliedsbuch hoch hielt. Er gab am Flughafen jedoch nur eine kurze Erklärung ab: »Ich brauche Ihnen wohl nicht zu sagen, wie glücklich ich bin, bei meiner Familie und bei meiner Industriegewerkschaft Metall hier gelandet zu sein.«[182] (☛ vgl. Abb. 9, S. 279)

In den folgenden Tagen wurde Brandt von der Öffentlichkeit fern gehalten. Die IG Metall wollte erst intern die genauen Umstände der Entführung klären. Die Freilassung Brandts hatte großes öffentliches Interesse hervorgerufen. Da die Beteiligung Beyerleins und damit eines IG Metall-Mitarbeiters an den Vorgängen bekannt wurde, geriet die IG Metall unter Druck, in ihren Reihen einen ehemaligen Kommunisten und Agenten beschäftigt zu haben.[183] Daher wurde für den 3. Juni 1964 eine Pressekonferenz mit Brandt und Otto Brenner in Frankfurt am Main anberaumt. Brandt berichtete ausführlich über die Umstände der Entführung. Sicherlich war für manche

---

177 So besuchte er seinen Anwalt Wolff am 26.5.1964 und äußerte große Befürchtungen, dass Beyerlein schon verhaftet worden sei. Vgl. HA XX/2, Bericht (Unterzeichner Schröder), Berlin 29.5.1964. BStU, ZA, HA XX 1615, Bl. 75-79.

178 Treffbericht (Kontaktperson »Herta«), HA XX/2 (Unterzeichner Schröder), Berlin 25.5.1964. BStU, ZA, HA XX 1615, Bl. 60-62.

179 Posser, Anwalt, 353. Der Stasi gegenüber erwähnte Brandt davon jedoch nichts. Vgl. HA XX, Bericht (Unterzeichner Schröder), Berlin 26.5.1964. BStU, ZA, HA XX 1615, Bl. 48-53.

180 Posser, Anwalt, 353.

181 Erkennungszeichen Teddybär, Stern, 14.6.1964.

182 Zeit im Funk, RIAS I. Mitschrift in: BStU, ZA, HA XX 1615, Bl. 240.

183 Der Fall Beyerlein, FAZ, 30.5.1964; Genosse Beyerlein, Industriekurier 2.6.1964; Heimkehr nach drei Jahren, Berliner Morgenpost, 29.5.1964.

**Abb. 9:** Die Familie wartete am Flughafen Frankfurt: Rückkehr Heinz Brandts am 28. Mai 1964.

Medien der Sex-and-Crime-Aspekt nicht unwichtig, da Brandt durch eine Frau entführt worden war.[184] Aber in der Mehrzahl ging man auf politische Aspekte ein. Dazu hatte Brandt beigetragen: Auf der Pressekonferenz irritierte er eine Reihe von Medienvertretern dadurch, dass er von der DDR sprach und nicht von »Ostzone« oder »SBZ«. Auf die Nachfrage eines Journalisten antwortete Brandt, dass er die DDR für eine Realität halte und es falsch sei, vor ihrer Existenz die Augen zu verschließen. Er vertrat die Forderung nach Abrüstung und Entspannung zwischen den Blöcken und gab zu bedenken, dass seine Freilassung Ausdruck einer Liberalisierung in der DDR sein könnte.[185] Diese Haltung wurde von der linksliberalen Presse begrüßt[186], rief aber auch Skepsis hervor. Die FAZ markierte ihre Distanz gegenüber Brandt:

> »Wenn es auch falsch wäre, alle Kommunisten wegen der politischen Vergangenheit ein Leben lang zu diskreditieren, so wäre es aber auch verhängnisvoll, jeden Renegaten unbesehen mit dem Stempel demokratischer Zuverlässigkeit zu versehen«,

184 Paul Mevissen: Entführung nach dem Whiskey, Abendpost 4.6.1964.
185 Erklärung von Brandt und Nachfragen in: Brandt, Traum, 337-344.
186 Vgl. Polizei überwachte Pressekonferenz, FR, 4.6.1964.

es würden dann bald Herden von »trojanischen Pferden« im Westen sein.[187] Brandt selbst war von solchen Angriffen wenig beeindruckt, da er erwartete, dass »kalte Krieger« sein Eintreten für Entspannung enttäuschend finden würden.[188] Ossip und Lili Flechtheim drückten die Zustimmungen von linkssozialistischer und pazifistischer Seite aus: »Besonders beeindruckt hat uns die überlegene Friedfertigkeit, die fast eines Gandhis würdig ist, und die wohl so manchen kalten Krieger, der sensationshungrig die Feder spitzte, ungesättigt liess.«[189] Auch in der gewerkschaftlichen Presse wurde die Haltung von Brandt anerkannt, vor allem seine Bereitschaft, die »Haßmauer« zwischen Ost und West mit abtragen zu helfen.[190]

Für Otto Brenner ging es auf der Pressekonferenz vorrangig um den Schutz der IG Metall. Denn die Agententätigkeit Beyerleins, wie auch seine ehemalige Mitgliedschaft in der KPD, wurden in Zeitungskommentaren thematisiert.[191] Auf der Pressekonferenz hob Brenner den unermüdlichen Einsatz für Brandt hervor und deutete die Freilassung ebenfalls als Hoffnungszeichen für eine Entspannung. Er erinnerte dann daran, dass Kommunisten in den eigenen Reihen ausgeschlossen werden würden, wenn sie sich nicht an Gewerkschaftsbeschlüsse hielten, und dass auch andere Organisationen Ziele von Agenten waren, ohne dass gleich ihre loyale Haltung zum Grundgesetz infrage gestellt wurde. So sollte auch der Fall Beyerlein behandelt werden.[192] Brenner stellte später fest, dass man mit der Pressekonferenz nicht verhindern konnte, dass »einige Journalisten zum Teil recht bösartige Kommentare über die ganze Angelegenheit schrieben«.[193] Da die IG Metall selbst gegen Beyerlein Anzeige erstattet und ihn zügig ausgeschlossen hatte[194], legte sich die öffentliche Aufregung bald wieder. Für die IG Metall hatte die Flucht Beyerleins noch ein internes Nachspiel: Er hatte versucht, seine Sekretärin Gertraude Reh als neue Mitarbeiterin des MfS zu gewinnen. Reh offenbarte sich jedoch bald den Justizbehörden und berichtete ausführlich über Beyerleins Kontaktversuche.[195] Die IG Metall entließ Reh noch am Tage ihrer Vernehmung.

Brandt nannte die Entführung in einem späteren Text einen »missglückten Persönlichkeitsraub«. Denn es sei der DDR-Führung nicht gelungen, ihn in seinen Ansichten und Überzeugungen zu brechen: »Mein Körper war entführbar, nicht aber

187 Ernst Günter Vetter: Wanderer zwischen Ost und West. Heinz Brandt, Hans Beyerlein und die Industriegewerkschaft Metall, FAZ, 12.6.64.

188 Heinz Brandt an Erich Fromm, 13.7.1964, NLB.

189 Ossip und Lili Flechtheim an Heinz und Annelie Brandt, 4.6.1964. NLB.

190 So Egon Lutz: Einer kam zurück, druck und papier, 15.6.64.

191 Vgl. Der Fall Beyerlein, FAZ, 30.5.1964.

192 Vgl. Erklärung des 1. Vorsitzenden der IG Metall Otto Brenner, 3.6.1964. AdsD, SPD-Bezirk Hessen-Süd, 630, unpaginiert.

193 Protokoll der Beiratssitzung 16.6.1964. AdsD, IGMA V/47, unpaginiert.

194 Protokoll der GfV-Sitzung 8.6.1964. AdsD, IGMA G/300, unpaginiert.

195 Vernehmung von Gertraude Reh, 10.6.1964. Hier zitiert nach Staatsanwaltschaft II beim Landgericht Berlin, 29/2 JS 1376/92, Band 1, Bl. 62-76.

meine Vision von einer freien, humanen, demokratischen, sozialen Gesellschaftsordnung.«[196] Das Selbstbewusstsein, dass Brandt in der Haft gezeigt hatte, gab ihm auch für den Westen ein großes, manchmal vielleicht zu großes Zutrauen in seinen politischen Einfluss.

196 Manuskript »Mißglückter Persönlichkeitsraub«, ca. 1965, Bl. 6. NLB.

# VI »Ein Traum, der nicht entführbar ist«: Vom marginalisierten Visionär zum Kritiker der Linken

Mit der Rückkehr in die Bundesrepublik begann für Heinz Brandt auch politisch ein neuer Lebensabschnitt. Nach einer Zeit der schwierigen Einfindung in seine Arbeit als IG Metall-Redakteur etablierte sich Brandt am Rande der Studentenrevolte, vor allem aber im »roten Jahrzehnt«[1] als ein prominenter Linkssozialist. Sozialistische Utopien hatten Hochkonjunktur, der Zeitgeist war »links« und von Reformeifer und Aufbruchstimmungen geprägt. Brandt gewann in dieser gesellschaftlichen Konstellation neue Kontur als »streitbarer Intellektueller«.[2] Der von ihm geltend gemachte »Menschheitstraum« einer Gesellschaft ohne Unterdrückung fand zunehmend Resonanz. Durch systemüberwindende Reformen sollte die Entwicklung der Bundesrepublik zu einer sozialistischen Gesellschaft unumkehrbar gemacht werden.[3] Brandts Prominenz speiste sich auch aus seiner Bereitschaft, immer wieder mit großer Neugierde und Offenheit sozialen Bewegungen zu begegnen. Nach seiner Pensionierung 1974 war Brandt keiner Organisation mehr verpflichtet und stritt engagiert für linke Politik. Dabei stand ihm, wie bereits seit den 50er-Jahren, die Gefahr eines Atomkrieges als Untergangsdrohung vor Augen, Ende der 70er-Jahre verband sich dies mit der Warnung vor einer ökologischen Weltkatastrophe. Das Denken Brandts blieb in gewisser Weise dichotomisch: Sozialismus oder Barbarei, hatte Rosa Luxemburg 1916 geschrieben, und der junge Heinz Brandt hatte die Broschüre bereits im Elternhaus gelesen.[4] Dieser Horizont prägte Brandts politische Überzeugungen noch 60 Jahre später: Untergang der Gattung Mensch oder humane Gesellschaft – dazwischen lag wenig.

Es war wohl gerade seine Bereitschaft zum Engagement und zur Unterstützung der meisten linken Anliegen, die ihn in dem nahezu unüberschaubar und vielschichtig gewordenen linken Milieu der 70er-Jahre Anerkennung brachte. Verbunden mit seiner Verfolgungs- und Kampfgeschichte war Brandt eine moralische Autorität für eine Linke, der es an personeller Kontinuität mangelte. Brandt stellte eine der wenigen personellen Verbindungslinien zum Kommunismus der Weimarer Republik dar. Er repräsentierte auch eine politische Generation von jüdischen Kommunisten, die es in

1 Vgl. den essayistischen, aber kenntnisreichen Band: Koenen, Jahrzehnt.
2 Burkhardt/Hartle, Risse.
3 Heinz Brandt: Die Summe der Reformen ist die Revolution. FR, 24.8.1974.
4 Das Zitat ist eine Paraphrase eines Absatzes, in dem Luxemburg sinngemäß Friedrich Engels zitiert. Vgl. Junius (Pseudonym von Rosa Luxemburg): Die Krise der Sozialdemokratie, Zürich 1916. Abgedruckt in: Rosa Luxemburg: Gesammelte Werke, Band 4, Berlin (DDR) 1974, 49-164, 62. Brandts Angabe, die Broschüre bereits im Elternhaus gelesen zu haben: Brandt, Traum, 56 f.

der Bundesrepublik an prominenter Stelle nur noch selten gab und die Erich Fromm etwas pathetisch als »authentische Revolutionäre« bezeichnete.[5] Brandt war jedoch weniger ein ausgebuffter Politiker mit Sinn für das Organisationshandwerk, sondern eher ein Schriftsteller, dessen literarische Erfolge bescheiden blieben.

Der Großen Koalition gegenüber blieb Brandt, wie die Mehrzahl der Linkssozialisten, reserviert, begrüßte jedoch die sozialliberale Koalition. Hier war im Sinne des Reformsozialismus die Perspektive eröffnet, die Umgestaltung der Bundesrepublik durch »antikapitalistische Strukturreformen« zu erreichen.[6] Die Enttäuschung über das Ende der Reformpolitik mit der Ölkrise 1973 und dann unter der neuen Regierung Helmut Schmidt ab 1974 brachte viele Linke zu einer skeptischen Haltung gegenüber der sozialliberalen Bundesregierung, und Brandt konzentrierte sich immer mehr auf die Praxis der Neuen Sozialen Bewegungen. Dies versuchte er auch in die Gewerkschaften zu tragen. Hier bestand jedoch ein strukturelles Dilemma: Die Gewerkschaften – und in abgeschwächter Form die Sozialdemokratie – forderten einerseits den Bewegungseinsatz ihrer Mitglieder und drohten gegebenenfalls mit Streiks und Demonstrationen, andererseits sollte der Apparat die Führung bei allen Aktionen behalten. Die Neue Linke und die Neuen Sozialen Bewegungen forderten die alten Organisationen der Arbeiterbewegung mit provokativen Aktionsformen und schließlich einer Kritik an der Wachstums- und Technikeuphorie heraus. Brandt unterstützte dies mit der Forderung nach einer Politik der »ersten Person Präsenz«[7], die in den industriellen Großorganisationen wie politischen Repräsentationsmodellen der Parteien jedoch nur schwer umzusetzen war.

Die letzten Lebensjahre verstand sich Brandt als Kritiker einer Linken, die vor allem in Bezug auf die Sowjetunion zu viele blinde Flecken hatte. Die politische Isolation, die er in der Mitte der 60er-Jahre empfand, wiederholte sich in neuer Konstellation in der ersten Hälfte der 80er-Jahre. Als »Querdenker« kommentierte er das politische Geschehen. Für ihn wich die Aufbruchshoffnung der 70er-Jahre jedoch nun einer gewissen politischen Resignation.

Das folgende Kapitel ist in drei Abschnitte unterteilt: Zuerst wird das Wirken Brandts in der Redaktion Metall und der APO skizziert, dann sein internationales, neomarxistisches Engagement dargestellt. Die Verrentung als wichtiger Schnitt ist bereits angesprochen worden. Daher soll im zweiten Abschnitt das Wirken Brandts in drei Aktionsfeldern der Neuen Linken und Neuen Sozialen Bewegungen in den 70er-Jahren untersucht werden. Im dritten Abschnitt werden die letzten Lebensjahre Brandts skizziert.

---

5 Erich Fromm: Vorwort. In: Brandt, Traum, 7-13, 8.

6 Diese Strategie hatte der französische Philosoph André Gorz prononciert formuliert: André Gorz: Zur Strategie der Arbeiterbewegung im Neokapitalismus, Frankfurt/Main 1967.

7 Brandt, Traum, V.

## 1 Schwierigkeiten einer ersehnten Rückkehr: Arbeit als Redakteur bei der Metall 1965–1974

Nach den anstrengenden Tagen im Anschluss an die Rückkehr nach Frankfurt am Main folgte ein längerer Sommerurlaub mit der Familie in Schweden. Am 1. September 1964 war Brandt wieder an seinen alten Arbeitsplatz in der *Metall*-Redaktion zurückgekehrt. Er war ambitioniert, als Schriftsteller und Publizist für seine politischen Ideen zu arbeiten; in den Alltag der Redaktionsarbeit zurückzukehren fiel ihm anfangs schwer.[8] Die Gerüchte um seine Verhaftung und die Zweifel, die bei einer Reihe der Beschäftigten der Hauptverwaltung über seine Entführung verbreitet waren, hatten ihre Spuren bei Brandt hinterlassen, verbunden mit der Angst vor weiteren Stasi-Agenten in der IG Metall.[9] Mit manchen Arbeitskollegen war ein vorher freundschaftliches Band zerschnitten. Dazu trug die Enttäuschung Brandts bei, dass Beyerlein nicht unmittelbar nach der Entführung hatte enttarnt werden können.[10] Ende 1964 wurde Brandt erneut über einen längeren Zeitraum von der Sicherungsgruppe Bonn vernommen. Bei diesen Vernehmungen äußerte sich Brandt bei den Beamten auch über einen unfreundlichen Empfang durch Heinz Dürrbeck, der gegen die Wiedereinstellung Brandts im Vorstand votiert habe. Otto Brenner wies diese Behauptung zurück und betonte, dass eine Wiedereinstellung Brandts nie umstritten gewesen sei.[11]

Die sich aus den anhaltenden Ermittlungen und den Unklarheiten ergebenden Spannungen schlugen sich in Brandts Arbeit nieder. 1964 und auch noch 1965 sind kaum Artikel Brandts in der *Metall* zu finden. Hinzu kamen noch andere Belastungen, so die Arbeit an der Autobiografie, die Brandt in Anspruch nahm. Politisch und persönlich bedeutsam war eine Reise Ende 1964 nach England und Mexiko. In London entzündete Heinz Brandt im Auftrage von Amnesty International zusammen mit seiner Frau Annelie die Kerze für den Gefangenen des Jahres 1964, an dem Ort, an dem Annelie Brandt im Jahr zuvor die Kerze für Heinz Brandt entzündet hatte. Gekrönt wurde die Reise mit einem Besuch bei Bertrand Russell in Wales. Der Philosoph und Entspannungsbefürworter Russell machte einen tiefen Eindruck auf Brandt. Von England aus flog das Ehepaar über Weihnachten und Neujahr zu Erich Fromm nach Mexiko. Die beiden Großcousins begründeten damit eine lange Tradition von Besuchen. Das Verhältnis von Fromm und Brandt war von herzlicher Zuneigung und vor

8 Heinz Brandt an Rudi Küstermeier, 5.7.1964, NLB.

9 Vgl. die Vernehmung Heinz Brandts durch die Bundesanwaltschaft, Frankfurt 23.6.1964. Staatsanwaltschaft II beim Landgericht Berlin, 29/2 JS 1376/92, Band 3, Bl. 27-38; sowie: Ergebnis der informatorischen Befragungen verschiedener Zeugen bei IG-Metall in Frankfurt/Main, 26.6.1964 durch BKA-SG, KOM Berzau. Ebd., Bl. 66-69.

10 Brandt, Traum, 39.

11 Vernehmung Otto Brenner durch Bundesrichter Buddenberg in Frankfurt/Main, 11.11.1965. Staatsanwaltschaft II beim Landgericht Berlin, 29/2 JS 1376/92, Band 3, Bl. 332-334, Bl. 334.

allem großer politischer und theoretischer Übereinstimmung geprägt. Erich Fromm hatte kurz nach der Freilassung die Verbindung der beiden charakterisiert:

> »Ich habe oft das Gefühl, als ob wir zwei Aspekte einer Person darstellten. Du, ein Aktivist, der mit ungewöhnlichem Mut alles so getan hat, was ich nicht getan habe. Ich, viel weniger aktiv und ausdauernd, habe ein relativ ruhiges und angenehmes Leben geführt, ohne großen Gefahren zu trotzen und die Gelegenheit gehabt, mich dem Schreiben ganz hinzugeben. Aber trotz dieser Verschiedenheit ist unsere menschliche und theoretische Stellungnahme sehr verwandt.«[12]

In dieser Charakterisierung wird ein Gefälle deutlich: Fromm hatte angesichts des leidvollen Schicksals Brandts offensichtlich Schuldgefühle. Brandt hingegen fühlte sich von Fromm verstanden und griff viele seiner theoretischen Überlegungen auf.[13] Fromm hatte Mitte 1965 einen Sammelband unter dem Titel »Sozialistischer Humanismus« veröffentlicht. Darin schrieb eine Reihe von Autoren aus Ost und West, die, so Fromm in der Einleitung, das humanistische Interesse an der Menschheit verband und die vor allem auf die Frühschriften Marx' Bezug nahm.[14] Fromm hatte geplant, das Buch Heinz Brandt zu widmen, aber dies war an Befürchtungen osteuropäischer Autoren gescheitert.[15]

Der Besuch in Mexiko-Stadt diente auch einer längeren Untersuchung des Psychoanalytikers Fromm an dem KZ-Überlebenden Heinz Brandt. Fromm verfasste für den Entschädigungsantrag Brandts an das Entschädigungsamt in Berlin ein Gutachten. Darin behauptete er, dass Brandt von ihm bei seinem Besuch in Mexiko therapiert wurde; insgesamt 41 Sitzungen gab Fromm an.[16] Diese Angaben erscheinen jedoch unrealistisch: Er hätte Brandt in den vier Wochen mindestens jeden Tag untersuchen müssen. Auch wenn Brandt, der unter psychosomatischen Spätfolgen der KZ-Haft litt, von dem erfahrenen Psychoanalytiker Fromm sicherlich Unterstützung und Hilfe erhalten hat, war der lange Aufenthalt nicht im Verhältnis eines Arztes zu seinem Patienten erfolgt. Das Gutachten erstellte Fromm auf Bitten Brandts, der sich hiervon eine Unterstützung für seinen Entschädigungsantrag erwartete.[17] Dass Fromm zu dieser Unterstützung bereit war, die immerhin auch ob der persönlichen Nähe nicht un-

---

12 Erich Fromm an Heinz Brandt, 30.6.1964. NLB.

13 Heinz Brandt schrieb kurz nach der Freilassung: »Von allen Briefen, die ich erhielt, war mir Deiner nicht nur der liebste und wichtigste, sondern besonders berührt und gerührt war ich dadurch, daß Du, der Du am weitesten von mir entfernt bist, meine gesamte Situation am hellsichtigsten erfaßt hast.« Heinz Brandt an Erich Fromm, 24.6.1964. NLB.

14 Erich Fromm: Einleitung zu E. Fromm »Socialist Humanism«. In: Ders.: Gesamtausgabe, Band IX: Sozialistischer Humanismus und Humanistische Ethik, München 1989, 13-17.

15 Erich Fromm an Heinz Brandt, 10.7.1964. NLB.

16 Gutachten von Erich Fromm über Heinz Brandt, Mexiko-Stadt, 5.4.1965. Kopie im NLB.

17 Heinz Brandt an Erich Fromm, 14.3.1965. NLB.

bedingt den ärztlichen Gepflogenheiten entsprach, zeigt die Verbundenheit der beiden. Sie zeigte sich auch in den gemeinsamen familiären Verbindungen. Die große Bedeutung des Großvaters und Großonkels Ludwig Krause wurden den beiden durch ihre Gespräche verstärkt klar[18]: Beide näherten sich so ihrer jüdischen Herkunft wieder an und dem großen Einfluss, den der Rabbiner Ludwig Krause auf sie beide hatte.

In den Folgejahren besuchte das Ehepaar Brandt häufiger die Familie Fromm in Locarno in der Schweiz, wo die Fromms seit 1967 einen zweiten Wohnsitz hatten. Auch politisch blieb eine enge Bindung. Heinz Brandt ist vielleicht weniger als Gewerkschaftspolitiker, Sozialist oder Kommunist zu verstehen, sondern als ein sozialistischer Humanist im Sinne Erich Fromms, der für eine Gesellschaft stritt in der, wie eines der populärsten Bücher Fromms später hieß, der Gedanke des Seins gegenüber dem des Habens im Vordergrund stehen würde. Die öffentliche Resonanz für solche Vorstellungen war 1965 jedoch erst im Entstehen.[19]

Mit der Rezession von 1966/1967, die sich in der Rückschau eher als »Konjunkturdelle« darstellte, begann eine erneute Konfliktphase und eine Verschiebung der bisherigen Gewerkschaftspolitik. Da die Rezession die SPD mit an die Regierung brachte und über keynesianische Regulierungsmodelle die Wirtschaft wieder in Schwung gebracht werden sollte, ließ sich die Gewerkschaftsführung auf die »Konzertierte Aktion« ein. Arbeitgeber und Gewerkschaften sowie Regierungsvertreter trafen sich seit Februar 1967, um ökonomische und politische Fragen zu diskutieren. Die Gewerkschaftsführungen stimmten einer Lohnzurückhaltung zu, bis die Konjunktur wieder anziehe. Dieses Vorgehen brachte die Gewerkschaftsführung bald von links unter Druck: Die Konzertierte Aktion wurde von nicht geringen Teilen der Gewerkschaftsfunktionäre als Eingriff des Staates in die Tarifautonomie abgelehnt, der populäre Otto Brenner erlitt auf dem Gewerkschaftstag 1968 fast eine Abstimmungsniederlage in dieser Frage.[20] Die IG Metall zog sich 1968, kurz vor der 1. Lesung der Notstandsgesetze im Bundestag, aus dem Bündnis mit der APO gegen die Notstandsgesetze weitgehend zurück. Aber die Aufbruchsstimmung der Endsechziger erfasste auch die Gewerkschaften, und zwar von zwei Seiten: Mit der sozialliberalen Koalition wurde im September 1969 ein Reform- und Modernisierungsschub ausgelöst, der viele Forderungen der Gewerkschaften – unter anderem die Mitbestimmung – zu erfüllen schien. Gleichzeitig erfolgte eine Radikalisierung und Politisierung der Mitgliedschaft. Die spontanen Streiks im September 1969 läuteten eine Phase hoher Lohnforderungen und einer gestiegenen Streikbereitschaft der Belegschaften ein.[21] Durch die APO inspiriert kam eine Vielzahl von hoch motivierten und politisierten jungen Gewerkschaftern in die IG Metall, die

18 Heinz Brandt an Erich Fromm, 25.1.1965. NLB.

19 Vgl. Erich Fromm: Haben oder Sein. Die seelischen Grundlagen einer neuen Gesellschaft, Stuttgart 1976.

20 Kempter, Loderer, 227-229.

21 Schönhoven, Gewerkschaften, 237 f.; 100 Jahre Industriegewerkschaft, 440-442.

eingefahrene Gleise aufbrachen und für produktive Unruhe sorgten. Gerade aus diesem Spektrum wurde die Frage nach der Rolle der Gewerkschaften in der Bundesrepublik immer wieder aufgeworfen: »Ordnungsfaktor oder Gegenmacht« waren die Pole, um die sich die politische, aber auch die wissenschaftliche Diskussion um Gewerkschaften drehte.[22] Für die Mitgliederzeitung *Metall* hieß das, die gesellschaftliche Stimmung aufzugreifen und gleichzeitig im Sinne der Organisation zu steuern.

Das Selbstverständnis der Redaktion war weit gefasst: »METALL hat die Aufgabe zu informieren, aufzuklären, Bewußtsein zu wecken. In allen Bereichen, die menschliche und damit auch gewerkschaftliche und politische Belange berühren.«[23] Trotz dieses politischen Selbstbewusstseins war die Aufgabe der *Metall* eindeutig definiert: Als Verbandsorgan der IG Metall war sie Sprachrohr des Vorstands. Sie sollte die Mitglieder über das Organisationsgeschehen informieren und eine Art von gewerkschaftlicher Gegenöffentlichkeit zu bürgerlichen Medien bilden. Innerhalb des Vorstands war der 2. Vorsitzende für die *Metall* zuständig. In der Redaktion fand Brandt mit Jakob Moneta einen Chefredakteur, der ihm nicht nur politisch, sondern auch persönlich viel Sympathie entgegenbrachte.[24] Dass Moneta Trotzkist war, war kein Hinderungsgrund. Moneta hatte ein ausgeprägtes Selbstbewusstsein und war bereit, sich mit Vorstandsmitgliedern zu streiten.[25] Innergewerkschaftliche Diskussionen wurden in dem Organ kaum ausgetragen, abweichende Positionen, wie sie in den politisierten Debatten der späten sechziger und der 70er-Jahre innerhalb der Gewerkschaft gang und gäbe waren, bildeten sich in der *Metall* nicht ab.[26] Gerade gegenüber der IG Metall wurde der – zumeist von links gespeiste – Vorwurf erhoben, die Gewerkschaften würden unter »Demokratiedefiziten« leiden, da die Strukturen zu wenig offen für Kritik und Diskussion seien und Führungspositionen nicht in einem offenen Prozess besetzt würden.[27] Dieser Vorwurf zielte vor allem auf die Funktionäre: So wurden in den Betriebsreportagen der *Metall*, für die häufig Heinz Brandt verantwortlich war, kaum Vertrauensleute oder einfache Mitglieder befragt, sondern überwiegend Funktionäre der IG Metall oder Betriebsräte.[28]

Auf der anderen Seite ist das prononciert linke Profil der *Metall* bemerkenswert, das unter Moneta entwickelt wurde. Die inhaltliche Übereinstimmung Brandts mit

22 Vgl. Eberhard Schmidt: Ordnungsfaktor oder Gegenmacht? – Die politische Rolle der Gewerkschaften, Frankfurt/Main 1971.

23 Jakob Moneta: Mit offenem Visier für die Interessen der Arbeitenden: METALL – Eine Zeitung anders als andere. In: Metall 27 (16.12.1975), Nr. 25-26, 13.

24 Gespräch mit Jakob Moneta in Frankfurt/Main, 3.3.1999.

25 Kempter, Loderer, 213 f.

26 Maria Kniesburges: Die Funktion der Gewerkschaftspresse im Rahmen innergewerkschaftlicher Diskussion und Willensbildung – Am Beispiel der IG Metall-Mitgliederzeitung Metall, Göttingen 1984, 63-65; Claus Winfried Witjes: Gewerkschaftliche Führungsgruppen, Berlin 1976, 254-258.

27 Kniesburges, Funktion, 105-110 mit weiterführender Literatur.

28 Vgl. die ausführliche Inhaltsanalyse für das Jahr 1973: Kniesburges, Funktion, 231-233.

den Positionen der IG Metall war groß. Die Kritik am Vietnamkrieg[29] oder an der Notstandsgesetzgebung, die Forderung nach Mitbestimmung, die Unterstützung der sozialliberalen Ostpolitik oder die Ablehnung der konservativen Kritik gehörten zu den wesentlichen politischen Forderungen Brandts, die ihn mit der mächtigen IG Metall verbanden. Sie gab ihm einen Resonanzboden und auch eine gewisse Autorität. Trotz einer von Zeit zu Zeit auftauchenden Kritik an einem zu eigenständigen Kurs hob die Redaktion hervor, dass sie nach der Beschlusslage der IG Metall arbeite.[30]

Heinz Brandt entwickelte das Profil eines Autors, der engagiert Stellung bezog. Er blieb einfacher Redakteur und machte keine Versuche, innerhalb der Organisation noch irgendwelche Karriereschritte zu gehen. Gerade die Reportagen, die Brandt schrieb, waren von einer großen Empathie für die Betroffenen geprägt, gleich ob es um Skandale im Betrieb[31], das Porträt eines Wehrdienstverweigerers[32] oder um Bürgerinitiativen[33] ging. Vor allem mit den Betriebsberichten bot sie in betrieblichen Konflikten Unterstützung durch Herstellung von Öffentlichkeit.[34] Doch offene Kritik an der IG Metall konnte Brandt nur außerhalb des Organisationsrahmens äußern. In einer linkskatholischen Zeitschrift kritisierte er Ende 1968 offen die Haltung der IG Metall zu dem Bau von U-Booten für die Militärdiktatur in Griechenland auf der Howaldtswerft in Kiel.[35] In dem Dilemma, Arbeitsplätze zu sichern und gleichzeitig gegen Aufrüstung zu sein, verhalte sich die IG Metall indifferent. Selbst als die Frage auf dem Gewerkschaftstag aufgeworfen worden sei, wurde sie einfach übergangen. Brandt forderte die IG Metall recht unverblümt auf, bei moralisch verwerflichen Produkten Gegenstrategien zu entwickeln.

> »Protest aus moralischer Motivation ist heute wohl nur noch Sache der Jugend, der Universitäten. Dort ist zur Zeit der geometrische Ort, [...] wo der horrende Widerspruch zwischen Wirklichkeit und Möglichkeit, zwischen Lüge und Wahrheit, Irrationalität und Vernunft wahrgenommen, ausgesprochen und in Aktion umgesetzt wird.«[36]

---

29 Vgl. Heinz Brandt: Den Krieg beenden. In: Metall 21, (19.9.1967), 19, 3.

30 Vgl. Handschriftliche Notizen »Gespräch mit den Redakteuren Metall-Gewerkschafter«, ohne Datum, ohne Ort (Sommer 1971). AdsD, IGMA O/673a, unpaginiert.

31 Heinz Brandt: Die »Pickel-Fabrik« und die Sklavinnen. In: Metall 22 (5.8.1970), Nr. 16, 11; Heinz Brandt: »Im Kuhstall des Chefs ist es besser«. In: Metall 22 (5.3.1970), Nr. 5, 5.

32 Heinz Brandt: Leutnant warst du einst ... In: Metall 18 (12.7.1966), Nr. 14, 14.

33 Heinz Brandt: Wie eine Bürgerinitiative ein Land für die Rundfunkfreiheit aktiviert: »Den Leuten Lust gemacht«. In: Metall 24 (15.8.1972), Nr. 17, 6.

34 Kniesburges, Funktion, 65. So wurde Brandts Artikel über gesundheitliche Schäden in einer Fabrik vom *Spiegel* aufgegriffen. Vgl. Akute Gefahr, Spiegel 24 (3.8.1970), Nr. 32, 68.

35 Heinz Brandt: Deutsche U-Boote für Griechenland? Über konzertiertes Schweigen, diplomatisches Schwätzen und den armen Delegierten Nr. 252. In: Werkhefte. Zeitschrift für Probleme der Gesellschaft und des Katholizismus 22 (Dezember 1968), Nr. 12, 339-341.

36 Ebd., 339.

Die Sympathie für die rebellierende Jugend wandte sich gegen eine vermeintliche Behäbigkeit der IG Metall. Solche scharfen Kritiken führten für Brandt zwar zu atmosphärischen Spannungen mit dem Vorstand, sie hatten aber keine Sanktionen zur Folge.[37] Dies mag auch daran gelegen haben, dass Brandt zwar immer wieder für Aufbruch und Unruhe plädierte, sich insgesamt als *Metall*-Redakteur jedoch organisationsloyal verhielt.

Brandt liebte es geradezu, in seinen Reportagen eine unruhige, nahezu revolutionäre Stimmung zu beschwören: »Die ›Bild‹-Zeitung flog in Fetzen aus den Abteilfenstern der Frühzüge: ›Das Schmierblatt kaufen wir nimmer!‹ empörten sich die Arbeiter.«[38] Ein solches Setting zu Beginn eines Artikels offerierte ein Bild des Aufbruchs und der Empörung, fast einer Bedrohung, da eine Gruppe von Menschen sich auflehnen würde. Dem erwähnten Zitat folgten dann Aussagen und Gespräche Brandts mit IG Metall-Funktionären über einen Bericht der Bild-Zeitung, dass die ausländischen Arbeitnehmer fleißiger seien als die deutschen.[39] Ob sich hinter der – vermutlich sprachlich etwas übertrieben dargestellten – Empörung vielleicht auch nationalistische oder ausländerfeindliche Ressentiments verbargen, thematisierte Brandt nicht.[40] Er ließ einen IG Metall-Bevollmächtigten das Schlusswort sprechen:

> »›Die Rolle, die im Dritten Reich den Juden und heute in den USA den Negern zugedacht ist, sollen morgen die Gastarbeiter übernehmen. Sie sollen als Prügelknaben von den eigentlich Schuldigen – den Arbeitgebern und der Regierung – ablenken.‹«[41]

Die Sündenbock-Theorie als Erklärung für den Holocaust war gerade in der Linken verbreitet und Brandt selbst zog immer wieder diese historischen Analogien.[42] In seinen Reportagen fällt jedoch auf, dass es ihm um die Vermittlung einer Empörung ging, die in gemeinsames und geschlossenes Handeln umgeformt und vor allem durch den Einsatz der IG Metall-Funktionäre zu einem guten Ende geführt werden sollte. Die Gegner waren in der Regel lokale Kapitalisten, die Politik oder die Großkonzerne.

---

37 Heinz Brandt an Otto Brenner, 25.10.1969. AdsD IGMA, G/390, unpaginiert.

38 Heinz Brandt: Ausländische Arbeitnehmer in deutschen Betrieben: Mitarbeiter oder Landplage? In: metall 18 (19.4.1966), Nr. 8, 7.

39 Bild, 31.3.1966.

40 Dieser Konflikt mit Warnstreiks bei Daimler-Benz in Baden-Württemberg ging auf eine Äußerung auf einer Tagung der Bundesvereinigung Deutscher Arbeitgeber zurück, die von der Bild-Zeitung aufgegriffen wurde. Vgl. Ulrich Herbert/Karin Hunn: Gastarbeiter und Gastarbeiterpolitik in der Bundesrepublik. Vom Beginn der offiziellen Anwerbung bis zum Anwerbestopp (1955–1973). In: Schildt/Siegfried/Lammers, 273-310, 299; IG Metall (Hrsg.): Dokumentation: die Ausländerwelle und die Gewerkschaften, Frankfurt/Main 1966.

41 Heinz Brandt: Ausländische Arbeitnehmer in deutschen Betrieben: Mitarbeiter oder Landplage? In: metall 18 (19.4.1966), Nr. 8, 7.

42 Vgl. Vorwort. In: Leopold Spira: Feindbild Jud, Wien/München 1981, 7-12.

Dies lag in der Linie von Brandts politischen Vorstellungen, der die Bundesrepublik von einer kleinen Schicht von Angehörigen großer Wirtschaftskonzerne gelenkt sah.[43] Der manchmal romantisch wirkende, aber immer ernst gemeinte Blick auf die Selbstermächtigung der Menschen zielte im Kern auf eine Demokratisierung und Enthierarchisierung der Gesellschaft.

Anfang 1969 startete die *Metall* die Serie »Mitbestimmung macht's möglich«, in der Brandt Reportagen über erfolgreiche Mitbestimmungsmodelle beisteuerte.[44] Er betonte darin die positive Rolle von Betriebsräten und der Einfluss auf die Gestaltung von Arbeitsbedingungen. Für Brandt war die Mitbestimmung im Kapitalismus nur ein Schritt auf dem Weg zur sozialistischen Gesellschaft. Über einen mitbestimmten Betrieb in Ahrensburg, in dem der Fabrikbesitzer den Arbeitern freiwillig weitgehende Mitbestimmungsrechte einräumte, berichtete Brandt sympathisierend, da der Besitzer Claus Behrens als Idealist und aufgrund seiner Erfahrungen als Widerstandskämpfer gegen den Nationalsozialismus agiere. Dennoch resümierte Brandt etwas abfällig:

> »C[laus] B[ehrens] denkt wahrscheinlich, man könnte sein Modell – sei es in kleineren oder größeren Schritten – auch auf andere privatkapitalistische Unternehmen ausdehnen. Mir erscheint es mehr als Denkanregung und Beispiel für die Überlegenheit einer sozialistischen Gesellschaftsordnung, in der die Herrschaft des Produkts über den Produzenten und des Privatvorteils über die gesellschaftlichen Bedürfnisse aufgehoben ist.«[45]

Die Übernahme eines Betriebes als gemeinwirtschaftliches Unternehmen durch die Arbeiter stellte für Brandt einen gangbaren Weg dar, wenn »das private Kapital versagt« habe und durch die Übernahme neue Perspektiven entstehen.[46]

Ein ordnungspolitisches Problem innerhalb der Gewerkschaften waren spontane Streiks, die außerhalb von Tarifauseinandersetzungen stattfanden. Die berühmten Septemberstreiks 1969 hatten die Unruhe in den Belegschaften gestärkt und die Gewerkschaften unter einen gewissen Erwartungsdruck gesetzt.[47] In der *Metall* wurde nun häufiger über spontane Streiks und Arbeitskonflikte berichtet, die sich zumeist um betriebliche Zulagen drehten. Dabei waren innergewerkschaftliche Konflikte, die häufig den spontanen Streiks vorausgingen, kein Thema. Brandt, wie auch die anderen

43 Die »oberen Dreihundert«. Heinz Brandt über Machtverhältnisse in der Bundesrepublik, FR, 23.2.1967.

44 Heinz Brandt: Mit gutem Motor läuft BMW. In: Metall 21 (7.1.1969), Nr. 1, 7; Heinz Brandt: Die IGM fand den Schlüssel zum Tor. In: Metall 21 (18.7.1969), Nr. 4, 2; Heinz Brandt: Nicht über den Kopf der Kollegen! In: Metall 21 (4.3.1969), Nr. 5, 6.

45 Heinz Brandt: Wunschtarifvertrag bei Behrens in Ahrensburg. Die Heftklammern machten's möglich. In: Metall 21 (27.5.1969), Nr. 11, 11.

46 Heinz Brandt: Eine Feier – und was dann kam. In: Metall 21 (5.8.1969), Nr. 16, 5.

47 Schönhoven, Gewerkschaften, 237 f.

Autoren in der *Metall*, folgten in den Artikeln den Organisationsinteressen: Die spontanen Streiks wurden als Unterstützung für die Betriebsräte oder die IG Metall gewertet, die so zu guten Verhandlungsergebnissen kommen konnten.[48] Auf eine Streikwelle im Sommer 1973 reagierte die *Metall* nur zögerlich mit mehreren Artikeln. Bei einem Streik vor allem ausländischer Arbeiter, die in unteren Lohngruppen eingestuft waren, bei dem Beleuchtungshersteller Hella in Lippstadt, zitierte Brandt den Betriebsratsvorsitzenden, der von einem verbesserten Klima zwischen deutschen und ausländischen Arbeitern sprach.[49] Die aus dem Artikel selbst sprechenden Konflikte zwischen den unterschiedlich eingestuften Lohngruppen, die zudem ethnisiert waren, wurden in eine positives Ergebnis umgedeutet. Auch wenn man sich hier gegen überwiegend negative Darstellungen in der bürgerlichen Presse wehren musste, die die Konflikte in den Vordergrund ihrer Berichterstattung stellten[50], fällt doch die organisationsloyale Darstellung auf. Dieser Befund gilt für die meisten Artikel in der *Metall*. Über spontane Streiks wurde nur berichtet, wenn das Ergebnis positiv war und im Sinne der IG Metall verwertet werden konnte.[51] Dies gilt auch für Heinz Brandts Artikel. Außerhalb der IG Metall bezeichnete Brandt spontane Streiks als »Bildungsurlaub«, als »Lernprozeß in Aktion«.[52]

Die neue Ostpolitik der sozialliberalen Koalition ab 1969 war eines der umstrittensten innenpolitischen Themen. Die Gewerkschaften gehörten zu den treuesten Verbündeten der Bundesregierung für diese Politik.[53] Heinz Brandt unterstützte die Position aus vollem Herzen, denn hier schien sich endlich zu verwirklichen, worauf er schon seit Jahren gehofft hatte: ein Wandel durch Annäherung, die Auflösung starrer Konfrontationen und die Stärkung der Opposition in den sozialistischen Ländern. So unterstützte er Überlegungen, Berlin als »Dienstleistungszentrum für den Osten« auszubauen, um die ökonomische Situation zu verbessern[54], und sah in der DDR hoffnungsvolle politische Schritte.[55] Im Frühjahr 1973 war Brandt sogar Teilnehmer

48 Vgl. Heinz Brandt: Der Streik lohnte sich. In: Metall 21 (28.10.1969), Nr. 22, 2; Heinz Brandt: Streik hatte Erfolg. In: Metall 21 (9.12.1969), Nr. 25/26, 6; Heinz Brandt: Aussperrung vor dem Fest. Durch Streik die Geschäftsleitung in die Knie gezwungen. In: Metall 22 (6.1.1969), Nr. 1, 3.

49 Heinz Brandt: Für Gleichheit: Am vierten Tag kam der Erfolg. In: Metall 25 (17.8.1973), Nr. 16, 5; ebenfalls zu einem Streik ausländischer Arbeiter: Heinz Brandt: Nach Streik gestecktes Ziel erreicht. In: Metall 25 (15.5.1973), Nr. 10, 6.

50 Am bekanntesten der Streik ausländischer Arbeitnehmer bei Ford in Köln im Sommer 1973. Vgl. als Pressedokumentation: Gruppe Internationale Marxisten: Der Streik bei Ford vom 24.8.–30.8.1973, Köln 1974, 94-130.

51 Autorenkollektiv: Gewerkschaftspresse als Gegenöffentlichkeit? Untersuchungen zur Funktion gewerkschaftlicher Publikationen in Arbeitskonflikten, Berlin, 1977, 116.

52 Heinz Brandt: Die Summe der Reformen ist die Revolution. FR, 24.8.1974.

53 Kempter, Loderer, 240. Otto Brenner: Unser Ja zur Friedenspolitik. In: Metall 24 (29.2.1972), Nr. 5, 2.

54 Heinz Brandt: Berlin hat eine Zukunft. In: Metall 23 (6.7.1971), Nr. 14, 11.

55 Heinz Brandt: Auch die DDR setzt Zeichen eines guten Willens. In: Metall 24 (24.10.1972), Nr. 22, 2.

einer Delegation von Gewerkschaftsredakteuren, die die Sowjetunion bereiste. Sein Bericht war positiv gehalten und betonte den Friedens- und Verständigungswillen der Sowjetbürger.[56] Es mag etwas überraschen, dass der ehemalige DDR-Häftling überhaupt bereit war, eine Reise in die Sowjetunion zu unternehmen; zeigt jedoch Brandts Hoffnung in die Liberalisierungsprozesse der sozialistischen Länder und auch eine manchmal etwas unkritische Begeisterungsfähigkeit.

Der Einsatz für eine Entspannungspolitik ging einher mit der Warnung vor einem erneuten »Rechtsruck« in der Bundesrepublik. Nationalismus, Militarismus und Rassismus – darunter wurde in der Regel auch Antisemitismus gefasst – und die Aussöhnung mit Israel waren gewerkschaftliche Themen. In der *Metall* wurde mit historischen Bezügen vor einer neuen Rechtsentwicklung durch Notstandsgesetze und NPD gewarnt.[57] Der CSU-Vorsitzende Franz-Josef Strauß war eine der wesentlichen Zielscheiben, da er als Protagonist einer Rechtsentwicklung galt.[58] Die Union wurde als Vertreter des Arbeitgeberlagers und Wegbereiter eines autoritären Staates regelmäßig angegriffen. Außerhalb der *Metall* konnte Brandt dabei ungebremst agieren: Der *Bayernkurier* werde zum »Zentralorgan neofaschistischer Ideologie des dritten deutschen Imperialismus« und Strauß ließe sich zum »Retter« des Abendlandes stilisieren, analysierte er 1969 in einer linkssozialistischen Zeitschrift.[59] Die Warnung vor der Rechtsentwicklung war verknüpft mit der Erinnerung an die nationalsozialistische Diktatur und den deutschen Militarismus.

> »Das Rezept von München: Aufpeitschen einer nationalistischen Welle, Aufrüstung, Politik der Stärke, Kalter Krieg, Zusammenstoß statt Zusammenarbeit mit dem Osten. Das bedeutet den verhängnisvollen Versuch, das deutsche Volk ungeachtet aller mahnenden Lehren der Vergangenheit in eine katastrophale Zukunft zu führen«[60],

warnte Brandt vor der CSU. Die oft aggressive und polemische Sprache der *Metall* insgesamt korrespondierte mit den Angriffen von konservativer Seite. Die Befürchtung eines »Gewerkschaftsstaats« war sicherlich weit ab von der politischen Realität

56 Heinz Brandt: Bei Radio Eriwan und anderswo: Bericht aus einem noch fremden Land. In: Metall 25 (12.6.1973), Nr. 12, 11.

57 Heinz Brandt: Braune Notständler? In: Metall 18 (1.11.1966) Nr. 22, 3. Fast 30.000 kamen nach Frankfurt/Main. Großer Kongress »Notstand der Demokratie«. In: Metall 18 (15.11.1966), Nr. 23, 4 f.

58 Heinz Brandt: Die Eskapaden des Herrn Strauß. Traum von der Achse Berlin-Madrid? In: Metall 19 (12.12.1967), Nr. 25/26, 2. Vgl. auch: Heinz Brandt: »Der Retter aus München«. In: Der Gewerkschafter 18 (Mai 1970), 166.

59 Heinz Brandt: Politik für harte Männer. Zur Ideologie des Bayern-Kurier. In: Express International 6 (28.2.1969), Nr. 67, 5.

60 Heinz Brandt: CSU in München: Parteitag der kalten Krieger. In: Metall 22 (28.4.1970), Nr. 9, 4; Vgl. Heinz Brandt: Rechtsextreme ApO. In: Metall 22, (27.10.1970), Nr. 22, 2.

der sozialliberalen Regierungskoalition[61], aber für das polarisierende politische Klima bezeichnend.[62] Auch die Springer-Presse gehörte zu einem bevorzugten Angriffsziel von *Metall*. Brandt selbst hatte im März 1968 auf der Veranstaltung »Appell für Vernunft« der Technischen Universität Berlin gesprochen und unter anderem die *Bild* für Hetze gegen die Studenten verantwortlich gemacht.[63] Die scharfen Attacken aus dem Springer-Konzern gegen die neue Ostpolitik wurden als Bedrohung wahrgenommen. In immer neuen Artikeln wurde versucht, die manipulative Funktion der Springer-Presse zu enthüllen.[64] Nach einem Anschlag auf ein Juso-Büro Anfang 1974 in Berlin war für Heinz Brandt klar, dass die *Bild* dafür verantwortlich zu machen sei, da sie die Menschen gegen Linke aufhetze.[65]

Heinz Brandt hat das Profil der *Metall* als einer prononciert linken Zeitschrift mit geprägt. In einem Brief an Otto Brenner betonte er jedoch 1969, dass er im Sinne der Organisation schreiben würde. Er bat um ein Gespräch, um einige »Mißverständnisse« zu klären, die durch Artikel entstanden seien, die Brandt außerhalb der IG Metall veröffentlicht hatte.[66] Es passt zu der etwas randständigen Position Brandts, dass er Schwierigkeiten hatte, als Redakteur der *Metall* an einer Sitzung des IG Metall-Beirats teilzunehmen.[67] Kurz nach Brandts Pensionierung schrieb Werner Thönnessen, der 1970 zum Internationalen Metallgewerkschaftsbund in Genf gewechselt war, an Brandt:

> »Da ich weiß, dass die letzten Jahre für Dich alles andere als erfreulich waren, kann ich mir Deine Erleichterung gut vorstellen und mir ausmalen, dass Du von Deiner Freiheit regen Gebrauch machen wirst. Andererseits weißt Du ebenso wie ich, wie schwer Dein Ausscheiden politisch wiegt. Du bist nun einmal der Vertreter eines Typus und einer Generation, die leider im Verschwinden begriffen ist. Jakob müsste ein wahres Kunststück vollbringen, wenn er einen auch nur annähernd gleichwertigen Mann finden sollte.«[68]

61 Vgl. zu dem Begriff Kempter, Loderer, 10.

62 Heinz Brandt: F. J. Strauß führt den Wahlkampf gegen unsere Gewerkschaften. In: Metall 24 (10.10.1972), Nr. 21, 6.

63 Die Rede wurde veröffentlicht. Heinz Brandt: Die Vergangenheit hat schon begonnen. In: Werkhefte. Zeitschrift für Probleme der Gesellschaft und des Katholizismus 22 (Mai 1968), Nr. 5. 135-139; Vgl. zur Veranstaltung Ralf Dahrendorf: Liberal und unabhängig. Gerd Bucerius und seine Zeit, München 2000, 187.

64 Heinz Brandt: So wird die Meinung der Bundesbürger manipuliert. Springers 100 Tage. In: Metall 22 (17.2.1970), Nr. 4, 3. Heinz Brandt: Attacken gegen den Polen-Vertrag. Üble Hetze und billige Propaganda-Maschen. In: Metall 22 (8.12.1970), Nr. 25/26, 4; Heinz Brandt. Bild schielt. In: Metall 23 (2.3.1971), Nr. 5, 1.

65 Heinz Brandt: Kriminelle Folgen der »Bild«-Hetze. In: Metall 26 (16.4.1974), Nr. 8, 3.

66 Heinz Brandt an Otto Brenner, 25.10.1969. AdsD IGMA, G/390, unpaginiert.

67 Jakob Moneta an Eugen Loderer, 24.5.1972. AdsD IGMA, G/390, unpaginiert.

68 Werner Thönnessen an Heinz Brandt, 29.8.1974. NLB.

## 1.1 »Die junge Generation sehen«: Hoffnungen auf einen Aufbruch

»Der Marxismus der Neuen Linken war sehr pathetisch, leidenschaftlich und naiv. Er war zutiefst religiös« hat die ungarische Philosophin Ágnes Heller beobachtet.[69] Es war gerade das utopische Element, dass Brandts Denken stimulierte und Hoffnungen freisetzte. Die rebellierenden Studierenden orientierten sich eher an einer Kritik der Industriegesellschaft als an klassischen, marxistischen Proletariatsvorstellungen. Die Antiautoritären sahen in der Arbeiterklasse nicht mehr das alleinige revolutionäre Subjekt, sondern propagierten die willentliche Entscheidung zum revolutionären Verhalten als entscheidenden Schritt.[70] Der »Bewusstseinsrevolutionär« Brandt stand dieser Position nahe. Er hatte immer versucht, spontanes Handeln mit einem materialistischen Diskurs zu verbinden. Seine Überlegungen zur zweiten industriellen Revolution entwickelte er im Westen weiter. Die technische Entwicklung würde die Abschaffung von belastenden, körperlichen Tätigkeiten ermöglichen und ein großes gesellschaftliches Gestaltungspotenzial freisetzen. Eine Demokratisierung würde gewissermaßen materiell erzwungen werden.[71] Ende der 60er-Jahre erfasste eine »Planungseuphorie« weite Kreise der Gesellschaft, die von einem utopischen Gestaltbarkeitsbegehren der Verhältnisse geprägt war.[72] Linkssozialistische Theoretiker gingen davon aus, dass Demokratisierung und Sozialismus zusammen wachsen würden.[73] Brandts utopisch-sozialistische Überlegungen wurden anschlussfähiger.

Allein als Gewerkschaftsredakteur zu wirken, war für Brandt unbefriedigend. Es drängte ihn danach, als Linksintellektueller wahrgenommen zu werden und außerhalb der IG Metall Resonanz zu finden. Dieses Bemühen war nur bedingt von Erfolg gekrönt, aber angesichts seiner Lebensgeschichte, vor allem der Prominenz aus der Entführung und seiner Stellung als Gewerkschaftsredakteur, erhielt er häufiger die Gelegenheit, Kommentare zu verfassen oder auf Veranstaltungen aufzutreten. Er

69 Ágnes Heller: Der Affe auf dem Fahrrad, Berlin/Wien 1999, 270.

70 Vgl. Rudi Dutschke: Die Widersprüche des Spätkapitalismus, die antiautoritären Studenten und ihr Verhältnis zur Dritten Welt. In: Uwe Bergmann u. a.: Rebellion der Studenten oder die neue Opposition, Reinbek bei Hamburg 1968, 33-93, 39-48.

71 Vgl. zu diesen Überlegungen, die Brandt jedoch zu keiner geschlossenen Theorie weiterentwickelte: Heinz Brandt: Rebellion der Unterarbeiter. In: Express International 8 (23.7.1971), Nr. 126, 7. Heinz Brandt: Technik und Fortschritt – Der Mensch der Gegenwart zwischen humaner und inhumaner Technik. In: Jörg Albert u. a. (Hrsg.): Technik und menschliche Existenz, Wiesbaden 1982, 93-100.

72 Andreas Rödder: Die Bundesrepublik Deutschland 1969–1990, München 2004, 65.

73 Vgl. dazu grundlegend: Fritz Vilmar: Strategien der Demokratisierung, 2 Bände, Darmstadt 1973; sowie die Festschrift für Ossip K. Flechtheim: Christian Flenner/Bernhard Blanke (Hrsg.): Systemwandel und Demokratisierung, Frankfurt am Main / Köln 1975. Die intellektuelle Diskussion vor allem der 60er-Jahre zeichnet nach: Moritz Schreibe: Auf der Suche nach der demokratischen Gesellschaft. In: Ulrich Herbert (Hrsg.): Wandlungsprozesse in Westdeutschland. Belastung, Integration, Liberalisierung 1945–1980, Göttingen 2002, 245-277.

schlüpfte hier nur zu gern in die Rolle eines Repräsentanten aus dem breiten Strom der Arbeiterbewegung des 20. Jahrhunderts.

Ein wichtiger Schritt zur Wahrnehmung als Linksintellektueller war die Veröffentlichung seiner Autobiografie. Auslöser war ein Artikel in der *Zeit*, in dem Brandt die Situation Robert Havemanns und der DDR-Opposition behandelte.[74] Der Münchner List-Verlag fragte an, ob Brandt eine Autobiografie schreiben wolle.[75] Brandt griff diese Möglichkeit auf. Im Oktober 1964 wurde ein Vertrag aufgesetzt, in dem Brandt sich verpflichtete, bis zum Herbst 1965 seine »Erinnerungen« aufzuschreiben.[76] Ein erster Entwurf wurde im Frühjahr 1965 vom Lektor Horst Ferle scharf kritisiert, er fand die Gewichtung falsch und manches politisches Urteil zu pauschal und simpel.[77] Erich Fromm erhielt ebenfalls die erste Manuskriptfassung und ermunterte Brandt, weiter zu schreiben.[78] Es dauerte jedoch noch zwei Jahre bis zur Fertigstellung des Buches, zu dem Fromm ein Vorwort verfasste.

Brandt hatte seine Autobiografie nicht chronologisch aufgebaut. Er begann mit Erinnerungen an seine Haftzeit in der DDR, von denen aus er sich auf eine Erinnerungsreise begab. Auch in den folgenden Kapiteln fand sich eine Chronologie nur bis zu seiner Befreiung aus dem Konzentrationslager. Über seine Zeit als SED-Funktionär schrieb er ausführlich, jedoch wenig über seine eigenen Aufgaben, sondern mehr als politischer Beobachter der SED-Führung. Diese Darstellung bricht mit den Ereignissen und Folgen des 17. Junis ab; das letzte Drittel der Autobiografie bietet Skizzen über einzelne prominente Kommunisten und allgemein politische Betrachtungen, verbunden mit Einsprengseln aus Brandts Leben. Brandt wollte mit seiner Autobiografie keinen Rechenschaftsbericht ablegen, sondern seine Erfahrungen für die politische Gegenwart nutzbar machen. Für die kommunistische Renegatenliteratur in der Bundesrepublik der 60er-Jahre ist beobachtet worden, dass sie sich an zwei Adressaten wandten: Das Publikum im Westen, das wissen wollte, warum jemand so lange Kommunist war, und den ehemaligen Weggefährten, die wissen wollten, warum jemand überhaupt die »Sache« aufgab.[79] Brandt nahm etwas Anderes ins Visier: Er wollte mit seiner Autobiografie für seinen »Traum« werben, für eine Politik der Annäherung angesichts der Weltuntergangsdrohung eines Atomkrieges. Programmatisch nannte er das letzte Kapitel des Buches daher »Der Versöhnler«. Darin fasste Brandt seine Enttäuschung über das kommunistische Projekt zusammen mit einer neuen Zukunftshoffnung: »Ich fühle mich in meinem Wesen erfüllt und bestätigt, weil ich mit meiner Illusion nicht meine Vision verlor, aus der Vergangenheit nicht die Asche, sondern das Feuer mit in die Zu-

74 Heinz Brandt: Mein Freund Robert Havemann. In: Die Zeit, 19.6.1964.
75 Horst Ferle an Heinz Brandt, 19.6.1964. NLB.
76 Autorenvertrag zwischen Heinz Brandt und dem List-Verlag, 18.10.1964. NLB.
77 Heinz Brandt an Erich Fromm, 14.3.1965. NLB.
78 Erich Fromm an Heinz und Annelie Brandt, 5.4.1965. NLB.
79 Kuhn, Bruch, 305 f.

kunft nahm.«[80] Der »Menschheitstraum« einer friedlichen und gemeinsam gestalteten Welt stand für Brandt als Orientierung über allen politischen Ideen, wobei er christliche, jüdische und kommunistische Vorstellungen parallelisierte.

Das Buch fand gefällige Aufnahme. So wurde der Wert der Zeitzeugenschaft Brandts für die Ereignisse in der DDR hervorgehoben[81] oder die persönliche Tragik eines Gläubigen betont.[82] Jedoch war den meisten Rezensenten eine gewisse Distanz wichtig.[83] Zustimmung zu seinen Versöhnler-Ideen eines Dritten Weges erhielt er von zwei Bekannten: Hermann Weber und Ossip K. Flechtheim.[84] Manès Sperber hatte bereits zu Brandts Ausführungen während der Pressekonferenz geschrieben: »Sie sind ein anständiger Mensch und politisch naiv, mein lieber Heinz Brandt.«[85] Diese Haltung prägte die meisten Rezensenten. Die Referenz auf ein kämpferisches und leiderfülltes Leben konnte zwar Bewunderung und Anerkennung, aber eben auch Mitleid hervorrufen. Rund 1.900 Exemplare wurden bis Ende 1967 verkauft, für eine politische Autobiografie ein zwar beachtliches, aber nicht herausragendes Ergebnis.[86] Dank der Vermittlung Erich Fromms erschien 1970 eine englische Ausgabe in den USA, andere Übersetzungsprojekte scheiterten.[87]

Mit seiner Autobiografie hatte Brandt sich als humanistischer Sozialist präsentiert und den humanistisch-utopischen Aspekt der marxschen Philosophie für die Gegenwart reklamiert. Sein Bemühen, als Linksintellektueller zu wirken, wurde durch seinen Zugang zu einem der pulsierendsten Orte der internationalen neomarxistischen Auseinandersetzung verstärkt: der Sommerschule der Praxis-Gruppe auf der jugoslawischen Insel Korčula. In den 60er-Jahren entwickelte sich eine neomarxistische Revision auch in osteuropäischen Ländern, die, unter den scharfen Augen der jeweiligen staatlichen Organe, um eine undogmatische Weiterentwicklung des Marxismus rang. Jugoslawien bot hierfür die größte Freiheit: Seit dem Bruch mit Stalin 1948 war die jugoslawische Staatsführung auf Abgrenzung zum sowjetischen Gesellschaftsmodell bemüht und hatte 1958 damit begonnen, die Wirtschaft von der staatlichen Planung hin zu stär-

80 Brandt, Traum, 363.

81 Vgl. Martin Jänicke: Traum vom »Dritten Weg«, Die Zeit 19.5.1967; Walter Osten: Der Traum vom »anderen« Deutschland, Stuttgarter Zeitung 20.5.1967; Annamarie Doherr: Der unerfüllte Traum vom »dritten Weg«, FR, 16.9.1967.

82 Vgl. Karl Krolow: Wenig glückliche Tage, Süddeutsche Zeitung 19.8.1967.

83 Am schärfsten Karl J. Germer: Autobiographie eines deutschen Kommunisten, Der Tagesspiegel 13.10.1967.

84 Vgl. Ossip K. Flechtheim: Ein Leben für den Dritten Weg. In: Gewerkschaftliche Monatshefte 18 (Juli 1967), 423-425; Hermann Weber: Zwischen Ost und West. In: Der Gewerkschafter 15 (Mai 1967), 182.

85 Manès Sperber an Heinz Brandt, 7.7.1964. NLB.

86 Vgl. die Abrechnungen des Listverlags an Heinz Brandt, 26.7.1967 und 8.2.1968. NLB.

87 Horst Ferle an Heinz Brandt, 3.7.1967 und 11.2.1970. NLB.

kerer Selbstverwaltung der Arbeiter in ihren Betrieben zu entwickeln.[88] Die Sympathien für das jugoslawische Modell waren innerhalb der westlichen Linken in den 60er-Jahren weit verbreitet, schien sich hier doch eine unabhängige sozialistische Variante zu verwirklichen. Seit 1964 gaben einige Philosophen und Soziologen in Zagreb und Belgrad die Zeitschrift *Praxis* heraus, in der sich vor allem gegen deterministische, marxistische Theorien gewandt und die Gestaltungsfreiheit des Individuums betont wurde. Namensgebend für die Gruppe war ihr Anspruch, die »Praxis« zur fundamentalen Kategorie des Marxismus zu entwickeln.[89] Um ihre Theorien in einem internationalen Kontext diskutieren zu können, luden die jugoslawischen Wissenschaftler international anerkannte unorthodoxe Marxisten auf die kroatische Insel Korčula ein, um in einer »Sommerschule« zwei Wochen lang gemeinsam diskutieren zu können. An diesen Sommerschulen, zuerst 1963 in kleinem Rahmen abgehalten, nahmen schließlich mehrere Hundert Personen teil, darunter viele junge Menschen vor allem aus dem Westen. Zu den vortragenden Teilnehmern gehörten führende westliche Marxisten wie Ernst Bloch, Herbert Marcuse, Erich Fromm oder Jürgen Habermas, der polnische Neomarxist Leszek Kolakowski, der österreichische kommunistische Dissident Franz Marek, aus Italien kam Lucio Lombardo-Radice, der Mitglied im ZK der KPI war.[90] Es entstand ein zum Teil auch persönliches Netzwerk, so halfen Brandt, Wolfgang Leonhard und Erich Fromm einem bedrängten rumänischen Soziologen auszureisen, als er Repressalien erleiden musste.[91] Die Sommerschulen fanden jährlich statt, bis sie 1975 von der jugoslawischen Regierung verboten und die beteiligten jugoslawischen Wissenschaftler aus ihren Ämtern verdrängt wurden.[92]

Brandt kam über die Vermittlung Erich Fromms nach Korčula. Seit 1967 hat Brandt an den Sommerschulen teilgenommen. Ein anderer alter Bekannter gehörte auch zu den Teilnehmern: Wolfgang Leonhard. Die Bekanntschaft der beiden erneuerte sich durch das gemeinsame Engagement für »Karl-Marx-Süd«, wie sie den Weg der Praxis-Gruppe scherzhaft nannten.[93] Außerdem kam Annelie Brandt mehrere Male mit nach Jugoslawien. Für Brandt war die lockere Atmosphäre in Korčula, die auch etwas von Urlaub hatte[94], eine Quelle an Inspiration. Korčula war der Ausdruck

88 Vgl. zur jugoslawischen Entwicklung: Leszek Kolakowski: Die Hauptströmungen des Marxismus. Entstehung, Entwicklung, Zerfall, Band 3, München 1979, 515-520.

89 Kolakowski, Hauptströmung, 518 f.; Heller, Affe, 259 f.; Grebing, Revisionismus, 227-237; Ursula Rütten: Marxismus als Gesellschaftskritik. Die Praxis-Gruppe in Jugoslawien – ihre Grenzen und Möglichkeiten, Aachen 1976.

90 Vgl. die Rückschau: Rudi Supek: Dix ans de l'Ecole d'été de Korčula (1963–1973). In: Praxis. Philosophische Zeitschrift, Internationale Ausgabe 10 (1974), Nr. 1-2, 3-15, 4.

91 Wolfgang Leonhard an Heinz Brandt, 10.4.1972, NLB. Heinz Brandt an Erich Fromm, 22.9.1974. NLB.

92 Rütten, Marxismus, 191.

93 Information Wolfgang Leonhard, 16.5.2002.

94 Heller, Affe, 274.

eines lebendigen, internationalen Austausches unter Sozialisten. Die Hoffnung auf eine weltweite Umwälzung war hier sinnlich erfahrbar.

Brandt hat auf den Sommerschulen 1973 und 1974 auch zwei Vorträge gehalten. Beide Beiträge wurden veröffentlicht.[95] 1973 war das Thema der Sommerschule »Die bürgerliche Welt und der Sozialismus«. Brandt übertitelte seinen Beitrag: »Voran zur Natur, zur Selbstverwirklichung und gesellschaftlichen Selbstorganisation des Menschen«. Das Thema des folgenden Jahres war »Die Kunst und die zeitgenössische Welt«, worüber Brandt in der Sektion »Kunst und die zeitgenössische Technik« sprach. Kunst war für Brandt »existentielles Bedürfnis, elementare Betätigung, Selbstverwirklichung von Individuum und Gesellschaft«.[96] Dabei unterschied er jedoch – hierin Erich Fromm folgend – zwischen biophiler und nekrophiler Kunst. Die »Utopia-Kunst« kritisiere die Gesellschaft und versuche gleichzeitig, ein positives Gegenbild von schöpferischer, gemeinschaftlicher Tätigkeit zu geben, während die nekrophile Kunst nur Resignation befördere. Der nekrophile Zug von Technik und Kultur sei den Phänomenen nicht immanent, sondern gesellschaftlich verursacht. Dies blieb für Brandt der wesentliche Bezugspunkt, um den sein politisches Denken kreiste: Der Mensch an sich ist gut, es gehe darum, sich bewusst gegen Fehlentwicklungen zu entscheiden, um eine sozialistische Gesellschaft zu schaffen.

Es war dieses nahezu religiöse Beschwören des Aufbruchs, das Brandt kennzeichnete und ihn an die Seite des linken Aufbruchs der späten 70er-Jahre brachte. Anders als viele ältere Linkssozialisten, die zwar die Unruhe der Studenten begrüßten, gegenüber vielen Aktionsformen jedoch Distanz hielten, nahm Brandt engagiert Stellung für die rebellische Jugend. Der Protest gegen den Vietnam-Krieg[97], die Lust und Leidenschaft, für politische Ideale und Überzeugungen zu streiten, waren für Brandt nahezu ein Jungbrunnen. Gerade das Situative und Spontane der Bewegung erfüllte ihn mehr als theoretische Diskussionen. Die Studenten waren für Brandt Teil einer neuen »Produktivkraft« der zweiten industriellen Revolution: Sie hätten die Chance, den Zwangscharakter der westlichen Konsumgesellschaften zu durchschauen und politisch zu reagieren.

---

95 Heinz Brandt: Voran zur Natur, zur Selbstverwirklichung und gesellschaftlichen Selbstorganisation des Menschen. In: Praxis. Philosophische Zeitschrift, Internationale Ausgabe 10 (1974), Nr. 1-2, 237-248; der Beitrag von 1974 konnte nicht mehr in *Praxis* erscheinen, da die Zeitschrift zwangsweise eingestellt wurde. Brandt konnte seinen Beitrag in gekürzter Form jedoch in der rororo-aktuell-Reihe unterbringen. Heinz Brandt: Kunst und Technik heute – ein Ortungsversuch zwischen Marx und Mumford. In: Technologie und Politik, aktuell-Magazin 5, hg. von Freimut Duve, Reinbek 1976, 5-24.

96 Kunst und Technik heute – ein Ortungsversuch zwischen Marx und Mumford. Manuskript, EFA, Mappe Heinz Brandt. Leicht gekürzt abgedruckt als: Brandt, Kunst.

97 Brandt war zum Beispiel Teilnehmer an dem Kongress »Vietnam – Analyse eines Exempels« im Mai 1966 in Frankfurt. Wolfgang Kraushaar (Hrsg.): Frankfurter Schule und Studentenbewegung. Von der Flaschenpost zum Molotowcocktail, 3 Bände, Hamburg 1998, Band 1, 234.

Brandt suchte auch die Orte der Aktion auf, wollte dabei sein, wenn etwas passierte. So war er 1967 Augenzeuge, wie eine Diskussionsveranstaltung im Amerika-Haus in Frankfurt gesprengt wurde, bei der unter der Frage »Vietnam – Reicht das amerikanische Engagement?« mehrere Journalisten diskutieren wollten, aber SDS-Angehörige von einer zeitgleich in Frankfurt stattfindenden Delegiertenkonferenz in den Saal drängten. Nach einiger Verzögerung fand die Diskussionsveranstaltung statt, die meisten Studierenden verließen aber den Saal.[98] Ein Journalist der *Zeit* verglich den Auszug der Studierenden mit dem Auszug der Nazis aus dem Reichstag[99], Ernst Fraenkel, Professor für Politik an der Berliner FU, erhob den Vorwurf, die Aktion in Frankfurt sei vergleichbar mit SA-Rollkommandos, eine Parallele, die in jenen Tagen häufiger von professoraler und medialer Seite gezogen wurde. Brandt verfasste im Namen der Redaktion von *Metall* einen offenen Brief an Fraenkel, in dem er gerade diese Parallele aufs Schärfste zurückwies.[100] Er berief sich auf das eigene Erleben:

> »Was nun die ›Rollkommando-Methoden der SA‹ anlangt, so habe ich sie sozusagen experimentell kennengelernt, und ich bin fassungslos, daß Sie das bestialische SA-Treiben mit der human gezielten und human getätigten Studentenaktion vergleichen [...]«.

Es könne nicht jede Aktion, die nicht völlig gewaltfrei bleibe, sogleich als faschistisch gebrandmarkt werden. Brandt hielt das Engagement der Studierenden für »authentisch«, da die Empörung moralisch legitimiert sei. Hier stellte Brandt sich sehr deutlich hinter Aktionsformen, die für viele Vertreter der »Alten Linken« und sympathisierende Linksliberale Anlass zur Distanz gegenüber der Studentenrevolte war.[101] Brandt lehnte Gewalt gegen Menschen ab, es ging ihm vor allem um die moralisch gerechtfertigte Regelverletzung.

Politisch organisiert war Brandt weiterhin in der SPD. Sein Unterbezirk Hessen-Süd war traditionell ein linker Verband, in dem die »Doppelstrategie« der Jusos – außerparlamentarische Aktionen und Arbeit in der Partei für das Ziel einer sozialistischen Demokratie[102] – einen starken Widerhall fanden. Brandt war locker verbunden mit einem kleinen Kreis von linken Sozialdemokraten um Karsten Voigt[103] und Jo-

98 Kraushaar, Frankfurter Schule, Band 1, 270-271.

99 Hans Gresmann: Ein Hauch von Revolution – Der »rote« Rudi stürmte das Frankfurter Amerikahaus – Rebellen mit Sinn für Publicity, Die Zeit, 15.9.1967, 2.

100 Abgedruckt in: Berliner Extra-Dienst, Nr. 46, 25.10.1967, 5-6.

101 Als prominentestes Beispiel kann die Besetzung des Instituts für Sozialforschung im Januar 1969 gelten, als Theodor W. Adorno, eigentlich eine der Ikonen der Studentenrevolte, die Polizei rief. Vgl. Kraushaar, Frankfurter Schule, Band 1, 397-399.

102 Vgl. für die späten 60er-Jahre: Gert Börnsen: Innerparteiliche Opposition. Jungsozialisten in der SPD, Hamburg 1969, 66-88 zur Situation in Hessen-Süd; Zur Doppelstrategie allgemein: Karlheinz Schonauer: Die ungeliebten Kinder der Mutter SPD. Die Geschichte der Jusos von der braven Parteijugend zur innerparteilichen Opposition, Bonn 1982, 239-242.

chen Steffen[104]. Dieser Kreis gab die Zeitschrift *express international* heraus[105], in der auch Brandt einige Artikel publizieren konnte.

Brandt liebte die direkte Kommunikation auf Veranstaltungen. Er sagte gerne zu, als Redner aufzutreten, wenn er angefragt wurde. Ein großer Auftritt war die Veranstaltung »Appell zur Vernunft« am 6. März 1968 an der Technischen Universität Berlin. Brandt saß neben Günter Grass und dem *Zeit*-Verleger Gerd Bucerius auf dem Podium. Während Grass von den Studierenden als Verräter »ausgeklatscht« wurde und man Bucerius als liberalem Demokraten Respekt bezeugte, »[...] erntete [Heinz Brandt; d. V.] mit Attacken auf die Stadtregierung und die Springer-Presse Beifall.«[106] Anlass für die Veranstaltung waren die Auseinandersetzungen um den Internationalen Vietnam-Kongress, der Mitte Februar 1968 in Berlin stattfand. Einige Tage später hatte es eine Gegendemonstration gegeben, die vom Berliner DGB mit organisiert worden war und auf der es zu Ausschreitungen gegen Studenten gekommen war. Brandt stellte sich in kritischer Solidarität hinter die Studenten: »Trotz aller Geburtswehen, Kinderkrankheiten, Eierschalen der Vergangenheit – wie immer wir das nennen wollen: bei dieser engagierten Jugend liegt unsere Zukunft.«[107] Massiv griff er vor allem den Berliner DGB-Vorsitzenden Walter Sickert an, da die Gegendemonstration Zeichen eines Rückfalls in die Vergangenheit gewesen sei. Brandt, der betonte, »lange genug unfreiwillig den Judenstern« getragen zu haben, wollte sich nun »freiwillig den Stern des langbehaarten Affen« anheften, den die *Bild* und die rechte Hetze den Studenten verliehen hätten.[108] Überdeutlicher war das Angebot einer identifizierenden Solidarisierung kaum zu haben, denn Brandt erklärte den »Antistudentismus« zum »Antisemitismus von heute«.[109]

Walter Fabian, Chefredakteur der *Gewerkschaftlichen Monatshefte*, schlug Brandts Referat zum Abdruck im gewerkschaftlichen Debattenorgan vor. Der DGB-Vorsitzende Ludwig Rosenberg lehnte dies jedoch ab.[110] Der Text erschien in den linkskatholischen *werkheften*. Trotz aller Organisationsloyalität verstand sich Brandt als Links-

---

103 Voigt (1941 geboren) war von 1969–1973 Juso-Bundesvorsitzender, seit 1976 Bundestagsabgeordneter. Er war in den 70er-Jahren ein prominenter Vertreter des linken SPD-Flügels.

104 Jochen Steffen (1922–1987), Kriegsteilnehmer, war seit 1965 Landtagsabgeordneter der SPD in Schleswig-Holstein, seit 1966 als Landesvorsitzender und Fraktionsvorsitzender. Er war ein prominenter Vertreter eines sozialistischen Flügels in der SPD. 1977 legte er seine Parteiämter nieder, verließ 1979 die SPD und zog sich aus der Politik zurück. Brandt und Steffen haben später in der Zeitschrift *Das Da* zusammen gearbeitet.

105 Ferdinand Müller-Rommel: Innerparteiliche Gruppierungen in der SPD. Eine empirische Studie über informell-organisierte Gruppierungen von 1969–1980, Opladen 1982, 70.

106 Dahrendorf, Liberal, 187.

107 Brandt, Vergangenheit, 138.

108 Ebd., 135.

109 Ebd., 137.

110 Ludwig Rosenberg an Walter Fabian, 23.3.1968. AdsD, DGB-Archiv, 2/LRAD 12, Akte 2. Für diesen Hinweis bin ich Frank Ahland zu Dank verpflichtet.

sozialist, der auf der Suche nach politischen, wirkungsvollen Handlungsfeldern für eine sozialistische Umgestaltung war. Die Gewerkschaften waren hierzu vor allem ein Mittel, nicht Selbstzweck. Er agitierte zwar für eine Zusammenarbeit von Studenten und Arbeitern[111], war aber weit entfernt von traditionssozialistischen Strömungen, die für eine Orientierung auf das Proletariat als revolutionäres Subjekt eintraten: »Das Dogma von der führenden Rolle der Arbeiterklasse gehört ins Altertumsmuseum«, hielt er im März 1968 fest.[112]

Im Juni 1969 wurden »Rote-Punkt-Aktionen« zu einem Mittel direkter Aktion in zwei bundesdeutschen Städten: In Heidelberg und Hannover wurden Blockaden, Besetzungen und Demonstrationen gegen Fahrpreiserhöhungen im Öffentlichen Nahverkehr durchgeführt. Um eine breite Solidarisierung zu erreichen, führte man den »Roten Punkt« ein: Am Auto angebracht sollte er anzeigen, dass der Fahrer bereit war, andere Personen mitzunehmen. In der *Metall* wurde begeistert von den Aktionen berichtet.[113] Brandt nutzte erneut *express international*, um eine strategische Bestimmung zu geben. Konsumenten-Boykotte sollten auch auf andere gesellschaftliche Bereiche erweitert werden, um zum Beispiel in Krankenhäusern oder bei Wohnungen »Nulltarife« zu fordern. Der Rote-Punkt-Gedanke war dabei ein Schritt zur aktiven Solidarisierung.[114] Es war ganz nach seinem Geschmack, in der direkten und mit Unterstützung großer Teile der Bevölkerung getragenen Aktion eine Perspektive für die Neue Linke zu sehen. Auch *Metall* berichtete über die Rote-Punkt-Kampagne und griff die Forderung nach Nulltarif im Öffentlichen Nahverkehr auf.[115] Hier war bereits der Gedanke der Alternativbewegung konfiguriert, eine neue Gesellschaft durch positive Beispiele bereits in der Gegenwart zu entwickeln. Allerdings zeigten sich hier auch schnell Risse zur maoistischen Linken: Der SDS-Heidelberg kritisierte Brandt dafür, »einen ›roten Raster‹ möglicher Boykottaktionen im Konsumsektor zu entwickeln, die durch bloße Aneinanderreihung schon eine Strategie ergeben sollen«.[116] Diese Fundamentalkritik in der Dichotomie von Reform oder Revolution verwies auf die Distanz, die sich in der zerfallenden APO gegen die reformsozialistischen Perspektiven entwickelte.

Das Jahr 1969 war für die APO ein Jahr des Zerfalls. Neben den Jusos, die eine Radikalisierung in die SPD hineintrugen, war die DKP eines der großen personellen Sammelbecken der Aktivisten.[117] Es gab eine Reihe von maoistischen Parteineugrün-

111 So auf der Veranstaltung »Die Kluft zwischen Arbeitern und Studenten – unüberbrückbar?« im Republikanischen Club in Berlin. Vgl. Agit 883, 1 (20.2.1969), Nr. 2, 3.
112 Brandt, Vergangenheit, 136.
113 Helmut Hillgärtner: Tausend rote Punkte blüh'n Städte protestieren. In: Metall 21 (24.6.1969), Nr. 13, 11.
114 Heinz Brandt: Vom roten Punkt zum roten Raster. In: Express International 6 (11.7.1969), Nr. 76, 4.
115 Heinz Brandt: Nulltarif: Doch keine Utopie. In: Metall 22 (14.4.1970), Nr. 8, 3.
116 Rote Presse Korrespondenz (Berlin), 19.9.1969.

dungen und die undogmatisch-militanten Gruppen, die sich einer formalen Organisierung verweigerten und die größte Nähe zum bewaffneten Kampf hatten, der von einem Teil der zerfallenden APO 1970 aufgenommen wurde. Vor allem in den universitär geprägten Großstädten entwickelte sich ein subkulturelles Milieu, das ein Reservoir für politische Gruppen bildete, aber auch ein gemeinsames Lebensgefühl ausdrückte.

Brandt hatte gewisse Sympathien für eine der wesentlichen politischen Strömungen im Zerfallsprozess der APO: den Maoismus. Zwar stand er den maoistischen Parteigründungen, die ab 1970 die Linke beschäftigten sollten, ablehnend gegenüber[118], aber er interessierte sich für den chinesischen Entwicklungsweg, den er gegenüber der Sowjetunion für fortschrittlicher hielt.[119] Da in der chinesischen Gesellschaft Gemeineigentum eine viel größere Rolle spielen würde, sei es gegenüber der europäischen Entwicklung positiver zu bewerten.[120] Aber der Fokus Brandts blieben die Aktionen der Neuen Linken, in denen sich neue Vergesellschaftungsformen ausdrückten. In Frankfurt am Main geriet Anfang der 70er-Jahre eine spezifische Aktionsform ins öffentliche Interesse: die Hausbesetzung. Hintergrund war eine grundlegende Umgestaltung der Frankfurter Innenstadt zu einem Bürozentrum, zu der auch der Abriss einer Reihe von älteren Wohnhäusern gehörte, vor allem im Stadtteil Westend. Im September 1970 besetzten Studenten in einem symbolischen Akt mehrere leer stehende Häuser, was in der *Metall* positiv aufgenommen wurde.[121] Die von einer bürgerlichen Initiative getragene Kritik an den Umbauplänen entwickelte sich bald zu einem Aktionsfeld der Frankfurter Linken, speziell der Spontis. Diese Gruppe lehnte maoistische oder orthodoxe Parteigründungen ab und plädierte für einen militanten Kampf und den Aufbau von Gegenstrukturen. Nachdem Versuche einer revolutionären Betriebsarbeit bei Opel in Rüsselsheim gescheitert waren, orientierten sich die Spontis ab 1972 auf den Häuserkampf.[122] Für Brandt waren die Hausbesetzungen – wie bereits die Rote-Punkt-Aktionen – Zeichen einer anti-kapitalistischen, solidarischen Bewegung, in der die Menschen ihre Anliegen selbst in die Hand nehmen wür-

117 Koenen, Jahrzehnt, 264; Zur Mitgliederentwicklung der DKP in den Jahren 1968–1973 vgl. Georg Fülberth: KPD und DKP. 1945–1990, Heilbronn [2]1992, 125-128.

118 Vor allem ein damit einhergehender Dogmatismus war für Brandt Anlass zur Spöttelei. Vgl. Brandt, Traum, III f.

119 Ebd., XI.

120 Heinz Brandt: Eine chinesische Katastrophe. Biographie einer chinesischen Katastrophe oder Warten auf Cheng-Ho, Sendemanuskript, NLB, Bl. 11 f. Das Feature wurde am 15.12.1970 vom Hessischen Rundfunk gesendet, in der Rubrik »Kulturelles Wort«. Erst im Oktober 1977 hatte das Ehepaar Brandt die Gelegenheit, China mit einer Studiengruppe zu besuchen. Brandt zeigte sich positiv beeindruckt, wenn auch in manchen Punkten skeptisch. Vgl. das Interview »... ein positiver Kontrast zu dem was ich im Sowjetimperium gesehen habe.« In: Rote Fahne 9 (26.4.1978).

121 Siehe Foto mit Bildunterschrift in Metall 22 (29.9.1970), Nr. 20, 3. Vgl. Ernst Stracke: Stadtzerstörung und Stadtteilkampf in Frankfurt/Main, Köln 1980, 84 f.

122 Koenen, Jahrzehnt, 343 f.

den. In der *Metall* forderte er daher zur rechtlichen Flankierung dieses Vorgehens auf, in dem Hausbesitzer zur Verantwortung gezogen werden, wenn sie ihren Besitz zerstören würden.[123] Die gerade von den Spontis propagierte Straßenmilitanz machte Frankfurt zu einer Hochburg handgreiflich mit der Polizei ausgetragener Auseinandersetzungen. Die Häuserräumungen wurden seitens der Polizei wie der Besetzer militärisch organisiert. Bei Protestdemonstrationen gegen eine Räumung kam es Ende Februar 1974 zu schweren Auseinandersetzungen mit einer Vielzahl von Verletzten auf beiden Seiten. Brandt verurteilte die Straßenmilitanz in aller Schärfe, denn »unsere Gegner sind die Bodenspekulanten, und die Steinewerfer sind ihre nützlichen Idioten«, wie er in einer Diskussion klarstellte.[124] Trotz dieser Skepsis erklärte Brandt sich bereit, Mitglied in einem Ermittlungsausschuss zu Polizeiübergriffen zu werden, der auf Anregung von Gerhard Zwerenz eingesetzt worden war.[125] Ihm gehörten neben Zwerenz und Brandt noch der SPD-Linke Karsten Voigt, die Frankfurter Professoren Clemens und Sigusch sowie der Schriftsteller Jürgen Roth an. Die Arbeit des Ermittlungsausschusses stand erwartungsgemäß unter einer scharfen Kritik, da sie als Angriff auf die Polizei gewertet wurde.[126]

Im Frankfurter Volksbildungsheim, einem der zentralen Veranstaltungsorte der Frankfurter Linken, präsentierte der Ermittlungsausschuss am 12. März 1974 vor rund tausend Zuhörern erste Ergebnisse.[127] Es wurde zwar auch über Polizeiübergriffe berichtet, aber zentral war eine »Strategiediskussion«. Da mit Karsten Voigt ein prominenter linker Sozialdemokrat auftrat, geriet die Rolle der SPD in den Mittelpunkt. Voigt plädierte – gegen die Stimmung im Saal – für die Fortsetzung der Doppelstrategie der Jusos und für die Einhaltung rechtsstaatlicher Normen, also auch strafrechtlicher Verfolgung gegen Gewalt ausübende Demonstranten.[128] Zwei Wortführer der Spontis, Joschka Fischer und Daniel Cohn-Bendit, attackierten Voigt und die SPD scharf.[129] Brandt versuchte, in seinem Redebeitrag zu vermitteln. Er operierte mit der ihm eigenen Umkehrung von Begriffen: »Chaoten« seien nicht die so von den Medien etikettierten Spontis, sondern die, die Wohnraum zerstören lassen.[130] Er verwahrte sich gegen eine Gleichsetzung der Bundesrepublik mit dem Folterstaat Chile,

123 Heinz Brandt/Marion Brose: Tatort: Frankfurt/Main, Kettenhofweg 51. In: Metall 24 (14.3.1972), Nr. 5, 3.

124 SPD-PV Pressearchiv (PPP): 6.3.1974: Kurzmeldung. AdsD, IGMA, Sammlung Personalia, 7444.

125 Vgl. Aufruf des Untersuchungsausschusses »Foltert die Polizei?«, Häuserratszeitung, Nr. 9 (19.3.1974); Gerhard Zwerenz: Terror im Systemvergleich. In: Das Da 2 (November 1974), Nr. 11, 42 f.

126 Tribunal: Blutige Verhörmethoden der Polizei aufdecken, FR, 27.2.1974; Die Wahrheit über das »Blut-Tribunal« von Frankfurt, Bild 14.3.1974.

127 Axel Wenzel/Jürgen Roth/Häuserrat Frankfurt (Hrsg.): Frankfurt: Zerstörung – Terror – Folter im Namen des Gesetzes, Frankfurt/Main o. J. (1974).

128 Vgl. den Redebeitrag von Voigt in: Wenzel/Roth/Häuserrat, 86-88.

129 Ebd., 96.

130 Ebd., 88.

wie es in den Diskussionen jener Tage häufiger hieß[131], und beschwor den Zusammenhalt gegen eine drohende Rechtsentwicklung der Bundesrepublik. Fischer und Cohn-Bendit nahmen auf Brandt direkten Bezug. Die Forderung Brandts, die Polizei nicht als Hauptgegner zu betrachten, unterstützte Fischer, konterte aber mit einem Verweis auf die nationalsozialistische Verfolgung:

> »[...] ja, die Polizei ist überhaupt nicht der Gegner, genauso wie für Heinz Brandt der proletarische SA-Mann nicht der Hauptgegner war, der ihn im KZ geprügelt hat. Aber dort, wo er hingeprügelt hat, dort wo er sich auf die Seiten der Konterrevolution gestellt hat, dort wo er Genossen aufgehängt und zu Tode gefoltert hat, dort war er für dich, Heinz Brandt, dein Gegner.«[132]

Dass hier ein alter Kämpfer mitdiskutierte, nötigte den jungen Straßenkämpfern Respekt ab. Aus Fischers mehr als bemüht wirkendem Vergleich ist Sympathie erkennbar und der Versuch, aus dem historischen Kampf gegen die Nazis selbst Autorität zu ziehen. Die Diskussion und das Engagement Brandts für den Häuserkampf zeigen recht eindrucksvoll, dass Brandt auch in der Frankfurter Sponti-Szene respektiert wurde, auch wenn politisch unterschiedliche strategische Vorstellungen herrschten. Die politische Neugierde, die Brandt prägte, ließ ihn trotz seines Alters als gleichberechtigten Diskussionspartner auftreten.

Übrigens korrespondierte die von Brandt immer wieder vorgetragene Forderung nach neuen Lebensformen nicht unbedingt mit Brandts eigenen Lebensumständen. Er war mit seiner Familie 1965 in die Frankfurter Nordweststadt in eine Drei-Zimmer-Wohnung gezogen. Die Nordweststadt war ein zu Beginn der 60er-Jahre neu gebauter Stadtteil.[133] Auch nachdem die Kinder das Haus verließen, blieb das Ehepaar dort wohnen; Annelie Brandt engagierte sich bei der lokalen Arbeiterwohlfahrt. Selten hat sie auch an den Kongressen und Veranstaltungen teilgenommen, die ihr Mann mit so großem Engagement besuchte. Annelie Brandt blieb den großen utopischen Ideen ihres Mannes gegenüber skeptisch. Das galt gerade für die Zeit nach 1974, in der Brandt seine politischen Aktivitäten in der Linken verstärkte.

---

131 Im September 1973 war die sozialistische Volksfrontregierung Chiles durch einen Militärputsch gestürzt worden, es kam zu vielen Verhaftungen und Folterungen. Die »Chile-Solidarität« wurde zu einem der wichtigen Themen der bundesdeutschen Linken.

132 Ebd., 93.

133 Erich Helmensdorfer: Frankfurt – Metropole am Main, Geschichte und Zukunft, Düsseldorf/Wien 1982, 293.

## 2 Frei von Organisationszwängen: Als Publizist und Intellektueller in der Neuen Linken und in der Anti-AKW-Bewegung 1975–1980

Im August 1974 veröffentlichte die *Metall* zur Pensionierung Brandts eine freundliche Verabschiedung. »Aber HB bleibt aktiv« hieß es programmatisch: »Einen geruhsamen Rentner Heinz Brandt wird es nicht geben. Er wird durch seine schriftstellerischen Arbeiten noch von sich hören lassen.«[134] Diese Hoffnungen der Redaktion wurden mehr als erfüllt. Das Ausscheiden aus dem aktiven Berufsleben als Redakteur war für Heinz Brandt nahezu eine Befreiung. Er hatte nun, durch Entschädigungs- und Berufsrente finanziell abgesichert, die Möglichkeit, ohne Rücksicht auf Organisationsverpflichtungen zu schreiben. Als politischer Publizist und streitbarer Intellektueller versuchte er, in der Neuen Linken und den Neuen Sozialen Bewegungen zu wirken.

Bevor auf drei spezifische Handlungsfelder Brandts in der zweiten Hälfte der 70er-Jahre eingegangen wird, soll seine Position in dem nur schwer zu durchschauenden Geflecht linker Gruppierungen und Strömungen dieser Zeit präziser bestimmt werden. Brandt publizierte in einer Vielzahl von linken und linksradikalen Zeitschriften, aber auch bekannteren Zeitungen wie der *Frankfurter Rundschau*. Hinter dieser manchmal beliebig wirkenden Publikationspraxis steckte eine Absicht: Um seine politische Mission einer humanistischen Linken zu verfolgen, wollte er in möglichst allen »Ecken« des in den 1970er-Jahren zunehmend verwinkelten linken Hauses präsent sein. Brandt galt für viele undogmatische Sozialisten und Spontis, auch für manche Maoisten, als authentisch. Im *Langen Marsch* hieß es: »Nur wenige Persönlichkeiten (wie unter anderen Heinrich Böll, [Helmut] Gollwitzer, Heinrich Albertz oder Heinz Brandt) verkörpern eine Einheit von Humanismus, Freiheit und Sozialismus.«[135] Dass Brandt hier mit zwei bekannten linken Theologen und einem Schriftsteller mit christlicher Motivation zusammen genannt wurde[136], verweist auf eine gewisse strömungsübergreifende Funktion. Der religiöse Subtext, der die politischen Texte und Äußerungen Brandts prägte, machte ihn weniger zur Person einer einzelnen Gruppe oder Strömung als eher zur Projektionsfigur einer Hoffnung auf eine ge-

134 Redaktion: Aber HB bleibt aktiv, Metall 26 (20.8.1974), Nr. 17, 4.

135 Editorial. In: Langer Marsch 5 (Oktober 1977), Nr. 2 (29), 2.

136 Heinrich Böll (1917–1985), bekannter deutscher Schriftsteller mit katholischem Hintergrund, der sich zu vielen Themen äußerte, die von der Linken diskutiert wurden. Helmut Gollwitzer (1908–1993), Kriegsteilnehmer, kam aus der Bekennenden Kirche und wirkte als Theologe. Mit Rudi Dutschke gut bekannt, eine der »linken Leitfiguren« in den 70er-Jahren. (vgl. Edmund Jakoby: Lexikon linker Leitfiguren, Berlin 1987, 141-143). Heinrich Albertz (1915–1993), ebenfalls aus der Bekennenenden Kirche und später Theologe, 1965–1967 sozialdemokratischer Bürgermeister von Berlin, trat nach den Schüssen auf Benno Ohnesorg zurück. Er suchte die Diskussion mit der radikalen Linken und begleitete 1975 mehrere freigepresste Gefangene in den Jemen.

schlossene Linke. Es war ein Topos linker Selbstanklage, dass der gemeinsame Kampf durch Richtungskämpfe überlagert werde. Brandt konnte demgegenüber als Repräsentant einer fiktionalen politischen Einheit gelten, eine Wahrnehmung, die er durch sein Auftreten beförderte. In seinen Texten wählte Brandt als Ansprache an seine Leser immer umfassende Begrifflichkeiten. Da hieß es, ironisch rechte Parolen aufgreifend, »liebe rote Ratten, lieber roter Spuk«[137], mal »Freiheitssozialisten, Christsozialisten«[138] oder »wir Radikaldemokraten, Freiheitssozialisten, Humankommunisten, Christsozialisten, Basis-Spontis«[139]. Sich selbst bezeichnete Brandt als »neu-anarchistischer Neu-Marxianer«[140], eine literarische Selbstzuschreibung, die sich in ihrer Überallgemeinheit um theoretische Widersprüche nicht kümmerte. Brandt wandte sich als politischer »Ökumene« perspektivisch an jeden Menschen, der für eine irgendwie geartete Veränderung der Gesellschaft eintrat. Sein Ziel war die gemeinsame Aktion, die Zusammenfassung auf der Basis von Selbstorganisierung. Brandt teilte mit Fromm einen säkular-messianischen Optimismus und er war ein Kritiker der Kritischen Theorie: Er nannte sie eine »Verzweiflungsphilosophie«, eine »Antipraxis-Theorie« und, erkennbar spöttisch, die »Frankfurter Kükenschule«.[141] Ihm war vorrangig daran gelegen, Handlungsorientierungen zu geben.[142] Die Prominenz, die Brandt innerhalb eines linkssozialistischen und undogmatischen Spektrums in der zweiten Hälfte der 70er-Jahre erlangte, lag auch in dieser Intention begründet. Mit seinem einfachen Menschenbild fand er Widerhall in den Neuen Sozialen Bewegungen, die ein Unbehagen an der Industriegesellschaft, aber auch an marxistischen Theoriediskussionen ausdrückten. Trotz des großen Altersunterschieds – Brandt stand in der zweiten Hälfte seines siebten Lebensjahrzehnts – drückte er ein spezifisches Lebensgefühl aus: Die Sehnsucht nach einem einfachen Leben ebenso wie den Wunsch nach direkter Bedürfnisbefriedigung. Bei ihm klang etwas von den romantischen Idealen der deutschen Jugendbewegung nach, die ihn in jungen Jahren mit geprägt hatten.

Ideell auf der Seite der Verlierer zu stehen, die zugleich moralische Gewinner sind, spiegelte vielen Neuen Linken und der Alternativbewegung die eigene minoritäre, gesellschaftliche Position wieder. Brandt schien für eine politische Haltung zu stehen, die sich mit keiner Herrschaft gemein gemacht hatte und am utopischen Ziel einer befreiten Gesellschaft festhielt. »Alte Kommunisten« waren bereits zu APO-Zeiten »ehrenwerte Figuren«: »Wenn sie als Linke auch noch jüdischer Herkunft und dann womöglich noch Intellektuelle waren, konnten sie eine Zeitlang die Alternative zur eigenen Verwandtschaft verkörpern« hat Hazel Rosenstrauch aus eigener Anschauung

137 Heinz Brandt: Liebe rote Ratten, lieber roter Spuk! In: Langer Marsch 3 (14.12.1974), Sondernummer, 15-17.

138 Heinz Brandt: Die DDR ist nicht das bessere Deutschland. In: Das Da 5 (Januar 1977), Nr. 1, 33.

139 Heinz Brandt: Der kleine Unterschied. In: Langer Marsch 4 (Dezember 1976), Nr. 24, 3.

140 Ebd.

141 Brandt, Traum, I.

142 Vgl. Heinz Brandt: Sozialismus ist Freiheit. In: Frankfurter Hefte 21 (1977), Heft 12, 66-68.

beobachtet.[143] Zwar rückte Brandt seine jüdische Herkunft nicht in den Vordergrund, sehr wohl aber die KZ-Haft und die Verfolgung in der DDR.[144] Trotz seines Engagements hatte er im Netzwerk der linken Intellektuellen der 70er-Jahre eine eigentümliche Stellung, wie es ein Beitrag zu einem Buch über Berufsverbote und Verfassungsschutz im Jahr 1977 anschaulich demonstriert wird. Zusammengestellt von dem Politologen Wolf-Dieter Narr erschien der Band in der etablierten rororo-aktuell-Reihe, die von dem SPD-Politiker Freimut Duve herausgegeben wurde und eine der Signaturen der linken Leselust der 70er-Jahre bildete. Während Politologen, Soziologen und Juristen über Verfassungsschutz, juristische Aspekte oder das »Feindbild Bürger« schrieben, war für Brandt ein eigener Abschnitt eingerichtet mit der literarischen Überschrift »Tut um euretwillen etwas Tapferes«. Während sein gleichaltriger Freund Ossip Flechtheim eine politologische Analyse der Rechtsentwicklung in der Bundesrepublik versuchte[145], operationalisierte Brandt seine Lebensgeschichte. Der Beitrag war biografisches Kolorit, das zeigte, welcher Respekt seinem Leben als Nonkonformist entgegengebracht wurde. Die häufig schwer verständlichen, mit literarischen Zitaten und politischen Anspielungen gespickten Texte erhielten so ihren politischen Sinn. Klaus Rainer Röhl bekannte zu Brandts 70. Geburtstag 1979, dass er der »älteste und erfahrenste unter uns« sei. Ihm gebühre Anerkennung:

> »Im Namen aller unabhängigen Sozialisten, Pazifisten und Utopisten, Umweltschützer und unverbesserlichen Weltverbesserer, die trotz aller gegenteiligen Erfahrungen an die Veränderbarkeit der menschlichen Gesellschaft glauben mögen. Im Namen aller derer, für die Heinz Brandt in jeder Stunde und an jedem Tag eingetreten ist, unermüdlich und unbestechlich: Dank!«[146]

Trotz solcher Elegien war Brandt keinesfalls unumstritten. In diesem Netzwerk prominenter Linker fanden sich die Unterzeichner von unterschiedlichsten Aufrufen, Appellen und Offenen Briefen in den 70er-Jahren fast regelmäßig zusammen. Dies galt auch für Brandt. Sei es wegen der Herausgabe eines verbotenen Buches[147], gegen Übergriffe bei Demonstrationen, für Kongresse oder osteuropäische Dissidenten[148]: Brandts Name stand regelmäßig neben dem von Ossip K. Flechtheim, Wolf Bier-

143 Hazel Rosenstrauch: Beim Sichten der Erbschaft. Wiener Bilder für das Museum einer untergehenden Kultur. Eine Nacherzählung, Mannheim $^{2}$1994, 173.

144 Brandt, Traum, I.

145 Ossip K. Flechtheim: Krise, Neo-Caesarismus und Radikalismus. In: Narr, Bürger, 243-257.

146 Klaus Rainer Röhl: Heinz Brandt 70. Geburtstagsrede auf einen Genossen. In: avanti 6 (August 1979), Nr. 8, 41.

147 Bommi Baumann: Wie alles anfing, Frankfurt/Main 1976. Baumann war Mitglied der Bewegung 2. Juni und hatte einen kritischen Bericht über die Zeit seiner Mitgliedschaft geschrieben. Dies Buch wurde 1975 beschlagnahmt. Brandt gehörte dann zu einer Vielzahl von prominenten Herausgebern, mit denen ein Schutz vor erneuter Beschlagnahmung erreicht werden sollte.

148 Vgl. Offener Brief an Adam Michnik. In: Spiegel 31 (18.7.1971), Nr. 30, 13.

mann, Heinrich Böll, Gerhard Zwerenz, Günter Wallraff, Helmut Gollwitzer, Jakob Moneta oder Klaus Staeck. Die gemeinsame Unterschrift war nicht unbedingt Zeichen einer persönlichen Verbundenheit, sondern lag häufig an dem Geschick des jeweiligen Verfassers oder der Gruppe, die prominenten Linken anzusprechen und zu gewinnen. Brandt fiel auch unter den schillernden Begriff des »Sympathisantenumfelds«, mit dem in den 70er-Jahren von konservativer und staatlicher Seite Linksintellektuelle bezeichnet wurden, die durch ihre politischen Aktivitäten angeblich den Nährboden für die terroristischen Aktionen der RAF gebildet hätten. Solche Vorwürfe waren Ausdruck eines Konfrontationsverständnisses, das auch für die Linke galt. Der Vorwurf verdrehte jedoch die Motivationen. Für Brandt – wie für die anderen genannten Linksintellektuellen – waren die Sympathien für den bewaffneten Kampf gering. Brandt beharrte, auch gegen manchen linken Angriff, auf die elementare Bedeutung der bürgerlichen Freiheitsrechte als Grundlage für den Weg zum Sozialismus.[149]

Einer seiner wichtigsten politischen Publikationsorte war die Zeitschrift *Das Da*. Die Zeitschrift war 1973 aus einem Streit um *konkret* hervorgegangen: Klaus Rainer Röhl hatte sie gegründet, nachdem er als Verleger von *konkret* entmachtet worden war. Man verfolgte weiterhin die bei *konkret* erprobte Mischung, eine politische Zeitschrift mit pornografischen Elementen herauszugeben. Autor und Mitherausgeber war auch der prominente linke Sozialdemokrat Jochen Steffen, den Brandt noch aus den Zeiten von *express international* kannte. Ebenso arbeitete Gerhard Zwerenz seit 1974 in der Redaktion mit. Adressaten waren Linkssozialisten in der SPD, kritische DKP-Funktionäre und undogmatische Sozialisten. Allerdings war die Mischung aus Politik und Pornografie nicht unumstritten, dennoch hielt Brandt die Zeitschrift für bedeutsam. Er schrieb an Erich Fromm:

> »[...] und bitten Dich, nicht über die nackten Mädchen bzw. Männer zu erschrecken, denn es ist wichtig, daß in dem Leserkreis dieser (bei allem was Dir nicht gefallen wird) ernst zu nehmenden linken Zeitschrift Dein Buch bekannt wird, da es sich vor allem um junge Menschen handelt. Aus dem gleichen Grunde habe ich selbst in dieser Zeitschrift geschrieben und übrigens auch angeregt, daß Dein Buch besprochen wird.«[150]

Das Engagement für *Das Da* blieb nicht ohne Kritik seitens der undogmatischen Linken. Das pornografische Element des »linken Playboys« wurde immer mehr zu einem Anachronismus; im linken Buchhandel und dem linksradikalen Milieu wurde die Zeit-

149 Vgl. Heinz Brandt: Grün oder rot – das ist hier die Frage ... In: Lutz Mez/Ulf Wolter (Hrsg.): Die Qual der Wahl: ein Wegweiser durch die Parteienlandschaft zur Bundestagswahl 1980, Berlin 1980, 125-134, insb. 128.

150 Heinz Brandt an Erich Fromm, 16.2.1975. NLB. Bei dem erwähnten Buch handelte es sich um: Erich Fromm: Anatomie der menschlichen Destruktivität, Stuttgart 1974.

schrift, die nach eigenen Angaben über 100.000 Exemplare Auflage hatte, immer weniger gelesen.[151] Daher wurde Ende 1977 damit experimentiert, eine Zeitung ohne pornografische Elemente herauszugeben, und im Laufe des Jahres 1978 erschien die Zeitschrift als rein politisches Magazin unter dem Titel *das da – avanti* sowie eine eigene Pornoausgabe. Für diese Umgestaltung hatten sich Heinz Brandt und Rudi Dutschke eingesetzt, da sie für ihre Mitarbeit immer häufiger Vorwürfen ausgesetzt waren.[152] Schließlich wurde Brandt im April 1979 Mitglied im politischen Beirat der Zeitschrift, mit dem Röhl versuchte, das politische Gewicht zu erhöhen.[153] Allerdings konnte dies den Niedergang nicht mehr aufhalten, im Laufe des Jahres 1979 wurde das Erscheinen eingestellt.

Zu Brandts persönlichem Umfeld gehörten in der zweiten Hälfte der 70er-Jahre weiterhin Erich Fromm und Ossip K. Flechtheim. Jakob Moneta und Brandt blieben gemeinsam aktiv.[154] Es kamen neue, jüngere Mitstreiter hinzu, die seine Nähe suchten und aus denen eine politische Freundschaft erwuchs. Dazu gehörten das Schriftstellerehepaar Ingrid und Gerhard Zwerenz, die in der Nähe von Frankfurt lebten.[155] Über die Osteuropa-Arbeit entstand ein engerer Kontakt zu dem Trotzkisten Manfred Wilke.[156] Auch der Gewerkschaftspublizist Manfred Scharrer[157], Redaktionsmitglied im *Langen Marsch*, einer Berliner Zeitung der undogmatischen Linken, wurde ein Vertrauter, außerdem gehörte Wolf Biermann nach seiner Ausbürgerung häufiger

151 Impressum, Das Da 2 (August 1974), Nr. 8, 2.

152 Warum veröffentlicht Rudi Dutschke in »das da«? In: Rundbrief ISZ Hamburg Nr. 10, 20.5.1978, 47-52. (Fundort: STAHH 136-3/710 Landesamt für Verfassungsschutz); Brief von »SB-Frauen Münster« an Rudi Dutschke, 7.3.1978. HISA, NL Dutschke, Hängeregister 001,03, Mappe 1978a.

153 Betr.: Politischer Beirat. In: avanti. Das Magazin für Kultur und Politik 7 (April 1979), Nr. 4, 2. Dem Beirat gehörten noch Peter von Oertzen, Henning Scherf, Heidi Wieczorek-Zeul, Günther Jansen und Bernhard Wurl als Sozialdemokraten an sowie Ossip K. Flechtheim und Rudi Dutschke. Dutschke kritisierte seine Berufung, da er den Beirat für zu sehr von Sozialdemokraten dominiert hielt. Vgl. den Brief Rudi Dutschke an die Avanti-Redaktion, 27.3.1979. HISA, NL Dutschke, Hängeregister 001,03, Mappe 1979a.

154 Besonders im »Arbeitskreis Leben«, der innerhalb der Gewerkschaften ab 1977 als Anti-Atom-Netzwerk arbeitete. Aber auch offene Briefe zu unterschiedlichen Anlässen, so zur Begnadigung zweier Gefangener (Petition für Reimers und Jarowoy wurde eingereicht, FR, 29.8.1978) oder gegen die Hinrichtung von Sozialisten 1979 im Iran (Im Wortlaut: Wir sind erschüttert, FR, 4.9.1979).

155 Gerhard Zwerenz (geb. 1925), Kriegsteilnehmer, ab 1952 Studium in Leipzig bei Ernst Bloch, 1957 aus der SED ausgeschlossen und Flucht in den Westen. In der Bundesrepublik reüssierte Zwerenz bald als sozialistischer Schriftsteller mit einer Vielzahl von Romanen, die häufig einen tagesaktuellen Bezug hatten.

156 Manfred Wilke (geb. 1941) wurde zu einem engen politischen Freund Brandts. Er hatte als Stipendiat der Hans-Böckler-Stiftung in Hamburg studiert und 1976 promoviert. Er arbeitete für gewerkschaftliche Einrichtungen, habilitierte 1981 und wurde 1985 Professor an der Fachhochschule für Wirtschaft in Berlin.

157 Manfred Scharrer (geb. 1945), Berlin, arbeitete in gewerkschaftlichen Bildungseinrichtungen und veröffentlichte zur Geschichte der deutschen Arbeiterbewegung.

zu den Besuchern des Ehepaars Brandts in der Frankfurter Wohnung.[158] Auch der tschechische Flüchtling Milan Horacek, der 1970 nach Frankfurt gekommen war und dem Brandt eine Aushilfsstelle bei der Redaktion von *Der Gewerkschafter* verschafft hatte, gehörte zum Bekanntenkreis. Ebenfalls aus dieser Zeit stammte der Kontakt zu Rudi Dutschke.[159] Eine mehr ideelle Freundschaft bestand mit Robert Havemann. Durch manche konspirativen Telefonate oder durch heimlich übermittelte Briefe konnten sie in Kontakt bleiben. Gesehen haben sich die beiden Freunde seit 1958 jedoch nicht mehr.[160]

## 2.1 »Die Institutionen befinden sich in voller Auflösung«: Von der linken Organisationsdebatte zur Partei »Die Grünen«

Jusos und linke Sozialdemokraten erlebten Anfang der 70er-Jahre einen ungeheuren Zulauf. Die von ihnen verfolgte »Doppelstrategie« zielte darauf, einen Kurswechsel der SPD hin zu einer neuen sozialistischen Politik zu bewirken. Viele der linkssozialistischen Intellektuellen sympathisierten mit dieser reformsozialistischen Strategie, trotz Distanz zur SPD. Hier ist Brandt für viele Jahre politisch zu verorten. Das Ende der Regierung Willy Brandt 1974 und der Reformpolitik, einhergehend mit einer weltweiten Wirtschaftskrise und dem Ende des »Goldenen Zeitalters« des Kapitalismus (Hobsbawm), markierte die möglichen Grenzen dieser Strategie.[161] Forciert durch diese Entwicklung begann im linkssozialistischen Umfeld eine Diskussion um die Gründung einer neuen linkssozialistischen Partei, die sich aus dem Spektrum der unorganisierten Linkssozialisten, unzufriedener Sozialdemokraten und der Spontis rekrutieren sollte. An diesen Debatten beteiligte sich Heinz Brandt.

Es gab einen organisatorischen Kern der Linkssozialisten, dem Brandt locker verbunden war: das Sozialistische Büro (SB). 1969 von älteren APO-Angehörigen gegründet, blieb es der revolutionären Rhetorik der K-Gruppen gegenüber skeptisch. Es hatte eine wesentliche »Integrationsfunktion für die undogmatische, libertär ausgerichtete

---

158 Wolf Biermann (geb. 1936) stammte aus einer kommunistischen Familie und siedelte 1953 von Hamburg in die DDR über. Dort Studium und Arbeit als Liedermacher, seit 1965 Auftrittsverbot. Biermann wurde während einer Tournee durch Westdeutschland 1976 ausgebürgert und musste in der Bundesrepublik bleiben, wo er als sozialistischer Liedermacher wirkte.

159 »Heinz B. ist seit Jahren ein persönlicher Freund von mir, wir treffen uns xmal pro Jahr, ich rufe ihn bestimmt in jeder zweiten Woche aus dem Ausland an« schrieb Rudi Dutschke 1977. Rudi Dutschke an Regina (Nachname unbekannt), o. D. (Frühjahr 1977). HISA, NL Dutschke, Box K-17/48, Mappe 2.

160 »Da hat Robert recht gehabt, nicht ich.« Heinz Brandt im Gespräch. In: Wanderbühne. Zeitschrift für Literatur und Politik, Nr. 4 (Herbst 1982), 7-9, 7.

161 Das Krisenjahr 1973 wird als Wegmarke des Umbruchs verstanden, der Kanzlerwechsel 1974 als personelle Zäsur. Vgl. Görtemaker, Bundesrepublik, 48-51; Karl Dietrich Bracher/Wolfgang Jäger/Werner Link: Republik im Wandel 1969–1974, Stuttgart 1986, 125 f.

Neue Linke«.[162] Durch Kongresse, »Sozialistische Zentren« und Veranstaltungen, verbunden mit einem pluralistischen Diskussionsansatz, konnte das SB an Einfluss gewinnen.[163] Ziel war es, über »Bewusstwerdungsprozesse« einen Sozialismus in der Bundesrepublik vorzubereiten[164], eine Konzeption, die Brandts Überlegungen sehr nahe war.

Zur Szenerie der neuen Linken in den 70er-Jahren gehört auch der bewaffnete Kampf, den Teile der zerfallenden APO um 1970 herum aufnahmen. Die Frage der Gewalt im Kampf gegen die herrschende Klasse war fast allen linken Debatten ideell eingeschrieben. Aber die strategische Bestimmung, durch Gewaltaktionen die politische Entwicklung der Bundesrepublik zu einem offenen Klassenkrieg zuzuspitzen, eingebunden in die internationalen Befreiungskämpfe, blieb auf eine zahlenmäßig kleine Gruppe beschränkt. Das wesentliche Rekrutierungspotenzial waren nicht orthodoxe Marxisten oder Maoisten, sondern das Spektrum der unorganisierten Linken, in der ein häufig nebulöser Kampfbegriff virulent war; die Entscheidung für den bewaffneten Kampf wurde häufig genug als existenzielle Entscheidung für den revolutionären Kampf verstanden, der eine Rückkehr in die bürgerliche Gesellschaft unmöglich machen sollte. Für das SB und die Linkssozialisten hatte der Soziologe Oskar Negt 1972 einen klaren Trennungsstrich gezogen, als er die Gewalt der Roten Armee Fraktion (RAF) verurteilte und zur Entsolidarisierung aufrief.[165] Dieser klare Trennungsstrich galt auch für Heinz Brandt, auch wenn dies in den aufgewühlten Debatten manchmal unterging. Im November 1974 hatte Heinz Brandt auf einer Veranstaltung zum Tode von Holger Meins in Berlin gesprochen, die von Berliner Studenten organisiert war und auf der auch andere prominente, ältere Linke wie Helmut Gollwitzer sprachen. Meins war als Mitglied der RAF an den Folgen eines Hungerstreiks und falscher medizinischer Versorgung gestorben.[166] Gegen die verschärfte Einzelhaft, die für die meisten politischen Gefangenen[167] in der Bundesrepublik galt, hatte Brandt sich immer, auch aus eigener leidvoller Erfahrung, engagiert gewandt.[168] Brandt distanzierte sich

162 Karl Werner Brand/Detlef Büsser/Dieter Rucht: Aufbruch in eine andere Gesellschaft. Neue Soziale Bewegungen in der Bundesrepublik, Frankfurt a. Main/New York ²1984, 70 f.

163 Vgl. zur Konzeption des SB: SB (Hrsg.): Für eine sozialistische Linke. Analysen, Strategien, Modelle, Frankfurt am Main 1973.

164 Karl-Heinz Lehnhardt/Ludger Volmer: Politik zwischen Kopf und Bauch. Zur Relevanz der Persönlichkeitsbildung in den politischen Konzepten der Studentenbewegung in der BRD, Bochum 1979, 251 f.

165 Oskar Negt: Sozialistische Politik und Terrorismus, links Nr. 35, Juli/August 1972, 9-14.

166 Holger Meins (1941–1974) seit 1972 in Haft, war am 9.11.1974 gestorben. Vgl. zu seiner Geschichte: Gerd Conrad: Starbuck – Holger Meins. Ein Porträt als Zeitbild, Berlin 2001.

167 Der Begriff war immer umstritten, da die Verurteilung der meisten Mitglieder in der Regel nach strafrechtlichen Gesichtspunkten erfolgte. Aber da die politische Motivation der RAF-Mitglieder zugleich unbestritten ist, wird hier dieser Begriff verwandt.

168 Vgl. diskus-Interview mit Heinz Brandt. Erstabdruck: diskus, Juni 1974. Wiederabdruck in: Linke Liste, Mythen, 42-43; in einer Fernsehsendung über die DDR-Opposition berichtete Brandt noch 1979 über seine Isolationshafterfahrung und forderte zugleich ein Ende der Isolationshaft in der Bundesrepublik. Vgl. Beinahe wehmütig, Spiegel 33 (10.9.1979), Nr. 37, 230 f.

auf der Veranstaltung in aller Deutlichkeit von terroristischen Aktionen, nannte die RAF-Angehörigen »Desperados« und entfaltete die Argumentation – mit dem Hinweis auf den Reichstagsbrand 1933 –, dass Anschläge allein der Reaktion nutzen würden.[169] Brandt hatte während der Veranstaltung daran erinnert, dass er in der KZ-Haft wie in der DDR in Einzelhaft gewesen sei und die Einzelhaft ob der sozialen Isolation bedrückender gewesen sei als die Haft im Konzentrationslager, wo er die Möglichkeit gehabt hätte, sich im Widerstand zu organisieren. Die Identität als Widerstandskämpfer war eine der zentralen Überlebensstrategien Brandts und der Verrat der Stalinisten sein politisches Trauma. Mit seiner irritierenden Aussage hatte er jedoch eine scheinbare Bestätigung für die Teile der undogmatisch-militanten Linken geliefert, die davon ausgingen, dass die Bundesrepublik bereits wieder ein faschistischer Staat sei. Die auf den Vergleich reduzierte Äußerung wurde dann auch mehrmals zitiert, um die Dramatik der politischen Situation zuzuspitzen.[170] Sicher gegen die Intention von Brandt wurden seine Bemerkungen zur Legitimation des bewaffneten Kampfes herangezogen, wobei seine Ablehnung des bewaffneten Kampfes unterschlagen wurde.

Da die Texte Brandts nicht frei von harten und martialischen Tönen waren, wurde er 1977 von dem CDU-Kommunalpolitiker Lothar Ulsamer sogar mit dem Vorwurf belegt, ein »Terrorist der Feder« zu sein, da er Manager und Menschen unterscheiden würde und so den Terroristen geistige Schützenhilfe leisten würde.[171] Brandt wies die Vorwürfe zwar empört zurück, machte sich jedoch Gedanken über seine eigene Wortwahl. Er zeigte sich nachdenklich, ob ein polemischer linker Sprachgebrauch nicht zur Entmenschlichung in der politischen Praxis führen könne, und forderte dazu auf, humane Anliegen in eine entsprechende Begrifflichkeit zu bringen.[172]

Das offensichtliche Scheitern reformsozialistischer Strategien aktualisierte Mitte der 70er-Jahre die Frage, ob eine linkssozialistische Partei zwischen SPD und DKP Einfluss in der BRD gewinnen könnte. Einer der Protagonisten dieser Diskussion war Rudi Dutschke. Im Februar 1975 war der ehemalige sozialdemokratische Landtagsabgeordnete Richard Bünnemann aus Schleswig-Holstein mit der Überlegung an ihn herangetreten, zur geplanten Europawahl 1978 (die dann erst 1979 stattfand) mit einer eigenen sozialistischen Liste anzutreten. Dutschke trug die Idee an das SB und Manfred Scharrer heran, der eine Konferenz zu dem Thema für November 1975 in Berlin organisierte.[173] Brandt nahm an der ersten Tagung im November 1975 teil. Er setzte auf »autonome Bewegungen«, die sich in kleinen Initiativen der Alternativbewegung ausdrü-

169 Brandt, Ratten.

170 Vgl. Arbeitsgruppe Menschenrechte im Strafvollzug: Bericht über die Vernichtungshaft und Isolationsfolter in Gefängnissen der BRD und Westberlins (1970–74), o. O., o. J., (Berlin 1974 oder 1975), 11. Selbst maoistische Gruppen fanden daran Gefallen, vgl.: »Schlimmer als KZ«, Kommunistische Volkszeitung, Nr. 27, 5.12.1974, 12.

171 Vgl. Das Da intern. In: Das Da 5 (November 1977), Nr. 11, 5.

172 Heinz Brandt: Selbstkritik. In: Das Da 5 (Dezember 1977), Nr. 12, 37.

173 Gretchen Dutschke: Wir hatten ein barbarisches, schönes Leben, Köln 1996, 360.

cken würden. »Ich bin der Meinung, die Züge von Parteien und Gewerkschaften, alle Formen von Institutionen, von der Familie angefangen, sind abgefahren. Die Institutionen befinden sich in voller Auflösung.«[174] Sein Plädoyer für die Alternativbewegung war Ausdruck einer Hoffnung auf Formen der Vergesellschaftung, aus denen langsam eine neue Gesellschaft erwachsen würde. Realpolitisch forderte er weiter zur Wahl der SPD auf, da die CDU/CSU mit Franz-Josef Strauß zumindest perspektivisch eine weitaus gefährlichere Tendenz als die Sozialdemokratie darstellen würde.[175] Der linkssozialistische Organisationsversuch scheiterte im Laufe des Jahres 1976.[176] Schubkraft für eine neue Partei ergab sich jedoch aus dem am Rande behandelten Umweltthema. Denn ab 1977 bildeten sich aus der Anti-Atom-Bewegung und linken Gruppen Vorläufer einer neuen Partei: die Grünen. Durch eine Aufsehen erregende Rede bei einer Demonstration gegen das geplante Atomkraftwerk in Brokdorf, in der er auch die Atompolitik der Gewerkschaften scharf kritisierte, wurde Brandt zu einem prominenten Atomkraftgegner.[177] Diese Entwicklung, die im übernächsten Kapitel noch ausführlich dargestellt ist, machte ihn schon 1977 zu einem möglichen prominenten Grünen.

Im Frühjahr 1977 kam es zu ersten lokalen Gründungen von grünen oder alternativen Gruppierungen. Das Spektrum war jedoch sehr heterogen: Besonders in den großen Städten wurden Bunte Listen gegründet, in denen sich K-Gruppen oder Spontis wiederfanden, die nicht ökologische, sondern soziale Fragen in den Vordergrund stellten. Demgegenüber gab es eher von Konservativen oder Naturschützern getragene Gruppen, die sich von links absetzen wollten. Brandt forderte, ebenso wie Rudi Dutschke, ein breites Bündnis für eine neue Partei, die die alten Fraktionskämpfe überwinden würde. Da die ökologische Katastrophe – ebenso wie die atomare Bedrohung – alle Menschen betreffe, müsse eine neue Partei auch für alle Menschen offen sein. Diese Überlegungen hatte Brandt auch auf mehreren Tagungen des Achberger Kreises um den Anthroposophen Wilfried Heidt kennen gelernt, deren Konferenzen er 1974 das erste Mal besuchte.[178] Der Achberger Kreis, benannt nach ihrem Tagungsort Achberg in der Nähe des Bodensees, war von Anthroposophen getragen, die einen »Dritten Weg« zwischen Kapitalismus und Sozialismus entwickeln wollten.[179] In der

174 Arndhefte 1, hg. vom Verlag Arndtstraße: Neuorientierung, Neuorganisierung. Zur zweiten Organisationsdebatte in der BRD, Frankfurt am Main 1976, 42.

175 Heinz Brandt: Vom kleinen Unterschied und seinen möglichen Folgen. In: Das Da 4 (Oktober 1976), Nr. 10, 20.

176 Richard Bünemann versuchte, eine sozialistische Organisation aufzubauen, blieb damit jedoch allein und zog sich aus der Politik zurück. Dutschke und der SB wiesen nach den ergebnislosen Treffen einen zentralistischen Organisationsansatz zurück. Vgl. Arndhefte 1, 165-174; zu Bünemann: Ebd., 175 f.; Gretchen Dutschke, Leben, 363.

177 Heinz Brandt: Ich wollte, wir hätten schon Windstärke neun, FR, 1.3.1977.

178 Heinz Brandt an Erich Fromm, 21.8.1974. Auch spätere Tagungen hat Brandt besucht, vgl. Annelie Brandt an Erich Fromm, 8.9.1977. NLB.

179 Das Achberger Kulturzentrum wurde 1971 gegründet und versuchte in einem pluralistischen Sinne, aber anthroposophisch inspiriert, für einen »Dritten Weg« zu werben. Vgl. Das Internationale

Gründungsphase der Grünen gehörte der Achberger Kreis zu einer der tragenden Gruppen, der für ein offenes Bündniskonzept unter Ausgrenzung der K-Gruppen plädierte und betont pluralistisch operierte.[180] Es war ein heterogener Kreis, dem neben Brandt auch seine Freunde Rudi Dutschke, Milan Horacek und Ossip K. Flechtheim verbunden waren. Aufgrund dieser Zusammensetzung, die bis zu rechten Theoretikern reichte, wurde der Kreis seitens der linken Grünen kritisch beäugt.[181]

In Hessen versuchten 1978 mehrere Listen zur Wahl anzutreten. Im Juni 1978 wurde aus mehreren Gruppen die Grüne Liste gebildet, in der auch mehrere bekannte Frankfurter Spontis mitarbeiteten. Teile der konservativen Umweltschützer schlossen sich dann der rechtskonservativen Grüne Aktion Zukunft (GAZ) von Herbert Gruhl an.[182] Während der Verhandlungen um die Aufstellung einer grünen Liste war Brandt zeitweilig als Kandidat im Gespräch. Die FR meldete am 22. Juli 1978, dass »zwei bekannte Frankfurter Sozialdemokraten«, der Magistratsdirektor Alexander Schubart und Heinz Brandt, der »Grünen Liste« beitreten wollten.[183] Es entstand eine zeitweilige Konfusion über Brandts angebliche Kandidatur, denn Herbert Gruhl teilte der Presse mit, dass Brandt seine Bereitschaft zur Kandidatur bei der GAZ erklärt hätte; er wurde in Abwesenheit auf den zweiten Listenplatz der GAZ nominiert.[184] Brandt erklärte schließlich, dass er nur dann für eine Grüne Liste kandidieren wolle, wenn es eine Einigung der verschiedenen Strömungen geben würde. Da dies nicht der Fall war, erklärte er Ende August 1978 seine weitere Mitgliedschaft in der SPD.[185] Brandt wollte in jedem Fall vermeiden, in den Richtungsstreitigkeiten der grünen Gruppierungen einer Seite eindeutig zugeschlagen zu werden.

In der Gründungsphase der Grünen wurden die unterschiedlichen Konzepte der Sammlungsbewegung oder einer linken Partei hart ausgefochten. Unter Beteiligung seines Freundes Milan Horacek hatte es Ende 1978 und im Februar 1979 Treffen der eher konservativen bzw. strikt ökologisch orientierten Gruppen gegeben, die sich Ende März 1979 als »Sonstige Politische Vereinigung Die Grünen« konstituierten, um bei der Europawahl kandidieren zu können. Die SPV-Die Grünen erreichte bei den Europawahlen im Juni 1979 mit 3,2 Prozent einen Achtungserfolg.[186] Brandt gehörte –

Kulturzentrum Achberg 1973, Berichte aus einer Werkstatt der Neuen Gesellschaft, Esseratsweiler 1974.

180 Lilian Klotzsch/Richard Stöss: Die Grünen. In: Richard Stöss (Hrsg.): Parteienhandbuch, Band 3, 1509-1598, 1509-1519, 1548 f.; Joachim Raschke: Die Grünen. Wie sie wurden, was sie sind, Köln 1993, 145.

181 Vgl. Antifa-Kommission: »Bewußtseinsbildung« statt Klassenkampf. Zur Politik des »Achberger Kreises«, Arbeiterkampf 10 (3.11.1980), Nr. 188, 9 f.

182 Klotzsch/Stöss, 1523-1525; Raschke, Grünen, 894.

183 Schubart und Brandt zu der Grünen Liste, FR, 22.7.1978.

184 Bleibt Brandt in der SPD? FR, 1.8.1978.

185 Kandidatur nur unter Vorbehalt, FR, 2.8.1978; Heinz Brandt trennt sich von den »Grünen«, FR, 25.8.1978.

186 Raschke, Grünen, 895; Gretchen Dutschke, Leben, 444 f.

neben den Ehepaaren Böll, Flechtheim und Gollwitzer – zu den Mitgliedern einer unterstützenden Wählerinitiative.[187] Es stand nun die Frage im Raum, ob die Bunten Listen, die in Berlin von der KPD und in Hamburg vom Kommunistischen Bund (KB) dominiert waren, mit in eine zu gründende Partei aufzunehmen wären. Dutschke trat Anfang 1979 den Bremer Grünen bei, wo durch eine Zusammenarbeit von konservativen Lebensschützern und undogmatisch-sozialistischen Linken das Sammlungskonzept weitgehend verwirklicht erschien; die kommunistischen Gruppen blieben allerdings ausgegrenzt. Dieses »Bremer Modell« hatte bei der Bürgerschaftswahl am 7. Oktober 1979 Erfolg, mit 5,1 % zog die »Bremer Grüne Liste« in die Bürgerschaft ein.[188] Brandt plädierte offensiv für diese Konzeption und die Ausgrenzung der K-Gruppen und hatte im Bremer Wahlkampf auch selber gesprochen.[189]

Brandt und Dutschke agitierten als prominente Linke und nicht wenige aus dem linken Spektrum waren über ihr Engagement verstört. Besonders der KB mokierte sich über Brandt und überschütteten ihn mit Hohn, als er auf einer Veranstaltung im Dezember 1979 in Hamburg die Rettung der »Gattung Mensch« vor alle anderen politischen Fragen stellte und eine christlich inspirierte Gewaltfreiheit forderte: »Es war schon etwas skurril, daß er, der sich selbst noch als Marxist bezeichnet, das Christentum als den ersten Versuch einer umfassenden Änderung des menschlichen Zusammenlebens pries.«[190] Rudi Dutschke teilte diese Zielstellung Brandts: »Alle wissen, daß der Weiterbestand der Gattung in Frage steht. Es geht nicht nur um ein Klasseninteresse.«[191] In dieser Frage agierte Brandt entschlossen, seine Ablehnung einer Zusammenarbeit mit den K-Gruppen war auch seiner immer schärfer werdenden Ablehnung der sozialistischen Staaten geschuldet.

Der Ausschluss kommunistischer Gruppen konnte nicht erreicht werden, bereits im November 1979 entschied sich die SPV–Die Grünen mit knapper Mehrheit, dass eine Doppelmitgliedschaft in der Partei möglich sei, und im Januar 1980 fand der Gründungsparteitag der Grünen in Karlsruhe mit Vertretern aller Spektren statt. Brandt hatte bei den Grünen keine Funktionen übernommen und war auch kein Delegierter.[192] Er hatte zwar im Januar 1980 endgültig den Übertritt von der SPD zu den Grünen vollzogen[193], blieb aber in der Position des sympathisierenden Intellektuellen und nicht des Parteiarbeiters. Brandt hatte weder Lust noch Interesse, sich erneut in

187 Klotzsch/Stöss, 1529.

188 Gretchen Dutschke, Leben, 466-469; Raschke, Grünen, 895.

189 Telefonkommentare Dutschke/Heinz Brandt, taz, 9.10.1979. Die KPD zeigte sich über die Angriffe enttäuscht und beschwor die vorher gemeinsam getragenen Aktionen für osteuropäische Dissidenten. Vgl. Christian Semler: Antwort an H. Brandt und R. Dutschke, Rote Fahne 11.10.1979.

190 N. N.: »Heinz Brandt: ›Klassenkampf unvereinbar mit der grünen Idee‹«, Arbeiterkampf 9 (10.12.1979), Nr. 168, 6.

191 Gretchen Dutschke, Leben, 468.

192 Schreiben des Archivs Grünes Gedächtnis an den Verfasser, 24.2.2000.

193 Kurzmeldung Heinz Brandt, FR, 10.1.1980.

die Niederungen einer Organisationsarbeit zu begeben. Aus dieser Position heraus beteiligte er sich weiterhin daran, die Entwicklung der Grünen zu beeinflussen. Mit der »Erklärung zur Lage der Grünen« versuchten im Mai 1980 eine Reihe von bekannteren Grünen[194], die vorgebliche Linksentwicklung der jungen Partei zu stoppen. Die strittigen Programmpunkte zur Wirtschaft und Arbeitswelt, in denen Arbeitsverkürzung gefordert wurde, sowie die Abtreibungsfrage sollten erst später geklärt werden. Die im Juni 1980 abgehaltene 3. Bundesversammlung in Dortmund nahm ein antifaschistisches Bekenntnis mit in die Programmatik auf, was zum endgültigen Bruch mit dem konservativen Flügel führte.[195] Im Juli 1980 erklärte Brandt seinen Austritt aus der Partei, da sie als »linkssektiererische Kaderpartei« keine Chancen auf einen Wahlerfolg hätte.[196] Für ihn war es sicherlich eine Enttäuschung, das Scheitern eines Dritten Weges verfolgen zu müssen. Aber der Vorwurf des Linkssektierers war mehr als überzogen, denn die linke Alternativ- und Ökologiebewegung stellte das größte Potenzial der Grünen, nicht die konservativ-bürgerlichen Kreise.

Sein Austritt war jedoch keine Abkehr von der Bewegung. Auch nach dem verfehlten Einzug der Grünen in den Bundestag im Oktober 1980 plädierte Brandt für eine »breite außerparlamentarische grüne Volksbewegung«, die parlamentarische Unterstützung bräuchte. An dem »linken« Programm der Grünen verbitterte ihn, dass die sozialistischen Länder nicht mit derselben Schärfe verurteilt worden seien wie die kapitalistischen Länder.[197] Allerdings wollte Brandt für diese Forderungen nicht mehr in der Partei streiten. Das war auch die Entscheidung eines Mannes, der viele Jahrzehnte in großen Organisationen der Arbeiterbewegung gewirkt. Seine anti-institutionelle Haltung hatte ihn fast völlig von sozialistischen Theorien abgebracht und die »Moralisierung des öffentlichen Lebens« ließ sich als unabhängiger Publizist und Intellektueller besser betreiben.[198] Brandt war nicht an einer praktischen Tagespolitik interessiert, sondern versuchte große Perspektiven in die sozialen Bewegungen zu tragen. Dazu gehörte auch die sich immer mehr verschärfende Kritik an einer fehlenden Auseinandersetzung mit den sozialistischen Ländern. Dieses Thema hatte Brandt die 70er-Jahre hindurch beschäftigt, wie im folgenden Kapitel dargestellt werden soll.

---

194 Dazu gehörten Carl Amery, Joseph Beuys, Herbert Gruhl, Wilfried Heidt, Ossip K. Flechtheim, Willy Hoss, Baldur Springmann, Holger Strohm und andere. Zum Teil relativierten sie jedoch wieder ihre Unterschrift. Vgl. Rechte Grüne rüsten zur Revanche. In: Arbeiterkampf 10 (18.5.1980), Nr. 177, 1, 3; Interview mit Professor Ossip K. Flechtheim. Arbeiterkampf 10 (16.6.1980), Nr. 179, 14.

195 Raschke, Grünen, 896 f.

196 Kurzmeldung, FR, 28.7.1980.

197 Vgl. Brandt, Grün, 132 und 134.

198 So die Forderung Brandts in: Heinz Brandt: Der Atomfilz und die IG Metall. In: Das Da 5, April 1977, 14 f., 15.

## 2.2 »Ich glaube nicht, daß der Sozialismus ohne Begeisterung zu erreichen ist«: Sozialistische Osteuropa-Arbeit

Brandt akzeptierte die Teilung Deutschlands als gegebene Realität, eine Wiedervereinigung hielt er für »ein Fantom«, gerade auch angesichts der internationalen Kräftekonstellation, da die meisten Nachbarländer kein geeintes Deutschland wünschen würden.[199] »Deutschland« galt nicht nur bei Brandt als eine Fiktion, die mit dem Wahn des nationalsozialistischen Deutschlands untergegangen sei.[200] Aber diese Haltung hieß für Brandt nicht, zu den Entwicklungen besonders in der DDR zu schweigen. Bereits als *Metall*-Redakteur hatte er immer wieder auf oppositionelle Kräfte in der DDR, vor allem auf seinen Freund Robert Havemann, hingewiesen.[201] In Korcula hielt er Kontakt zu kritischen Marxisten in Osteuropa. Für die politische Diskussion der Linken spielte weniger die aktuelle Politik der Sowjetunion als die prinzipielle Einschätzung ihres welthistorischen Charakters eine entscheidende Rolle. Wenn auch viele Linkssozialisten Menschenrechtsverletzungen im Osten verurteilten, gab es doch nachhaltig große Sympathien für den Versuch, einen Sozialismus aufzubauen und die Produktionsmittel zu verstaatlichen. Es war daher für die theoretische Diskussion von immenser Bedeutung, wie der Charakter der Oktoberrevolution eingeschätzt wurde: Zäsur der Weltgeschichte oder Beginn einer Diktatur? Rudi Dutschke hatte mit seiner Dissertation 1974 einen kompakten Deutungsversuch vorgelegt.[202] Darin analysierte er die sowjetische Entwicklung als Fortführung der russischen Geschichte und als »halbasiatische Produktionsweise«, ein Rückgriff auf eine von Marx selbst nur wenig entwickelte Kategorie, aus der Dutschke nun die Erkenntnis gewann, dass der Sozialismus in der Sowjetunion gewissermaßen gesetzmäßig schief laufen musste. Diese Position machte Brandt sich zu Eigen.[203] Bereits im Laufe der 70er-Jahre nahm er jedoch Abstand davon, in den verstaatlichten Produktionsmitteln einen historischen Fortschritt zu sehen.[204] Ost wie West waren für ihn zwei bedrohliche Systeme, die Brandt mit zwei eingängigen Begriffen markierte: Das »Profitinteresse« im Westen, die »Privilegienherrschaft« im Osten seien die Feinde eines echten Sozialismus.[205] Gegen beide Formen müsste sich eine Bewegung für eine befreite Gesell-

---

199 Beitrag Heinz Brandt. In: Andreas W. Mytze (Hrsg.): Bürgerkrieg oder Wiedervereinigung in Deutschland? (Europäische Ideen Heft 10/11), Berlin 1975, 41-44, 42.

200 Vgl. die anderen Beiträge in den Europäischen Ideen, ebd.; Dutschke, Aufrecht, 89 f.

201 Vgl. Heinz Brandt: Solidarität mit verfemten Nachbarn. Vom Kampf gegen die Freigeister in Deutschland. In: Der Gewerkschafter 14 (1966), Heft 2, 24 f.

202 Rudi Dutschke: Versuch, Lenin auf die Füße zu stellen. Berlin 1974.

203 Vgl. Brandt, Revolution; Heinz Brandt: Was zum Teufel ist Kommunismus? In: Das Da 4 (September 1976), Nr. 9, 41.

204 Rückblickend erläuterte er dies in einem Gespräch über Robert Havemann. »Da hat Robert recht gehabt, nicht ich.« Heinz Brandt im Gespräch. In: Wanderbühne. Zeitschrift für Literatur und Politik, Nr. 4 (Herbst 1982), 7-9.

205 Heinz Brandt: Geballte Ladung. In: Das Da 3 (Juli 1975), Nr. 7, 40 f.

schaft richten, wobei im Westen der Vorteil darin bestehe, dass die »demokratischen Freiheiten« bereits erkämpft seien, im Osten würden sie noch fehlen.[206]

Die Diskussion um osteuropäische Dissidenten erhielt 1973 einen verstärkten Schub: Der sowjetische Autor Alexander Solschenizyn war verstärkten Repressionen ausgesetzt, bis er Anfang 1974 in die Bundesrepublik ausgebürgert wurde. Seine Beschreibung des sowjetischen GULag-Systems wurde in Deutschland in kürzester Zeit über eine Million mal verkauft.[207] Aus der Sicht einiger westdeutscher Linker sollten gerade für alle anderen Linken, die die Entspannungspolitik unterstützten, die von Solschenizyn detailliert beschriebenen Menschenrechtsverletzungen und seine Kritik an der Entspannungspolitik zu einer Herausforderung werden. Es zeigte sich jedoch, dass diese Thematik auf ein nur geringes Interesse stieß. Insofern innerhalb der Linken überhaupt noch zu diesem Komplex diskutiert wurde, versuchte die Mehrzahl das Thema durch den Hinweis zu verdrängen, dass die Entspannungspolitik gefährdet sei, eine Argumentationsstruktur, die bis weit in die 80er-Jahre hinein eine große Prägekraft hatte. Brandts Freunde Rudi Dutschke und Manfred Wilke veröffentlichten im Juni 1975 einen Sammelband zu Solschenizyn, in dem deutsche und sowjetische Linke über die Sowjetunion und die Positionsbestimmungen in der Linken schrieben.[208] Absicht des Bandes war es, die osteuropäischen Dissidenten für die Linke zu reklamieren und ihre sozialistischen Absichten hervorzuheben. Brandt erwartete von dem Buch eine intensive Auseinandersetzung um einen authentischen Sozialismus.[209] Diese wurde aber überwiegend nur in *Das Da* geführt[210] und war vor allem von scharfen Angriffen auf die DKP geprägt.[211] 1977 erhielt Brandt die Möglichkeit, eine umfassendere Deutung der Entstalinisierung unter Chruschtschow vorzulegen.[212] Er deutete den Stalinismus als Sklavenherrschaft, da im GULag die Arbeitskraft zur Industrialisierung der Sowjetunion ausgebeutet wurde; der Tod Stalins ermöglichte es Chruschtschow, die Lager aufzulösen und die Sowjetunion in eine »aufgeklärte Despotie« zu überführen.[213]

Die Auseinandersetzung mit den sozialistischen Ländern bezog sich für Brandt nicht allein auf wissenschaftlichen Deutungsstreit, es ging ihm vor allem um eine

206 Brandt, Unterschied, 3.

207 Friedhelm Boll/Stéphane Sirot: Deutsche und französische Intellektuelle und der Fall Solschenizyn. In: Ilja Mieck/Pierre Guillen (Hrsg.): Deutschland – Frankreich – Rußland Begegnungen und Konfrontationen / La France et l'Allemagne face à la Russie, München 2000, 321-344, 330. Vgl. Alexander Solschenizyn: Der Archipel-GULAG, Bern u. a. 1974.

208 Rudi Dutschke/Manfred Wilke (Hrsg.): Die Sowjetunion, Solschenizyn und die westliche Linke, Reinbek 1975.

209 Heinz Brandt: Geballte Ladung. In: Das Da 3 (Juli 1975), Nr. 7, 40 f.

210 Boll/Sirot, 339.

211 Vgl. Fritz Vilmar: Partei-Hochschule Marburg oder: Darf man die DKP noch kritisieren? In: Das Da 3 (September 1975), Nr. 9, 2 f.

212 Vgl. Brandt, Revolution.

213 Ebd., 316.

praktische Unterstützungsarbeit. Daher suchte Brandt auf Veranstaltungen die intensive Diskussion und unterstützte verfolgte Dissidenten. Seit Ende 1973 wirkten die Sozialistischen Osteuropakomitees in mehreren bundesdeutschen Städten. Ihre Mitglieder entstammten überwiegend dem SB, den Spontis und trotzkistischen Gruppen.[214] Die Gründung wurde im Dezember 1973 auf einer Veranstaltung in Hamburg angeregt, an der auch Heinz Brandt teilnahm. Eine »Initiativgruppe zur Bildung eines Komitees gegen die Repression in der Tschechoslowakei und Osteuropa« hatte zu der Veranstaltung eingeladen, bei der neben Brandt auch der österreichische unabhängige Kommunist Franz Marek[215] und der tschechoslowakische Sozialist Jiří Pelíkan[216] auf dem Podium Platz nahmen. Ziel der Veranstaltung war, die nach 1968 abgebrochene Auseinandersetzung mit dem Prager Frühling wieder aufzunehmen. Für eine linke Osteuropaarbeit forderte Brandt: »Wir müssen zunächst einmal sagen, wir sind Kommunisten und ihr nicht, wir sind Sozialisten, und ihr nicht. Das ist erstmal der Ausgangspunkt.«[217] Brandt reklamierte Kommunismus und Sozialismus als Chiffre für eine Aufbruchsstimmung, für eine Resistenz gegen alle Herrschaftsformen.

Brandt verstand sich als Stichwortgeber der Neuen Linken. Seine Rolle bestand darin, als »Genosse«, dessen »Erfahrungen für uns von unschätzbarem Wert sind«, für eine sozialistische Osteuropaarbeit zu werben.[218] 1976 engagierte sich Brandt für den inhaftierten Studenten Jiří Müller, für dessen Freilassung eine Unterschriftenkampagne organisiert wurde. Brandt gehörte mit Rudi Dutschke einer von Amnesty International geplanten Delegation an, die aber kein Visum für die ČSSR erhielt.[219]

Die Unterstützung war Brandt auch aus eigener Erfahrung ein Herzensanliegen, da er nach seiner eigenen Freilassung von der Notwendigkeit einer Öffentlichkeitsarbeit für Gefangene tief überzeugt war. Aber es fällt auf, dass mit den Freilassungskampagnen auch hier immer innenpolitische Ziele verbunden waren. Die Unterstützung

214 Vgl. die Rückblicke zweier Mitglieder: Peter Offenborn: Solidarische Westlinke. Prinzipien und Probleme des SOK. In: Horch und Guck 10 (2001), Heft 34, 37-39; Mariana Hausleitner: Die Stasi hat nicht viel erreicht. Erinnerungen an die Arbeit des Westberliner SOK. In: Ebd., 39-41.

215 Marek, seit 1934 in der KPÖ, wurde wegen Kritik an der kommunistischen Politik 1970 ausgeschlossen und war ein prominenter Kritiker der kommunistischen Parteien.

216 Pelíkan (1923–1999), seit 1939 Mitglied der Kommunistischen Partei der Tschechoslowakei und später Direktor des tschechoslowakischen Fernsehens, wurde 1970 aus der ČSSR ausgebürgert und arbeitete als Journalist in Rom. Er war Herausgeber der *Listy-Blätter*, einem Magazin der linken tschechoslowakischen Opposition im Exil.

217 Interview mit Heinz Brandt: Wir sind Sozialisten, ihr nicht. In: Langer Marsch 2 (Oktober 1973), Nr. 6, 12 f.

218 So die Ankündigung für eine Veranstaltung des sozialistischen Osteuropakomitees in Hamburg am 18.2.1977, auf der neben Brandt auch der sowjetische Altkommunist Arnošt Kolman und der italienische KPI-Vertreter Lucio Lombardo Radice sprachen. ID-Archiv im IISG, Sozialistisches Osteuropakomitee, 1973–1977, Stz map 2614.

219 Pressekonferenz der Jungsozialisten forderte die sofortige Freilassung der politischen Gefangenen in der Tschechoslowakei. In: Listy-Blätter 4 (September 1976), 17. Müller kam zum Ende des Jahres frei.

sozialistischer Dissidenten bot die Chance, die eigenen Vorstellungen von Sozialismus zu verkünden. Dazu gehörte die mit Nachdruck formulierte Feststellung, dass die Menschenrechte unteilbar seien. Daher war auch immer die Bundesrepublik mit im Visier: Alle Redner »begründeten ihr Eintreten für die sozialistische Opposition und die Forderung nach Freilassung der politischen Gefangenen in der ČSSR auch mit ihrem Eintreten gegen die Berufsverbote und die Isolationshaft in der BRD«[220], hieß es 1976 über eine Veranstaltung mit Brandt zu politischen Gefangenen in der ČSSR. Als der sowjetische Dissident und Atomphysiker Sacharow 1975 die Unterstützung der westlichen Intellektuellen forderte, sprang Brandt ihm publizistisch zur Seite. In *Das Da* warf er westlichen Linken eine Nachlässigkeit vor, die Unterdrückung in den sozialistischen Ländern nicht zu sehen. Auch hier spielte ein innenpolitisches Argument eine Rolle: Durch das Verschweigen werde die eigene moralische Legitimität beschädigt, Menschenrechtsverletzungen im Westen zu kritisieren.[221]

Dieses Motiv galt auch für die 1976 einsetzende Repressions- und Ausweisungswelle gegen Schriftsteller und Künstler in der DDR. Der bekannteste Fall war Wolf Biermann, der im November 1976 ausgebürgert wurde. Er gehörte zu einem Kreis von kritischen Künstlern und Intellektuellen, die eine marxistische Kritik an der DDR-Führung formulierten und sich um Robert Havemann sammelten.[222] Biermann hatte bereits über zehn Jahre in der DDR Auftrittsverbot, als Jakob Moneta und Heinz Brandt ihn im Oktober 1975 zu einer Veranstaltung in Offenbach einluden, die sich gegen das spanische Franco-Regime richtete. Biermann erhielt keine Ausreisegenehmigung. Vor 3.000 Besuchern verlasen Moneta und Brandt Solidaritätsadressen für spanische Antifaschisten, verwiesen aber auch auf die verhinderte Ausreise Biermanns.[223] Ein Jahr später wurde Biermann auf einer Auftrittsreise durch die Bundesrepublik, die von der IG Metall organisiert war, ausgebürgert. Als einige DDR-Künstler sich daraufhin mit Biermann solidarisierten, erfolgte eine Kampagne gegen oppositionelle Künstler, von denen viele ebenfalls ausgebürgert wurden oder Ausreisegenehmigungen erhielten. Im Westen gründete Manfred Wilke zusammen mit Margret Frosch und anderen das »Schutzkomitee Freiheit und Sozialismus«, das sich für verfolgte DDR-Schriftsteller einsetzte. Brandt hatte Wilke und Frosch vorher miteinander bekannt gemacht.[224] Er unterstützte die Arbeit des Schutzkomitees. Ebenfalls

220 Solidaritätsveranstaltung zur Befreiung der politischen Gefangenen in der ČSSR. In: Listy-Blätter 4 (April 1976), 1. Auf der Veranstaltung sprach Heinz Brandt, zusammen mit Milan Horacek, Rudi Dutschke und Otmar Schreiner.

221 Heinz Brandt: Die einäugigen Genossen. In: Das Da 4 (Januar 1976), Nr. 1, 2 f. Der Schriftsteller und DKP-Angehörige Peter Schütt erhielt die Möglichkeit, Brandt zu antworten: Peter Schütt: Schluß mit den Schauermärchen über die Sowjetunion. In: Das Da 4 (März 1976), Nr. 3, 22-24.

222 Vgl. als Überblick zum Kreis um Havemann und die Ausbürgerung Biermanns: Neubert, Geschichte, 220-230.

223 Kraushaar, Frankfurter Schule, Band 3, 548.

224 Frosch hatte bei Brandt um Unterstützung gebeten, um Gedichte des DDR-Schriftstellers Jürgen Fuchs veröffentlichen zu können. Vgl. Manfred Wilke: Das Schutzkomitee Freiheit und Sozialis-

inspirierte er im Januar 1977 die Gründung der »Initiative Freiheit der Meinung, der Kunst und Wissenschaft in West und Ost« in Frankfurt mit dem Ehepaar Zwerenz, einigen Frankfurter Künstlern und Schriftstellern sowie Milan Horacek.[225] Anders als beim Schutzkomitee, das sich der direkten Unterstützungsarbeit einzelner Verfolgter widmete[226], wurde hier eine weite Perspektive eingenommen, da nicht nur die Biermann-Ausbürgerung, sondern bis hin zu den Unvereinbarkeitsbeschlüssen der Gewerkschaften gegen kommunistische Gruppen Verfolgung allgemein angeklagt wurde. Brandts Interesse war es, anhand der Ausbürgerung Biermanns eine übergreifende Bewegung zu stimulieren, die ihre sozialistischen Perspektiven für die Bundesrepublik nicht aufgab.[227]

Brandt befreundete sich mit einigen der Ausgereisten, so mit dem Schriftsteller Jürgen Fuchs.[228] Nach der Ausbürgerung Biermanns hatte Brandt verstärkt darauf gedrungen, die Repression in der DDR mit der Situation in der Bundesrepublik als gemeinsame Entwicklung zu begreifen. Er hielt fest: »Der Kommunismus ist nicht möglich ohne das Bündnis der Linken in Ost und West und gegen die Rechtskonservativen in Ost und West.«[229] Ein neues Medium für eine solche Politik entstand mit dem 3. Russell-Tribunal. International bekannte Persönlichkeiten sollten die Vorwürfe untersuchen, in der Bundesrepublik werde durch Berufsverbote und Zensur eine reaktionäre Tendenz befördert, was mithin zu Menschenrechtsverletzungen führe. Die Bertrand Russell Peace Foundation veröffentlichte im Februar 1977 einen Aufruf, ein internationales Russell-Tribunal über die Menschenrechtssituation in der Bundesrepublik abzuhalten. Heinz Brandt gehörte zu den ersten Unterstützern dieses Aufrufs[230] und war eine Zeit lang im Gespräch als Mitglied des im Herbst 1977 gebildeten deutschen Beirats der internationalen Jury, dem er aber schließlich nicht angehörte.[231] Über ein Jahr dauerten die Vorbereitungen, bis im März/April 1978 die erste Sitzungsperiode

mus. In: Deutschland Archiv 34 (2001), 277-284, 278. Für die vorherige Überlassung des unveröffentlichen Manuskripts danke ich Manfred Wilke.

225 Neue Initiativgruppe gegründet, FR, 7.2.1977; Ausbürgerung Biermanns, 67 f.

226 Vgl. Wilke, Schutzkomitee.

227 Vgl. Brandts freundliche Beschreibung Biermanns als »suchenden Sozialisten«. Heinz Brandt: Die DDR ist nicht das bessere Deutschland! In: Das Da 5 (Januar 1977), Nr. 1, 33.

228 Fuchs (1950–1999) studierte Psychologie in Jena, wurde 1975 jedoch vom Studium ausgeschlossen. Er lebte eine Zeit lang bei Robert Havemann und wurde im November 1976 verhaftet. Im August 1977 abgeschoben, arbeitete er in Westberlin als Schriftsteller und Sozialpsychologe. Wegen Kritik an zu großer DDR-Nähe verließ er 1988 den VS.

229 Die Stimme der Solidarität braucht nicht zu flüstern. Veranstaltung für Rudolf Bahro auf der Frankfurter Buchmesse, Rote Fahne 9 (16.10.1978), Redebeitrag Brandts.

230 Internationales Russell-Tribunal: Zur Situation der Menschenrechte in der BRD, Berichte zwei, Berlin 1978, 62. Russell-Tribunale hatten 1966 zum Vietnamkrieg und 1973/75 zur politischen Situation in Lateinamerika, speziell Chile, stattgefunden. Das erste Tribunal wurde auf Anregung von Lord Bertrand Russell abgehalten und nach seinem Tod übernahm es die Bertrand-Russell-Foundation, weitere Tribunale zu organisieren. Der Gedanke an ein Russell-Tribunal für die Bundesrepublik war auf dem Pfingstkongress des SB 1976 aufgekommen.

abgehalten werden konnte, gefolgt von einer zweiten Anfang Januar 1979. Im Vorfeld und parallel dazu gab es eine Vielzahl von Unterstützungs- und Vorbereitungsaktivitäten, gekennzeichnet von Konflikten innerhalb der Linken darüber, ob zum Beispiel die Situation der politischen Gefangenen in der Bundesrepublik mit behandelt werden sollte. Aber auch eine scharfe Ablehnung durch die Bundesregierung prägte das Klima. Sie sah in dem Tribunal eine reine Propaganda-Show, organisiert von Linksextremen zur Diffamierung der Bundesrepublik.[232] Ebenso lehnte die DGB-Spitze jede Zusammenarbeit mit dem Russell-Tribunal ab.[233] Selbst eine Reihe von prominenten linken Sozialdemokraten und große Teile der Jusos sprachen sich gegen das Russell-Tribunal aus, so mit Freimut Duve und Karsten Voigt alte Bekannte Brandts.[234] Allerdings waren Behauptungen, es handle sich um eine »kommunistische Agitprop-Schau«, mehr als überzogen.[235] Die DKP hatte sich im Vorfeld zurückgezogen, da auch die Unvereinbarkeitsbeschlüsse der Gewerkschaften gegen K-Gruppen mit behandelt wurden. Linke Prominente, undogmatische Linkssozialisten vom SB, Spontis und einige K-Gruppen dominierten die Vorbereitung und Durchführung des Russell-Tribunals.

Heinz Brandt engagierte sich in den Vorbereitungen für zwei Aspekte: Er forderte die Behandlung der gewerkschaftlichen Unvereinbarkeitsbeschlüsse, die er ablehnte.[236] Zum anderen forderte er die Behandlung von Menschenrechtsverletzungen in der DDR durch das Tribunal.[237] Dieses Ansinnen wurde zwar von einigen Gruppen und auch Rudi Dutschke unterstützt, aber die auf Reputation bedachte internationale Jury entschied sich aus formalen Gründen dagegen, da die DDR als eigener Staat betrachtet wurde.[238] Brandt besuchte die erste Sitzungsperiode, die in der Nähe von Frankfurt stattfand und in der zwölf Berufsverbotsfälle exemplarisch untersucht wurden. Im Rahmenprogramm war er prominenter Redner auf der Veranstaltung »Soli-

231 Betrifft: Russell-Tribunal, (Bericht von einem Treffen von Rechtsanwälten in Frankfurt am 18.7.1977). ASB 02 RA-Bestand, Mappe 64.

232 Vgl. Ein veröffentlichtes Dokument des Verfassungsschutzes zum Russell-Tribunal: Wird das Russell-Tribunal verboten? In: Das-Da 5 (Februar 1978), Nr. 2, 12 f.

233 Vgl. Hexenjagd auf die »Russell-Bande«. In: Das Da/Avanti 6 (April 1978), Nr. 4, 12 f.

234 Vgl. die vom Kreisvorstand der Jusos Heidelberg herausgegebene Broschüre: Russell-Tribunal. Eine gefährliche Sackgasse für den Kampf zur Verteidigung der Demokratischen Rechte, Heidelberg o. J. (1978), ASB, 02 RA-Bestand, Mappe 45.

235 Enno von Loewenstern: Angst vor dem Russell-Karussell, Die Welt 28.3.1978.

236 Grußadresse von Heinz Brandt für eine Veranstaltung zur Unterstützung des Russell-Tribunals in Westberlin, 13.6.1977. Abgedruckt in: Anti-Repressions-Info Nr. 3, o. O., o. J. ASB, 02 RA-Bestand, Mappe 45.

237 Heinz Brandt. Die DDR und die Terroristen vors Russell-Tribunal! In: Das Da/Avanti 6 (Mai 1978), Nr. 5, 13.

238 Vgl. die Eröffnungsrede des Vorsitzenden des Russell-Tribunals, dem Jugoslawen Vladimir Dedijer, am 29.3.1978. ASB, 02 RA-Bestand, Mappe 54. Am Ende der zweiten Sitzungsperiode wurde zwar von Dedijer eine Untersuchung von Menschenrechtsverletzungen in der DDR angeregt, eine solche fand jedoch nie statt. Vgl. Interview-Manuskript der *Roten Fahne* mit Vladimir Dedijer, Januar 1979. ASB, 02 RA-Bestand, Mappe 59.

darität mit der Opposition in der DDR«, die am 31. März 1978 im Frankfurter »Theater im Turm« stattfand. Neben einigen ausgebürgerten DDR-Oppositionellen und Milan Horacek sprach Brandt erneut über die Notwendigkeit, einen gemeinsamen Kampf gegen Unterdrückung in Ost und West zu führen und erneuerte die Forderung nach einem Russell-Tribunal zur DDR und Osteuropa.[239]

Brandt hatte auch die Ausweitung der Untersuchung auf die terroristischen Aktionen der RAF gefordert. Erich Fried antwortete seinem »alten Freund«, einem der »anständigsten, ehrlichsten und immer noch lernfähigsten Männer der alten Linken«.[240] Fried konfigurierte die wesentlichen Argumente für eine Ablehnung: Die DDR sei ein anderer Staat und die Terroristen keine staatliche Institution, um die es im Tribunal gehen sollte. Spätestens mit diesem Vorschlag isolierte Brandt sich auch von alten Mitstreitern. Brandt wollte – dabei schon fast einem klassischen Sponti-Anspruch verpflichtet – alles, und das hieß manchmal auch, nichts zu bekommen.

Einer der letzten großen Mobilisierungserfolge der sozialistischen Linken zwischen SPD, Spontis und zerfallenden K-Gruppen war der »Internationale Kongress für und über Rudolf Bahro«, der im selben Jahr wie das Russell-Tribunal Mitte November 1978 in Berlin stattfand. Über 3.000 Teilnehmer, unter ihnen auch viele westeuropäische Sozialisten und Vertreter des Eurokommunismus aus Italien und Spanien, diskutieren vier Tage lang die Thesen Rudolf Bahros für einen neuen Weg zum Kommunismus.[241] Der Kongress war Höhepunkt einer Solidaritätsbewegung für Bahro, der im Juni 1978 in der DDR wegen der Veröffentlichung seines Buches in einem westdeutschen Verlag zu acht Jahren Haft verurteilt worden war. Brandt gehörte mit zu den Trägern des Kongresses, einem Kreis aus prominenten Linkssozialisten.[242] Bahro bot für die undogmatische Linke die Möglichkeit, sich deutlich von dem Vorwurf abzusetzen, Menschenrechtsverletzungen in der DDR zu übergehen. Er hatte zugleich mit *Die Alternative* ein Buch geschrieben, dessen Thesen zumindest Anstoß geben konnten, über den Weg zum Sozialismus auch im Westen zu diskutieren. Bahro

---

239 Vgl. die ausführliche Dokumentation der Redebeiträge bei: Solidarität mit der Opposition in der DDR, Rote Fahne 9 (12.4.1978), 11-14.

240 Erich Fried: Du irrst, Heinz Brandt! In: Das Da 5 (Juni 1978), Nr. 6, 42.

241 Bahro (1935–1997) hatte in Berlin Philosophie studiert und war seit 1954 Mitglied der SED. Er arbeitete eine Zeit lang im publizistischen Bereich, bis er aus kulturpolitischen Gründen 1967 als Abteilungsleiter für Arbeitsorganisation in einen Betrieb versetzt wurde. Im August 1977 veröffentlichte die Europäische Verlagsanstalt sein Buch *Die Alternative. Zur Kritik des real existierenden Sozialismus*. Ein Vorabdruck im *Spiegel* hatte bereits zu seiner Verhaftung geführt. Im Juni 1978 wurde er wegen Spionage zu acht Jahren Gefängnis verurteilt und im Oktober 1979 in die Bundesrepublik abgeschoben. Dort engagierte er sich bei den Grünen, verlor jedoch aufgrund eines stark spirituellen Einschlags schnell an Bedeutung.

242 Dazu gehörten u. a. Wolf Biermann, der damalige Juso-Vorsitzende Gerhard Schröder, Jakob Moneta, Ossip K. Flechtheim, Ernest Mandel, Oskar Negt, Rudi Dutschke, Peter von Oertzen. Vgl. Aufrufflugblatt vom 10.9.1978. ID-Archiv, Sammlung Neue Linke, Stz-map-2716 in: Das Da/Avanti, Heft 11, November 1978, 51; Vgl. Gretchen Dutschke, Leben, 436.

sei ein »Agent der Wahrheit«, da er nicht nur die Schwächen der sozialistischen Staaten offen lege, sondern wie damit auch die Schwachstellen im Westen kritisiert werden könnten, schrieb Heinz Brandt euphorisch.[243] Der Kongress wurde als eine mehrtägige Diskussionsveranstaltung über die Thesen Bahros organisiert. Es gab mehrere mit Prominenten besetzte Podien, aber auch eine Vielzahl von Arbeitsgruppen.[244] Brandt sprach auf der Eröffnungsveranstaltung als einer von acht Rednern und folgte als Vorletzter u. a. Ossip K. Flechtheim, dem damaligen Juso-Vorsitzenden Gerhard Schröder, Wolf-Dieter Narr und Ernest Mandel. Brandt war auch Teilnehmer der sonntäglichen Podiumsdiskussion um die Frage, ob Bahros These zuträfe, dass nicht die Frage der Produktionsmittel der entscheidende Schritt zum Sozialismus sei, sondern erst die Emanzipation des Individuums den Sozialismus möglich mache. Diese These lag in der Linie Brandts, das Bewusstsein als entscheidenden Träger einer Umwälzung auszumachen. Die Runde wurde von seinem Freund Rudi Dutschke geleitet. In der Diskussion hielt Brandt sich weitgehend zurück, erst zum Ende hin bezog er Stellung:

> »Selbstveränderung als Produktivkraft, das haben wir heute doch hier alle erlebt in dieser bunten Diskussion. Wir können doch eines sagen: Daß mit so viel Phantasie, mit so viel leidenschaftlicher Begeisterung noch keine (Podiums-)Diskussion geführt worden ist. Und ist das nicht auch schon ein Teil der Selbstveränderung, daß wir hier nicht nur logische Schlüsse ziehen, sondern uns in unserer gesamten geistig-moralischen Position einbringen? Wir sind doch nicht deshalb gegen Begeisterung, weil es auch eine faschistische Begeisterung gegeben hat. Genossen, wißt Ihr, wer ohne Begeisterung ist? Wißt Ihr, wer ohne Gefühl ist? Allein die Maschine, allein der Computer. Uns wollen die Wissenschaftsdenker, die die Wissenschaft zu einer Herrschaftswissenschaft machen, verleiten, daß wir Menschen ohne Gefühle werden, das heißt, daß wir uns als Sache unter Sachzwängen verstehen.«[245]

Aus diesem leidenschaftlichen Plädoyer sprach Brandts Faszination für Spontaneität und eine auf Dauer gestellte Aufbruchsstimmung. Brandt hat jedoch auch immer auf Verhandlungswege gesetzt, um zum Beispiel Bahros Freilassung zu erreichen. Aber dies musste seiner Ansicht nach immer mit einer »kollektive[n] Kampfanstrengung« verbunden werden, also einer moralisch eindeutigen Bewegung, die keine diplomatischen Rücksichten zu nehmen braucht.[246]

---

243 Heinz Brandt: Was unabhängige Linke zum Fall Bahro schreiben. In: Das Da/Avanti, Nr. 10, Oktober 1978, 38 f.

244 Vgl. Der Bahro-Kongress: Aufzeichnungen, Berichte, Referate, Berlin, 1979.

245 Ebd., 89.

246 Die Stimme der Solidarität braucht nicht zu flüstern. Veranstaltung für Rudolf Bahro auf der Frankfurter Buchmesse, Rote Fahne 9 (16.10.1978), Redebeitrag Brandts.

Trotz des von Einigen überschwänglich gefeierten Erfolges des Kongresses war die Wirkung im Sinne einer sozialistischen Perspektive eher schwach. Zur Freilassung und Abschiebung Bahros im Oktober 1979 hat er sicherlich mit beigetragen.[247] Aber die Erwartungen und Aufladungen, die an Bahros Konzept gekoppelt waren, erfüllten sich nicht. Der ausgemachte Schwung für eine undogmatische Linke hielt nicht lange an.[248] Trotz aller situativen Erregung, die den Kongress prägte, war eine linkssozialistische Partei nicht mehr zeitgemäß: 1979 sammelten sich viele in dem Parteiprojekt der Grünen.

Eine sozialistische Osteuropaarbeit geriet durch die Entwicklung im sowjetischen Machtbereich in eine immer schwierigere Lage. Der Einmarsch der sowjetischen Armee in Afghanistan im Winter 1979 und die Verhängung des Kriegsrechts in Polen im Dezember 1981 waren für Brandt zwei Eckpunkte, die seine Einschätzung der Sowjetunion immer düsterer werden ließen. Sie wurde in seinen Augen zur eigentlichen Kriegsgefahr, ein Umstand, der seiner Ansicht nach in der ab 1979 erstarkenden Friedensbewegung zu wenig wahrgenommen wurde. Dies brachte Brandt in eine immer größer werdende Distanz zu den linken Bewegungen.[249] Dazu trug auch der Konflikt um die Solidarnosč-Bewegung in Polen bei. Während viele Linke auf Distanz gingen, da starke katholische Elemente in ihr wirkten und eine Unterstützung die Entspannungspolitik gefährdet hätte[250], sah Brandt eine gesellschaftliche Notwendigkeit, sich überhaupt gegen die kommunistische Diktatur zu wehren und forderte zur Unterstützung der polnischen Bewegung auf.[251] Hoffnungen auf eine positive Entwicklung in der DDR oder den sozialistischen Ländern hatte Brandt schließlich ganz aufgegeben; er hielt die Regime für innerlich zerfallen, da sie keinerlei moralische Legitimation mehr hätten.[252]

Es ließe sich angesichts der vielfältigen Aktivitäten Brandts für osteuropäische Dissidenten vermuten, dass die Stasi ihn weiterhin intensiv beobachtete oder bearbeitete. Dies lässt sich aus den vorhandenen Akten der Stasi jedoch nicht rekonstruieren.

---

247 Neubert, Geschichte, 329.

248 Wolfgang Röhl: Bahro oder Kein Kongreß der Weißwäscher. In: Das Da/Avanti, Nr. 1, Januar 1979, 16-18; vgl. als erbitterte Abrechnung mit dem Kongress anhand des Vorwurfs, sich mit überholten Fragestellungen und Theorien befasst zu haben: Wolfgang Kraushaar: Linke Geisterfahrer. In: Ders.: Revolte und Reflexion. Politische Aufsätze 1976–1987, Frankfurt am Main 1990, 151-161. Erstabdruck: links, Nr. 106, Januar 1979, 8-10.

249 Vgl. Heinz Brandt: Brief an die jungen Revolutionäre. In: Pflasterstrand 6 (4.12.1981), Nr. 119, 39-41; Heinz Brandt. Schlafwandeln oder aufstehen? – Eine Osterpredigt wider die Einäugigkeit. In: Pflasterstrand 8 (9.4.1983), Nr. 155, 16-19.

250 Eine Haltung, die auch die Politik der Bundesregierung gegenüber Polen in dem kritischen Jahr 1981 prägte. Vgl. Tilmann Fichter: Die SPD und die Nation. Vier sozialdemokratische Generationen zwischen nationaler Selbstbestimmung und Zweistaatlichkeit, Frankfurt/Main 1993, 37.

251 Heinz Brandt: Alle Macht den Madonnen. In: Kritik. Zeitschrift für sozialistische Diskussion 9 (1981), Nr. 27, 81-95.

252 Vgl. »Da hat Robert recht gehabt, nicht ich.« Heinz Brandt im Gespräch. In: Wanderbühne. Zeitschrift für Literatur und Politik, Nr. 4 (Herbst 1982), 7-9.

Eine operative Bearbeitung ist – bei aller Vorsicht gegenüber der undurchsichtigen Aktensituation der Birthler-Behörde – nicht anzunehmen. Zwar hatte Jürgen Fuchs erwähnt, dass er bei Verhören nach Heinz Brandt gefragt worden sei.[253] Aber eine bei der Hauptabteilung XX geführte Akte aus den 70er-Jahren enthält nur wenige Blätter, bei denen es sich zumeist um kopierte Artikel Brandts handelte.[254] 1978, vermutlich im Zuge der Vorbereitung des Bahro-Kongresses, erteilte die HA XX eine Brandt betreffende Auskunft an die HA VII/8. Sie konnten nur einige Informationen über die Unterstützung von Initiativen übermitteln, die sich vermutlich aus der Überwachung anderer Personen ergeben hatten oder aus Zeitungslektüre gewonnen wurden.[255] Die Auseinandersetzungen und Diffamierungen, denen Brandt zeitweilig als prominenter Linker ausgesetzt war, ergaben sich aus einer politischen Konfliktstellung im Westen, deren Ursprung nicht immer in einer Stasi-Wühltätigkeit im Westen gesucht werden muss. So brachte ihn sein Engagement für die ökologische Bewegung etwa in Konflikt mit den Gewerkschaften, was im nächsten Kapitel dargestellt werden soll.

## 2.3 Ökologie und Technik – Katastrophenszenarien und industrielle Revolution als Chance für die Menschheit

Heinz Brandt entstammte der »Alten Linken« und war viele Jahre von der technischen Fortschrittserwartung geprägt.[256] Dieser fortschrittsoptimistische Zug war bei Brandt jedoch auch immer mit einer möglichen Apokalypse verbunden: Die Atombombe war die dunkle Seite dieser Entwicklung, die eine Vernichtung der Menschheit bedeuten könne. Durch Atomkraft und anhaltende Umweltzerstörung durch grenzenloses Wachstum wurde dies zur ständigen und schleichenden Gefahr, die Widerstand erfordere. Dabei – Ausdruck eines messianischen Denkens – lagen Apokalypse und Rettung immer dicht beieinander:

> »Die Anti-Atombewegung konnte ihren Durchbruch nur erreichen, weil sie auf einer neuen Lebensauffassung fußt: auf dem ›Ja-Sagen‹ zum Leben. Auf dem sich Widersetzen den destruktiven, das Leben bedrohenden Techniken. Hier ist eine neue Lebensauffassung durchgebrochen, eben das, was wir nach den Worten von Erich Fromm bezeichnen als das Entscheiden jedes einzelnen Individuums für das ›Sein‹ gegen das ›Haben-Denken‹, das zu einem nur von Profitgesichtspunk-

253 Jürgen Fuchs: Gedächtnisprotokolle. Vernehmungsprotokolle, Reinbek 1990 (Zuerst: Reinbek 1978), 140.
254 Vgl. BStU, ZA, ZMA XX, 2804. Die Akte besteht aus 37 Blättern.
255 Auskunft, Hauptabteilung XX (ohne Unterschrift), 24.5.1978, BStU, ZA, ZMA XX, 2804, 2 f.
256 Vgl. Brandt, Revolution (1957).

ten her rationalen Wachstumsdenken führt, ein Wachstum, das in Wirklichkeit ein Krebswachstum ist, welches die lebendigen Kräfte zerstört.«[257]

Hier lag ein entscheidender Grund, warum Brandt sich mit großem Engagement in die ökologische Frage einbrachte. Sie entsprach seiner existenziellen politischen Grundhaltung, die auch einfache politische Prozesse zur Frage von Leben und Tod machte. So schrieb er zur Bundestagswahl 1980: »Dabei geht es heute um *alles*. Schließlich droht die Apokalypse.«[258]

Es gibt ein herausragendes Datum, an dem Brandt zum prominenten Anti-Atomkraft-Gegner wurde: Seine Rede am 19. Februar 1977 auf einer Demonstration in Itzehoe. Die Demonstration richtete sich gegen das geplante Atomkraftwerk Brokdorf und war – nach zwei von schweren Auseinandersetzungen begleiteten Großdemonstrationen bei Brokdorf im Oktober und im November 1976 – die dritte bundesweite Massendemonstration. Im Vorfeld hatte es scharfe Auseinandersetzungen gegeben, die zu einer Spaltung innerhalb der Bürgerinitiativbewegung führte: Während einige der K-Gruppen und Spontis direkt am Baugelände demonstrieren wollten, suchten die Mitglieder der DKP und die Sozialdemokraten eine direkte Konfrontation mit der Polizei zu vermeiden und wichen in die Kreisstadt Itzehoe aus. Dort versammelten sich zwischen 30– und 40.000 Menschen, die neben Brandt auch Robert Jungk, einem Sprecher der Bürgerinitiativen sowie Freimut Duve zuhörten.[259] Der Schwerpunkt von Brandts Rede – und das sollte ihn schlagartig prominent machen – war eine scharfe Kritik an der gewerkschaftlichen Atompolitik. Betriebsräte und Aufsichtsräte in Energieunternehmen würden sich korrumpieren lassen und einen »Atomfilz« in den Gewerkschaften bilden:

> »Unter Atomfilz verstehe ich den reich bezahlten Gewerkschaftsbürokraten, der im Konzernaufsichtsrat mit den Managern der Atomindustrie gemeinsame Sache macht, der mit der Atomlobby unter einer Decke steckt, der mit ihr widerlich verfilzt ist – zu unser aller Schaden.«[260]

Die Rede, wie üblich gespickt mit martialischen Worten und Appellen, machte Eindruck bei den Zuhörern. Rudi Dutschke beschrieb seinen Eindruck:

> »Wie immer redete er mit offenen Augen, nicht an der Elbe mit dem Denken schon aufhörend. Was so manchen der Entspannungshäuptlinge hier und dort

257 Gewerkschaft auf den Knien. Interview mit Heinz Brandt von Wolfgang Beer. In: Forum Europa, Heft 7/8 (November/Dezember 1977), 22-25.
258 Vgl. Brandt, Grün.
259 Vgl. Fähnchengeschmückte Äpfel auf der Malzmüllerwiese, FAZ 21.2.1977.
260 Heinz Brandt: Ich wollte, wir hätten schon Windstärke neun, FR, 1.3.1977.

bestimmt nicht gefiel. Aber an Beifall mangelte es nicht, die Gesichter wurden warm, und man fühlte sich in diesem Augenblick ziemlich zu Hause.«[261]

Diesen Eindruck hatten auch andere Demonstrationsteilnehmer.[262] Als prominentes IG Metall-Mitglied hatte Brandt sich innergewerkschaftlich gegen die Mehrheit der Gewerkschaftsführungen positioniert. Die Gewerkschaften – vor allem die ÖTV, in deren Bereich die meisten Energieunternehmen organisiert waren – hatten sich zur Atompolitik abwartend verhalten bzw. unterstützten die Politik der Bundesregierung, vor allem mit dem Hinweis auf die zu schaffenden Arbeitsplätze und notwendigen Wettbewerbsvorteile. Brandts Rede und deren Folgen forcierten innerhalb der Gewerkschaften die Auseinandersetzungen.[263] Gerade der eingängige Begriff »Atomfilz«, den allerdings nicht Brandt geprägt hatte[264] fiel zusammen mit einer linken Kritik an einer sozialpartnerschaftlichen Politik der Gewerkschaften, die Brandt in der Frage der Atompolitik deutlich ausgedrückt hatte. Sein Freund Manfred Wilke interpretierte die Rede als Tabubruch: »Heinz Brandt [hat] mit seiner Itzehoer Rede ein Tabu über den realen Prozeß der gewerkschaftlichen Willensbildung in den deutschen Gewerkschaften gebrochen und dafür soll er zahlen.«[265] Wesentlicher Kritikpunkt war der starke Einfluss von Betriebsräten auf die Gewerkschaftspolitik, hinter der eine Interessengemeinschaft von Arbeitgebern und Betriebsräten befürchtet wurde, wodurch die gesellschaftspolitischen Ziele der Gewerkschaften verdrängt würden.

Der IG Metall-Vorstand leitete auf Antrag der Westberliner Verwaltungsstelle der IG Metall Anfang März 1977 ein Untersuchungsverfahren gegen Heinz Brandt wegen gewerkschaftsschädigenden Verhaltens ein. Man distanzierte sich von Brandts Rede und wies darauf hin, dass »Brandt keine Funktion in der IG Metall bekleidet und daher nur als Privatperson sprechen kann.«[266] Es war sicherlich auch Ausdruck einer Distanz zwischen Brandt und der IG Metall-Hauptverwaltung, dass er über dies Verfahren nur aus der Presse erfuhr und erst am 16. Mai 1977 vom Vorstand einen Brief mit der offiziellen Eröffnung des Untersuchungsverfahrens und der Bitte um eine Stellungnahme erhielt. Neben seiner Itzehoe-Rede wurde das Untersuchungsverfahren auch wegen der Unterschrift Brandts zur Unterstützung der GEW Berlin geführt,

261 Rudi Dutschke: Atomstaat – nein, danke! In: Das Da 5 (April 1977), 12 f., 12.

262 Frankfurter Spontis schrieben: »[…] einige wollten gleich abbauen, wir blieben dann aber noch, bis Heinz Brand (sic) geredet hatte (der war der einzige, bei dem die Leute ein bißchen aus sich rausgingen).« N. N.: So wars in Itzehoe. In: Pflasterstrand 2 (2.3.1977) Nr. 5, 10.

263 Mohr spricht von 1977 als der »ersten Phase« der innergewerkschaftlichen Diskussionen, in der das Untersuchungsverfahren gegen Brandt als Mobilisierungsaspekt eine wichtige Rolle spielte. Vgl. Markus Mohr: Die Gewerkschaften und der Atomkonflikt, Münster 2001, 53-68.

264 Er war im *Stern* bereits im November 1976 als Charakteristikum für die Atompolitik der ÖTV in Schleswig-Holstein verwendet worden. Vgl. Ebd., 53.

265 Manfred Wilke: Der Atomfilz – ein soziologischer Begriff. In: Lutz Mez/Manfred Wilke (Hrsg.): Der Atomfilz. Gewerkschaften und Atomkraft, Berlin 1977, 187-190, 187.

266 Metallpressedienst vom 8.3.1977. Abgedruckt in: Mez/Wilke, 1999.

die sich mit dem Bundesverband überworfen hatte und ausgeschlossen worden war.[267] Brandt erneuerte in seinem Antwortschreiben seine Vorwürfe gegen den »Atomfilz« in den Gewerkschaften, wollte es aber als soziologischen Begriff verstehen, der sich nicht gegen konkrete Personen richten würde. Zudem erinnerte er an seine Verfolgung im Nationalsozialismus, die wegen gewerkschaftlicher Tätigkeit – Brandt nannte die Arbeit bei Siemens in Berlin – erfolgt sei.[268] Direkt nachdem das Untersuchungsverfahren bekannt geworden war, gründete sich in Frankfurt die »Initiative gegen die Verteufelung innergewerkschaftlicher Kritik – Für die Einstellung des Untersuchungsverfahrens gegen Heinz Brandt«, die von Mai bis Juli 1977 mindestens 5.000 Unterschriften sammelte und mehrere Infoblätter herausgab.[269] Anlass zur Empörung gab auch ein bald niedergeschlagener Strafantrag des Bezirksvorsitzenden Nordwest der ÖTV Hans Schwalbach wegen Verleumdung, Beleidigung und übler Nachrede gegen Brandt.[270] »Die Antikernkraft-Bewegung hat ihren Märtyrer«, stellte *Die Zeit* nicht ganz zu Unrecht fest.[271] Viele Unterstützer nahmen auch Bezug auf die Verfolgungsgeschichte Brandts:

> »Anfang der sechziger Jahre haben viele von uns in den Gewerkschaften für die Freilassung des Kollegen Brandt aus der DDR-Haft gekämpft. In diesem Kampf für die Freiheit eines leidenschaftlichen Humanisten, Demokraten und Antifaschisten, der wegen seiner Überzeugung auch in den Nazi-KZs gesessen hat, stand die IGM an vorderster Front.«[272]

Es »hagelte [...] Protestschreiben« an den Vorstand, nachdem das Untersuchungsverfahren bekannt geworden war. Mit »Rücksicht auf Alter, Lebensgeschichte und gesundheitlichen Zustand« wurde das Verfahren im Juli 1977 niedergeschlagen, allerdings nicht ohne eine Rüge wegen Brandts Äußerungen auszusprechen.[273] Die Rüge war jedoch kein Gnadenakt des IG Metall-Vorstands. Denn die massive Unterstützungskampagne machte auch deutlich, dass es im neuen »Fall Brandt« um eine politi-

---

267 Vgl. Schreiben der IG Metall an Heinz Brandt vom 16.5.1977. Abgedruckt in: Mez/Wilke, 201 f. Zur GEW-Berlin: Jörg Friedrich Krabbe: Kampf dem Filz. In: Das Da 6 (November 1977), 36 f.

268 Heinz Brandt an den IG Metall-Vorstand, 24.5.1977. Abgedruckt in: Mez/Wilke, 203-208.

269 Die Initiative forderte zwar dazu auf, lokale Initiativen zu gründen, was jedoch außer in Frankfurt nur in Westberlin erfolgte. Die Auflage der Info-Blätter betrug bis zu 5.000 Exemplare. Vgl. Initiative gegen die Verteufelung innergewerkschaftlicher Kritik (Hrsg.): Info 3 (Juli 1977), 3 f.

270 Der Atomfilz schlägt um sich. In: Express. Zeitung für sozialistische Betriebs- und Gewerkschaftsarbeit 15 (14.6.1977), Nr. 6, 4.

271 Petra-Monika Jander: Don Quichote gegen Atomfilze, Die Zeit 25.4.1977.

272 Brief von Gewerkschaftskollegen aus Hannover an den IG Metall-Vorstand. Abgedruckt in: Express. Zeitung für sozialistische Betriebs- und Gewerkschaftspolitik 15 (17.5.1977), Nr. 5, 3.

273 Die Zitate stammen von Georg Benz, zu der Zeit Mitglied im geschäftsführenden Vorstand der IG Metall. Vgl. Benz, Dürrbeck, 60. IG Metall-Vorstand an Heinz Brandt, 12.7.1977. Abgedruckt in: Mez/Wilke, 209; IG Metall rügte Heinz Brandt, FR, 12.7.1977.

sche Auseinandersetzung innerhalb der Gewerkschaften ging. Sinnfälliger Ausdruck dieses Konflikts war das von Manfred Wilke und Lutz Mez im September 1977 herausgegebene Buch *Der Atomfilz – Gewerkschaften und Atomkraft*, in dem neben Dokumenten zu dem »Fall Heinz Brandt« auch eine Reihe von inhaltlichen Auseinandersetzungen um gewerkschaftliche Atompolitik veröffentlicht wurden.[274]

Für sich selbst befürchtete Brandt wenig, da er das Untersuchungsverfahren für »chancenlos« hielt.[275] Es bot sich ihm und den Unterstützern jedoch die Möglichkeit, andere Ziele zu verfolgen:

> »Vielmehr geht es uns darum, über den ›Fall H. Brandt‹, über die Solidarisierung und Beschäftigung damit neue Gegner der undemokratischen Entwicklung in den Gewerkschaften und der Unvereinbarkeitsbeschlüsse anzusprechen und zu gewinnen.«[276]

Aber die Forderung nach Abschaffung der Unvereinbarkeitsbeschlüsse war nur ein Aspekt. Dahinter verbarg sich auch eine prinzipielle Kritik an der sozialpartnerschaftlichen Politik der Gewerkschaften. Brandt legte im April 1977 die Forderung nach, die Gehälter von gewerkschaftlichen Aufsichtsratsmitgliedern auf Facharbeiterlohnniveau einzufrieren; so blieben sie politischen Zielen treu und wären nicht korrumpierbar.[277] Dabei ging es ihm um eine »Moralisierung des öffentlichen Lebens«.[278]

Die atompolitischen Auseinandersetzungen in den Gewerkschaften spitzten sich im Laufe des Jahres 1977 zu. Betriebsräte aus Energieunternehmen hatten im Februar 1977 einen »Arbeitskreis Energie« gegründet. Der Arbeitskreis organisierte Anzeigenkampagnen und Ende des Jahres auch mehrere Demonstrationen für die Atomkraft.[279] Für Brandt war der Arbeitskreis Energie die »feste Struktur« des »Atomfilzes«.[280] Er rief dazu auf, einen »Arbeitskreis Leben« innerhalb der Gewerkschaften einzurichten.[281] Ein entsprechender Aufruf wurde von Brandt zusammen mit Jakob Moneta und weiteren Gewerkschaftsangehörigen im Dezember 1977 veröffentlicht[282], und Anfang März 1978 wurde der »Arbeitskreis Leben – Gewerkschafter gegen Atom« in Frankfurt am Main gegründet. Gerade aus den gewerkschaftlichen Initiativgruppen zur Un-

274 Vgl. Mez/Wilke.
275 Heinz und Annelie Brandt an Erich Fromm, 27.2.1977. NLB.
276 Grundlagen für die Arbeit einer Frankfurter Initiative, Frankfurt/Main 29.6.1977. Abgedruckt in: Initiative gegen die Verteufelung innergewerkschaftlicher Kritik (Hrsg.): Info Nr. 3 (Juli 1977), 9 f.
277 Heinz Brandt: Der Atomfilz und die IG Metall. In: Das Da 5, April 1977, 14 f.
278 Ebd., 15.
279 Vgl. zu dem Arbeitskreis Mohr, Gewerkschaften, 73-88.
280 Lutz Mez/Manfred Wilke: Statt eines Schlußwortes – Interview mit Heinz Brandt. In: Dies., 212-215, 213.
281 Vgl. Heinz Brandt an den IG Metall-Vorstand, 19.7.1977. Abgedruckt in: Ebd., 210 f.
282 Abgedruckt in: Arbeitskreis Leben – Gewerkschafter gegen Atomkraft (Hrsg.): Dokumentation der innergewerkschaftlichen Diskussion: Atomkraft Ja oder Nein?, Frankfurt/Main 1978, 46.

terstützung Brandts entstammte ein großer Teil der ersten Aktivisten.[283] Bis 1982 bildeten sich in rund 40 Städten Gruppen. Viele Gruppenmitglieder entstammten der ÖTV oder der GEW, weniger der IGM. Sie waren mehr »Bürgerinitiativen mit Gewerkschaftern« als gewerkschaftliche Gruppen.[284] Dennoch trugen sie mit zur Entwicklung einer atomkritischen Haltung in den Gewerkschaften bei. Brandt und Moneta wurden die beiden prominentesten Sprecher des Arbeitskreises Leben, die häufiger auf Demonstrationen auftraten.[285] Auf der Gründungsversammlung des AKL hatte Brandt die Eröffnungsrede gehalten und noch einmal die Ziele umrissen. Er betonte den pluralistischen Grundgedanken des Arbeitskreises, in dem alle Meinungen Geltung haben sollten und wiederholte drei konkrete Forderungen für die Gewerkschaftsarbeit, die er zusammen mit Moneta entworfen hatte: Radikale Verkürzung der Arbeitszeit, Investitionsprogramme für umweltfreundliche Technologien und mehr Arbeitsplätze im Sozialbereich, um auf die »lebendigen elementaren Bedürfnisse der Menschen« eingehen zu können.[286]

Brandts Kritik an der gewerkschaftlichen Atompolitik und dem Funktionärsapparat war von der IG Metall als Ärgernis behandelt worden. Allerdings repräsentierte er eine politische Strömung, die für die Gewerkschaften zur Herausforderung wurde. In den innerlinken Debatten wuchs mit seiner prominenten Rolle auch die Kritik an Brandt. Dies hing vor allem mit Attacken aus dem Umfeld der DKP zusammen. Die DKP war in ihrer Gewerkschaftsarbeit immer loyal zur Organisation orientiert und fiel nicht unter die Unvereinbarkeitsbeschlüsse der Einzelgewerkschaften. In manchen Konflikten vertraten ihre Anhänger überengagiert die Organisationsposition, so auch im »Fall Brandt«. Hinzu kam die von Brandt immer wieder thematisierte Frage der Atomkraft im Osten und die Unterstützung der osteuropäischen Dissidenten. Die DKP vertrat die etwas eigentümliche Auffassung, dass Atomkraftwerke im Sozialismus ungefährlich seien, da die Produktion ja vom Volk kontrolliert werde.[287] Die *Roten Blätter*, Zeitung des Marxistischen Studentenbundes Spartakus, der Studentenorganisation der DKP, hieben nach seiner Itzehoe-Rede auf Brandt ein:

> »Dabei kann die Bundesregierung bei ihren Spaltungsmanövern auf Provokateure aus ihren eigenen Reihen zurückgreifen. Auf der Itzehoer Großkundgebung erfüllte der DAS-DA-Starautor Heinz Brandt dieses Geschäft: Anstatt die Pro-

283 Rainer Sarrazin: Die Geschichte des Aktionskreis Leben. In: Aktionskreis Leben – Gewerkschafter gegen Atom 5 (Juni 1982), Nr. 28/29, 2-48, 13.

284 Vgl. zur Geschichte Mohr, Gewerkschaften, 137-142, Zitat 142.

285 Brandt sprach am 5.12.1979 anlässlich des SPD-Parteitags in Berlin auf einer Demonstration des Arbeitskreises Leben. Vgl. Furcht vor »strahlender Zukunft«, Der Abend, 6.12.1979.

286 Ebd., 42. Vgl. auch: Moneta/Brandt, Hoffnung, 53 f.

287 Vgl. die wunderbare Zirkelargumentation des DKP-Parteitheoretikers. Robert Steigerwald: Protestbewegung. Streitfragen und Gemeinsamkeiten, Frankfurt/Main 1982, 119-154.

fitgier der Energiekonzerne anzugreifen, hatte der pensionierte Gewerkschaftsfunktionär nichts besseres zu tun, als die Gewerkschaften zu beschimpfen.«[288]

Dieser Angriff, dessen argumentative Verdrehungen ins Auge springen, verstärkte die Solidarisierung mit Brandt.[289] »Wie gerne würden die rot getünchten Blätter und die ›UZ‹ einen Heinz Brandt als Mitarbeiter von Strauß und Dregger hinstellen«, urteilte Rudi Dutschke.[290] Die *Roten Blätter* veröffentlichten einen Beitrag des Sprechers von Bürgerinitiativen, der die Schmähung Brandts zurückwies und ihm die volle Unterstützung zusicherte.[291] Trotzdem war die Haltung der DKP gegenüber Brandt unzweifelhaft: Brandt wurde als Trotzkist und Provokateur gesehen, der eine antikommunistische Politik betreibe.[292]

Brandt war in der zweiten Hälfte der 70er-Jahre dem gewerkschaftlichen Apparat schon viel zu entfremdet, um noch dauerhaft andere Akzente zu setzen. Die wachstumskritische Alternativbewegung bot mehr Resonanzboden als die institutionell verankerten Gewerkschaften. Brandt hatte sich seit 1977 auch gegen das geplante Atommülllager in Gorleben engagiert. Als im Mai 1980 der Bauplatz besetzt wurde und ein Zeltlager errichtet wurde, gehörte er zu den Unterstützern und verteidigte den Bauplatz bei der Räumung. Brandt überhöhte die mehrwöchige Besetzung zum Beginn eines neuen Zeitalters: »Mit der massenhaften, gewaltfreien Antiabräumaktion von Gorleben (4. Juni 1980) beginnt ein neuer Abschnitt deutscher Geschichte, und ihr könnt sagen, ihr seid dabeigewesen.«[293] Diese historische Überhöhung, die Paraphrase eines bekannten Goethe-Zitates, bezog Brandt auf den entschieden gewaltfreien Widerstand und die neuen Umgangsformen, die sich in dem Monat des Camps gezeigt hatten. Der alte Kämpfer bot der Anti-Atom-Bewegung mit diesem weit gespannten Horizont eine Sinnlegitimation an. Zu Beginn der Räumung sprach er zu den Besetzern, rief zur Gewaltlosigkeit auf und beschwor die Bauernschläue gegen die »Polizei- und Konzernhirne«. Von einem Sprecher wurde er mit den Worten eingeführt: »Heinz Brandt hat im 3. Reich im KZ gesessen. Ich glaube, vieles, was er hier in der letzten Zeit gesehen hat, wird ihn verdammt nochmal ganz schön an diese

288 Frank Hutzfeldt: Anti-AKW-Bewegung: Kernfragen. In: Rote Blätter 7, (April 1977), Nr. 4, 13-15, 15.

289 Wolfgang Röhl: Gesinnungslumpen oder Der Fall Heinz Brandt. In: Das Da 5 (Juni 1977), Nr. 6, 2 f.; Wenn einer den »Atomfilz« rügt ... dann kann er was erleben, FR, 25.5.1977.

290 Rudi Dutschke: Alles real bloß nicht der Sozialismus. Haben bürgerliche Rechte was mit proletarischen Pflichten zu tun? In: Konkret (Juli 1977), 17-19, 18.

291 Lars Hennigs: Kernfrage der Anti-AKW-Bewegung: Solidarität. In: Rote Blätter 7 (Juni 1977), Nr. 6, 32; Franz Hutzfeldt: Gemeinsam handeln und offen diskutieren! In: Ebd., 33 f.

292 Vgl. Robert Steigerwald: Der »wahre« oder konterrevolutionäre »Sozialismus«. Was wollen Havemann – Dutschke – Biermann?, Frankfurt/Main 1977, 120.

293 Heinz Brandt: Für Utopü ist es nie zu früh. In: Günter Zint: Republik Freies Wendland. Eine Dokumentation, Frankfurt/Main 1980, 8-9, 9. Vgl. zum Zitat Johann Wolfgang Goethe: Die Kampagne in Frankreich 1792, Gesamtausgabe Band 27, München 1962.

Zeit erinnern.«[294] Brandt ging auf diese Parallelisierung nicht ein, die sicherlich auch der Situation geschuldet war, als mehrere Tausend Polizisten den Platz bereits umstellt hatten. Für ihn war der Aufbruch entscheidend: »Die Phantasie bleibt an der Macht. Die Republik Wendland bleibt bestehn (sic), und wenn sie heute zerstört werden sollte, werden wir sie morgen viel größer wieder aufbauen.«[295] Diesen optimistischen Gedanken wollte er in der Bewegung sehen.

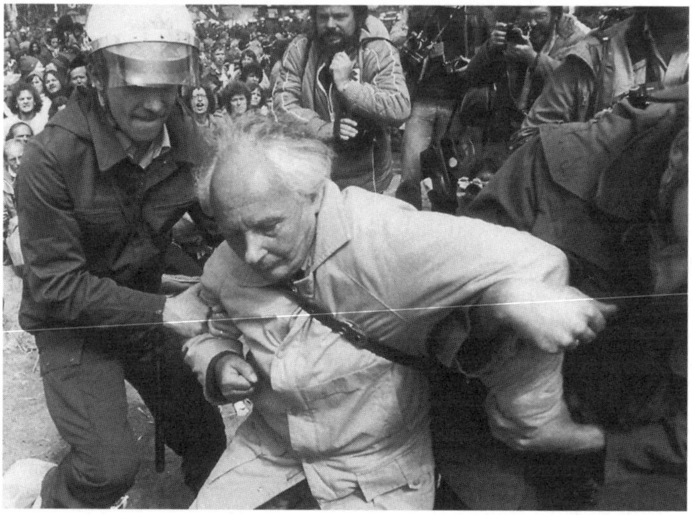

**Abb. 10:** Heinz Brandt 1980 bei der Räumung des Hüttendorfes in Gorleben.

## 3 »Ich war schon immer ein Ketzer«: Die letzten Lebensjahre 1981–1986

Brandt behielt seinen Horizont von Untergang oder Rettung auch in seinen letzten Lebensjahren bei. Aber die Enttäuschung über die Entwicklung bei den Grünen und der Linken und eine immer stärker werdende Ablehnung der sowjetischen Politik ließ ihn von einer aktiven Rolle in der Politik langsam zurücktreten. In der Endphase der sozialliberalen Koalition im Übergang von den 70er- zu den 80er-Jahren wandelten sich die Strukturen und Resonanzräume der linken Öffentlichkeit. Die linkssozialistische Zeitschrift *Das Da* stellte 1979 ihr Erscheinen ein, ohne dass eine vergleichbare Zeitschrift an ihre Stelle trat. Hiermit verlor auch Heinz Brandt ein wichtiges öffentliches Forum. Die linkssozialistische Bewegung zerfiel, ebenso die maoistischen Klein-

294 Die Zitate bei Zint, Republik, 205.
295 Zint, Republik, 206.

parteien, viele Akteure fanden sich bei den Grünen wieder. Die Friedensbewegung mobilisierte zwar Anfang der 80er-Jahre hunderttausende von Menschen, repräsentierte aber kein utopisches Ziel mehr. Zu neuen sozialen Bewegungen wie Hausbesetzern oder Autonomen fand Heinz Brandt keinen Zugang mehr. Brandt reiste zwar auch in seinen letzten Lebensjahren viel umher, sprach auf Seminaren und mischte sich publizistisch ein, aber aus dem tagespolitischen Handgemenge der Linken zog er sich zurück.

Die letzten Lebensjahre Brandts waren aber auch von neuen Suchbewegungen geprägt. Seine nahezu verbissenen Attacken auf die Sowjetunion führten zu Streitigkeiten mit manchen alten Freunden. Für seinen langjährigen Kampfgefährten Jakob Moneta war Brandt orientierungslos geworden:

> »Er war ein außerordentlich begabter Querdenker, der allerdings keine wirkliche politische Vision am Schluss seines Lebens hatte, auf die man zurückgreifen kann. [...] Wenn du in die Politik einsteigst, kannst du nicht dich nur lenken lassen von den Tagesereignissen und hin- und hergerissen werden und dann manchmal richtig oder falsch reagieren. Du musst auch eine politische Vision haben, die dich leitet. Und das hat er meiner Ansicht nach am Schluss seines Lebens nicht mehr gehabt.«[296]

Erich Loest äußerte in seiner Trauerrede ebenfalls ein gewisses Unverständnis:

> »In der letzten Zeit dominierte im Denken und Schreiben von Heinz Brandt der Begriff und das Wort ›Despotie‹ als das größte Übel unter allen Übeln. Die Despotie der Sowjetunion als schlimmste Gefahr für den Frieden und die Welt und die Bundesrepublik und für jeden von uns – da meinte ich manchesmal, ob denn da nicht etwas aus der Balance geraten wäre [...]«[297]

Moneta und Loest übersahen vielleicht, dass Brandt sich als politischer Moralist von jeglichen strategischen Überlegungen und politischer Taktierei entfernte; er wollte alles, und das sofort. Eine politisch uneinlösbare Praxis.

Trotz Skepsis manch alter Freunde war Brandt nicht isoliert. Er hatte zum Beispiel in der Friedensbewegung einen Platz als kritischer Kommentator. Er forderte dazu auf, nicht allein gegen die NATO-Nachrüstung, sondern auch gegen die sowjetische Rüstung zu demonstrieren. »Ich halte den naiven, realitätsblinden Teil der Friedensbewegung, der da von einer ›grundlegend friedlichen Rolle der Sowjetunion‹ ausgeht, für friedensgefährdend.«[298] Diese Position war zwar nicht marginalisiert, aber blieb

296 Gespräch mit Jakob Moneta in Frankfurt/Main, 3.3.1999.
297 Trauerrede von Erich Loest auf der Gedenkveranstaltung in Osnabrück, 14.2.1986. NLB.
298 Brandt, Mythos, 85.

eher am Rande, da taktische Rücksichten auf die DKP genommen werden mussten oder weil eine scharfe Kritik die Entspannungspolitik gefährden würde.[299] Im Oktober 1981 fand in Bonn mit knapp 300.000 Teilnehmern eine erste Großdemonstration der Friedensbewegung statt.[300] Brandt schrieb einen offenen Brief an die »jungen Revolutionäre«. Mit sanfter Sprache und viel Zuneigung adressierte er ihn an zwei ihm unbekannte Transparentträger, die »In Euren Sprengköpfen ist kein Funken Verstand« auf das Transparent geschrieben hatten.[301] Dies sei die richtige Forderung, da es sich gegen Militärs und Technokraten in Ost und West richten würde. Die Entspannungspolitik dürfe nicht zu einem stabilen Osteuropa führen – vielmehr sollten Dissidenten und Friedensbewegung solidarisch unterstützt werden.[302]

Brandt reklamierte den Begriff Kommunismus immer noch in aller Deutlichkeit für sich: »Hand auf's Herz, was sonst bin ich all mein Lebtag, Kampftag, Leidtag anders gewesen, denn glühender, mithin ideeller Kommunist, der eine menschliche Gesellschaft anstrebt?«[303] Der Verrat der Stalinisten wurde für ihn immer mehr zu seinem Lebenstrauma, seine heftigen Attacken gegen die Sowjetunion angesichts des Afghanistan-Einmarsches und des Kriegszustandes in Polen waren von einer apokalyptischen Warnung geprägt: »Es bleibt nur noch wenig Zeit, die Schwerter in Pflugscharen umzuschmieden, sonst naht das Jüngste Gericht, der Letzte Tag.«[304] Die messianische Erwartung hatte Brandt zeit seines Lebens geprägt. Angesichts einer Kriegsangst, die Anfang der 80er-Jahre nahezu ein Massenphänomen wurde, spitzte Brandt seine »Naherwartung« auf die drohende Gefahr aus dem Osten zu.

Gerade, dass sich die Linke und die Friedensbewegung bei der Verurteilung der sowjetischen Außenpolitik so zurückhielten, verbitterte Brandt immer stärker. Im Oktober 1985 veröffentlichte er eine Variation von Paul Celans *Todesfuge*, die Brandt auf die afghanische Situation umgedichtet hatte.[305] Die »Kreml-Getreuen, Kreml-Mitläufer und die Kreml-Beschwichtiger« würden zum Krieg in Afghanistan schweigen und sich dadurch selbst diskreditieren. Für den Moralisten Brandt war dieses Schweigen nahezu unerträglich. Er verlor angesichts der sowjetischen Entwicklung jegliche Hoffnung, dass sich dort noch etwas zum Besseren wenden könnte, und so erschien ihm die Situation im Westen immer freundlicher, da zumindest freies Denken möglich ist. Ende 1985 hatte er sich mit einem Beitrag über Kants Schrift *Was ist Auf-*

299 Diese Haltung vertrat auch die sozialliberale Bundesregierung und ab 1982 letztlich auch die konservativ-liberale Bundesregierung. Vgl. Fichter, SPD, 36-38.

300 Vgl. zum Ablauf Lorenz Knorr: Geschichte der Friedensbewegung in der Bundesrepublik, Köln 1983, 196 f.

301 Brandt, Revolutionäre, 39.

302 Brandt, Technik und Fortschritt, 94.

303 Brandt, Mythos, 80.

304 Ebd., 81.

305 Heinz Brandt: Afghanische Todesfuge. In: Kontinent. Ost-West-Forum 11 (Oktober 1985), Nr. 4, 61-63.

*klärung?* in der *tageszeitung* zu Wort gemeldet. Darin interpretierte er die Aufforderung Kants, »*sapere aude*« (habe Mut, weise zu sein) als Aufforderung, jedes geschlossene Weltbild abzulehnen und den Mut zu haben, selbstständig zu denken.[306]

Brandt blieb von einer gewissen jugendlichen Unbekümmertheit und Neugierde geprägt. Er engagierte sich 1983 für den Graffitikünstler Harald Nägeli, der, in der Schweiz wegen seiner Aktionen angeklagt, in die Bundesrepublik geflohen war. Brandt war von den Verteidigern gebeten worden, eine Stellungnahme für den Prozess in Zürich zu schreiben.[307] Brandt veröffentliche seine Stellungnahme im *Pflasterstrand*:

> »Jeden Tag, wenn meine Frau und ich in Frankfurts Nordweststadt zur Betonfestung unseres Einkaufszentrums gehen, freuen wir uns aufs Neue über den empört emporgereckten, magisch-lebendigen Schnabel des langhalsigen, Wandel erheischenden-verheißenden Zaubervogels, den der Sprayer – oder sein kongenialer Doppelgänger – auf den Treppeneingang zur Betonbühne bannte.«[308]

Diese Sympathie für das Chaotische, Unorganisierte und Ungeplante war für Brandt ein »Schulbeispiel biophiler Kunst«.[309] Eine andere Episode schilderte Ute Scheub, Journalistin der *tageszeitung*, über ein Zusammentreffen mit Heinz Brandt im Wendland:

> »Ganz still war es an dem Teich im Elbholz bei Gartow, der zwischen dem Elbdeich und dem alten Eichenwald liegt, wo die Reiher nisten. Bis Heinz Brandt, der alte Anti-Atom-Kämpfer, der nun nicht mehr lebt, sich wie ein begeistertes Kind in das Wasser warf und die Enten und Schwäne kreischend auseinanderflogen. ›Das ist das Paradies‹, rief er. ›Wir müssen es erhalten.‹«[310]

Trotz aller bitteren Erfahrungen und Verfolgungen, trotz politischer Enttäuschung blieb Brandt eine Begeisterungsfähigkeit erhalten, in der sich seine habituelle Prägung im Idealismus der deutschen Jugendbewegung und der jungkommunistischen Bewegung ausdrückte.[311]

306 Heinz Brandt: Aufklärung und Schwellenangst, taz, 16.12.1985. Dem Artikel waren Beiträge von Michel Foucault und Jürgen Habermas vorausgegangen, die sich ebenfalls mit Kants Schrift befasst hatten. Eine ausführlichere Version: Heinz Brandt: Über Mut und geistige Urteilskraft. In: Kontinent. Ost-West-Forum 12 (April 1986), Nr. 2, 55-61.

307 Heinz Brandt: Gerichtsnotorisch, Pflasterstrand 8 (10.9.1983), Nr. 166, 31.

308 Heinz Brandt: Der Dachschaden der Wandgeschädigten. In: Pflasterstrand 8 (22.10.1983), Nr. 169, 30 f., 30.

309 Ebd.

310 Ute Scheub: Von der Lust am Widerstand, taz, 21.2.1987.

311 Vgl. Brandts Rückschau auf seine Jugend von 1985: Brandt, Versöhnler.

Das Interesse an seiner Geschichte wuchs. Er wurde nun häufiger als Zeitzeuge befragt, der über seine Erfahrungen berichten sollte. Seine Freunde Manfred Wilke und Jürgen Fuchs organisierten zu seiner großen Freude für ihn eine Tagung in der Evangelischen Akademie Tutzing im Herbst 1984, auf der allein seine Biografie im Mittelpunkt stand. Diese große Erzählstunde beeindruckte die Teilnehmer, allerdings gab es am Ende auch Irritationen über Brandts kompromisslose Ablehnung der Sowjetunion. Brandt hob hervor, dass der Stalinismus ihn wesentlich mehr berühre, wie einen »Christen, der in die Fänge der Inquisition geraten ist.«[312] Zu einem erfolgreichen Politikerleben mögen auch Ehrungen gehören, die schließlich, als Krönung des Lebenswerkes, eingesammelt werden. Ein Blick auf die Auszeichnungen erlaubt Rückschlüsse auf die Etablierung und Anerkennung einer Person. Für Brandt gab es jedoch wenig zu holen. Das politische Milieu, in dem er sich bewegte, hatte nur wenig zu vergeben an Ehrungen und Auszeichnungen, und mit den großen Organisationen hatte er sich zumeist überworfen. 1983 erhielt er von der Berliner Sektion der Internationalen Liga für Menschenrechte die Carl-von-Ossietzky-Medaille, zusammen mit dem evangelischen Pastor Martin Niemöller. Beide wurden für ihren Widerstand gegen den Nationalsozialismus geehrt und für ihr späteres politisches Wirken.[313] Ende 1984 erfolgte eine Ehrung, die Brandt persönlich viel bedeutete: Die Universität Osnabrück verlieh ihm die Ehrendoktorwürde. Beantragt hatte diese Ehrung der Literaturwissenschaftler und Osnabrücker Dekan Heinrich Mohr, der Brandt einige Zeit vorher auf einem Seminar erlebt hatte und sich mit ihm anfreundete. Er nannte Brandt ein herausragendes Beispiel für den »aufrechten Gang«.[314] In seiner Dankrede anlässlich der Verleihung am 12. Dezember 1984 skizzierte Brandt drei Dissertationsthemen, die er gerne geschrieben hätte. Darin war sein politisches Verständnis aufgehoben.[315] Zuerst sprach er über den Zusammenhang von Sprache und der Rolle der Frau in der historischen Entwicklung. Damit bündelte er eine Kritik an der patriarchalen Gesellschaft und setzte – unzweifelhaft biologistisch – die Frauen als das »bessere Geschlecht« dagegen. Zum Zweiten hätte er gerne die zweite industrielle Revolution noch näher untersucht – er hielt daran fest, dass mit dem kybernetischen Zeitalter ein neues Zeitalter angebrochen sei, da der Mensch nicht mehr Anhängsel der Maschine sei, sondern die Maschinen lernfähig würden und die menschliche Arbeit erleichterten. Als Drittes schließlich – und hier grundierte Brandt seine Überzeugungen fundamental – wollte er über den »Nazarener«, über Jesus schreiben und über die kontrafaktische Vermutung, sein Wirken hätte zu einem Umsturz im römischen Imperium geführt. Die Figur Jesus hatte Brandt immer beschäftigt, da er ihn als Vertreter einer

312 Michael Stiller: Die drei Leben des Heinz Brandt, FR, 13.12.1984; Vgl. Abschrift Seminar.
313 FR, 27.4.1983.
314 Vgl. Antrag auf Verleihung der Ehrendoktorwürde an Heinz Brandt. In: Universität Osnabrück: Verleihung der Ehrendoktorwürde an Heinz Brandt, Osnabrück 1985, 5 f.
315 Vgl. zum Folgenden: Danksagung Heinz Brandt. In: Ebd., 25-40.

wahrhaft humanen Lebenshaltung empfand.[316] Er plante, darüber ein Theaterstück zu verfassen: Diese literarischen Markierungen waren letztlich Ausdruck des ungebrochenen Optimismus' Brandts: Eine andere Gesellschaft sei weiterhin möglich.

Diese mit Vehemenz vorgebrachten Argumente stießen allerdings in der Linken und der Alternativbewegung kaum noch auf große Aufmerksamkeit: »Des öfteren war gar bei öffentlichen Veranstaltungen zu beobachten, daß seine unbequemen Meinungen gar nicht mehr ernst genommen und mit seinem Alter entschuldigt worden sind«, schrieb die *tageszeitung* anlässlich der Preisverleihung.[317]

Brandt war nicht altersmilde geworden. Weiterhin scharf im Wort empfand er Schuldgefühle ob seiner Täuschung, die stalinistische Entwicklung so viele Jahre nicht gesehen und mitgetragen zu haben.[318] Hinzu kam auch Enttäuschung über die Entwicklung der westlichen Linken, in deren unterschiedliche Strömungen Brandt einiges an Hoffnungen gesetzt hatte. »Ich rede mehr über Stalinismus, weil das die Linken nicht hören wollen« diktierte er einem Journalisten der *Zeit*.[319]

Die *Frankfurter Allgemeine Zeitung*, die ihn 20 Jahre zuvor noch als »trojanisches Pferd« bezeichnet hatte, widmete ihm im Sommer 1985 ein ausführliches Porträt. Darin hob Brandt hervor, dass er keiner Organisation mehr verpflichtet sei und nun Unruhe in die Linke bringen wollte.[320] Im November 1985 strahlte der Südwestfunk ein langes Gesprächsinterview mit Brandt aus. Darin entfaltete er erneut sein Panorama der Kritik an linken Verkürzungen, seine eigene Geschichte und beharrte darauf, dass die »Vorgeschichte« der Menschheit noch lange nicht überwunden sei.[321] Kurz darauf erhielt Brandt ein Schreiben von Bundeskanzler Helmut Kohl, der sich von der Sendung beeindruckt zeigte und hervorhob: »Ihre Erfahrungen sind auch für den heute handelnden Politiker von größter Bedeutung.«[322] Brandt freute sich sehr über die Anerkennung, gerade weil beide einen so unterschiedlichen politischen Lebensweg gehabt hätten.[323]

Zum Zeitpunkt der Südwestfunk-Sendung war Brandt jedoch bereits schwer erkrankt. Im November 1985 bemerkte er Schluckbeschwerden, es wurde Krebs attestiert. Er starb am 8. Januar 1986 im Frankfurter Bethanien-Krankenhaus. Brandt lastete seiner Familie eine Bürde auf: Sein Körper sollte wissenschaftlichen Forschungen zur Verfügung gestellt und es dürfe für ihn kein Grabstein gesetzt werden. Für seine

316 Brandt arbeitete bzw. plante zu der Zeit offenbar ein Theaterstück über Jesus zu schreiben. Unterlagen dazu gibt es jedoch nicht mehr. Vgl. für den Hinweis: Nikolaus Simon: Ein Traum, der nicht entführbar ist. Erinnerungen an Heinz Brandt. In: Israel und Palästina, Nr. 1/1986, 28-32, 32.

317 Ehrung für Heinz Brandt, taz, 7.12.1984.

318 Roland Mischke: Ich war immer ein Ketzer, FAZ 22.6.1985.

319 Claudia Pai: Standfest durch Wechsel, Die Zeit, 25.1.1985.

320 Roland Mischke: Ich war immer ein Ketzer, FAZ 22.6.1985.

321 Wortwechsel. Christa Schulze-Rohr interviewt Heinz Brandt, Sendung im SWF, 22.11.1985 (Videokopie im Besitz des Verfassers).

322 Helmut Kohl an Heinz Brandt, 25.11.1985. NLB.

323 Annelie Brandt an Helmut Kohl, 30.11.1985. NLB.

Eltern und seine Geschwister, die von den Nationalsozialisten oder Stalins Schergen ermordet worden waren, gäbe es keine Grabstätte, daher sollte es auch für ihn keinen konkreten Ort der Trauer geben.

Brandt war nicht, wie es in manchen Zeitungen hieß, »einsam und fast vergessen« gestorben.[324] Neben seiner Familie, zu der auch wieder seine Schwester Lili Brandt gehörte, die 1982 endlich aus der Sowjetunion ausreisen durfte, kamen viele politische Freunde, die Brandt trotz mancher Konflikte persönlich schätzten. In Frankfurt und in Osnabrück wurden politische Gedenkveranstaltungen für Brandt inszeniert, auf denen alte Weggefährten sprachen.[325]

**Abb. 11:** Lili und Heinz Brandt 1984 in Frankfurt.

324 Zwischen den Ideologien. Der Politiker Heinz Brandt starb im Alter von 76 Jahren, Die Welt, 14.1.1986.

325 Friedrich Kröhnke: »Ich hatt' einen Kameraden«, taz, 10.2.1986.

# Zusammenfassung

»Wenn ich das 20. Jahrhundert zusammenfassen sollte, würde ich sagen, daß es die größten Hoffnungen hervorrief, die die Menschheit jemals gehegt hat, und alle Illusionen und Ideale zerstörte.«[1]

Obwohl Heinz Brandt fast die gesamte Zeit seines Lebens Organisationen der Arbeiterbewegung angehörte, vertrat er dabei über weite Strecken nonkonformistische und politisch ausgegrenzte Positionen. Insofern gewinnt die Deutung als Nonkonformist und Widerspruchsgeist aus Leidenschaft, die er selbst verbreitete und die seine Freunde für ihn reklamierten, ein hohes Maß an Plausibilität. Es ist aber zu fragen, inwieweit eine auf den ersten Blick evidente Einschätzung der Biografie tatsächlich einer Überprüfung standhält. In dieser Zusammenfassung sollen auf die Stationen und Kennzeichen des Lebensweges verwiesen und die wesentlichen Ergebnisse der Untersuchung referiert und bewertet werden.

Brandt wuchs auf in einer familiär geborgenen Atmosphäre, in der die Außenwelt als irrsinnig wahrgenommen wurde. Der Erste Weltkrieg war für Brandt auch in späteren Jahren Ausgangspunkt der politischen Überlegungen, dass eine Weltordnung falsch sein muss, die ein solches Menschenschlachten verursacht hat. Die Folge des Krieges war ein sozialer Abstieg der Familie, zusätzlich gesteigert durch die Marginalisierung als deutsche Juden im polnischen Posen. Die Identität war unsicher und zugleich schien die Lösung nahe. Der Sozialismus wurde als die vernünftige Antwort auf die Krise angesehen. Bedingt durch die Einflüsse im Elternhaus wurde die große Heilsversprechung des Sozialismus bzw. des Kommunismus Brandts Lebenstraum. Die zerrissene Welt der Nachkriegsordnung konnte so geheilt und eine sichere Identität als politischer Revolutionär gefunden werden. Die bildungsbürgerlich-kosmopolitische Haltung im Elternhaus erleichterte es Brandt, sich im Berlin der Weimarer Republik der kommunistischen Bewegung anzuschließen. Bereits mit Sympathien für die neue große Hoffnung des Sozialismus, der Sowjetunion, erfüllt, schien die geschlossene marxistische Ideologie eine klare Richtschnur zum Handeln zu geben. Die Verrätselung der Welt war gelöst: Eine internationale, weltweite Bewegung, die kompromisslos an der Seite der Unterdrückten stand und das irdische Jammertal überwinden wollte. Brandt entschied sich – beeinflusst von der schwierigen ökonomischen Situation der Weltwirtschaftskrise – einen Lebensweg als Berufsrevolutionär einzuschlagen.

Der politische Sozialisationsweg über den SSB und die KOSTUFRA ging über eine kleine Gruppe von jungen Intellektuellen, die noch nicht ganz der dogmatischen Strenge der Partei unterworfen waren. Die Stalinisierung der Partei hat Brandt jedoch auch in diesen Verbänden mitgetragen. Die völlige Unterordnung unter die Anweisun-

1 Yehudi Menuhin, zitiert nach Hobsbawm, Zeitalter, 15.

gen der Parteiführung und die damit Anfang der 30er-Jahre verbundenen häufigen Kurswechsel wurden von vielen Kommunisten mit Obstruktion beantwortet. Vor allem die unheilige Allianz mit den Nationalsozialisten und Rechten beim Volksentscheid im Sommer 1931 gegen die preußische Regierung säte erste Zweifel an der unbedingten Auslieferung an die Partei. Durch eine kleine Gruppe der »Versöhnler«, an die der junge Kommunist Brandt geriet, war ihm die Möglichkeit gegeben, Kritik an der Partei in eine strategische Form zu bringen. Dies bedingte jedoch zugleich eine Bindung, denn die Versöhnler boten ein spezifisches politisches Verhaltensmuster: Um jeden Preis in der Partei zu bleiben und auf einen Kurswechsel zu hoffen. Die Versöhnler hatten mit ihrer Strategie keinen Erfolg. Die Machtübernahme des Nationalsozialismus gab ihren Befürchtungen zwar Recht, aber für einen Kurswechsel, der noch politischen Erfolg hätte haben können, war es zu spät. Es ist ein Hinweis auf Brandts Opferbereitschaft und seinen Mut, dass er das nationalsozialistische Deutschland nicht verließ, sondern die in dieser ersten Phase eher aussichtslose und opferreiche Politik der KPD unterstützte, durch Propagandaaktionen die Partei sichtbar zu halten.

Jude und Kommunist zu sein hieß, dem größten Hass der neuen Diktatur ausgesetzt zu sein. Eine Alternative des Rückzugs ins Privatleben hätte nur wenige Jahre bestanden und Brandt scheint sie nie erwogen zu haben. Er gehörte zu der großen Gruppe der Kommunisten, die in den ersten Jahren des Nationalsozialismus in Haft gerieten. Die Jahre im Zuchthaus waren von Auseinandersetzungen um die kommunistische Politik geprägt. Diese Möglichkeit zur Diskussion und der Zusammenhalt ermöglichten es Brandt, seine kommunistischen Überzeugungen zu verfestigen. Angesichts der Bedrohung durch den Nationalsozialismus war eine offene Auseinandersetzung mit den Entwicklungen in der Sowjetunion kaum möglich. Die Haft verschärfte das Entweder-oder, das für viele Antifaschisten hieß, in der Sowjetunion zuallererst den Feind Hitlers zu sehen. Der Hitler-Stalin-Pakt war dementsprechend ein Schock, der erst mit dem Überfall auf die Sowjetunion überwunden wurde. Es ist Brandts jüdischer Herkunft zuzurechnen, dass er mit Ende der Strafhaft nicht freikam, sondern dem Terror in den Konzentrationslagern ausgeliefert war. Durch die kommunistische Überlebensgemeinschaft in den Lagern hatte Brandt ein Netzwerk des gegenseitigen Schutzes, das half, Vernichtung und Entmenschlichung zu erklären und ihm psychisch gefestigt zu begegnen. Zu diesen Aspekten kam die »Abwesenheit« von Pech, wie Brandt es ausdrückte.[2]

Die Befreiung 1945 war für die kommunistischen KZ-Häftlinge nicht allein ein persönlich glücklicher Moment. Nach dem Überleben in der Hölle schien es selbstverständlich, dass nun eine neue Gesellschaft aufgebaut werde. Mit dieser Hoffnung kam Brandt in das zerstörte Berlin, um sich sogleich wieder der Partei zur Verfügung zu stellen. Er musste jedoch zwei Enttäuschungen verarbeiten: Die deutsche Gesellschaft war viel zu sehr mit dem Nationalsozialismus verbunden gewesen, um die Be-

2 Manuskript Heinz Brandt: »Mißglückter Persönlichkeitsraub«, ca. 1965, NLB, 3.

freiung auch als solche zu empfinden. Es dominierte ein Gefühl der Niederlage und die Betonung der eigenen Opfer. Zum anderen jedoch machte Brandt die Erfahrung, dass die aus dem Moskauer Exil zurückgekehrten Kader eine eigenwillige Politik vollzogen und die KPD völlig unter sowjetischen Einfluss stand. Manche Schritte wie die Enteignung ehemaliger Nazis oder die Bodenreform fanden Brandts Zustimmung, auch die Vereinigung mit der SPD zur SED. Die von ihm erwartete demokratisierende Wirkung auf die kommunistischen Kader gehörte jedoch zu den Selbsttäuschungen Brandts. Der zuerst propagierte eigenständige Weg zum Sozialismus wurde bald aufgegeben und eine Stalinisierung der Partei setzte forciert ab 1948 ein. Brandt, der nur kurze Zeit nach dem Krieg Kontakt mit alten Freunden im Westen gehabt hatte, war nicht dazu bereit, der terroristischen Entwicklung in der Sowjetunion ins Auge zu sehen. Aus seiner Sicht waren es Geburtsfehler, Verfehlungen einer Übergangszeit, die bald aufhören würden. Der westliche Teil Deutschlands war für Brandt weiterhin Träger der alten Gesellschaft, die den Nationalsozialismus ermöglicht hatte. Er trug, wenn auch mit wachsender Skepsis angesichts der Stalinisierung, die Politik der SED als Propagandist mit. In diesen ersten Jahren folgte Brandt dem alten Verhaltensmuster der Versöhnler: Auf einen Kurswechsel der Partei warten und sich bereithalten. Dieser Kurswechsel schien nach dem Tode Stalins 1953 eingeleitet, endete aber bereits wieder in der Tragödie des 17. Juni. Dieser Aufstand wurde für Brandt zum endgültigen Bruch: Im Sinne Rosa Luxemburgs war es für ihn eine echte Massenerhebung, und die SED konnte nicht anders darauf reagieren als mit Gewalt und anschließender Verfolgung. Die Unfähigkeit, Kritik aufzugreifen und produktiv zu verarbeiten, bedeutete für Brandt die dogmatische Erstarrung des Systems. Zudem war das Ereignis für ihn mit einer politischen Abstrafung verbunden, ein Jahr später wurde er ganz aus seinen Funktionen in der Bezirksleitung entlassen. Nun begann ein Ausgrenzungsprozess aus der kommunistischen Familie, die ihm ein Vierteljahrhundert politische Heimat gewesen war. Mit der zugleich stattfindenden eigenen Loslösung von dem dogmatischen Gedankengebäude suchte Brandt dieser Ausgrenzung jedoch überlegen gegenüber zu stehen. Seine gedankliche Unabhängigkeit zeigte sich 1956, als er mit den alten Freunden Werner Platschek und Siggi Neumann Kontakt aufnahm. Aus dem eigensinnigen Kommunisten wurde nun ein konspirativ arbeitender SED-Oppositioneller. Die fehlende Demokratie und geistige Freiheit und die Verweigerung der Auseinandersetzung mit den Verbrechen Stalins in der gescheiterten Entstalinisierung machten Brandt deutlich, dass ein Umschwenken der Parteiführung immer unwahrscheinlicher wurde. Die Hoffnung war, dass kritische Teile der SED-Führung Walter Ulbricht, den Brandt im Wesentlichen für die erstarrte Politik verantwortlich machte, ablösen und eine Sozialdemokratisierung der DDR-Politik einleiten würden. Dafür nutzte er die Möglichkeit, über das Ostbüro der SPD politische Einschätzungen zu verbreiten, um für einen solchen Kurswechsel zu streiten. Brandt verstand sich als Teil einer gesamtdeutschen Arbeiterbewegung, in der offene Diskussionen selbstverständlich zu sein hätten. Ein Verrat war diese Zusammenarbeit für ihn nicht, auch wenn er wusste, dass es nach DDR-Recht so eingestuft wurde. Die schwindenden Chancen einer SED-Opposition nach der Entmachtung von Karl Schirdewan und Ernst Wollweber 1958 und eine drohende Verhaftung zwangen Brandt zur Flucht in den Westen. Er hatte sich in den Geheimdienstdschungel des Kalten Krieges begeben, eine fast unvermeidlich erscheinende Entwicklung. Diese Verstrickung hat bis heute zu Mutmaßungen und Gerüchten geführt, die angesichts der Asymmetrie der Forschung in diesem komplexen Thema kaum endgültig zu klären sind.[3] Zumindest jedoch konnte gezeigt werden, dass die Verbindung zum Ostbüro der SPD als eine spezifische Form der SED-Opposition verstanden werden muss.

Die Flucht in den Westen war nur ein räumlicher, kein politischer Standortwechsel. Da es Brandt mit der Hilfe von Siggi Neumann gelang, eine Redakteursstelle bei der IG Metall zu erhalten, konnte er seine politische Arbeit fortsetzen. Gegenüber dem politischen System der Bundesrepublik hegte Brandt ein tiefes Misstrauen, da er ehemalige Nazis und konservative Reaktionäre die Geschicke des Landes bestimmen sah. Als Anhänger eines Dritten Weges wollte er für eine neue sozialistische Perspektive streiten. Dazu gehörte das Aufbrechen der verhärteten Frontstellungen des Kalten Krieges. Mit der IG Metall fand Brandt sich an der Seite einer linken Gewerkschaft, die vielen seiner Vorstellungen programmatisch entsprach. Dass er Mitglied der SPD wurde, war für heimatlose Linke nicht ungewöhnlich. Aber nach dem ruhmlosen Ende des Deutschlandplans der SPD 1959 und dem Programmwechsel in Bad Godesberg verstand Brandt seine Mitgliedschaft vor allem strategisch, da die SPD immer noch die größte Partei der Arbeiterschaft war. Brandt verfolgte zu dieser Zeit hochtrabende Pläne. Er träumte von einer Sammlung der linken Kräfte für einen Dritten Weg, um Alternativen im Kalten Krieg aufzuzeigen. Große Inspiration erhielt er von seinem Verwandten Erich Fromm, der in den USA ähnliche Ziele eines humanistischen Sozialismus verfolgte. Aber für ein solches Projekt waren nicht allein Brandts Kräfte, der mit dem Redakteursjob bei der IG Metall auch seine Familie absichern musste, zu gering. Der Dritte Weg zum Sozialismus war eine nur von einigen, zumeist Intellektuellen verfolgte Idee, die nur wenig Widerhall fand. Die Abrüstungsbefürworter waren Anfang der 60er-Jahre in der Bundesrepublik nur ein kleiner Kreis, der zudem zwischen pazifistischen, kommunistischen und sozialistischen Gruppen zerrissen war.

Die Entführung Brandts im Sommer 1961 in die DDR trennte ihn für drei Jahre von der Entwicklung in der Bundesrepublik. Wenn auch der Grund für die Entführung in der Zusammenarbeit Brandts mit dem Ostbüro der SPD gesehen werden muss und wohl Schauprozessvorbereitungen in der DDR diente, so ist sie doch ein Hinweis

3 Vgl. Benz, Dürrbeck; Erich Schmidt-Eenboom: Undercover. Der BND und die deutschen Journalisten, Köln 1998. Schmidt-Eenboom deutet eine Bindung Brandts an den BND an, stützt sich jedoch auch nur auf Vermutungen. Einsichtnahme in BND-Akten wäre auch in dieser Hinsicht für die Forschung hilfreich. Vgl. ebd., 21 und 348.

auf die deutsch-deutschen Verzahnungen. Brandt war im wahrsten Sinne des Wortes zwischen die Fronten des Kalten Krieges geraten. Während die DDR stereotyp behauptete, Brandt sei DDR-Bürger und sie habe daher einen Rechtsanspruch auf die Verfügung über ihn, entwickelte sich im Westen eine internationale Kampagne für seine Freilassung, die als Sammelpunkt unabhängiger linker Kräfte gesehen werden kann. Damit verband sich eine Kritik an der DDR und der Bundesrepublik, da mit der Freilassung zugleich eine Annäherung gefordert wurde. Diese Forderung griff Brandt selbst auf: Er betrachtete seine langjährige Inhaftierung als Opfergang und die Freilassung verstand er als Chance, eine Annäherung an die DDR zu ermöglichen. Damit hatte Brandt sich in der Bundesrepublik als Linker überdeutlich positioniert. Dies war seinem Arbeitgeber, aus verschiedenen Gründen, nur bedingt recht. Das Interesse an sozialistischen Utopien und wohl auch Märtyrern sozialistischer Provenienz war Mitte der 60er-Jahre recht gering.

Die ersten Jahre nach der Rückkehr waren daher für Brandt nicht spannungsfrei. Um seine politischen Ambitionen zu verdeutlichen, veröffentlichte er 1967 seine Autobiografie, um anhand seiner Lebensgeschichte seine Vision des Versöhnlers zu skizzieren. Darin stilisierte er seine Identität als ungebrochener Kämpfer gegen dogmatische Ideologien. In unverkennbarer Ermächtigungsabsicht profilierte er seine Deutung als Nonkonformist seit Kindertagen. Den Verrat an der kommunistischen Idee hatten für ihn Stalin und Ulbricht begangen. Er war getäuscht worden, aber seine Utopien waren weiterhin richtig.

Die Veröffentlichung der Autobiografie fiel in eine Zeit neuer gesellschaftlicher Herausforderungen. Mit der internationalen Studentenrevolte der Jahre 1967 und 1968 gelangten marxistische Theoreme und sozialistische Utopien zu einer neuen Blüte. Die Jugend forderte im Westen Antworten auf Fragen nach dem Vietnamkrieg, einer anhaltenden Ausbeutung sowohl in Industriebetrieben als auch im Verhältnis der Industriestaaten gegenüber der so genannten Dritten Welt. In Deutschland bildete die Frage nach der nationalsozialistischen Vergangenheit für den Aufbruch eine spezifische Konstitutionsbedingung. Auch in Osteuropa erlebten neomarxistische Theoreme einen Aufschwung und mit dem Prager Frühling schien die Transformation der sozialistischen Staaten eingeleitet. Der Einmarsch sowjetischer Truppen und ihrer Verbündeten in die Tschechoslowakei zerstörte diese Hoffnungen. Die sozialliberale Koalition hingegen setzte 1969 in der Bundesrepublik große Reformerwartungen frei. Für Heinz Brandt wurden die 70er-Jahre zu einem neuen Höhepunkt seines politischen Wirkens. Obwohl die Linke in unterschiedlichste Strömungen zerfiel und mit bewaffneten Gruppen die Gewalt und mit maoistischen Kleinparteien neue Dogmatismen die politischen Debatten prägten, war Brandt als undogmatischer Sozialist eingebunden in eine linkssozialistische Strömung, die zwischen SPD, Gewerkschaften und DKP changierte und über die Jusos Einfluss auf die Regierungspolitik zu nehmen suchte. Das mit den Reformhoffnungen verbundene Demokratisierungsbegehren setzte Energien frei, mit denen eine sozialistische Strategie zur Umgestaltung der

Bundesrepublik gangbar schien. Brandt war als Gewerkschaftsredakteur zwar zur Organisationsloyalität verpflichtet, aber da die Gewerkschaften zum wesentlichen Adressaten des Linkssozialismus gehörten, stand er an exponierter Stelle. Er versuchte die in seinen Augen zu behäbige IG Metall in Artikeln vorsichtig weiter zu treiben, hatte jedoch keine organisatorisch einflussreiche Stellung.

Seinen größten Einfluss erlangte Brandt außerhalb der IG Metall als politischer Publizist. Nach seinem Renteneintritt 1974 konnte er in diesem Feld durch keinerlei Organisation mehr gezügelt agieren. Zwar brach die Reformeuphorie mit der Wirtschaftskrise 1973/74 ein und die innenpolitischen Verhältnisse verhärteten sich über die Auseinandersetzungen um Berufsverbote und Strafverfolgung der RAF. Aber Brandts Stimme hatte, legitimiert durch seine Lebensgeschichte als Kämpfer und Opfer in zwei deutschen Systemen, Autorität. Nur wenige der alten Kommunisten, die noch in der Bundesrepublik lebten, waren so offen für neue Bewegungen wie er. Brandts alter Traum schien sich in alternativen Lebensformen, in neuen Fragen an die Gesellschaft zu realisieren. Er unterstützte die sich in der zweiten Hälfte der 70er-Jahre entwickelnde Ökologiebewegung und ging in Konflikt mit seiner alten Gewerkschaft. In diesem Konflikt war Brandt Repräsentant alternativer Strömungen, die den Atomkonflikt in die Gewerkschaften trugen. Das zeigte auch die zunehmende Distanz, die Brandt zu den etablierten Institutionen der Arbeiterbewegung hatte. In ihnen sah er nicht mehr die Träger einer utopischen Bewegung, sondern nur noch verkrustete Formen, die keine neue Gesellschaft mehr schaffen könnten. Die Vermutung liegt nahe, dass diese von organisatorischer Praxis etablierter Institutionen sich immer weiter entfernende Position in seiner Generationskohorte mehr als unzeitgemäß war. Brandt zeigte eine nahezu ungebrochene messianische Erwartungshaltung. Denn weiterhin sah er den nahenden Weltuntergang in der Form eines Krieges oder einer ökologischen Katastrophe. Kennzeichnend war jedoch, dass die Rettung zugleich immer sehr nahe lag. Die gemeinsame Anstrengung aller Menschen zur Rettung der Gattung könnte dieses Wunder vollbringen. Mit diesen Visionen beteiligte Brandt sich engagiert am Gründungsprozess der Grünen, verließ diese jedoch nach kurzer Zeit, da die Flügelkämpfe seinen Erwartungen einer neuen politischen Partei nicht entsprachen. Ebenso gehörte die Unterstützung der osteuropäischen Bürgerrechtler zu einem wichtigen Handlungsfeld. Dies erscheint vor seinem biografischen Hintergrund wenig überraschend. Brandt und mit ihm einige wenige andere Linke der 70er-Jahre sahen in den Bürgerrechtlern jedoch Träger einer Transformation der sozialistischen Länder in pluralistische Gesellschaften. Die Menschenrechte waren in Brandts Augen unteilbar, aber mit der Osteuropaarbeit war mehr verbunden: Die Erwartung, eine wirklich internationale Bewegung zu stimulieren, die in Ost wie West gleichermaßen einen neuen Sozialismus aufbaut.

Die 80er-Jahre boten, trotz manch beeindruckender Bewegungserfolge wie der Friedensbewegung, gesellschaftstheoretisch nicht mehr die Herausforderungen wie das Jahrzehnt davor. Brandt blieb den Bewegungen zwar kritisch verbunden, verstand sich aber vor allem als »Ketzer« und forderte den Blick in den Osten, um die von dort augenscheinlich drohende Gefahr zu erkennen. Zwar blieb er den humanistischen Prämissen des Marxismus treu, aber in den Vordergrund rückte die Abgrenzung zu allen Ideologien. Die Bezugnahme auf Immanuel Kant war letztlich der Versuch, geistige Unabhängigkeit als zentrales Element aller politischen Bewegungen zu sehen. Er versuchte dabei, seine eigene politische Entwicklung zu verallgemeinern.

Es wäre geradezu eine klassische »biographische Illusion« im Sinne Bourdieus, würde diese späte Sinnkonstruktion Brandts als Interpretament für die gesamte Biografie verstanden werden. Es war in der Einleitung die Frage aufgeworfen worden, inwieweit Brandts eigene Lebensdeutung als Nonkonformist als eine Wunschbiografie verstanden werden muss. Er versuchte, seine narrative Sinnkonstruktion mit der Autobiografie zu kanonisieren. Wenig überraschend fielen manche nicht passende Elemente aus der Sinnkonstruktion heraus. Dazu gehörte die konkrete Arbeit als Agitationssekretär der SED oder auch die Beteiligung an der Stalinisierung der kommunistischen Jugendverbände der Weimarer Republik. Das galt erst recht für seine Entlassung aus der Bezirksleitung 1954, zu deren Hintergründen er sich später nur noch undeutlich äußerte, wobei er die sexuelle Belästigung zu einem politischen Komplott gegen sich umdeutete. Auch das spätere Verschweigen der konkreten Zusammenarbeit mit dem Ostbüro der SPD belegt, dass Brandt sperrige Elemente aus seiner Biografie zu umgehen suchte. Diese aufgezeigten Lücken in der Biografie sollten nicht als Enthüllungen missverstanden werden. Es gehört zur geschichtswissenschaftlichen Aufgabe, durch einen präziseren Blick Umstände zu erhellen, die eine große Lebenserzählung auch an die Banalitäten des Alltagshandelns bindet. Die Intention seiner Lebenserzählung war die Vermittlung einer politisch bedeutsamen Biografie eines undogmatischen Sozialisten, die Orientierung für zukünftiges Handeln bieten sollte. Insofern war es eine Wunschbiografie. Brandt verstand sich selbst als exemplarisch und biografische Ungereimtheiten waren für ihn in einem politischen Sinne zweitrangig.

Trotz der konstatierten Verdrängungen steht außer Zweifel, dass Brandt bereits in der Weimarer Republik kritisch gegenüber den dogmatischen Verhärtungen der kommunistischen Bewegungen stand. Die Faszination jedoch, die von einer weltweiten Bewegung zur Befreiung ausging, bedingte Zurückhaltung und die Verdrängung von Zweifeln um einer großen Sache willen. Brandts politische Biografie repräsentiert einen immanenten Widerspruch der kommunistischen Bewegung: Unterdrückung und diktatorische Mittel widersprachen dem formulierten Ziel, für alle Menschen ein gutes und freies Leben zu ermöglichen. Dass es bis in die 50er-Jahre dauerte, bis Brandt diesen Widerspruch als nahezu unlösbar empfand, lag in der übermächtigen Bedrohung durch den Nationalsozialismus und den Krieg. Der Bruch mit der SED-Politik musste zwangsläufig erfolgen, da die utopische Hoffnung zwar der SED-Rhetorik eingeschrieben war, zugleich jedoch aus Gründen des politischen Machterhalts verdrängt wurde.

In Westdeutschland hatte Brandt die Möglichkeit, publizistisch für seine Ideen zu werben. Seine Haltung brachte ihn zwar auch in Konflikte mit den Gewerkschaften, die er an ihre utopischen Hoffnungen erinnerte. Aber in diesen Konflikten war keine existenzielle Bedrohung enthalten. Als linksintellektueller Publizist war er Teil eines Diskurses, der in den 70er-Jahren gesellschaftlichen Einfluss erlangte. Linke Utopien – in ihren ganz unterschiedlichen Ausprägungen – hatten Konjunktur und Brandts Stimme fand Gehör. Hier hatte er eine soziale Position gefunden, deren Aufgabe darin besteht, Sinndeutungen anzubieten. Die intellektuelle Ungebundenheit erforderte es geradezu, nicht in Verantwortung zu stehen.

Auch wenn Brandt mehr als einmal tagespolitisches Gespür bewies und die diversen linken Themenkonjunkturen mit bediente, war er doch vor allem ein Querdenker in der Linken wie der gesamten Gesellschaft. Denn die moralische Idee des Sozialismus galt es auch im linken Zeitgeist der 70er-Jahre erst einzufordern. Eine politisch begründete unterschiedliche Behandlung von Menschen war für ihn nicht zu vertreten. Zwar waren viele seiner Texte mit strategischen Begriffen angereichert, aber Brandt war kein Stratege im politischen Sinne. Er forderte eine moralische Haltung in allen gesellschaftlichen Bereichen und dies bedeutete Konflikte mit fast allen Organisationen der Linken und den Gewerkschaften. Die Ablehnung, die Brandt schließlich aus dem gewerkschaftlichen Apparat entgegenschlug, hatte ihren Grund in der Befürchtung, die Organisationsbalance im Atomkonflikt zu gefährden. Brandt wurde als »streitbar und unbequem, starrsinnig und verletzend« wahrgenommen.[4] Dies gehörte auch zur moralischen Idee und zur Persönlichkeit Brandts: Das Beharren auf seinen utopischen Idealen und die geringe Kompromissbereitschaft im Alltagsgeschäft. Für die Bewunderer Brandts war dies ein aufrechter Gang, für die Gegner unerträglicher Starrsinn. Beide Deutungen können Legitimität für sich beanspruchen.

In der Arbeit konnte gezeigt werden, dass für Brandt ein messianisches Denken bis in die 80er-Jahre hinein konstitutiv war, vor allem in der Nähe von Untergang und Rettung der Welt. Hier war ein zum Teil eigentümliches Moment enthalten. Untergangsstimmungen, speziell die ökologische Katastrophe oder die Angst vor einem Atomkrieg, war Ende der 70er- und Anfang der 80er-Jahre zu einem prägenden gesellschaftlichen Gefühl geworden. Aber im Bewahren des Status quo hatte es häufig konservative Züge. Für Brandt war die Bedrohung zugleich eine Chance, mit der eine neue Gesellschaft heraufziehen könnte. Hier zeigte sich eine tiefe Gläubigkeit Brandts an eine Glück verheißende Gesellschaft bis in die 80er-Jahre hinein. Brandt hat damit einen Strang der linken jüdisch-deutschen Geschichte, gegen alle Brüche und Verwerfungen, durch das 20. Jahrhundert getragen. Hieraus lässt sich auch erahnen, woher die Unruhe, die beständige Suche nach neuen Aufbrüchen, nach Bewegung entstammte. Ossip K. Flechtheim hat darauf hingewiesen, dass Brandt »noch etwas von jenen Sozialisten der Vorkriegszeit [hatte …], für die der Sozialismus das verheißene

4 Petra-Monika Jander: Don Quichote gegen Atomfilze, Die Zeit 25.4.1977.

Land war, das sie mit der Seele gesucht haben.«[5] Der damit verbundene Idealismus stieß dann später auf Irritation und Bewunderung.

Heinz Brandts Lebensdaten sind fast identisch mit dem kurzen 20. Jahrhundert. In den ideologischen Kämpfen hat er aufseiten der Linken Position bezogen. Er repräsentierte eine utopische Hoffnung, die in den beiden großen Polen der Arbeiterbewegung, der Sozialdemokratie und dem Kommunismus, aus verschiedenen Gründen marginalisiert wurde. Seine Biografie repräsentiert auch eine Geschichte der verweigerten Anpassung. In den drei deutschen Staaten der Zeitgeschichte hat Brandt sich immer wieder verweigert und für die utopischen Versprechungen eines undogmatischen Sozialismus gestritten. Das sowjetische System ist an den damit verbundenen Widersprüchen zu Grunde gegangen und die Sozialdemokratie hat sich von einer sozialistischen Utopie lange verabschiedet. Eine Realisierung der utopischen Idee schien immer weit entfernt. Dennoch hat Brandt einen Beitrag dazu geleistet, den Gedanken der Emanzipation und Befreiung, und sei es als moralischer Maßstab für Politik, einzufordern.

Für einen demokratischen Kommunismus ist resümiert worden: »Es blieben Einzelne, zudem auch meist außerhalb der Parteien, denen das Kunststück gelang, sich zum Kommunismus zu bekennen und zugleich demokratische Prinzipien zu verfechten.«[6] Wenn Kommunismus als eine Chiffre für den Wunsch nach einer anderen Gesellschaft verstanden wird, in der die Menschen sich nicht mehr gegenseitig unterdrücken, dann war dies Brandts Lebensmotiv. Angesichts des Untergangs der sozialistischen und kommunistischen Utopie und der mit den Realisierungsversuchen verbundenen Verbrechen könnte man geneigt sein, eine positive Nachwirkung zu verneinen. Aber gerade Heinz Brandt stand dafür, eine Demokratisierung mit dem Wunsch nach Veränderung zu verbinden. Dies war nicht allein eine politische Systemfrage. Es ging um die Ermächtigung des Menschen, sein Leben selbst zu gestalten und die großen Potenziale der menschlichen Gesellschaft zu nutzen. Welche Regierung der Welt mag heute noch etwas von solchen Ideen wissen wollen?

5 Manuskript der Rede von Ossip Flechtheim auf der Veranstaltung »Freiheit für Heinz Brandt«, 13.7.1961. NLB.

6 Werner Müller: Gab es in Deutschland einen demokratischen Kommunismus? In: Uwe Backes/Stéphane Courtois (Hrsg.): »Ein Gespenst geht um in Europa«. Das Erbe kommunistischer Ideologien, Köln/Weimar/Wien 2002, 323-382, 381.

# Anhang

# Abkürzungsverzeichnis

| | |
|---|---|
| ADGB | Allgemeiner Deutscher Gewerkschaftsbund |
| AdsD | Archiv der Sozialen Demokratie, Bonn |
| AFL/CIO | American Federation of Labor/ Congress of Industrial Organizations |
| AI | Amnesty International |
| APUZ | Aus Politik und Zeitgeschichte. Beilage zur Wochenzeitschrift »Das Parlament« |
| ASB | Archiv der Sozialen Bewegungen, Hamburg |
| BA | Bundesarchiv, Berlin |
| BA SAPMO | Bundesarchiv Stiftung Archiv der Parteien und Massenorganisationen der ehemaligen DDR, Berlin |
| BLHA | Brandenburgisches Landes- und Hauptarchiv, Potsdam |
| BStU | Die Bundesbeauftragte für die Unterlagen des Staatssicherheitsdienstes der ehemaligen Deutschen Demokratischen Republik, Berlin |
| BZG | Beiträge zur Geschichte der Arbeiterbewegung |
| CDU | Christlich-Demokratische Union |
| CND | Campaign for Nuclear Disarmament |
| CV | Centralverein der Staatsbürger jüdischen Glaubens |
| DA | Deutschland-Archiv |
| DDP | Deutsche Demokratische Partei |
| DDR | Deutsche Demokratische Republik |
| DFD | Demokratischer Frauenbund Deutschland |
| DGB | Deutscher Gewerkschaftsbund |
| DSt | Deutsche Studentenschaft |
| DStV | Deutscher Studentenverband |
| DVP | Deutsche Volkspartei |
| ECOSOC | United Nations Economic and Social Council |
| EFA | Erich-Fromm-Archiv, Tübingen |
| EKKI | Exekutivkomitee der Kommunistischen Internationale |
| FAZ | Frankfurter Allgemeine Zeitung |
| FDGB | Freier Deutscher Gewerkschaftsbund |
| FDJ | Freie Deutsche Jugend |
| FN | Fußnote |
| FR | Frankfurter Rundschau |
| GAZ | Grüne Aktion Zukunft |
| GfV | Geschäftsführender Vorstand |
| GG | Geschichte und Gesellschaft |
| GLU | Grüne Liste Umweltschutz |
| GLH | Grüne Liste Hessen |
| HA | Hauptabteilung |
| HISA | Hamburger Institut für Sozialforschung, Archiv, Hamburg |
| IAA | Internationales Arbeitsamt |
| IBFG | Internationaler Bund freier Gewerkschaften |
| ID-Archiv | ID-Archiv im Internationalen Institut für Sozialgeschichte, Amsterdam |
| IGM | Industriegewerkschaft Metall |
| ILO | International Labor Organization |
| INL-CCS | The International Newsletter of Historical Studies on Comintern, Communism and Stalinism |
| IWK | Internationale wissenschaftliche Korrespondenz zur Geschichte der deutschen Arbeiterbewegung |
| JfhK | Jahrbuch für historische Kommunismusforschung |
| KB | Kommunistischer Bund |
| KJVD | Kommunistischer Jugendverband Deutschland |
| KPD | Kommunistische Partei Deutschlands |
| KPdSU/(B) | Kommunistische Partei der Sowjetunion/(Bolschewiki) |
| KOSTUFRA | Kommunistische Studentenfraktion |

| | |
|---|---|
| LAB | Landesarchiv Berlin, Berlin |
| LDP(D) | Liberal-Demokratische Partei Deutschland |
| LOPM | Leitende Organe in Parteien und Massenorganisationen |
| MfS | Ministerium für Staatssicherheit (Stasi) |
| ND | Neues Deutschland |
| ND(B) | Neues Deutschland (Berliner Ausgabe) |
| NF | Nationale Front des demokratischen Deutschland |
| NKFD | Nationalkomitee Freies Deutschland |
| NLB | Nachlass Annelie und Heinz Brandt (Privatbesitz Stefan Brandt, Berlin) |
| NSDAP | Nationalsozialistische Arbeiterpartei Deutschland |
| OdF | Opfer des Faschismus |
| RAF | Rote Armee Fraktion |
| RFS | Reichsverband Freisozialistischer Studenten |
| RSG | Rote Studentengruppe |
| SBZ | Sowjetische Besatzungszone |
| SDA | Sozialdemokratische (später: Sozialistische) Aktion |
| SDS | Sozialistischer Deutscher Studentenbund |
| SED | Sozialistische Einheitspartei Deutschlands |
| SMA(D) | Sowjetische Militäradministration (Deutschland) |
| SKK | Sowjetische Kontrollkommission |
| SPD | Sozialdemokratische Partei Deutschland |
| SSB | Sozialistischer Schülerbund |
| SSD | Staatssicherheitsdienst der DDR |
| StaHH | Staatsarchiv Hamburg, Hamburg |
| TAJB | Tel Aviver Jahrbuch für deutsche Geschichte |
| UGO | Unabhängige Gewerkschaftsopposition |
| VdK | Verband der Kriegsdienstgegner |
| VJZG | Vierteljahreshefte für Zeitgeschichte |
| VS | Verband deutscher Schriftsteller |
| VVN | Vereinigung der Verfolgten des Naziregimes |

# Abbildungsverzeichnis und Bildrechte



Die **Abbildungen 2 bis 9** und **11** stammen aus dem Privatbesitz der Familie Brandt.

# Quellen- und Literaturverzeichnis

Das **Quellenverzeichnis** nennt die Archive, in deren Beständen recherchiert wurde sowie die gedruckten Quellen und verwendeten Periodika. Die Veröffentlichungen Heinz Brandts sind ebenfalls unter dem Quellenverzeichnis extra ausgewiesen und nicht alphabetisch, sondern nach Erscheinungsjahren sortiert. Seine Artikel aus der *Metall*, *Das Da* oder Tageszeitungen sind hier nicht mit angegeben, sondern nur an den Belegstellen zu finden. Dort sind sie, auch bei mehrfacher Nennung, vollständig zitiert. – Das gilt auch für die Archivalien. Die vollständige Nennung erfolgt bei jeder Erwähnung. Ausnahmen sind in diesem Verzeichnis gesondert aufgeführt.
Im **Literaturverzeichnis** sind die monografischen Schriften und wissenschaftlichen Zeitschriftenartikel aufgenommen worden, die in der Arbeit verwendet wurden. Reine Hinweistitel, die für die Argumentation des Textes keine Rolle innehaben, sind in der Regel nicht aufgeführt. Zeitungs- und Zeitschriftenartikel aktueller Thematik sind nur an den jeweiligen Belegstellen im Text angegeben und dort, auch bei mehrfacher Nennung, vollständig zitiert. Am Anfang sind die Schriften extra vermerkt, die sich mit Brandt direkt befassen.

## 1 Quellen

### A *Archivalien*

Archiv der Humboldt Universität zu Berlin. Bestand: Verzeichnis der Studierenden.
Archiv Grünes Gedächtnis, Berlin.
Archiv der Gedenkstätte Buchenwald, Weimar.
Archiv der Gedenkstätte Sachsenhausen. Bestand: R 86/30.
Archiv der Sozialen Bewegungen, Hamburg. Bestände: BRD 02 RA-Bestand; BRD 15.270.
Archiv der Sozialen Demokratie, Bonn. Bestände: NL Kuno Brandel, NL Siggi Neumann, SPD-PV-Ostbüro, IGMA, SPD Bezirk Hessen-Süd.
Brandenburgisches Landes- und Hauptarchiv, Potsdam. Bestände: Rep. 30 Berlin C Polizeipräsidium Berlin; Rep 34, Provinzial-Schulkollegium.
Bundesarchiv Berlin. Bestände: RY 1/I 4/ 16, RY 1 I 2/3/, RY 1/I2/3/, RY I 3/1-2/, RY 3/1-2/, R 58 3663, DP 1 VA/ 246; DA 5/1893.
Bundesarchiv Koblenz: B 209/1130.
Bundesarchiv Stiftung Archiv der Parteien und Massenorganisationen der ehemaligen DDR. Bestände: NJ 168; NJ 1193; DY 54/277/1/1; DY 30/IV2/11; DY 30/IV/2/4/8; DY 30/J V2/1; DY 30/ IV A 2/2.028; DY 30/J IV 2/2.
Die Bundesbeauftragte für die Unterlagen des Staatssicherheitsdienstes der ehemaligen Deutschen Demokratischen Republik (Birthler-Behörde), Zentralarchiv. Signaturen: AOP 4617/63; HA XX 1655; HA XX 1615; MfS ZAIG 900; ZMA XX, 2804.
Bundesverwaltungsamt Gießen. NG 40 Brandt, Heinz.
Erich-Fromm-Archiv, Tübingen.
Geheimes Staatsarchiv Preussischer Kulturbesitz, Berlin. Bestände: I. HA REP. 77 Tit. 2770 Staatsangehörigkeiten.
Hamburger Institut für Sozialforschung Archiv, Hamburg. Bestand: NL Dutschke.
ID-Archiv im Internationalen Institut für Sozialgeschichte, Amsterdam. Bestände: Sozialistisches Osteuropakomitee, 1973–1977.
Institut für Stadtgeschichte der Stadt Frankfurt am Main, Frankfurt am Main. Bestand: Einwohnermeldekartei.
Landesarchiv Berlin, Berlin. Bestände: C Rep 900 II IV/1879; C Rep 118-01/A; C Rep 900-01; C Rep 118/615; C Rep 118/1054; C Rep 900-IV-2/4-1421; C Rep 900 IV L-2/3/133; C Rep 900 IV/2/4/651-31; C Rep 900-01/17 (Alte Signaturen). C Rep 901; C Rep 902; C Rep 905 (Neue Signaturen).
Nachlass Annelie und Heinz Brandt (NLB), Privatbesitz Stefan Brandt, Berlin.
Daraus gesondert aufgeführt: Abschrift Seminar mit Heinz Brandt und Manfred Wilke, Tutzing 7.–8.11.1984; Nachlass Flechtheim im Nachlass Annelie und Heinz Brandt.
Staatsanwaltschaft II beim Landgericht Berlin, Berlin. Az: 29/2 JS 1376/92.
Staatsarchiv Posen, Akt m. Poznania Evidencja ludności z lat 1870–1930, sygn. 14304.

## B Gedruckte Quellen, Periodika


Adressbücher von Posen 1893 und 1916.

Arbeitskreis Leben – Gewerkschafter gegen Atomkraft (Hrsg.): Dokumentation der innergewerkschaftlichen Diskussion: Atomkraft Ja oder Nein?, Frankfurt am Main 1978.

Arndhefte 1, hg. vom Verlag Arndtstraße: Neuorientierung, Neuorganisierung. Zur zweiten Organisationsdebatte in der BRD, Frankfurt am Main 1976.

Asch, Georg: Das Naturalisationsverzeichnis der Stadt Posen. Mitgeteilt von Georg Asch, mit Einleitung und Anmerkungen von Jacob Jacobsen. In: Zeitschrift für die Geschichte der Juden in Deutschland, 8 (1938), Heft 1, 1-40.

Für die Demokratie. Informationen, Kommentare, Presseschau aus gewerkschaftlicher Sicht, hg. vom Bundesvorstand des DGB (1960–1964).

Die Generallinie. Rundschreiben des Zentralkomitees der KPD an die Bezirke 1929–1933, eingeleitet von Hermann Weber, bearbeitet von Hermann Weber unter Mitwirkung von Johann Wachtler, Düsseldorf 1981 (=Quellen zur Geschichte des Parlamentarismus und der politischen Parteien, Dritte Reihe: Die Weimarer Republik, Band 6).

War Hitlers Machtübernahme unvermeidlich? Zur Einschätzung der ehemaligen »Versöhnler-Fraktion in der KPD«, vorgestellt von Bernhard H. Bayerlein. In: INL-CCS 2, (1994/95), Nr. 5/6, 75-81.

Was bleibt ist Hoffnung. Eine Briefdokumentation aus Brandenburger Konzentrationslagern, Zuchthäusern und Gefängnissen der NS-Zeit 1933–1945, hg. von der Brandenburgischen Landeszentrale für Politische Bildung, Potsdam 1994.

Jüdisches Adreßbuch für Groß-Berlin, Ausgabe 1931 (Nachdruck Berlin 1994).

Linke Liste (Hrsg.): Die Mythen knacken. Materialien wider ein Tabu, Frankfurt am Main 1987.

Mitteilungsblatt des jüdischen Volksrates Posen, 1919–1920.

Posener Heimatblätter, Organ des Verbandes Posener Heimatvereine (1926–1933).

Quellen zur Geschichte der deutschen Gewerkschaftsbewegung im 20. Jahrhundert, begr. von Erich Matthias. Hrsg. von Klaus Schönhoven und Hermann Weber, Band 9: Die Industriegewerkschaft Metall in den Jahren 1956 bis 1963, bearbeitet von Felicitas Merkel, Frankfurt am Main 1999.

Schulberichte. Städtische Friedrich-Werdersche Oberrealschule: Schulberichte 1927/28, 1928/29. Bibliothek für Bildungsgeschichtliche Forschung und Forschungsstelle, Berlin, Jahresberichte Berlin, Bd. 146a, 45.

Der Schulkampf, Zeitung des Sozialistischen Schülerbundes (SSB), 1929–1932.

Wenzel, Axel/Roth, Jürgen/Häuserrat Frankfurt (Hrsg.): Frankfurt: Zerstörung – Terror – Folter im Namen des Gesetzes, Frankfurt am Main, o. J. (1974).


## C Schriften von und Interviews mit Heinz Brandt


Der Prozeß von Spandau. In: Einheit. Theoretische Monatsschrift für Sozialismus 1 (Oktober 1946), Heft 5, 302-310.

Probleme des Berliner Zweijahresplans. In: Einheit. Theoretische Zeitschrift des wissenschaftlichen Sozialismus 3 (September 1948) Heft 9, 816-821.

Schaffung der Aktionseinheit – die entscheidende Aufgabe. In: Wille und Weg, Heft 10, 1950, 28-30.

Bedeutung und Konsequenzen des 30. November 1948. In: Einheit. Theoretische Zeitschrift des wissenschaftlichen Sozialismus, 4 (März 1949), Heft 3, 228-234.

Mit Eberhard Arlt: Gibt es eine zweite industrielle Revolution? In: Die Wirtschaft Nr. 43, 25.10.1956.

Gibt es eine zweite industrielle Revolution? In: Wissenschaft und Fortschritt. Populärwissenschaftliche Monatszeitschrift, 7, (1957) Heft 4, 104-108.

(Anonym): Streiflichter aus Moskau. In: Der Gewerkschafter 5 (1957), Nr. 7, 19 f.

(Anonym): Streng geheim: Absperrung Marx-Engels-Platz. In: Der Gewerkschafter 5 (1957), Nr. 10, 18.

(Anonym): Warum wurde dieses Buch in der Sowjetzone verboten? In: Der Gewerkschafter, 6 (1958), Nr. 5, 19 f.

(Anonym): Nach dem fünften Parteitag der SED. In: Der Gewerkschafter 6 (1958), Nr. 8, 22-24.

Le soulèvement de l Allemagne de l Est du 17 juin 1953. In: Études: Revue Trimestrielle Internationale (publié par Institut Imre Nagy de Sciences Politiques, Bruxelles) 1 (Oktober 1959), Cahier 2, 98-117.

»Darum, daß Du meiner Stimme gehorcht hast …«. In: Jüdische Illustrierte 10 (Mai 1961), Heft 1, 13 f.

Die sowjetische Deutschlandpolitik im Frühsommer 1953 aus der Sicht fortschrittlicher Kräfte in der SED. In: Osteuropa. Zeitschrift für Gegenwartsfragen des Ostens 15 (1965), Heft 5, 369-377.

Solidarität mit verfemten Nachbarn. Vom Kampf gegen die Freigeister in Deutschland. In: Der Gewerkschafter 14 (1966), Heft 2, 24 f.

Ein Traum, der nicht entführbar ist. München 1967; weitere Auflagen: Berlin 1977, Berlin 1978, Frankfurt 1986.

Die Vergangenheit hat schon begonnen. In: Werkhefte. Zeitschrift für Probleme der Gesellschaft und des Katholizismus 22 (Mai 1968), Nr. 5. 135-139.

Deutsche U-Boote für Griechenland? Über konzertiertes Schweigen, diplomatisches Schwätzen und den armen Delegierten Nr. 252. In: Werkhefte. Zeitschrift für Probleme der Gesellschaft und des Katholizismus 22 (Dezember 1968), Nr. 12, 339-341.

Politik für harte Männer. Zur Ideologie des Bayern-Kurier. In: Express International 6 (28. 2. 1969), Nr. 67, 5.

Vom roten Punkt zum roten Raster. In: Express International 6 (11. 7. 1969), Nr. 76, 4.

Aktion »Aktenkontrolle«. In: Express International 7 (24. 12. 1969), Nr. 88, 4.

Zum Stellenwert des 17. Juni im Geschichtskalender. In: Die Neue Gesellschaft 18 (1971), 494-497.

Rebellion der Unterarbeiter. In: Express International 8 (23. 7. 1971), Nr. 126, 7.

diskus-Interview mit Heinz Brandt. Erstabdruck: diskus, Juni 1973. Wiederabdruck in: Linke Liste (Hrsg.): Die Mythen knacken. Materialien wider ein Tabu, Frankfurt 1987, 42-43.

Liebe rote Ratten, lieber roter Spuk! In: Langer Marsch, Sondernummer (14. 12. 1974), 15-17.

Interview mit Heinz Brandt: Wir sind Sozialisten, ihr nicht. In: Langer Marsch 2 (Oktober 1973), Nr. 6, 12 f.

Voran zur Natur, zur Selbstverwirklichung und gesellschaftlichen Selbstorganisation des Menschen. In: Praxis. Philosophische Zeitschrift, Internationale Ausgabe 10 (1974), Nr. 1-2, 237-248.

Beitrag Heinz Brandt. In: Andreas W. Mytze (Hrsg.): Bürgerkrieg oder Wiedervereinigung in Deutschland? (Europäische Ideen Heft 10/11), Berlin 1975, 41-44.

Kunst und Technik heute – ein Ortungsversuch zwischen Marx und Mumford. In: Technologie und Politik, aktuell-Magazin 5, hg. von Freimut Duve, Reinbek 1976, 5-24.

Die soziale Revolution des Nikita Sergejewitsch Chruschtschow. In: Reinhard Crusius/Manfred Wilke: Enstalinisierung. Der XX. Parteitag der KPdSU und seine Folgen, Frankfurt am Main 1977, 285-320.

Meine Mobilmachung. In: Narr, Bürger, 307-325.

Sozialismus ist Freiheit. In: Frankfurter Hefte 21 (1977), Heft 12, 66-68.

Statt eines Schlußwortes – Interview mit Heinz Brandt. In: Mez/Wilke, 212-215.

Liebe Leute von Gorleben! In: Tintenfisch 12 Thema Natur, herausgegeben von Hans Christoph Buch, Berlin 1977, 119-122.

Gewerkschaft auf den Knien. Interview mit Heinz Brandt von Wolfgang Beer. In: Forum Europa, Heft 7/8 (November/Dezember 1977), 22-25.

Jetzt geben wir ein Lebenszeichen. In: Holger Strohm (Hrsg.): Atomenergie und Arbeitsplätze, Hamburg 1978, 5-7.

Wir sprechen deutsch. In: Tintenfisch 15 Thema: Deutschland, herausgegeben von Hans Christoph Buch, Berlin 1978, 130-138.

Zwei Kapitulationen der DGB-Führung und die Aufgaben des Aktionskreises Leben. In: Sozialistische Gewerkschaftspolitik 1 (Juni 1978), Nr. 0, 40-42.

Mit Jakob Moneta: Die »Grünen« – Hoffnung oder Gefahr? In: Helmut Ahlborn/Ursula Richtsteiger: Grüne/Bunte Listen: Höhenflug mit Bauchlandung? Materialien zur Diskussion, Frankfurt am Main 1978, 52-55.

Wie retten wir Bundeskanzler Helmut Schmidt? In: Kritik. Zeitschrift für sozialistische Diskussion 6 (1978), Nr. 17, 18-20.

Stalin und Noske: Wer war der Bluthund? In: Langer Marsch 7 (1979) Nr. 42, 15 f.

Geschichtsfälschung – wie s beliebt. In: Langer Marsch 7 (1979) Nr. 44, 22 f.

Grün oder rot – das ist hier die Frage ... In: Lutz Mez/Ulf Wolter (Hrsg.): Die Qual der Wahl: ein Wegweiser durch die Parteienlandschaft zur Bundestagswahl 1980, Berlin 1980, 125-134.

Für Utopü ist es nie zu früh. In: Günter Zint: Republik Freies Wendland. Eine Dokumentation, Frankfurt am Main 1980, 8-9.

Vorwort. In: Leopold Spira: Feindbild Jud, Wien/München 1981, 7-12.

Ungemein persönliche Anmerkungen zu einem historischen Bauwerk. In: Manfred Hammer (Hrsg.): Das Mauerbuch, Berlin 1981, 132-136.

Brief an die jungen Revolutionäre. In: Pflasterstrand 6 (4. 12. 1981), Nr. 119, 39-41.

Alle Macht den Madonnen. In: Kritik. Zeitschrift für sozialistische Diskussion 9 (1981), Nr. 27, 81-95.

Der Mythos von der Friedensmacht. In: Petra Kelly/Manfred Coppik (Hrsg.): Wohin denn wir. Texte aus der Bewegung, Berlin 1982, 80-88.

Technik und Fortschritt – Der Mensch der Gegenwart zwischen humaner und inhumaner Technik. In: Jörg Albert u.a (Hrsg.): Technik und menschliche Existenz, Wiesbaden 1982, 93-100.
Heinz Brandt im Gespräch. In: Wanderbühne. Zeitschrift für Literatur und Politik, Nr. 4, (1982), 7-9.
Schlafwandeln oder aufstehen? – Eine Osterpredigt wider die Einäugigkeit. In: Pflasterstrand 8 (9.4.1983), Nr. 155, 16-19.
Gerichtsnotorisch, Pflasterstrand 8 (10. 9. 1983), Nr. 166, 31.
Der Dachschaden der Wandgeschädigten. In: Pflasterstrand 8 (22.10.1983), Nr. 169, 30 f.
Im Loch von Bautzen. Selbstbildnis aus der Zellen-Perspektive. In: Hans-Jürgen Schultz (Hrsg.): Trennung, Stuttgart 1984, 224-236.
Wir waren immer sehr im Bilde. Gespräch mit Heinz Brandt. In: Einer muß überleben. Gespräche mit Auschwitzhäftlingen 40 Jahre danach, hg. von Jörn-Erik Gutheil u. a., Düsseldorf o. J. (1984), 33-48.
Verteidigung und Ausbau der Demokratie – das ist die Lehre der Geschichte. In: Freidenker Magazin 5 (1985), Nr. 2, 10-14.
Verleihung der Ehrendoktorwürde an Heinz Brandt, herausgegeben von der Universität Osnabrück, Osnabrück 1985.
»Die Illusion vom Sozialismus«, Interview mit Heinz Brandt, Jugendmagazin ran des DGB, Februar 1985, 12-14.
Wortwechsel. Christa Schulze-Rohr interviewt Heinz Brandt, Sendung im WDR, 22.11.1985 (Videokopie im Besitz des Verfassers).
Afghanische Todesfuge. In: Kontinent. Ost-West-Forum 11 (Oktober 1985), Nr. 4, 61-63.
Windjacke contra Regenschirm. In: Pflasterstrand 11 (25.1.1986), Nr. 228, 22-26.
Über Mut und geistige Urteilskraft. In: Kontinent. Ost-West-Forum 12 (April 1986), Nr. 2, 55-61.
Heinz Brandt. Der Versöhnler. In: Willi Bucher/Klaus Pohl (Hrsg.): Schock und Schöpfung. Jugendästhetik im 20. Jahrhundert, Darmstadt und Neuwied 1986, 354-358.

## 2 Literatur

### A Zu Heinz Brandt

**Benz, Georg**: Heinz Dürrbeck – ein Opfer des Kalten Krieges. In: Edith Grosspietsch/Georg Benz (Hrsg.): Wissen, um zu handeln. Ein Buch der Solidarität mit Heinz Dürrbeck, Göttingen 1998, 13-62.
**Flechtheim, Ossip K.**: Ein Leben für den Dritten Weg. In: Gewerkschaftliche Monatshefte, 18 (Juli 1967), 426-428.
**Fromm, Erich**: Vorwort. In: Heinz Brandt: Ein Traum, der nicht entführbar ist. München 1967; weitere Auflagen: Berlin 1977, Berlin 1978, Frankfurt 1986, 7-13.
**Havemann, Robert**: Lieber Heinz. In: Mez/Wilke, 9-11.
**Loest, Erich**: Vom Sozialismus in den Kapitalismus. Erinnerungen an Heinz Brandt. In: Ders.: Als wir in den Westen kamen. Gedanken eines literarischen Grenzgängers, Stuttgart/Leipzig 1997, 58-61.
**Lorenz, Moritz**: Die Ost-West-Geschichte des Heinz Brandt. In: Lothar Dittmer/Detlef Siegfried (Hrsg.): Ost-West Geschichten. Schüler schreiben über Deutschland, München 1996, 68-86.
**Mohr, Heinrich**: Heinz Brandt. In: Fricke/Steinbach/Tuchel, 332-339.
**Posser, Diether**: Anwalt im Kalten Krieg. Ein Stück deutscher Geschichte in politischen Prozessen 1951–1968, München 1991.
**Universität Osnabrück**: Verleihung der Ehrendoktorwürde an Heinz Brandt, Osnabrück 1985.
**Wilke, Manfred**: Heinz Brandt – in Selbstzeugnissen. In: Wege nach Bautzen II. Biographische und autobiographische Porträts, eingeleitet von Silke Klewin und Kirsten Wenzel, Dresden 1998, 49-64.

### B Darstellende und autobiografische Literatur

**100 Jahre** Industriegewerkschaft 1891 bis 1991. Vom Deutschen Metallarbeiter-Verband zur Industriegewerkschaft Metall, hg. vom Vorstand der Industriegewerkschaft Metall, Köln o. J. (1991).
**Améry, Jean**: Jenseits von Schuld und Sühne. Bewältigungsversuche eines Überwältigten, Stuttgart 1977.

**Andersch, Alfred**: Die Kirschen der Freiheit. Ein Bericht, Zürich 1971.

**Angster, Julia**: Der Zehnerkreis. Remigranten in der westdeutschen Arbeiterbewegung der 1950er Jahre. In: Exil 18 (1998), Heft 1, 26-47.

*Dies.*: Kuno Brandel und die Gewerkschaftszeitung Metall. In: Claus-Dieter Krohn/Axel Schildt (Hrsg.): Zwischen den Stühlen? Remigranten und Remigration in der deutschen Medienöffentlichkeit der Nachkriegszeit, Hamburg 2002, 267-293.

**Arendt, Hannah**: Walter Benjamin. Bertolt Brecht. Zwei Essays, München 1971.

**August, Jochen**: Geschichte und Topographie von Auschwitz Birkenau. In: Auschwitzhefte, Anhang, 268-272.

**Die Auschwitzhefte**. Texte der polnischen Zeitschrift »Przeglad Lebarski« über historische, psychische und medizinische Aspekte des Lebens und Sterbens in Auschwitz, hg. vom Hamburger Institut für Sozialforschung, Hamburg ²1995.

**Autorenkollektiv**: Gewerkschaftspresse als Gegenöffentlichkeit? Untersuchungen zur Funktion gewerkschaftlicher Publikationen in Arbeitskonflikten, Berlin, 1977.

**Bärwald, Helmut**: Das Ostbüro der SPD. 1946–1971 Kampf und Niedergang, Krefeld 1991.

**Balsen, Werner/Rössel, Karl**: Hoch die internationale Solidarität. Zur Geschichte der Dritte-Welt-Bewegung in der Bundesrepublik, Köln 1986.

**Bahne, Siegfried**: Die KPD und das Ende von Weimar. Das Scheitern einer Politik 1932–1935, Frankfurt am Main/New York 1976.

**Barkai, Avraham**: Bevölkerungsrückgang und wirtschaftliche Stagnation. In: Deutsch-jüdische Geschichte in der Neuzeit, Band IV: Aufbruch und Zerstörung 1918–1945. Von Avraham Barkai und Paul Mendes-Flohr, mit einem Epilog von Steven M. Lowenstein, München 1997, 37-49.

**Baum, Bruno**: Widerstand in Auschwitz: Bericht der Internationalen antifaschistischen Lagerleitung, Berlin 1949, weitere Auflagen 1957 und 1961.

**Baumann, Bommi**: Wie alles anfing, Frankfurt am Main 1976.

**Becker, Jens/Jentsch, Harald**: Divergenzen zur Historiographie über die Rolle der KPD in der Weimarer Republik. In: BzG (2000), Heft 3, 66-74.

**Beier, Gerhard**: Wir wollen freie Menschen sein. Der 17. Juni 1953: Bauleute gingen voran, Köln 1993.

**Benning, Kristen**: Die Geschichte des SED-Zentralorgans »Neues Deutschland« von 1946 bis 1949. Die Waffenlieferanten »im Kampfe gegen die Reaktion und ihre Verwirrungsmanöver«, Münster 1997.

**Benser, Günter**: Die KPD im Jahre der Befreiung. Vorbereitung und Aufbau der legalen kommunistischen Massenpartei (Jahreswende 1944/45 bis Herbst 1945), Berlin (DDR) 1985.

**Berding, Helmut**: Moderner Antisemitismus in Deutschland, Frankfurt am Main 1988.

**Bergmann, Christian**: Totalitarismus und Sprache. In: APUZ, 48 (1999), 18-24.

**Bergmann, Joachim**: Die Schaubühne, Die Weltbühne: 1905–1933; Bibliographie und Register mit Annotationen, München u. a. 1991.

**Bering, Dietz**: Der Name als Stigma. Antisemitismus im deutschen Alltag 1812–1933, Stuttgart ²1988.

**Berlin**. Behauptung von Freiheit und Selbstverwaltung 1946–1948, hg. vom Senat von Berlin, Berlin 1959

**Berlin**. Kampf um Freiheit und Selbstverwaltung 1945–1946, hg. vom Senat von Berlin, Berlin 1961.

**Berlin**. Ringen um Einheit und Wiederaufbau 1948–1951, hg. vom Senat von Berlin, Berlin 1962.

**Berlin**. Chronik der Jahre 1951–1954, hg. vom Senat von Berlin, bearbeitet von Hans J. Reichardt, Berlin 1968.

**Berlin** und seine Bauten, Teil V, Band C: Schule, hg. vom Architekten- und Ingenieur-Verein zu Berlin, Berlin 1991.

**Bieling, Rainer**: Die Tränen der Revolution: Die 68er – zwanzig Jahre danach, Berlin 1988.

**Birke, Peter**: Die kommunistische Parteiopposition (KPO) und andere dissidente Kommunisten in Hamburg in den Jahren 1928–1936, Magisterarbeit, Hamburg 2001.

**Blömer, Ursula/Garz, Detlef**: Einleitung. In: Dies. (Hrsg.): »Wir Kinder hatten ein herrliches Leben …« Jüdische Kindheit und Jugend im Kaiserreich 1871–1918, Oldenburg 2000.

**Bodek, Janusz**: Die Fassbinder-Kontroversen: Entstehung und Wirkung eines literarischen Textes; zu Kontinuität und Wandel einiger Erscheinungsformen des Alltagsantisemitismus in Deutschland nach 1945, seinen künstlerischen Weihen und seiner öffentlichen Inszenierung, Frankfurt 1991.

**Börnsen, Gert**: Innerparteiliche Opposition. Jungsozialisten in der SPD, Hamburg 1969.

**Boll, Friedhelm/Sirot, Stéphane**: Deutsche und französische Intellektuelle und der Fall Solschenizyn. In: Ilja Mieck/Pierre Guillen (Hrsg.): Deutschland – Frankreich – Rußland Begegnungen und Konfrontationen/ La France et l Allemagne face ŕ la Russie, München 2000, 321-344.

**Borowsky, Peter**: Deutschland 1945–1969, Hannover 1993.

**Bourdieu, Pierre**: Die feinen Unterschiede. Kritik der gesellschaftlichen Urteilskraft, Frankfurt am Main [7]1994.

*Ders.*: Die biographische Illusion. In: Bios 3 (1990), Heft 1, 75-81, 76.

**Bouvier, Beatrix**: Ausgeschaltet! Sozialdemokraten in der Sowjetischen Besatzungszone und in der DDR 1945–1953, Bonn 1996.

**Bracher, Karl Dietrich/Jäger, Wolfgang/Link, Werner**: Republik im Wandel 1969–1974, Stuttgart 1986.

**Bracher, Karl Dietrich/Funke, Manfred/Jacobsen, Hans-Adolf** (Hrsg.): Die Weimarer Republik 1918–1933, Bonn 1987.

**Brand, Karl Werner/Büsser, Detlef/Rucht, Dieter**: Aufbruch in eine andere Gesellschaft. Neue Soziale Bewegungen in der Bundesrepublik, Frankfurt am Main/New York [2]1984.

**Burkhardt, Wolfram/Hartle, Johan F.**: Risse im Raum des Politischen. Über den Typus des streitbaren Intellektuellen. In: Vorgänge 41 (2001) Heft 156, 5-17.

**Buschfort, Wolfgang**: Das Ostbüro der SPD. Von der Gründung bis zur Berlin-Krise, München 1991.

*Ders.*: Parteien im Kalten Krieg. Die Ostbüro von SPD, CDU und FDP, Berlin 2000.

**Carlebach, Emil/Schmidt, Willy/Schneider, Ulrich**: Buchenwald. Ein Konzentrationslager. Berichte – Bilder – Dokumente, Bonn 2000.

**Cerný, Jochen**: KPO in der SED? In: Wladislaw Hedeler/Mario Keßler/Gert Schäfer (Hrsg.): Ausblicke auf das vergangene Jahrhundert. Die Politik der internationalen Arbeiterbewegung von 1900 bis 2000, Hamburg 1996.

**Crüger, Herbert**: Verschwiegene Zeiten. Vom geheimen Apparat der KPD ins Gefängnis der Staatssicherheit, Berlin 1990.

**Crusius, Reinhard/Wilke, Manfred**: Entstalinisierung. Der XX. Parteitag der KPdSU und seine Folgen, Frankfurt am Main 1977.

**Czech, Danuta**: Konzentrationslager Auschwitz. Abriss der Geschichte. In: Auschwitz – faschistisches Vernichtungslager, Warschau 1988.

**Dahrendorf, Ralf**: Liberal und unabhängig. Gerd Bucerius und seine Zeit, München 2000.

**Damals in Sachsenhausen**. Solidarität und Widerstand im Konzentrationslager Sachsenhausen, hg. vom Komitee der antifaschistischen Widerstandskämpfer in der DDR, Berlin o. J. (1978).

**Danyel, Jürgen**: Die geteilte Vergangenheit. Gesellschaftliche Ausgangslagen und politische Dispositionen für den Umgang mit Nationalsozialismus und Widerstand in den beiden deutschen Staaten nach 1949. In: Jürgen Kocka (Hrsg.): Historische DDR-Forschung. Aufsätze und Studien, Berlin 1993, 129-147.

*Ders.*: Die Opfer- und Verfolgtenperspektive als Gründungskonsens? Zum Umgang mit der Widerstandstradition und der Schuldfrage in der DDR. In: Ders. (Hrsg.): Die geteilte Vergangenheit. Zum Umgang mit Nationalsozialismus und Widerstand in beiden deutschen Staaten, Berlin 1995, 31-46.

*Ders.*: Die SED und die »kleinen Pg s«. Zur politischen Integration der ehemaligen NSDAP-Mitglieder in der SBZ/DDR. In: Annette Leo/Peter Reif-Spirek (Hrsg.): Helden, Täter und Verräter. Studien zum DDR-Antifaschismus, Berlin 1999.

**Demps, Laurenz** u. a.: Geschichte Berlins von den Anfängen bis 1945, Berlin 1987.

**Deutsch-jüdische Geschichte** in der Neuzeit, Band III: Umstrittene Integration 1871–1918. Von Steven M. Lowenstein, Paul Mendes-Flohr, Peter Pulzer und Monika Richarz, München 1997.

**Deutscher, Isaac**: Der nichtjüdische Jude. Essays. Vollständige Neuausgabe, mit einem Beitrag von Tamara Deutscher und einer Einführung von Detlev Claussen, Berlin 1988.

**Diedrich, Torsten**: Der 17. Juni 1953 in der DDR. Bewaffnete Gewalt gegen das Volk, Berlin 1991.

*Ders.*: Zwischen Arbeitererhebung und gescheiterter Revolution in der DDR. Retrospektive zum Stand der zeitgeschichtlichen Aufarbeitung des 17. Juni 1953. In: JfhK 1 (1994), 288-305.

**Dierker, Herbert**: »Größter Roter Sportverein der Welt«. Der Berliner Arbeitersportverein Fichte in der Weimarer Republik. In: Hans Joachim Teichler/Gerhard Hauk (Hrsg.): Illustrierte Geschichte des Arbeitersports, Berlin / Bonn 1987.

**Distl, Dieter**: Ernst Toller. Eine politische Biographie, Schrobenhausen 1993.

**Długoborski, Wacław/Piper, Franciszek** (Hrsg.): Auschwitz 1940–1945. Studien zur Geschichte des Konzentrations- und Vernichtungslagers Auschwitz, Band 1: Aufbau und Struktur des Lagers, Oświęcim 1999.

**Dohse, Rainer**: Der Dritte Weg. Neutralitätsbestrebungen in Westdeutschland zwischen 1945 und 1955, Hamburg 1974.

**Dupke, Thomas**: Mythos Löns. Zur Rezeption einer Zentralfigur der Lüneburger Heide. In: Horst Brockhoff/Giesela Wiese/Rolf Wiese (Hrsg.): Ja, grün ist die Heide … Aspekte einer besonderen Landschaft, Ehestorf 1998, 245-264.

**Dutschke, Gretchen**: Wir hatten ein barbarisches, schönes Leben, Köln 1996.

**Dutschke, Rudi**: Die Widersprüche des Spätkapitalismus, die antiautoritären Studenten und ihr Verhältnis zur Dritten Welt. In: Uwe Bergmann u. a.: Rebellion der Studenten oder die neue Opposition, Reinbek bei Hamburg 1968, 33-93.

*Ders.*: Versuch, Lenin auf die Füße zu stellen. Berlin 1974.

*Ders.*: Aufrecht gehen. Eine fragmentarische Autobiographie, Berlin 1981.

*Ders.*/**Wilke, Manfred** (Hrsg.): Die Sowjetunion, Solschenizyn und die westliche Linke, Reinbek 1975.

**Eiber, Ludwig**: Arbeiter und Arbeiterbewegung in der Hansestadt Hamburg in den Jahren 1929 bis 1939: Werftarbeiter, Hafenarbeiter und Seeleute; Konformität, Opposition, Widerstand, Frankfurt am Main u. a. 2000, 599-611.

**Eloni, Yehuda**: Zionismus in Deutschland. Von den Anfängen bis 1914, Gerlingen 1987.

**Erler, Peter**: »Moskau-Kader« der KPD in der SBZ. In: Wilke, Anatomie, 229-291.

**Faulenbach, Bernd/Potthoff, Heinrich** (Hrsg.): Sozialdemokraten und Kommunisten nach Nationalsozialismus und Krieg. Zur historischen Einordnung der Zwangsvereinigung, Essen 1998.

**FDGB – UGO – DGB**. Berliner Gewerkschaftsgeschichte von 1945 bis 1950, hg. vom DGB-Bezirk Berlin, Berlin 1971.

**Fichter, Tilman**: Die SPD und die Nation. Vier sozialdemokratische Generationen zwischen nationaler Selbstbestimmung und Zweistaatlichkeit, Frankfurt am Main 1993.

**Finn, Gerhard**, unter Mitwirkung von *Karl Wilhelm Fricke*: Politischer Strafvollzug in der DDR, Köln 1981.

**Fischer, Heinz-Dietrich**: Parteien und Presse in Deutschland seit 1945, Bremen 1971.

**Flenner, Christian/Blanke, Bernhard** (Hrsg.): Systemwandel und Demokratisierung, Frankfurt am Main/Köln 1975.

**Frenzel, Max/Thiele, Wilhelm/Mannbar, Arthur**: Gesprengte Fesseln. Ein Bericht über den antifaschistischen Widerstand und die Geschichte der illegalen Parteiorganisation der KPD im Zuchthaus Brandenburg-Goerden von 1933 bis 1945, Berlin (DDR) 1975.

**Freud, Sigmund**: Das Unbehagen an der Kultur. In: Ders.: Abriß der Psychoanalyse – Das Unbehagen in der Kultur, Frankfurt am Main 1986, 63-129.

**Fricke, Karl Wilhelm**: Die DDR-Staatssicherheit. Entwicklung, Strukturen, Aktionsfelder, Köln 1982.

*Ders.* unter Mitarbeit von *Gerhard Ehlert*: Entführungsaktionen der DDR-Staatssicherheit und die Folgen für die Betroffenen. In: Materialien der Enquete-Kommission »Aufarbeitung von Geschichte und Folgen der SED-Diktatur in Deutschland«, hg. vom Deutschen Bundestag, Band VIII, Teilband 2, Baden-Baden 1999, 1169-1208.

*Ders.*: Der Strafvollzug in Bautzen während der realsozialistischen Diktatur (1950 bis 1989). In: Ders. (Hrsg.): Humaner Strafvollzug und politischer Missbrauch. Zur Geschichte der Strafvollzugsanstalten in Bautzen 1904 bis 2000, Dresden 1999, 118-186.

*Ders.* /**Engelmann, Roger**: »Konzentrierte Schläge«. Staatssicherheitsaktionen und politische Prozesse in der DDR 1953–1956, Berlin 1998.

*Ders.*/**Steinbach, Peter/Tuchel, Johannes** (Hrsg.): Opposition und Widerstand in der DDR. Politische Lebensbilder, München 2002.

**Friedrich, Klaus-Peter**: Juden und jüdisch-polnische Beziehungen in der Zweiten Polnischen Republik (1918–1939). Neue Literatur. In: Zeitschrift für Ostmitteleuropa-Forschung 46, 1997, H. 4, 535-560.

**Fromm, Erich**: Gesamtausgabe, herausgegeben von Rainer Funk, München 1989 (Taschenbuchausgabe).

**Fuchs, Jürgen**: Gedächtnisprotokolle. Vernehmungsprotokolle, Reinbek 1990 (Zuerst: Reinbek 1978).

**Fülberth, Georg**: KPD und DKP. 1945–1990, Heilbronn $^2$1992.

**Fürst, Max**: Gefilte Fisch. Eine Jugend in Königsberg, München 1976.

**Funk, Rainer**: Erich Fromm. Liebe zum Leben, Eine Bild-Biographie, Stuttgart 1999.

**Alexander, Gabriel**: Die Entwicklung der jüdischen Bevölkerung in Berlin zwischen 1871 und 1945. In: TAJB 20, (1991), 287-314.

**Galos, Adam/Gentzen, Felix- Heinrich/Jakóbczyk, Witold**: Die Hakatisten. Der Deutsche Ostmarkenverein (1894–1934), ein Beitrag zur Geschichte der Ostpolitik des deutschen Imperialismus, Berlin (DDR) 1966.

**Gay, Peter**: In Deutschland zu Hause ... Die Juden in der Weimarer Republik. In: Arnold Paucker (Hrsg.): Die Juden im Nationalsozialistischen Deutschland, Tübingen 1986, 31-43.

**Gelebte Utopie**. Aus dem Leben einer Gemeinschaft, nach einer Dokumentation von Dore Jacobs, hg. von Else Bramsfeld u. a. Essen 1990.

**Gestrich, Andreas**: Einleitung: Sozialhistorische Biographieforschung. In: Andreas Gestrich (Hrsg.): Biographie – sozialgeschichtlich. 7 Beiträge, Göttingen 1988, 5-28.

**Gerson, Daniel**: Deutsche und Juden in Polen, 1918–1939. In: Jahrbuch für Antisemitismusforschung 2 (1993), 62-92.

**Golczewski, Frank**: Polnisch-jüdische Beziehungen 1881–1922. Eine Studie zur Geschichte des Antisemitismus in Osteuropa, Wiesbaden 1981.

*Ders.*: Polen. In: Dimensionen des Völkermords. Die Zahl der jüdischen Opfer des Nationalsozialismus, hg. von Wolfgang Benz, München 1991, 411-497.

**Gorz, André**: Zur Strategie der Arbeiterbewegung im Neokapitalismus, Frankfurt/Main 1967.

**Grabowski, Sabine**: Deutscher und polnischer Nationalismus. Der Deutsche Ostmarken-Verein und die polnische Strĺz 1894–1914, Marburg 1998.

**Grebing, Helga**: Der Revisionismus. Von Bernstein bis zum »Prager Frühling«, München 1977.

*Dies.*: Gewerkschaften: Bewegung oder Dienstleistungsorganisation 1955 bis 1965. In: Geschichte der Gewerkschaften in der Bundesrepublik Deutschland von den Anfängen bis heute, hg. von Hans Otto Hemmer und Kurt Thomas Schmitz, Köln 1990.

*Dies.*: Der Sozialismus. In: Schildt/Sywottek, 646-658.

**Groehler, Olaf**: Integration und Ausgrenzung von NS-Opfern. Zur Anerkennungs- und Entschädigungsdebatte in der Sowjetischen Besatzungszone Deutschlands 1945 bis 1949. In: Jürgen Kocka (Hrsg.): Historische DDR-Forschung. Aufsätze und Studien, Berlin 1993, 105-127.

*Ders.*: Verfolgten- und Opfergruppen im Spannungsfeld der politischen Auseinandersetzungen in der Sowjetischen Besatzungszone und in der Deutschen Demokratischen Republik. In: Jürgen Danyel (Hrsg.): Die geteilte Vergangenheit. Zum Umgang mit Nationalsozialismus und Widerstand in beiden deutschen Staaten, Berlin 1995, 17-30.

**Grüttner, Michael**: Studenten im Dritten Reich. Paderborn u. a. 1995.

**Grunenberg, Antonia**: Antifaschismus – ein deutscher Mythos, Reinbek 1993.

**Gutman, Yisrael**: Polish Antisemitism Between the Wars: An Overview. In: Ders. u. a.: The Jews of Poland Between Two World Wars, Hanover/London 1989, 97-108.

**Günther, Dagmar**: »And now for something completely different«. Prolegomena zur Autobiographie als Quelle der Geschichtswissenschaft. In: HZ 272 (2001) Heft 1, 25-61.

**Günther, Dieter**: Gewerkschafter im Exil. Die Landesgruppe deutscher Gewerkschafter in Schweden, Marburg 1982.

**Harich, Wolfgang**: Keine Schwierigkeiten mit der Wahrheit. Zur nationalkommunistischen Opposition 1956 in der DDR, Berlin 1953.

**Hagen, Manfred**: DDR – Juni 53. Die erste Volkserhebung im Stalinismus, Stuttgart 1992.

**Hammer, Franz**: Traum und Wirklichkeit. Die Geschichte einer Jugend, Berlin 1982, 215-216.

**Hartewig, Karin**: Zurückgekehrt. Die Geschichte der jüdischen Kommunisten in der DDR, Köln/Weimar/Wien 2000.

**Haury, Thomas**: Antisemitismus von links. Kommunistische Ideologie, Nationalismus und Antizionismus in der frühen DDR, Hamburg 2002.

**Hausleitner, Mariana**: Die Stasi hat nicht viel erreicht. Erinnerungen an die Arbeit des Westberliner SOK. In: Horch und Guck 10 (2001), Heft 34, 39-41.

**Haustein, Ulrich**: Die Assimilation der Posener Juden. In: Joachim Rogall (Hrsg.): Land der großen Ströme. Von Polen nach Litauen, Berlin 1996, 263-280.

**Havemann, Robert**: Fragen Antworten Fragen. Aus der Biographie eines deutschen Marxisten, München 1990.

*Ders.*: Die Stimme des Gewissens. Texte eines deutschen Antistalinisten, Reinbek 1990.

**Hehl, Ulrich von**: Die Kontroverse um den Reichstagsbrand, in: VJZG 36 (1988), 259-280.

**Heller, Ágnes**: Der Affe auf dem Fahrrad, Berlin/Wien 1999.

**Helmensdorfer, Erich**: Frankfurt – Metropole am Main, Geschichte und Zukunft, Düsseldorf/Wien 1982.

**Hemmer, Hans Otto**: Stationen gewerkschaftlicher Programmatik. Zu den Grundsatzprogrammen des DGB und ihrer Vorgeschichte. In: Erich Matthias/Klaus Schönhoven (Hrsg.): Solidarität und Menschenwürde. Etappen der deutschen Gewerkschaftsgeschichte von den Anfängen bis zur Gegenwart, Bonn 1984, 349-367.

**Heppner, Aron**: Aus Vergangenheit und Gegenwart der jüdischen Gemeinden in den Posener Landen, 2 Bände, Koschmin 1904–1929.

**Herbert, Ulrich/Hunn, Karin**: Gastarbeiter und Gastarbeiterpolitik in der Bundesrepublik. Vom Beginn der offiziellen Anwerbung bis zum Anwerbestopp (1955–1973). In: Schildt/Siegfried/Lammers, 273-310.

**Herbst, Andreas**: Der Fall Lena Fischer. Der Umgang mit einer Verräterin. In: Annette Leo/Peter Reif-Spirek (Hrsg.): Vielstimmiges Schweigen. Neue Studien zum DDR-Antifaschismus, Berlin 2001, 223-237.

**Herf, Jeffrey**: Zweierlei Erinnerung. Die NS-Vergangenheit im geteilten Deutschland, Berlin 1998.

**Herms, Michael**: Heinz Lippmann. Porträt eines Stellvertreters, Berlin 1996.
*Ders.*/**Noack, Gert**: Aufstieg und Fall des Robert Bialek, Berlin 1998.
**Hilberg, Raul**: Die Vernichtung der europäischen Juden, Band 2, Frankfurt am Main 1992.
**Hildermeier, Manfred**: Geschichte der Sowjetunion 1917–1991, München 1998.
**Hobsbawm, Eric**: Das Zeitalter der Extreme, München 1998.
**Hodos, Georg Hermann**: Schauprozesse. Stalinistische Säuberungen in Osteuropa 1948–54, Frankfurt/New York 1988.
**Hoensch, Jörg K.**: Geschichte Polens, Stuttgart $^{3}$1998.
**Holly, Elmar E.**: Die Weltbühne 1918–1933. Ein Register sämtlicher Autoren und Beiträge, Berlin 1989.
**Hrdlicka, Manuela R.**: Alltag im KZ. Das Lager Sachsenhausen bei Berlin, Opladen 1992.
**Harold Hurvitz**: Demokratie und Antikommunismus in Berlin nach 1945, 4 Bände, Köln 1983–1990.
*Ders.*: Die Stalinisierung der SED. Zum Verlust von Freiräumen und sozialdemokratischer Identität in den Vorständen 1946–1949, Opladen 1997.
**Iwaszko, Tadeusz**: Die Unterbringung, die Bekleidung und die Ernährung der Häftlinge. In: Długoborski/Piper, Band 2, 57-73.
*Ders.*: Haftgründe und Häftlingskategorien. In: Długoborski/Piper, Band 2, 9-48.
**Jacob, Horst**: Gibt es eine zweite industrielle Revolution? In: Deutsche Zeitschrift für Philosophie, 6 (1958), Heft 4, 517-548.
**Jacobsohn, Jacob**: Zur Geschichte der Juden in Posen. In: Rhode, Geschichte, 243-256.
**Jacoby, Henry**: Von des Kaisers Schule zu Hitlers Zuchthaus, Frankfurt am Main 1980.
**Jänicke, Martin**: Der Dritte Weg. Die antistalinistische Opposition gegen Ulbricht seit 1953, Köln 1964.
**Jarausch, Konrad H.**: Deutsche Studenten 1800–1970, Frankfurt am Main 1984.
**Jersch-Wenzel, Stefi**: Zur Geschichte der jüdischen Bevölkerung in der Provinz Posen im 19. Jahrhundert. In: Gotthold Rhode (Hrsg.): Juden in Ostmitteleuropa. Von der Emanzipation bis zum Ersten Weltkrieg, Marburg 1989, 73-84.
*Dies.*: Juden in Preußen – Preußische Juden? In: TAJB, 20 (1991), 437-448.
**Kaelble, Hartmut/Kocka, Jürgen/Zwahr, Hartmut** (Hrsg.): Sozialgeschichte der DDR, Stuttgart 1994.
**Kaiser, Monika**: Die Zentrale der Diktatur – organisatorische Weichenstellungen, Strukturen und Kompetenzen der SED-Führung in der SBZ/DDR 1946 bis 1952. In: Jürgen Kocka (Hrsg.): Historische DDR-Forschung. Aufsätze und Studien, Berlin 1993, 57-86.
**Kaplan, Karel/Svátek, František**: Die politischen Säuberungen in der KPČ. In: Weber/Mählert, Terror, 487-599.
**Kater, Michael H.**: Studentenschaft und Rechtsradikalismus in Deutschland 1918–1933. Eine sozialgeschichtliche Studie zur Bildungskrise in der Weimarer Republik, Hamburg 1975.
**Katz, Jacob**: Zwischen Messianismus und Zionismus. Zur jüdischen Sozialgeschichte, Frankfurt am Main 1993.
**Keiderling, Gerhard**: Berlin 1945–1986. Geschichte der Hauptstadt der DDR, Berlin 1987.
*Ders.*: Wir sind die Staatspartei. Die KPD-Bezirksorganisation Groß-Berlin April 1945 bis April 1946, Berlin 1997.
**Kemlein, Sophia**: Die Posener Juden 1815–1848. Entwicklungsprozesse einer polnischen Judenheit unter preußischer Herrschaft, Hamburg 1997.
*Dies.*: Einführung: Die Stadt Posen bis zum Ende des 19. Jahrhundert. In: Dies., Postkarten, 11-19.
*Dies.* (Hrsg.): Postkarten erzählen Geschichte. Die Stadt Posen 1896–1918, Lüneburg 1997.
**Kempter, Klaus**: Eugen Loderer und die IG Metall. Biografie eines Gewerkschafters, Filderstadt 2003.
**Kessler, Georg**: Die Familiennamen der Juden in Deutschland, Leipzig 1935.
**Keßler, Mario**: Antisemitismus, Zionismus und Sozialismus. Arbeiterbewegung und jüdische Frage im 20. Jahrhundert, Mainz 1993.
*Ders.*: Schuld, Verantwortung und Restitution. KPD, SED und die Juden in der Sowjetischen Besatzungszone 1945–1949. In: Wladislaw Hedeler/Mario Keßler/Gert Schäfer (Hrsg.): Ausblicke auf das vergangene Jahrhundert. Die Politik der internationalen Arbeiterbewegung von 1900 bis 2000, Hamburg 1996, 188-207.
*Ders.*: Heroische Illusion und Stalin-Terror. Beiträge zur Kommunismus-Forschung, Hamburg 1999.
**Das proletarische Kind**. Zur Schulpolitik und Pädagogik der KPD in der Weimarer Republik, Berlin 1974.
**Kinner, Klaus**: Der deutsche Kommunismus. Selbstverständnis und Realität, Band 1: Die Weimarer Zeit, Berlin 1999.
**Klein, Thomas**: Reform von oben? Opposition in der SED. In: Ulrike Poppe/Rainer Eckert/Ilko-Sascha Kowalczuk (Hrsg.): Zwischen Selbstbehauptung und Anpassung. Formen des Widerstandes und der Opposition in der DDR, Berlin 1995, 125-141.

*Ders.*: Parteisäuberungen und Widerstand in der SED. Die innerbürokratische Logik von Repression und Disziplinierung. In: Ders./Wilfriede Otto/Peter Grieder: Visionen. Repression und Opposition in der SED (1949–1989), 2 Teile, Frankfurt/Oder [2]1997, 9-136.

*Ders.*: »Für die Einheit und Reinheit der Partei«. Die innerparteilichen Kontrollorgane der SED in der Ära Ulbricht, Köln/Weimar/Wien 2002.

**Klepsch, Michael**: Romain Rolland im Ersten Weltkrieg. Ein Intellektueller auf verlorenem Posten, Stuttgart 2000.

**Kleßmann, Christoph**: Zwei Staaten, eine Nation. Deutsche Geschichte 1955–1970, Göttingen 1988.

*Ders.*: Die doppelte Staatsgründung. Deutsche Geschichte 1945–1955, Göttingen 1991.

**Klotzbach, Kurt**: Der Weg zur Staatspartei: Programmatik, praktische Politik und Organisation der deutschen Sozialdemokratie 1945–1965, Berlin/Bonn 1982.

**Klotzsch, Lilian/Stöss, Richard**: Die Grünen. In: Richard Stöss (Hrsg.): Parteienhandbuch, Bd. 3, 1509-1598.

**Kluttig, Thekla**: Parteischulung und Kaderauslese in der Sozialistischen Einheitspartei Deutschlands 1946–1961, Hamburg 1997.

**Knabe, Hubertus**: Die unterwanderte Republik. Stasi im Westen, München 2002.

**Kniesburges, Maria**: Die Funktion der Gewerkschaftspresse im Rahmen innergewerkschaftlicher Diskussion und Willensbildung – Am Beispiel der IG Metall-Mitgliederzeitung Metall, Göttingen 1984.

**Knorr, Lorenz**: Geschichte der Friedensbewegung in der Bundesrepublik, Köln 1983.

**Koch-Baumgarten, Sigrid** (Hrsg.): Zwischen Integration und Autonomie. Der Konflikt zwischen den Internationalen Berufssekretariaten und dem Weltgewerkschaftsbund um den Neuaufbau einer internationalen Gewerkschaftsbewegung 1945 bis 1949, eine Quellenedition, Köln 1991.

*Dies.*: Eine Wende in der Geschichtsschreibung der KPD in der Weimarer Republik? In: IWK, 34 (1998), Heft 1, 82-89.

**Kocka, Jürgen**: Die Geschichte der DDR als Forschungsproblem. Einleitung. In: Ders. (Hrsg.): Historische DDR-Forschung. Aufsätze und Studien, Berlin 1993, 9-26.

**Köhler, Henning**: Berlin in der Weimarer Republik (1918–1932). In: Geschichte Berlins. Zweiter Band: Von der Märzrevolution bis zur Gegenwart, hg. von Wolfgang Ribbe, München 1987, 797-923.

**Koenen, Gerd**: Das rote Jahrzehnt. Unsere kleine deutsche Kulturrevolution 1967–1977, Köln 2001.

**Kolakowski, Leszek**: Der Mensch ohne Alternative. Von der Möglichkeit und Unmöglichkeit, Marxist zu sein, München 1960.

**Kolakowski, Leszek**: Die Hauptströmung des Marxismus. Entstehung, Entwicklung, Zerfall, Bd. 3, München 1979.

**Kollenscher, Max**: Jüdisches aus der Deutsch-Polnischen Übergangszeit 1918–1920, Berlin 1925.

**Kolman, Arnošt**: Die verirrte Generation. So hätten wir nicht leben sollen, Frankfurt am Main 1982.

**Kowalczuk, Ilko-Sascha**: »Wir werden siegen, weil uns der große Stalin führt!« Die SED zwischen Zwangsvereinigung und IV. Parteitag. In: Ders./Mitter/Wolle, 171-242.

*Ders.*: Volkserhebung ohne »Geistesarbeiter«? Die Intelligenz der DDR. In: Ders./Mitter/Wolle, 129-169.

*Ders.*: Frost nach dem kurzen Tauwetter: Opposition, Repressalien und Verfolgungen 1956/57 in der DDR. Eine Dokumentation des Ministeriums für Staatssicherheit. In: Jahrbuch für historische Kommunismusforschung 1997, 167-215.

*Ders.*/**Mitter, Armin**: »Die Arbeiter sind zwar geschlagen worden, aber sie sind nicht besiegt!« Die Arbeiterschaft während der Krise 1952/53. In: Dies./Stefan Wolle, 31-74.

*Ders.*/**Mitter, Armin/Wolle, Stefan**: Der Tag X – 17. Juni 1953. Die »Innere Staatsgründung« der DDR als Ergebnis der Krise 1952/54, Berlin [2]1996.

**Kraft, Adolf**: Die Stadt Posen im Versailler Polen. In: Rhode, Geschichte, 169-200.

**Krause, Rolf**: Autobiographisches Schreiben als Spätform der Bewältigung der Verfolgung, unveröffentlichtes Manuskript anlässlich einer Tagung der Medizinischen Hochschule Hannover vom 11. bis 14.10.1989 zum Thema: Psychische Schäden alternder Überlebender des Nazi-Terrors und ihrer Nachkommen.

**Kraushaar, Wolfgang**: Linke Geisterfahrer. In: Ders. Revolte und Reflexion. Politische Aufsätze 1976–1987, Frankfurt am Main 1990, 151-161. Erstabdruck: links, Nr. 106, Januar 1979, 8-10.

*Ders.*: Die Protestchronik, 3 Bände, Hamburg 1996.

*Ders.* (Hrsg.): Frankfurter Schule und Studentenbewegung. Von der Flaschenpost zum Molotowcocktail, 3 Bände, Hamburg 1998.

**Kreter, Karljo**: Sozialisten in der Adenauer-Zeit. Die Zeitschrift »Funken«, von der heimatlosen Linken zur innerparteilichen Opposition in der SPD, Hamburg 1986.

**Krolikowski, Felix**: Kommunistische Schülerbewegung in der Weimarer Republik. In: BZG 31, (1989), Heft 1, 60-70.

*Ders.*: Die Schulgemeinde der Aufbauschule des Kaiser-Friedrich-Realgymnasium. In: Schulreform, 190-205.

**Kubina, Michael**: »Was in dem einen Teil verwirklicht werden kann mit Hilfe der Roten Armee, wird im anderen Teil Kampffrage sein.« Zum Aufbau des zentralen Westapparates der KPD/SED 1945–1949. In: Wilke, Anatomie, 413-500.

*Ders.*: Von Utopie, Widerstand und Kaltem Krieg. Das unzeitgemäße Leben des Berliner Rätekommunisten Alfred Weiland (1906–1978), Münster u. a. 2000.

**Kühnrich, Heinz**: Die KPD im Kampf gegen die faschistische Diktatur 1933–1945, Berlin 1983.

**Kuhn, Hermann**: Bruch mit dem Kommunismus. Über autobiographische Schriften von Ex-Kommunisten im geteilten Deutschland, Münster 1990.

**Langbein, Hermann**: Die Kampfgruppe Auschwitz. In: H. G. Adler/Hermann Langbein/Ella Lingens-Reiner (Hrsg.): Auschwitz. Zeugnisse und Berichte, Frankfurt am Main [2]1979, 227-238.

*Ders.*: Menschen in Auschwitz, Wien 1987.

**Laubach, Hans-Christoph**: Die Politik des Philologenverbandes im Deutschen Reich und in Preußen während der Weimarer Republik. Die Lehrer an höheren Schulen mit Universitätsausbildung im politischen und gesellschaftlichen Spannungsfeld der Schulpolitik von 1918–1933, Frankfurt am Main/Bern/New York 1986.

**Leggewie, Claus**: Kofferträger. Das Algerien-Projekt der Linken im Adenauer-Deutschland, Berlin 1984.

**Lehnert, Detlef**: Das »rote« Berlin: Hauptstadt der deutschen Arbeiterbewegung? In: Gert-Joachim Glaessner/Detlef Lehnert/Klaus Sühl (Hrsg.): Studien zur Arbeiterbewegung und Arbeiterkultur in Berlin, Berlin 1989, 1-36.

**Lehnhardt, Karl-Heinz/Volmer, Ludger**: Politik zwischen Kopf und Bauch. Zur Relevanz der Persönlichkeitsbildung in den politischen Konzepten der Studentenbewegung in der BRD, Bochum 1979.

**Lemke, Michael** (Hrsg.): Sowjetisierung und Eigenständigkeit in der SBZ/DDR (1945–1953), Köln/Weimar/Wien 1999.

*Ders.*: Einheit oder Sozialismus? Die Deutschlandpolitik der SED 1949–1961, Köln/Weimar/Wien 2001.

**Leonhard, Wolfgang**: Die Revolution entlässt ihre Kinder, Köln/Berlin [17]1962.

**Lepsius, Rainer M.**: Das Erbe des Nationalsozialismus und die politische Kultur der Nachfolgestaaten des »Großdeutschen Reiches«. In: Max Haller u. a. (Hrsg.): Kultur und Gesellschaft, Frankfurt am Main 1989, 247-265.

*Ders.*: Die Institutionenordnung als Rahmenbedingung der Sozialgeschichte der DDR. In: Kaelble/Kocka/Zwahr, Sozialgeschichte, 17-30.

**Lévy, Alfred**: Traditionen und Perspektiven im Werk von Erich Fromm, Dissertation Berlin 2000.

**Loewenberg, Peter**: Antisemitismus und jüdischer Selbsthaß. In: Geschichte und Gesellschaft 5 (1979), 455-475.

**Loewenstein, Steven M.**: Jewish Residential Concentration in Post-Emancipation Germany. In: Leo Baeck Institute Year Book 28 (1983), 471-495.

**Longerich, Peter**: Deutschland 1918–1933. Die Weimarer Republik, Hannover 1995.

**Loth, Wilfried**: Stalins ungeliebtes Kind. Warum Moskau die DDR nicht wollte, Berlin 1996.

**Lübbe, Peter**: Kommunismus und Sozialdemokratie. Eine Streitschrift, Berlin/Bonn 1978.

**Luft, David Edward**: The Naturalized Jews of the Grand Duchy of Posen in 1834 und 1835: An Alphabetical list = Verzeichnis sämmtlicher naturalisierten Israeliten im Grossherzogtum Posen, compiled by Edward David Luft, Atlanta/Georgia 1987 (Erstausgabe: Isidor Hirschberg, Bromberg 1836).

**Luxemburg, Rosa**: Massenstreik, Partei und Gewerkschaften. In: Rosa Luxemburg. Politische Schriften I, hg. und eingel. von Ossip K. Flechtheim, Frankfurt am Main/Wien, 1966, 135-228.

*Dies.*: Gesammelte Werke, Band 4, Berlin (DDR) 1974.

**Maderthaner, Wolfgang/Schafranek, Hans/Unfried, Berthold** (Hrsg.): »Ich habe den Tod verdient« Schauprozesse und politische Verfolgung in Mittel- und Osteuropa 1945–1956, Wien 1991.

**Mählert, Ulrich**: Parteisäuberung in der SED. In: Weber/Mählert, 351-457.

**Märthesheimer, Peter**: Publizistik und gewerkschaftliche Aktion. Das Bild der IG Metall in westdeutschen Zeitungen dargestellt an der Tarifauseinandersetzung 1961/62 in der Metallindustrie, Dortmund 1964.

**Mahnke, Gertrud/Strothmann, Fritz**: »Wir wollten mehr als die Trümmer beseitigen …« Zwei Vorstandsmitglieder der IGM berichten über ihre gewerkschaftliche Arbeit und ihr Leben, Frankfurt 1989.

**Makowski, Krzysztof A.**: Die Bewohner der Stadt. In: Kemlein, Postkarten, 111-115.

**Mallmann, Klaus-Michael**: Kommunisten in der Weimarer Republik. Sozialgeschichte einer revolutionären Bewegung, Darmstadt 1996.

**Malycha, Andreas**: Die SED. Geschichte ihrer Stalinisierung 1946–1953, Paderborn 2000.

**Marx, Karl**: Zur Kritik der Hegelschen Rechtsphilosophie. Einleitung. In: Karl Marx/Friedrich Engels: Staatstheorie. Materialien zur Rekonstruktion der marxistischen Staatstheorie, hg. und eingeleitet von Eike Hennig, Joachim Hirsch, Helmut Reichelt und Gert Schäfer, Frankfurt/Main u. a. 1974.

**Maurer, Trude**: Ostjuden in Deutschland 1918–1933, Hamburg 1986.

**Machcewicz, Pawel**: Der Umbruch 1956 in Polen. In: Jan Foitzik (Hrsg.): Entstalinisierungskrise in Ostmitteleuropa 1953–1956. Vom 17. Juni bis zum ungarischen Volksaufstand, Paderborn u. a. 2001, 139-164.

**Mehls, Waltraud**: Angehörige der Berliner Universität im antifaschistischen Widerstandskampf, Dissertation A an der Humboldt-Universität zu Berlin, Berlin 1987, 8-53.

**Mendes-Flohr, Paul**: Neue Richtungen im Jüdischen Denken. In: Deutsch-jüdische Geschichte, Band III, 333-355.

**Merson, Allan**: Kommunistischer Widerstand in Nazideutschland, Bonn 1999.

**Meyhöfer, Rita**: Gäste in Berlin? Jüdisches Schülerleben in der Weimarer Republik und im Nationalsozialismus, Hamburg 1996.

**Mez, Lutz/Wilke, Manfred** (Hrsg.): Der Atomfilz. Gewerkschaften und Atomkraft, Berlin 1977.

**Mihr, Anja**: Die internationalen Bemühungen von Amnesty International im Fall Heinz Brandt. In: IWK 37 (2001), Heft 4, 449-464.

**Mitter, Armin/Wolle, Stefan**: Untergang auf Raten. Unbekannte Kapitel der DDR-Geschichte, München 1993.

**Mohr, Markus**: Die Gewerkschaften und der Atomkonflikt, Münster 2001.

**Molik, Witold**: Sozialer Aufstieg durch Bildung. Jüdische Abiturienten im Großherzogtum Posen und die Richtungen ihrer Berufskarrieren in der zweiten Hälfte des 19. und zu Beginn des 20. Jahrhunderts. In: Nordost-Archiv, Zeitschrift für Regionalgeschichte, Neue Folge Band I (1992), Heft 2, 461-485.

**Morawe, Petra**: Untersuchungshaft bei der Staatssicherheit der DDR: Realitätsdiffusion infolge psychischer Folter. In: Bios 12 (1999), 191-208.

**Mosse, George L.**: Das Bild des Mannes. Zur Konstruktion der modernen Männlichkeit, Frankfurt am Main 1997.

**Mühlfriedel, Wolfgang**: Zur technischen Entwicklung in der Industrie der DDR in den 50er Jahren. In: Schildt/Sywottek, 155-169.

**Müller, Klaus-Dieter**: »Jeder kriminelle Mörder ist mir lieber ...« Haftbedingungen für politische Häftlinge in der Sowjetischen Besatzungszone und der Deutschen Demokratischen Republik und ihre Veränderungen von 1945–1989. In: Ders./Annegret Stephan (Hrsg.): Die Vergangenheit läßt uns nicht los. Haftbedingungen politischer Gefangener in der SBZ/DDR und deren gesundheitliche Folgen, Berlin 1998, 15-137.

**Müller, Leo A.**: betrifft: amnesty international, München 1989.

**Müller, Werner**: Lohnkampf, Massenstreik, Sowjetmacht. Ziele und Grenzen der »Revolutionären Gewerkschafts-Opposition« (RGO) in Deutschland 1928 bis 1933, Köln 1988.

**Müller-Enbergs, Helmut**: Der Fall Rudolf Herrnstadt. Tauwetterpolitik vor dem 17. Juni, Berlin 1991.

**Müller-Rommel, Ferdinand**: Innerparteiliche Gruppierungen in der SPD. Eine empirische Studie über informell-organisierte Gruppierungen von 1969–1980, Opladen 1982.

**Münkler, Herfried**: Antifaschismus und antifaschistischer Widerstand als politischer Gründungsmythos der DDR. In: APUZ 47 (1998), 16-29.

**Müssener, Helmut**: Exil in Schweden. Politische und kulturelle Emigration nach 1933, München 1974.

**Musial, Bogdan**: Deutsche Zivilverwaltung und Judenverfolgung im Generalgouvernement. Eine Fallstudie zum Distrikt Lublin, 1939–1944, Wiesbaden 1999.

**Narr, Wolf-Dieter** (Hrsg.): Wir Bürger als Sicherheitsrisiko. Berufsverbote und Lauschangriff, Beiträge zur Verfassung unserer Republik, Reinbek 1977.

**Naujoks, Harry**: Mein Leben im KZ Sachsenhausen. Erinnerungen des ehemaligen Lagerältesten, Berlin 1989.

**Naumann, Hans**: »... die aber haben ein ganzes Volk verraten!«. In: Uhlmann, Sterben, 136-139.

**Neubach, Helmut**: Die Nationalitätenverhältnisse in der Provinz Posen im Spiegel der letzten Reichstagswahl vor dem Ersten Weltkrieg (1912). In: Zeitschrift für Ostforschung. Länder und Völker im östlichen Mitteleuropa, 35 (1986), 140-160.

**Neubach, Helmut**: Großherzogtum und Provinz Posen (1815–1918). In: Joachim Rogall (Hrsg.): Land der großen Ströme. Von Polen nach Litauen, Berlin 1996, 193-233.

**Neubert, Erhard**: Geschichte der Opposition in der DDR 1949–1989, Bonn 1997.

**Nicolaus, Herbert/Obeth, Alexander**: Die Stalinallee. Geschichte einer deutschen Straße, Berlin 1997.

**Nieden, Susanne zur**: »L. ist ein vollkommen asoziales Element«. Säuberungen in den Reihen der »Opfer des Faschismus« in Berlin. In: Annette Leo/ Peter Reif-Spirek (Hrsg.): Vielstimmiges Schweigen. Neue Studien zum DDR-Antifaschismus, Berlin 2001.

**Niethammer, Lutz**: Kommentar zu Pierre Bourdieu. Die biographische Illusion. In: Bios 3 (1990), Heft 1, 91-93.

*Ders.* (Hrsg.): Der »gesäuberte« Antifaschismus. Die SED und die roten Kapos von Buchenwald, Dokumente, Berlin 1994.

**Offenberg, Ulrike**: »Seid vorsichtig gegen die Machthaber«. Die jüdischen Gemeinden in der SBZ und der DDR 1945 bis 1990, Berlin 1998.

**Offenborn, Peter**: Solidarische Westlinke. Prinzipien und Probleme des SOK. In: Horch und Guck 10 (2001), Heft 34, 37-39.

**Otto, Wilfriede**: Visionen zwischen Hoffnung und Täuschung. In: Thomas Klein/Wilfriede Otto/Peter Grieder: Visionen, Repressionen und Opposition in der SED (1949–1989), 2 Teile, Frankfurt/Oder ¸1997, 137-561.

*Dies.*: Erich Mielke. Biographie, Berlin 2000, 203.

**Peukert, Detlev**: Die KPD im Widerstand. Verfolgung und Untergrundarbeit an Rhein und Ruhr 1933 bis 1945, Wuppertal 1980.

*Ders.*: Jugend zwischen Krieg und Krise. Lebenswelten von Arbeiterjungen in der Weimarer Republik, Köln 1987.

**Pingel, Falk**: Häftlinge unter SS-Herrschaft: Widerstand, Selbstbehauptung und Vernichtung im Konzentrationslager, Hamburg 1978.

**Piper, Francisek**: Die Ausbeutung der Arbeit der Häftlinge. In: Długoborski/Piper, Band 2: Die Häftlinge. Existenzbedingungen, Arbeit und Tod, 83-167.

**Pirker, Theo**: Die blinde Macht. Die Gewerkschaftsbewegung in Westdeutschland, Zweiter Teil 1953–1960: Weg und Rolle der Gewerkschaften im neuen Kapitalismus, München 1960.

**Podewin, Norbert/Teresiak, Manfred**: »Brüder, in eins nun die Hände.« Das Für und Wider um die Einheitspartei in Berlin, Berlin 1996.

**Pohl, Dieter**: Von der »Judenpolitik« zum Judenmord. Der Distrikt Lublin des Generalgouvernements, Frankfurt am Main 1993.

**Posser, Diether**: Anwalt im Kalten Krieg, München 1991.

**Pulzer, Peter**: Rechtliche Gleichstellung und öffentliches Leben. In: Deutsch-jüdische Geschichte, Band III, 151-192.

*Ders.*: Der Erste Weltkrieg. In: Deutsch-jüdische Geschichte, Band III, 356-380.

**Raschke, Joachim**: Die Grünen. Wie sie wurden, was sie sind, Köln 1993.

**Radkau, Joachim**: »Wirtschaftswunder« ohne technologische Innovation? Technische Modernität in den 50er Jahren. In: Schildt/Sywottek, 129-154.

**Rehlinger, Ludwig A.**: Freikauf. Die Geschäfte der DDR mit politisch Verfolgten 1963–1989, Berlin/Frankfurt am Main 1991.

**Reinhardt, Rudolf**: Zeitungen und Zeiten, Journalismus im Berlin der Nachkriegszeit, Köln 1988.

**Reuter, Elke/Hansel, Detlef**: Das kurze Leben der VVN von 1947 bis 1953, Berlin 1997.

**Rexin, Manfred**: Verfolgte Kommunisten unter Hitler und Ulbricht: Kurt Müller, Robert Bialek, Heinz Brandt, Karl Schirdewan. In: Verfolgung und Lebensgeschichte. Diktaturerfahrungen unter nationalsozialistischer und stalinistischer Herrschaft in Deutschland. Berlin 1997, 165-188.

**Rhode, Gotthold** (Hrsg.): Geschichte der Stadt Posen, Neuendettelsau 1953.

**Ribbe, Wolfgang**: Berlin zwischen Ost und West. In: Geschichte Berlins, Band 2: Von der Märzrevolution bis zur Gegenwart, München 1987.

**Richarz, Monika**: Die Entwicklung der jüdischen Bevölkerung. In: Deutsch-jüdische Geschichte, Band III, 13-38.

**Richter, Sigrun**: Die Volkskorrespondenten-Bewegung der SED-Bezirkspresse. Theorie, Geschichte und Entwicklung einer Kommunikatorfigur, Frankfurt am Main u. a. 1993.

**Richter, Wilhelm**: Berliner Schulgeschichte, Berlin 1981.

**Riegel, Klaus-Georg**: Konfessionsrituale im Marxismus-Leninismus, Graz/Wien/Köln 1985.

**Rieke, Dieter** (Hrsg.): Sozialdemokraten als Opfer im Kampf gegen die rote Diktatur, Bonn 1994.

**Riemann, Karl-Heinz**: Der Kampf der revolutionären Studenten unter Führung der KPD gegen die Militarisierung und Faschisierung des deutschen Hochschulwesens in der Zeit der Weltwirtschaftskrise und in den ersten Jahren der faschistischen Diktatur, Diss. A, Potsdam 1970.

*Ders.*: Der Reichsverband Freisozialistischer Studenten. In: BZG 18 (1986), 639-646.

**Rödder, Andreas**: Die Bundesrepublik Deutschland 1969–1990, München 2004.

**Röhl, Klaus Rainer**: Fünf Finger sind keine Faust, Köln 1974.

**Röll, Wolfgang**: Sozialdemokraten im Konzentrationslager Buchenwald 1937–1945, Göttingen 2000.

**Rohrwasser, Michael**: Der Stalinismus und die Renegaten. Die Literatur der Exkommunisten, Stuttgart 1991.

**Rosenhaft, Eve**: Beating the fascists? The German communists and political violence 1929–1933, Cambridge u. a. 1983.

**Rosenstrauch, Hazel**: Beim Sichten der Erbschaft. Wiener Bilder für das Museum einer untergehenden Kultur. Eine Nacherzählung, Mannheim $^{2}$1994.

**Rucht, Dieter**: Protestbewegungen. In: Wolfgang Benz (Hrsg.): Die Geschichte der Bundesrepublik Deutschland, Band 3: Gesellschaft, Frankfurt am Main 1989, 311-344.

**Rürup, Reinhard**: Emanzipation und Antisemitismus. Studien zur »Judenfrage« in der bürgerlichen Gesellschaft, Göttingen 1975.

**Rütten, Ursula**: Marxismus als Gesellschaftskritik. Die Praxis-Gruppe in Jugoslawien – ihre Grenzen und Möglichkeiten, Aachen 1976.

**Rupp, Hans Karl**: Außerparlamentarische Opposition in der Ära Adenauer, Köln 1980, 250-261.

**Ryn, Zdzisław/Kłodziński, Stanisław**: Hunger im Konzentrationslager. In: Die Auschwitzhefte, Band 1, 241-260.

*Dies.*: An der Grenze zwischen Leben und Tod. Eine Studie über die Erscheinung des »Muselmann« im Konzentrationslager. In: Die Auschwitzhefte, Bd. 1, 89-154.

**Sandvoß, Hans-Rainer**: Widerstand in Prenzlauer Berg und Weißensee, Berlin 2000.

**Schaefer, Alfred**: Einleitung. In: Uhlmann, Sterben, 18-25.

**Schattkowsky, Ralph**: Deutsch-polnischer Minderheitenstreit nach dem Ersten Weltkrieg. In: Zeitschrift für Ostmitteleuropa-Forschung (Neue Folge der Zeitschrift für Ostforschung), 48 (1999), 525-553.

**Schenk, Fritz**: Im Vorzimmer der Diktatur. 12 Jahre Pankow, Köln 1962.

**Scheringer, Richard**: Das große Los. Unter Soldaten, Bauern und Rebellen, München 1979.

**Schildt, Axel**: Die Republik von Weimar. Deutschland zwischen Kaiserreich und »Drittem Reich« (1918–1933), Erfurt 1997.

*Ders.*/**Sywottek, Arnold** (Hrsg.): Modernisierung im Wiederaufbau. Die westdeutsche Gesellschaft der 50er Jahre, Bonn 1998.

*Ders.*/**Siegfried, Detlef/Lammers, Karl Christian** (Hrsg.): Dynamische Zeiten. Die 60er Jahre in den beiden deutschen Gesellschaften, Hamburg 2000.

**Schirdewan, Karl**: Aufstand gegen Ulbricht, Berlin 1995.

**Schmidt, Eberhard**: Ordnungsfaktor oder Gegenmacht? – die politische Rolle der Gewerkschaften, Frankfurt am Main 1971.

**Schmollinger, Horst W.**: Die Deutsche Partei. In: Richard Stöss (Hrsg.): Parteienhandbuch. Die Parteien der Bundesrepublik Deutschland 1945–1980, Band 2, Opladen 1986, 1025-1111.

**Schneider, Michael**: Kleine Geschichte der Gewerkschaften, Bonn 1989.

*Ders.*: Unterm Hakenkreuz. Arbeiter und Arbeiterbewegung 1933 bis 1939, Bonn 1999, 804-807.

**Schneider, Ulrich**: Antifaschist und Gewerkschafter. Willy Schmidt – Eine politische Biographie, Bonn 2001.

**Schöller, Oliver**: Die heimatlose Linke: Zwischengruppe oder Zwischenstation? Das Beispiel der Unabhängigen Arbeiterpartei Deutschlands. In: Eckart Spoo/Rainer Butenschön (Hrsg.): Der Mensch & der Plan. Eine Jahrhundertbilanz des Kommunismus, Hamburg 2000, 153-159.

**Schönhoven, Klaus**: Die deutschen Gewerkschaften, Frankfurt am Main 1987.

**Schonauer, Karlheinz**: Die ungeliebten Kinder der Mutter SPD. Die Geschichte der Jusos von der braven Parteijugend zur innerparteilichen Opposition, Bonn 1982.

**Schreibe, Moritz**: Auf der Suche nach der demokratischen Gesellschaft. In: Ulrich Herbert (Hrsg.): Wandlungsprozesse in Westdeutschland. Belastung, Integration, Liberalisierung 1945–1980, Göttingen 2002, 245-277.

**Schroeder, Klaus**: Der SED-Staat. Geschichte und Strukturen, München 1999.

**Schüddekopf, Otto-Ernst**: Nationalbolschewismus in Deutschland 1918–1933, Frankfurt am Main u. a. 1973.

**Schuh, Horst** (Hrsg.): Buchenwald und der deutsche Antifaschismus, Brühl 1996.

**Schulreform** – Kontinuitäten und Brüche. Das Versuchsfeld Berlin-Neukölln, hg. von Gerd Radde u. a., Band I, 1912 bis 1945, Berlin 1993.

**Schulte, Christoph**: Der Messias der Utopie. In: Menora. Jahrbuch für deutsch-jüdische Geschichte 11 (2000), 251-278.

**Schwerdtfeger, Walter**: Ein Journalist wird zum Schweigen gebracht. In: Uhlmann, Sterben, 26-107.

**Seywald, Wilfried**: Journalisten im Shanghaier Exil 1939–1949, Wien u. a. 1987, 33-47.

**Shell, Kurt L.**: Bedrohung und Bewährung. Führung und Bevölkerung in der Berlin-Krise, Köln/Opladen 1965, 277 f.

**Siebold, Hans**: Metall – die Zeitung der größten Gewerkschaft. In: Hanns P. Schlobben/Richard Kirsten (Hrsg.): Die Deutsche Gewerkschaftspresse, Köln 1961, 57-62.

**Sieg, Ulrich**: Jüdische Intellektuelle im Ersten Weltkrieg, Kriegserfahrungen, weltanschauliche Debatten und kulturelle Neuentwürfe, Berlin 2001.

**Skorning, Lothar**: Froh, Frei, Stark, Treu: Arbeiter-Sportverein Fichter Berlin 1890–1933. Illustrierte Chronik zum 100. Jahrestag seiner Gründung, herausgegeben vom Sammlungszentrum Zentrales Sport-Museum der DDR, Berlin 1990.

**Soell, Hartmut**: Der junge Wehner. Zwischen revolutionärem Mythos und praktischer Vernunft, Stuttgart 1991.

**Sösemann, Bernd**: Exerzierfeld und Labor deutscher Geschichte. Berlin im Wandel der deutschen und europäischen Politik zwischen 1848 und 1933. In: Werner Süß/Ralf Rytlewski (Hrsg.): Berlin. Die Hauptstadt. Vergangenheit und Zukunft einer europäischen Metropole, Bonn 1999.

**Sofsky, Wolfgang**: Die Ordnung des Terrors: Das Konzentrationslager, Frankfurt am Main ²1999.

**Sozialistisches Büro** (Hrsg.): Für eine sozialistische Linke. Analysen, Strategien, Modelle, Frankfurt 1973.

**Staritz, Dietrich**: Zur Geschichte der DDR. In: Werner Weidenfeld/Hartmut Zimmermann (Hrsg.): Deutschland-Handbuch. Eine doppelte Bilanz 1949–1989, Bonn 1989.

**Steigerwald, Robert**: Der »wahre« oder konterrevolutionäre »Sozialismus«. Was wollen Havemann – Dutschke – Biermann?, Frankfurt am Main 1977.

*Ders.*: Protestbewegung. Streitfragen und Gemeinsamkeiten, Frankfurt am Main 1982.

**Steinberger, Nathan**: Der Sozialistische Schülerbund im Spannungsfeld von Schulreform und Schulkampf – Bericht eines ehemaligen Schülers. In: Schulreform, 223-231.

*Ders.*/**Broggini, Barbara**: Berlin – Moskau – Kolmya und zurück. Ein biographisches Gespräch über Stalinismus und Antisemitismus, Berlin/Amsterdam 1996.

**Steiner, André**: Arne Benary und Fritz Behrens. In: Fricke/Steinbach/Tuchel, 236-241.

**Stern, Carola**: Die Gründerjahre. In: Dies. (Hrsg.): amnesty international. Wer schweigt, wird mitschuldig, Frankfurt am Main 1981, 27-38.

*Dies.*: Doppelleben. Eine Autobiographie, Köln 2001.

**Stiller, Eike**: Jugend im Arbeitersport. Lebenswelten im Spannungsfeld von Verbandskultur und Sozialmilieu 1893–1933, Münster 1991.

**Stöver, Bernd**: Zusammenfassung. Das Umbruchsjahr 1953 – ein Resümee. In: Christoph Kleßmann/Bernd Stöver (Hrsg.): 1953 – Krisenjahr des Kalten Krieges in Europa, Köln / Weimar / Wien 1999, 199-222.

**Stracke, Ernst**: Stadtzerstörung und Stadtteilkampf in Frankfurt am Main, Köln 1980.

**Strauss, Herbert A.**: Akkulturation als Schicksal. Einleitende Bemerkungen zum Verhältnis von Juden und Umwelt. In: Juden und Judentum in der Literatur, hg. von Herbert A. Strauss und Christhard Hoffmann, München 1985, 9-26.

**Strunk, Peter**: Zensur und Zensoren. Medienkontrolle und Propagandapolitik unter sowjetischer Besatzungsherrschaft in Deutschland, Berlin 1996.

**Strzelecka, Irena/Setkiewicz, Piotr**: Bau, Ausbau und Entwicklung des KL Auschwitz. In: Długoborski/Piper, Band 1, 73-155.

**Studer, Brigitte/Unfried, Berthold**: »Das Private ist öffentlich«. Mittel und Formen stalinistischer Identitätsbildung. In: Historische Anthropologie. Kultur – Gesellschaft – Alltag, 7 (1999), Heft 1, 83-108.

**Supek, Rudi**: Dix ans de l Ecole d été de Korčula (1963–1973). In: Praxis. Philosophische Zeitschrift, Internationale Ausgabe 10 (1974), Nr. 1-2, 3-15.

**Swart, Friedrich**: Die Stadt Posen im Deutschen Reich. In: Rhode, Geschichte, 127-168.

**Świebocki, Hendryk**: Widerstand. In: Długoborski/Piper, Band 4, 11-411.

**Szöllösi-Janze, Margit**: Fritz Haber 1868–1934. Eine Biographie, München 1998.

*Dies.*: Lebens-Geschichte – Wissenschafts-Geschichte. Vom Nutzen der Biographie für Geschichtswissenschaft und Wissenschaftsgeschichte. In: Berichte zur Wissenschaftsgeschichte 23 (2000) 17-35.

**Tillmann, Klaus-Jürgen**: Sozialisationstheorien. Eine Einführung in den Zusammenhang von Gesellschaft, Institution und Subjektwerdung, Reinbek ¹²2001.

**Titze, Hartmut**: Der Akademikerzyklus. Historische Untersuchung über die Wiederkehr von Überfüllung und Mangel in akademischen Karrieren, Göttingen 1990.

**Tjaden, Karl Hermann**: Struktur und Funktion der »KPD-Opposition« (KPO). Eine organisationssoziologische Untersuchung zur »Rechts«-Opposition im deutschen Kommunismus zur Zeit der Weimarer Republik, Meisenheim am Glan 1964.

**Trefz, Bernhard**: Jugendbewegung und Juden in Deutschland. Eine historische Untersuchung mit besonderer Berücksichtigung des Deutsch-Jüdischen Wanderbundes »Kameraden«, Frankfurt am Main u. a. 1999.

**Toller, Ernst**: Eine Jugend in Deutschland, Reinbek ²1978.

**Toury, Jacob**: Die politischen Orientierungen der Juden in Deutschland: von Jena bis Weimar, Tübingen 1966.

*Ders.*: Der Eintritt der Juden ins deutsche Bürgertum. In: Das Judentum in der Deutschen Umwelt 1800–1850. Studien zur Frühgeschichte der Emanzipation, herausgegeben von Hans Liebeschütz und Arnold Paucker, Tübingen 1977.

**Uhlmann, Walter** (Hrsg.): Sterben um zu leben. Politische Gefangene im Zuchthaus Brandenburg-Görden 1933–1945, Köln 1983.

**Verhey, Jeffrey**: Der »Geist von 1914« und die Erfindung der Volksgemeinschaft, Hamburg 2000.

**Vilmar, Fritz**: Strategien der Demokratisierung, 2 Bände, Darmstadt 1973.

**Volkov, Shulamit**: Dynamik der Dissimilation: Deutsche Juden und die ostjüdischen Einwanderer. In: Dies.: Jüdisches Leben und Antisemitismus im 19. und 20. Jahrhundert, München 1990, 166-180.

**Walcher, Jakob**: Zwischen Revolutionserwartung und Untergang. Die Vorbereitung der KPD auf die Illegalität in den Jahren 1929–1933, Frankfurt am Main u. a. 1983.

**Walter, Franz**: Nationale Romantik und revolutionärer Mythos. Politik und Lebensweisen im frühen Weimarer Jungsozialismus, Berlin 1986.

**Warkozczewska, Magdalena**: Städtebauliche Veränderungen um die Jahrhundertwende. In: Kemlein, Postkarten, 61-66.

**Weber, Hermann**: Die Wandlung des deutschen Kommunismus. Die Stalinisierung der KPD in der Weimarer Republik, 2 Bände, Frankfurt am Main 1969.

*Ders.*: Demokratischer Kommunismus? Zur Theorie, Geschichte und Politik der kommunistischen Bewegung, Hannover 1969.

*Ders.*: Einleitung. In: Generallinie, VII-CXII.

*Ders.*: Hauptfeind Sozialdemokratie. Strategie und Taktik der KPD 1929–1933, Düsseldorf 1983.

*Ders.*: Geschichte der DDR, München $^{2}$2000.

*Ders.*: Schauprozeß-Vorbereitungen in der DDR. In: Ders./Mählert, 459-485.

*Ders.*: Damals, als ich Wunderlich hieß. Vom Parteihochschüler zum kritischen Sozialisten. Die SED-Parteihochschule »Karl Marx« bis 1949, Berlin 2002.

*Ders./Bayerlein, Bernhard H.*: Der Thälmann-Skandal. Geheime Korrespondenzen mit Stalin, Berlin 2003.

*Ders.*/**Ulrich Mählert** (Hrsg.): Terror. Stalinistische Parteisäuberungen 1948–1953, Paderborn 1998.

**Wendt, Bernd Jürgen**: Deutschland 1933–1945. Das Dritte Reich, Hannover 1995.

**Weisberger, Adam**: In Memoriam Ernst Toller: Jüdische und psychologische Aspekte in Leben und Werk. In: Aschkenas – Zeitschrift für Geschichte und Kultur der Juden 1 (1994), 163-173.

**Weisberger, Adam**: The Jewish Ethic and the Spirit of Socialism, New York u. a. 1997.

**Wehner, Herbert**: Zeugnis, Köln 1982.

**Welsh, Helga A.**: Kaderpolitik auf dem Prüfstand: Die Bezirke und ihre Sekretariate 1952–1989. In: Peter Hübner (Hrsg.): Eliten im Sozialismus. Beiträge zur Sozialgeschichte der DDR, Köln/Weimar/Wien 1999, 107-129.

**Werkentin, Falco**: Politische Strafjustiz in der Ära Ulbricht. Vom bekennenden Terror zur verdeckten Repression, Berlin $^{2}$1997.

**Wettig, Gerhard**: Berijas deutsche Pläne im Licht neuer Quellen. In: Christoph Kleßmann/Bernd Stöver (Hrsg.): 1953 – Krisenjahr des Kalten Krieges in Europa, Köln/Weimar/Wien 1999, 49-69.

**Wilke, Manfred**: Der Atomfilz – ein soziologischer Begriff. In: Mez/Wilke, 187-190.

*Ders.* (Hrsg.): Anatomie der Parteizentrale. Die KPD/SED auf dem Weg zur Macht, Berlin 1998.

*Ders.*: Das Schutzkomitee Freiheit und Sozialismus. In: Deutschland Archiv 34 (2001), 277-284.

*Ders.*/**Müller, Hans-Peter**: SED-Politik gegen die Realitäten. Verlauf und Funktion der Diskussion über die westdeutschen Gewerkschaften in SED und KPD/DKP 1961 bis 1972, Köln 1990.

*Ders.*/**Voigt, Tobias**: »Neuer Kurs« und 17. Juni – Die zweite Staatsgründung der DDR 1953. In: András B. Hegedüs/Manfred Wilke (Hrsg.): Satelliten nach Stalins Tod. Der »Neue Kurs«. 17. Juni 1953 in der DDR. Ungarische Revolution 1956, Berlin 2000, 24-135.

**Winkler, Heinrich August**: Die deutsche Gesellschaft der Weimarer Republik und der Antisemitismus – Juden als »Blitzableiter«. In: Wolfgang Benz/Werner Bergmann (Hrsg.): Vorurteil und Völkermord. Entwicklungslinien des Antisemitismus, Bonn 1997, 341-364.

*Ders.*: Deutsche Geschichte vom Ende des Alten Reiches bis zum Untergang der Weimarer Republik, Bonn 2000

**Winter, Carmen**: Rote Studenten. Zum Beispiel Franz Leschnitzer. In: Wissenschaftliche Zeitschrift der Humboldt-Universität zu Berlin, Reihe Gesellschaftswissenschaften, 38 (1989), Heft 6, 674-679.

**Witjes, Claus Winfried**: Gewerkschaftliche Führungsgruppen, Berlin 1976.

**Wolff, Friedrich**: Verlorene Prozesse 1953–1998. Meine Verteidigungen in politischen Verfahren, Baden-Baden 1999.

**Wolle, Stefan**: Der Traum vom demokratischen Sozialismus. Tod, Verklärung und Auferstehung einer gescheiterten Idee. In: Ulrike Poppe/Rainer Eckert/Ilko-Sascha Kowalczuk (Hrsg.): Zwischen Selbstbehauptung und Anpassung. Formen des Widerstandes und der Opposition in der DDR, Berlin 1995, 116-124.

*Ders*.: Die DDR zwischen Tauwetter und Kaltem Krieg. »Mutmaßungen« über das Jahr 1956. In: Jan Foitzik (Hrsg.): Entstalinisierungskrise in Ostmitteleuropa 1953–1956. Vom 17. Juni bis zum ungarischen Volksaufstand, Paderborn u. a. 2001, 293-330.

**Wunderer, Hartmann**: Arbeitervereine und Arbeiterparteien. Kultur- und Massenorganisation in der Arbeiterbewegung (1890–1933), Frankfurt am Main/New York 1980.

**Zarusky, Jürgen**: Widerstand als Hochverrat 1933–1945. Eine Mikrofiche-Edition des Instituts für Zeitgeschichte. In: VfZ 42 (1994), 4, 671-676.

*Ders*. (Hrsg.): Die Stalinnote vom 10. März 1952. Neue Quellen und Analysen, München 2002.

**Ziemann, Benjamin**: Front und Heimat. Ländliche Kriegserfahrungen im südlichen Bayern 1914–1923, Essen 1997.

**Zint, Günter**: Republik Freies Wendland. Eine Dokumentation, Frankfurt am Main 1980.

## C Lexika, Nachschlagewerke

So funktionierte die DDR, hg. von Andreas Herbst, Winfried Ranke und Jürgen Winkler, 3 Bände, Reinbek 1994.

Jüdisches Lexikon. Ein enzyklopädisches Handbuch des jüdischen Wissens in vier Bänden, Bd. IV/1, Me-R, Jüdischer Verlag Berlin 1930.

Lexikon Opposition und Widerstand in der SED-Diktatur, hg. von Hans-Joachim Veen, Berlin und München 2000.

Lexikon des Sozialismus, herausgegebenen von Thomas Meyer, Köln 1986.

Wer war wer in der DDR? Ein biographisches Lexikon, hg. von Helmut Müller-Enbergs, Jan Wielgohs, Dieter Hoffmann, Bonn 2001.

# 3 Gespräche

Gespräch mit Lili Brandt in Frankfurt am Main, 4. 3. 1999, 5. 5. 2000 und 9. 9. 2001.

Gespräch mit *Stefan Brandt* in Berlin, 25. 1. 1999.

Gespräch mit *Jakob Moneta* in Frankfurt am Main, 3. 3. 1999.

Gespräch mit *Carola Stern* in Berlin, 9. 3. 2001.

Gespräch mit *Manfred Wilke* in Berlin, 5. 12. 2000.

Telefonat mit *Fritz Schenk*, Frankfurt am Main, 29. 5. 2002.

# Personenregister

## Angaben zum Autor

**Knud Andresen**, Dr. phil., studierte in Hamburg Geschichte und Politik. Veröffentlichungen u. a. zum Antisemitismus in der Bundesrepublik Deutschland und zu den Gewerkschaften. Freier Mitarbeiter der Forschungsstelle für Zeitgeschichte in Hamburg.